KB155862

Contemporary Theories in
COUNSELING & PSYCHOTHERAPY

상담 및 심리치료의
최신 이론

Edward Neukrug 편저
서영석 · 안하얀 · 라수현 · 신민영 · 어유경 공역

총목차

세부목차

Kira Mari Candelieri Marcari, Kathleen Brown, and Clara Adkins

9 신경과학기반 상담(Neurocounseling) 331

Carlos Zalaquett and Lauren Parker

QR코드를 스캔하시면 참고문헌을 확인할 수 있습니다.

저자 서문

'상담 및 심리치료의 최신이론'의 초판이 출간되어 매우 기쁘다. 이 책은 오늘날 임상가들이 사용하고 있는 최신 이론들을 다룬 첫 번째이자 유일한 교재일 것이다. 수련 과정에 있는 사람들은 보통 고전적인 이론들을 배우지만 오늘날 임상가들이 업무에 활용하고 있는 이론을 배우는 일은 드물다. 이 교재에서는 다음과 같은 이론들을 철저히 조명하고 있다.

◆ 최신 정신역동 치료
◆ 최신 인간중심상담
◆ 인지행동치료
◆ 통합적 포스트모던 치료
◆ 변증법적 행동치료
◆ 수용전념치료
◆ 동기강화상담
◆ 긍정상담
◆ 신경과학기반 상담
◆ 보완·대체·통합적 접근

각각의 장에는 다음과 같은 내용이 담겨 있다. 학습 목표, 이론의 간략한 역사, 인간 본성에 대한 관점, 핵심 개념, 공통 기법, 상담 과정, 사회문화적 이슈, 이론의 효과, 핵심어 및 인명, 밀러家 사람에 관한 사례 연구. 밀러家 사람들에 대한 설명이 부록 1에 제시되어 있는데, 각 장의 마지막에 제시된 사례연구를 읽기 전에 이 가족에 관해 읽는 것이 필요하다.

최근 심리치료 분야에서는 고전적인 순수 접근을 따르는 상담사와 심리치료사들이 있는데, 다음 중 하나의 이론을 실무에 활용하고 있다. 정신분석, 분석심리학, 아들러상담, 인간중심상담, 실존치료, 게슈탈트 상담, 행동치료, 인지행동치료, 합리적 정서행동치료, 현실치료, 내러티브 치료, 해결중심상담, 관계−문화 상담. 사실, 내가 집필한 교재인 「Counseling Theory and Practice(상담 이론과 실제)」에는 이러한 모든 이론들이 상세히 기술되어 있다. 그러나 현재 대부분의 상담사와 심리치료사들은 한 가지 이론만을 가지고 일하지 않고 이러한 이론들을 통합해서 사용하거나 좀 더 최근의 대중적인 접근들을 사용한다. 이 교재에서는 이러한 접근들에 초점을 맞추고 있다. 아래에 10가지 접근을 간략히 기술하고자 한다.

Chapter 1: 최신 정신역동 치료

오늘날 많은 상담사와 심리치료사들은 정신역동 치료에 대한 통합적 접근을 활용해서 업무를 수행한다. 이들은 프로이드의 결정론으로부터 벗어나 있으면서 정신분석의 일반적인 개념들을 고수하고 있는데, 가령 무의식과 초기 주요양육자와의 애착에 초점을 두고, 저항, 전이, 역전이를 다룬다. 그러나 이들은 환경의 영향과 발달상의 변화를 인정하고, 사람들이 프로이드가 생각했던 것보다 훨씬 더 환경에 적응할 수 있다고 생각한다. 또한 이들은 상담사와 내담자의 관계를 정신분석의 냉담하고 무관심한 치료적 관계보다 훨씬 더 개방적이고 유동적이라고 간주한다. 이 장에서는 오늘날 정신역동 치료가 어떻게 진행되는지를 개략적으로 설명할 것이다.

Chapter 2: 최신 인간중심상담

최신 인간중심상담은 고전적인 인간중심상담과 고전적인 실존치료의 개념을 포함하고 있지만 이들을 통합하고 또한 확장하고 있다. 예를 들어, 수용, 공감, 진정성과 같은 고전적인 기법들이 사용되지만, 명료화하기, 잠정적/선호하는 목표, 해결중심 질문, 긍정과 격려, "지금"의 언어 사용하기, 빈의자기법, 선택 확인하고 목표 설정하기, 조언 제공하기, 상담사의 생각을 이야기하기 등과 같은 기법 등을 사용하는 등 고전적인 내담자중심상담 또는 실존치료에서는 보기 어려운 많은 기법들을 사용한다.

Chapter 3: 인지행동치료

어떤 측면에서는 고전적인 접근이긴 하지만 이 장이 교재에 포함된 이유는 인지행동치료가 여전히 가장 대중적인 접근 중 하나이기 때문이다. 우리는 이 장에서 이론의 기원을 설명하고, 핵심신념, 중간신념, 인지왜곡, 자동적 사고와 같은 기저의 핵심 개념을 설명할 것이다. 또한 이 장에서 다양한 기법들을 소개할 예정인데, 다른 장에서처럼 사례연구를 제시해서 이 이론이 어떻게 적용되는지를 설명할 것이다.

Chapter 4: 내러티브, 해결 중심, 관계-문화적 접근을 취하는 통합적 포스트모던 치료

오늘날 많은 상담사들은 내러티브 치료, 해결 중심 단기치료, 또는 관계－문화적 치료를 사용하는데, 이러한 접근들은 「Counseling Theory and Practice(상담 이론 및 실제)」에서 자세히 다루고 있다. 그러나 많은 상담사들은 이러한 포스트모던 접근에 기원을 둔 주요 개념과 기법들을 자신만의 고유한 접근에 통합해서 사용하고 있다. 이 장에서 설명하는 통합적 접근은 주요 개념, 즉 포스트모더니즘, 포스트구조주의, 사회구성주의, 권력 분석하기, 비병리화, 빈약한 설명에서 두터워지는 설명, 상호 증진하고 공감적이며 임파워링하는 관계, 재저작 등을 설명할 것이다. 이러한 주요 개념에 맞닿아 있고 세 가지 접근에서 빌려온 주요 기법들을 검토할 것이다.

Chapter 5: 변증법적 행동치료

오늘날 좀 더 인기 있는 접근 중 하나는 학부나 대학원에서도 좀처럼 가르치지 않는 변증법적 행동치료이다(dialectical behavior therapy: DBT). 초기에는 경계성성격장애를 가진 사람들에게 주로 초점을 맞추었지만, 관련 장애를 가진 사람들을 치료하기 위해 확장되었다. 이 치료는 심리교육과 다양한 행동 기법 및 동양의 기법들(예: 마음챙김)을 통해 내담자가 자신의 정서를 조절하도록 돕는 데 초점을 둔다. 개인상담과 집중적인 집단 작업을 활용하고 필요할 경우 전화코칭을 독려한다.

Chapter 6: 수용전념치료

이 접근은 언어가 어떻게 발달되고 세상을 바라보는 틀이 어떻게 발달되는지를 설명하는 관계구성틀이론(relational frame theory: RFT)을 바탕으로 하고 있다. 이 접근에서는 우리가 심리적인 경직성을 발달시키는 경향이 있다고 가정한다. RFT에 따르면 우리가 세상을 바라보는 방식이 여러 해를 거쳐 발달했기 때문에, 이것을 바꾸기 위해서는 우리 자신을 수용하고 새로운 프리즘 또는 틀을 개발할 필요가 있다. 따라서 이 접근의 목표 는 다양한 기법을 사용해서 심리적 유연성을 발전시키는 것인데, 심리적 유연성은 현재 의 순간을 살아가는 능력이자, 현재 자신의 상태를 수용하고, 자신이 선택한 가치와 일 치하는 방식으로 행동하는 능력을 의미한다. 이 장에서는 심리적 유연성을 발전시키는 많은 기법들을 설명할 것이다.

Chapter 7: 동기강화상담

동기강화상담(motivational interviewing: MI)은 주로 중독 장애를 가진 사람들을 대상 으로 활용된 접근이었지만, 많은 정신건강 문제들을 치료할 목적으로 독립적으로 또는 보완적으로 사용되는 쪽으로 확장되었다. 이 접근은 실존적-인본주의, 포스트모던, 인 지행동 접근에 기초하고 있는데, MI정신(연민, 협동, 수용, 유발), 양가감정 이해하기, 변화 대화 격려하기, 직면피하기, FRAMES(피드백 Feedback, 책임 Responsibility, 조언 Advice, 선택 대안목록 Menu of options, 공감 Empathy, 자기효능감 Self-efficacy) 주요 개념들을 포함하고 있다. 이 장에서는 치료적 동맹을 형성하면서 부드럽게 내담자의 변화를 격려하는 기법 들을 다룰 것이다.

Chapter 8: 긍정상담

이 접근은 강점과 긍정적 특질을 확인하는 것, 논리적 실증주의, 반결정주의, 의도 성(intentionality), 강점을 구축하는 접근에 그 기반을 두고 있다. 이 접근은 심각한 병리 로 씨름하지 않는 내담자를 대상으로 단독의 상담 접근으로 활용할 수 있다. 그러나 이 접근은 거의 모든 상담 접근과 함께 보완적으로 사용될 수 있다. 이것을 구체적으로 어 떻게 하는지는 이 장에서 설명할 것이다. 주요 기법으로는 안녕 평가하기, 잘한 일 파악 하기, 긍정성 비율 높이기, 마음챙김, 강점 기반 훈련, 감사 훈련, 희망 및 낙관성 훈련, 기타 긍정심리치료 개입들이 포함된다.

Chapter 9: 신경과학기반 상담

신경과학기반 상담(neurocounseling)은 최근 떠오르는 이론으로서, 뇌가 독소와 스트레스에 반응하는 방식과 뇌 기능을 신장시킬 수 있는 긍정적인 개입들을 다룬다. 건강과 강점 및 발달에 기반을 둔 구조 생물학적 접근으로서, 신경과학기반 상담은 특정 기법들이 신경가소성(neuroplasticity), 즉 오래된 신경망을 확장시키고 새로운 신경망을 키우는 뇌의 능력을 증가시킬 수 있다고 가정한다. 이 과정을 촉진시키는 것으로 보이는 주요 기법 및 접근에는 신경교육, 생활양식 평가, 바이오피드백 및 자기조절 기술(횡경막호흡, 마음챙김, 바이오피드백에 관한 기술적 접근), 뉴로피드백, 지속노출치료, 안구운동 민감소실 및 재처리(EMDR)와 같은 신경과학에 기반한 기법 등이 포함된다.

Chapter 10: 보완·대체·통합적 접근

보완·대체·통합적 접근(CAM)은 가장 최근에 상담 및 심리치료에 추가되었는데, 알려진 것 중 가장 오래된 전통에 그 토대를 두고 있다. 이 접근들은 수천 년의 역사를 가진 동양의 기법과 이론에 기반을 두고 있는데, 보완하는 다른 것을 보완하기 위해, 대체할 목적으로, 또는 기존의 것과 통합해서 사용한다. 이 장에서 간략히 검토할 기법에는 천연 약초(허브) 제품, 비타민과 미네랄, 프로바이오틱스, 요가, 척추지압 및 정골요법, 명상과 마음챙김, 침술, 이완기법, 태극권과 기공, 최면치료, 기타 마음－신체 기법, 아유르베다 의술, 전통 한의학, 동종요법, 자연요법과 같은 보완적인 건강 접근 등이 있다. 이러한 기법들이 한 회기 내에 어떻게 통합될 수 있는지, 상담 회기를 보조하기 위해 사용될 수 있는지 몇 가지 사례를 제시할 예정이다.

교재 활용법

강사의 경우, 이 교재에 포함된 장과 동반교재인 「Counseling Theory and Practice(상담 이론 및 실제)」에 있는 장들을 결합해서 사용할 수 있을 것이다. 밀러家 사람들에 관한 사례 연구가 두 교재의 각 장 마지막 부분에 제시되어 있고, 사례 연구에 대한 질문들 또한 수록되어 있다. Counseling Theory and Practice에는 각각의 이론을 어떻게 수행하는지를 보여주는 비디오가 포함되어 있다. 이 교재에는 첫 네 개의 장에 각각의 이론을 보여주는 비디오가 담겨 있다.

학생의 경우, 흥미로운 사례와 체험적인 연습을 각 장에서 접할 수 있을 것이다. 각 장의 내용과 사례를 읽고 사례에 관한 질문에 답하는 것이 도움이 될 것이다. 또한 제시된 체험 활동을 적극적으로 해 보면 좋은데, 활동들이 흥미롭고 재미가 있으며, 이론을 배우는 데 도움이 될 것이다. 서로 다른 이론들을 읽으면서 어떤 이론에 가장 끌리는지 생각해보고, 인간 본성에 대한 자신의 관점과 이론의 관점이 어떻게 유사한지, 그리고 이 교재에 포함된 다양한 이론들이 서로 어떻게 다르고 유사한지 성찰해 보기 바란다. 만일 관심이 있다면, Counseling Theory and Practice에 나온 고전적인 이론 중 어떤 것이 인간 본성에 대한 당신의 관점과 가장 부합하는지 평가하는 설문을 해보는 것도 좋을 것이다. 설문은 www.odu.edu/~eneukrug에서 할 수 있다. 이곳에는 "20세기 위대한 이론들"로 명명된 사이트가 있는데, 자신의 이론에 관해 이야기하는 17명의 유명한 치료사들의 캐리커처를 발견할 수 있다.

사사

이 책이 출판되는 데 많은 사람들이 기여했다. 첫째, 각각의 장을 저술하는데 많은 시간을 들인 저자들에게 감사의 마음을 전한다. 이들의 이름은 각 장에 제시되어 있고, 약력은 교재 마지막 부분에서 발견할 수 있다. 또한 변증법적 행동치료를 수록한 장의 내용을 검토하고 피드백을 제공해준 Cappella University의 Rosanne Nunnery 박사에게 감사한다. Old Dominion University의 Traci Richards 박사는 수용 및 전념 치료의 장을 검토했고, 내용을 강화하는데 도움이 된 중요한 피드백을 제공해 주었다. Joshua Abraham은 신경과학 기반 상담에 관해 도움을 주었는데 감사의 마음을 전한다. 마지막으로, 교재의 보조적인 내용들을 확인하는 데 도움을 준 Old Dominion University 소속 상담 대학원생들에게 감사한다. 이들의 이름은 다음과 같다. Ashley Casey, Nessalyn Dearce, Alexandra Johnston, Olivia M. Lewis.

Cognella Academic Press 측에서도 이 책이 출간되는 데 많은 분들의 노고가 있었다. 제작 편집자인 Abbey Hastings, 표지 디자이너 Emely Villavicencio, 교열 담당자 Henry Fuentes, 수석 프로젝트 편집자 Amy Smith에게 감사한다. 항상 그렇듯 내가 최선을 다할 수 있도록 격려해준 존경하는 부사장 Kassie Graves에게 특별히 감사의 마음을 전한다.

역자 서문

서영석

　　여러모로 새롭고 의미 있는 시도였다. 상담을 전공한 사람이면서도 상담 및 심리치료 이론을 다룬 교재를 번역한 것이 처음이었고, 임상심리학자들과 작업을 함께 한 것도 처음 있는 일이었다. 교재를 번역하면서 배운 것이 많다. 서양에서 개발된 초기 이론들이 서로 영향을 주고받으면서 융합되어 온 점을 확인했고, 동양의 전통적인 기법과 개념들이 상담 및 심리치료 이론에 접목된 것을 확인할 수 있었다. 그래서 '최신'이라는 명칭을 제목에 포함시키는 것에 망설임이 없었다. 다소 주저하게 만든 10장! 상담사들에겐 다소 생소할 수 있는 내용(보완·대체·통합적 접근)을 담은 10장을 번역하는 것이 적절한지 고민이 되었지만, 이 또한 현재의 흐름이라 판단하고 번역서에 포함시켰다. 초벌 번역부터 교차 검토, 이후 진행된 여러 번의 수정 작업 내내 꼼꼼함, 철저함, 친절함을 유지하신 번역진 교수님들께 감사의 말씀을 전한다. 역서 출간을 허락하고 지원을 아끼지 않으신 박영스토리 노현 대표께도 감사의 말씀을 전하고 싶다.

안하얀

　　이 책을 지은 저자들과 이 책을 번역한 역자들의 공통점은 '젊다'는 것과 '다양하다'는 것이다. 실제 젊은 학자들이 참여했고, 이들과 기꺼이 함께하고자 한 제1저자와 제1역자의 마음도 참으로 젊다. 저자들과 역자들의 배경 또한 다채로운데, 이 책은 그런 우리를 닮아 흥미로운 최신의 이론들을 다양하게 소개한다. 특별히 상담과 임상이 자신의 고유한 전문성을 발휘하면서도 하나 되어 함께 작업했던 이 과정은, 책을 번역하는 고됨 속에서도 묘한 희열을 느끼게 해 주었다. 역자들은 한결같이 읽을수록 이 책이 참 마음에 든다고, 그래서 번역을 더 잘하고 싶은 욕심이 난다고 했었다. 역자들의 정성이 이 책을 마주할 누군가의 마음에도 닿길 바란다. 용어 하나하나를 어떻게 우리말로 옮기면 좋을지 같이 머리를 맞대고 고심했던 일들이 오랫동안 귀한 추억으로 남을 것 같다. 앞으로 함께 꿈을 그려나갈 congenial colleagues를 이렇게 만난 것만으로도 벌써 꿈을 다 이룬 듯하다는 고백으로, 교수님들께 감사의 마음을 전한다.

라수현

번역을 위해 읽기 시작했지만, 나 자신에게도 배움과 즐거움이 많았던 작업이었다. 개인적으로 상담 및 심리치료 이론에 대한 기본서는 학생일 때 읽고 상당히 오랜만이었는데, 고전 이론의 그동안의 발전 과정뿐만 아니라 새로운 상담 및 심리치료 이론들까지 그야말로 '최신' 이론들이 수록되어 있었다. 특히 주요 관심 이론인 1장 최신 정신역동 치료 부분을 맡을 수 있어서 큰 기쁨이었고, 4장 통합적 포스트모던 치료를 통해서는 내담자의 문제가 사회로부터 규정지어질 수 있다는 경각심을 다시 한번 되새기게 되었다. 좋은 책을 만나 학생들에게 기꺼이 소개하며 가르칠 수 있겠다는 들뜬 마음과 동시에 역자의 미숙함으로 내용 전달에 방해가 되지 않아야겠다는 조심스러운 마음을 가지고 번역하였다. 이번 번역에 참여하신 교수님들 모두 같은 마음이셨던 것 같다. 그분들의 꼼꼼함과 사려 깊음이 많은 귀감이 되었다. 이번 기회를 빌어 깊은 감사의 말씀을 드리고 싶다.

신민영

이 책의 번역을 의뢰받을 즈음, 신경심리학 수업 시간의 끄트머리를 빌려 학생들에게 우울한 사람들의 뇌에 대해 설명한 적이 있다. 학생들의 호기심 가득 찬 반짝이는 눈빛이 '전두엽'이나 '변연계'와 같은 학술대회 용어를 유행가 가사처럼 매력적인 서사로 만들어 버릴 수도 있다는 사실을 그날 깨달았다. 상담심리를 공부하고 있는 학생들은 한 학기 내내 이 수업의 '유용성'에 대한 깊은 의문에 빠져 있었다. '도대체 뇌는 배워 무엇에 쓰나요?' 온갖 전문 용어에 지친 학생들의 불만 가득 찬 질문은 '글쎄, 상담사들에게 뇌에 대한 지식은 왜 필요할까?'라는 의문으로 바뀌어 갔다. 나는 해답을 찾는 과정에서 neurocounseling이라는 이론에 매료되었고, 수업과 워크샵 등 다양한 경로를 통해 이를 널리 알리려 노력하기도 하였다. 그간 상담 및 심리치료의 이론을 다룬 여러 교재 중 신경과학기반 상담이나 보완·대체·통합적 접근처럼 새로운 방식으로 인간 마음의 작동 방식을 조망하는 이론을 다룬 교재는 많지 않았다. 그런 의미에서 상담심리학자와 임상심리학자가 의기투합하여 번역한 이 교재는 가히 최신 이론을 담고 있다고 말해도 지나침이 없을 것이다.

어유경

심리학을 공부하고 가르치면서, 이론을 실제와 연결시킬 수 있는지가 가장 중요하다고 생각했다. 처음 이 책을 만났을 때, 이 책은 나의 이런 생각에 부합하는, 아주 적절한 책이라 생각되어서 가슴이 뛰었다. 읽을수록 '좋은 책이 맞구나'라는 생각에 기뻤고, 우리말로 옮길수록 '많은 분들에게 도움이 되는 책이 되었으면...'하는 바람으로 어깨가 무거웠다. 함께 할 수 있는 기회를 주신 서영석 교수님, 그리고 번역 과정 내내 꼼꼼하게 역자들을 챙겨 주신 안하얀 교수님께 감사드린다. 특유의 치밀함과 명석함 중에도 따스함을 잊지 않으셨던 신민영 교수님과 라수현 교수님께도 감사드린다. 여러 역자들은 서로의 다른 특징들을 잘 살려 협력하고 서로를 독려하며 번역 과정을 함께 하였다. 이러한 과정에 함께 하게 된 것이 나에게는 행운이다. '모든 책은 고유한 운명이 있다(Habent sua fata libelli)'라는 라틴어 경구가 있다. 이 책이 그 운명에 따라 소임을 다 하게 되기를 두 손 모아 기대해 본다.

최신 정신역동 치료
Contemporary Psychodynamic Therapy

Ed Neukrug and Kevin C. Snow

학습목표

- 최신 정신역동 치료(Contemporary Psychodynamic Therapy: 이하 CPT)의 선행 이론들인 정신분석, 융 치료, 아들러 치료, 신프로이트 주의, 대상관계 이론, 애착 치료, 관계 및 상호주관적 접근에 대해 개괄적으로 이해한다.

- 인간 본성에 대한 CPT의 관점을 이해한다. CPT는 선행 이론에 비해 덜 결정적이고 더 낙관적이며 전체론적인 입장이다. 심리사회적이고 발달적인 요인이 성격을 형성하는 데 미치는 영향을 중요하게 생각하면서, 무의식이 생각, 감정, 행동에 영향을 준다고 믿는다. 또한 삶에서 반복적으로 발생하는 주제를 강조하며, 과거가 정동, 정서, 행동에 미치는 영향에 초점을 맞추고, 개인이 근본적인 고통으로부터 자신을 보호하기 위해 방어 수단을 사용한다고 생각한다.

- 의식과 무의식의 마음, 추동과 본능, 방어기제, 전이, 역전이, 초기 애착과 관계패턴, 전생애적 영향 등의 핵심 개념을 이해한다.

- 철저한 평가, 신뢰로운 분위기를 조성하는 방법과 질문, 자유연상, 저항 분석, 꿈분석, 전이 분석, 역전이 탐색, 기타 기법을 수행하는 데 공통적으로 필요한 기술을 이해한다.

- CPT의 상담 과정을 이해한다.

- CPT의 사회문화적 적용 가능성을 생각해 본다.

- CPT의 효과성을 검토한다.

- CPT 과정을 보여주는 사례를 살펴본다.

최신 정신역동 치료의 간략한 역사

정신역동 치료에 대한 가장 큰 오해 중 하나는 프로이트가 세기의 전환기에 정
신역동 치료를 소개한 이후로 변화 없이 그대로 유지되고 있다고 여기는 것이
다(Novotney, 2017a, p. 40).

Sigmund Freud의 **정신분석**(psychoanalysis) 이론은 상담이 제공되는 방식에 혁명을
일으켰고, 정신건강 치료를 변화시켰으며, 한 개인을 개념화하는 방식에 영향을 미쳤다.
Freud(1961-a, -b)는 **이드**(id)에서 발생하는 본능(예: 성충동 및 공격성)이 행동을 유발한
다고 믿었다. 어린아이가 성장하면서 이드는 현실을 다루는 **자아**(ego)에 의해 중재되고,
이후에 죄책감으로 이드를 제어하는 **초자아**(supersgo)의 감시를 받게 된다. 생애 첫 5-6
년 동안, 양육자의 양육 방식은 구강기, 항문기, 남근기로의 발달 단계를 거치면서 아동
의 이드-자아-초자아 구조의 발달에 영향을 미친다. 아동은 고유한 구조를 기반으로,
이드와 초자아의 용납할 수 없는 생각과 감정 때문에 발생하는 불안으로부터 자아를 보
호하기 위해 **방어기제**(defense mechanism)(예: 억압, 주지화, 투사, 부인)를 발달시킨다. Freud
는 이 모든 것들이 대부분 무의식적으로 발생한다고 믿었기 때문에, 왜 우리가 행동하는
가에 대한 알아차림은 제한적일 수밖에 없다고 주장하였다. 한 개인의 고유한 성격구조
를 이해하는 데는 수년이 걸리고 제한적일 수밖에 없는데, 그 이유는 흔히 언어를 습득
하기 이전이어서 기억을 통해 접근할 수 없는 생애 초기의 무의식적 욕망과 패턴을 다루
어야 하기 때문이다.

Freud의 몇몇 동시대인들은 그의 생각에 의문을 제기했다. 예를 들어, Carl Jung과
Alfred Adler는 성적 및 공격 추동을 인간의 주요 추동으로 보지 않았다(Neukrug, 2018).
Jung의 **분석적 치료**(analytical therapy)는 **의식**(conscious), **개인 무의식**(personal unconscious),
집단 무의식(collective unconscious)이 있고(Neukrug, 2018; Gabrinetti, 2015), 우리의 자아는
주로 양육자와의 상호작용을 통해 생애 초기에 형성되는 것이라고 보았다. 자아는 개인
의 **심리적 유형**(psychological type)을 반영하는데, 개인의 성격은 조금 더 내향성인지 외향
성인지, 직관적인지 감각적인지, 사고형인지 감정형인지를 나타내는 것이다. 개인의 심
리적 유형(세상을 보는 방식)과 일치하지 않는 정보와 경험은 개인의 무의식에 억압되며,
학대 경험도 마찬가지다. 또한, 모든 사람이 특정한 방식으로 행동하게 만드는 청사진인

원형(archetypes)(예: 어머니, 아버지, 신, 영웅, 전사, 기타 원형들)은 집단 무의식에 자리하고 있다. 원형은 개인 무의식에서 억압된 것들과 상호작용하여 무의식에 어떤 **콤플렉스** (complexes)를 만들어낼 수 있다. 그러나 Jung은 치료를 통해 사람의 심리적 유형과 그 사람에게 영향을 주는 원형들, 그리고 그 사람의 억압된 것들을 이해할 수 있다고 생각했다. 그는 이러한 이해를 통해, 개인이 자신의 일부가 아닌 것 같은 부분들을 포용할 때 온전해질 수 있다고 주장하였다.

　　Adler의 **개인심리학**(individual psychology)은 하나의 진정한 추동이 있다고 본다. 그것은 **완벽함 또는 우월함을 추구하는 것**(striving for perfection or superiority)이다(Neukrug, 2018; Watts, 2015). Adler는 우리 모두가 하는 일에 유능하고 숙달되기를 원한다고 말했다. 특히 생애 초기가 **열등감**(feelings of inferiority)에 의해 교란되면, 우월함을 추구하는 행동을 하게 된다. 그러한 행동은 자기애적이고 개인적인 이득에 초점을 맞추는 경향이 있다. Adler는 개인이 추구하는 방향이 **삶의 양식**(style of life)에 반영되고, 무의식적이고 의식적인 행동에 의해서 이해될 수 있다고 믿었다. 그러나 Adler는 Freud에 비해 의식과 무의식 사이의 경계를 훨씬 더 유연하게 생각하였다. Adler는 사람들이 자신의 열등감이 우월함을 추구하게 만드는 방식을 이해할 수 있다고 주장하였다. 그는 이러한 지식을 통해 개인이 세상에서 삶의 전체성, 완전성, 긍정적인 방향을 추구해 나갈 수 있다고 보았다. Adler의 이론은 이전 이론과 비교하여 훨씬 덜 결정적이고, 더 긍정적이며, 전체론적인 입장이었다.

　　Jung과 Adler도 **신프로이트**(neo-Freudian) 학파에 포함되는 경우가 종종 있는데, 가장 잘 알려진 신프로이트주의자는 Karen Horney, Erich Fromm, Erik Erikson이다 (Bishop, 2015a; Wilson, 2015). 1930년대에서 1960년대 사이에 번성했던 신프로이트주의자들은 본능이 발달에 중요한 역할을 하며 심리적 자기가 대체로 어린 나이에 설정된다는 생각을 거부했다. **사회-정신분석**(socio-psychoanalysis)이라고도 불리는 이 이론의 학자들은 인간의 본성에 대해 훨씬 더 긍정적인 견해를 갖고 있었으며, 신경증은 부분적으로 사회 및 문화적 이슈들의 한 기능이고, 발달은 생애 전반에 걸쳐 일어난다고 믿었다. 예를 들어, Horney는 Freud의 성적 및 공격적 본능 대신 사회적 요인이 성격 발달에 더 큰 역할을 한다고 믿었다. 특히 그녀는 여성을 남성보다 열등하고 남성을 부러워하는 존재로 보는 Freud의 가부장적 발달 관점에 반대했다. Fromm은 **실존적-인본주의적 관점** (existential-humanistic perspective)을 수용하여, 사회적 변수, 특히 경제적 상태가 내담자의 자기감에 영향을 미친다고 믿었다. 예를 들어, 그는 자본주의와 산업화가 개인을 소외시키며, 따라서 사회주의-민주주의 사회가 인간으로 하여금 "소유(예: 물질적 소유)"와 "존재(예: 사랑과 공동체)" 사이의 균형을 찾는데 더 도움이 될 것이라고 생각했다. Erikson은 인간이 생애 각 단계에서 성취해야 할 특정 과제가 있고, 그 과제는 사회적 요인에 크게 영향받는다고 주장하는 생애 발달 이론을 발전시켰다(Erikson Institute, 2019). 신프로이트주의자들은 사람들이 효과적으로 선택하여 자신의 삶에서 의미를 증가시키고, 애정적 관계들이 생기게 할 수 있다고 믿었기 때문에, 실존적인 경향성을 가지고 있었다고 볼 수 있다. 그러나 그들이 사용한 많은 방법들은 초기 유아기 때의 관계를 조사하거나, 무의식을 이해하고, 방어를 조사하고, 자유연상을 사용하며, 꿈 분석을 수행하고, 해석(훨씬 더 내담자 중심적인 초점을 가지고 있었지만)을 사용하는 등 고전적 정신분석을 연상시키는 것으로 유명했다(Wilson, 2015).

1940년대에 Melanie Klein과 Ronald Fairburn과 같은 학자들은 **대상관계 이론**(object relations theory)을 발전시켰다. 대상관계 이론은 **관계에 속하고자 하는 욕구**(need to be in relationships)가 행동의 주요 동기이며, 어머니와의 초기 관계가 우리가 세상을 보는 방식의 틀을 제공한다고 보았다(Bishop, 2015b, Donaldson, 2015; Wilson, 2015). **충분히 좋은 양육**(good enough parenting)은 아이들이 자신의 감정을 조절하고 성공적으로 개별화하는 데 도움이 되는 환경을 제공한다. 대상관계 이론으로부터 많은 **애착 치료**(attachment therapies)들이 생겨났으며, 애착 이론은 아이와 양육자 간의 정서적 유대와 그것이 발달에 미치는 영향을 탐구하였다(Consentino & Dermer, 2015; Wilson, 2015). 이러한 치료들은 고전적 프로이트주의의 기법들을 사용하기는 했지만, 주요 초점은 내담자들이 초기 애착을 상담사에게 어떻게 투사하는지에 있었다. 대상관계 이론이 발전한 직후 1960년대와 1970년대에 Heinz Kohut의 **자기심리학**(self psychology)이 등장했다. 여기서 또다시 부모와 아이의 초기 관계에 대한 강조를 확인하게 되지만, Kohut은 추동이 아닌 공감이 건강한 자존감 발달에 핵심이라고 믿었다.

보다 최근에는 **관계 및 상호주관적 접근들**(relational and intersubjectivity approaches)이 정신역동적 치료에서 발전하고 있다(Aron & McIntosh, 2015; Giordano, 2015; Starr-Karlin, 2015). 이러한 접근들은 지금까지 모든 정신역동적 이론들이 가정해 온 독립적인 마음이 신화에 가깝다고 믿는다. 대신 치료사-내담자 관계를 비롯하여 사람들 간의 관계에서 주관적인 경험들로 상호작용하는 것이 개인의 자기 이해에 미치는 영향을 탐색한다. 이 접근은 내담자와 깊은 개인적 만남을 갖는 것의 중요성을 강조한다. 치료사는 공감과 시기적절한 자기 개방을 사용하여 내담자가 무의식적으로 자신의 초기 관계 패턴을 재연하여 치료사의 자기개방에 반응하고 있음을 이해할 수 있도록 돕는다.

　Freud와 이후의 학자들은 개인에 대한 이해를 정교화하고 발전시켰으며 이를 치료적 관계에 적용하였다. 현대의 정신역동 치료는 이러한 접근들 대다수에서 잘 알려져 있는 많은 신념과 실무(practices)들을 통합하였다. 이 장에서는 한 가지 접근에만 머무르지 않고, 최신 정신역동 치료(contemporary psychodynamic therapy: 이하 CPT)의 실무를 수행하는 치료사들이 자주 사용하는 몇 가지 원칙과 기법들을 강조할 것이다.

인간 본성에 대한 관점

　많은 정신분석적 아이디어들이 여전히 Freud의 이론에 뿌리를 두고 있지만, 새로운 정신분석 학파들은 이와는 좀 다르고 때로는 상충하는 방식의 생각들을 발전시켜 왔다. 정신분석 이론은 전체적으로 수많은 지점에서 수렴하고 많은 기본 가정들을 공유하지만, 중요한 몇 가지 접근에서는 차이가 있는 일련의 인지적 체계 혹은 개념적 틀이라고 설명할 수 있다(Spurling, 2009, p. 45).

　위에서 간략히 강조했던 치료들은 모두 **정신역동 치료**(psychodynamic therapies)라고 불리는 하나의 학파라고 볼 수 있으며, 어떤 경우에는 **포스트 정신역동적 접근**(post-psychoanalytic approaches)으로 불리기도 하고, "무의식적인 정신 활동이 의식적 생각과 감정, 행동에 영향을 미친다고 가정하는" 접근이라고 느슨하게 정의될 수도 있다(Cabaniss et al., 2017, p.4). 신프로이트주의, 대상관계, 애착, 혹은 수많은 후기 정신분석적 접근들을 고수하는 많은 순수주의자들이 계속 있어왔지만, 오늘날에는 많은 사람들이 좀 더 통합적인 접근 방식을 취하며 어느 한 이론을 엄격하게 고수하지 않는다(Jacobs, 2017). 우리가 현대정신역동 치료사들이라고 부르는 사람들은 인간 본성에 대한 관점에 대해 다음 **일곱 가지 공통 주제**(seven common themes)에 동의한다(Blagys & Hilsenroth, 2000; Shedler, 2010).

1. **정동(affect)과 정서(emotions)에 중점을 둠**: 인지적 통찰이 중요할 수 있지만, 한 사람이 자신의 삶의 문제들을 명확히 하기 위해서 어떤 경우에는 감정, 특히 억압된 감정을 이해하고 그것을 확인할 수 있는 상태가 되는 것이 중요하다.
2. **고통스러운 생각과 정서들의 회피를 탐색함**: 생각과 감정의 회피는 내담자들이 근본

적인 고통에 대해 방어를 발전시켰다는 징후(sign)이다. 고통스러운 생각과 감정을 회피하려는 방식을 이해하면 그 뒤에 숨겨진 문제들을 이해하는 데 도움이 될 수 있다.

3. **반복되는 주제를 확인하고 이해함**: 반복되는 주제와 패턴, 특히 파괴적인 것들은 내담자의 미해결된 초기 과제들을 나타내는 지표일 수 있기 때문에 탐색할 필요가 있다.

4. **과거에 대해 토론하기**: 과거 경험이 현재 행동에 어떻게 영향을 미쳤는지를 이해하는 것은 중요하며, 탐색하지 않는다면 고통스러운 방식으로 내담자의 미래 행동에 영향을 미칠 수 있다.

5. **대인관계 문제에 집중하기**: 현재의 관계들은 우리가 과거에 사람들과 어떻게 애착을 형성했으며, 관계 패턴이 어떻게 자기감을 발달시켜 왔는지를 이해할 수 있게 해준다.

6. **치료사와의 관계를 탐색하기**: 다른 관계에서처럼 치료적 관계에서 발생하는 패턴은 과거에 가졌던 개인의 관계 방식을 반영한다. 내담자는 과거 패턴을 치료사에게 전이하는 경향이 있으므로, 전이를 탐색하는 것이 중요하다.

7. **환상의 세계를 이해하고 탐색하기**: 환상의 세계는 우리의 꿈, 백일몽, 욕망, 환상 속에 살아있다. 환상의 세계는 우리가 자신 및 다른 사람들을 어떻게 보는지를 나타내는 표시이며, 미해결된 과제와 미충족된 필요를 확인하는데 도움이 된다. 따라서 정신역동 치료에서는 환상의 세계를 탐색하는 것이 중요하다.

CPT 치료사들은 이드와 이드가 구현하는 본능이 무의식적으로 행동을 동기화한다는 Freud의 생각에서 벗어나, 다양한 요인들이 개인의 기질이나 성격 발달에 미치는 영향에 더 큰 관심을 가져왔다(Wilson, 2015). CPT는 인간의 행동이 다양한 추동, 부모나 양육자 및 중요한 타인들(치료사를 포함하여)과의 상호작용, 사회문화적 영향, 전생애적인 발달 단계들을 통해 자기(self)가 발전해가는 방식의 기능이라고 본다. 이러한 접근은 여전히 **정신**(psyche)을 의식과 무의식의 마음이 함께 기능하는 것으로 보는 경향이 있지만, 정신분석보다 덜 결정적이며, 전통적 정신분석을 수행하는 치료사들보다 훨씬 더 빠르게 변화가 일어날 수 있다고 믿는 경향이 있다.

CPT는 유아기가 성격 형성에 영향을 미친다고 믿지만(Bishop, 2015-a, -b; Wilson, 2015), 개인을 유아기에 형성된 행동 방식에 단단하게 매어 있는 존재로 보지 않기 때문에, 전통적인 정신분석에 비해 변화에 대해 더 긍정적이고 덜 결정적이다. 마지막으로 CPT는 전통적 정신분석 치료에서보다 치료사의 특성을 훨씬 더 강하게 강조하는 경향이 있다. 진정성과 자기개방은 내담자가 초기 패턴과 애착을 이해하도록 돕기 위해 치료사가 사용하는 중요한 도구이다.

인간 본성에 대한 정신역동적 관점에 따르면, 과거는 현재의 기능에 중요한 역할을 하며, 치료사는 내담자가 과거를 이해할 수 있도록 관계를 형성할 수 있어야 하고, 자기(self)는 생애 전반에 걸쳐 타인들과의 상호작용을 통해 행성 및 재형성되며, 문화 같은 외부 요인들이 자기(self) 발달에 영향을 주고, 무의식적 요인과 방어기제가 탐색되어야 하며, 치료는 완료될 때까지 시간이 걸릴 수 있다(Wilson, 2015). 과거가 미래를 결정짓는 것은 아니지만 어떻게 발전해 왔는지를 나타내는 지표이며, 과거를 심층적으로 이해함으로써 미래의 방향을 전환하는데 도움이 될 수 있다.

핵심개념

현대의 CPT를 이해하는 데는 여러 이론들에 공통된(cross-theoretical) 개념을 이해하는 것이 중요하다. **의식과 무의식의 마음**(conscious and unconscious minds), **추동과 본능**(drives and instincts), **방어기제**(defense mechanisms), **전이와 역전이**(transference and countertransference), **초기 애착과 관계패턴**(early attachments and patterns of relating), **전생애에 걸친 영향**(lifespan influences)의 개념을 살펴보도록 하자.

의식과 무의식의 마음

CPT 치료사는 내담자가 종종 **무의식적**(unconscious)인 생각, 감정, 환상에 의해 움직인다고 본다. 그들은 내담자가 무의식의 영향을 이해하면 자신의 삶에서 좀 더 목적지향적이고 자율적이 되는데 도움이 될 수 있다고 믿는다(Wilson, 2015). 초기 정신역동 치료사는 무의식이 탐색되는데 수년이 걸릴 정도로 만만치 않은 구조라고 믿었던 반면, CPT 치료사는 개인이 더 짧은 시간 안에 무의식적인 생각, 감정, 환상의 상당 부분을 인식할 수 있는 능력이 있다고 믿는다. 따라서 CPT에서는 무의식의 많은 부분을 **의식**(conscious)화하는 것이 목표 중 하나이며, 상담을 통해 종종 몇 년이 아닌 몇 개월 안에 달성된다.

추동과 본능

Freud의 초기 구조모델(이드, 자아, 초자아)은 여전히 사람들에게 정신 분석 개념을 소개하는 데 사용되지만, 현대의 실무에서는 거의 사용하지 않는다(Wilson, 2015, p. 230).

현대 정신역동 치료사 대부분은 개인이 본능이라고 불리는 추동에 의해 무의식적으로 움직인다고 믿지만, 가장 크게 영향을 미치는 추동과 본능의 종류에 대해서는 다양한 견해를 갖고 있다(Wilson, 2015). 일부는 프로이트가 택한 전통적인 방식을 취하여 **삶의 본능**(life instinct: Eros)과 **죽음 본능**(death instinct: Thanatos)이 공존한다고 믿지만, 성과 공격성으로 단순화한다. 어떤 치료사는 **애착의 필요성**(need for attachment)이나 혹은 자기의 **숙련됨 및 우월성을 추구하는 것**(striving for mastery or superiority)이 중요한 추동이라고 믿을 수 있다. 여전히 많은 사람들, 아마도 대부분은 구체적인 추동을 확인하는 대신 내담자가 자신을 추동하는 것을 결정할 수 있도록 내담자의 자기이해에 주의를 기울일 것이다.

CPT 치료사 대부분은 추동이 대체로 무의식적이라고 믿지만, 동시에 접근할 수 있고 알 수 있는 것이라고 믿는다. 따라서 치료를 통해 내담자가 어떤 추동이 자신을 압박하고 있으며 어떻게 무의식적인 영향을 받고 있는지를 알게 할 수 있다. 무의식적 추동이 치료를 통해 의식화되면, 개인은 이러한 추동에 접근하여 더 이상 피해자가 되지 않도록 주의 깊은 선택을 할 수 있다.

방어기제

방어의 목적은 불안이나 어떤 증상을 유발하는 수용할 수 없는 생각, 감정, 환상을 회피하면서 수용할 수 있는 방식으로 세상을 살고 있다고 믿도록 돕는 것이다(Freud, 1936/1966; Wilson, 2015; Box 1.1 참조). 그러나 어떤 사람에게는 받아들여지지 않는 생각, 감정, 환상이 다른 사람에게는 무해한 것일 수 있다. 예를 들어, 보수적인 종교인은 용납할 수 없는 성적 충동(예: 동성에게 끌림, 혼외 성적 감정 등)을 경험하지 않기 위해 방어 기제를 발달시켜 왔을 수 있다. 마찬가지로, 어린 시절 신체적 학대를 받은 사람은 학대의 기억을 피하기 위해 방어를 발달시켜 왔지만, 그 학대 경험은 계속해서 그 사람의 인생에서 행동에 영향을 주고 있을 수 있다. 예를 들어, 한 성인 여성은 계속해서 남성들과의 애정적 교류를 피하는데, 억압된 학대의 기억이 무의식적으로 '모든 남자들에게 떨어져 있으라'라고 제안하기 때문일 수 있다.

불행하게도 방어는 온전함(wholeness)을 방해하고, 자신의 어떤 측면을 인식하는 것을 방해할 수 있다. CPT는 방어기제를 해체하고 그것이 어떻게 생겨났는지를 이해하여 생각할 수 없는 것을 의식으로 가져오고 내담자가 더 이상 과거의 지시를 받지 않고 온전하고 일관된 삶으로 나아갈 수 있도록 돕는 것을 목표로 한다(Wilson, 2015). 전통적인 방어기제들이 상자 1.1에 나열되어 있지만, CPT 치료사는 인간에게는 수용할 수 없는 생각, 감정, 환상을 회피하는 무한한 방법들이 있다고 믿는다.

상자 1.1 방어기제

◆ **금욕주의**(*Asceticism*): 충동과 욕망을 부인하려는 노력의 일환으로 욕구들을 거부하는 것
  예: 거식증은 음식 자체를 거부할 뿐만 아니라 성적 충동도 거부함

◆ **보상**(*compensation*): 지각된 약한 행동을 지각된 강한 행동으로 대체하는 것
  예: 한 남자는 자신이 여자들과 대화상대로서 부적절하다고 느끼기 때문에 보디빌더가 됨

◆ **부인**(*Denial*): 어떤 일이 발생했는데 인정하지 않음
  예: 자녀가 성추행을 당했다는 사실을 인정하지 않는 부모

◆ **전위**(*Displacement*): 수용할 수 없는 충동을 더 수용 가능한 대상이나 사람에게로 재지정하는 것
  예: 형제자매에게 성적 충동을 느끼는 개인이 컴퓨터 섹스를 함. 혹은, 부모에 대한 살인적인 감정이 정치인(예: 대통령)에 대한 분노가 됨

◆ **해리**(*Dissociation*): 감정 경험을 지연시키기 위해 감정으로부터 자신을 제거하는 것
  예: 강간 피해자는 폭력 행위를 당하는 동안 자신을 두려움과 분노로부터 분리하기 위해 해리됨

◆ **유머**(*Humor*): 감정을 지연시키기 위해 개그(comic relief)를 사용함
  예: 진행성 유방암으로 유방절제술이 필요하다는 소식을 들은 여성이 친구에게 "음, 적어도 이제 나는 더 이상 성적 대상물로 보이지는 않겠군!"이라고 말함

◆ **이상화**(*idealization*): 그 사람에 대한 부정적인 감정을 부인하기 위해 대상이나 사람의 가치를 과장하고 과대평가하는 것
  예: 아내에게 자주 비난을 받는 한 남편이 "내 아내는, 그녀는 최고의 사람입니다. 그녀는 밝고, 화려하고, 친절하고, 정말 완벽해요!"라고 진술함

◆ **동일시**(*identification*): 특정 개인 또는 집단과 연합하여 특정 가치를 추구함으로써 내재

된 자신의 감정으로부터 빗겨가는 것

예: 한 개인이 결혼할 때까지 처녀 상태를 유지하는 것의 중요성을 주장하는 "처녀 서약 사역"에 빠지게 됨

◆ **주지화**(*intellectualization*): 상황과 관련된 불안을 유발하는 정서들로부터 자신을 멀리 떨어뜨려 놓기 위해 상황의 지적 요소에 집중하는 것

예: 방금 전 악성 암 진단을 받은 사람이 질병에 대한 모든 과학적 정보를 알기 원함

◆ **내사**(*introjection*): 거의 이견이 없을 정도로 완전히 한 생각과 동일시하는 것

예: 종교에 대한 부모나 교회의 견해에 결코 의문을 제기하지 않는 종교적 열성. 이것은 삶의 모호함이나 불확실성(예: 죽음)을 두려워하지 않아도 되는 결과를 가져옴

◆ **투사**(*projection*): 자신이 가지고 있는 특성을 다른 사람의 용납할 수 없는 특성으로 귀속시킴

예: 사실은 자신이 다른 사람들에게 어떻게 행동하라고 지시하고 싶은 충동을 갖고 있으면서 동료를 "판단적이고 지배적"이라고 부르는 경우

◆ **합리화**(*rationalization*): 일부 용납할 수 없는 행동에 좋은 의미가 있다는 이유를 붙여 그것을 좀 더 수용 가능한 것처럼 만들어 사건을 인지적으로 왜곡하는 것

예: 한 교인이 "우리 목사님은 아무에게도 해를 끼치지 않았습니다. 그는 단순히 바람을 피운 것뿐이에요. 그 여자가 결혼한 사람이면 뭐 어때요? 목사님이 아내가 죽은 이후에 처했던 상황을 생각해 보면, 그가 왜 자신을 내세우는 사람과 바람을 피웠는지 이해할 수 있어요."라고 말함

◆ **반동형성**(*reaction formation*): 수용할 수 없는 충동을 수용 가능한 것으로 대체하거나 전환하는 것

예: 동성애에 대해 강한 끌림이 있는 개인이 극렬하게 반동성애자가 되어 동성 결혼에 반대함

◆ **퇴행**(*regression*): 발달 초기 단계의 행동으로 되돌아가는 것

예: 10세 소년이 부모님이 이혼을 진행 중이라는 사실을 알게 된 이후로 갑자기 침대에 소변을 보기 시작함. 혹은 실직한 50세 남자가 아내에게 지나치게 의존하게 됨

◆ **억압**(*repression*): 위협적이거나 고통스러운 생각을 의식 밖으로 밀어내는 것

예: 성추행을 당한 기억을 스스로 허용하지 못하는 사람

◆ **신체화**(*somatization*): 강한 감정이나 충동을 신체적 증상으로 바꾸는 것

예: 자신의 섹슈얼리티에 대한 두려움을 건강염려 증상으로 전환하는 경우

◆ **분열**(*splitting*): 사람이나 사물을 "모두 나쁨" 혹은 "모두 좋음"으로 보는 것

예: "총은 끔찍한 살인 기계이다" 혹은 "내 동료는 악마예요. 그녀는 오직 자기 자신만을 위해요."

◆ **승화**(*sublimation*): 받아들일 수 없는 충동을 사회적으로 용인되는 행동 형태로 바꾸거나

다시 초점을 맞추는 것

예: 극도의 분노로 고군분투하는 사람이 정육업자나 권투선수가 됨. 혹은 개인의 성적 에너지가 창의적이고 예술적인 노력으로 전환됨

◆ **억제**(*suppression*): 큰 불안을 유발하기 때문에 의식적인 생각을 전의식으로 밀어 넣는 것

예: 이웃의 남편과 바람을 피우는 생각을 가진 "좋은 아내"는 그 생각을 의식에서 밀어내려고 함

◆ **취소**(*undoing*): 죄책감을 느끼는 행동을 취소하기 위해 의식적 혹은 마술적 태도를 보임

예: 한 여자는 열정적인 사랑 이후에 항상 집을 청소함. 혹은, 한 아버지가 아이들을 때린 후 아이스크림을 사주기 위해 데리고 나감

전이와 역전이

환자들 역시 의사에 대한 전이들 속에서 충동과 환상의 문제였다는 것을 점차 깨닫기 시작합니다. 그 충동과 환상은 분석의 결론과 함께 해소되는 것이죠.

(Freud & Breuer, 1895/1974, p. 392)

일찍이 Freud는 개인이 분석가와의 관계에 대해 **잘못된 연결**(false connections, Freud)이라는 것을 만들어내고 있다는 것을 깨달았다(Freud & Breuer, 1895/1974). 잘못된 연결은 내담자가 그들의 부모나 주요 양육자가 했던 반응을 치료사에게 투사하거나 전이한 후 치료사가 부모 및 양육자의 특성을 갖고 있다고 믿을 때 발생하는 것이다. 전이는 개인이 현재의 현실이 아닌 예전 기억들로 다른 사람에게 반응하도록 이끈다. 내담자는 일반적으로 치료사에 대해 거의 알지 못하기 때문에, 치료사가 어떤 특성을 갖고 있다고 믿는 것은 환상이며, Freud가 말한 잘못된 연결로 귀결된다. 초기 분석가들은 잘못된 연결이 치료사에게만 발생하는 것이 아니라 만나는 모든 사람과 발생한다고 믿었다. 따라서 우리의 초기 관계들을 다른 사람에게 투사하면서 그들이 실제로는 갖지 않은 특성을 갖고 있다고 믿기 때문에 우리의 삶은 궁극적으로 허구이다. 그리고 우리가 투사하는 사람들 역시 우리에게 투사한다. 따라서 우리가 "실제"라고 믿는 관계는 대부분 서로에 대한 일련의 잘못된 투사에서 만들어진 허구이다. CPT 치료사도 이 중요한 개념을 믿는다. 하지만 그것이 어떻게 인식되고 어느 정도의 영향력을 갖고 있는지에 대해서는 치료사마

다 의견이 다르다(Wilson, 2015). 이러한 투사를 이해하면 치료사가 내담자의 초기 경험을 해소하는데 도움이 될 수 있다. 이것은 CPT가 중점을 두는 부분이다.

내담자와 마찬가지로 치료사도 다른 사람에게 전이를 일으킬 수 있다. 만약 치료사가 자신의 초기 경험이 타인과의 관계에 어떻게 영향을 미쳤는지 탐색하지 않으면 치료 과정에서 내담자를 혼란에 빠뜨릴 수 있다. 따라서 치료사는 역전이의 과잉을 피할 수 있도록 스스로도 치료를 받는 것이 중요하다. 역전이는 다양한 방식(예: 내담자에게 매력을 느끼거나, 내담자가 갖지 않은 특성을 갖고 있다고 믿는 것, 내담자에 대해 잘못된 가정을 함)으로 경험될 수 있는데, 내담자가 적극적으로 자기 자신을 이해하고 스스로의 전이에 집중하는 것을 방해하여 어떤 형태로든 관계에 방해가 될 수 있다. 치료사가 자신이 모든 것을 알고 있다고 믿으면서 실제로는 역전이에 무력하고 내담자는 치료사를 '전문가'라고 굳게 믿으면서 주의를 기울이지 않는다면, 내담자는 치료사의 잘못된 이해로 인해 실제로 해를 입을 수 있다. 치료사는 스스로를 이해하고 내담자에게 해를 가하지 않기 위해 역전이를 다룰 수 있어야 하고, 이를 위해 자신도 치료를 받아야 한다. Freud(1937)가 "모든 분석가는 부끄러워하지 말고 5년 정도의 주기적 간격으로 스스로가 분석을 받을 필요가 있다."고 말한 이유가 여기에 있다(p. 249; Figure 1.1)

내담자에 대한 역전이를
경험하는 상담사

슈퍼바이지에 대해 역전이를
경험하는 슈퍼바이저

그림 1.1 잘못 적용된 역전이

초기 애착과 관계 패턴

CPT 치료사는 삶에서 중요한 초기 관계(예: 부모; Wilson, 2015)의 이미지가 내면화되는 것에서부터 **자기**(self)가 발달하는 것으로 본다. 그 이미지의 잔재는 개인이 타인과 관계를 맺고 애착을 형성하는 방식에 영향을 미친다. 그러나 초기 정신분석 이론에서는 잘 변화하지 않는 것이었던 것과는 다르게 CPT는 이러한 초기 패턴이 다른 사람들과 관계를 맺고 상호작용하면서 변화할 수 있다고 본다. 초기 정신역동 모델은 마음이 일찍 형성되고 구조와 기능이 일찍 결정되는 독립된 마음이라는 신화(myth of the independent mind)의 관점인 반면(Stolorow & Atwood, 1992; Stolorow, 2013), CPT는 한 개인이 타인을 이해하고 관계 맺는 패턴과 성격은 타인과 상호작용하면서 일생동안 발달한다고 본다.

> Freud는 마음이 근본적으로 '모나드*(monad)'이고, 내재되고 연결되어 있으며, 이미 구조화되어 있는 어떤 것이 내부에서 밀어내고 있는 것으로 보았다. Freud의 마음은 내재적인 압력의 형태에서 드러나게 된다. 관계 모델 이론들은 마음을 근본적으로 '이자적(dyadic)'이고 상호작용하는 것으로 본다. 무엇보다도 마음은 타인의 마음과 접촉하고 관여되기를 추구한다. 심리적 조직과 구조는 이러한 상호작용들을 형성하는 패턴들로부터 만들어진다(Mitchell, 1988, pp. 3-4).

관계의 초기 패턴은 분명히 강력하고 무의식적 과정에 영향을 미치지만, CPT는 모든 것이 강력하다고 보지 않는다. CPT 치료사는 다른 사람, 특히 치료사와의 상호작용을 통해 오래된 패턴을 이해하고 사람들과 새로운 상호작용 양식을 개발할 수 있다고 믿는다(Giordano, 2015; Starr-Karlin, 2015). 이 관점을 수용하는 치료사는 치료적 관계 내에서 전이에 주의를 기울이고 목소리를 부여하며 자신의 역전이에 대해서 적절한 시점에 신중한 자기개방을 사용할 수 있다. 전이는 내담자에게 설명될 수 있으므로, 내담자는 과거 관계가 현재관계(예: 치료적 관계)를 어떻게 영속하고 가장하는지 더 잘 이해할 수 있

---

* 역자주: 더 이상 다른 것으로 나누어지지 않는 최소한의 입자 개념으로 '일분자', '단자' 등의 의미로 사용된다. 여기서는 '이자적(dyadic)' 개념과 상반된 개념(monadic)으로 이해된다.

다. 일부 CPT 치료사는 내담자가 상담사에게 특정 방식으로 반응하는 이유를 내담자와 이야기 나누기 위해 역전이를 사용하기도 한다. 예를 들어, 상담사가 자신의 부모 중 한 명과 가졌던 감정을 만들어내는 한 내담자에 대해서 동일한 감정이 드는 것을 알게 된다면, 상담사는 내담자가 자신에게서 그것을 끌어내는 방식과 이유에 대해 상의할 수 있다. 그렇게 함으로써, 내담자는 특정 성격유형(예: 상담사의 부모가 했었던 것처럼 "행동"함)이 일부 사람들에게 어떻게 특정 반응(예: 상담사가 내담자에게 자신의 부모에게 했었던 것처럼 반응함)을 이끌어낼 수 있는지를 이해하게 된다. 실제로 이런 깊은 공유는 무의식으로부터 비롯되는데, 부인된 자기(self)의 부분, 거부된 감정적 경험, 비생산적인 관계 패턴을 인식하고 통합하기 위한 중요한 준비 단계가 된다.

전생애적 영향

CPT 치료사는 부모나 다른 양육자와의 경험 같은 초기 경험에 의해 개인 (individuals)이 결정된다고 믿지 않는다. 그들은 초기 경험의 중요성도 인정하면서, 다른 경험도 개인의 발달에 중요하다고 생각한다. 다른 요인들로는 **출생순서**(birth order), **심리 사회적 영향**(psychosocial influences), **문화 간 영향**(cross−cultural influences) 등이 있다.

출생순서

Alfred Adler는 가족구성이 개인의 발달에 중요한 영향을 미친다고 제안한 최초의 정신역동 이론가 중 한 명이다(Adler, 2006). CPT 치료사들 또한 개인의 자기(Self) 발달에 가족 구성이 중요하다는 것을 인정한다. 예를 들어, 일반적으로 첫째 아이의 경우, 부모는 좋은 부모가 되고자 많은 주의를 기울이고, 아이가 어떻게 성장하고 학습하는지를 매우 염려하며, 아이의 필요에 극도로 집중하고, 나중에 태어난 아이보다 첫째에게 더 많은 요구를 한다. 첫째들이 흔히 성취도가 높고 완벽주의자라는 사실은 놀라운 일이 아니다. 비슷한 맥락에서 둘째 아이는 자신이 '첫사랑'이 아니라는 것을 경험하고 첫째 아이를 따라 잡거나 쓰러뜨리려고 시도한다. 예상대로 중간 아이는 '끼여 있는 느낌'을 느끼고 결국 가족의 '중재자' 또는 '협상가'가 된다. 출생 순서를 이해하는데 능숙한 치료사는 가족 안에서 내담자의 위치를 쉽게 파악할 수 있다. 그러나 출생 순서는 성격 발달에 영향을 미치는 가족 내 유일한 요소는 아니다. Leman(2015)은 아동의 발달에 영향을 줄 수 있는 9가지 요인을 제안한다. 신체적·정신적·정서적 차이, 부모간의 관계, 부모의 출생 순서, 혼합가족, 판단적인 부모, 아이의 성별, 형제자매의 사망, 입양, 그리고 출생 간격이다.

심리사회적 영향

최근 CPT 치료사들은 사회적인 힘이 평생동안 발달하는 정신에 영향을 미칠 수 있음을 인정한다. 자주 인용되는 모델은 Erik Erikson의 **전생애발달 8단계 이론**(eight stages of lifespan development)이다(Eikson, 1963, 1968, 1980, 1982). Erikson은 개인이 8단계를 거치면서 위기(crisis)라고 불리는 과제(task)에 직면하게 된다고 주장하였다. 이것은 한 쌍의 서로 반대되는 힘으로, 각 단계의 한쪽 과제는 동질적(syntonic) 혹은 긍정적인 정서적 특성을 갖고, 나머지 반대쪽 과제는 이질적(dystonic) 혹은 부정적 정서적 특징을 갖는다. Erikson은 개인이 동질적인 특성과 이질적인 특성을 모두 경험할 필요가 있다고 보았다. 그러나 결국에는 동질적 특성을 지향하며 두 특성 간의 균형을 찾아야 한다. 예를 들어, 신뢰는 모든 사람들의 삶에서 중요한 요인이다. 우리가 서로 잘 지내려면 일반적으로 다른 사람들을 신뢰해야 하기 때문이다. 그러나 어느 정도의 불신도 중요하다. 어두운 거리를 걷고 있는데 수상한 사람을 본다면 상당한 불신을 가지고 반응해야 한다. Erikson은 너무 많은 신뢰는 감각 왜곡(sensory distortion)이라고 부르는 것을 만들어내고, 너무 많은 불신은 철회(withdrawal)로 이끌 것이라고 믿었다. 마찬가지로 너무 많은 자율성은 충동(impulsivity)을 만들고, 너무 많은 수치심과 의심은 강박(compulsion)을 만든다. 초기 단계에서 중요한 타인들의 역할은 분명 개인이 동질적 및 이질적 특성 사이에서 올바른 균형을 찾도록 하는 능력에 많은 영향을 미친다. Erikson의 이론이 초기의 정신역동 이론과 실제로 구별되는 지점은, 각 단계에 대한 교육과 인식을 통해 다른 사람들(예: 부모)이 양육 방식을 변경하고 보다 긍정적인 양육 방식을 채택할 수 있으며 개인 스스로도 발달 단계를 검토하고 필요한 변화를 만들어낼 수 있다는 생각에 있었다.

표 1.1 Erikson의 발달의 8단계

단계	단계명	덕목	설명
1	신뢰 대 불신 (출생-1세)	희망	이 단계에서 영아는 신뢰감 혹은 불신감을 형성함. 이는 영아에게 심리적 안정감을 제공하는 중요한 타인의 능력에 의해 촉진됨
2	자율성 대 수치심/의심 (1-2세)	의지	여기서 유아는 환경을 탐색하고 자신의 몸을 통제하기 시작함. 중요한 타인들은 아동의 새로 발견된 능력을 촉진하거나 혹은 억제할 수 있고, 이에 따라 자율성 혹은 수치심/의심의 발달을 촉진함.
3	주도성 대 죄책감 (3-5세)	목적	신체적, 지적 성장이 계속되고 환경에 대한 탐색이 증가함에 따라, 중요한 타인이 아동의 신체적, 지적 호기심을 격려하거나 낙담시켜 주도성 혹은 죄책감을 발달시킬 수 있음

4	근면 대 열등감 (6-11세)	적격	특히 또래에 비해 잘하는 것에 대한 감각을 증진시키면서 중요한 타인(예: 부모, 교사, 또래)에 의해 강화되거나 부정될 수 있고, 이 는 가치 있게 느끼거나 열등한 것처럼 느끼게 만들 수 있음
5	정체성 대 역할혼란 (청년기)	충성	긍정적인 역할 모델과 경험은 기질, 가치, 흥미, 능력 등 자기감을 정의하는 것들에 대한 이해를 높이게 할 수 있음. 부정적인 역할 모델과 제한된 경험은 역할 혼동을 가져올 수 있음
6	친밀감 대 고립 (성인 초기)	사랑	좋은 자기감과 자기 이해는 상호의존성을 지닌 개별성을 장려하 면서도 상호 지원하는 친밀한 관계를 형성하는 능력으로 이어짐. 그렇지 않으면 젊은 성인은 고립감을 느끼게 됨
7	생산성 대 침체 (중년)	돌봄	이 단계의 건강한 발달은 다른 사람들과 미래 세대에 대한 관심 을 강조함. 개인은 생산적이고 책임감 있는 생활 방식을 유지할 수 있으며, 일, 자원 봉사, 양육, 지역사회 활동을 통해 의미를 찾 을 수 있음. 그렇지 않으면 성인은 침체감을 느끼게 됨
8	자아통합감 대 절망감 (인생 후반기)	지혜	나이가 든 성인은 자신의 인생을 돌아보면서 성취감을 느끼거나 혹은 절망감을 느낄 수 있음. 이전 단계에서 발달 과제들을 성공 적으로 성취하면 개인의 자아통합감에 도움이 될 것임

문화 간 영향(cross-cultural)

전통적인 정신역동적 접근은 문화간 영향과 차이에 거의 주의를 기울이지 않았지만 CPT는 그렇지 않다. 오늘날의 CPT 치료사들은 **치료사의 편견**(therapist bias), **토착 내러티브에 대한 이해**(understanding indigenous narratives), **내담자의 언어 검토**(examining client language), **사회적 억압의 영향에 대한 이해**(understanding the influences of social oppression)를 포함하여 여러 문화적 요인에 관심을 기울이고, 그것이 내담자와의 치료적 관계에 어떻게 영향을 미치는지를 탐색한다(Tummala−Narra, 2015).

◆ **치료사의 편견**: CPT 치료사는 자신의 편견을 인식하고, 그것이 상담관계에 어떻게 영향을 미치는지를 탐색해야 한다. 무의식적 편견은 오진, 내담자 문제에 대한 잘못된 해석, 내담자 문제에 대한 오해로 이어져 내담자가 조기에 치료를 중단하도록 만들 수 있다.

◆ **토착 내러티브에 대한 이해**: 모든 문화에는 행동을 유도하는 내러티브가 있다. 내러티브는 의식적이거나 무의식적일 수 있으며 사람들이 삶에서 취하는 행동에 영향을 준다. 내러티브 치료를 적용하는 CPT 치료사는 내담자의 문화적 내러티브를 이해하고 그것이 내담자에게 어떻게 영향을 미쳤는지를 확인할 것이다. 그리고 내러티브를 의식하게 하여 특정 내러티브가 내담자의 삶에 긍정적인 영향을 미쳤는지를 결정할 수 있도록 도울 것이다.

◆ **내담자의 언어 검토**: 내담자가 치료에서 사용하는 언어는 내담자의 내러티브와 밀접하게 연결되어 있다. CPT 치료사는 언어가 특정 내러티브를 반영하는 방식과 그 언어가 내담자에게 긍정적인 영향을 미치는지를 이해하기 위해 내담자의 말을 주의 깊게 경청한다. 특정 언어가 어떤 내담자에게는 긍정적으로 인식될 수 있지만, 사회의 일부 사람들에게는 부정적으로 간주될 수도 있다(예: Black Lives Matter 운동을 옹호하는 내담자가 사용하는 언어를 사회의 일부에서는 부정적으로 볼 수도 있음). 궁극적으로, 내담자가 자신이 사용하는 언어의 뿌리를 더 의식하고 앞으로 사용할 언어의 종류에 대해 사려 깊고 내담자 중심의 결정을 내릴 수 있도록 돕는 것이 CPT 치료사의 목표이다. 이는 Black Lives Matter 운동을 지지하는 발언을 하는 사람의 중요성을 부정하는 것이 아니라, 어떤 말을 어떻게 할 것인지에 대해 의도적으로 의식적으로 결정하는 것이 중요하다는 것을 의미한다.

◆ **사회적 억압의 영향에 대한 이해**: 전통적인 정신역동 치료는 사회의 억압 요인을 다른 요인에 비해 부차적인 것으로 보았지만, CPT 치료에서는 내담자의 내러티브 및 언어 사용의 발달에 중요한 요인으로 본다. 성불평등, 차별, 인종주의, 계급주의, 능력주의와 같은 요인은 개인이 세상을 바라보는 방식에 영향을 줄 수 있기 때문에 치료적 맥락에서 검토될 필요가 있다. 치료사는 내담자가 이러한 힘의 영향에 대한 인식을 높여 향후 억압하는 힘에 신중하고 의도적으로 선택할 수 있기를 바란다. 내담자와 치료사 모두 이런 의식을 갖게 되면 사회적 억압을 다루고 감소시킬 수 있도록 옹호하는 활동으로 이어질 수 있다.

기법

CPT는 치료사가 내담자를 이해하고 내담자의 통찰과 알아차림을 발달시키기 위해 다양한 기법을 사용한다. 많은 기법들은 전통적인 정신분석에서의 방식과 유사하지만, 해석을 줄이고 지시보다는 협력에 더 중점을 두며 더 내담자 중심적인 방식으로 사용된다(Gabbard, 2017). CPT 치료사가 사용하는 대중적인 기법에는 **철저한 평가 수행**(conducting a thorough assessment), **신뢰로운 분위기 조성**(creating a trusting atmosphere), **질문 사용**(the use of questions), **자유연상**(free association), **저항 분석**(analysis of resistance), **꿈 분석**(dream analysis), **전이 분석**(analysis of transference), **역전이 탐색**(exploring countertransference), **기타 기법**(other techniques)이 있다(Cabaniss et al., 2017).

철저한 평가 수행

CPT 치료사는 처음 치료를 시작할 때 내담자의 가족배경, 외상 이력, 생물학적 및 건강 문제, 물질 남용, 발달 요인, 외부 스트레스 요인, 문화 요인, 자아강도 등 삶의 여러 영역을 평가해야 한다. 이것들은 모두 치료 계획에 사용할 수 있도록 정확한 DSM-5 진단을 내리는 데 도움이 된다(Cabaniss et al., 2017; Gabbard, 2017). 각 영역에 대한 간략한 설명이 아래에 제시되어 있다.

◆ **가족배경**: 초기기억, 초기 양육자의 양육방식, 가족 구성, 가족 내 중요한 사건, 열등감, 학대 등이 포함된다. 내담자로부터 자세한 정보를 수집하기 위해 종종 구조화된 인터뷰가 사용되기도 한다.

◆ **외상 이력**: 외상은 여러 정신건강 문제의 주요 원인이 될 수 있으므로 상담 초기에 평가해야 한다. 전쟁, 사고, 재난, 질병, 원치 않는 성적 접촉, 범죄, 죽음 목격 등의 광범위한 외상적 경험을 평가하기 위해 질문지를 사용할 수 있다(Schnurr et al., 1999).

◆ **생물학적 및 건강 문제**: 여러 건강 문제는 정신 장애를 유발하거나 기여할 수 있다. 전반적인 건강 검진을 위해 가정의에게 의뢰하여 평가할 수 있다.

◆ **물질 남용 문제**: 물질 남용은 다른 문제의 원인 또는 증상일 수 있으므로 관계 초기에 평가해야 한다. 'the Substance Abuse Subtle Screening Inventory(SASSI)'는 약물 및 알코올 남용을 평가하는데 94%의 정확도를 제공하는데, 이러한 선별도구를 사용하면 짧은 시간 안에 평가할 수 있다(SASSI Institute, 2018).

◆ **발달 요인**: CPT 치료사는 심리사회적 요인이 일생 동안 개인의 발달에 긍정적 또는 부정적 영향을 미칠 수 있음을 알고 있다. 따라서 CPT 치료사는 내담자의 생애 단계와 심리사회적 요인이 어떤 영향을 미쳤는지 주의 깊게 분석한다. Erikson(1982)의 8단계와 같은 모델은 발달을 논의할 때 초점을 맞추기 위해 사용할 수 있다(표 1.1 참조).

◆ **외부 스트레스 요인**: 사랑하는 사람의 죽음, 실직, 자연재해 및 인적 재해 등과 같은 개인의 삶에서의 상황적 요인은 기능 수준에 영향을 미치기 때문에 면담 과정에서 평가되어야 한다.

◆ **문화 요인**: 문화 요인은 인종주의, 차별, 편견을 통해 개인의 발달에 부정적인 영향을 미칠 수 있다. 'RESPECTFUL' 모델은 종교(religion), 경제(economic), 성적

정체성(sexual identity), 심리적 발달(psychological development), 민족/인종 정체성(ethnic/racial identity), 연대기/발달 문제(chronological/developmental challenges), 외상(trauma), 가족 배경(family background), 독특한 신체적 특성(unique physical characteristics), 지역(location), 언어(language)를 조사하는 참고할 만한 검사이다(Lewis et al., 2001).

◆ **자아강도**: 자아강도는 개인이 내부 및 외부 스트레스 요인을 다루는 능력과 관련 있다. 특히 불쾌한 상황에서 부정적인 영향을 받을 때 그러하다. Cabanis와 동료들(2017)은 자아강도를 평가할 때 확인해 볼 수 있는 여러 변수들을 확인하였다(상자 1.2 참조).

상자 1.2 자아강도 평가

1. **현실검증력**: 실제가 무엇인지를 효과적으로 다룰 수 있는 능력
2. **판단력**: 힘든 상황 속에서도 좋은 판단력을 발휘할 수 있는 능력
3. **타인과의 관계**: 건강한 관계를 형성하고 유지하는 능력
4. **감각 자극 조절**: 삶을 충만하고 온전하게 살기 위해 인생에서 '잡음(noise)'을 줄일 수 있는 능력
5. **정동/불안 감내력**: 어느 정도의 정동이나 불안이 있어서 불편한 상황일 때 이를 견딜 수 있는 능력
6. **충동 조절**: 부정적인 행동을 야기할 수 있는 충동과 감정들을 조절할 수 있는 능력
7. **놀 수 있는 능력**: 힘든 상황에서도 긴장을 풀고 진정할 수 있는 능력
8. **자기인식/심리적 마음가짐**: 통찰을 갖고 관계에서 자신이 하는 역할을 이해할 수 있는 능력
9. **자존감 조절/정확한 자기 평가**: 어려운 상황이 닥쳤을 때 자신을 정확하게 평가하고, 필요에 따라 자신을 조절할 수 있는 능력
10. **인지 기능**: 힘든 상황에서 자신의 지능, 기억, 적절한 사고력을 사용할 수 있는 능력
11. **방어**: 신경증적이거나 정신증적인 행동으로 이어지지 않게끔 자신을 보호하기 위해 방어를 사용함

신뢰할 수 있는 분위기 조성

고전적인 정신분석가는 내담자가 마음에 떠오르는 것을 편안하게 공유하고 전이 관계를 구축하는 데 도움이 되도록 내담자를 긴 소파에 눕게 하여 분석가로부터 시선을 멀어지게 하였다. 이를 통해 내담자가 초기 관계 패턴을 분석가에게 투영하는데 도움이 될 것이라고 보았다(Cabaniss et al., 2017). 이러한 분석가는 **분석적 중립성**(analytic neutrality)을 취하게 되는데, 내담자가 자신의 가장 깊은 생각들을 공유하도록 권장하면서 이에 대해 **비판단적**(nonjudgmental)으로 반응하거나 혹은 무반응을 보인다. 반면 오늘날의 CPT 치료사는 내담자와 훨씬 더 관계를 맺는다. CPT 치료사는 내담자의 맞은편에 앉아 관계를 형성하기 위해 비판단적으로 **적극적 경청**(active listening)과 **공감**(empathy)을 사용한다(Gabbard, 2017). 신뢰 관계가 형성되면 내담자가 자신의 깊은 부분을 편안하게 공유할 수 있고 전이 관계를 발전시키는 밑바탕이 되기도 한다. 따라서 치료사가 내담자를 소파에 눕혔는지 치료사의 맞은편에 앉게 했는지의 여부와 상관없이, 초기 관계 및 애착 패턴이 치료 관계 내에서 빠르게 발생할 것이라고 가정된다.

질문의 사용

내담자가 점차 치료 환경을 안전하다고 느끼게 되면 CPT 치료사는 질문을 자주 사용하여 탐색을 더 많이 하게 된다(Jacobs, 2017). 질문은 직면하듯 할 필요가 없고, 정중하게 질문하여 내담자의 곤경에 대한 치료사의 관심을 보여주어야 한다. 몇 가지 기본적인 질문은 다음과 같다.

치료사: 그럼, 당신의 어린 시절에 대해 조금 말씀해 주시겠습니까?

치료사: 당신의 그 관계에 대해서는 어떻게 생각합니까?

치료사: 그 경험이 왜 당신에게 그렇게 강력한 영향을 미쳤다고 생각합니까?

치료사: 당신은 그 경험에 대해 이야기할 때 강하게 반응하는 것 같습니다. 무슨 일이 일어나고 있다고 생각되나요?

좋은 형태의 공감과 질문이 함께 사용되면, 내담자는 과거보다 더 깊은 수준으로 삶의 상황들을 탐색할 수 있게 된다.

자유연상

내담자가 CPT 치료사와 이야기하는 것을 점점 더 편안해하면, 치료사는 내담자가 자신과 타인에게 무의식적으로 숨기고 있는 부분에 접근하기 위해 자유연상, 혹은 마음에 떠오르는 것을 자유롭게 말하도록 연습시킬 수 있다(Gabbard, 2017). 이렇게 인지적인 구속이 해소되면 내담자는 내용이 얼마나 개인적이고 불경한지에 관계없이 마음에 떠오르는 모든 것을 공유할 수 있다. 내담자는 '마음의 지도 제작자가 특정한 방식으로 생각하고 느끼고 행동하게 만드는 네트워크 모델을 만드는 것처럼' 자신의 방어와 저항을 차단할 수 있다(Gabbard, 2017, p. 110). 내담자가 마음의 가장 깊은 부분을 공유하는 것이 충분히 편안하게 느껴져야 숨겨진 생각, 죄책감, 수치스러운 행동, 가장 고통스러운 감정이 확인될 수 있다. 이 과정을 통해서만 내담자의 초기 기억과 이후 행동, 감정, 생각으로 이어진 애착 유형을 탐색할 수 있다. CPT 치료사는 이 과정에서 비판단적으로 내담자에게 반응해야 한다. 판단하는 기색이 느껴지면, 내담자는 자유연상 과정을 중단하고 문제에 대한 깊은 논의에 저항하게 될 것이다.

저항 분석

저항(resistance) 또는 치료 과정을 방해하는 행동(Cabaniss et al., 2017; Gabbard, 2017)은 여러 형태로 나타나며, 일반적으로 내담자가 당혹스럽거나 부끄럽거나 죄책감을 느끼는 자신의 측면을 드러내게 될 때 발생한다. 신뢰로운 분위기 속에서 자유연상을 하게 되면 내담자가 무의식적인 기억과 어려운 감정, 생각, 행동을 표현하고 드러내게끔 촉진되지만, 고통으로부터 자아를 보호하고 드러내는 것을 방지하기 위해 종종 상반된 위치가 무의식적으로 만들어진다. 따라서 정신은 무의식적으로 '나를 거기로 데려가지 마라'. '말하는 것을 조심하라', 혹은 '이것을 공유하는 것은 부정적인 결과를 초래할 것이다'라고 말할 것이다. 저항은 수십 가지 방법으로 나타난다. 일반적인 반응으로는 상담에 늦게 오거나 약속을 놓치고, 치료사와 논쟁하며, 치료사가 틀렸다고 지적하고, 치료사가 말하는 것에 주의를 기울이지 않거나, 치료 과정에서 반응하지 않고 감정적으로 차단된다. 전통적인 분석가와 마찬가지로 CPT 치료사도 저항이 긍정적이라고 생각한다. 내담자가 특히 중요하지만 억압되어 있는 무언가를 다루고 있다는 것을 나타내기 때문이다. 그러나 저항을 다루기 위해 내담자를 너무 많이 밀어붙이면 내담자가 치료에서 밀려날 수 있다. 반면, 내담자의 저항을 전혀 직면하지 않으면 기회를 놓치게 될 것이다. 따라서 CPT 치료사는 내담자의 저항에 대해 상의하는 것과 내담자가 저항을 드러내야 한다는 압박감을 느껴 치료를 중단하지 않도록 하는 것 사이에서 올바른 균형을 찾아야 한다. 다음과 같은 잠정적인 질문이 이 과정에 도움이 될 수 있을 것이다.

> **치료사:** 음. 나는 당신이 지난 몇 차례 상담에 늦었다는 것을 알아차렸어요. 왜 그런지 생각하는 바가 있을까요?

> **치료사:** 아버지와의 관계에 대해 물을 때마다 다른 이야기를 하는 것 같습니다. 어떤 생각이 좀 드시나요?

꿈 분석

꿈 해석은 마음의 무의식적 활동에 대한 지식을 얻는 왕도이다(Freud, 1899/1976, p. 769).

CPT 치료사 대부분은 무의식적 충동과 기억을 반영하는 꿈의 중요성을 믿지만(Cabaniss, 2017), 꿈에는 치료사가 해석해야 하는 상징적인 의미가 있다는 Freud의 주장을 엄격하게 유지하는 사람은 거의 없다. 대신, 꿈에 대한 융의 접근 방식과 더 유사하게, 내담자 스스로가 치료사의 격려를 통해 발견할 수 있다고 간주한다. CPT 치료사는 무의식적 요소에 접근하기 위해 내담자가 꿈 꾸기를 시도하고 기억할 것을 권유한다. 단순하게 침대 근처에 수면 일기를 놓고 잠에서 깨어났을 때 꿨던 꿈을 기록하도록 격려하는 것만으로도 가능하다. 그런 다음 수면 일기를 치료에 가져와 함께 상의한다.

CPT 치료사는 내담자를 위해 꿈을 해석하는 대신 내담자가 꿈의 의미를 이해하도록 돕는다(Gabbard, 2017). 이들은 전통적인 정신분석가와 마찬가지로 꿈이 **명시적인**(manifest) 의미를 가지면서도 **잠재된**(latent) 의미를 갖는다고 믿는다. 명시적인 의미는 분명하고 더 의식적인 의미인 반면, 잠재된 의미는 기저에 있는 전의식적 의미, 즉 억압되어 있지만 꿈에서 분석을 통해 발견할 수 있는 의미이다.

내담자는 치료를 점점 더 편안하게 느끼면서 점차 자신의 꿈과 연결되기 시작한다.

만약 아버지가 건설 노동자로 일하면서 땀을 많이 흘리는 꿈을 꾼다면, 명시적인 의미는 아버지는 가족의 생계를 위해 열심히 일해야 한다는 것이다. 그러나 내 마음이 흘러가도록 둔다면, 곧 잠재된 의미에 닿을 수 있다. 즉 아버지는 나이고, 나는 가족 모두의 안전을 보장하기 위해 열심히 일해야 한다는 압박감을 경험하고 있는 것이다. 또한 꿈에서 아버지는 사나운 것처럼 보이지만, 열심히 일하는 모습은 힘들어 보이기도 하는데, 여기에는 아마 아버지에게 해가 가해진다는 혹은 내가 나 자신에게 해를 가할 수도 있다는 근본적인 믿음이 깔려 있기도 하다. 꿈이 얼마나 얽히고 복잡해질 수 있는지 짐작할 수 있을 것이다.

CPT 치료사가 내담자를 잘 알게 되면, 꿈이 의미하는 바에 대해 매우 잠정적인 제안을 할 수도 있다. 예를 들어 치료사는 다음과 같은 방법으로 반응을 시작할 수 있다.

> **치료사**: 글쎄요, 당신을 알게 된 이후로 나는 당신의 아버지를 당신의 연장선으로 보고 있어요. 그래서 그 꿈에서 열심히 일하는 그 남자가 당신에 대해 말해주는 것이 아닌지 궁금해지네요.

혹은,

> **치료사**: 만약에 이것이 내 꿈이었다면, 그것의 의미는…

혹은,

> **치료사**: 그 꿈에 대해 숨겨진 의미는 무엇이라고 생각하나요?

전이 분석

앞서 언급했듯이, CPT 치료에서는 내담자가 발달시킨 초기 애착과 관계 패턴을 전이 관계가 어떻게 반영하는지 이해하는 것을 중요하게 생각한다(Spurling, 2017). 내담자는 전이 관계가 형성됨에 따라 초기 관계(예: 부모) 행동 패턴을 치료사에게 투사하거나 전이하기 시작한다. CPT 치료사는 항상 그러한 패턴을 탐색하고 내담자에게 이를 알려주려고 한다. 예를 들어, 내담자가 치료사에게 다른 내담자보다 자신에게 관심을 덜 갖는 것 같다고 말한다면 치료사는 이렇게 말할 수 있다. "당신은 항상 당신이 가장 사랑받지 못하는 자식으로 느껴왔지요." 적절한 시기에 이러한 말을 하면 내담자는 대부분의 관계에서 소외되고 사랑받지 못하거나 중요하지 않은 사람처럼 느낀다는 사실을 깨닫고 순간적으로 통찰력이 폭발할 수 있다. 내담자는 점차 자신이 실제 모습이 아니라 투사에 기초하여 다른 사람을 어떻게 인식하는지 깨닫게 된다. 이것은 치료에서 중요한 순간이며 인생을 바꿀 수 있다.

역전이 탐색

CPT 치료사는 내담자의 전이뿐만 아니라 역전이도 탐색한다. 역전이는 어떤 의미에서는 치료사가 내담자에게 보내는 전이라고 할 수 있다(Cabaniss et al., 2017; Summers & Barber, 2015). 역전이는 대부분 무의식적인데, 치료사는 내담자에게 반응하는 것이 아니라 내담자에 대한 자신의 투사에 반응하기 때문에 관계에 혼란을 일으킬 수 있다(Freud, 1937). 그러나 치료사는 내담자가 자신의 감정을 어떻게 자극하는지 민감하게 알아차림으로써, 함께 역전이를 탐색하고 치료적 관계에서 잠재적으로 활용할 수 있다.

어떤 CPT 치료사는 공감 실패나 잘못된 해석, 수준 이하의 치료를 피하기 위해 역전이를 알아차리고 싶어 할 수 있고, 어떤 치료사는 치료적 관계 내에서 역전이에 의해 야기된 정보를 사용할 것이다(Giordano, 2015; Starr-Karlin, 2015).

이 관점은 내담자가 치료사의 역전이에 영향을 받고, 이 역전이가 내담자에 대한 중요한 정보를 제공할 수 있다는 사실에 주의를 기울인다. 결과적으로 치료사와 내담자 간의 역동적 관계의 과정은 정보의 원천이 된다. 치료사는 **공감**(empathy)을 사용하여 내담자에게 더 귀 기울일 수 있고, 내담자는 자신 스스로에게 귀 기울일 수 있다. 게다가, 내담자가 치료사에게 주는 영향에 대해 치료사가 세심하게 **자기개방**(self-disclosure)하면, 내담자로 하여금 관계에서 자신의 역할을 조금 더 분명하게 볼 수 있도록 만들 것이다. 이에 대한 예는 다음과 같을 수 있다.

내담자: 평생 아버지에게 버림받았다고 느꼈지만, 내가 아버지에게 바란 건 날 돌봐주고. 진짜로 진심으로 내 존재 자체를 사랑해 주는 거였어요.. 아버지가 인정하지 않는다는 걸 알고 있지만, 그래도 나는 아버지가 원하는 대로 살려고 열심히 노력했어요.

상담사: 당신은 아버지의 인정을 받기 위해 평생 열심히 노력했군요. 당신은 아버지가 원하는 방식대로 했다고 느꼈지만 충분하지 않았나봐요. 이 부분에 대해서 조금 더 말해 보세요.

내담자: 아버지는 항상 내 꿈을 좇으라고 말했어요. 내가 원하는 것을 타협하지 말라고요. 내가 충분히 열심히 노력하면 무엇이든 될 수 있다고 말씀하셨어요. 그게 아버지에게 중요한 가치였어요. 아버지는 평생 그가 원하는 것에 도달하고, 열심히 일하고, 달성하면서 사셨어요. 어떤 때는 다른 것을 희생해야 할 때도 있었지만요. 그래서 내가 교사가 되어야겠다고 결심했을 때, 그 꿈은 초등학교 때 결정한 것인데요, 아버지가 가르치는 일이 너무 전문성이 약한 일이라고 이야기하셨을 때 상처가 됐었어요. 아버지는 내가 돈을 벌지 못하는 바보라고 말했어요. 짓밟히는 느낌이었어요. 내가 뭘 잘못한 거죠?

상담사: 알다시피, 당신과 아버지의 관계에 대해 들을 때면 당신의 경험이 내 인생과 얼마나 비슷했는지 압도가 돼요. 나의 아버지도 나와 내 직업에 대해 비슷하게 행동했기 때문에 지금 저도 깊은 슬픔을 느끼게 되네요. 우리 아버지가 나에게 대했던 것처럼, 당신의 아버지가 당신을 어떻게 대했을지 알겠어요. 정말 마음이 아픕니다.

내담자: 정말요? 조금 놀랍네요. 사실 저는 선생님이 저희 아버지와 비슷한 말씀을 하실 거라고 생각했어요. 어떤 면에서 선생님이 우리 아버지를 떠올리게 할 때가 있거든요. 선생님이 스스로를 조절할 때나.. 아버지처럼 말할 때가 있어요. 저는 선생님이 제가 틀렸다고 말할 거라고 예상하고 있었던 것 같아요.

상담사: 당신은 때때로 저를 마치 당신의 아버지인 것처럼 반응하고 있는 것 같아요. 하지만 실제로는 저는 당신의 아버지가 아니고, 저는 당신이 아버지를 느꼈던 것과 동일한 경험을 했죠.. 사랑과 인정을 바랐지만 거절당한 그 경험이요. 저에게 이런 이야기를 들으니까 어떠신가요?

내담자: 정말 놀라워요. 저는 선생님을 아버지처럼 대해 왔었던 것 같아요. 지금 생각해 보니 제 인생의 다른 부분에서도 비슷했던 것 같아요.

상담사: 좀 더 살펴보죠. 당신의 인생에서 누가 당신에게 아버지를 떠올리게 하나요? 혹은 누구한테 아버지한테 하는 것처럼 반응하게 되나요?

상담사의 이러한 공감과 자기개방을 통해 내담자는 자신이 다른 관계에서 어떻게 반응하고 있는지를 연결해서 생각해 볼 수 있다. 그러면 더 건강한 관계를 맺는데 도움이 되는 통찰력을 얻을 수 있게 된다. 자기개방의 타이밍은 매우 중요하고 내담자가 그런 피드백을 들을 수 있을 때 제공되어야 한다(Giordano, 2015; Starr-Karlin, 2015). 개방을 통해 내담자는 특정 관계 패턴이 자신의 초기 관계로부터 생겨났으며, 계속해서 역기능적으로 관계를 맺게 하는데 어떻게 영향을 주고 있는지를 이해하기 시작한다. 이 과정은 내담자가 자신의 삶에 지속적으로 영향을 미치는 과거의 상처를 경험하면서 결과적으로 그것을 초월하는 방법을 배울 수 있도록 하기 때문에 고통스럽지만 희망적이며 힘을 실어주게 된다.

기타 기법

위에서 논의한 기법 외에, CPT는 전통적인 정신분석에서 사용되는 특정 기술을 엄격하게 준수하지는 않는다. 예를 들어, Gabbard(2017)는 전통적인 정신역동 치료에서는 사용하지 않는 이차적 기법들을 다음과 같이 설명한다.

1. **제안**: 내담자는 근본 원인을 탐색한 후 변해야 할 필요성을 인식하지만 실제로는 주저하는 경우가 있다. 변화를 제안하면 내담자를 삶에서 좀 더 행동하게 할 수 있다.

2. **역기능적이거나 비합리적인 신념에 직면하기**: 초기 발달 패턴은 역기능적 사고, 행동, 부정적인 감정들을 불러일으키게 된다. 직접적으로 특정 역기능적 혹은 비합리적 신념을 강조하거나, 그것들을 변화시키기 위해 전략을 개발하면 오래된 습관을 변화시키는데 도움이 된다.

3. **의식적 의사 결정 또는 문제 해결**: 내담자가 초기 발달 패턴에 기반하여 잘못된 결정을 내리려고 할 때 CPT 치료사는 왜 이러한 결정을 내리는지 의식하고 보다 건강한 의사 결정을 내리도록 도울 수 있다.

4. **노출**: 고전적인 행동 기법으로, 행동 패턴이 신경망에 새겨져 있는 것처럼 "대화 치료"가 변화 과정에 전혀 효과가 없을 때 사용할 수 있다. 내담자는 불안 수준이 감소할 때까지 고통스러운 상황에 자신을 노출시키도록 요구 받을 수 있다 (예: 엘리베이터 공포증, PTSD 상황 노출)

5. **자기개방**: 앞서 역전이에 대해 논의할 때 언급했듯이, CPT의 적절한 자기개방은

내담자가 스스로의 행동이 다른 사람에게 어떤 영향을 미치는지 이해하는데 도움이 될 수 있으며 현재 관계에 지속적으로 영향을 미치는 과거 관계의 잔재들을 불러일으킬 수 있다.

6. **인정**: 내담자의 과거 고통과 외상을 인정하면 내담자는 수용 받았다는 느낌을 받을 수 있다. 이것은 내담자가 조금 더 자신의 것을 개방하게 하는데 도움이 될 것이다.

7. **창의적 기법**: 종종 그림이나 점토 작업, 인형 작업과 같은 창의적인 기법들이 대화 치료가 하지 못하는 무의식적인 생각과 감정을 불러일으킬 수 있다. 따라서 일부 CPT 치료사는 이러한 기법들을 사용하여 내담자의 무의식을 탐색한다.

8. **촉진 기법**: 무의식적 과정을 의식으로 가져오게 하는데 사용할 수 있는 다양한 기법들이 있다. 심리교육, 유머, 미해결된 과제에 대한 언급을 장려하는 빈의자 등의 게슈탈트 기법들이 있다.

상담 과정

전통적인 정신분석과는 대조적으로, 오늘날의 정신역동 치료사는 내담자와 대면하여 6개월에서 3년 혹은 그 이상, 일주일에 한 번 또는 두 번을 진행한다(Leichsenring & Leibing, 2003; Novotney , 2017b). 상담과정은 가족배경, 외상의 이력, 생물학적 및 건강 문제, 물질 남용, 발달 요인, 외부 스트레스 요인, 다문화적 요인, 자아강도 등 앞서 언급한 8가지 요인에 따라 내담자를 철저히 평가하는 것으로 시작한다. 그 결과 치료 계획에 도움이 될 수 있는 진단이 내려진다. 이러한 요인들에 대한 평가는 내담자가 치료를 받을 수 있는 능력이 어느 정도인지를 평가하는데 도움이 되며, 치료사가 치료에 소요되는 기간을 가늠할 수 있도록 도와준다. 자아의 힘이 강한 사람들은 상황에 적응하고 무의식적 요인을 조사하는 데 더 능숙하며 초기 치료 과정에 더 잘 적응한다.

초기 평가가 완료된 후 치료사는 내담자 맞은편에 앉아 비판적이지 않으면서 적극적인 경청과 공감을 사용하여 신뢰 관계를 구축한다. 이러한 관계는 내담자가 자신의 무의식적 측면을 편안하게 공유할 수 있게 하고 전이 관계를 발전시키는데 도움이 된다. 내담자가 점점 더 편안해지면서 치료사는 내담자의 삶의 영역을 더 깊이 조사하기 위해 질문을 사용할 수 있다. 또한 치료사는 내담자가 자유연상을 통해 인지적 구속을 없애고 무의식적인 내용이 의식화 되도록 권장한다. 내담자가 삶의 내밀한 구체적인 내용들을 공유하게 되면서 내담자는 치료사가 어떻게 반응할지 두려워하게 되고 저항할 수 있다.

이러한 두려움은 양육자와의 초기 발달 패턴과 관련이 있다. 이 시점에서 치료사는 섬세하게 내담자의 저항을 분석하고 내담자가 다른 사람과 처음 애착을 맺기 시작할 때 전이 관계의 패턴이 어떻게 영향을 미치는지를 해석할 수 있다.

치료가 지속되면서 치료사는 내담자에게 더 많은 자유연상을 하게 하고, 꿈의 명시적이고 잠재된 의미를 조사하고, 무의식적 생각을 의식적으로 만드는 여러 가지 기법들을 사용하여 내담자가 자신의 무의식적 과정을 더 깊이 탐색하도록 더 격려할 것이다. 또한 내담자가 치료사에게 보이는 반응에 대해 치료사의 경험을 적절하게 자기개방하면 전이 관계를 지속적으로 탐색할 수 있는 원천이 된다. 내담자가 스스로를 심층적으로 탐색해 나가면서, 치료사는 내담자의 노력을 인정하는 신중하고 시기적절한 인정을 표현할 것이다.

무의식적 과정이 의식화되고 관계 패턴이 분명해지면서 내담자는 건강하지 않은 삶의 방식들을 변화시키기 위해 의도적인 노력을 하도록 격려된다. 의식적인 의사결정 및 문제해결 기술이 사용되고, 특정 부정적인 행동을 해결하기 위한 인지 행동 기술이 사용될 수 있다. 비합리적이거나 역기능적 사고에 대한 논쟁을 할 수도 있으며 치료사가 변화를 제안할 수도 있다.

패턴이 변화되고 내담자가 더욱 건강한 삶을 살게 되면 내담자는 점차 치료를 종결하는 것을 고려하기 시작한다. CPT는 오늘날 대부분의 다른 치료들과 비교하여 장기 요법으로 간주되기도 하지만, 반대로 전통적인 정신역동적 접근과 비교하자면 확실히 오랜 기간이 소요되지는 않는다. 따라서 치료가 일 년 정도 지속 될 때까지도 종결되지 않을 가능성이 매우 높으며 때로는 몇 년 동안 지속되기도 한다.

상자 1.3 CPT 상담사와 상담하는 ANGELA

여러 정신역동 접근을 결합한 통합적 상담 접근 방식을 사용하는 상담사와 함께 작업하는 Angela의 사례를 보자. 비디오를 본 후 상담사가 이 작업을 하는 데 얼마나 효과적이었는지를 생각해 보고, 이 상담사가 통합적 접근 대신 하나의 "순수한" 접근(예: 엄격한 정신분석, 융 치료, 아들러 치료, 대상관계, 애착, 관계 및 상호주관성 등)을 수행했더라면 더 나았을 것 같은지를 생각해 보라.

사회문화적 이슈

포스트 정신분석 이론들은 그 이전에 그래왔던 것처럼, 이 이론이 생성된 시대의 문화, 시간, 장소의 특수성을 반영한다는 점에서 편협하다는 비판을 받아왔다. 그러나 Erikson과 같은 일부 학자는 인간 발달과 치료에 보편적으로 적용할 수 있는 개념화를 개발하였다(Ochse & Plug, 1986). 예를 들어, Eikson은 일생동안 함께 살았던 미국 원주민을 포함하여 다양한 문화들을 그의 이론에 포함시키려고 노력하였다(Karcher & Benne, 2008). Erikson은 타문화를 경험하고 연구하여, 자신의 발달 이론에 문화적인 속성을 반영하였고, 잠재적 보편성이라는 개념을 중요하게 생각하였다(Karcher & Benne, 2008). 일부 연구자들은 문화적인 관점에서 Erikson의 이론을 언급하기도 한다. Ochse와 Plug(1983)는 남아프리카의 백인 및 흑인 1,859명을 대상으로 대규모 양적 연구를 실시하였다. 이들은 Erikson의 이론이 다양한 연구 집단에서 충분히 신뢰할 수 있는 효과성을 갖는다는 것을 발견하였지만 더 많은 연구를 수행할 것을 제안하였다. 또 다른 연구(Salamone & Salamone, 1993)는 나이지리아의 Hausa 원주민 집단 내에서 Erikson의 심리사회적 이론의 유용성을 조사하였다. 차이점이 발견되기는 하였지만, Erikson의 이론이 이 집단에 적용되는 유용성을 주목할 만한 충분한 관련성이 있었다. 또한 Howard－Hamilton(2002)은 아프리카계 미국인 대학생과 상담할 때 유용한 네 가지 '아프리카 중심의 이론적 틀' 중 하나로 Erikson의 이론을 언급하기도 하였다(p. 20).

심리치료에 대한 다른 포스트 정신역동적 접근들을 고려할 때, Tummala－Narra(2015)는 이러한 적응적인 접근들이 문화적 비판을 받아 마땅한 이전 정신역동적 접근과는 대조적으로 다양한 문화들에서 유용하다는 것을 확인해 왔다고 주장한다. Tummala－Nara는 "관계적 정신분석 접근은 발달에 대한 서구의 유럽 중심적 사고에 도전이 된다."며 최근 저술에서 "건강한 애착과 분리개별화, 충분히 좋은 엄마의 개념이 서유럽 미국 맥락 밖에서 재검토되었다"고 언급하였다. 그녀의 결론은 현대 정신분석 학파에서 중요한 다문화적 작업이 진행되고 있으며, "이런 접근 방식은 정신분석의 문화적 역량을 갖춘 이론과 치료적 실무가 모두 반영된 결과이다". (p. 282).

CPT는 이전부터 있어왔던 많은 개념(예: 전이, 저항, 무의식)을 고수하지만, 인간에 대해 서구적인 관점에서 핵심적이었던 여러 생각들에 도전하기도 한다. 예를 들어, 개인들이 현실을 함께 만들어간다고 제안하며 "독립적인 마음"에 도전하는데, 이는 개인을 이해하는 보다 포괄적인 방법이다. 또한 내담자를 객관화하는 대신 내담자와 더욱 협력하는 태도로 다양한 내담자를 치료 장면으로 초대한다. CPT는 앞으로 다양한 범위의 내담 자들에게서 그 효과성이 검토되어야 할 것이다.

효과

정신분석, 분석적 치료, 개인심리학과 같은 다른 정신역동 치료들과 마찬가지로, 치료의 개념과 방법이 갖고 있는 특성 때문에 CPT의 효과를 측정하는 것은 어려운 일일 수 있다. 그러나 연구자들은 이러한 치료의 효과를 무처치 경우나 혹은 더 흔하게 연구되고 있는 다른 접근의 경우와 비교하여 연구하려고 노력하고 있다. 예를 들어, Driessen과 동료들(2013)은 16회기로 진행되는 인지행동 집단과 정신역동 치료 집단에 무작위로 할당된 341명의 성인을 조사하였다. 결과적으로 전체 내담자의 4분의 1이 치료가 되었지만, 집단 간 차이는 유의하지 않았다. 즉, 정신역동 치료 집단은 CBT 집단만큼이나 효과적이었다. 하지만 대부분의 우울 환자들은 조금 더 긴 치료를 필요로 할지도 모른다. 뇌 기능의 변화에 대한 20개의 연구를 조사한 연구에서 Fonagy와 Lemma(2014)는 정신역동 및 다른 치료에 참여했던 "신체형 장애" 환자들에게서 신경 활동이 정상화되고 우울에 핵심적인 뇌 수용체의 충분한 증가를 확인하였다.

Shelder(2010)는 1980년과 2009년에 정신역동 치료의 효과성을 조사한 여러 편의 메타분석을 검토하여, 정신역동 치료의 효과가 인지행동 치료를 포함한 다른 많은 치료만큼 강력하고 오래 지속된다고 제안하였다. 그는 "치료에서 효과를 만들어내는 요인이 반드시 특정 이론이나 치료 모델에 의해 추정되는 것이 아니다"라며 "무선할당 시도들은 하나의 치료를 패키지로 평가하기 때문에 이론적 전제나 그 이론의 특정 개입들의 효과를 알 수 있는 것이 아니다"(Shedler, 2010, p. 103)라고 주장하였다. 따라서 많은 치료적 접근들이 이론가들의 언급과는 다른 효과적인 변화 방법(예: 관계 구축)을 사용한다. 결과적으로 모든 치료는 잘 수행되면 어느 정도 효과가 있으며, 특정 치료 접근 방식이 효과가 있는지 없는지를 실제로 알기는 어렵다(Hilsenroth, 2014; Shedler, 2010; Wampold & Imel, 2015).

보다 최근에 정신역동의 치료 효과와 관련하여, Fonagy(2015)는 여러 정신 건강 문제(예: 우울증, 불안, 섭식 등)에 대한 광범위한 정신역동적 치료의 효과를 연구하는 메타분석 연구에 참여하였다. Fonagy는 정신역동 이론의 효과를 지지하거나 반박하는 많은 연구들에 여러 가지 결함이 있었지만, 그래도 정신역동적 접근이 "우울증, 불안, 섭식장애 및 신체화 문제를 나타내는 개인에게 도움이 된다"는 결론을 내렸다(Fonagy, 2015, p.144).

그는 또한 정신역동적 접근이 다른 치료법보다 더 효과적인 것으로 나타나지는 않았으며, 특히 효과적이라고 알려진 치료의 요소들을 구현할 수 있는 고도로 훈련받은 유능한 임상가들과 비교하였을 때에도 덜 효과적인 것으로 나타나지도 않았다고 결론 지었다.

요약

이 장에서는 먼저 Freud의 고전적 정신분석 이론을 시작으로 CPT의 선행 이론들 중 일부를 검토하였다. 100년 동안 덜 결정적이고 더 긍정적이며 전체론적인 경향이 있는 많은 관련 이론이 개발되었다. 여기에는 Jung(분석 치료)과 Adler(개인 심리학), Horney, Fromm, Erikson과 같은 신프로이트 학파, Klein, Fairburn 등이 개발한 대상 관계 이론, Kohut이 개발한 자기심리학, 그리고 최근에 개발된 관계 및 상호주관성의 정신역동 이론이 포함된다.

이러한 포스트 정신분석 이론은 우리가 정신역동적 치료 학파라고 부르는 것에 넓게 포함될 수 있다. 우리는 이러한 이론들을 바탕으로 통합적 접근을 수행하는 사람들을 통틀어 최신 정신역동 치료(CPT)라고 부를 수 있다고 제안하였다. 이 이론은 무의식이 의식적인 생각, 감정 및 행동에 영향을 미치고, 다음과 같은 7가지 공통 주제를 수용하는 경향이 있다. 정동과 정서에 중점 두기, 괴로운 생각과 감정의 회피, 반복되는 주제의 확인과 이해, 과거에 대한 토론, 대인관계 문제에 초점 맞추기, 치료사와의 관계 검토, 환상의 세계 이해가 그것이다.

CPT는 인간 행동이 부모와의 상호작용, 사회 및 문화적 영향, 인생에서 중요한 심리치료사 등의 타인들에 의해 자기가 발달하는 방식의 기능이라고 제안한다. CPT는 정신을 의식과 무의식의 마음으로 기능하는 것으로 보고, 정신분석보다 덜 결정적이며, 정신분석에 비해 변화가 비교적 빨리 일어날 수 있다고 믿는다. CPT는 치료사를 관계에 더 많이 관여시키고, 과거가 현재 기능에 중요하다고 가정하며, 과거를 이해하기 위해 내담자와의 관계 구축의 중요성을 강조하고, 자기는 평생 동안 형성되고 변화할 수 있다고 강조한다. 또한 무의식적 요인과 방어를 탐색할 필요가 있으며, 문화적 영향 같은 외부 요인이 내담자의 발달하는 자기에 영향을 미칠 수 있다고 제안한다.

우리는 이 장에서 몇 가지 핵심 개념을 강조했다. 예를 들어, CPT 치료사가 충동과 본능이 무의식적일 수 있고 감지될 수 있으며, 특정 내담자가 중요하다고 생각되는 것에 따라 다양해진다고 보는 관점을 강조하였다. 용납할 수 없는 생각, 감정, 환상을 피하는데 있어 방어기제의 중요성과 자신의 중요한 부분을 수용하는 것을 방해하면 해롭다는 점을 강조하였다. 몇 가지 방어기제에 대한 예를 제시했고, 온전함이란 자신의 방어기제를 이해하고 그것이 어떻게 발생했는지를 탐색하며, 새롭고 더 건강한 생활방식을 구성하는 능력이라고 제안하였다. 또한 중요한 양육자와의 초기 경험을 다른 사람에게 투사하고 치료사에게도 전이하기 때문에, 내담자가 다른 사람들과 "잘못된 연결"을 갖는다고 믿었던 Freud의 관점을 살펴보았다. CPT의 중요한 과정 중 하나는 내담자가 전이 관계를 이해하도록 돕는 것이었다. CPT 치료사는 때때로 내담자가 자신의 전이를 이해하도록 돕기 위해 자신이 내담자를 경험하고 있는 것을 개방하는 방식으로 역전이를 활용한다.

또한 우리는 초기 정신역동 모델이 "독립적인 마음의 신화"를 믿었으며, 반면 많은 CPT 치료사는 마음이 다른 마음과 연결을 추구하고 발전한다는 점을 강조하였다. 따라서 발달 초기의 애착은 개인이 관계를 맺는 방식과 관련이 있으며, 우리가 삶을 살아가는 방식에 대한 지도가 되고, 전이 관계를 통해 입증된다. 그러나 치료적 관계에서처럼 새롭게 발전되는 관계 패턴은 보다 건강한 생활 방식을 야기할 수 있다. 마지막으로 우리는 출생 순서, 심리사회적 영향, 치료사의 편견, 토착 내러티브 이해, 내담자 언어 탐색, 사회적 억압의 영향에 대한 이해와 같은 다문화적 영향을 포함하여 전생애에 걸쳐 다양한 요인들이 개인에게 영향을 미칠 수 있다는 점을 주목하였다.

이 장에서 우리는 몇 가지 중요한 기법들을 강조하였다. 첫째, 우리는 가족 배경이나 외상의 역사, 생물학적 및 건강 문제, 물질 남용 문제, 발달 요인, 외부 스트레스 요인, 다문화적 요인 및 자아강도 등에 대한 정보를 얻는 것을 포함하여 철저한 평가를 수행하는 것의 중요성을 언급하였다. 우리는 내담자와 소통하고, 내담자의 맞은편에 앉으며, 적극적인 경청과 공감을 통해 신뢰할 수 있는 환경을 조성하는 것이 중요함을 강조하였다. CPT 치료사는 부드러운 질문을 사용하여 부드럽게 탐색한다. 내담자는 자유연상을 통해 자신의 깊고 무의식적인 부분에 접근할 수 있으며, 고통스러운 무의식적 과정에 가까워지면 저항할 수도 있다. 이 때 내담자가 자신의 저항이 스스로의 근원적인 문제를 탐색하는 것을 어떻게 방해하고 있는지를 인식하는 것이 중요하다. 또한 꿈이 어떻게 드러날 수 있으며, 잠재된 의미를 가지고 있고, 이것이 무의식적 과정을 반영한다고 설명하였다. 우리는 내담자에게 부정적인 영향을 미치는 초기 관계 패턴을 탐색할 때 전이와 역전이가 활용되는 방식에 주목하였다. 마지막으로 제안, 역기능적이거나 비합리적인 신념에 맞서기, 의식적인 의사 결정 또는 문제 해결, 노출, 자기개방, 긍정, 창의적 기술 및 촉진 기술을 포함하여 상담 과정에서 사용할 수 있는 몇 가지 이차 기법을 간략하게 강조했다.

　　마지막으로는 상담 과정을 살펴보았다. 일반적으로 치료사는 철저한 평가로 시작하여 무의식적인 내용을 공유할 수 있도록 신뢰 관계를 구축하기 위해 노력한다. 치료사는 무의식적인 자료와 초기 관계 패턴을 이해하기 위해 자유연상, 저항 분석, 전이 관계 검사, 꿈 탐색 등의 기법을 사용할 것이다. 치료사의 자기개방은 내담자의 투사가 어떻게 전이 관계를 만들고 초기 관계 패턴을 드러내는지 더 깊이 탐색하는 데 활용될 수 있다. 내담자가 무의식적인 동기, 패턴, 예측을 이해하기 시작하면서 더 의식적이고 온전해지며 삶에서 더 나은 선택을 할 수 있다.

　　CPT와 같은 정신분석 이후의 이론은 개발되었던 당시의 문화와 시대, 장소의 특수성이 반영된 협소한 초점을 갖고 있다는 점에서 비판을 받았지만, 좀 더 현대적인 접근은 점점 더 포괄성을 증가시키는 방향으로 진행되고 있다. 예를 들어 Erikson은 보편적이라고 믿었던 발달 모델을 공식화하였고, 관계적 접근은 다양한 문화에서 애착을 조사하였다. CPT 모델이 내담자를 객관화하는 대신 함께 협업하기를 강조하고, 사람들이 현실을 함께 창조한다고 보는 관점은 다양한 개인들을 포괄하는 것을 반영한다.

　　정신분석과 마찬가지로 CPT는 평가하기 어려운 무의식의 변화와 같은 특성을 다루기 때문에 측정하기 어려운 치료이다. 그럼에도 불구하고, 여러 연구와 메타분석은 CPT 및 관련 치료가 다양한 장애들을 치료하는 데 있어 다른 치료(예: 인지 행동 치료)만큼 효과적임을 보여준다. 또한 뇌 기능의 변화에 대한 최근의 일부 연구는 우울한 개인이 정신역동 치료를 받았을 때 뇌 수용체에 긍정적인 변화를 보여주었다. CPT 및 관련 치료의 긍정적인 결과는 관계를 구축하는 치료사의 능력과 같은 다른 요인에 의한 것일 수 있지만, CPT 관련 있는 어떤 치료나 요인 모두 효과가 있는 것 같다.

핵심어 및 인명

Adler, Alfred	Klein, Melanie	내담자의 언어 검토
Erikson, Erik	Kohut, Heinz	대상관계 이론
Fairburn, Ronald	개인심리학	독립적인 마음에 대한 신화
Freud, Anna	개인적 무의식	명시적 의미
Frued, Sigmund	공감	무의식
Horney, Karen	관계 및 상호주관적 접근들	문화 간 영향
Jung, Carl	기타 기법	방어 기제

분석적 중립성	원형	전이 분석
분석적 치료	의식	정신
비판단적 관계를 형성할 필요성	의식과 무의식의 마음	정신분석
사회적 억압의 영향에 대한 이해	이드	정신역동 치료
사회-정신분석	일곱가지 공통 주제	죽음 본능(타나토스)
삶의 본능(에로스)	자기개방	집단 무의식
삶의 양식	자기심리학	철저한 평가 수행
실존적-인본주의적 관점	자아	초기 애착과 관계 패턴
심리사회적 영향	자유연상	초자아
심리적 유형	잘못된 연결	추동과 본능
애착 치료	잠재적 의미	출생순서
애착의 필요성	저항	치료사의 편견
역전이	저항 분석	콤플렉스
역전이 탐색	적극적 경청	토착 내러티브에 대한 이해
열등감	전생애 발달 8단계 이론	포스트 정신역동적 접근
완벽함 추구	전생애에 걸친 영향	
우월성 추구	전이	

사례연구: Angela가 경험한 최신 정신역동치료

(이 사례연구를 읽기 전에 부록 I에 있는 Millers家 사람들 이야기를 읽으시오)

Angela는 항상 자신이 좋은 엄마, 좋은 아내, 좋은 딸이라고 느꼈다. 그래서 갑자기 남편 Jake가 그녀가 아이들을 충분히 돌보지 않는다고 비난했을 때 약간 당황했다. 아이들이 사고에 가까운 일을 경험하고 나서 Jake는 모든 사람, 특히 아이들의 안전에 대해 점점 더 경계하게 되었고 Angela가 직장을 그만두고 아이들을 가정에서 교육하기를 원했다. 이 부부는 최근 몇 달 사이에 사이가 멀어졌고, 가족 모두가 스트레스 받는 것처럼 보였으며, Angela는 우울해졌다.

Angela는 예전에 치료를 잠깐 받은 적이 있었는데 도움이 되었었다. 그러나 그녀는 더 오래 지속될 수 있는 변화가 생기도록 더 깊은 방식으로 자신을 바라볼 수 있는 무언가가 필요하다고 느꼈다. 그녀는 대학에서 몇 가지 기본 심리학 과목을 수강했고 Sigmund Freud에 대해 읽었으며 정신분석이 그녀를 "치료"할 수 있는지 궁금해졌다. 그래서 치료를 받아 보았던 많은 친구들과 함께 정신분석 치료사를 찾기 시작했다. 그녀는 많은 친구들이 "심층 치료"를 받았지만 순수한 정신분석을 받은 사람은 아무도 없다는 것을 알게 되었다. 친구 중 한 명이 Angela에게 자신의 치료사를 추천하고 싶다고 말했다. 친구는 Angela에게 자신의 치료사가 정신분석과 비슷하지만 대부분의 정신분석가보다 "더 현실적"이라고 말했다. Angela는 시도해 보기로 결심했다.

Angela는 비오는 화요일 아침에 Sophia Drummond 박사의 사무실을 방문했다. 그녀는 비 내리는 날씨가 자신의 기분과 일치한다고 생각했다. 도착하자마자 대기실에 있는 안락한 의자와 소파가 그녀를 반겼다. 곧이어 긴 드레스를 입은 흑발의 여성이 나와서 "Angela?"라고 물었다. Angela는 "네"라고 대답했다. "저는 Sophia Drummond 박사입니다. 저랑 사무실로 들어가실까요?" 그들은 장식품과 현대 미술로 가득 찬 사무실에 들어섰다. 모든 것들이 "얘기하자"고 말하는 것 같았다. Drummond 박사는 Angela에게 첫 번째, 그리고 아마도 두 번째 회기는 다양한 정보를 얻는 데 중점을 둘 것이며 실제 상담은 곧 그 뒤에 시작될 것이라고 말했다. Drummond 박사는 계속해서 자신이 수행하는 치료 유형에 대해 설명했는데, 박사는 이를 신프로이트식 접근법이라고 설명했다.

처음 두 회기 동안 Angela는 두 가지 평가 도구를 사용했다. 하나는 약물 및 알코올 남용을 평가하고 다른 하나는 외상을 평가하기 위한 것이었다. Drummond 박사는 가족력에 대해 자세히 탐색했고 초기 기억을 물어보았다. 박사는 Angela에게 문화적 배경, 발달 문제, 삶에서의 환경적 스트레스 요인에 대해 물었다. 두 번째 회기가 끝날 때 Drummond는 Angela를 바라보며 말했다. "당신은 아주 어렸을 때부터 올바른 여자가되는 법과 다른 사람을 돌보는 법을 배웠던 것 같습니다. 또한, 어린 시절부터 혼혈인, 어머니, 아내, 독립적인 여성이라는 정체성에 대해 고심해 왔던 것이 분명하네요. 당신을 다른 방향으로 밀어붙이는 힘도 있었던 것 같습니다. 당신은 돌보는 사람과 완벽한 아내가 되는 법을 배웠고, 다른 한편으로는 더 많은 것을 경험하고, 자신의 다른 측면을 발견하고, 내재화하기도 하였네요. 우리가 할 수 있는 한 가지는 당신이 억압한 부분, 즉 당신의 다소 알려지지 않은 부분을 살펴보는 것입니다. 우리는 꿈을 탐색하여 이 작업을해볼 수 있고, 어떤 경우에는 여기에서 점토로 창의적인 작업을 할 수도 있습니다."

Angela는 다음 회기를 시작하면서 같이 이야기해 보고 싶은 꿈이 있지만 Drummond 박사가 언급한 점토 작업에 관심이 있다고 말했다. 박사는 "당신의 결정"이라고 말했다. Angela는 재빨리 "점토를 하자"고 대답했고, Drummond는 큰 점토 조각을 가져와서 4피트(약 1.21미터)의 정사각형 플라스틱 테이블 위에 놓고 말했다. "이 점토로 당신이 누구인지 표현해 보세요. 그리고 당신이 살고 싶은 인생도요."

Angela는 약 10분 동안 점토로 작업하고 "다 끝났어요."라고 말했다. Drummond

박사는 "점토가 무엇을 의미하는지 말해 보세요." 라고 말했다. Angela는 다음과 같이 말했다. "음, 여기에는 두 명의 Angela가 있어요. 저기에 있는 Angela는 아이들을 꼭 안고 있고, 다른 한 구석에 있는 Angela는 별을 향해 팔을 뻗고 있어요." "그럼 Jake는 어디 있지요?" Drummond 박사가 물었다. "그는 이 장면에 없어요. 지금 아이들에게 안 좋은 영향을 미치고 있기 때문에 저는 아이들을 그의 근처에 있게 하고 싶지 않아요. 그리고 내가 자유롭게 느껴질 때 그와 함께 있지 않은 상태인 것 같아요. 음.. 이야기를 하다 보니 다시 꿈이 생각나요." 박사는 "꿈에 대해 이야기해주세요."라고 격려했다. "음, 꿈에서 나는 혼자 기차를 타고 있어요. 맞은편에 앉아 울고 있는 아이들을 보고 즉시 애들을 도와주고 싶지만 자제해요. 갑자기 기차가 멈추고 기차에서 내리면서 내가 마치 디즈니랜드 같은 환상의 나라에 있다는 것을 깨달았어요. 아름다워요. 다들 너무 착하고 '너는 자유야, 하고 싶은 거 다 해'라고 말해요. 저는 춤을 추기 시작했는데 갑자기 죄책감이 들어서 울기 시작했어요. 누군가가 내게 다가와서 안아주었고 저는 흐느껴 울었어요. 처음에는 기분이 좋았는데, 그 다음에 저는 그들에게 떨어지라고 말해요. 혼자서 처리할 수 있다고요. 그러다가 잠에서 깨어났어요."

Drummond 박사는 "너무 흥미롭네요."라고 말했다. "당신의 꿈과 점토 작업은 당신에 대해서 많은 것을 말해 주는 것 같아요. 그것들의 의미가 몇 가지로 생각되는데, 당신도 그렇게 생각하는지 궁금하군요." Angela는 속으로 생각하다가 갑자기 "부모님이 날 망친 것 같아요."라고 말했다. "무슨 말이죠?" 박사가 물었다. "부모님은 나를 완벽한 어린 소녀처럼 행동하게 만들었고, 완벽하게 돌보는 사람으로 만들었어요. 너무 완벽해서 나는 결코 내 자신이 될 수 없고 또 재미도 없는 것 같아요." 박사는 "네, 점토와 꿈을 보면 아주 분명해 보입니다."라고 말했다. "나는 그것을 명시적인 의미라고 이야기하고 있는데요, 더 깊은 의미가 있을까요?" Angela는 가만히 앉아 있다가 "지금 생각나는 것은 그게 전부예요."라고 말했다. 박사는 Angela를 잠시 바라보며 말했다. "아실 것 같은데, 나는 당신이 왜 당신을 안아준 그 사람의 사랑을 받지 않았을까 궁금했어요." "흥미롭네요." Angela가 말했다. "나는 나를 돌보아 주는 사람들을 밀어내려고 노력하는 것 같아요." 박사는 "나는 당신의 부모님이 조금 멀게 느껴지고 가끔은 돌보아 주시는 것 같은 모습을 보여주긴 해도 결국에는 곁에 있어 주지 않을 것 같은 느낌을 받았었는지 궁금해요. 대신에, 당신은 항상 다른 사람들을 위해 곁에 있어주었죠."라고 말했다. Angela는 그 말을 들으면서 슬픔이 느껴졌고 흐느끼기 시작했다. 박사는 경청하고 있다가 그녀에게 말했다. "나는 여기 당신 곁에 있어요, Angela."

Angela와 Drummond 박사가 계속 상담하는 동안 Angela는 부모님과의 초기 관계 및 가족에서의 위치에 대해 꽤 많은 시간에 걸쳐 이야기하였다. 그녀는 형제자매를 돌보는 일과 항상 "완벽한 아이"가 되어야 하는 것이 얼마나 숨막히는 것이었는지를 깨달았다. 그녀는 부모님이 자신의 다른 부분을 경험하지 못하도록 허용하지 않은 것에 대해 분노가 있다는 것을 느끼기 시작했다. 상담의 한 지점에서 Angela는 박사에게 분노를 느끼기도 하였다. 그때부터 그녀는 몇 가지 약속을 어기기 시작했다. 박사는 Angela와 대면하여 "당신의 중요한 부분에 가까워지고 있어서 약속을 놓치고 있는 것은 아닌지 궁금하네요."라고 말했다. 박사 또한 Angela에게 "당신이 나에게 화가 나는 이유가 나도 당신의 부모님처럼 당신에 대한 사랑을 저버릴 것이라고 예상해서인지 궁금하네요. 제 생각에는 아마도 당신이 저뿐만 아니라 모든 사람, Jake에게도 똑같이 예측할 것 같아요."

생각해 볼만한 질문

1. Drummond 박사처럼 철저한 평가로 상담을 시작하는 것에 대해, 긍정적인 생각과 부정적인 생각은 무엇인가요?

2. Drummond 박사는 Angela의 삶에서 물질 남용이나 외상 경험을 찾지 못했습니다. 만약에 그런 경험이 있었다면, 상담 과정이 어떻게 바뀌었을 것이라고 생각하나요?

3. Drummond 박사는 Angela와 어떻게 관계를 형성했나요? 박사가 사용한 구체적인 기술은 무엇이었나요?

4. Drummond 박사가 Angela에게 꿈에 대해서 이야기할지 아니면 점토로 작업을 할 지 선택권을 준 이유가 무엇이라고 생각하나요?

5. Drummond 박사는 Angela와의 작업에서 질문을 얼마나 효과적으로 사용했나요?

6. Angela의 꿈에서 명시적으로 드러난 의미와 잠재되어 있는 의미는 무엇이었나요?

7. Angela는 저항을 어떻게 나타났나요? 이 저항의 목적은 무엇이었을까요?

8. Drummond 박사가 구체적으로 언급하지는 않았지만, 박사는 전이에 대해 언급했다. Angela의 전이 관계에 대해 설명해 보세요.

9. Drummond 박사가 Angela에게 "나는 여기 당신 곁에 있어요"라고 말했을 때, 그녀는 전통적인 정신분석가들과 극적으로 달랐다. 그녀가 어떻게 다른지와 왜 그렇게 했는지를 설명해 보세요.

10. Angela의 전이 관계는 삶에서의 대부분의 관계에서 어떻게 드러나나요? Jake와의 관계에

서는 어떻게 반영될 수 있는지 이야기해 보세요.

11. CPT 치료는 다소 긴 경향이 있다. Angela가 얼마나 오래 치료를 받을 거라고 생각하나요? 이유는 무엇인가요?

12. 당신의 삶의 어떤 부분에서 CPT 치료가 도움이 될 수 있다고 생각하나요?

Credits

Fig. 1.1a: Copyright ⓒ 2017 Depositphotos/yacobchuk1.

Fig. 1.1b: Copyright ⓒ Ramspal (CC BY−SA 4.0) at https://commons.wikimedia.org/ wiki/File:Boss_P1.jpg.

2

최신 인간중심상담
Contemporary Person-Centered Counseling

Ed Neukrug and Amber Pope

학습목표

◆ 최신 인간중심상담이 태동하기 전에 발생했던 역사적인 사건들을 학습한다.

◆ 인간 본성에 관한 최신 인간중심상담의 기본 관점인 현상학, 인본주의, 실존주의, 강점 기반 관점을 이해한다.

◆ 최신 인간중심상담의 주요 개념, 즉 실현경향성, 불일치하는 진정성 없는 자기(self), 가치의 조건, 자신에 대한 메시지로서의 증상, 미해결과제, 현상학, 의미만들기, 선택, 보편적 욕구 및 억제된 욕구 등을 이해한다.

◆ 최신 인간중심상담에서 사용하는 기법들을 살펴본다. 존중하기 및 존경하기, 병리화하지 않고 정상화하기, 수용, 공감, 진정성, 질문 사용(기법에는 명료화 질문, 잠정 질문, 선호하는 목표 및 해결 지향 질문), 긍정과 격려, "지금"의 언어 사용하기, 빈의자 기법, 선택을 확인하고 목표 설정하기, 조언 제공 및 상담사의 생각 말하기, 그 밖의 기법들이 있다.

◆ 최신 인간중심상담의 상담 과정을 설명한다.

◆ 최신 인간중심상담의 사회문화적 적용가능성을 살펴본다.

◆ 최신 인간중심상담의 효과를 검토한다.

◆ 최신 인간중심상담의 과정을 보여주는 사례를 제공한다.

최신 인간중심상담의 역사

실존주의−인본주의 치료 및 철학에 기반을 둔 최신 인간중심상담(contemporary person−centered counseling: CPCC)은 특히 **Carl Rogers**의 **인간중심상담 이론**에 의해 주도 되었지만, **실존주의-인본주의 치료**에 대한 **Victor Frankl**의 **개념**, **게슈탈트 치료**에 대한 **Fritz Perls**의 관점, **인본주의 심 리학 및 욕구**에 대한 **Abraham Maslow** 견해, 그리고 **해결중 심 단기치료**와 같은 **강점 기반 접근**에 많은 영향을 받았다(cf. Bohart, 2012; Grogan, 2013).

2007년 상담사들은 20세기 가장 영향력 있는 심리치 료사로 Rogers를 뽑았다(Cook et al., 2009; "The top 10," 2007). 여기에는 많은 이유가 있겠지만, 그가 역설한 상담 의 **핵심 조건**, 즉 **공감, 무조건적 긍정적 존중, 진정성**(Rogers, 1957a, 1980)에 대한 인기가 가 장 큰 몫을 한 것 같다. 이러한 조건들은 훈련프로그램의 핵심이 되었고, 이러한 조건들 을 가르치고 초보상담사들을 훈련시키는 모델들은 번창했다. Rogers에 대한 인기가 부 침을 거듭했지만, 이러한 조건들은 Rogers 접근의 중심으로 남아 있다. 최근 수많은 메 타분석들이 수행되었는데, 이러한 조건들이 긍정적인 내담자 성과를 위해 중요하다는 것 을 확인시켜주고 있다(Wampold & Imel, 2015). 이러한 조건들은 모든 치료에서 발견되는 **공통요인**(common factors)에 필수적이고, 긍정적인 내담자 성과를 내는 데도 중요하다. 따라서 핵심조건들은 치료적인 관계를 형성하는 데 중요한 역할을 하기 때문에 상담을 작동하게 하는 중요한 요인처럼 보인다. 상담 유형에 따라 다른 요인들 또한 중요하지 만, 이러한 핵심 조건들이 효과적인 상담에 기여한다는 것은 의심할 여지가 없다.

내담자중심상담은 실존주의−인본주의 학파의 일원으로 간주된다(Neukrug, 2018). 이 학파의 중심에는 Vitor Frankl이 있다. 수년간 유대인 수용소에 감 금되었던 Vitor Frankl은 수용소에서 의 경험과 자살 경향이 있는 내담 자 및 조현병 증상을 나타내는 내 담자들과의 작업을 토대로 실존주 의 치료인 **의미치료**(logotherapy)를

Carl Rogers를 만나고 싶나요?

Carl Rogers가 이야기하는 자신의 약력과 토막 뉴스를 듣고 싶나 요? 다음 웹사이트에 가면 Rogers와 그의 이론을 이야기하는 캐리 커처를 만날 수 있습니다. https://itsapps.odu.edu/psyadm/ 실 존주의-인본주의 창을 클릭하고 로저스의 사무실로 들어가면 됩니다.

개발했다. Frankl의 생각은 Freud, Carl Jung 등의 정신역동적인 접근에서 크게 변화한 것인데, 그의 견해는 "구 학파" 상담과 비교해서 새롭고, 좀 더 낙관적인 접근으로 그 위상을 차지했다. 특히, Frankl은 개인의 궁극적인 종말(죽음)과 관련된 의식을 획득하는 것의 중요성, 그리고 개인의 목적의식과 의미를 규정함에 있어서 의도적으로 선택하는 것의 중요성을 강조했다. 그는 진정성 있게 살고, 창의성과 자기표현을 통해 세상에 알리고, 어떤 상황에 처해 있건 자신의 태도를 선택할 수 있음을 지각함으로써 의미를 찾을 수 있다고 제안했다(Burton, 2012/2019). Frankl은 과거가 현재 우리의 모습에 영향을 미친다고 믿었지만, 상담은 주로 현재 및 미래에 초점을 맞춰야 한다고 제안했는데, 왜냐하면 현재 우리가 내리는 결정이 현재 우리의 모습을 규정하기 때문이다(Winston, 2015).

실존치료가 발전하고 이어 게슈탈트치료가 등장했는데, 실존치료의 많은 핵심 개념이 게슈탈트치료에 담겨 있다(Batthydiny & Costello, 2015; Conyen, 2015; Perls et al., 1951; Polster & Polster, 1973). Fritz Perls 등이 개발한 이 접근은 좀 더 적극적이고 지시적인데 (directive), 가끔은 부드럽게 하지만 경우에 따라서는 그렇게 부드럽지 않은 방식으로 내담자가 자신의 **현재 존재**를 경험하도록 밀어붙이는 다양한 기법들을 사용했다. 이 기법들은 내담자의 **미해결된 과제**를 해결하기 위한 방법으로 고안되었는데, 미해결과제는 내담자가 인식하지 못하는 방식으로 행동에 미묘한 영향을 미치는 과거의 미충족된 욕구로 정의할 수 있다. 최신 인간중심상담은 게슈탈트치료로부터 몇 가지 중요한 개념들을 빌려왔는데, 특히 현재에 초점을 맞추는 것, 미충족된 욕구가 미해결과제로 이어진다는 믿음, 그리고 미해결과제가 진술하지 않은 존재를 초래한다는 믿음을 공유한다. 비록 게슈탈트치료가 내담자의 미해결과제를 해결하기 위해 많은 기법들을 개발했지만, 최근 인간중심상담사들은 **지금의 언어**(now language)와 **빈의자기법**을 사용한다.

1940년대 인본주의 심리학의 창시자 중 한 명인 Abraham Maslow는 **욕구위계**를 따라 이동하는 것을 촉진하는 환경에 있을 경우 사람들은 자연스럽게 **자기실현**을 하는 방향으로 움직인다는 관점을 제안했다. 내담자가 자신의 타고난 가능성에 이르고, 선함, 전인성(wholeness), 정의(justice), 자기충족(self-sufficiency)과 자율성, 자발성과 같은 특징들을 포용할 때 자기실현에 이른다고 가정한다(Maslow, 1943, 1954). 이렇듯 인간 성장에 대한 긍정적인 접근은 Freud 등이 주장한 결정론적인 관점에 도전장을 내민 것이었고, Maslow의 모델은 전세계적으로 유명해졌다. 특히, 보다 상위의 욕구들이 충족되기 전에 하위 욕구, 예를 들어 음식, 피난처, 안전에 대한 욕구들이 충족되어야 한다는 그의 생각은 일반적인 것이 되었다. 많은 사람들이 Maslow의 긍정적인 관점을 받아들였는데, 좀 더 최근에는 문화마다 욕구의 위계가 다를 수 있다는 주장이 제기되었다(Kenrick et al., 2010). 하지만 어떤 욕구들이 충족되어야 한다는 기본적인 생각은 유지되고 있고, 최신 인간중심상담에서는 내담자를 상담할 때 이러한 견해들을 수용한다. 또한 최신 인간중심 상담에서는 내담자가 제도적인 억압과 차별, 인종차별에 처해 있을 경우 옹호(advocacy) 활동 또한 중요하다고 제안한다.

최근에는 해결중심 단기치료(solution-focused brief therapy: SFBT)가 인기를 얻었다. 이 접근은 강점에 기반한 긍정적인 접근으로서, 상담은 주로 최근 및 미래 중심적이어야 하고, 문제가 아니라 해결에 초점을 맞추어야 하며, 내담자를 비교적 짧은 기간 동안 만나야 한다고 주장한다(Ellerman, 1999; McAuliffe, 2019). 비록 최신 인간중심상담에서는 SFBT처럼 단기상담을 수행하지는 않지만, 전통적인 심리역동치료와 비교하면 상대적으로 짧은 기간 상담을 진행한다. 또한 SFBT는 내담자의 성장과 목표를 향한 움직임을 촉진할 수 있는 강점 기반 질문들을 사용한다. 가령 "저희 상담이 끝날 무렵에 어떤 일이 일어나면 좋을까요?"라는 질문을 통해 내담자가 자신의 미래를 내다보게 하고 목표를 설정하도록 촉진한다. 인간중심상담사들 또한 이러한 질문을 사용하고 있다.

많은 상담사와 심리치료사들은 교육 및 훈련프로그램에서 인간중심상담, 실존치료, 게슈탈트 치료를 배운다. 오늘날에는 이러한 접근 중 하나만 사용하는 실무자들은 거의 없다. 이 장에서는 인간중심상담, 실존치료, 게슈탈트치료의 많은 관점뿐 아니라 SFBT의 관점 또한 부분적으로 수용하고 있는 최신 인간중심상담을 이야기하고자 한다. 최신 인간 중심상담은 좀 더 현실적이고, 실존주의-인본주의적 관점을 지지하는 많은 실무자들의 견해를 통합하고 있으며, 실존주의-인본주의적 철학과 맥을 같이 하는 다른 치료들을 차용하고 있다. 이제 최신 인간중심상담에 관해 살펴보도록 하자.

인간 본성에 대한 관점

내 경험상 사람들은 본래 가지고 있는 특징이 있는 것 같다. 이러한 특징을 묘사하는 용어로는 긍정적인, 앞으로 나아가는, 건설적인, 현실적인, 신뢰할 만한, 이런 것들이 있다(Rogers, 1957b, p. 200).

최신 인간중심상담은 **현상학적**이고, **인본주의적**이며, **실존적**이고, **강점에 기반**을 둔 상담 접근이다. 현상학적 관점을 취하기 때문에 상담사는 내담자의 세계관을 수용하고, 또한 방금 전 인용했던 것처럼 상담사는 사람들이 **본질적으로 긍정적이고, 미래를 향해 내다보며, 자신의 현재를 구성하고 또한 재구성하는** 능력을 갖추고 있다고 믿는다(Crocker & Philippson, 2005; Moreira, 2012; Rogers, 1980). 이런 상담사의 특징 때문에 내담자는 자신의 경험을 자유롭게 탐색할 수 있고, 자신이 선택한 방향으로 상담회기를 이끌어 갈 수가 있다. 전신인 **내담자중심상담**에서처럼 최신 인간중심상담 접근을 따르는 상담사들은 **비지시적**이면서 **내담자가 중심**이 되게 하는 기술들을 사용한다.

최신 인간중심상담은 **인본주의**에 영향을 받은 **반결정론적**(anti-deterministic) 접근이어서 사람들이 **실현경향성**을 가지고 있다고 가정하는데, 올바른 조건하에서 사람들은 가지고 태어난 재능과 능력, 기질, 존재의 방식을 실현한다고 믿는다(Bazzano, 2017; Rogers, 1951). 꽃처럼, 영양분이 많은 환경에 있을 때는 성장이 확실하지만, 유독한 환경에 처할 경우 성장의 기회는 감소한다. 영양분이 많은 또는 돌보는 환경에서 상담사는 내담자를 **존중하고 존경하며**, 내담자를 **수용**하고, **공감적인** 반응들을 사용하고, 내담자의 증상을 **병리화하는 것이 아니라 정상적인 것으로** 간주한다(Winston, 2015).

최신 인간중심상담을 따르는 상담사들은 일반적으로 **가치의 조건**(conditions of worth)이 사람들에게 부여된다고 가정하는데, 이런 가치의 조건은 아주 어린 나이에 부여되고, 자기 자신이 되기보다는 다른 사람들이 원하는 사람처럼 행동하게 만든다(Bohart, 2017; Rogers, 1959). 주요 타인으로부터 **인정받고 싶은 욕구**가 너무도 크기 때문에, 사람들은 자신의 진정한 모습과 **불일치하는** 삶의 방식들을 발전시키고, **진정한 자신**의 모습이 아니라 타인이 원하는 모습이 되려고 한다. 이런 **가짜 자기**(false self)는 (겉으로 드러나는) 행동과 자신이 실제 어떤 사람인지에 대한 내면의 의식 간 불일치로 인해 불안, 우울, 신경증, 정신병리 또는 다른 종류의 정신건강 문제들을 경험하게 된다. 그러나 신뢰할 수 있는 상담분위기가 조성되어 내담자가 자신이 누구인지 분명하게 인식할 수 있다면, 내담자는 자신의 증상이 **불일치하고 진정성 없는** 삶을 살고 있다는 신호임을 알게 된다.

최신 인간중심상담에서는 사람들이 **보편적인 욕구**(예: 음식, 거주지, 안전, 관계, 자기존중감, 자기실현)와 **억압된 욕구**(예: 학대적인 부모로부터 사랑받고 싶은 욕구)를 가지고 있으며, **충족되지 않은 욕구**들이 **미해결과제**를 초래한다고 가정한다(Conyen, 2015; Perls et al., 1951; Polster & Polster, 1973). 따라서 상담사의 역할 중 하나는 내담자의 욕구를 다루는 것이다. 욕구의 중요성은 문화적인 배경에 영향을 받는데, 내담자의 특정 욕구의 중요성을 이해할 필요가 있다(Kenrick et al., 2010). 예를 들어, 어떤 문화에서는 자율성에 대한 욕구가 소속 욕구보다 우선시된다. 체계적인 억압과 차별이 특정 욕구를 충족시키는 데 영향을 미칠 경우 상담사는 좀 더 **옹호하는 역할**을 취할 수 있다.

실존주의 관점에서 최신 인간중심상담을 취하는 상담사들은 내담자가 점점 더 자신의 불일치함을 인식할수록 삶에서 더 나은 **선택**을 할 수가 있고 더 **일치된** 삶을 살 수 있다고 믿는다. 일치하는 삶을 산다는 것은, 생각과 느낌, 행동이 서로 조화를 이루고, 자신이 가지고 태어난 본래의 재능과 능력, 기질, 존재의 방식과 일치하는 삶을 사는 것을 의미한다(Rogers, 1959, 1961; Winston, 2015). 선택 또한 사람들이 삶에서 어떤 의미를 만들고 목표를 정의하는지와 밀접한 관련이 있다. 따라서 더 좋은 선택을 하게 되면 삶에서 더 나은 의미와 목적의식을 갖게 된다. 또한 사람들이 더욱 일치할수록(congruent), 선택이 어떻게 자신뿐 아니라 세상에 영향을 미치는지 더 잘 이해할 수 있게 되어 **책임 있게 선택**하게 된다.

마지막으로, 최신 인간중심상담은 강점에 기반을 두고 있는데, 선천적으로 병리가 존재한다고 가정하지 않으며, 과거가 미래를 결정한다고 가정하지 않고, 현재와 미래에 긍정적인 변화를 추구한다. 최신 인간중심상담은 과거 문제를 반복적으로 이야기하는 것이 아니라 **지금-여기**에 초점을 두는데, 내담자가 긍정적인 방향으로 나아가도록 선호하는 목표를 묻고 해결 지향적인 질문들을 사용한다.

핵심 개념

최신 인간중심상담의 기초가 되는 주요 개념들은 Rogers, Frankl, Perls, Maslow의 생각을 차용했거나 수정한 것들이다. 이러한 개념에는 **실현경향성, 가치의 조건, 자신에 대한 메시지로서의 증상, 미해결과제, 현상학, 의미 만들기, 선택, 보편적 욕구** 및 **억제된 욕구**가 있다.

실현경향성

사람에게는 타고난 또는 내재된 재능과 능력, 기질, 존재 방식이 있다. 사람들은 (Rogers가 **무조건적 긍정적 존중**이라고 부른) 따뜻함, 공감, 수용이 가득한 환경에 놓이면, 이러한 특징들이 온전히 나타나고, 그 사람은 **진정한** 또는 **실재**(real) **자신**의 모습으로 발전한다(Ismail & Tekke, 2015). 그러나 유독한 환경에 놓일 경우, 가령 가치의 조건이 부여된 환경에 있을 때, 사람들은 자신을 실현하지 못한다.

가치의 조건

가치의 조건(conditions of worth)은 어떻게 생각하고 행동하며 느껴야 하는지에 대한 조건들을 부지불식간에 또는 드러내놓고 요구할 때 발생한다(Proctor, 2017; Rogers, 1959). 모든 사람들에게는 **타인으로부터 인정받고 싶은 욕구**가 있기 때문에(Rogers, 1959), 자신의 삶에서 중요한 위치를 차지하는 사람이 가치의 조건을 부여할 때, 사람들은 사랑하는 사람들로부터 사랑과 인정을 받기 위해 자신의 타고난 재능과 능력, 기질 및 존재 방식과 불일치하는 방식으로 행동하게 된다. 이로 인해 **불일치하는** 또는 **진솔하지 않은 자기**가 발달하게 된다(다음 절을 참조할 것). 불일치는 불안, 우울, 또는 다른 정신건강 문제들을 초래할 수 있다(상자 2.1 참조).

상자 2.1 Jaime와 가치의 조건

아래에는 Jaime의 사례가 제시되어 있다. 비록 가상의 사례지만 지난 몇 년 동안 사람들로부터 들어왔던 수많은 이야기와 닮아 있다. Jaime에게 영향을 준 가치의 조건들을 확인하고, 트랜스젠더 내담자 또는 남성/여성이 아닌 다른 젠더를 가진 내담자들에게 영향을 미칠 수 있는 가치의 조건들을 생각해 보자. 비록 이 사례가 극적이기는 하지만, 가치의 조건은 모든 사람들에게 매우 미묘한 방식으로 발생한다는 점을 기억할 필요가 있다.

태어날 때 Jaime의 생물학적 성은 남성이었다. 그러나 Jaime가 말을 할 수 있게 된 이후로 Jaime는 자신을 여성으로 인식했다. Jaime는 여자아이의 옷을 입는 것을 좋아했고, 주로 여자아이들과 놀았으며, "나는 여자에요, 남자가 아니에요."라고 말하곤 했다. 처음에 Jaime의 부모님은 Jaime의 이런 행동을 귀엽게 여겼지만, Jaime가 서너 살이 되었을 때는 뭔가 아이에게 잘못이 있다고 생각하기 시작했다. 그때부터 부모님은 Jaime에게 남자아이의 옷을 입혔고, Jaime가 자신을 여자아이라고 말할 때 화를 냈으며, 여자아이의 행동을 하면 문제가 생길 거라고 말하곤 했다. Jaime는 나이가 들면서 계속해서 자신을 여자라고 생각했다. 그러나 부모님의 강요 때문에 남자아이로서의 삶을 살았다. 겉으로는 남자아이처럼 행동했지만, 내적으로는 뭔가 잘못되었다고 느꼈다. Jaime는 자신을 여자로 생각하고 있다는 것을 잊곤 했지만, 때로는 뭔가 잘못되었다고 느꼈다. 고등학교에 들어가면서 Jaime는 남몰래 여자 옷을 입기 시작했고, 고등학교 졸업 후 남자와 관계를 가지면서 여자처럼 행동했다. Jaime는 여성과 결혼했다. Jaime는 부인을 깊이 사랑했지만, 뭔가 옳지 않은 것처럼 느꼈고, 부인에게 자신의 감정을 개방하는 것이 두려웠다. 결혼한 후 몇 년이 흐른 다음 Jaime는 상담을 받기 시작했다. 여기서 Jaime는 늘 자신을 여성으로 인식했다는 것을 깨달았고,

부모의 압력 때문에 남자로서의 삶을 살아왔으며, 현재 살아가고 있는 삶의 방식이 전혀 행복하지 않다는 것을 알게 되었다. Jaime는 서서히 부인에게, 친구들에게, 가족에게 자신의 진정한 모습을 개방했다. 이것은 느리고 고통스러운 과정이었지만, 궁극적으로 Jaime는 자신의 정체성을 트랜스젠더 여성으로 인식하고 자신의 모습에 편안함을 느끼게 되었다.

불일치하는, 진정성 없는 자기

가치의 조건이 부여될 때 그 사람은 불일치하거나(incongruent) 또는 진정성이 없게 된다(inauthentic). 이 경우 주요 타인들로부터 존중받고 싶은 욕구가 너무 크기 때문에, 사람들은 자신의 생각과 느낌, 행동과 일치되는 방식이 아니라 다른 사람들이 원한다고 생각되는 방식에 따라 행동하게 된다. 가치의 조건은 독이 되는 환경의 산물인데, 주변 사람들이 자신을 비하하고, 비난하고, 흠 잡고, 판단하며, 저주하고, 인정하지 않는 등의 행동을 할 때 발생한다(Rogers, 1959; Worth & Proctor, 2017). 최신 인간중심상담의 주요 목표는 내담자가 자신에게 부여된 가치의 조건들을 이해하도록 돕고, 진정성 없고 불일치하는 존재에서 **진정성 있고 일치하는 존재**로 나아가도록 돕는 것이다.

자신에 대한 메시지로서의 증상

사람들이 불일치할 경우, 타고난 재능과 능력, 기질 및 존재 방식에 반하는 방식으로 삶을 살아간다. 이것은 진정한 자신이 아니다(Ismail & Tekke, 2015). 가벼운 형태의 불일치는 불안감으로 경험될 수 있는데, 삶에서 무언가 잘못되었다는 것을 미묘하게 전달한다(Rogers, 1957b). 극단적인 형태의 불일치는 밖으로 표출되건 아니면 내부로 향하건 주요 불안 및 우울, 또는 다른 심각한 정신건강문제로 이어질 수 있다. 거의 모든 사람들이 아동기에 주요 타인들로부터 또는 현재의 파트너와 친구들로부터 가치의 조건을 경험한다. 따라서 있는 그대로의 모습이 되고 싶은 욕구와, 자신에게 자연스럽지 않은 방식으로 행동할 것을 요구하는 주요 타인들로부터 사랑과 인정을 받고 싶은 욕구 사이에서 균형을 잡으려고 애쓸 때, 사람들은 자연스럽게 어느 정도의 불안과 불편함을 경험하게 된다. 어린 시절 가치의 조건이 부여되었고, 그러한 조건을 요구했던 사람이 현재 주변에 없음에도 불구하고 조건에 부응하며 삶을 살아갈 때, 내담자는 이러한 초기 조건 때문에 자신이 불일치하는 삶을 살아가고 있음을 이해할 필요가 있다.

타인이 이전과는 다르게 행동하기를 원하는 것은 매우 자연스러운 일이다. 그러나 다른 사람을 변화시키려고 시도할 경우 그것은 그 사람에게 가치의 조건을 부여하는 것이다. 우리는 모든 관계에서 서로에게 부여된 가치의 조건들을 발견한다. 내담자는 상담을 통해 자신에게 부여된 가치의 조건들을 이해할 수 있고, 그런 조건들을 줄일 수 있는 전략을 발전시킬 수 있다. 조건들이 상대적으로 가벼운 것이라면, 사람들은 그것이 성가시다고 느낄 것이다. 이때 사람들은 자신의 생각을 표현하는 법을 배우고 차이가 발생할 때 상대방을 존중하면서 합의된 결정에 이를 수 있어 결국 관계가 향상된다. 그러나 가치의 조건이 클 때("그런 식으로 행동하지 않는 게 좋을 거야. 안 그러면 너를 때릴거야."), 당사자들이 서로의 이야기를 들을 수 있기까지 좀 더 장기적인 상담이 필요하다. 어떤 경우에는 그런 조건과 요구를 벗어나기 위해 관계를 정리해야 할 수도 있다(상자 2.2 참조).

상자 2.2 자신에 대한 메시지로서의 증상

우리는 모두 가치의 조건들을 가지고 있다. 가치의 조건은 가벼운 정도의 불편감에서부터 상당히 심각한 우울 및 불안을 초래한다. 아래 제시된 빈 공간에, 당신에게 가치의 조건을 부여한 사람들과 그로 인해 당신을 힘들게 했던 증상들을 적어보시오(아래에 사례를 제시하였다). 당신이 적은 것을 다른 학생들과 공유해 보시오.

인물	가치의 조건	증상
엄마	절대 화를 내지 마라.	좌절/대화 단절
아빠	포옹하지 마.	신체 접촉에 엄격함/사람들과 가까워졌을 때 불안해 함

미해결과제

미해결과제는 **충족되지 않은 욕구**의 산물로서, 해결되지 않았다는 느낌을 남긴다 (Mann, 2010; Wollants, 2012). 충족되지 않은 욕구들은 종종 발달초기에 발생하는데, 아동에게 부여된 가치의 조건에서 비롯된다. 예를 들어, 아버지로부터 사랑을 받지 못한 사람은 충족되지 않은 욕구를 지닌 채 살아가게 된다. 일반적으로 이런 욕구들은 경험의 배경에 위치해서 미묘하지만 강력한 방식으로 한 사람의 삶에 영향을 미치게 된다. 사람들은 충족되지 않은 욕구를 보상하기 위해 무수히 많은 **보상 전략**을 고안해내고, 이를 통해 중요한 욕구가 충족되지 않아 발생하는 고통을 피하려고 한다. 예를 들어, 아버지의 사랑을 갈망하는 사람은 지나치게 과음을 할 수 있고, 지나치게 일을 많이 하거나, 또는 아버지를 대신할 수 있는 인물을 찾기 위해 맹목적인 노력을 기울일 수 있다. 따라서 상담 목표 중 하나는 미해결된 과제를 전경(foreground)으로 가져와서, 미해결된 욕구로 인해 발생한 상처를 치유하는 것이다. 이를 통해 내담자는 점점 일치하는 모습이 된다.

현상학

최신 인간중심상담사는 내담자와 상담을 할 때 현상학적 관점을 취한다. 이는 상담사가 내담자의 주관적 세계관을 수용하고 내담자가 이야기하는 것에 대해 외부의 의미를 부여하지 않는다는 것을 의미한다(Crocker & Philippson, 2005; Moreira, 2012). 다시 말해, 상담사는 내담자의 행동이나 생각을 해석하지 않고, 내담자가 말하는 것이 그들이 제시하고 있는 것과 다른 무언가를 의미한다고 가정하지 않으며, 내담자가 표현하고 있는 경험을 판단하지 않는다는 것을 의미한다.

상담사를 포함한 대부분의 사람들은 세상을 이해하는 특정한 방식과 스스로 옳다고 믿는 신념체계에 따라 성장했기 때문에, 현상학적인 입장을 취하기 위해서는 연습이 필요하고, 자신의 편견에서 벗어나야 하며, 내담자의 언어적/비언어적 경험을 중립적으로 담아내는 용기가 필요하다. 즉, 상담사는 내담자가 하는 말을 판단하지 않고 받아들여야 하고, 내담자의 말이 내담자의 진실된 경험이라고 가정해야 한다. 이것은 모든 내담자에게 해당되며, 내담자의 경험은 모두 다르기 때문에, 상담사는 **상대주의**(relativism)를 취해야 하는데, 사람들은 각자 다른 진리를 가지고 있고, 각각의 진리는 각각의 사람들에게 정확하다고 가정한다. 이는 상담사가 다른 내담자들로부터 **복수의 관점**을 들을 수 있는 능력을 가지고 있음을 의미하는데, 동일한 내담자가 다른 관점을 가질 수 있고 자신 안에서 서로 다른 진실을 보기도 한다. 사람들은 나이가 들수록 교육을 더 많이 받을수록, 사람들과 교류하면서, 사람마다 현실을 다르게 지각하고 있음을 이해하면서, 상대적이 되는 일은 점점 더 쉬워진다. 그러나 젊은 사람들 중에서도 상대적인 관점을 취하는 사람들이 많고, 노인 중에서도 이분법적인 관점으로 세상을 옳거나 틀리다고 지각하는 분들이 있다.

의미 만들기

인간이 할 수 있는 가장 중요한 일 중 하나는 삶에서 의미 또는 목적을 창조하는 것이다(Batthydiny & Costello, 2015; Frankl, 1946/2014; Rubin, 2015). 그러나 이러한 목적은 자신의 자연적인 또는 타고난 재능과 능력, 기질 및 존재 방식을 이해할 때 온전히 달성될 수 있다. 하지만 가치의 조건 때문에, 그리고 그것이 초래하는 불일치하는 자신으로 인해 이런 특성들은 종종 가려지는데, 자신의 진정한 모습을 확인한 이후에 더욱 새롭고 의미 있는 선택을 할 수 있다. 또한 좀 더 일치된 모습을 찾아가면서, 사람들은 자신을 위해 했던 선택과 그러한 선택이 어떻게 다른 사람들, 그리고 궁극적으로는 세상에 어떤 영향을 미쳤는지를 보기 시작한다. 업보(karma)라는 개념과 유사하게, 서투른 선택은 부정적인 결과를 초래하는 반면, 일치된 자기가 한 선택은 긍정적인 결과로 이어진다. 또한 긍정적인 결과는 많은 사람들에게 영향을 미치는데, 우리가 인식하는 것 이상으로 영향을 미친다(상자 2.3 참조).

상자 2.3 나비효과

1972년 기상학자인 Edward Lorenz는 한 연설에서 브라질에 있는 갈매기가 날개를 퍼덕이면 텍사스에 태풍이 온다는 증거를 제시했다(Hilbon, 2000). 어쨌든 이것은 나중에 "나비효과"로 알려지기 시작했고, 나비의 날개가 어떻게 미국의 기후에 영향을 미칠 수 있는지로 바뀌었다. 요점은 세상의 한쪽에서 한 가장 작은 행동이 세상의 다른 쪽에 살고 있는 사람들에게 영향을 미칠 수 있다는 것이다. 우리가 하는 모든 행동이 우리 주변에 있는 사람들, 그리고 어떤 방식으로건 이 세상에 영향을 미칠 수 있음을 인식하게 되면, 우리 행동이 가지는 책임을 무겁고 겸손하게 받아들이게 된다. 우리가 이 세상에 진정한 평화와 조화를 가져올 수 있으려면 이러한 개념을 받아들여야 한다. 우리 각자가 나비효과를 믿어야 타인에 대한 우리 행동의 영향을 이해할 수가 있다.

선택

자신의 불일치함을 점점 더 인식하게 되면서 사람들은 좀 더 진솔하고 의미 있는 삶을 살 수 있는 방법을 생각하게 된다(Rogers, 1961). 사람들은 진정한 자신의 모습과 부합하는 행동을 하게 되는데, 이때 삶에서 다양한 변화가 일어난다. 가령 새롭고 좀 더 일치하는 정체성을 받아들이거나(예: 자신의 성정체성을 숨겨온 사람이 커밍아웃을 결심함), 관계에서 자신을 주장하고(예: 늘 연인에게 양보했던 사람이 자신이 하고 싶은 것을 이야기하기 시작함), 가까운 사람들과 새로운 대화를 시작하며(예: 더 이상은 다른 사람들에게 독한 말을 하지 않겠다고 이야기함, 또는 좀 더 의미 있는 삶의 부분들을 공유함), 자신의 신념에 부합하는 사회적인 활동에 관여하기 시작한다(예: 인권을 옹호하는 활동에 참여함). Rogers는 사람들이 점점 더 일치될수록 마치 다른 선택이 없는 것처럼 그 사람의 선택은 더욱 더 명료해진다고 주장했다(Winston, 2015). 이런 사람들은 자신의 실제 모습에 주파수를 맞추고 있기 때문에, 자신의 선택에 대해 분명히 알고 있다.

보편적 욕구, 억압된 욕구

보편적 욕구

20세기 중반 Abraham Maslow(1943, 1954)는 보편적인 인간의 욕구에는 위계가 있고, 사람들은 상위의 욕구를 충족하기 전에 하위의 욕구를 추구하는 경향이 있다고 주장했다(그림 2.1). 이후 진행된 연구에서 욕구위계는 문화마다 다를 수 있고, 다른 욕구들(예: 친교, 양육 등) 또한 중요한 것으로 나타났지만(Kenrick et al., 2010), 상담 전략을 결정하는 데 있어서 한 개인의 욕구를 이해하는 것은 여전히 중요하다.

보편적 욕구는 유동적인데, 삶의 특정 시점에서는 상위욕구(예: 높은 자기존중감, 자기실현)를 실현하기 위해 힘쓰고, 이후에는 하위욕구(생리학적 욕구, 안전 욕구: 의식주 등)를 충족시키기 위해 애쓸 수 있다. 상담사는 내담자의 개인적인 욕구위계를 확인하고 이러한 욕구에 기초해서 목표를 설정해야 한다. 주거지가 없는 내담자는 사회복지시설로 의뢰해야 하고, 내담자 자신을 옹호하는 법을 배워야 하며, 주거지를 얻는 데 상담사가 도움을 제공해야 한다. 반면, 낮은 자기존중감 때문에 힘들어 하는 내담자의 경우에는 좀 더 전통적인 상담이 필요할 수 있다.

그림 2.1 Maslow의 욕구 위계

억압된 욕구

주요 타인들이 가치의 조건을 부여해서 특정 욕구가 억압되는 경우가 있다. 이때 그 욕구는 인식 밖, 즉 "무의식" 속으로 들어간다(Yonteff, 1976). 예를 들어, 자신을 게이로 경험하고 있는 아동은 평소 주변 사람들로부터 그런 방식으로 느끼고 행동하지 말라고 듣게 되는데, 이 아동은 주요 타인들로부터 수용받고 싶기 때문에 동성 간 동반자관계에 대한 욕구를 억압할 수 있다. 이 아동은 상담을 통해 억압되어 온 자신의 일부분을 되찾을 수 있고 좀 더 진솔한 삶을 살아갈 수가 있다.

기법

최신 인간중심상담사는 인간중심상담, 실존치료, 게슈탈트치료, 해결중심상담 및 기타 다른 관련 치료에서 사용하는 기법들을 활용한다.

이러한 기법에는 **존중하고 존경하기, 병리화하지 않고 정상화하기, 수용, 공감, 진정성, 질문**(명료화 질문, 잠정 질문, 선호하는 목표 및 해결 지향 질문), **긍정 및 격려, '지금' 언어 사용하기, 빈의자기법, 선택과 목표 설정 확인하기, 조언 제공 및 상담사의 생각 말하기, 기타 기법**이 있다.

존중하고 존경하기

내담자를 존중하고 존경하는 것(honoring and respecting)은 내담자가 가치 있는 사람이라는 것과 내담자가 밟아온 삶의 독특한 궤적을 상담사가 이해하고 있다는 것을 내담자에게 알리는 것이다(Gold, 2008; Jansson, 2016; Sung & Dunkle, 2009). 이러한 존경심은 상담사가 친절하고 따뜻하며 비판단적이고 긍정적일 때 조성되고(Hough, 2014), 수용하는 눈맞춤과 긍정하는 "네, 그렇군요"라는 반응으로, "당신과 함께 있어요, 이해합니다"라고 말하는 고개 끄덕임으로, 내담자가 가치 있는 사람이라는 것을 확인시켜주는 다른 형태의 비언어적 행동 또는 짧은 언어적 진술을 통해, 그리고 좋은 경청자가 됨으로써 보여줄 수 있다. 내담자를 존중하고 존경하는 것이 무엇인지 이해하고자 한다면, 당신이 익숙하지 않은 문화권에 가서 이제 막 경험하려고 하는 차이점에 관해 존경심을 보이고 싶을 때 과연 어떻게 행동하는 것이 바람직한 것인지를 생각해 보면 도움이 된다.

병리화하지 않고 정상화하기

내담자를 존중하고 존경하면, 내담자의 증상을 병리화하기보다는 정상화하는 과정이 수반된다(Winston, 2015). 내담자들은 종종 다양한 증상을 보고하는데, 이러한 증상들은 DSM-5에서 찾아볼 수 있다. 그러나 인간중심상담사는 자동적으로 DSM-5를 참고하는 것이 아니라, 내담자의 증상이 가치의 조건과 내담자가 당면했던 삶의 문제들에 대한 자연스럽고, 기능적이면서, 합리적인 반응으로 이해한다(Bohart, 2017). 그렇다고 해서 잠재적으로 존재하는 정신장애의 생물학적이고 유전적인 원인을 배제한다는 것은 아니다. 다만, 잠재적인 원인 외에 다른 차원을 추가하는 것이다. 예를 들어, 어떤 상담사들에게는 '저항'으로 비칠 수 있는 것이, 최신 인간중심상담사들에게는 내담자가 과거 경험 때문에 관계에서 어쩔 수 없이 취하는 반응으로 간주될 수 있다. 이런 맥락에서 저항이 이해될 수 있고 심지어 귀하게 간주될 수도 있다. 마찬가지로, 우울한 내담자가 호소하는 슬픔은, 본질적으로 내담자에게 뭔가 잘못이 있어서 결코 나아질 수 없는 징후가 아니라, 내담자의 삶에 관해 내담자에게 보내는 메시지로 간주될 수 있다. 또한 냉소적인 내담자는 그렇게 회의적이어야 한 이유가 있는 사람으로 보일 수 있고, 따라서 상담사의 목표는 이 내담자가 왜 이런 태도를 가지고 있는가를 이해하고 그것을 존중하는 것이다. 내담자의 느낌과 태도를 수용하는 것, 내담자가 살아온 맥락을 이해하는 것, 그리고 내담자를 돕고자 하는 욕구를 갖는 것이 상담사의 목표다.

수용

수용(acceptance)은 다른 사람이 자신의 견해를 표현하도록 허용하고 그 사람을 변화시키려는 욕구를 느끼지 않는 능력이다. Rogers(1957a)는 이러한 능력을 '무조건적 긍정적 존중'이라 불렸는데, 수용하는 사람은 **비판단적**이면서 **독단적이지 않고**, 타인의 관점을 이해하는 것에 열려 있으며, 피드백에 열려 있고, 심지어 다른 관점을 들은 후에 세상에 대한 관점을 바꾸는 데에도 개방적이다. 이들은 문화적 유산과 가치 및 신념이 상이한 사람들을 수용할 수 있다. 반면, 수용 능력이 부족할 경우 경청하는 것이 방해받고, 타인을 바꾸려고 시도한다. 초보상담사들은 대화 도중 자신의 관점과 편견이 올라올 때 수용하는 법을 연습해야 한다. 경험이 쌓일수록 상담사는 자신의 개인적 가치와 상담 관계를 분리해서 비판단적인 분위기를 제공할 수 있게 되는데, 이때 내담자는 자신의 마음속에 무엇이 있건 이야기할 수 있는 자유를 얻게 된다. 수용은 듣는 사람의 개인적인 관점에 의해 걸러지지 않는 경청으로 표현될 수 있다. 연구를 통해, 수용이 경청자가 되는 능력과 관련이 있고, 긍정적인 내담자 상담성과에 영향을 미친다는 것이 밝혀졌는데(Laska et al., 2014), 놀라운 일도 아니고 얼마든지 예상할 수 있는 결과이다.

공감

공감의 상태 또는 공감적인 것은 "마치 무엇인 것처럼"이라는 조건을 잊지 않으면서, 마치 그 사람이 된 것처럼 정서적인 요소와 의미를 고려하면서 그 사람의 내적인 참조기준을 정확히 인식하는 것이다(Rogers, 1959, pp. 210-211).

공감은 기술(skill)이자 갖춰야 할 자질(quality)로 간주되는데, 최신 인간중심 상담사가 사용하는 가장 귀중한 도구이다. 공감적인 사람들은 타인의 견해를 깊이 이해하고, 타인의 경험을 느끼고, 감지하며 맛볼 수 있다(Bayne & Neukrug, 2017). 또한 공감적인 사람들은 타인의 경험을 이해했다는 것을 정확히 알린다. 공감은 상담관계에서 중요한데, 공감을 통해 작업동맹이 형성되고 내담자의 정보를 이끌어내는 데 도움이 된다(Egan & Reese, 2019). 연구를 통해 공감의 중요성이 확인되었는데, 상담 이론과 상관없이 공감은 긍정적인 상담성과를 도출하는 데 있어서 가장 강력한 요인 중 하나로 알려져 왔다(Elliot et al., 2011; Laska et al., 2014; Norcross, 2011). 현재 대부분의 이론에서 공감을 변형해서 사용하고 있지만, 공감은 주로 실존주의-인본주의 이론, 특히 전통적인 인간중심상담과 관련이 있는데, 그 이유는 이러한 접근들이 내담자를 현상학적인 관점으로 바라보기 때문이다.

20세기 동안 Rogers의 인기, 그리고 그가 공감 사용을 강조한 탓에 공감을 측정하는 수많은 척도들이 개발되었다. 그중 Carkhuff 척도가 광범위하게 사용되었다(Carkhuff, \2009; Cormier, Nurius, & Osborn, 2013; Neukrug, 2017b; Neukrug, 2019). Carkhuff 척도는 1점부터 5점까지 분포하는데, .5점씩 증가한다. 3점 미만의 점수는 **공감적이지 않은** 것으로 해석하고, 3점은 **기본 공감**(basic empathy)으로, 3점 이상은 **심층 공감**(additive or advanced empathy)이라고 부른다(그림 2.2).

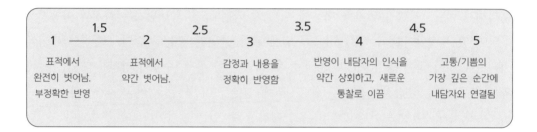

그림 2.2 Carkhuff 척도

Carkhuff 척도에서는 1수준과 2수준을 그 사람이 말하고 있는 것에서 벗어난 반응으로 정의한다(예: 조언 제공하기, 부정확한 감정이나 내용을 반영하기). 즉, 1수준은 표적에서 벗어난 반응이고 2수준은 약간 벗어난 반응이다. 반면, 3수준의 반응은 내담자가 말한 감정과 의미를 정확히 반영한 것이다. 4수준과 5수준의 반응은 내담자가 말한 것을 넘어 그 이상의 감정과 의미를 반영하는데, 내담자의 감정 또는 사고 상태에 대한 새로운 인식을 제공한다(Neukrug, 2017). 예를 들어, 아래 내담자에 대해 1, 2, 3, 4수준의 반응을 각각 살펴보자.

> **내담자**: "저한테 뭐가 잘못된 건지 잘 모르겠어요. 늘 불안해요. 가슴이 뛰고, 사람들로부터 멀어지려 하고, 모든 사람과 이야기하는 것이 두렵습니다. 엉망이죠.

1수준

> **상담사**: "네. 생활을 좀 정리해서 이 문제를 해결해야 할 것 같습니다."(조언 제공하기, 판단하기)

2수준

상담사: "약간의 스트레스를 받고 계신 것처럼 들립니다."(감정의 강도를 반영하고 있지 않으며, 내용 또한 충분히 구체적이지 않음)

3수준

상담사: "현재 많은 것들을 겪고 계시는군요. 불안도 강하게 느끼고 있고, 사람들과 이야기하는 것조차 힘들어 보입니다."(내담자의 감정과 이야기의 내용을 정확히 반영하고 있음)

4수준

상담사: "많이 힘들고, 점점 더 사람들로부터 고립된다고 느끼시네요"(상담사는 '고립'된다는 새로운 감정을 소개하고 있는데, 이는 내담자가 밖으로 이야기하지 않은 것이다. 그러나 이는 실제 내담자가 경험하고 있는 감정이고, 내담자의 의식 밖에 있던 것을 내담자가 인식하게 하고 있다).

5수준의 반응은 일반적으로 경험이 많은 상담사와 장기간의 치료적인 관계를 맺은 상태에서 나타나는데, 내담자가 경험하고 있는 감정(예: 강렬한 고통/기쁨)을 깊이 이해하고 있다는 것과 상황의 복잡성을 인지하고 있음을 내담자에게 전달한다.

Neukrug(2019)는 기본 공감 반응을 할 때 고려해야 할 12가지 항목을 제시했다(상자 2.4 참조).

상자 2.4 기본(3수준) 공감 반응의 비결

1. 감정을 정확히 반영한다.
2. 내용을 정확히 반영한다.
3. 내담자가 장시간 이야기를 한 경우, 가장 가슴 아픈 감정과 내용만 반영한다.
4. 내담자가 한 말을 바꿔 말하고 내담자가 사용한 것과 유사한 단어를 사용한다.
5. 내담자의 이해 수준에 맞는 어휘를 사용한다.

6. 새로운 감정이나 내용을 추가하지 않는다.

7. 질문을 통해 반응하지 않는다(예: 그 상황에 대해 기분이 안 좋은 것 같은데, 그런가요?).

8. 장황하게 반응하지 않는다(한 문장 또는 두 개의 짧은 문장으로 제한한다).

9. 내담자가 말하고 있는 것에 대해 가설을 세우거나 추측하지 않는다.

10. 당신의 반응이 '벗어났다'고 내담자가 언어적으로나 비언어적으로 이이기하고 있다면, 그렇다고 가정하고 그 다음으로 나아간다.

11. 말끝에 "이 말이 맞나요?"(또는 이와 비슷한 것)라고 묻지 않는다(그러나 내담자의 반응을 경청한다. 당신이 한 말이 정확한지 알게 된다).

12. 그 다음 반응을 어떻게 할지 고민하지 않는다. 이 경우 내담자를 경청하는 것이 힘들어진다.

상담사의 반영을 내담자가 즉각적으로 흡수할 수 있을 때 가장 좋은 공감반응이라 할 수 있다. 예를 들어, 내담자의 깊은 슬픔 또는 분노를 감지할 수 있는데, 이때 상담사가 이러한 감정들을 내담자에게 반영할 수 있다. 그러나 내담자가 이런 감정들을 수용할 준비가 안 되어 있다면 시기가 좋지 않고, 결국 그러한 반응은 오히려 마이너스가 된다. 그러나 내담자가 그런 감정을 받아들일 수 있을 때 동일한 반응을 하면, 내담자는 "네. 맞아요. 그게 제가 느끼는 겁니다."라고 반응한다. 이 경우 상담사는 내담자가 새롭게 자신을 이해할 수 있는 기회를 제공한 것이 된다.

창의적이고 새로운 공감 반응

기본 공감 반응이 내담자의 감정과 내용을 직접적으로 반영하는 것이라면, 창의적이고 새로운(novel) 공감 반응은 최근 유행하는 공감 반응이다(Bayne & Neukrug, 2017; Neukrug, 2017; Neukrug et al., 2012). 이러한 반응은 감정과 내용을 반영하는 혁신적인 방법들이라 할 수 있는데, 전통적인 언어적 반응과는 다른 신경 통로로 받아들여진다. 이런 반응들은 내담자에게 장기적인 영향을 미칠 수 있다. 잘 구성된 창의적이고 색다른 공감반응은 Carkhuff 척도상에서 최소 3점에 해당되고 그 이상이 되는 경우도 종종 있다. 이런 유형의 반응은 내담자로 하여금 자신의 상황을 새로운 방식으로 바라보도록 자극할 뿐 아니라 새로운 목표를 발전시키는 선구자 역할을 한다. Neukrug(2017; Neukrug et al., 2012)는 창의적이고 새로운 공감 반응을 하는 10가지 방법을 제안했는데, (1) 비언어적인 행동을 반영하기, (2) 깊은 감정을 반영하기, (3) 갈등하고 있는 감정이나 생각을 가리키기, (4) 시각적인 심상을 사용하기, (5) 비유 사용하기, (6) 은유 사용하기, (7) 목표가 명확한 자기개방 사용하기, (8) 촉각 반응을 반영하기, (9) 매체 사용하기, (10) 관련성 추론하기(들었던 내담자의 역사적 사건을 반응으로 가져오는 것) 등이 있다. 표 2.1에 아주 간단한 예를 제시했다. 이런 반응을 온전히 이해하기 위해서는, 내담자의 상황적 맥락을 더 자세히 들을 필요가 있다.

표 2.1 창의적이고 새로운 공감 반응의 예

	창의적이고 새로운 공감 반응
비언어적인 행동을 반영하기	내담자: 내담자가 상담사 건너편에 앉아 있고, 손을 꽉 움켜잡은 채 방 전체를 훑어보고 있다. 상담사: "당신의 손과 전체적인 몸가짐을 보면 당신이 꽤 불안해하고 있는 것처럼 보입니다."
깊은 감정을 반영하기	내담자: "딸아이가 제 말을 듣지 않아 너무 슬퍼요." 상담사: "슬프시군요. 그렇기도 하고 또 따님께 꽤 화가 난 것처럼 보입니다." [주: 내담자가 이전에 한 말과 내담자의 비언어적 행동에 기초해서 반응해야 함]
갈등하고 있는 감정이나 생각을 가리키기	내담자: "이 직장에 다닌 지 오래되었습니다. 직장에 오는 것이 여전히 즐겁긴 한데, 다른 일을 할 수 있을까 생각하곤 합니다." 상담사: "네. 한편으론 현재 직장에서 자리를 잡았다는 느낌이 들지만, 또 한편으론 다른 일자리가 있지 않을까 궁금해하시는군요."
시각적 심상 활용하기	내담자: "모두 저한테 의지해요. 정신을 못 차리다가 저한테 물어보곤 합니다." 상담사: "당신은 지혜로운 사람인 것 같습니다. 당신은 큼지막하고 특별한 의자에 앉아 있고, 사람들은 당신의 조언을 들으러 오고 있어요."
비유 사용하기	내담자: "계속해서 변하려고 노력하지만, 어느 것도 잘 되지 않네요. 정말 열심히 노력하고 있거든요." 상담사: "마치 강물을 거슬러 헤엄치고 있는데 나아가지 못하는 것 같습니다."
은유 사용하기	내담자: "저희는 정말 서로를 신경 쓰고 있고 오래 함께 했는데, 여전히 많이 싸웁니다." 상담사: "가끔 사랑도 전쟁터죠."
목표가 명확한 자기개방 사용하기	내담자: "여동생이 계속해서 화를 내고 저한테 못되게 굽니다. 동생과는 대화를 할 수가 없어요. 저 역시 화가 나거든요." 상담사: "저도 제 남동생과 비슷한 상황에 있곤 했었습니다. 답답하죠."
촉각 반응을 반영하기	내담자: "저한테 원하는 게 너무 많아요. 늘 도와달라고 하는데, 모든 걸 처리할 수는 없거든요." 상담사: "당신이 이 문제에 관해 이야기할 때면 제 어깨에 무게감이 느껴집니다. 이게 당신이 느끼고 있는 것이 아닐까 생각됩니다."
매체 사용하기	내담자: "저들은 마치 제가 이 일을 해낸 유일한 유색인종처럼 저를

	창의적이고 새로운 공감 반응
	대합니다. 참 모욕적인 일이죠. 항상 저들이 저를 지켜보고 있는 것 같은 기분이 들어요." 상담사: "그 말씀을 들으니 최근 영화 '인어공주'에서 어떤 사람이 했던 말이 떠오르네요. 사람들은 유색인종이 인어공주 역할을 하는 것이 보기 드문 일이라고 생각합니다."
관련성 추론하기	내담자: "제가 뭐라고 하든 결국에는 싸움으로 끝나는 것 같습니다." 상담사: "그 말씀을 들으니 당신 부모님 사이에서 일어났던 일이 생각납니다. 마치 당신 마음속에서 그 영상이 다시 살아나고 있는 것 같습니다."

진정성

Rogers는 상담 관계 안에서 상담사가 **자기개방**을 통해 내담자에게 진술한 것 또는 진정성 있게 대하는 것이 중요하다고 역설했다. 자기개방은 크게 두 종류가 있는데, **자기개방 진술**과 **자기관여적**(self-involving) **진술**이 있다. 자기개방 진술은 상담사의 개인적인 경험이나 정보를 공유하는 것을 의미하는데, 가령 상담사가 내담자와 비슷한 의료 행위를 경험했을 때 그것과 관련된 정보를 내담자와 공유하는 것이다. 이때 내담자는 상담사와 더 가까워진 느낌이 들고, 의학적인 주제와 관련된 공동의 문제에 관해 이야기를 나눌 수 있다. 자기개방은 상담사의 기분이 더 나아지도록 돕기 위해 사용하는 것이 아니라, 치료적인 동맹을 공고히 하기 위한 방법으로 사용해야 한다. 자기관여적 진술은 **즉시성**(immediacy)의 한 측면인데, 지금 이 순간에 내담자를 향한 감정이나 반응을 개방하는 것을 말한다(Yalom, 2002; Sturges, 2012). 따라서 상담사가 계속해서 걱정이 되고, 짜증이 나거나, 답답하고, 심지어 내담자에게 화가 난다면, 상담사는 자기관여적 진술을 통해 이러한 감정을 공유할 수 있다. 이러한 진술성은 실존치료를 하는 많은 상담사들이 말하는 **나-너 관계**(I-Thou relationship)와 유사한데(Buber, 1923/1970; Rubin & Lichtanski, 2015; van Deurzen, 2012; Yalom, 2002), 이는 다른 사람과 직접적이고, 즉각적이며, 실재의(real), 개방된 관계를 맺는 것을 의미한다. Rogers는 어떤 감정들에 대해서는 그 순간에 내담자에게 이야기 하지 않는 것이 중요하다고 말했다. Rogers와 다른 사람들은 내담자가 처음에는 자신의 내적 세계에 대해 많지 않은 정보를 가지고 오거나, 또는 자신의 내적 세계를 공유할 만큼 신뢰가 부족한 상태에서 상담관계를 시작한다고 생각했다. 상담사가 내담자를 수용하고 공감하면서 서로 간에 신뢰가 쌓이는데, 이때 내담자는 내적 자기를 보호하고 있었던 "양파 층들을 벗겨내기" 시작하고, 더 깊은 곳에 존재하는 자신의 모습을 공유한다. 따라서 상담사가 처음에 경험하는 것은 내담자의 바깥에 존재하는 껍질이지 내부에 존재하는 투명한 모습이 아니다. 외부로는 화를 낼 수 있지만, 내부 깊숙한 투명한 부분에서는 전혀 화가 나 있지 않을 수 있다. 바로 이런 이유 때문에, Rogers는 상담사가 처음에 내담자에 대해 부정적인 느낌이 들더라도 내담자의 내적인 부분이 드러나면서 상담사의 감정이 사라질 수 있기 때문에, 일정 기간을 기다리라고 상담사에게 제안했다. Yalom(2002)은 모든 자기관여적 진술이 한 가지 테스트를 통과해야 한다고 주장했다. 상담사의 자기개방은 내담자의 이익을 위한 것인가? 만일 상담사가 계속해서 특정 감정을 경험한다면, 그런 감정들을 자기관여적 개방의 형태로 공유하는 것이 중요하다. 그렇지 않을 경우 그 관계는 진솔하지 않은 것으로 비칠 수 있다.

질문 사용

최신 인간중심상담은 내담자 중심이기 때문에, 내담자가 중심이 된 관계의 신성함을 유지할 수 있는 질문만 사용한다. 따라서 "왜 질문" 또는 지시적인 질문("그것에 관해 부인에게 이야기하는 것이 어떨까요?")은 좀처럼 사용되지 않는다. 그러나 어떤 질문들은 상담사가 내담자의 상황을 더 잘 이해하도록 도울 수 있고, 내담자가 새로운 통찰에 이르도록 부드럽게 유도할 수가 있다. 이러한 질문에는 명료화 질문, 잠정적 질문, 선호하는 목표 및 해결지향 질문이 있다(Neukrug, 2019).

명료화 질문

상담사는 내담자의 상황을 이해할 수는 있지만 확신이 서지 않을 때가 있는데, 이때 잠정적인 질문을 사용할 수 있다. 예를 들어, 부모님한테 항상 화가 난다고 말하는 10대 청소년에게 상담사는 그 이유가 무엇인지 확신하지 못할 수 있는데, 이때 다음과 같이 말할 수 있다.

상담사: "부모님한테 화가 난 것이 혹시 그분들이 당신에게 항상 무엇을 하라고 말하는 것과 관련이 있나요?"

잠정적인 질문을 사용하면 내담자의 귀에 쏙쏙 들어가는데, 한편으론 공감 반응에서 한 발짝 멀어지게 된다. 물론, 상담사가 자신의 반응을 확신했다면 공감적으로 반응했을 수 있다. "당신이 화가 난 이유가 부모님께서 늘 당신에게 무엇을 하라고 말하는

것과 관련이 있는 것처럼 들립니다." 잠정적인 질문은 직면적이지 않고 상담회기를 부드
럽게 이끌어 가는 데 도움이 된다.

선호하는 목표 및 해결 지향 질문

선호하는 목표와 해결 지향 질문은 내담자가 미래를 내다보는 데 있어서, 그리고
자신의 삶이 어떤 모습이 되기를 기대하는지 확인하는 데 도움이 된다. 이런 질문들은
해결중심 단기치료에 그 기원을 두고 있지만, 최신 인간중심상담에서는 내담자가 상담을
통해 왜 진술하지 않고 일치하지 않는 삶을 살아왔는지 이해한 후, 이제는 관계에서 진
솔함을 향해 나아갈 준비가 되어 있을 때 이 기법을 사용한다. 고전적인 해결중심 질문
은 기적질문이다.

어느 날 밤 당신이 잠들어 있는 동안 기적이 일어났고, 이 문제가 해결되었다
고 가정해보죠. 기적이 일어난 것인지 어떻게 알 수 있을까요? 무엇이 달라져
있을까요?(de Shazer, 1988, p. 5)

다른 해결중심 질문들은 다음과 같다.

◆ 만일 당신이 우울하지 않고 불안하지 않다면 당신의 삶은 어떻게 다를까요?
◆ 모든 것을 더 나은 상태로 만드는 마법의 약이 당신에게 주어진다면, 당신의 삶
   은 어떤 모습일까요?
◆ 당신이 무언가를 바꿀 수 있어서 기분이 나아질 수 있다면, 세상은, 당신은 지금
   과 어떻게 다를까요?
◆ 문제가 문제가 아닌 적이 언제일까요? 그때 당신은 어떻게 다르게 하고 있을까
   요?

선호하는 목표 질문의 전형적인 형태는 다음과 같다.

◆ 당신이 좀 나아진다면, 뭘 다르게 하고 싶으신가요?
◆ 뭔가 달라졌고 나아졌을 때 당신은 그것을 어떻게 알 수 있을까요?
◆ 이곳에 오는 것이 당신에게 가치 있는 것이라면, 미래에는 어떻게 다르게 행동

할 수 있을까요?

◆ 한 달 혹은 6개월 내에, 또는 1년 안에 당신의 삶이 좋아진다면, 어떤 일이 일어
나고 있을까요?

긍정과 격려

이것을 "강화"로 부르건 또는 '진정성 있는 긍정적 반응'으로 부르건 긍정
(affirmation)은 내담자의 행동과 변화를 향한 긍정적인 움직임을 인정하는 것으로서, 적
절한 순간에 사용할 경우 내담자의 자존감을 높이는 도구가 될 수 있다(Dean, 2015;
Lively, 2014; Wong, 2015). "잘 했네요" "당신은 사랑스럽고 또 유능합니다" 또는 "당신은
좋은 사람입니다"와 같은 진술은 내담자가 지지받고 있고, 가치 있는 사람이라고 느끼게
한다. 이 밖에도 긍정을 전달하는 효과적인 방법으로는 "잘 했습니다!" "당신 때문에 행
복합니다" 등의 반응, 그리고 돌봄을 나타내는 악수, 따뜻한 포옹, 승인하는 미소 등이
있다. 긍정은 모든 건강한 관계에서 자연스런 부분이고, 다른 사람의 긍정적인 측면들을
인정하는 방법이다.

Wong(2015)은 격려(encouragement)가 "언어나 다른 상징적인 표상(예: 비언어적 몸짓)을
통해 긍정을 표현하는 것으로서, 힘든 상황을 헤쳐가고 있거나 가능성을 실현하고 있는 사
람에게 용기와 인내, 자신감과 영감 또는 희망을 고취시킨다"(p. 183)라고 말했다. 따라서
격려는 긍정이라는 나무에서 취할 수 있고, 긍정에서 한 걸음 더 나아가 내담자가 구체적
인 목표를 성취하도록 돕는다. 격려는 다음과 같은 진술을 포함한다. "할 수 있을 거라는
걸 알아요" "그냥 계속해 보세요" "출발이 좋네요." 상담 관계 안에서 일반적으로 격려는
내담자가 구체적인 목표를 성취하려고 시도하는 동안 치어리더로서의 역할을 한다.

'지금'의 언어 사용하기

내담자들은 '그때 그곳의 언어'(there and there language)를 사용함으로써 또는 과거에
발생한 일에 관해 이야기함으로써 자신의 경험에서 쉽게 멀어질 수 있는데, 상담사는 소
위 '지금 여기에서의 언어'(here and now language)를 사용해서 내담자의 초점을 현재로 되
돌릴 수 있다. 내담자가 현재를 경험할 수 있도록 상담사는 "현재 무엇을 경험하고 있나
요? 현재 무엇을 느끼고 있나요? 당신의 신체 어느 부분에서 그것을 느끼고 있나요?"와
같은 질문을 한다. 내담자가 과거에 관한 이야기를 하기 시작하면, 상담사는 과거를 현
재로 가져오라고 요청한다. 만일 내담자가 어머니의 죽음에 관해 이야기를 하기 시작했

고, 어머니의 임종을 지켰어야 한다고 말하면, 최신 인간중심상담사는 다음과 같이 말할 것이다. "지금 어머니와 대화를 나눠보면 어떨까요? 어머니가 돌아가실 때 그곳에 있지 못한 것에 대해 어떤 감정이 드는지 어머니에게 이야기 해보세요." 상담사는 타인과 대화를 나누는 상황에서 아래의 빈의자 기법을 사용할 때가 종종 있다.

빈의자 기법

많은 미해결과제가 충족되지 않은 욕구 또는 가치의 조건과 관련이 있기 때문에, 미해결과제와 관련이 있는 사람과 대화하는 것은 문제를 해결하는 데 도움이 된다(Perls et al., 1951). 따라서 상대방이 생존해 있건 사망했건 상관없이 상징적으로 주요 타인을 상담실로 불러와서 내담자와 그 사람 간에 현재-중심적인 대화를 이어갈 수 있다. 이때 빈의자 기법을 사용할 수 있는데, 내담자는 마치 상대방이 빈의자에 앉아 있는 것처럼 빈의자에게 이야기를 걸게 된다(Conyne, 2015). 이때 내담자는 그 사람이 빈의자에 앉아 있다고 상상하고, 상담사는 다음과 같이 대화를 촉진할 수 있다. "당신이 무엇을 느끼고 있는지 ____에게 말해 보세요." "____와 이야기하는 것이 어떤 느낌인가요?" "____에게 무엇을 이야기해야 할까요?" 아래에서 내담자와 최근 사망한 어머니 간에 오간 대화를 살펴보자.

> 내담자: "엄마, 형들은 엄마가 저를 가장 많이 사랑했다고 말하곤 하는데, 저는 전혀 사랑받지 못한 느낌이에요."

> 내담자: "'사랑한다'고 말해주고, 그 사랑을 저한테 보여줬으면 좋았을 텐데. 당신은 저한테 다른 방식으로 사랑을 보여주신 것 같아요. 요리를 해 주고 저를 돌봐주는 방식으로요. 하지만 직접적으로 느끼지는 못했어요 (내담자의 눈시울이 뜨거워졌다).

> 상담사: "당신이 왜 그렇게 슬픈지 어머니에게 말해 보세요."

> 내담자: "엄마. 전 마치 엄마한테서 많은 것을 놓친 것 같아요. 엄마에게서 사랑을 느끼지 못해서인지 늘 다른 여자들한테서 사랑을 찾고 있어요."

대화가 어떻게 진행될지 상상할 수 있는데, 이때 상담사는 내담자의 어머니가 어떻게 반응할지 내담자에게 질문할 수 있다. 가끔 빈의자 기법은 내담자의 다른 부분들과 함께 사용할 수 있다. 예를 들어, 내성적인 성격 때문에 힘들어하는 사람을 상상해 보자. 이 내담자는 자신과 대화를 할 수 있는데, 한 부분은 내성적인 성격을 연기하고, 다른 부분은 외향적인 성격을 연기한다. 비슷한 맥락에서, Boccone(2016)은 내면화된 양성애혐오로 힘들어하는 양성애자들이 이 기법을 사용해서 양성애혐오 때문에 발생하는 혼란을 다룰 수 있고, 성정체성 발달의 다른 부분을 이해할 수 있다고 제안했다.

선택을 확인하고 목표를 설정하기

내담자가 점점 더 일치하고 진솔해지면서, 내담자는 지금까지의 진솔하지 못했던 삶 속에서 진솔하지 못한 생활방식을 강화하는 방식으로 선택해 왔음을 깨닫게 된다. 내담자가 실제 자신의 모습이 되려 하고 자신의 타고난 재능과 능력, 기질과 삶의 방식을 수용하게 되면서, 이와 관련된 목표에 부합하는 새로운 선택을 해야 한다. 그런 목표는 보통 상담 과정의 자연스런 결과물이지만, 상담사는 선호하는 목표가 무엇인지 질문하거나 해결 지향적인 질문을 통해 내담자의 의사결정 과정을 촉진할 수 있다.

◆ "이제 당신의 삶에서 어떤 변화를 가져올 준비가 된 것 같습니다. 그런 변화에 대해 어떤 생각이 드나요?"
◆ "다르게 살고 싶다고 깨달으셨는데, 지금 이 시점에서 어떻게 나아가고 싶나요?"
◆ "당신의 삶에서 변화를 가져올 수 있다면 그게 무엇일까요?"
◆ "당신에게 이상적인 것이 무엇인지 확인했는데, 어떻게 그것으로 나아가고 싶은가요?"

궁극적으로 최신 인간중심상담에서의 목표 설정은 협력적인 과정이다. 상담사는 열린 대화를 통해 내담자가 목표를 정하도록 도와주는데, 내담자가 어떤 목표들을 확인해야 하는지, 그런 목표들을 어떻게 달성할 수 있을지에 관해 대화를 이어간다(Smull, 2007). 상담사가 조언을 할 수 있지만 항상 잠정적으로 해야 하고, 내담자의 선호에 기초해서 내담자에게 결정을 맡겨야 한다. 일단 내담자가 목표를 정하고 목표를 달성하기 위한 활동에 동의하면, 상담사는 내담자가 목표를 향해 나아가도록 격려하고 진전이 있을 때 인정하는 것이 중요하다. 상담사는 목표가 달성되었는지 질문해야 하는데, 달성되지 않았다면 상담사와 내담자는 목표를 재고해야 한다. 목표가 정확히 세워졌으면 상담자는 내담자가 목표를 향해 나아가도록 다시 격려한다.

조언 제공하기, 상담사의 생각 말하기

최신 인간중심 상담사는 내담자에게 조언을 제공하고, 상담사 자신의 생각을 이야기하는 것을 편안하게 여기는데, 상담자는 이것을 매우 부드럽게 수행한다. 그 이유는 상담사가 내담자에 대해 깊은 이해를 발전시켜왔고, 내담자가 언제 도움이 되지 않는 행동에 관여하는지, 즉 내담자가 원하는 삶의 방식과 부합되지 않는 행동이 무엇인지에 대한 감각을 키워왔기 때문이다. 예를 들어, 상담사와 내담자 간에 아래와 같은 대화가 진행될 수 있다.

내담자: "어젯밤 아내에게 너무 화가 나서 소리를 질렀고 집을 나가 맥주를 마셔야겠다고 결정했습니다."

상담사: "네. 매우 화가 나셨군요. 하지만 아내를 얼마나 사랑하는지 알 것 같습니다. 그런데 전에 우리가 이야기했던 것처럼, 음주는 당신에게 좋은 것도, 당신이 원하는 것도 아닙니다."

내담자: "네. 술을 마신 저 자신에게 화가 났어요. 사실, 너무 화가 나서 제대로 일을 할 수 없었죠. 제 '오래된 모습'이 저를 방해하고 있는 것 같습니다. 다시 노력해 보겠습니다."

상담사: "제가 듣기로는, 더 이상 이전 모습으로 돌아가고 싶어 하지 않으세요. 어제는 일종의 실수를 한 거라 생각됩니다. 하지만 당신은 뭔가 다른 사람이 되고 싶다고 말씀하시는 것 같습니다. 실제 자신의 모습과 가까운 사람이 되고 싶어 하세요."

내담자: "네. 맞아요, 정확합니다."

최신 인간중심상담에서는 간접적으로 조언을 제공하는데, 그 예를 위 사례에서 볼 수 있다. 상담사는 내담자가 음주를 원하지 않는다는 점을 상기시켰고, 내담자가 다른 사람이 되고 싶어 한다는 것을 지적해주었다. 조언을 제공하고 상담사의 생각을 말해주면 내담자의 목표에 초점을 맞출 수 있다. 상담사가 진솔한 반응을 자유롭게 해야 하지만, 상담의 주된 초점이 공감과 비지시적이라는 점을 늘 기억해야 한다.

다른 기법들

최신 인간중심 상담사들은 다른 기법들을 자유롭게 상담관계 안에 통합시킨다. 그러나 이러한 기법들은 내담자가 자신의 진정한 모습을 이해하는 데 도움이 되어야 하고, 비지시적이고 내담자 중심적인 틀 안에 머물러야 하며, 실존적이고 인본주의적인 관점에 기초를 두어야 하고, 내담자의 목표를 성취하는 데 도움이 되어야 한다.

상담 과정

내담자들이 특정한 방식으로 최신 인간중심상담을 경험하는 것은 아니지만, 많은 사람들이 경험하는 일반적인 방향은 존재한다. 아래에 최신 인간중심상담의 일반적인 흐름을 제시하였다.

첫 상담회기

인간중심 상담사를 처음 만나는 내담자는 자신의 삶과 정서적인 고민들을 열린 마음으로 경청하는 따뜻하고 수용적이면서 공감적인 사람을 경험하게 된다. 상담사는 내담자를 존중하고 존경하면서 문제가 되는 행동들을 확인하지만, 그것들을 병리화하지 않고 정상적인 것으로 간주한다. 따라서 내담자는 근본적으로 잘못된 무언가를 가지고 있는 사람으로 간주되지 않는다.

상담 초반부

이 상담단계는 작업동맹을 발달시키는 것에 초점이 맞춰져 있다. 따라서 상담사는 대부분 공감을 사용하고 내담자를 수용하면서 판단하지 않으려 한다. 명료화 질문, 잠정적 질문을 사용해서 내담자의 상황을 좀 더 명확히 이해하려고 노력한다. 이 단계가 진행되면서 내담자는 상담관계를 더 편안하게 느끼기 시작하고, 자신의 깊은 부분들을 더 쉽게 공유하게 된다. 이를 통해 내담자는 자신에게 부여되었던 가치의 조건과 그로 인해 초래된 미충족된 욕구와 미해결과제들을 이해하게 된다.

상담 중반부

상담관계가 발전되면서 내담자는 점점 더 자신의 불일치성과 그 원인에 접촉하게 된다. 이 지점에서 상담사는 지금의 언어와 빈의자 기법, 또는 다른 기법들을 사용해서 내담자의 불일치성의 근원을 조명한다. 자신의 불일치성을 이해하게 되면서 내담자는 자신이 타인을 기쁘게 하려는 욕구에 기초해서 선택해왔음을 깨닫게 되는데, 내담자는 좀 더 일치되고 진솔한 삶을 살고 싶어 하고, 자신의 진정한 모습에 부합하는 선택을 하고자 한다.

상담 후반부

내담자는 자신의 진정한 모습을 확인하게 되면서 자신과 일치하는 선택을 하게 된다. 따라서 내담자는 진솔한 자신의 모습과 어울리는 목표가 무엇인지 알게 된다. 이 과정을 촉진하기 위해 상담사는 선호하는 목표 및 해결 지향 질문을 사용할 수 있다. 내담자는 상담을 지속하면서 이러한 목표들을 달성해 가는데, 이를 통해 자신이 이전과는 다르게 행동하고 있음을 깨닫게 된다. 가끔씩 상담사는 내담자의 상황에 대해 조언을 하거나 자신의 생각을 공유할 수 있지만, 내담자가 바람직한 경로를 벗어났다고 확신할 경우에만 사용한다. 조언을 제공하고 자신의 생각을 말하는 것은 가끔 그리고 조심스럽게 해야 한다. 이 지점에서 상담사는 내담자가 자신의 모습을 이해하고 목표를 달성하는 것을 촉진하는 데 도움이 되는 다른 기법들을 함께 사용할 수 있는데, 다만 이러한 기법들은 비지시적이고, 내담자 중심적이면서, 실존적/인본주의적인 관점을 견지하는, 협력적인 접근에 부합해야 한다.

상담이 지속되면서 내담자는 점점 더 실제적이고 진솔해지는데, 내면에 힘이 생겼다고 인식하게 되고, 솔직한 자신의 모습을 드러내는 것이 쉬워지며, 관계에서 더 많은 위험을 무릅쓰고자 하고, 더욱 공감하며, 삶에서 중요한 결정을 내릴 때 스스로에게 더 의지하게 된다. 결국 내담자는 스스로에 대해 자신감이 생기고, 상담사를 포함해서 타인들을 의존하는 것이 줄어든다. 이 시점에서 상담은 종결된다(상자 2.5 참조).

상자 2.5 인간중심상담사를 만난 Jake

기본적인 인간중심상담 기법과 실존주의-인본주의 기법을 조합해서 통합적으로 상담을 진행한 상담사와 그의 내담자인 Jake에 관한 비디오를 시청했을 것이다. 이 비디오를 시청한 후, 상담사가 기법들을 얼마나 성공적으로 사용했는지 생각해보고, 상담사가 순수하게 내담자중심 접근 또는 실존주의적 접근 하나만을 사용하는 것이 좋았을지 아니면 통합적인 접근을 사용하는 것이 더 좋았을지 생각해 보시오.

사회문화적 이슈

이론상 최신 인간중심상담은 대부분의 내담자에게 적용될 수 있다. 그 이유는 상담사의 가치나 사회 규범보다는 내담자의 진실을 수용하고 내담자의 경험을 공감하는 것을 우선시 하는 것이 최신 인간중심상담의 본질이기 때문이다. 그러나 이런 접근도 도움이 되지 않을 때가 많다. 다음과 같은 상황에서 최신 인간중심상담을 적용할 때는 경계하고 조심해야 한다.

◆ 내담자가 속한 문화에서는 외부로부터의 조언과 종교적인 교리를 찬미하는 반면 내적 통제소재를 삼가는 경우: 내담자가 속한 문화에서 독립적인 자아의 발달보다는 종교적인 교리, 도덕적 진리, 사회적 가치, 타인으로부터의 조언 또는 부모의 명령을 우선시할 경우에는 최신 인간중심상담을 사용하지 않는다(Al-Thani, 2012).

◆ 상담이 짧고 특정 문제에 집중할 필요가 있을 경우: 정신역동적인 접근만큼 길지는 않지만, 최신 인간중심상담은 단기상담으로 간주되지 않는다. 따라서 내담자가 단기상담을 원한다면 최신 인간중심상담은 최선의 선택이 아닐 수 있다.

◆ 내담자가 자신의 감정에 접촉하는 것을 꺼리거나 내담자가 속한 문화에서 장려하지 않을 경우: 수용하고, 존경을 표현하며, 공감적이면서 내담자중심이 되는 것은 정서 표현에 적합하다. 어떤 사람들 또는 문화에서는 감정을 표현하는 것을 불편해 하는데, 그만큼 감정에 초점을 두지 않는 상담에 비해 이런 유형의 상담을 힘들어 한다(Guo & Hanley, 2014).

◆ 내담자가 호소하는 문제가 인간중심상담에 적합하지 않은 경우: 연구에 따르면, 어떤

문제들에 대해서는 다른 종류의 상담접근이 더 효과적인 경우가 있다. 예를 들어, 불안장애, 신체형장애, 섭식장애, 분노조절 문제, 일반적인 스트레스는 인지행동치료가 가장 효과적이다(Hofman et al., 2012). 비록 최신 인간중심상담이 이러한 치료의 보조수단으로 사용되거나 또는 호소 문제를 다룬 이후에 이 접근을 취할 수 있겠지만, 인간중심상담은 상기한 문제들을 다루기 위한 1차 개입이 아닐 가능성이 매우 높다. 상담사는 다양한 호소문제에 어떤 접근이 효과적인지 알아야 할 뿐 아니라, 언제 인간중심상담을 우선적으로 고려해야 하는지 알고 있어야 한다.

◆ **상담사의 인지적 복잡성(cognitive complexity)이 발달하지 않았을 경우**: 인지적으로 복잡한 상담사, 예를 들어 복합적인 방식으로 사고하고 세상을 다양한 관점에서 바라보는 상담사는 타인의 이야기를 듣고 공감을 잘 표현할 수 있다(Youngvorst & Jones, 2017). 반면, 이분법적이면서 다양한 관점을 수용하지 못하는 상담사는 공감과 무조건적인 긍정적 존중 능력이 부족해서 내담자의 상황을 이해하는 것을 힘들어 할 가능성이 높다.

◆ **상담사의 문화적 역량이 부족할 경우**: 인지적 복잡성과 마찬가지로, 문화적 역량이 부족할 경우 상담사는 자신의 내담자와 온전히 관계를 맺지 못할 뿐 아니라 공감을 보여주는 능력 또한 제한적이다.

효과

1940년대와 50년대에 Rogers와 시카고대학 상담센터(University of Chicago Counseling Center) 직원들은 연구비를 받아 최초로 내담자의 변화를 조사했다(Kirschenbaum, 1979, 2009). 이들은 통제집단이 포함된 실험연구들을 진행했는데, **Q분류법**으로 알려진 것을 사용했다. 연구자들은 그 당시 내담자중심상담으로 불렸던 접근의 성과를 광범위하게 연구했다. 특히, 연구자들은 내담자가 실제로 자신을 바라보는 것(자아개념)과 그들이 원하는 모습(이상적인 개념) 간 차이를 줄이는데 내담자중심상담이 성공적이었음을 확인했다. 몇몇 연구자들은 이 접근이 방법론적으로 취약하다고 비판했지만, 처음으로 내담자의 자기보고와 회기를 녹음한 테이프 및 전사한 회기 내용을 사용해서 내담자의 변화를 조사했기 때문에, 이 연구는 그 당시 획기적인 것으로 간주되었다. 비록 지금의 인간중심상담이 내담자중심상담과 동일하지는 않지만, 두 접근이 매우 유사하기 때문에 한 접근에서 나타난 효과가 다른 접근에서도 유사하게 나타날 것으로 예상된다.

인간중심상담에서처럼 최신 인간중심상담에서도 작업동맹을 강조하는데, 최근에는 작업동맹이 긍정적인 상담성과를 이끄는 주요 요인 중 하나로 밝혀졌다(Hilsenroth, 2014; Wampold & Budge, 2012; Wampold & Imel, 2015). 실제로, 작업동맹에서 가장 중요한 요소는 공감, 수용, 진정성인 것으로 보인다. 공감 사용에 초점을 두고 진행한 연구에 따르면, 공감이 상담효과를 가져오는 가장 중요한 요인으로 나타났다(Elliot et al., 2011; Laska et al., 2014; Norcross, 2011). 그러나 공감을 사용하는 것에는 약간의 한계가 있는데, 공감의 가치는 (1) 상담관계의 단계(관계 형성 단계에서 가장 중요함), (2) 내담자의 호소문제(예: 우울, 낮은 자존감), (3) 상담사의 공감 능력, (4) 상담사의 인지적 복잡성, (5) 내담자의 공감 인지 능력(예: 정신증 증세를 보이는 내담자는 이런 능력을 가지고 있지 않을 수 있다)에 따라 다를 수 있다. 마찬가지로, 진정성에 관한 연구들은 진정성이 상담 과정에서 중요한 요소 중 하나임을 확인했다(Kolden et al., 2018).

인간중심상담은 다른 상담만큼 효과적인 것으로 나타났다(Elliot, 2013). 최신 인간중심상담이 순수한 인간중심상담에서 파생되었기 때문에, 최신 인간중심상담 역시 임상 연구에서 좋은 결과가 나올 가능성이 높다. 그러나 어떤 경우에는 최신 인간중심상담의 효과에 한계가 있을 것으로 예상된다. 예를 들어, '사회문화적 이슈' 절에서 언급했던 것처럼, 최신 인간중심상담은 감정을 표현하고 싶지 않은 사람들, 외부의 통제 소재를 강조하는 집단주의 문화 배경을 가진 사람들, 단기치료를 원하는 사람들에게는 그만큼의 효과가 없을 수 있고, 특히 인지적 복잡성을 갖추지 않은 상담사가 최신 인간중심상담을 수행할 경우에도 효과가 없을 수 있다. 또한 특정 문제를 다루는데 있어서 다른 종류의 상담이 더 효과가 있다는 것이 분명한 경우에는 최신 인간중심상담을 사용하지 않는 것이 좋다. 그러나 최신 인간중심상담이 인간중심상담의 기본 가정들을 많이 공유하고 있기 때문에, 최신 인간중심상담이 다양한 문제에 효과가 있을 것이고, 정신역동이나 인지행동접근 만큼 효과가 있을 것으로 예상된다(Jacobs & Reupert, 2014; Sa'ad et al., 2014). 우울이나 불안장애, 관계 문제, 자존감 문제에 대해서는 인간중심상담을 선택할 것이 분명하다.

요약

최신 인간중심상담은 현상학적이고, 인본주의적이며, 실존적이고, 강점에 기반을 둔 상담 접근이다. 최신 인간중심상담의 많은 개념들이 Carl Rogers의 인간중심상담, Frits Perls의 게슈탈트치료, Abraham Maslow의 인본주의적 개념, 그리고 해결중심 단기치료의 강점에 기반한 접근에서 비롯되었다.

현상학에 기반을 두고 있기 때문에, 인간중심 상담사는 내담자의 주관적 세계관을 수용하고, 내담자가 이야기하는 것에 대해 외부의 의미를 부여하지 않는다. 기본적으로 최신 인간중심상담은 긍정적이며, 미래를 내다보고, 사람들이 자신의 현실을 구성하고 또 재구성할 수 있다고 가정한다. 내담자중심이면서 비지시적인 접근으로서, 최신 인간중심상담은 반결정론적이고(anti-deterministic), 사람들이 실현경향성을 가지고 있다고 가정한다. 이는 올바른 조건하에서는 사람들이 타고난 재능과 능력, 기질, 존재 방식을 실현할 수 있다는 것을 의미한다. 인간중심 상담사는 자신의 내담자를 존중하고 존경하며, 내담자를 수용하고 있다는 것을 보여주고, 내담자를 공감하며, 내담자가 보이는 증상을 병리화하는 것이 아니라 정상화한다(normalize).

최신 인간중심상담에서는 일반적으로 어린 시절에 가치의 조건이 사람들에게 부여되고, 이로 인해 사람들은 진정한 자신의 모습이 되려고 하기보다는 타인들이 원하는 모습처럼 행동하게 된다고 가정한다. Rogers는 이것을 불일치함 또는 비진정성이라고 불렀고, 진솔하지 않은 삶의 방식으로도 알려져 있다. 사람들은 자신의 삶에서 중요한 사람들로부터 인정받고 싶은 욕구를 가지고 있고 이러한 욕구가 자신을 실현하려는 경향에 우선하기 때문에 일치하지 않는 삶을 살아가게 된다.

또한 최신 인간중심상담에서는 사람들이 보편적인 욕구와 억압된 욕구를 가지고 있다고 가정하는데, 충족되지 않은 욕구는 미해결된 과제를 초래하고 미해결과제는 의식하지 못한 채 사람들의 삶에 영향을 미친다. 따라서 상담사는 이러한 미해결된 욕구를 평가해서 내담자가 그것을 해결하도록 도와주는 역할을 수행한다. 체계적인 억압과 차별, 인종차별로 인해 이러한 욕구충족이 어렵다면, 상담사는 좀 더 옹호적인 역할을 수행할 수 있다.

최신 인간중심상담에서는 내담자가 점점 더 자신의 불일치함을 인식하고 좀 더 자신의 실제 모습을 접촉하게 되면서 타고난 재능과 능력, 기질 및 존재방식과 부합하는 선택을 할 수 있게 된다. 또한 내담자는 세상에 긍정적인 영향을 미칠 수 있는 선택을 하는 것이 중요하다는 것을 인식하게 된다. 최신 인간중심상담에서는 과거를 반복해서 되풀이하지 않고 지금 현재에 초점을 두는데, 선호하는 목표 및 해결 지향적인 질문을 사용해서 내담자가 자신의 진정한 모습에 부합하는 선택을 할 수 있도록, 긍정적인 방식으로 나아갈 수 있도록 조력한다. 이장에서는 여러 개념들을 자세히 설명했는데, 실현경향성, 불일치하는 또는 진솔하지 않은 자기, 가치의 조건, 자신에 대한 메시지로서의 증상, 미해결과제, 현상학, 의미 만들기, 선택, 보편적이고 억압된 욕구 등을 소개했다.

최신 인간중심 상담사들이 사용하는 기법 중에는 현상학적이고, 인본주의적인, 실존주의적이면서 강점에 기반한 것들이 있다. 여기에는 존중하고 존경하기, 병리화하는 것이 아니라 정상화하기, 수용, 공감, 진정성, 질문 사용(명료화 질문, 잠정적 질문, 선호하는 목표 및 해결 지향 질문), 긍정과 격려, '지금'의 언어 사용하기, 빈의자기법, 선택을 확인하고 목표를 설정하기, 조언 제공과 상담사의 생각을 말하기, 기타 기법 등이 있다.

그 다음으로 우리는 최신 인간중심상담의 일반적인 흐름 또는 방향을 설명했다. 상담 첫 회기에 내담자는 자신을 존중하고 존경하면서 증상을 병리화하지 않고 정상화하는 상담사의 따뜻함과 수용, 공감 반응을 경험한다. 상담 초반에 상담사의 초점은 주로 작업동맹을 형성하는 것에 맞춰지는데, 상담사의 공감 사용과 비판단적인 태도와 행동을 발견할 수 있다. 상담 중반부로 넘어가면서 내담자는 점점 더 자신의 불일치성에 접촉하게 되는데, 좀 더 적극적인 상담기법들을 접하게 된다(예: 지금의 언어 사용하기, 빈의자기법). 상담이 후반부로 진행되면서, 내담자는 자신의 진정한 모습을 확인하게 되고 자신의 실제 모습과 부합하는 새로운 선택을 하게 된다. 이때 상담사는 내담자가 선호하는 목표가 무엇인지 묻고, 해결 지향적인 질문들을 던진다. 이 시점에서 상담사는 조언을 하거나 자신의 생각을 이야기하는 것이 편안해진다. 이제 목표는 확인되었고, 협력하는 분위기 속에서 내담자는 자신의 진정한 모습을 느끼게 되고, 더욱 진솔한 존재로 살아간다.

사회문화적인 이슈와 관련해서, 다음과 같은 조건에서는 최신 인간중심상담을 사용하는 것을 경계해야 한다. 외부로부터의 조언이나 종교 교리를 칭송하는 반면 내적인 통재 소재를 피하는 문화적 배경을 가진 내담자, 짧은 기간 동안 특정 문제에 국한해서 상담을 진행해야 하는 경우, 내담자 또는 내담자가 속한 문화에서 감정에 접촉하는 것을 삼가는 경우, 내담자가 호소하는 문제가 인간중심상담에 적합하지 않은 경우, 상담사의 인지적 복잡성이 발달하지 않은 경우, 그리고 상담사의 문화적 역량이 부족한 경우에는 최신 인간중심상담을 사용하는 것을 주의해야 한다.

우리는 이장 후반부에서 1940년대와 50년대에 Rogers가 Q분류법을 사용해서 인간중심상담 관련 연구를 수행한 것을 소개했는데, 이러한 연구를 통해 내담자중심상담이 내담자가 바라본 실제 자신의 모습(자기개념)과 되고 싶은 모습(이상적 자기) 간 간극을 줄이는 데 성공적이었음을 확인하였다. 최신 인간중심상담에서는 작업동맹을 강조하고(예: 공감, 수용, 진정성을 사용함), 최근에는 이것이 긍정적인 내담자 성과를 이끄는 주요 요인 중 하나라는 것이 밝혀졌다. 비록 공감에도 한계가 있지만, 내담자의 변화를 초래하는 주요 요인인 것처럼 보인다. 인간중심상담처럼 최신 인간중심상담 역시 다른 형태의 상담접근만큼 효과적일 가능성이 매우 높다. 최신 인간중심상담은 다양한 문제, 특히 우울, 불안장애, 관계 문제, 자기존중감 문제를 다루는 데 사용될 수 있다.

핵심어 및 인명

Abraham Maslow	본질적으로 긍정적인	일치성
Carl Rogers	불일치하는	일치하는
Q분류법	불일치함	자기개념
Fritz Perls	비지시적인	자기개방
Victor Frankl	비진정성	자기개방 진술
가치의 조건	비판단적인	자기관여적 질문
감하는(더는)	빈의자기법	자기실현
강점기반 접근	상대주의	자기에 대한 메시지로서의 증상
게슈탈트 치료	선택	자신의 실재를 구성하고
공감	선택을 확인하고 목표를 설정하기	재구성하기
공감적인	선호하는 목표 및 해결 지향적	잠정 질문
그때 그곳의 언어	질문	조언 제공 및 생각 말하기
긍정 및 지지	수용	존중하고 존경하기
기본 공감	실존주의-인본주의 상담	즉시성
기타 기법	실현경향성	지금/여기 상담
나-너 관계	억압된 욕구	지금/여기에서의 언어
내담자중심상담	옹호 역할	지금의 언어 사용하기
독단적이지 않은	욕구	진정성
명료화 질문	욕구 위계	진정한 또는 실재의 자기
무조건적인 긍정적 존중	유독한 환경	진정한 자기
미래를 내다봄	의미 만들기	질문 사용
미충족된 욕구	의미치료	창의적이고 신선한 공감 반응
미해결과제	이상적인 개념	책임있는 선택
반결정론	인간중심상담	추가/심층 공감
병리화하지 않고 정상화하기	인본주의	해결중심 단기치료
보상 전략	인본주의 심리학	핵심 조건
보편적 욕구	인본주의적인	
복수의 관점	인정받고 싶은 욕구	

사례연구: Markus가 경험한 최신 인간중심상담
(이 사례연구를 읽기 전에 부록 I에 있는 Miller家 사람들 이야기를 읽으시오)

Markus의 파트너인 Rob은 자신이 하는 정부 일 때문에 5개월 동안 중동지방에 가 있었다. Markus는 Rob을 몹시 그리워했고, 박사학위를 마무리하는 데 집중하기 어려워 상담을 신청했다. 상담은 도움이 되었다. Markus의 박사 과정은 어느 정도 진전이 있었고, 종합시험을 통과했고, 현재 학위논문을 작성하고 있다. 그런데 Rob이 돌아왔을 때 Markus는 점점 더 우울감에 빠졌고, 그 이유를 알 수 없어 혼란스러웠다. Markus는 Rob 이 집으로 돌아왔으니 모든 것이 좋아질 거라 생각했는데, 경미한 우울증이 지속되었다. 대부분의 경우 생활을 하는 데 큰 무리가 없었지만 이렇게 살아가는 것은 아니지 않을까 생각했다. 지난번 만난 상담사가 좋았지만, 이번에는 덜 지시적이면서 더 위로해주는 상담사, 편하게 이야기할 수 있는 상담사를 만났으면 했다. 그런데 우연히 동료 박사과정 학생이 우울 때문에 상담사를 만나고 있다고 말했다. 그 동료 학생은 Bauer 박사가 매우 훌륭한 상담사이자, 잘 경청해 주고, 자신이 처해 있는 상황을 사려 깊게 반응해 준다고 말했다.

Markus는 편안한 의자에 앉아 마치 "긴장을 푸세요. 당신은 괜찮습니다."라고 말하는 것 같은 은은한 음악을 들으며 대기실에서 기다리고 있었고, 잠시 후 큰 키의 남성이 상담실 밖으로 나와 손을 내밀며 "Markus, 당신이 이곳에 와서 기쁩니다. 안으로 들어오시죠."라고 말했다.

Markus는 Bauer 박사를 따라 상담실 안으로 들어갔다. 큰 가죽 의자는 '상담사 의자'로 보였고, 편안하게 보이는 소파와 의자가 있었고, 약간은 자리에 어울리지 않는 작은 의자가 하나 있었다. Bauer 박사는 Markus를 보면서 "원하는 곳에 앉으시기 바랍니다."라고 말했다. Markus는 편안하게 보이는 의자에 앉았다. Markus의 키는 180센티 정도였는데, 서로 마주 보며 앉았을 때는 Bauer 박사가 Markus보다 훨씬 더 커 보였다. 한편으로는 Bauer 박사의 키와 풍채가 위협적이었지만, 다른 한편으로는 Markus를 편안하게 해줬다. Bauer 박사는 Markus를 똑바로 쳐다보면서 "제가 어떻게 도와드릴까요?"라고 말했다. Markus는 자신의 상황을 돌아보고 "제가 왜 우울한지 잘 모르겠습니다. 모든 게 제가 원하는 대로 되고 있거든요."라고 말하고, Rob과의 관계, 여동생 Angela와의 관계, 그리고 부모님과의 관계에 관해 이야기 했다.

Markus의 이야기를 들은 Bauer 박사는 다음과 같이 말했다. "Rob이 집으로 돌아오면 모든 것이 잘 될 거라고 기대했는데, 마치 머리에 먹구름이 낀 것 같고, 이유가 무엇인지 잘 모르는 그런 상황처럼 들립니다." "네. 그렇습니다"라고 말하는 Markus의 눈에 눈물이 고였다. "당신이 얼마나 슬픈 감정을 느끼고 있는지 알 수 있습니다. 그런데 당신은 왜 그런지 잘 모르고 있습니다." Markus는 잠시 조용히 앉아 있다가 "솔직히 제 삶의 많은 부분에서 약간 다운된 것 같은 느낌이 있었습니다. 자살 생각 뭐 그런 건 아니지만, 약한 정도의 우울증 같은. 제가 어렸을 때에도 그랬던 것 같습니다."라고 말했다. Bauer 박사는 다음과 같이 반응했다. "네, Rob과의 관계가 당신의 기분을 나아지게 할 거라 생각했는데, 여전히 당신은 그것, 당신이 말하는 경미한 우울증과 싸우고 있다고 말씀하시네요."

Bauer 박사의 마지막 진술을 듣고 Markus는 잠시 생각에 잠겼다. Bauer 박사의 진술이 질문은 아니었지만 마치 "왜 이런 식으로 느끼고 있다고 생각하세요?"라고 묻는 것 같았다. 두 사람은 아무 말 없이 앉아 있었는데, 이것이 Markus에게는 영원처럼 느껴졌지만 자신의 삶을 돌아보는 시간이 되었고, 자신의 아동기, 청년기, 그리고 Rob과의 관계를 되돌아보았다. 갑자기 든 생각이 있었고, 다음과 같이 말했다. "박사님, 늘 사람들이 저를 돌봐주었는데, 누구도 저를 저인 채로 내버려두지 않았어요." "더 말씀해 보세요." "음, 어머니는 지극정성으로 돌봐주는 분이셨고, 늘 저를 돌보셨죠. 아버지는, 글쎄요, 제가 좀 더 '남자'답기를 원했는데, 그렇다고 그렇게 말씀하지는 않으셨어요. 그저 엄마가 저를 돌보게 했죠. 그리고 누나 Angela가 있어요. 저는 누나를 진심 사랑합니다. 하지만 누나도 늘 저를 돌봐줍니다. 절대 저를 저로 내버려두지 않았죠. 아마도 제가 나이가 어리고, 또 입양되서 그런 것 같습니다. 그리고 음, 제가 게이여서 그랬을 거예요. 어느 누구도 그걸 입 밖으로 말하지 않았지만, 어렸을 때부터 제가 게이라는 건 모든 사람이 알았을 거예요. 열세 살 때 커밍아웃했는데, 누구도 놀라지 않았고, 큰일이라고도 생각하지 않았어요. 아버지조차도. 아버지는 학자고, 학자들은 '자유로운' 걸 좋아하잖아요. 그래서 제가 게이라는 게 가족에게는 큰 일이 아니었고, 저도 제가 돌봄을 받는 것에 다소 익숙해져 있었던 것 같습니다. 나이가 들어서도 관계에서 돌봐주는 사람을 찾았고, 그때 Rob을 발견했습니다. Rob은 매우 독립적이고 강하고, 바로 그 점이 저의 내향성과 주장하지 않는 성격과 잘 맞았던 것 같습니다. 하지만, 모든 것들이 저를 짓눌렀고, 지금은 약간 극복했다고 생각합니다."

Bauer 박사는 Markus가 충분히 이야기하게 한 다음, 또 한 번의 긴 침묵 후에 다음과 같이 말했다. "많은 이야기를 하셨습니다. 삶의 주된 주제들을 잘 요약해서 말씀하신

것 같습니다. 제가 이해한 것이 맞다면, 당신에게는 전혀 인정받지 못한 부분이 있는 것
같습니다. 강하고, 주장하는 부분이요. 주변 사람들은 늘 그 부분을 억눌렀고, 당신이 표
현하도록 허용하지도 않았습니다. 또 제가 듣기로는, 가끔 당신도 그것이 발생하도록 허
용했던 것 같습니다.”“네. 정확합니다. 박사님 설명이 모두 맞습니다.”라고 Markus가 말
했다.

　　“그렇다면, Markus. 제게 떠오르는 그림은, 이 모든 사람들이 당신 주변에 있고, 당
신은 당신의 입을 테이프로 감고 있습니다. 마치 당신이 말할 수 없도록요. 당신은 사람
들에게 할 말이 많은 것 같습니다. 어머니에게, 아버지에게, Angela에게, 그리고 Rob에
게.” Markus는 이에 대해 잠시 생각한 후 “네. 저는 그 사람들을 정말 사랑합니다. 하지
만, 조금은 물러서서 저인 채 내버려 두면 좋겠습니다. 저를 돌봐주는데 너무도 익숙해
있고, 제가 어떤 사람이어야 하는지 말하지만, 제 자신을 표현하도록 허용하지 않습니
다.”“흥미롭네요. 테이프로 당신의 입을 감은 그 이미지에서 한 단계 더 나가면, 그 장
면에서 당신의 손은 자유로운데 테이프를 제거하지 않고 있습니다.” 눈에 눈물이 고인
채 Markus가 다음과 같이 말했다. “네. 비슷한 일이 제 삶에서 많았던 것 같습니다. 제가
테이프를 떼어내야겠죠.”

　　“Markus, 만일 당신 삶에서 중요한 사람 중 한 분과 이야기를 해야 한다면, 누구부
터 이야기할 수 있을까요?” Markus는 잠시 생각을 한 후 “누나인 것 같습니다. 아마도
누나가 제 이야기를 가장 잘 들을 수 있고, 좋은 출발이 될 것 같습니다.”“이곳에서 시
작해 볼까요?”“이곳이라는 게 뭐죠?”“네. 여기에 여분의 의자가 있는 걸 아셨을 겁니
다.”“네, 장소에 어울리지 않는 의자죠.”“네. 누나가 이 의자에 앉아 있다고 상상해 보
세요. 누나에게 하고 싶은 말을 이곳에서 연습할 수 있습니다.”“여기서 지금 연습한다는
말씀인가요?”“맞습니다”. Markus는 잠시 Bauer 박사를 쳐다본 다음 “좋습니다. 한 번
해 보겠습니다.”라고 답했다.

　　Bauer 박사는 Markus 반대편에 의자를 배치했고, “여기에 누나가 앉아 있다고 상
상하시고, 하고 싶은 이야기를 해 보세요.”라고 말했다. Markus는 빈 의자를 쳐다보면서,
“누나를 정말로 사랑해. 하지만, 누나는 날 영원한 아이처럼 대했어. 난 이제 박사학위를
받을 건데, 누나는 마치 내가 10세 아이인 것처럼 나한테 말해. 그리고 늘 나를 위해 모
든 걸 하려고 하지. 나를 돌봐주고 싶어 하는 건 좋지만, 우리에겐 새로운 관계가 필요한
것 같아. 조금은 더 동등한 관계.”

　　“훌륭해요. 당신에게서 그런 단어들이 흘러나온다는 것이 매우 인상적입니다. 지금

한 것을 누나와 만났을 때에도 할 수 있을까요?" "네."라고 Markus가 고개를 끄덕였다. 이어서 누나에게 이야기를 하고 싶고 대화를 나누겠다고 말했다.

몇 분이 지난 후 Bauer 박사는 "Markus, 만일 당신이 원하는 세상이 도래한다면, 그건 어떤 모습일까요?"라고 말했다. Markus는 잠시 생각한 다음 "비슷한 대화를 Rob이나 엄마와도 해야 할 것 같습니다. 그리고 아버지에게도 말씀 드려야겠죠. 아버지의 차가운 겉모습을 뚫고 제가 어떤 사람이라는 것을 말해야겠죠." Bauer 박사는 잠시 Markus를 쳐다본 후 "마치 누나, 어머니, Rob, 그리고 아버지와 해야 할 일이 있다고 깨달은 것처럼 들립니다." "네. 그렇죠. 할 수 있을 것 같습니다."

"Markus, 오늘 정말 잘했습니다. 상담실 밖에서도 해낼 수 있을 거라 확신합니다. 다음 번 만날 때까지 당신이 무엇을 하면 좋을지 이야기하면서 오늘 상담을 마무리하면 좋겠습니다. 누구와 이야기하고 싶은지 이야기해도 좋고. 어떤 문제와 씨름하고 싶은지 선택할 수도 있구요. 그게 무엇이든 저는 그 선택을 존중합니다." "네. 뭐가 최선일지 이야기하면 좋겠습니다."

이후 몇 분 동안 내담자와 상담사는 오늘 상담에서 발견한 중요한 주제들에게 대해, 그리고 누구와 어떻게 말할지에 관해 좀 더 이야기를 나눴다. Bauer 박사는 Markus의 생각을 경청하고 반영해줬다. 그런 다음 두 사람은 몇 가지 잠정적인 목표들을 세웠다. Bauer 박사는 상담을 마무리하면서 다음과 같이 말했다. "제가 감명 받은 것 같습니다. 관계의 복잡함, 그 관계에 포함된 문제들, 주변 사람들에 대한 당신의 애정, 그리고 그들에게 하고 싶은 것들을 당신은 이해하고 있습니다. 잘 했습니다." Markus는 Bauer 박사에게 감사를 표했고, 두 사람은 일주일 후에 만나기로 약속했다.

생각해 볼만한 질문

1. Bauer 박사는 회기를 시작하면서 꽤 많은 공감 반응을 사용했다. 상담 초기에 이렇게 한 것이 필요하고 중요한가요?

2. 어느 순간에는 Markus가 뭔가를 말했을 때 오랜 침묵이 흘렀다. 당신은 그 정도의 침묵에도 가만히 앉아 있을 수 있나요? 침묵은 어떻게 도움이 될까요? 침묵이 상담관계를 방해할 수 있을까요?

3. Markus가 자신의 삶을 이야기하면서 "박사님, 늘 사람들이 저를 돌봐준다고 생각했습니다. 누구도 저를 저인 채 내버려두지 않았어요."라고 말했고, Bauer 박사는 "좀 더 이야기 해보

세요."라고 답했다. Bauer 박사의 이 반응은 어떻다고 생각하나요? 다르게 반응했다면 더 나은 상황이 전개되었을 거라 생각하나요? 그렇다면, 어떤 반응이 그랬을까요?

4. 한 지점에서 Bauer 박사는 비유를 사용했는데, 사랑하는 사람들이 Markus 주위에 있고, Markus의 입은 테이프로 감겨져 있었다. 당신 또한 이렇게 심층적이고 창의적인 공감반응을 할 수 있을까요? 이런 반응이 도움이 되었다고 생각하나요?

5. 이어서 Bauer 박사는 비유를 확장해서 Markus의 손이 자유로운 상태임에도 불구하고 입에 감긴 테이프를 스스로 떼어내지 않는다고 말하면서 Markus가 자신이 처한 상황에 부분적으로 책임이 있다고 말했다. 이런 종류의 반응은 어떻게 "선택" "책임지기", 그리고 실존 철학과 관련이 있을까요?

6. Bauer 박사는 빈의자기법을 사용해서 Markus가 누나와 이야기 하도록 격려했다. 이 기법은 유용하다고 생각하나요? 그렇다면 왜 그런지, 그렇지 않다면 왜 그렇지 않은지 설명해 보세요.

7. 당신은 내담자와 빈의자기법을 사용할 수 있나요?

8. Bauer 박사는 언제 긍정과 격려 기법을 사용했나요? 이런 반응들이 도움이 되었다고 생각하나요? 그렇다면 왜 그런지, 그렇지 않다면 왜 그렇지 않은지 설명해 보세요.

9. Bauer 박사는 어떻게 해결지향 질문들을 적용했나요? 이 기법이 어떻게 Markus에게 도움이 되었다고 생각하나요?

10. Bauer 박사는 어떻게 Markus와 협력했나요?

11. 전반적으로 Bauer 박사는 긍정적이고, 존중하며, 앞을 내다보고, 비판단적이었나요? 어떻게 그러했나요?

12. 만일 있었다면, 이처럼 상담에서 도움을 받았던 경험을 이야기해 보세요. 당신의 문제를 해결하는데 왜 그 상담이 촉진적인 역할을 했다고 생각하나요?

Credit

Img. 2.1: 출처: https://www.youtube.com/watch?v=o0neRQzudzw.

3

인지행동치료
Cognitive Behavior Therapy, CBT

Ed Neukug

학습목표

◆ 인지행동치료(Cognitive Behavior Therapy: CBT)의 간략한 역사를 안다.

◆ CBT가 인간본성에 대해 가지고 있는 관점인, 합리적, 활동적, 구조화된, 시간에 민감한, 실증적인, 반(反)-결정론적, 구성주의적인 관점을 배우고 유전적 소인과 생물학적 요인, 핵심신념의 발달과 관련된 경험 간의 관계를 배운다.

◆ 인지모델(핵심신념, 중간신념, 자동적 사고 및 심상), 인지 왜곡, 대처/보상 전략, 인지적 개념화를 포함하여 CBT의 여러 핵심 개념을 배운다.

◆ 효과적인 CBT 치료를 위한 10가지 원칙을 알고, 강력한 치료 동맹 구축하기, 인지 모델에 대해 내담자 교육하기, 소크라테스식 질문하기, 자동적 사고와 심상 인식하고 도전하기, 인지왜곡 인식하고 도전하기, 중간신념 인식하기, 핵심신념 인식하고 도전하기, 과제하기 등 CBT 핵심 기술을 개관한다.

◆ 생각 멈추기, 심상 바꾸기, 합리적-정서적 역할극, 행동적/정서적 기술을 포함하여 흔히 사용되는 CBT 기술에 대해 개관한다.

◆ CBT 상담의 과정에 대해 서술한다.

◆ 사회적, 문화적 CBT 적용에 대한 검증한다.

◆ CBT의 효과에 대해 개관한다.

◆ CBT 과정에 대한 사례연구를 소개한다.

인지행동치료의 간략한 역사

인지치료는 잘못된 개념과 자기신호(self-signals)를 수정함으로써 심리적 스트레스를 완화하기 위한 방법을 찾는다. 잘못된 신념을 수정함으로써 과도한 반응을 줄일 수 있다(Beck, 1976, p. 216).

인지행동치료의 움직임은 1960년대에 Aaron Tim Beck의 인지이론(cognitive theory)과 Albert Ellis의 합리적 이론(rational theory)이라는 두 가지 쟁쟁한 이론의 등장과 함께 시작되었다. 이 이론들은 이후에 각각 **인지행동치료**(cognitive behavioral therapy, CBT), **합리적정서행동치료**(rational emotive behavior therapy, REBT)라고 불리며 오늘날까지 널리 사용되고 있다. 이 두 접근법이 널리 사용되고 있지만, 이번 장에서는 인지행동치료에 초점을 두고자 하는데 CBT는 REBT에 비해 더 많은 기본적 근거를 가지고 있고 더 널리 보급되어 있기 때문이다. 그러나 이 두 접근법에는 공통점도 많은데, 만약 REBT에 대해 더 배우고 싶다면 REBT에 대한 내용을 포함하고 있는 Counseling Theory and Practice라는 책을 참고하기를 바란다(Neukrug, 2018).

REBT와 CBT는 **인지행동치료의 제2의 물결**이라고 여겨진다. **인지행동치료의 제1의 물결**에서는 행동에 초점을 맞추면서 조작적 조건화, 고전적 조건화, 모델링 등을 포함한다. 반면 **인지행동치료의 제3의 물결**에서는 내담자가 처한 상황적 맥락이 개인에게 어떤 영향을 미치는지를 보는데 이 책에도 수록된 **변증법적 행동치료**(dialectical behavior therapy), **수용전념치료**(acceptance and commitment therapy)가 여기 포함된다. 대조적으로 인지행동치료의 제2의 물결에서는 인지를 어떻게 검증할 수 있는지, 인지가 어떻게 변화될 수 있는지 등에 초점을 두고 행동, 감정, 생리학적 반응 등의 변화로 이어질 수 있도록 하는 데 중점을 둔다. 이는 1960년대에 처음 대두되었지만 아직도 인기가 높고 장시간에 걸쳐 적용되고 있는 접근법이기 때문에 이 책에 포함하였다.

대부분의 정신과학자들과 비슷하게 Aaron Beck도 정신분석자였지만 점차 정신분석의 효율성과 유용성에 의문을 가지게 되었다(Krapp, 2005; Weishaar, 1993, 2015). 이런 회의감은 내담자들이 스스로의 경험에 대한 특정한 내면 사고의 흐름을 가진다는 점을 알게 된 후 더 커져만 갔다. 더구나 자신의 내밀한 생각을 알지 못하던 내담자들조차도 그런 생각이 있을 수 있다는 가능성을 Beck이 빠르게 탐색해 주자 자신의 생각을 재빨리 인식하게 되었다. Beck은 이러한 생각을 **자동적 사고**(automatic thoughts)라고 부르면서 자동적 사고가 "개인의 경험에 대한 끊임없는 설명을 제공한다"는 사실을 알게 되었다 (Weishaar, 1993, p. 20). Beck은 이러한 생각을 자신과 나누는 내적 대화 간의 함수로 나타낼 수 있는데 이는 다른 사람들 간의 대화와는 관련이 없으며 당시에는 치료 회기에서 잘 다루어지지 않았다고 결론을 내렸다(A. Beck, 1991). 그는 이러한 생각과 신념은 개인의 감정, 행동, 그리고 생리학적 반응에까지 영향을 준다고 믿게 되었다.

시간이 지나 인지에 대한 Beck의 흥미는 더욱 커졌고 1960년대가 되어 Beck은 심리치료에 대한 자신의 새로운 인지적 접근법에 대해 저술하기 시작했다. Beck은 경증 우울증에 대해 고민하면서 1961년에 **벡 우울 척도**(Beck Depression Scale)를 출판하였고 우울과 사고의 연결고리에 대해 저술하기 시작했다. Beck은 곧 중등도 우울 내담자를 대상으로 항우울제 치료와 인지치료를 비교하는 대규모 연구과제를 완수하였다. 이 연구 끝에 「우울증의 인지치료(Cognitive Therapy of Depression: Beck et al., 1979)」라는 책이 세상에 나오게 되었고 이 책 덕분에 인지치료가 주목을 받고 상담의 단기접근법이 지지받게 되었다. 1963년에 Albert Ellis는 Beck과 자신이 각자 비슷한 이론을 개발하고 있다는 것을 알게 되어 Beck에게 연락을 취하였다(Padesky & Beck, 2003). Beck과 Ellis는 그간 함께 저술활동을 하거나 연구를 한 적은 없었지만 그들은 각자의 생각을 공유하고 전문가로서 교류했다. 한편으로 Beck은 대중 연설에 대해 Ellis가 오래도록 가지고 있었던 불안에 대해 상담해 주기도 하였다. 곧 Beck과 Ellis의 저술과 연구는 1970년대 **심리학의 인지적 혁명**을 이끌게 되었다(Weishaar, 1993, p. 27).

Beck의 이론이 대두되면서 그는 장애들마다 특정한 **인지 왜곡**이 있다는 것을 알게 되었다. 이 인지 왜곡이란 세상에 대한 잘못된 신념이며 이것이 장애의 불을 지피는 연료가 된다(Rice, 2015; Weishaar, 2015). 그런 후 Beck은 특정한 장애와 관련된 인지 왜곡과 행동을 목표로 삼으면서 문제를 완화시키기 위해 임상가들이 사용할 수 있는 훈련지침서를 개발하였다. 훈련지침서의 임상적 효과를 평가하기 위해 Beck은 우울감, 무기력, 불안감, 자기개념, 사회의존성－자율성, 자살 등을 측정하는 도구도 개발하였다. 이런 과정을 통해 Beck은 여러 장애에 대한 CBT의 효과성을 검증하는 수백 편의 연구가 가능했다. 대부분의 연구는 펜실베이니아 대학(University of Pennsylvania)에서 수행되었고, 이후에는 Beck이 딸 Judith Beck과 1994년에 창설한 **필라델피아의 벡 인지행동연구소**(Beck Institute for Cognitive Behavior Therapy in Philadelphia)에서 진행되었다(Beck Institute, 2019a).

Beck은 600편 이상의 논문과 25권의 책을 저술하였다(Beck Institute, 2019b). Beck 은 수년 간에 걸친 연구와 저작을 통해 찬사와 많은 상을 받았다(Weishaar, 2015). 그리고 그는 가장 영향력 있는 현대의 심리치료사에 Carl Rogers에 이어 두 번째로 이름을 올렸다("The top 10," 2007).

Aaron Beck과 Albert Ellis를 만나고 싶다면?

Beck과 Ellis 그리고 그들의 이론에 대해 더 알고 싶다면? https://itsapps.odu.edu/psyadm/로 방문하여 인지행동(cognitive behavioral)을 클릭하고 Beck과 Ellis, 그리고 다른 인지행동이론가들의 업무실로 들어가 그들의 강연을 들어보라.

인간 본성에 대한 관점

Beck은 정서적 반응에 대한 유전적, 진화론적 소인이 있다는 점을 믿었기 때문에(A. Beck, 1967, 1976, 1999, 2005), 오래된 정서적 반응이 현대에도 지속될 수 있고 과도한 분노나 불안, 우울 등 다른 부정적인 감정을 야기하면서 부적응적인 역할을 할 수 있다고 했다(Scott & Freeman, 2010). Beck은 **연속성 가설**(continuity hypothesis)이라고 불리는 가설을 통해 어떤 사람들은 정서적 반응에 더 민감하게 하는 유전적 소인을 가지고 있고, 이런 정서적 반응은 사람들이 스트레스를 받는 상황에서 심리적 장애를 발현시키는 데 기여하게 된다고 했다. 예를 들어, 야생동물의 공격을 받지는 않을까에 대한 민감성은 이전에 매우 유용했을 것이다. 그러나 일반적으로 불안과 관련이 있는 이러한 기민함이 현대사회에서는 도움이 되지 않을 것이다. 그는 이를 정신장애에 대한 **소인-스트레스 모델**(diathesis-stress model)이라고 불렀다.

어떤 사람들은 부적응적인 정서적 반응을 보이기 쉬운 경향을 가지고 있지만, 또 다른 사람들은 유전적 소인을 가지고 있다고 할지라도 부모나 타인에게 효과적인 기술을 배운 후 부정적인 정서적 반응을 표현하지 않을 수도 있다. **합리적, 실용적, 그리고 건설적인** 입장을 견지하면서 Beck은 부적응적인 반응을 보이는 사람들일지라도 치료적 개방을 통해 인지 과정을 어떻게 수정하는지를 배울 수 있다면 상대적으로 단기간에 변화를 보일 수 있다고 가정했다(J. Beck, 2005; O'Connor, 2015; Rice, 2015). 그러므로 CBT는 **반(反)결정론적, 역동적, 교육적, 구조적, 시간-민감적, 실증적인** 상담 접근법인데 사람들이 자신의 인지 과정에 대해, 그리고 그 인지 과정이 어떻게 감정, 행동, 생리학적 반응에 영향을 주는지에 대해 이해할 수 있게 된다면 세상을 살아가는 방식에 대한 변화를 가져올 수 있다고 제안한다(Beck Institute, 2019c).

Beck과 다른 인지 치료사들은 유전적, 생물학적 요인, 그리고 개인의 경험이 결합하여 **핵심신념**(core belief)을 형성하는데, 이는 평소에는 잠잠히 있다가 스트레스나 개인에게 안 좋은 영향을 주는 상황의 결과로 갑자기 나타나기도 한다고 믿고 있다. 핵심신념은 사람이 세상을 살아가는 방식에 대한 방향을 제공하는 근본적이고 내재된 신념이다(A. Beck, 1967, 1991; Scott & Freeman, 2010). 부정적인 핵심신념은 부정적인 감정과 역기능적인 행동을 유발하고 긍정적인 핵심신념은 건강한 삶의 방식을 유발한다. Beck에 따르면 대부분의 사람들은 자신의 핵심신념을 인식하지 못한다. 대신 이런 신념들은 사람이 살아가는 태도, 규율/예측, 가정 등을 결정하게 되는 **중간신념**(intermediatc belief)의 기본 메커니즘이 된다. 이런 태도, 규율/예측, 가정 등은 **자동적 사고**(automatic thoughts)를 유발하고 **인지 왜곡**(cognitive distortion)과 관련이 있어서 결국 특정한 행동, 감정, 생리학적 반응을 유발하여 핵심신념을 강화하게 된다. 그리고 이 순환은 계속 강화된다.

Beck은 특정한 정신장애가 특정 핵심신념, 중간신념, 자동적 사고(그리고 관련된 인지 왜곡)와 어떻게 관련이 있는지를 밝혔다. 따라서 만약 상담사가 정확하게 내담자를 진단했다면 상담사는 내담자가 가질 수 있는 자동적 사고, 인지 왜곡, 중간신념, 핵심신념 등에 대해 훈련받은 대로 가설을 설정할 수 있다.

CBT가 **현재에 초점을 둔 접근법**임에도 불구하고 J. Beck(2011)은 환자가 원할 때는 과거를 탐색하는 것이 도움이 된다고 제안한다. 환자가 원하는데도 과거를 다루지 않는다면 치료 동맹에 도움이 되지 않을 수 있다. 또한 과거를 이해하는 것은 내담자가 현재의 방식대로 생각을 하는 이유를 알 수 있게 해주고 경직된 사고를 바꿀 수 있게 돕는다. 게다가 오늘날의 인지치료사들은 내담자 개인의 모든 면을 기술하는 것이 비교적 빠른 변화에 중요한 역할을 한다고 믿는다. 그러므로 Beck의 접근법을 사용하는 많은 경우, 혹은 비슷한 인지적 접근을 사용하는 경우, 내담자와 작업을 할 때 인지와 행동 모두에 초점을 두고 있다. 따라서 최근에는 인지치료라는 옛 이름을 쓰지 않고 좀 더 포괄적인 인지행동치료라는 용어를 사용하게 된다.

핵심개념

Beck의 **인지 모델**을 포함하는 CBT에는 몇 가지 핵심 개념이 있는데 **핵심신념, 중간신념, 자동적 사고와 심상, 관련된 인지 왜곡, 대처/보상 전략, 인지 개념화** 등이 그것이다.

인지모델

인지모델은 인지의 세 단계로 구성되는데 그것은 다음과 같다. 1) 핵심신념: 우리가 생각하고 느끼고 행동하는 방식 이면에 존재하는 근본적인 신념, 2) 중간신념: 핵심신념의 결과물로서 태도, 규율/예측, 가정으로 구성되는 것, 3) 결과적인 자동적 사고와 생리학적 반응: 태도, 규율/예측, 가정의 결과물

핵심신념은 자기 자신에 대해 가지고 있는, 내재된 뿌리 깊은 믿음이기 때문에 치료 초반에는 인지치료사가 좀 더 접근하기 쉬운 자동적 사고에 초점을 맞추는 것이 중요하다(그림 3.1). 예를 들어 치료 초기에 내담자가 "나는 사랑받을 수 없어."라는 핵심신념을 알아채는 것은 "나는 너무 떨려서 그 사람에게 데이트 신청을 못할 것 같아."라는 자동적 사고를 알게 되는 것보다 더 어렵다. 내담자를 평가하고 진단하고, 내담자의 자동적 사고를 검증하면서 치료사는 자동적 사고를 만들어내는 중간신념에 대한 가설을 세우게 되고 궁극적으로는 중간신념을 유발하는 핵심신념을 이해하기 시작한다. 다음에서

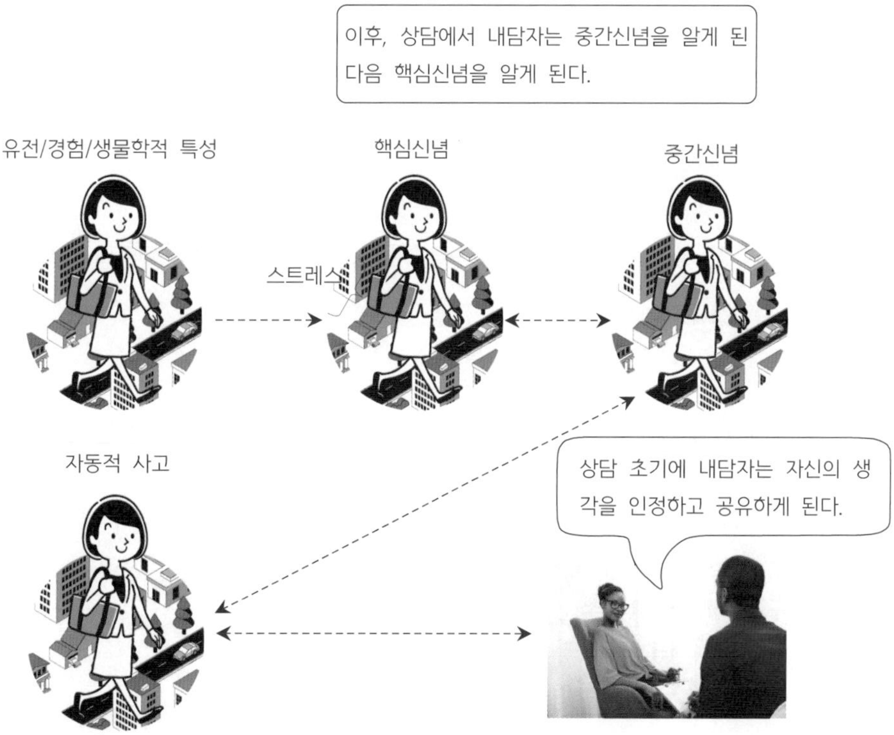

이후, 상담에서 내담자는 중간신념을 알게 된 다음 핵심신념을 알게 된다.

유전/경험/생물학적 특성　　　핵심신념　　　중간신념

스트레스

자동적 사고

상담 초기에 내담자는 자신의 생각을 인정하고 공유하게 된다.

그림 3.1　핵심신념, 중간신념, 자동적 사고의 발현

핵심신념, 중간신념, 자동적 사고에 대해 간단히 알아보기로 하자.

핵심신념

Beck은 원래는 **인지 도식**(cognitive schema)과 핵심신념을 구분하였다(A. Beck, 1967). 그리고 도식을 인지적 구조물로 정의하고, 이 구조물에서 나온 내용이 **핵심신념**이라고 했다. 그러나 Judith Beck(1995; Rice, 2015; Nezu & Nezu, 2016)을 포함한 다른 학자들은 이 둘의 차이가 매우 작고 종종 이 둘 모두를 인지적 신념이라고 불렀다. 간단히 말하자면 우리는 핵심신념이라는 용어만 사용할 것인데 이 핵심신념은 중간신념, 자동적 사고, 인지 왜곡 등 우리의 감정, 행동, 생리학적 반응을 유발히는 사건을 해석하는 방법의 방향을 결정하는 모든 요소에 영향을 주는 내면화된 신념을 의미한다. 우리 모두는 삶에 긍정적인 방식을 가져다주는 긍정적인 핵심신념이 있다(예: "나는 괜찮은 사람이야." "나는 내 삶을 어느 정도까지는 통제할 수 있어" "나는 이룰 수 있어."). 또한 우리 중 많은 사람들은 우리의 삶을 부정적으로 색칠하고, 우울하고 분노가 유발되고 불안이 생기는 방향으로 이끌고 가는 부정적인 핵심신념을 가지기도 한다. Beck이 언급했고, 또한 연구를 통해 검증된 세 가지 부정적인 핵심신념은 "나는 무기력해," "나는 가치 없어," "나는 사랑받을 수 없어"이다(Osmo et al., 2018). 특히 삶이 괴로운 사람들은 부정적인 핵심신념의 지배를 많이 받고 있고 우리 중 많은 사람들도 스트레스를 받을 때 짧은 기간이나마 이 부정적인 핵심신념 아래에 있게 된다(상자 3.1 참고).

상자 3.1 부정적인 핵심신념

아래에 나온 세 가지 부정적인 핵심신념 중 하나 이상을 가질 때, 그 핵심신념과 관련된 다음의 속성 중에 하나 이상을 보유한다고 볼 수 있다.

무기력 핵심신념

'나는 무능하고, 비효율적이고, 궁하고, 답답하고, 통제불능이고, 실패자이고, 결함이 있고, 충분한 정도로 좋지 않고, 패배자이고, 무기력하고, 힘이 없고, 약하고, 취약하고, 피해자이고, 그리고/또는 나는 똑바로 할 수 있는 게 없다."

사랑스럽지 않음 핵심신념

"나는 사랑스럽지 않고, 좋아하기 어려운 편이고, 매력적이지 않고, 누구도 원하지 않고, 돌봄 받기 어렵고, 뭔가 다르고, 다른 사람들의 사랑받기 어렵고, 사랑받기 충분하지 않고, 거절당하거나 버려지거나 혼자 남겨지기 쉽다."

<u>무가치 핵심신념</u>

"나는 가치 없고, 수용 받을 수 없고, 나쁘고, 쓰레기이고, 윤리적으로 위험하고, 독하고, 악하고, 나는 살 가치가 없다."

출처: Beck, J. S. (2011). Cognitive therapy: Basics and beyond (2nd ed.). Guilford Press. p. 223.

중간신념

우리의 핵심신념은 우리가 삶에서 가지고 있는 태도, 규율/예측, 가정 등에 영향을 미치는데 Beck은 이것을 중간신념이라고 부른다. 그러므로 만약 우리의 긍정적인 핵심신념 중에 하나가 "나는 나의 문제를 잘 다룰 수 있어."라고 한다면, 내가 삶에서 도전거리를 만날 때 "괜찮아, 나는 결국 문제를 해결할 수 있을 거야."라는 태도로 임하게 된다. 규율/예측의 예는 다음과 같다. "열심히 하는 것은 문제를 해결할 수 있어." 그리고 가정의 예는 다음과 같다. "내가 열심히 하기만 한다면 일이 잘 해결되겠지." 반면에 "나는 무능력해"라는 부정적인 핵심신념을 가진 사람이 있다고 생각해 보자. 어떤 일이 잘 되어가지 않을 때 그 사람의 태도는 다음과 같은 것이다. "삶이란 것은 고약한 거야. 내가 할 수 있는 건 거의 없어." 규율/예측은 "나는 내가 상황을 바꿔보려고 노력한다고 해도 효과가 없을 것이라고 예상하는데, 뭐 문제 있나요?"가 될 수 있다. 가정은 "내 운명을 더 좋게 만들기 위해 내가 할 수 있는 일은 거의 없어"가 될 것이다.

자동적 사고와 심상

자동적 사고는 하루 종일 우리의 마음속에 떠다니는 생각이다. 우리는 자동적 사고의 일부를 인지하고 있을 수도 있고 그렇지 못할 수도 있다. 어떤 상황이 벌어지면 사람들은 자동적 사고를 가지고 그 상황에 반응하는데 그것은 그 사람의 태도, 규율/예측, 가정 등 중간신념의 산물이 되고 이 중간신념은 핵심신념에서 나온 것이다. 방금 든 예를 다시 들자면, 삶의 변화에 무기력한 사람이 있는데 그 사람이 갑자기 관계가 깨지는 경험을 했다고 가정해 보자. 이 결별이라는 상황은 중간신념에 따라 자동적 사고를 만들어

내게 되는데 이 중간신념은 "무기력함"에 대한 핵심신념에서 비롯된 것이다. 그러므로 이 사람은 "자동적으로" "그/그녀가 나랑 관계를 깰 줄 알았어." "내가 늘 그렇지 뭐." "데이트 신청을 한다고 해도 이미 누군가를 사귀고 있을 거야." 등의 말을 하게 될 것이다. 부정적인 핵심신념과 중간신념의 결과인 자동적 사고는 **인지 왜곡**과 밀접하게 관련이 있는데 인지 왜곡은 문제 행동과 감정을 야기하는 세상에 대한 부정확한 진술 또는 신념이다. 만약 어떤 사람이 고통스러운 시간을 보내고 있을 때 그의 자동적 사고에 대해 탐색한다면 일반적으로 아래의 상자 3.2에 나온 인지 왜곡 중 하나 이상을 발견할 수 있을 것이다. 흥미롭게도 Albert Ellis도 자신의 이론에서 이와 비슷한 내용의 인지 왜곡 목록을 이야기했다.

자동적 사고와 비슷하게, 자동적 심상은 하루 종일 우리의 마음속에 떠오른다. 예를 들어, 직장에서 프로젝트를 끝내기 어려워하는 사람은 자신에게 이렇게 말할 수도 있다. "나는 그냥 못하는 거야." 또는 자신의 상사가 실망스러운 표정으로 다가오는 것을 상상할 수도 있다. 자동적 사고와 심상은 행동, 감정, 생리학적 반응을 유발하고 이것은 핵심신념을 강화한다. 그러므로 악순환이 일어나게 된다.

상자 3.2 인지 왜곡

1. **흑백논리적 사고:** 때때로 이분법, 양분화 사고라고도 불리는데 세상을 좀 더 복잡한 양상이 아닌 두 범주로만 나눠서 보는 것.
   예: "나는 절대 직장에서 일을 잘 할 수 없어." "너는 항상 행복할 거야."

2. **파국화:** 상황을 현실적 또는 과학적으로 보기보다 어떤 일이 나쁜 쪽으로만 진행될 것이라는 가정을 하는 것.
   예: "나는 상사에게 그렇게 말하지 않았어야 했어, 나는 해고될 거야." "만약 내가 비행기를 타면 비행기가 추락할 거야."

3. **긍정격하:** 심지어 긍정적인 일이 일어나도 전체적으로 볼 때 큰 의미가 없다고 가정하는 것.
   예: "내가 직장에서 받은 상은 의미 없어. 모든 사람이 탈 수 있는 상이야."

4. **정서적 추론:** 반대되는 증거가 나오더라도 자신의 감정이 항상 옳다고 가정하는 것.
   예: "내 아내와 아이들은 나를 사랑한다고 하지만 나는 내가 사랑받지 못할 거라는 걸 알아. 아무도 나를 사랑하지 않는 느낌이 들기 때문이지."

5. **명명(낙인):** 어떤 것을 좀 더 복잡하거나 미묘한 방식으로 보기보다 "명명" "유형"이라

는 관점에서 정의하는 것.

예: "나는 부정적이기만 한 사람이야." "나는 항상 내성적이지."

6. **과장/축소:** 자기 자신, 다른 사람 또는 상황에 대한 부정적인 측면은 과장하고 긍정적인 측면은 축소하는 것.

예: "이번 시험에서는 잘 했을지 몰라도 나는 내가 그 과목을 못한다는 걸 알아." "직장에서 일어난 그 일을 보면 내가 일을 잘 못한다는 것을 알 수 있지."

7. **정신적 여과:** 자기 자신, 타인, 상황에 대해 부정적인 측면에 초점을 맞추는 것.

예: "사람들이 왜 내 주변을 떠나는지 알겠어. 내가 무능력하다는 걸 그들이 알기 때문이지."

8. **독심술:** 다른 가능성은 생각하지 않고 다른 사람이 무엇을 생각하는지에 대해 가정을 해 버리는 것.

예: "그녀는 내가 못생겼다고 생각하고 있어."

9. **과대일반화:** 작은 사건에서 큰 범위로 일반화를 해 버리는 것.

예: "아이들과 함께 한 그 저녁 식사는 끔찍했어. 나는 좋은 부모가 될 수 없어."

10. **개인화:** 다른 가능성에 대해 생각해 보지 않고, 다른 사람의 부정적인 행동의 원인이 자기라고 믿는 것.

예: "나의 동료인 James는 오늘 기분이 나빠 보였어. 내가 제 시간에 서류를 가져다주지 않아서 그런 거야."

11. **당위적 명령:** 자기 자신과 다른 사람들이 특정한 방식으로 행동을 해야 한다고 믿는 것, 그렇지 않으면 끔찍하다고 믿는 것.

예: "나의 할머니는 오늘 화가 많이 나셨어. 하지만 회사 앞에서 그러지 않으셨어야 해."

12. **터널 시야:** 상황의 부정적인 면만 보는 것.

예: "그녀가 자신의 의견을 저렇게 표현한 건 부적절했어. 그런 식으로는 친구를 사귈 수 없어."

출처: Beck, J. (2011). Cognitive therapy: Basics and beyond (2nd ed.). Guilford Press. pp. 181–182.

핵심신념, 중간신념, 자동적 사고와 심상, 인지 왜곡, 그리고 반응 간의 관계에 대한 검증

그림 3.2는 핵심신념, 중간신념, 자동적 사고(심상), 인지 왜곡 간의 관계와 그들이 개인의 삶에서 어떻게 영향을 주고받는지를 도식화하여 보여주고 있다. 화살표는 정서적, 행동적, 생리학적 반응이 원래의 핵심신념을 어떻게 강화하는지를 강조하고 있다.

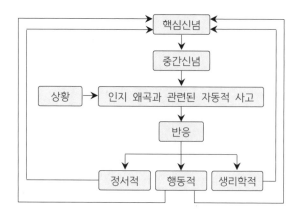

그림 3.2 핵심신념, 중간신념, 자동적 사고 간의 관계

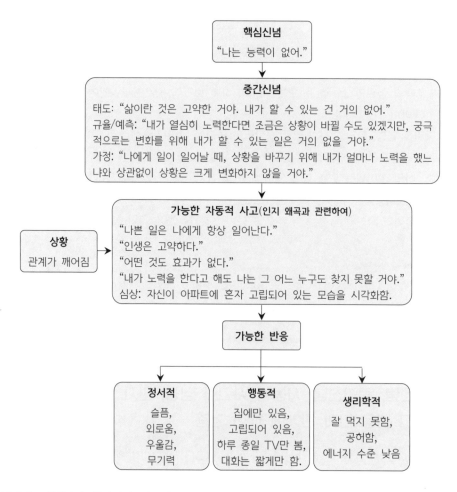

그림 3.3 핵심신념, 중간신념, 자동적사고 간의 관계를 나타낸 예시

예를 들어, "나는 능력이 없어."라는 핵심신념이 있는 사람이 있다고 해 보자. 어떤 상황이 닥쳤을 때 핵심신념의 산물인 그 사람의 중간신념과 관련된 자동적 사고와 심상이 나타나기 시작한다(그림 3.3). 그림 3.3에 제시된 자동적 사고를 살펴 본 다음에 상자 3.2를 참고해 보고 과연 인지 왜곡이 어떤 역할을 할지 생각해 보라.

대처/보상 전략

사람은 자신의 부정적인 핵심신념이 유발할 것 같은 고통에서 벗어나기 위해 **대처전략**(다른 말로, **보상전략**)을 개발하게 된다(J. Beck, 2005, 2011). 예를 들어 자기가 부적절하다는 핵심신념을 가지고 있는 사람이 있다면 그 부적절감에서 벗어나기 위해 과성취자가 될 수도 있다. 또는 자신이 무능력하다고 느끼는 사람은 모든 것을 통제하는 것으로 보상하려고 할 수도 있겠다. 이런 전략들은 Alfred Adler가 언급한, 열등감을 회피하기 위해 하는 보상행동과 아주 비슷하다. Adler의 접근법에 매료되었던 Aaron Beck이 이런 개념을 발전시킨 것은 아마도 우연이 아닐 것이다(Weishaar, 1993).

일반적으로 대처전략은 생애 초기에 개발되고 부정적인 핵심신념에서 유발되는 강한 부정 정서를 다루는 것을 피할 수 있게 해 준다. 그러나 이러한 대처 행동이 부정적인 핵심신념 자체를 제거해 주는 것은 아니다. 더구나 시간이 지나면서 이런 전략들은 종종 부적응적인 양상이 될 수도 있다. 예를 들어 두 사람이 있다고 가정해 보자. 한 사람은 부적절감을 느끼지 않으려고 끊임없는 성취를 추구하고, 다른 한 사람은 자신의 무능력감 때문에 다른 사람을 항상 통제하려고 한다고 해 보자. 시간이 지나면서 첫 번째 사람은 더 스트레스를 받고 성취를 하려고 강박적으로 애쓸지도 모른다. 반면 두 번째 사람은 관계에서 어려움을 경험할 가능성이 높은데 자신과 가까운 사람들을 끊임없이 통제하려고 하기 때문이다.

그림 3.4는 Judith Beck(2005)이 제시한 것처럼, 내담자의 핵심신념, 중간신념, 대처전략, 자동적 사고, 유발된 정서 간의 관계를 보여주고 있다. 내담자가 경험하는 정서(가장 아래 박스)와 더불어 핵심신념과 대처전략에서 비롯되는 행동도 상상해 볼 수 있다(상자 3.3 참고).

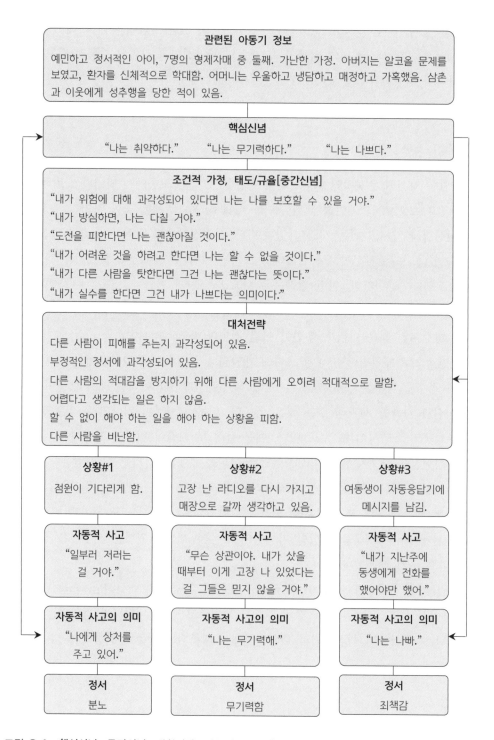

그림 3.4   핵심신념, 중간신념, 대처전략, 자동적 사고, 행동, 감정 간의 관계

상자 3.3 당신의 신념, 사고, 대처전략, 그리고 정서를 해독하기

그림 3.4를 견본으로 사용하시오. 당신의 생활에 대한 정보를 대입하여 그림을 완성할 수 있는지 살펴보시오.

인지적 개념화

Beck의 CT(인지치료) 이론의 명백한 특징은 인지특이성가설(cognitive specificity hypothesis)인데 이 가설에서는 각 정신장애에 대해 각각의 인지적 프로파일을 제안하고 있다(Tower, 2011, p. 30).

Beck과 다른 학자들은 특정한 심리적 장애의 특징이 되는 인지적 과정과 행동적 양상을 제안했다(Beck Institute, 2019c; Beck & Haigh, 2014; J. Beck, 2011). 상담사가 정확하게 내담자의 장애에 대해 평가할 수 있다면 특정한 자동적 사고와 관련된 인지 왜곡, 중간신념, 핵심신념 등을 추론할 수 있다. 게다가 치료 계획 또한 특정 장애와 그 장애에 맞는 인지적 과정에 맞춰 수립되는데 이로써 상담의 성공률을 높일 수 있다. 이 과정을 통해 치료사가 내담자를 만나는 순간에서부터 내담자에 대한 정보를 알게 되고, 결국 자동적 사고와 관련된 인지 왜곡, 중간신념, 핵심신념 등이 어떻게 발현되고 내담자의 현재 문제에 어떻게 기여하는지에 대해 가설을 세우는 과정이 시작된다. 이런 과정에 도움이 될 만한 활동들은 다음과 같다.

- 중요한 유년기 정보 모으기(개인력을 이해하는 것은 신념을 알게 되는 데 도움이 된다.)
- 내담자의 문제를 정확하게 인지하기(어떤 문제들은 특정한 종류의 신념으로 이어진다.)
- 내담자의 진단명을 결정하기(진단은 특정한 신념과 상관이 있을 수 있다.)
- 내담자가 자동적 사고, 인지 왜곡을 인식하도록 하기(특정 자동적 사고와 인지 왜곡은 내면의 신념과 관련이 있다.)
- 자동적 사고와 관련된 정서, 생리학적 반응, 행동 등을 인식하도록 하기(반응은 특정 신념의 함수로 군집화될 수 있다.)

◆ 특정한 신념의 발달을 유발하는 과거 그리고 현재의 스트레스원에 대해 인식하기

기법

대부분의 치료법보다 CBT에는 내담자의 진단과 문제를 기반으로 해서 적용 가능한 핵심적이고 일반적인 기법이 많다. 기법과는 별개로 치료과정에서 핵심적인 **10개의 기본 원칙**은 다음과 같다(J. Beck, 2011; Dobson, 2012; Rice, 2015).

1. CBT 전략은 내담자 문제에 대한 이해, 즉 사례 개념화를 기반으로 이루어져야 한다.
2. 견고한 치료 동맹은 CBT의 효과를 위해 매우 중요하다.
3. 협업, 내담자의 활발한 참여가 중요하다.
4. 치료는 목표중심적, 문제중심적이어야 한다.
5. CBT는 대부분 현재에 초점을 둔다.
6. 내담자는 재발 방지를 위해 스스로 자신의 치료사가 되는 방법을 치료를 통해 배운다.
7. CBT는 일반적으로 간결하고 시간 제한적이다(어떤 내담자들은 2년까지도 걸리기도 하지만 보통은 5~20회기).
8. CBT 회기는 구조화되어 있다.
9. 내담자는 자신의 사고나 신념을 어떻게 인식하는지, 자신의 사고나 신념이 역기능적인지 판단하고, 긍정적인 변화를 이루면서 자신의 사고와 신념에 반응하는 방법 등을 CBT를 통해 배운다.
10. 내담자가 자신의 사고, 감정, 행동을 변화시키기 위해서 CBT에서는 넓은 범위의 기법이 사용된다.

핵심적인 기법

대부분의 경우 많은 인지치료사들은 **강력한 치료 동맹**을 구축하고, 인지모델에 대해 내담자를 교육하고, 소크라테스식 질문을 하고, 자동적 사고나 심상에 대한 인식 및 도전, 인지 왜곡의 인식 및 도전, 중간신념에 대한 인식, 핵심신념에 대한 인식 및 도전, 과제 실시하기 등의 기법을 사용한다(J. Beck 2011; Dobson, 2012; Neuman, 2016; Rice, 2015).

강력한 치료 동맹 구축하기

CBT 치료사들은 효과적인 결과를 위해 강력한 치료 동맹이 아주 중요하다고 본다. 이것을 이루기 위한 몇 가지 방법에는 협업, 공감적/돌봄적/낙관적 태도, 자신의 치료 스타일을 내담자의 요구에 맞추는 것이 있다.

협업

협력적이라는 것, 즉 상담사-내담자 관계를 한 팀으로 보는 관점은 치료 동맹의 핵심이다. 그러나 치료사에게는 전문성이 있고 치료사는 내담자의 사고와 행동을 특정한 방향으로 안내하여 도울 수 있다는 점도 유념해야 한다. 그러므로 치료사가 내담자의 의견과 피드백을 존중하면서 제안하는 것은 보통의 모습이다. 사실 각 회기 말미에 CBT 치료사는 흔히 "오늘 회기가 어떠셨나요?" "오늘 회기에서 다룬 내용이 이해가 되시나요?" "우리가 정한 목표는 당신이 생각하는 바람직한 목표에 부합하나요?"라고 물어본다.

공감, 돌봄, 낙관성 보여주기

이런 기본적인 상담 기술은 여러 형태의 치료 대부분에서 중요하다. 객관적인 과학자 역할을 하기 쉬운 인지치료사들에게는, 치료를 그저 '임상적인 과정'으로 보지 않고 두 사람이 함께 앉아서, 한 사람이 더 좋은 기분을 가질 수 있도록 돕는 노력을 기울이려는 협동적이고 치료적인 모험으로 보는 것이 특별히 중요하다. 깊은 이해와 돌봄, 미래에 대한 희망을 가지고 있는 치료사와 작업하는 내담자에 비해 거리감 있고 객관적인 치료사들과 함께 작업을 하는 내담자들은 포기하는 경향이 더 크다.

치료 스타일 조정하기

내담자는 다양한 성격적 특성에 따라 다르게 반응한다는 사실을 알고 있었던 J. Beck은 치료사가 발견하는 내담자의 방식에 따라 치료사 자신의 스타일을 조정할 것을 제안한다. 예를 들어, 어떤 내담자들은 '감성을 자극하는' 치료사를 좋아하는 반면, 어떤 내담자들은 좀 더 지시적인 치료사를 더 편안하게 생각한다. 치료 관계 안에서 내담자가 편안한 기분을 느낄 수 있게 돕기 위해 치료사의 스타일을 바꾸는 것이 중요하다.

인지모델에 대해 내담자 교육하기

상담 초기에는 치료사들이 인지모델에 대해 자신의 내담자들을 교육하며 종종 그림 3.1에서 3.4에 해당되는 시각적 자료를 사용하기도 한다(J. Beck, 2011; Dobson, 2012). 이런 기본부터 시작하면서 치료사들은 자동적 사고와 심상을 설명하고 내담자들이 그 개념들을 인식할 수 있도록 도와준다. 치료 초기에 내담자가 핵심신념을 이해하도록 시간을 쓰는 것이 소용없어 보일 수도 있지만 자동적 사고와 심상에 집중하는 것은 내담자가 뭔가를 '얻을 수 있게' 하기 때문에 놀랄 만한 일이 된다. 자동적 사고를 알게 된 후에, 내담자들은 관련된 인지적 왜곡, 중간신념, 그리고 결국 핵심신념을 이해하기 위해 작업을 하게 된다.

소크라테스식 질문하기

내담자들이 어려운 점을 이해하기 위한 대안적인 방법을 찾기 위해 자신의 상황에 대해 이전과 다르게, 그리고 이성적으로 생각할 수 있도록 부드럽게 도전을 하는 것은 소크라테스식 질문의 핵심이다. 역기능적인 자동적 사고와 인지적 왜곡, 경직된 규율과 가정, 부정적인 핵심신념 등을 내담자가 어떻게 사용하는지에 대해 알게 되고 이에 도전하기 위해서는 관계가 형성된 다음에 이러한 질문이 사용된다. 다음에서 예를 몇 가지 들어보겠다.

자동적 사고 및 심상을 인식하고 도전하기

인지치료사들은 자신이 누구인지에 대한 기반에 영향을 주는 핵심신념을 내담자가 알 수 있도록 돕기 위해서 "거꾸로 올라가는 작업(work backward)"을 하기 때문에, 관계를 구축한 다음 하는 첫 번째 일이 바로 내담자가 자동적 사고와 심상을 인식하도록 하는 것이다(J. Beck, 2011; Newman, 2016). 이러한 사고와 심상은 바로 접근할 수 있고, 내담자들은 쉽게 이 사고와 심상을 손에 넣을 수 있으며, 이런 사고와 부정적 감정 및 역기능적 행동 간의 관계를 빠르게 이해할 수 있게 된다. 예를 들면, 연인과 최근에 헤어진 내담자는 우울한 감정을 경험하게 된다. 기본적인 정보를 알아낸 다음, 상담사는 내담자에게 이렇게 물어볼 수 있다.

"당신이 스스로에 대해 말하는 내용 중에 당신을 기분 나쁘게 만드는 말은 무엇인가요?"

"어떤 종류의 자기진술, 생각, 심상이 그런 감정을 느끼게 하는지 생각해 보실
수 있나요?"

"그런 감정을 느끼시는 동안 어떤 생각이나 심상이 당신의 마음을 떠돌고 있다
는 사실을 알고 계셨나요?"

내담자들이 자신의 자동적 사고와 심상에 대해 알아가면서 치료사들은 부드럽게 그
들의 논리를 반박할 수 있다. 예를 들어, 내담자가 "나는 나의 동료보다 똑똑하지 못해."
라는 자동적 사고를 가지고 있고 이것이 자기파괴적인 감정과 행동(동기부여가 안 되고 열
심히 일을 할 수 없게 하는 등)을 유발하여 결국 나쁜 인사평가를 받게 된다면 치료사들은
이런 질문을 할 수 있다.

"동료보다 정말 덜 똑똑하신가요?"

"동료보다 덜 똑똑하다는 것에 대한 증거는 무엇인가요?"

"제 경험으로, 사람은 각자 다른 강점을 가지고 있거든요. 직장에서 당신의 강
점을 뭐라고 생각하시나요?"

"당신이 더 똑똑해지는 데 이 생각이 얼마나 큰 지장이 되나요?"

"당신이 이런 생각을 하지 않는다면 당신의 삶은 어떠할 것이라고 생각하시나
요?"

인지 왜곡 인식하고 도전하기

자동적 사고는 상자 3.2에 나온 인지 왜곡 중 하나 이상을 기반으로 하고 있기 때문
에 자동적 사고를 알고 난 다음, 치료사들은 종종 어떤 인지 왜곡이 내담자의 사고와 가
장 잘 연결되어 있는지에 대해 다룰 것이다(J. Beck, 2011; Neuman, 2016). 이를 위해 치료
사들은 간단하게 인지 왜곡 목록이 있는 유인물을 나누어 주고 이것을 내담자들과 살펴
볼 수도 있다. 하나 이상의 왜곡이 밝혀지고 나면, 치료사와 내담자는 이러한 왜곡의 비

논리성에 대해, 그리고 자동적 사고를 바꾸는 것이 어떻게 인지 왜곡과 부정적인 결과를 조절하거나 없앨 수 있는지에 대해 논의를 하게 될 것이다.

중간신념 인식하기

내담자들이 자신의 자동적 사고와 심상, 관련된 인지 왜곡을 알고 이에 대해 도전을 하게 되면 그들은 이제 태도, 규율/예측, 그리고 사고와 관련 왜곡에서 나온 가정을 검증하는 다음 단계로 넘어가게 된다. 그림 3.3에서 사용한 것과 같은 활동지는 이런 내담자들에게 도움이 되는데 치료사는 내담자와 함께 내담자의 삶을 이끌어 온 태도, 규율/예측, 가정에 대한 가설을 검증하게 된다. 이러한 신념을 알게 되는 것은 내담자가 다음 단계의 치료로 나아갈 수 있게 하는데 이 다음 단계란 핵심신념을 인식하고 이에 도전하는 것이다.

핵심신념 인식하고 도전하기

보통 내담자의 태도, 규율/예측, 가정(중간적 신념)에 대한 인식에서부터 그것들을 만들어낸 핵심신념에 대한 이해까지 걸쳐 원활한 움직임이 일어난다. 따라서 중간신념이 인식되자마자, 치료사는 내담자의 중간신념과 핵심신념 간의 논리적 연관성을 지적하게 된다. 다음 도전은 핵심신념을 직면하는 것이다. 때로 내담자가 부정적인 핵심신념을 알아채고, 자신이 추구하는 새로운 긍정적인 핵심신념을 강조하고, 이전의 핵심신념을 반박하고 재구조화하고, 새로운 긍정적 핵심신념으로 내담자를 옮겨줄 수 있는 증거를 살펴보게 하는 핵심신념 활동지 작업을 하면서 핵심신념에 직면할 수 있게 된다. 예를 들어, 상자 3.4를 보면서 Juan이 자신의 옛 핵심신념인 "나는 비효율적이야."를 어떻게 반박하는지 볼 수 있다.

상자 3.4 핵심신념 활동지

옛 핵심신념: "나는 비효율적이다."
　"당신은 지금, 옛 핵심신념을 얼마나 믿으시나요?" (0-100): 25%
　"이번 주에 당신이 믿었던 확률 최대치는 얼마인가요? " (0-100): 55%
　"이번 주에 당신이 믿지 않았던 확률 최대치는 얼마인가요?" (0-100): 90%

새 핵심신념: "나는 내가 하는 대부분의 일을 상당히 잘 하고 있고, 나는 대체로 열심히 노력한다."

"당신은 지금, 새 핵심신념을 얼마나 믿으시나요?" (0-100): 75%

옛 신념을 반박하는 증거

새 신념을 지지하기

딸아이의 부모-자녀 회의에 갔다.

아이들 숙제를 도와줬다.

아이들 점심식사를 만들었다.

업무의 중요한 서류를 검토했다.

상사가 세 번 나를 칭찬했다.

이번 주에는 아이들이 나를 많이 안아줬다.

아내가 나에게 나는 훌륭한 아빠라고 말했다.

집안 시설을 고치느라 애썼다.

아이들과 아내를 볼링장에 데리고 갔다.

옛 신념을 재구조화하기

새로운 프로젝트를 이해하는 것이 어려웠지만, 동료에게 도움을 청했고 내가 그걸 이해하고 잘 할 수 있다는 믿음이 생긴다.

이번 주에는 한번 아이들을 침대에 데리고 가 재워줬다.

나는 직장에서 힘들었는데 아내와 아이들은 개의치 않아 보였다. 다음 주에는 더 많은 걸 할 수 있을 것이다. 그리고 나는 내가 좋은 아빠라는 다른 증거도 가지고 있다.

망가진 뒷문을 고칠 수는 없었다. 그러나 내가 모든 것에 완벽할 수는 없다는 걸 안다. 그리고 나는 이번 주에 집과 관련된 다른 것들을 많이 하기도 했다.

출처: Beck, J. (1995). Cognitive therapy: Basics and beyond. Guilford. p. 177

과제

능동적이고 지속적인 절차인 과제는 새로운 신념을 강화하고 내담자가 자기 자신의 문제를 다루는 쪽으로 움직일 수 있도록 촉진한다(Rice, 2015). 과제는 종종 자동적 사고와 심상을 알아내는 것부터 자동적 사고와 심상, 중간신념에 도전하고 마침내는 핵심신념에 도전을 하는 데까지 이른다. 과제는 종종 새롭게 인식한 신념을 강화할 새로운 행동을 연습하는 것과 관련이 있다. 예를 들어, "나는 사람들과 이야기 하는 걸 너무나 못해."라는 자동적 사고를 가진 사람은 "나는 다른 사람들과 이야기할 때 여느 사람들과 비슷한 정도로 잘 대화한다."라는 새로운 생각을 하면서 한 주 동안 다섯 명의 낯선 사람을 찾아서 이야기하는 과제를 할 수 있다. 수백 가지의 다른 종류의 과제가 있을 수 있는데 다음 내용에서 강조하고 있는 "흔히 사용되는 기술"들은 모두 과제 방식으로 자주 사용된다.

흔히 사용되는 기법

인지치료사들이 흔히 사용하는 몇 가지 기법에는 **생각 멈추기**(thought－stopping), **심상 바꾸기**(imagery－changing), **합리적-정서적 역할극**(rational－emotional role－play), **행동적 및 정서적 기법** 등이 있다.

생각 멈추기

부정적인 자동적 사고와 심상은 부정적인 감정 및 역기능적인 행동과 관련되어 있기 때문에(Bakker, 2008), 내담자들의 부정적인 사고부터 막아야 한다. 생각 멈추기는 다양한 방식으로 가능하다.

◆ 부정적인 사고나 심상을 새로운 긍정적인 사고나 심상으로 대체하기
◆ 부정적인 사고가 생겼을 때 자신에게 소리 내어 "그만!"이라고 외치기
◆ 손목에 고무밴드를 끼우고 부정적인 생각이 들 때마다 그것을 튕기기
◆ 생각이나 심상을 좀 더 즐거운 생각으로 능동적 치환하기
◆ 자신의 생각을 다른 곳으로 옮기는 이완 연습하기

심상 바꾸기

앞서서 언급했듯이, 정신적 심상은 사고와 유사하게, 핵심신념의 산물이고 이런 심상은 부정적인 감정과 역기능적인 행동으로 이어진다. 부정적인 심상에 대해 거론하면서, 몇 개의 기술이 개발되었다. 다음에 나오는 시나리오를 보면서 8가지 기술에 대해 알아보자(J. Beck., 2011).

Vanessa는 다리공포증이 있고 운전을 하며 다리를 건널 때마다 극심한 불안을 느낀다. 심지어 남편이 운전을 하고 있어도 다리에 가까워지면 그녀는 극도의 공황상태를 보인다. 운전을 해서 다리를 건널 때면, 그녀는 남편이 차를 통제하지 못하거나 차가 다리의 가장자리 쪽으로 방향을 바꿔서 물에 빠지는 심상을 떠올리게 된다. 그녀는 차 안에 물이 차고 부부가 빠져나오려고 하는 장면을 그려보게 된다. 차를 타고 다리를 건너면 그런 심상이 그녀의 마음 속에 들어와서 그녀의 심장이 터질 듯이 뛴다.

심상을 끝까지 따라가기(Following images to completion): 이 기술에서 내담자는 자신의 심상을 마지막 장면까지 이야기한다. 일반적으로 두 가지 경우가 발생한다. 첫 번째는 내담자가 이야기를 해결하게 되는 경우다. (예를 들어 Vanessa는 그녀의 차가 다리를 들이받는 장면을 떠올리고 치료사를 향해 "그런데 이건 정말 멍청한 거 같아요. 이런 일이 일어나진 않을 거예요."라고 말하며 자신의 심상에 도전한다.) 두 번째는 내담자가 재앙적인 결말을 떠올리게 되는데 이것이 상담에 활용할 수 있는 새로운 소재가 되는 경우이다. (예를 들어, Vanessa가 자신과 자신의 남편이 자동차 충돌로 죽는 심상을 떠올리고 아이들을 걱정하게 된다. 이 심상의 내포된 불안은 아이들의 안전에 대한 걱정이다.)

미래로 뛰어넘기(Jumping ahead in time): 이 경우에 내담자는 미래로 "뛰어넘는데" 이는 부정적인 심상 장면이 일어난 이후로 넘어가는 것이다. 예를 들어 차를 운전해서 다리를 건너가는 동안, Vanessa는 다리 끝에 도착한 자신을 떠올리는 방법에 대해 배우게 된다.

심상 속에서 대처하기(Coping in the image): 여기서는 Vanessa가 심상을 바꿔서 대처하게 한다. 예를 들어, 그녀와 그녀의 남편이 다리 근처로 가는 장면에서 그녀는 "내가 운전할까? 이 다리를 운전해서 지나가는 거 정말 해 보고 싶어." 라고 말하는 자신을 떠올릴 수 있다. 그런 다음, 자신이 그 다리를 건너는 장면을 떠올릴 수 있다.

심상을 변화시키기(Changing the image): 심상은 불편감을 유발하지 않는 다른 심상으로 대체된다. 이 작업에서는 현실적인 심상뿐 아니라 "마술적인" 심상도 사용할 수 있다. 마술적인 심상의 예를 들어보면, Vanessa 자신이 멋진 오픈카를 타고 금문교를 지나는 것을 떠올린다. 금문교 옆에는 만약 차가 떨어진다고 해도 잡을 수 있도록 안전한 그물이 있었다. 그녀의 머리칼은 바람에 날리고 그녀는 즐기며 다리를 건넜다.

심상에 대한 현실검증(Reality-testing the image): 여기서 치료사는 소크라테스식 질문법을 사용하여 내담자를 "현실로 돌아오도록" 한다. 예를 들어 치료사는 Vanessa에게 이렇게 물을 수 있다. "이런 일(심상내용)이 일어날 확률이 얼마나 되나요?" "당신의 불안이 이 일이 일어날 확률과 관련이 있나요?"

심상을 반복하기(Repeating the image): 고통스러운 심상을 몇 번씩 묘사하면서 심상은 그 자체가 변하기도 하는데 때로는 더 약해진다. 예를 들어, 차로 다리를 건너는 장면을 묘사하도록 요청을 받은 Vanessa는 마음속으로 천천히, 여전히 불안하기는 하지만 성공적으로 다리를 건널 수 있는 심상으로 자신의 심상을 바꾸게 된다.

심상 멈추기(Image-stopping): 생각 멈추기와 비슷하게 이 기술을 사용하는 내담자는 심상이 진행되는 그 길에서 멈춰 서게 하는 작동원리를 이용한다. 예를 들어, Vanessa는 차가 찻길에서 벗어나는 심상이 시작되면 "그만!"이라고 소리칠 수도 있다. 또는 손목에 끼우고 있었던 고무밴드를 찰싹 튕길 수도 있는데, 이렇게 하는 것은 다리에서 떨어지는 차에 대한 심상을 멈추게 하는 신호가 될 수 있다.

심상 분산하기(Image-distracting): 여기서 내담자는 불안을 유발하는 장면과 양립할 수 없는 심상을 떠올린다. 그러니까 Vanessa는 남편이 다리에서 운전할 때, 자신은 스도쿠를 하는 장면을 상상할 수도 있다. 불안하면서 동시에 스도쿠를 하는 사람은 없다. 또는 다리를 건너가야 할 시간에 직장 상사에게 전화를 걸 계획을 가질 수도 있다.

합리적-정서적 역할극

내담자가 자신의 신념이 역기능적이라는 것을 알게 되었다고 해도 많은 경우 그 신념에 대한 강한 정서적 애착 때문에 신념과 반대로 대응하기가 쉽지 않다(J. Beck, 2011). 합리적-정서적 역할극을 이용하면 내담자는 자신의 합리적인 또는 정서적인 부분에 비판적, 논리적으로 생각해 보게 된다. 종종 치료사들이 역할극에서 정서적인, 역기능적인 부분에 대해 먼저 반응하면서 내담자에게 합리적인 부분에 대한 논쟁을 시작한다. 그리고 나서는, 내담자들이 자기 자신의 역기능적 부분에 대한 대응을 해보게 하려고 치료사들은 내담자와 역할을 바꾸어 역할극을 시도해 볼 수 있다. 다음의 역할극을 보면 치료사는 합리적인 부분을, 내담자는 정서적인, 역기능적인 부분의 역할을 하고 있다.

상담사: 나쁜 남편이 되는 것에 대해 당신의 정서와 관련된 딜레마는 정서적으로 역기능적인 부분과 합리적인 부분이 함께 존재한다는 점이죠. 그 역할을 나누어 역할극을 해 보는 건 어떨까요? 제가 합리적인 부분을 맡겠습니다. 당신이 정서적인 그리고 역기능적인 부분을 맡아 시작해 주세요. 남편으로서 자신을 어떻게 느끼시는지요?

내담자: 저는 끔찍한 남편이에요. 나는 아내에게 어떤 존경심을 표현하거나 말을 들어 주지도 않습니다.

상담사: 저는 남편으로서 할 일이 있어요. 그러나 저는 아내에게 매우 낭만적이 되기도 합니다. 그래서 꽃을 사기도 하고 저녁 외식을 아내와 함께 나가기도 해요.

내담자: 글쎄요. 가끔 좋은 남편일 수는 있겠지요. 그렇지만 저는 제가 바보라는 걸 알아요. 그리고 아내에게 공감을 거의 하지 못하죠. 그녀는 언젠가 저를 떠날지도 몰라요.

상담사: 최고의 남편은 아닐 수도 있겠죠. 그렇지만 저는 노력하고 있고 점점 나아지고 있어요. 특히 아내의 말을 들어주고 이해하는 부분은 더 그래요. 제 생각에 그녀도 알고 있을 거예요.

내담자: 저는 그냥 다른 사람이 나보다 더 낫다고 생각해요.

상담사: 저는 더 나은 남편, 다시 말해, 제가 될 수 있다고 생각하는 그런 사람
이 되기 위해 노력하고 있어요. 노력하고 있다는 것이 상당히 좋은 일
이지요.

내담자: 아. 당신의 요점이 뭔지 알겠어요. 저는 제 자신을 비웃고 있는 셈이네
요. 아마 저는 최고는 아니지만 분명히 더 나아지고 있어요. 제가 제
자신을 토닥여줘야겠어요.

상담사: 그러면 우리가 이전과는 약간은 다른 그림을 가지게 되었군요.

내담자: 네, 그런 것 같아요.

이 역할극에서 내담자의 사고 과정을 구성하는 다양한 인지 왜곡에 주목하라(예:
흑백논리와 파국화, 상자 3.2 참조). 이러한 왜곡과 관련된 자동적 사고를 알아차리는 것
이 어떻게 내담자에게 도움이 될까? 내담자는 어떤 핵심신념에 고군분투하고 있는가?
또한 더욱 합리적이고 기능적으로 변화한 내담자와 상담사의 역할을 바꾸면 어떨까?
등을 고려해 볼 수 있다.

행동적/정서적 기법

이 장을 통틀어 필자는 신념, 자동적 사고, 그리고 어떻게 느끼고 행동하는지 간의
관계에 대해 논의했다. 부정적인 사고를 가지고 있으면 부정적인 감정과 부적응적인 행
동을 하게 된다. 이렇기 때문에 내담자가 자신의 자동적 사고를 바꾸고자 할 때 자동적
사고에서 유발된 정서와 행동에 대해서도 다루어야 한다. 이런 다각적인 접근을 통해 변
화가 좀 더 신속하게 일어날 수 있게 된다.

예를 들어, 자신이 아내에게 끔찍할 정도로 나쁜 남편이라고 이야기하는 남편은 경
청하는 방법과 관련된 특정한 행동을 배우기를 원할지도 모른다(예: 눈맞춤, 개방형 자세
등). 그리고 그는 자신의 감정을 모니터링하다가 아내와의 관계에서 좌절을 느낄 때 다
른 방으로 가서 이완 기술을 사용하기 시작할 수도 있다. 동시에 그는 자신의 인지 왜곡
과 자동적 사고에 대해 작업할 수 있다. 생각, 행동, 그리고 정서적 변화와 함께 그는 자
신이 원하는 대로, 우리가 모두 그렇듯이, 비록 단점은 있지만 사랑하고, 잘 들어주고,

잘 보살피는 남편을 항상 예상할 수 있는 사람이 되기 시작한다.

행동적 기술의 다른 예를 들기 위해 자신은 사랑받을 만하지 않다는 핵심신념을 가지고 있는 여성을 생각해 보자. 이런 그녀는 다른 사람에게 다가가기 어렵게 하는 일련의 행동을 핵심신념을 통해 발달시킨다. 자신의 부정적인 핵심신념을 이야기 해 보면서 그녀는 자신의 문제에 행동적으로 접근할 수 있게 된다. 예를 들어, 그녀는 지지집단을 찾고 다른 사람을 만나보겠다는 목표를 설정할 수 있다. 그리고 그녀가 이런 집단을 찾게 된다면 정서적 기술을 사용하여 좀 더 깊은 감정을 지지집단 사람들 중 일부와 공유하고 친근감을 느껴보겠다는 이차적인 목표를 세울 수 있다.

문자 그대로 수백 가지의 행동적, 정서적 기법이 있는데 CBT 치료사들은 인지적 기법과 통합하여 사용할 수도 있다. 사용된 기법은 내담자와 협의하에, 치료사의 상상력을 통해 통제된다. 적절한 기법이 무엇인지 알아보기 위해서 치료사들은 내담자 내면의 인지적 과정(종종 진단명이나 내담자의 개인력에서 유추할 수도 있다.)에 대한 좋은 감을 가지고 있어야 하고 그런 후 적절한 기법을 대응시킬 수 있어야 한다.

평가 과정을 마칠 때, 치료사는 내담자의 삶에 대한 큰 그림을 그리고 내담자의 신념 체계에 대한 가설적인 개념을 세우기 시작해야 한다. 그림 3.4를 보면 이 과정을 이해하는 데에 도움이 될 것이다. 치료사들은 종종 내담자에게 피드백을 구하고 내담자가 잠정적인 치료 계획을 따를 준비가 되어있는지를 평가해 보게 된다. 이 시점에서 큰 목표가 정해진다(예: "우울증의 감소", "직장 사람들과 더 잘 지내기" 등).

상담 과정

CBT의 치료 과정은 **접수 및 평가, 첫 회기, 두 번째 회기, 그리고 이후의 회기와 종결**을 포함하는 일련의 단계에서 발견할 수 있다.

접수 및 평가

치료 이전에 일어나는 접수와 평가는 내담자에 대해 충분히 평가하는 것에 초점을 맞추게 된다. 내담자의 본 상담을 맡게 되는 치료사가 진행할 수도 있고 아닐 수도 있겠지만, 이 과정은 치료사가 내담자의 문제에 대해 방향을 잡아가는 데 도움이 될 수 있으며 다음과 같은 넓은 목표에 초점을 맞춘다(J. Beck, 2011).

1. 내담자를 받아들이고 치료 동맹 맺기
2. 회기의 목표와 과정에 대해 논의하고 안건을 정하기
3. 기분체크하기
   예: "0-100 척도를 사용하여, 오늘 기분은 얼마나 우울한지 표시해 보세요(100은 극도로 우울한 것을 의미함)."
4. 평가하기
5. 초기의 넓은 목표 설정하기
6. 내담자에게서 피드백 받기

접수 및 평가 단계의 많은 부분에서는 평가 과정에 초점을 두는데 이 과정에서는 내담자 삶의 광범위한 스펙트럼을 다루어야 한다(J. Beck, 2011; Neukrug, 2015). 이 중 일부가 상자 3.5에 제시되어 있다.

상자 3.5 평가하기

평가과정은 깊이와 넓이를 가져야 한다. 그리고 평가하는 동안 다루어져야 할 영역은 다음과 같다.

1. 내담자의 인구통계학적 정보
2. 현재 문제
3. 과거와 현재의 대처전략
4. 내담자와 가족의 정신건강의학과력
5. 가족 배경
6. 사회문화적 문제
7. 발달적 문제
8. 물질사용 및 남용 문제
9. 의학력
10. 가족력
11. 교육 및 직업력
12. 정신상태(외모와 행동, 정서상태, 사고과정, 인지기능)
13. 과거와 현재의 진단력
14. 종교적 및 영적 배경, 주요 가치

15. 강점 및 대처전략
16. 적절한 평가 도구 실시(예: 벡 우울척도 II, Beck, Steer, & Brown, 2003)

첫 회기

첫 회기의 구성은 관계를 구축하고 희망을 가지게 하고, 인지모델을 교육하고, 전반적인 방향을 정하는 것에 중점을 두기 때문에 이후에 이어질 회기와는 다르다. J. Beck (2011)은 첫 회기에 대한 다음의 구성을 제안했다.

1. **안건 정하기:** 이 부분에서 치료사는 내담자에게 첫 회기에서 어떤 것을 할 것인지에 대해 알려 준다.
2. **기분체크하기:** 치료사는 내담자를 접수 때 사용했던 것과 같은 평가 도구 또는 그 외 내담자의 기분을 평가할 정확한 도구(예: 벡 우울척도)를 가지고 재평가한다.
3. **최신 정보 수집하기:** 내담자가 처음 상담사를 본 다음에 또 다른 추가적인 걱정이나 질문, 혹은 이후에 추가할 만한 정보가 있는지 회기 초반에 물어본다. 내담자가 변화할 준비를 하기 위해, 내담자와 치료사가 마지막으로 만난 이후에 내담자가 경험한 긍정적인 경험에 대해 질문한다. 이런 경험들이 변화하는 과정에 초점을 맞추는 시작이 될 수 있다.
4. **진단에 대해 논의하기:** DSM의 진단명을 알아보는 것이 반드시 필요한 것은 아니지만, "우울증이신 것 같은데요." "공포증으로 지금 힘든 상황인 것 같네요." 등 일반적인 진단명을 알려 주는 것은 상당히 도움이 될 수 있다. 이때, 다른 사람들도 비슷한 문제를 가졌지만 성공적으로 해결했음을 알려주고, 인지모델에 대한 자료와 함께 내담자 자신이 어떤 문제를 가지고 있는지를 이해하는 데 도움이 될 수 있는 읽을거리나 다른 자료들을 제공함으로써 내담자들이 자신의 경험을 정상화할 수 있도록 한다.
5. **현재 문제를 알아보고 목표 설정하기:** 다음으로, 내담자들은 초기 문제를 검토하게 된다. 이 문제는 접수 면접에서 알게 되는데, 이를 검토함으로써 어떤 다른 문제가 더 다뤄져야 하는지 확실히 알 수 있다. 이때, 내담자의 문제에 대한 좀 더 광범위한 목표를 세우게 된다. 예를 들어, 직장에 나갈 수 없고 외로움을 느끼는

우울한 내담자는 덜 우울하고, 새 친구를 사귀고, 결근을 덜 한다는 광범위한 목
표를 세울 수 있다.

6. **인지모델에 대해 내담자 교육하기**: 여기서 치료사는 사고, 감정, 그리고 행동 간의
관계에 대해 내담자를 가르치게 된다. 사고란 한 사람의 마음에 지나가는 심상이
나 장면과 함께 생각하는 것으로 정의할 수 있다. 치료사는 내담자의 경험에서
예를 들어볼 수 있는데, 이런 과정을 통해 내담자는 상황이 사고에 영향을 주고
사고는 종종 강한 감정과 행동을 유발한다는 점을 알게 된다. 또한 치료사는 이
내용을 강조하기 위해 그림을 사용할 수도 있다.

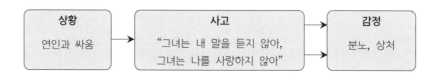

이때, 내담자가 자동적 사고를 어떻게 알아내는지에 대해 가르치는 데 초점을
둔다. 이후의 회기에서는 인지적 왜곡 및 인지적 왜곡과 자동적 사고의 관계, 중
간 신념, 대처 혹은 보상 전략, 최종적으로는 핵심신념에 초점을 두게 될 것이다.

7. **치료에 대한 기대 설정하기**: 내담자들을 종종 치료사가 "마법같이" 자신을 치료할
것이라는 기대를 가지고 치료 장면에 오게 되기 때문에, 첫 회기에 치료사는 치
료 과정이란, 내담자가 자신의 인지에 변화를 주면서 좀 더 낫게 느낄 수 있는지
검증하는 합리적이고 실증적인 과정이라고 분명히 설명한다. 문제를 설명하는
것을 기본으로 해서 치료사는 치료 과정이 얼마나 지속될지에 대한 현실적인 예
상을 제공한다.

8. **회기를 요약하고 과제 제시하기**: 이 회기의 마지막 부분에서, 치료사는 다루었던 내
용들을 요약하고 내담자가 다음 회기에 오기 전에 집에서 작업할 수 있는 과제
가 무엇인지에 대해 협력적으로 결정한다. 과제는 성취 가능해야 하며 만일 내담
자가 하나 이상의 특정한 과제를 하지 못할 것이라고 느낀다면 치료사는 과제를
수정하거나 다른 과제를 고려해야 한다.

9. **피드백 요청하기**: 피드백을 요구하는 것은 관계의 협력적 특징을 강화하는 데 도
움이 되고 치료사가 치료의 방향에 따라 목표를 달성하고 있는지 확인하게 해
준다. 피드백은 구두로 요청할 수도 있지만, Judith Beck(2011)은 다음의 질문에
대한 답변을 서면으로 받을 것도 제안한다.

◆ 오늘 당신이 기억해야 할 중요한 내용 중 어떤 것이 다루어졌습니까?

◆ 오늘 당신은 당신의 치료사를 얼마나 신뢰할 수 있다고 느꼈습니까?

◆ 오늘 치료 중에 당신을 방해한 것이 있었습니까? 있었다면 무엇이었나요?

◆ 오늘 치료에 과제는 얼마나 해 오셨습니까? 당신이 과제를 할 가능성은 얼마나 될까요?

◆ 다음 회기에서 꼭 다루고 싶은 내용은 무엇인가요? (p. 77).

초기 접수와 첫 회기에서 그림 3.4에 기록된 모든 측면에 대한 내용을 완성하면서 수집한 모든 정보를 활용하여 치료사는 퍼즐을 맞춰보게 된다. 이 작업을 통해 치료사는 그리고 궁극적으로는 내담자 스스로도 자신의 일상생활에 영향을 주는 개인력, 신념 체계, 대처전략, 그리고 자동적 사고에 대해 이해할 수 있게 된다.

두 번째 및 그 이후 회기

이 회기에서는 치료 동맹을 강화하고, 증상을 줄이고, 인지모델에 대한 더 깊은 이해를 증진시키는 것에 초점을 둔다. 그런 관점에서, 치료사는 내담자가 계속해서 CBT 모델에 친숙함을 느끼고, 협력적으로 작업하고, 내담자가 인식한 문제를 해결할 수 있도록 돕기를 원한다. 그리고 증상이 줄어들면서 작업은 종결을 향하게 된다. 회기가 지속되고 그림 3.4에서 강조하고 있는 것처럼, 점점 퍼즐의 조각이 맞춰지면서 작업이 더 집중적으로 이루어지게 된다. Judith Beck(1995; 2011)은 두 번째 회기 그리고 그 이후의 회기를 위해 다음의 구조를 제시했다.

1. **기분체크하기**: 치료사는 내담자가 지난 회기 이후로 어떻게 지냈는지를 확인한다. 구두로 이야기를 듣는 것과 더불어 치료사는 내담자에게 지난 회기에서 했던 것과 같은 도구(예: 벡 우울척도)를 활용하거나 주관적 기분 체크(0-100)를 하도록 한다. 이런 방식으로 치료사는 목표를 향한 진척이 있는지 평가해 볼 수 있다.

2. **안건 정하기**: 초기 회기에서, 치료사는 어떤 문제에 집중을 해야 하는지 알아내고 내담자에게 인지모델을 가르치기 위해 안건을 정한다. 내담자가 인지 왜곡, 대처전략, 그리고 부정적인 핵심신념을 다룰 때 사용되는 기술과 함께 인지모델에 대해 더 많이 알게 되면 내담자가 안건을 정하도록 한다.

3. **과제 검토하기**: 치료사가 과제를 검토하는 것은 과제에 대한 내담자의 협조적인

수행을 촉진한다. 과제가 완료되지 않았을 때, 그 이유를 치료사가 이해하는 것이 중요하다. 가정에 위급한 일이 있어서 과제를 완료하지 못한 것과 목표가 불확실해서 과제를 모르는 척 한 것은 다른 문제다. 회기가 지속되면서 내담자는 자신의 과제에 대한 책임감을 더 많이 가지게 된다.

4. **자동적 사고에서 중간신념 그리고 핵심신념으로 옮겨가기**: 회기가 이어지면서, 내담자는 점점 인지모델에 익숙해지게 되고 중간신념과 핵심신념을 이해하고 그것에 대한 반박을 시작할 수 있다. 이 과정은 정신적 논박(mental disputation), 행동적 변화(behavioral change)를 통해 이루어진다.

5. **피드백 요청하기**: 첫 번째 회기에서처럼, 내담자가 자신이 협력자인 것처럼 느끼게 하려면 그리고 치료가 제대로 진행되기 위해서라면 모든 회기에서 피드백은 매우 중요하다. ("첫 회기" 부분 참고)

종결

CBT는 증상을 확인하고 이 증상의 완화를 전제로 하기 때문에 단기적인 경향이 있어서 첫 회기부터 마지막 회기를 향하게 된다. 이 과정에서, 초반에는 치료사가 더 지시적이고 교육적인 역할을 하지만 내담자가 점차 자신의 문제를 독립적으로 다루는 방법

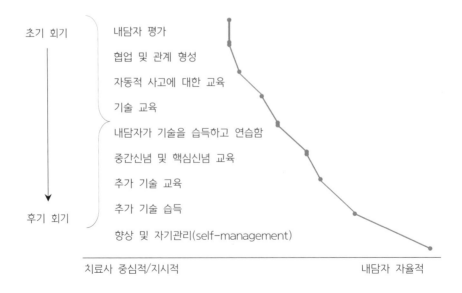

그림 3.5 **종결로 향하는 내담자의 움직임**

을 배우게 되면서 치료사는 더 적은 역할을 맡게 된다. 그림 3.5는 이 과정을 시각적으로 나타내고 있다.

치료가 계속될 때, 치료사는 내담자가 자신의 문제를 다루느라 고군분투하고 초기에 세웠던 가설이 조금씩 변하게 되면서 좌절할 수도 있을 것을 예상해야 한다. 마지막 회기에 가까워지면서 치료사는 종결에 대한 생각을 탐색하고 내담자가 자기관리(self-management) 회기를 가지도록 도와야 한다(상자 3.6 참고).

상자 3.6 CBT 상담사와 함께 한 Jake

비CBT 기법 또한 통합해서 사용하기는 하지만 CBT 접근법을 사용하여 상담하는 상담사와 상담하는 Jake를 보게 될 것이다. 영상을 본 다음, 상담사가 얼마나 효율적으로 기술을 사용했는지 생각해 보자.

사회문화적 이슈

초기 CBT의 효과성 연구는 다문화적 문제에는 거의 관심을 두지 않았고, 주로 백인들을 대상으로 실시되었으며 다양한 내담자들에게 어떻게 작동하는지에 대한 설명은 거의 제공하지 않았다(Graham et al., 2013; Hays, 2006, 2009). 사실, CBT는 개인의 인지에 초점을 맞추고 있는 유럽-미국적 가치관을 반영하고, 상호의존성과 집단주의 문화적 특징은 대부분 고려하지 않는 접근법이라 간주된다(Hall & Ibaraki, 2016). 그러나 최근에는 극적인 변화를 볼 수 있는데, CBT를 다양한 인구집단에 적용한 연구와 논문들이 활짝 꽃피었다(DeAngelis, 2015; Hall & Ibaraki, 2016; Hays, 2009). 다음은 다양한 내담자들에게 **문화적 유능성을 갖춘 상담을 제공하기 위한 8단계**이다.

1. **문화적으로 존중하는 행동을 보여라.** 다양한 배경을 가진 내담자들과 라포를 형성할 수 있는 방법 중 하나는 존중감을 보여주는 것이다. 예를 들어, RESPECTFUL 모델(Lewis et al., 2011)을 사용하면 다음과 관련된 의사소통 문제에서 발생하는 불편감을 줄이는 데 도움이 될 수 있다.

R - religious/spiritual identity 종교적/영적 정체성

E - economic class background 경제적 계층에 대한 배경

S - sexual identity 성적 정체성

P - level of psychological development 심리적 발달단계

E - ethnic/racial identity 민족/인종적 정체성

C - chronological/developmental challenges 연대기적/발달적 도전

T - various forms of trauma and other threats to one's sense of well-being 다양한 형태의 외상과 안녕감에 대한 위협

F - family background and history 가족 배경과 가족력

U - unique physical characteristics 독특한 신체적 특징

L - location of residence and language differences 주거지역 및 언어적 차이점

(p. 54)

2. **문화와 관련된 강점을 파악하라.** 치료 동맹을 형성하는 것은 CBT에서 매우 중요한 일이고, 내담자의 강점에 초점을 맞추는 것은 치료 동맹을 촉진할 수 있다. 강점에는 다음 영역에 대한 자부심을 포함한다: 문화적 정체성, 종교 및 영성, 문화 관련 음악, 중요한 전통과 기념행사, 문화 특수적 관계방식, 음식 종류 등.

3. **차별에 대한 내담자의 감정을 타당화하라.** 극심하게 부정적인 감정은 부정적인 핵심신념의 결과일 수도 있다. 그러나 또한 개인이 처한 환경의 영향일 수도 있다. 인종차별적인 환경에 처해 있는 내담자는 매우 현실적이고 외부적인 문제를 가지고 있고, 핵심신념을 바꾸는 것으로 이 상황을 바꿀 수 있다고 생각할 수 없다. 그러나 때로 내담자의 핵심신념(예: "세상은 좋지 않다.")이 이런 경험들을 강조할 수도 있다. 내담자의 경험을 타당화해 주는 것은 라포 형성에 도움이 될 것이다. 이런 정서를 증폭시키는 핵심신념에 초점을 맞추는 것은 이후에 다루어질 수도 있다.

4. **내담자들이 환경의 문제를 이야기할 수 있는 방법을 찾도록 도와라.** 문제가 외부적인 것일 때, 내담자는 이것을 다룰 수 있는 방법을 찾을 필요가 있다. 지지체계를 찾고, 자신을 변호하는 방법을 찾고, 다른 사람들과 상호작용하는 새로운 방법을 찾을 수 있도록 효과적인 의사소통 기술을 개발하고 자기돌봄 활동을 증가시키는 것이 이런 방법에 포함된다.

5. **협업을 강조하고 부정적인 신념에 대한 추정을 하지 말라.** 소수자 내담자들은 사회에

서 종종 "한 점" 지고 들어가기 때문에 치료사가 권위적인 태도를 보이거나 내담
자의 신념과 행동에 대해 추정을 하게 된다면 내담자는 마음을 닫고 말 것이다.
CBT는 내담자들이 자신의 신념과 행동에 대한 치료사의 가설에 대해 자신이 어
떻게 생각하는지 토론할 수 있도록 초대를 받는, 협력적 과정이 되어야 한다. 치
료사는 신체언어를 통해서 그리고 이 과정에 대한 피드백이나 토론을 촉진하면
서 내담자와 협력적 관계를 키워나가야만 한다.

6. **핵심신념에 대한 도전을 피하라.** 치료사는 어떤 생각이나 행동을 부정적으로 볼 수
   도 있지만 실제로 그 생각과 행동은 내담자 문화의 중요한 측면인 경우도 있다.
   예를 들어, 치료사가 보기에 조부모에게 너무 의존적인 내담자는 연장자들이 존
   경받고 대단한 지혜를 가졌다고 보는 문화권 출신일 수도 있는 것이다.

7. **문화적으로 관련된 강점을 활용하고 도움이 되지 않는 인지를 도움이 되는 인지로 교체
   할 수 있도록 지지하라.** 문화적으로 의미 있는 개인 내적 그리고 대인관계와 관련
   된 강점 및 지지가 내담자에게는 일종의 기도문이 된다. 예를 들어, 자기주장을
   하는 것에 어려움이 있는 유대인 내담자는 "다시는 절대 안 돼"라는 기도문을 사
   용할 수 있는데 이는 유대인들이 다시는 압제를 받지 않겠다는 의미로 그 문화
   권에서는 흔히 하는 말이다. 이런 기도문은 나약함을 느끼는 사람에게 힘을 줄
   수 있게 된다.

8. **내담자의 문화와 일치하는 과제를 개발하라.** 만약 과제가 치료사에 의해 단독으로
   개발된다면 그 과제는 내담자의 관심을 끌지 못하거나 오히려 부정적으로 비춰
   질 수도 있다. 내담자가 자기의 과제에 깊이 참여할 수 있도록 하라. 그리고 그
   과제가 내담자의 문화적 정체성에 적합하도록 하라.

개인의 종교적, 영적 초점은 신념 체계에 매우 큰 영향을 줄 수 있다. 예를 들어, 많
은 유니테리언이나 개혁파 유대인은 자신의 신념과 CBT 이론 사이의 논리적 연결성을
찾을 수 있는 반면, 복음주의 기독교인, 그리스 정교회 신자, 정통 이슬람교도 내담자들
에게는 치료사가 "다른 동력"에 의해 삶의 모습이 만들어질 수도 있다는 점을 이해시켜
적응하도록 해야 할 것이다(Iwamasa et al., 2006; G. McAuliffe, personal communication,
March 22, 2020). CBT 치료사들은 내담자들이 자신의 종교와 영성을 어떻게 이해해 왔는
지 이해하고, 이 이해를 바탕으로 치료적 접근법에 필요한 변화를 줄 필요가 있다.

효과

CBT에서는 치료사가 내담자를 평가하는 사례개념화 과정을 사용하고, 그 이후에 이 평가를 바탕으로 구체적인 치료 계획을 적용한다. 또한 평가를 하고 향상을 측정하는 평가 도구들이 개발되었다. 그러므로 CBT의 효과성을 검증하는 과정은 평가하고, 모델을 적용하고, 변화를 측정하기 위한 도구를 사용하는 등 비교적 간단해 보인다. 따라서 CBT의 효과성을 측정하기 위한 수백 편의 연구들이 지난 수년 동안 실시될 수 있었다는 점은 놀랄 일도 아니다(Hofman, et al., 2012; Wampold, 2015). 사실 2,000편 이상의 연구가 CBT와 관련하여 실시되었고 그 결과 다양한 범위의 장애, 특히 상자 3.7에 나와 있는 장애에서 CBT의 효과가 있는 것으로 나타났다(Beck Institute, 2000c; J. Beck, 2011).

상자 3.7 인지행동치료로 치료되는 진단

식욕부진증	섬유근육통(fibromyalgia)	성격장애
양극성장애	범불안장애	외상후스트레스장애
폭식증	과민성대장증후군	조현병
만성피로증후군	편두통	사회공포증
만성통증	비만	물질사용장애
대장염	강박증	
우울증	공황장애	

이 연구들을 이해하기 위해, 한 연구에서는 최근에 발표된 269개의 연구를 메타분석하였고(Hofman et al., 2012), 연구자들은 다음과 같은 내용을 발견하였다.

◆ 대마초와 니코틴 의존을 치료할 때 CBT는 높은 효과성을 보였지만 알코올이나 아편유사제 치료에서는 효과가 덜 하다.
◆ 우울증, 기분부전, 양극성 장애의 치료에 대해서 많은 연구들이 CBT의 효과를 강하게 지지했지만 몇몇 연구에서는 혼재된 결과를 보이기도 했다.
◆ 불안장애와 신체형장애의 경우 CBT의 효과가 강하게 지지되었다.
◆ 다른 치료법에 비해 CBT가 스트레스 관리에 도움이 되는지에 대한 근거가 되는 연구가 있었다.

◆ 임신 합병증이나 여성 호르몬 관련 불편감에 대한 CBT의 효과에 대해서는 예비 증거가 있었다.

◆ 폭식증, 불면증에 대한 CBT는 다른 치료법에 비해 강하게 지지되었다.

◆ 성격장애, 분노와 공격성에 대한 치료로서 CBT 효과에 대한 근거도 있다.

◆ 내재화 장애(우울 및 불안)를 가진 아동들에 대한 CBT는 강한 지지를 받았지만 외현화 장애(공격성과 반사회성 행동) 아동에 대해서는 지지가 덜 했다.

◆ 노년층의 정서적 증상에 대한 CBT 사용이 지지되었다.

얼핏 보아도 위의 결과는 상당히 인상적이다. CBT가 넓은 범위의 정신 건강 문제에 대해 효과가 있어 보이고 실제로 그렇다. 그렇지만 이의도 있다. 실제 모든 접근법들이 비슷한 수준으로 효과가 있는 것으로 보인다는 것이다. 이것은 Wampold(2015)의 대형 개관 연구의 결과이다. 1936년에 Rosenzweig가 "모든 치료 방법은 유능하게 사용된다면 동일하게 성공적이다"라고 말한 것을 연상시키듯, Wampold는 Rosenzweig의 인용구가 오늘날의 문제에도 들어맞는다는 것을 발견하고는 Rosenzweig가 이를 "**도도새 효과** (Dodo bird effect)"라고 했다는 것을 상기시켜 주었다(상자 3.8 참고)

상자 3.8 도도새 효과

도도새는 Lewis Carroll의 <이상한 나라의 앨리스> (1918)에 나오는 등장인물이다. 이야기 에서 물에 젖은 여러 등장인물들이 경쟁을 하게 되는데, 도도새는 그들에게 마를 때까지 호 숫가를 돌며 뛰라고 했다. 그렇게 뛰었던 등장인물들이 누가 경쟁에서 이긴 거냐고 물어보 았다. 도도새는 이렇게 대답했다. "모두가 이겼어. **모두가** 상을 받아야 해" (p.34). 상담과 심 리치료에서도 마찬가지이다!

요약

1960년대, Aaron "Tim" Beck의 인지치료와 Albert Ellis의 합리적 치료라는 막상막 하인 두 개의 이론이 대두되면서 인지치료의 움직임이 시작되었다. 시간이 흘러 각각 인 지행동치료(cognitive behavior therapy: CBT), 합리적정서적행동치료(rational emotive behavior therapy: REBT)라는 이름으로 불리게 되었다. CBT와 REBT는 인지행동치료의 제 2의 물결이라고 간주되었고 이 둘은 심리학의 인지적 혁명의 안내자로서 이름을 떨치게 되었다. 인지행동치료의 제1의 물결에 해당하는 치료법에서는 행동에만 초점을 두고 조 작적 조건화, 고전적 조건화, 모델링 등의 기법을 사용하였다. 한편 인지행동치료의 제3 의 물결은 맥락이 사람에게 어떤 영향을 주는지에 초점을 맞추고 있으며 변증법적행동 치료(dialectical behavior therapy)와 수용전념치료(acceptance and commitment therapy)가 여 기에 속한다. 이번 장에서는 Beck의 CBT 모델을 중점적으로 다루었다.

Beck은 초기에 정신역동학자였다. 그러나 정신역동에 환멸을 느끼게 되고, 자신의 내담자들이 종종 자신의 "자동적 사고"를 의식하고 있거나 때로는 쉽게 의식할 수 있게 된다는 것을 알게 된다. 그래서 그는 자신의 이론을 만들기 시작했는데, 이 이론은 인지 가 행동과 감정을 어떻게 매개하는지에 초점을 맞춘 이론이었다. 수년에 걸쳐 Beck은 장애를 가진 내담자는 인지적 과정과 관련된 독특한 특징이 있음을 알게 되었다. 따라서 Beck은 다양한 장애를 치료하는 임상가들에게 도움이 되는 매뉴얼과 장애(예: 우울증)를 측정할 수 있는 척도를 개발하였고, 매뉴얼을 사용하고 치료적 개입의 효과성을 검증하 는 연구를 실시하면서 장애마다 다른 인지적 과정을 가진다는 가설을 제안하게 되었다.

정신장애에 대한 소인-스트레스 모델(diathesis-stress model)을 생각해 보면, CBT 에서는 유전적 소인, 생물학적 요인, 그리고 경험이 결합되어 숨어있다가 스트레스 또는 나쁜 영향을 주는 다른 조건이 맞으면 갑자기 나타나고야 마는 특정한 핵심신념을 만들 어낸다고 제안한다. 인지치료는 합리적이고 실용적이고 교육적이고 실증적이고 구조화 되어 있고, 반(反)-결정론적인 접근법이다. 이런 접근법은 사람들이 자신들의 변화를 다 룰 수 있고 자기가 삶을 살고 있는 방식을 상대적으로 짧은 시간에 바꿀 수 있다고 제안 한다. 그러한 접근법은 다른 사람들과 개방적으로 소통하게 되면 자신의 인지에 변화를 줄 수 있고 자신의 소인을 극복할 수 있다는 건설적인 관점을 가진 요인을 가진다.

인지치료사들은 사람이 살아가는 태도, 규율/예측, 가정을 결정하는 중간신념이 만 들어질 때, 핵심신념이 내재적 작동원리로 사용된다고 믿는다. 삶의 상황이 자동적 사고

(행동, 감정, 그리고 생리학적 반응의 원인이 되고 결국 핵심신념을 더욱 강화하게 함)를 어떻게 이끌어 내는지를 살펴봄으로써 이러한 태도, 규율/예측, 그리고 가정을 이해할 수 있다. 또한 Beck은 많은 종류의 인지 왜곡이 있고, 이는 우리가 가지고 있는 자동적 사고와 관련이 있다고 하였다. 마지막으로 대처 또는 보상 전략은 주로 삶의 초기에 형성되는데, 자신의 부정적인 핵심신념을 경험하지 못하게 하는 시도를 하면서 이런 전략이 만들어진다. 그러나 이러한 전략을 통해 핵심신념에서 벗어나기는 어렵고 시간이 지날수록 전략이 부적응적이 된다. Beck과 다른 인지치료사들은 인지적 개념화(cognitive conceptualization)라는 과정을 통해서 치료사가 내담자를 평가할 수 있고 내담자를 정의해 주는 자동적 사고, 중간신념 및 핵심신념에 대한 가설을 세울 수 있다고 믿는다. 그런 다음, 치료 전략을 세워 내담자가 자신의 신념, 그리고 궁극적으로는 행동, 감정, 그리고 생리학적 특징을 바꿀 수 있게 도와줄 수 있다.

열 가지의 기본 원칙이 CBT의 근간이 되고, 필수적이고 흔히 사용되는 많은 기법들이 실제 현장에서 실행된다. 이 필수적인 기법에는 강력한 치료 동맹을 맺기, 인지모델에 대해 내담자를 가르치기, 소크라테스식 질문하기, 자동적 사고와 심상 인식하고 도전하기, 인지 왜곡 인식하고 도전하기, 중간신념 인식하기, 핵심신념 인식하고 도전하기, 과제하기 등이 있다. 흔히 사용되는 기법으로는 생각멈추기, 심상 바꾸기, 합리적−정서적 역할극, 행동적−정서적 기술 등이 있다. 이와 더불어, 수백 가지의 다른 기법들도 사용될 수 있다.

네 가지 정도의 일련의 단계를 통해 치료 단계를 볼 수 있다. (1) 접수 및 평가: 내담자를 맞이하고 치료 동맹을 맺음, 회기의 목적과 과정을 논의함, 안건을 정하고, 기분을 체크함, 평가를 하고 큰 틀의 초기 목표를 결정함, 내담자의 피드백을 받음, (2) 첫 회기: 안건을 정함, 기분을 체크함, 근황에 대한 정보를 얻음, 진단에 대해 논의함, 현재 문제 및 목표설정에 대해 논의함, 인지모델에 대해 내담자를 교육함, 치료에 거는 기대가 무엇인지 정함, 치료에 대한 회기를 요약하고 과제를 결정함, 피드백을 받음, (3) 두 번째 및 이후의 회기: 기분을 체크함, 안건을 정함, 과제를 살펴 봄, 자동적 사고에서 중간신념과 핵심신념으로 초점을 바꿈, 피드백을 받음, (4) 종결: 내담자가 인지모델에 대해 배우고 자신의 삶에서 긍정적인 변화를 경험할 때 회기는 점차적으로 내담자가 스스로 관리할 수 있는 방향으로 나아가게 됨.

사회적, 문화적, 영적 문제와 관련하여 CBT에 대한 대부분의 연구들은 백인을 주 대상으로 진행되었기 때문에 다문화적 문제에 초점을 거의 맞추지 못했고 다양한 내담자들에게 어떻게 적용되어야 하는지에 대한 설명을 거의 제공하지 못했다. 또한 이 접근법에서는 집합주의적인 성향과는 반대되는 유럽계 미국인의 개인주의 가치관들이 강조되었다. 그러나 최근에는 좀 더 다양한 내담자에게 CBT 접근법을 적용할 수 있는 방법이 밝혀졌고, 다양한 배경 출신의 내담자들과 작업하기 위한 8가지 단계도 관심을 받게 되었다. 영적인 문제와 관련하여, 상담사들은 어떤 "힘"이 자신의 삶을 형성하고, 자신은 그 힘에 대해 통제력을 거의 가지지 못한다고 믿는 내담자들과 협력할 때 주의해야 한다.

CBT의 효과성에 대해 논의할 때, 이 치료적 접근법이 광범위하게 연구될 수 있었던 이유는, 내담자의 변화 과정을 측정하기 위한 작동기제가 있었고 여러 가지 장애를 대상으로 작업할 수 있는 방법을 설명해 놓은 매뉴얼을 Beck이 개발해 놓았기 때문이다. 이 접근법이 효과를 잘 내는 것으로 보이는 장애들이 나열되었다. 그러나 광범위하게 다양한 장애에서 명백히 효과가 있는 것으로 밝혀졌음에도 불구하고 Wampold는 다른 접근법과 비교해서 CBT는 효과를 더 보이지는 않았다고 주장했다. 즉, 모든 접근법이 효과가 있다고 했다. 이 "도도새 효과"는 유능한 임상가가 사용한다면 모든 방법의 치료가 효과적이라는 것을 의미한다.

핵심어 및 인명 _____

Beck, Aaron	벡 우울 척도	인지모델
Ellis, Albert	변증법적 행동치료	인지모델에 대해 내담자 교육하기
RESPECTFUL 모델	보상전략	인지왜곡
강력한 치료동맹 구축하기	생각 멈추기	인지왜곡 인식하고 도전하기
공감, 돌봄, 낙관적 접근	소인 스트레스 모델	인지이론
과제	소크라테스식 질문하기	인지적 개념화
교육적인	수용전념치료	인지행동 치료
구성적인(관점)	시간에 민감한(관점)	인지행동 치료의 제1의 물결
구조화된(관점)	실용적	인지행동 치료의 제2의 물결
대처/보상전략	실증적 관점	인지행동 치료의 제3의 물결
도도새 효과	심리학의 인지적 혁명	자동적 사고
두 번째 및 그 이후 회기	심상 바꾸기	자동적 사고와 심상
문화적 유능성을 갖춘 상담을	연속성 가설	자동적 사고와 심상 인식하고
제공하기 위한 8단계	10개의 기본원칙	도전하기
반결정론적(관점)	인지도식	접수 및 진화

정서적 반응에 대한 유전적 ·　태도, 규율/예측, 자경　핵심적인 기법
　진화적 소인　합리적 이론　행동적/정서적 기법
종결　합리적정서행동치료　현재에 초점을 둔 접근법
중간신념　합리적-정서적 역할극　협업
중간신념 인식하기　핵심신념　활동적(관점)
치료스타일 조정하기　핵심신념 인식하고 도전하기　흔히 사용되는 기법

사례연구: Ann이 인지행동치료사를 만나다
(이 사례연구를 읽기 전에 부록 I에 있는 Miller家 사람들 이야기를 읽으시오.)

　　　Ann은 가방의 물건을 조물조물 정리하고 또 정리하면서 로비에 앉았다. 그녀는 접수기록지와 우울, 불안 등 감정에 대한 짧은 질문지를 완성하고는 Jake가 추천해 준 상담사인 Carol Allen이 오기를 기다리면서 커피 테이블에 있는 육아잡지를 훑어보려고 했다. Ann은 소파 맞은편에 어색하게 앉아 있는 한 가족을 옅은 웃음을 띠며 쳐다봤다. 동그란 얼굴에 머리가 희끗희끗하고 눈가에 주름이 부드러운 Carol이 Ann을 향해 웃으며 방으로 들어오라고 하였다. Ann은 Carol이 미처 문을 닫기도 전에 이미 울고 있었다.

　　　"어디서부터 말씀드려야 할지 모르겠어요. 중간부터, 아니 결론부터 이야기할지, 잘 모르겠어요. 두 달 전에 저는 65번째 생일을 맞았죠. 마치 몇 톤의 벽돌이 저를 치는 것 같았어요. 제 삶에 대해 비로소 생각하게 되었죠." Ann은 잠시 머뭇거리더니 가방 속에 손을 넣고, 다시 잠시 무엇인가 생각을 하면서 가방을 옆으로 치웠다. "생일 파티가 있었어요. 저의 남편인 Ted와 저의 아이들인 Jake와 Justine, 그리고 Jake의 아내인 Angela와 손자, 손녀인 Luke와 Celia가 왔죠. Angela의 부모님인 Evangeline과 Dexter가 Tom을 도와 계획을 세웠어요. 저의 오랜 친구들도 왔는데요, 심지어 예전에 저에게 피아노를 배우던 학생들도 왔고요, 제 생각에 Justine의 남자친구도 온 것 같았어요."

　　　"따님인 Justine이 남자친구를 데리고 왔다는 말씀이죠. Justine의 데이트 상대 때문에 힘드셨던 건가요?" Carol이 물었다.

　　　"글쎄요. Justine은 작년에 집에서 나가서 그룹홈에서 지냈죠. 제가 절대 입 밖으로 내지 않았던 말인데, Justine은 어릴 때 사고를 당해서 정신지체가 있어요. 그러니까 지적장애가 있죠. 요즘은 그렇게 부르더라고요. 함께 온 Carl이라는 남자는 그룹홈에 같이 사는 사람이었어요. 그는 다운증후군이 있었죠." Ann이 설명했다. "그게 불편한 건 아니었어요. 친구들을 바라보며 근황을 서로 이야기하고 Jake와 손녀 손자들을 보고 Justine

과 Carl을 만나면 되는 거였어요. 모든 사람들을 위해서 나는 행복해야 했던 거죠. 그런데 사실 속은 기분이 드는 거예요. 저는 이제 65살이고요. 저는 아이들의 어린 시절을 도둑맞은 것 같고 직장경력도 도둑맞은 것 같았어요. 그리고 저는 뒤처져 있는 것 같아요. 모든 사람이 자신만의 삶이 있겠죠, 가족도 있고 경력도 쌓았죠. 그런데 저는 제 삶에서 뭐 하나 내세울 게 없는 거예요. 심지어 Justine도 그동안은 저뿐이었는데 이제는 자기만의 삶이 있어요. Ann은 뺨에 흐르는 눈물을 닦았다.

"Ann, 파티에서 당신의 딸이 Carl과 함께 있는 모습을 봤을 때 당신의 마음에 무슨 생각이 떠올랐나요?"

"네, 저는 이렇게 생각했죠. '이건 아닌데.' 알아요, 이게 이기적인 생각이죠." Ann은 소금 뜸 들였다가 덧붙였다. "저는 친구들의 아이들이 Justine이 가진 문제 같은 어려움도 없이 자랐다는 점이 불공평하다고 생각해 왔어요. 그리고 제가 Justine을 돌보느라 시간을 너무 많이 썼기 때문에 사고 이후 저와 Jake와의 관계도 깨어져 버렸어요. 사고 이전에 저희 둘은 가까웠거든요. 그런데 사고 이후에 거리감이 생겼어요. 또, 저는 제 직장생활도 이어갈 수 없었어요. 선생님도 아시다시피 제가 피아노 교사였잖아요. 그리고 저는 언젠가는 저의 꿈인 음악학교를 세우는 것으로 다시 돌아갈 수 있기를 바라고 있어요. 하지만 Justine이 제 시간을 너무 많이 가지고 가 버린 셈이에요."

"마음속에 있으면 안 될 것 같은 이런 생각을 할 때 당신은 어떤 종류의 정서를 경험하는지 알아차릴 수 있나요?" Carol은 Ann에게 휴지를 건네면서 물었다.

"슬픔이요. 그런 다음, 분노와 후회를 느껴요." Ann이 젖은 뺨을 닦고 코를 풀었다. "일이 바라는 대로 되지 않아 정말 우울해요."

"Ann, 저도 당신에게서 슬픔, 후회, 그리고 분노를 느끼게 되네요. 그리고 무기력한 기분도요. 마치 당신이 여러 가지 사건에 떠밀려 갔다가 이제는 해변가에 혼자 서 있는 듯한 느낌이에요." Carol은 계속 말하기 전에 침묵을 가졌다. "Ann, 상황이 달라졌어야 한다는 생각을 얼마나 자주 하시는 편인가요?"

"많이 해요. 의사 선생님이 Justine이 뇌 손상을 입었고 이건 다시 회복될 수 없다는 이야기를 할 때 처음으로 생각을 했어요. 제 기억에 Ted와 저는 의사 선생님과 만난 후 운전을 하여 집으로 돌아왔는데 길이 꽉 막혀 있더라고요. 동네 아이들이 뛰어다니고 사람들이 테니스 코트에서 테니스를 치기도 했어요. 아무 일도 일어나지 않은 것처럼요. 우리의 세계는 무너졌는데, 그 나머지 세계는 전혀 아무 일도 일어나지 않은 것처럼 보였죠. 이건 불공평하다고 생각했어요." Ann이 잠시 멈췄다. "삶이 얼마나 불공평한지 자주 생각해요.”

"당신과 Ted와 자녀분들은 확실히 어려운 일을 겪으셨군요. 당신의 생각에 일면 동의가 됩니다. 사고에서 일어난 일은 공평하지 않았어요. 그건 비극이었죠. 그것이 당신 인생 '전체'에 그림자를 드리운 것 같습니다. 오늘 당신과 하고 싶은 일은 이런 생각, 저는 이걸 '자동적 사고'라고 부르는데요, 이 생각이 당신의 인생에 얼마나 큰 영향을 미쳤는지, 당신이 이런 식으로 느끼는 데에 이 생각이 얼마나 기여를 하는지에 대해 이야기해 보는 일입니다. 그러나 우리가 자동적 사고에 대해 더 이야기하기 전에 잠시 방향을 바꾸고 싶네요. 만일 괜찮으시다면 잠시 시간을 할애해서 접수기록지에 기록한 내용을 조금 다뤄보고요, 지금 현재 어떤 상황이신지에 대해 알아보고 바라기는 앞으로 회기의 목표를 다룬 후에 마치고 싶습니다.”

Ann의 개인력을 다루고 기능을 평가한 후에 Carol은 자동적 사고가 무엇인지 또 대부분의 사람들에게 어려움을 유발하는 자동적 사고와 감정과 행동의 관계에 대해 Ann을 교육한 후 회기를 마쳤다. Carol과 Ann은 세상이 불공평하다는 생각이 마음에 떠오를 때 Ann이 경험한 감정에 대해 탐색했다. Ann은 이런 생각이 떠오를 때를 잘 살펴보았다가 기록을 해 두기로 했다. Ann과 Carol은 다음 회기에서는 Ann의 자동적 사고를 좀 더 생산적이고 덜 고통스러운 생각으로 대체하는 방법에 대해 작업하기로 동의하였다. Carol은 또한 Ann에게 자동적 사고와 생각 멈추기 전략에 대한 읽을거리를 주었다.

Carol과 Ann이 다음 회기에서 만났을 때, Carol은 Ann에게 다른 점이 있다는 것을 알아챘다. "지난주보다 눈빛이 더 밝아진 것 같네요, Ann. 한 주 동안 어떻게 지내셨나요?" "지난주보다 좋았어요. 교회에서 진행한 프로젝트로 바빴고요. 그래서 주의가 좀 분산된 것 같아요. 하지만 과제는 해 왔어요.” Ann은 가방에서 작은 노트를 꺼내 Carol에게 전달했다. 그 노트에는 기분 질문지가 들어 있었는데 회기가 시작되기 전에 작성하도록 부탁한 것이었다. "지난번에 주신 읽을거리에 메모를 좀 했어요. 그리고 제 생각에 대한 간단한 일지도 작성했지요.”

"오. 훌륭해요, Ann.” Carol은 노트를 넘기며 말했다. "당신 작성하신 질문지를 보면 지난주 이래로 기분이 좋아지고 있군요. 지난 회기의 내용 중 어떤 것이 도움이 된 것 같아 보이기도 하고요. 그게 무엇인지 말씀해 주실 수 있나요?" Carol이 이렇게 이야기하면서 지난 회기와 이번 회기를 연결하였다.

"제 생각에 지난 회기는 이런 기분들을 없애는 데에 굉장히 도움이 된 것 같아요. Ted에게나 친구 누구에게라도 이런 걸 이야기할 수 없을 것 같았어요. 하지만 자동적 사고에 대해 이야기하는 것은 저에게는 일종의 '반짝이는 전구' 같은 거예요. 저는 지난 30년 동안 이런 생각을 줄곧 가지고 있었어요. 그리고 그 생각은 저의 감정에 큰 영향을 미쳤죠. 제가 일지를 써 보니까, 이런 자동적 사고가 생기면 화가 나기 시작하고 그런 다음 Ted에게 그걸 퍼붓는다는 걸 알게 됐어요. 얼마 동안 그를 비난하는지 깨닫지는 못했지만 어쨌든 저는 그렇게 했더라고요." Ann이 털어놨다. "그렇지 않았을 때는 저는 우울해졌고요."

회기가 연속되면서 Carol은 Ann의 자동적 사고를 여러 가지 인지 왜곡과 연결시키기 시작했다. Carol은 Ann에게 이러한 인지 왜곡에 파국화, 긍정격하, 터널시야, 과대일반화 등이 포함된다고 설명했다. 회기의 막바지가 되어, Carol은 Ann에게 기법을 사용하여 자동적 사고에 맞서 보라는 과제를 내주었다.

다음 몇 회기 동안에 Ann과 Carol은 자동적 사고에 맞서는 작업을 진행했다. Carol은 Ann에게 자동적 사고와 중간신념 그리고 핵심신념 간의 관계에 대해 알려 주기 위해 노력을 기울였다. Carol은 Ann을 도와 Ann의 핵심신념, 중간신념, 자동적 사고 그리고 반응 간의 관계에 대해 그림을 그려 볼 수 있도록 했다. (다음을 참고하라.)

Ann의 핵심신념, 중간신념, 자동적 사고와 반응 간의 관계

핵심신념: "나는 덫에 갇혔고 피해자, 실패자이며, 무기력하다."
중간신념 태도: "인생은 불공평해." **규율/예측:** "만일 상황이 더 좋아지기 위해 노력한다면, 나는 다시 쓰러지고 말거야."
가정: "내가 노력하고 상황을 바꿔 보려고 하더라도 내 삶은 여전히 불공평할 거야."
상황: 생일파티
가능한 자동적 사고 및 심상(인지 왜곡과 관련됨)
- "내 생각에 적절한 방법으로도 일이 되지는 않았다."
- "나는 속았다."
- "왜 그 사고가 일어나야 했을까?"
- "모든 사람이 앞으로 나아가는데, 나는 아무 것도 없다."

심상:
- 사고에 대한 시각화
- 사고 이전에 Justine이 어땠는지에 대한 생각

◆ 사고 이전에 Jake가 어땠는지에 대한 생각

가능한 반응:

◆ 정서적: 슬픔, 우울, 분노, 후회, 무기력

◆ 생리학적: 낮은 에너지, 건강 문제에 대한 주의를 기울이기 어려움

◆ 행동적: 집에만 머무름, 남편과 다툼, 미래에 대한 계획을 세우지 못함

"제가 상담하러 올 때는요, 상담실에 들어와서 제 감정을 이야기할 수 있지요. 그러면 선생님이 제 삶을 의미 있게 만들 수 있는 좋은 생각을 주실 거라고 생각했어요." Ann은 웃으며 말했다. "그런데요, 제가 생각했던 것보다 훨씬 더 복잡한 거였더라고요. 제 생각이 어떤 것이고 그 생각들이 제 핵심신념과 어떻게 연결되어 있는지, 그리고 이 모든 것들이 제가 행동하는 것과 어떤 관련이 있는지 알아보는 것은 진짜 많이 생각해야 할 일이더라고요. 시간이 걸리고 훈련이 필요할 것 같은데요."

"당신은 이미 많은 걸을 해냈고 상담을 받으면서 노력도 많이 하셨어요. 중요한 진전도 있었고요. 제가 볼 때, 해 오시던 대로 계속 하신다면 생각하신 것보다 더 빨리 목표를 이루실 수 있을 것 같은데요." Carol이 대답했다.

생각해 볼만한 질문

1. 이 치료사는 Ann의 말을 듣기 위해 기본적인 주의집중 기술을 사용하였습니다. 인지행동치료에서 이러한 기술이 얼마나 중요하다고 생각하나요?

2. Carol이 기본적인 주의집중 기술을 사용하였음에도 그녀는 어떤 시점에서는 갑자기 방향을 전환하여 평가 중 특정 정보(질문지의 내용)가 다루어질 수 있도록 했습니다. 이렇게 방향을 바꾸는 것이 적절하다고 생각하나요? Carol이 이것을 어떻게 다르게 다룰 수 있었을까요?

3. 대부분의 내담자들은 자신의 자동적 사고를 포착하기가 얼마나 쉽다고 생각하나요?

4. 이 예시에서 Ann의 자동적 사고와 관련이 있을 수 있는 인지 왜곡이 무엇인지 알 수 있었습니다. 이 인지 왜곡이 Ann의 자동적 사고에 어떻게 반영이 되는지 설명할 수 있나요? 다른 종류의 인지 왜곡이 Ann의 사고 과정에 관련이 있을 수 있다고 생각하나요? 그렇다면 그 인지왜곡은 어떤 것일까요?

5. Ann은 Carol이 알아낸 인지모델(예: 자동적 사고, 중간신념, 핵심신념 등)을 잘 받아들인 것으로 보입니다. 대부분의 내담자들이 이런 과정에 이렇게 쉽게 동의한다고 생각하나요? 왜

그렇고 또 왜 그렇지 않은가요? Ann이 자신의 초기 목표(감정을 탐색하고 의미를 찾는 것)에서, 불행에 미친 생각의 역할을 들여다보자는 Carol의 목표로 초점을 기꺼이 바꾸었던 것에 대해 걱정되는 점은 무엇인가요?

6. Ann이 가진 태도, 규율/예측, 가정(중간신념)에 대해 가설을 세울 수 있을까요?

7. 인지행동치료를 사용한다면, Ann이 자신의 분노를 남편에게 표출했던 것에 대해 어떻게 설명할 수 있을까요? 이 문제에 대해 목표를 세울 수 있을까? 그렇다면 어떤 목표를 세울 수 있나요?

8. Ann은 Carol이 제시한 과제를 잘 수행해 왔습니다. 당신이 Ann의 상담사라면 그녀가 과제를 하지 않기로 했을 때 Ann과 어떤 작업을 어떻게 해야 한다고 생각하나요?

9. Ann이 자신의 핵심신념을 바꾸는 데에 얼마나 걸릴 것이라고 생각하나요? 설명해 보세요.

10. (현실은 대개 그렇지 않지만) 가용 자원이 풍부하다면, Ann이 인지행동치료 과정에 대해 이해한 후 스스로 그 작업을 해 나갈 수 있다고 생각하나요? 아니면 좀 더 회기를 연장하여 치료사와 함께 계속해 나가는 것이 낫다고 생각하나요? 설명해 보세요.

11. Ann의 염려 중 일부는 실존적인 문제를 가지고 있는 것처럼 보입니다. 실존주의적 치료사들은 Ann과의 치료를 어떻게 다르게 해 나갈까요? Ann에게 어떤 접근법이 더 적절한 것 같은가요? 그 이유는 무엇인가요?

12. 당신이 다룰 수 있는, 당신의 인지 왜곡, 중간신념, 또는 핵심신념을 알아차릴 수 있나요? 그것들을 변화시키기 위해서는 어떻게 하면 될까요?

Credits

Fig. 3.1a: Copyright © 2016 Depositphotos/VisualGeneration.

Fig. 3.1b: Copyright © 2019 Depositphotos/AndreyPopov.

Fig. 3.2: J. S. Beck, "Relationships among Core Beliefs, Intermediate Beliefs, and Automatic Thoughts," Cognitive Therapy: *Basics and Beyond*, pp. 36. Copyright © 2011 by Guilford Press.

Fig. 3.4: J. S. Beck, "Relationships among Core Beliefs, Intermediate Beliefs, Coping Strategies, Automatic Thoughts, Behaviors, and Feelings," *Cognitive Therapy for Challenging Problems*, pp. 20. Copyright © 2005 by Guilford Press.

4

내러티브, 해결 중심, 관계-문화적 접근을 취하는 통합적 포스트모던 치료

Integrative Postmodern Therapy
Using Narrative, Solution-Focused, and Relational Cultural Approaches

Ed Neukrug

학습목표

◆ 통합적 포스트모던 치료(Integrative Postmodern Therapy: 이하 IPMT)와 관련 있는 관계-문화적 치료, 내러티브 치료, 해결 중심 단기 치료의 기원을 이해한다.

◆ IPMT의 인간 본성에 대한 포스트모더니즘적이고 사회구성주의적 관점을 검토하고, 이러한 철학을 바탕으로 반결정론주의적이고, 반객관주의적이며, 비병리학적이고, 긍정적이며, 강점 기반적이고, 주로 미래 지향적인 IPMT의 토대를 이해한다.

◆ IPMT의 다음과 같은 여러 주요 개념들을 검토한다: 포스트모더니즘, 포스트구조주의, 사회구성주의, 권력, 비병리화, 빈약한 설명에서 두터워지는 설명(thin to thick descriptions), 상호 증진하고 공감적이며 임파워링하는 관계, 재저작(re-authoring)

◆ IPMT의 다음과 같은 주요 기술들을 살펴본다: 신비로워하며 정중한 호기심과 경외심을 보여주기, 수용과 진정성 및 공감 전달하기, 척도화하기, 질문 사용하기, 문제를 외재화하기, 상담사-내담자 권력 차이 분석하기, 압제와 소외에 관한 논의 장려하기, 자기 성찰 연습, 과제

◆ IPMT의 상담 과정을 이해한다.

◆ IPMT의 사회 및 문화적 적용 가능성을 검토한다.

◆ IPMT의 효과성을 검토한다.

◆ IPMT의 과정을 보여주는 사례를 살펴본다.

통합적 포스트모던 치료의 간략한 역사

상담 분야에서의 포스트모더니즘적인 혁명은 1980년대에 꽃을 피웠으며 상담을 수행하는 방식에 큰 변화를 이루어 냈다. 이 혁명을 이끈 세 가지 이론은 **관계-문화적 치료** (relational cultural therapy: RCT), **내러티브 치료**(narrative therapy), **해결 중심 단기 치료** (solution-focused brief therapy: SFBT)였다. 이 이론들은 모두 획기적으로 내담자와 함께 작업하는 방식을 채택하였는데, 전통적인 정신 건강 시스템에서는 지양하던 방식이었다. 각각의 접근은 서로 기법이나 내담자와 함께하는 방식에서 차이가 있지만, 모두 **포스트모더니즘**(postmodernism)과 **사회구성주의**(social constructionism)라는 유사한 이론적 근간을 공유하고 있었다. 이러한 철학적 가정은 상담 관계를 탈병리화시키고, 내담자를 관계에서 동등한 협력자로 위치시켰으며, 정신 건강상의 문제가 개인에게 내재적이거나 혹은 내재된 무언가의 결과라는 전통적인 견해에 도전하는 결과를 낳았다.

관계-문화적 치료(RCT)는 1980년대에 Jean Baker Miller에 의해 개발되었다 (Backman, 1988; National Library of Medicine, 2015; Sturm, 2015). Miller는 전통적인 치료들이 어떻게 여성을 병리화하고 소외시키는지 민감하게 자각하여, 여성의 위치를 높이고, 생애 전 과정의 관점에서 변화를 이해하며, 상호 공감이 성장을 촉진하는 관계의 중심이라고 믿고, 진정성을 상호 공감의 핵심으로 보면서, 자율적인 자기(self)에 초점을 두는 관점과는 대조적으로 관계적 성장의 중요성에 초점을 두었다. Miller는 사람들 간의 권력 차이와 사회적으로 용인되는 억압이 여성으로 하여금 타인과 사회로부터 단절된 느낌을 받게 하는 주요 원인이라고 생각하였다. 후에 그녀의 이론은 권리를 박탈당한 집단으로까지 확장되었고 현재는 역사적으로 억압을 받아온 내담자를 이해하고 함께 작업하는 데 사용된다.

Michael White와 David Epstein이 개발한 내러티브 치료도 1980년대에 시작되었으며, 관계-문화적 치료와 유사하게 소외되고 역사적으로 억압받아온 사람들이 상담관계에서 병리화되는 방식에 대해 우려하였다(Neukrug, 2018, Rice, 2015). 이 접근법은 개인이 속한 가족과 문화, 사회에 속한 **내러티브**(narratives)들이 한 개인의 자기와 세상에 대한 이해의 발달 과정을 형성해 나가는 방식에 중점을 둔다. 권력을 가진 사람들이 언어와 법을 개발하여 사회 전체에 배포하고 적용하기 때문에, 권력자들의 관점이 세상을 보는 '올바른' 방식이라고 여겨지며, 역사적으로 억압받아온 사람들의 관점은 잘못된 것이거나 무정부주의적인 것으로 간주된다. 내러티브 치료는 사회에서 **지배적인 내러티브**

(dominant narratives)에 의해 **문제로 가득 차거나**(problem−saturated) 빈번한 영향을 받는 한 사람의 지배적인 내러티브를 이해하려고 한다. 상담에서는 사회적 환경 내에서 개인을 억압하기 위해 언어가 사용되는 방식을 이해하여 내러티브를 살펴보고, 사람들이 갖고 있는 다양한 관점을 탐색하여 지배적인 내러티브를 **해체**(deconstructed)한다. 그런 다음, 새롭고 더 긍정적인 내러티브를 전면으로 세우거나 발전시켜 그 사람이 자신의 인생을 **재저작**(re−author)할 수 있도록 한다. 관계−문화적 치료와 비슷하게, 이 접근 역시 내담자를 탈병리화하고 문제를 내재된 것으로 보지 않았다. 또한 관계−문화적 치료처럼 개인을 고양하고 임파워링하고자 하였다.

1980년대에 개발된 해결 중심 단기 치료는 Insoo Kim Berg와 Steven de Shazer가 개발한 것으로, 전통적인 상담 접근 방식이 문제에 너무 집중하고 내담자를 병리화하는 경향이 있다고 비판하면서, 내담자의 경험을 정상화하고 문제에 대한 예외와 해결책을 찾는 것이 상대적으로 짧은 기간에 내담자에게 도움이 될 수 있다고 본다(Dewell, 2015; Neukrug, 2018). 이들은 내담자가 그러한 변화에 준비되어 있는 한, 내담자를 존중하고 경청하며 문제에 대한 해결책을 돕는 것이 변화의 핵심임을 설명하였다.

이 세 가지 접근법의 실제 사례는 극적으로 다르지만, 내담자에 대한 존중과 내담자가 상대적으로 빠르게 변화할 수 있다는 믿음, 내담자의 문제를 탈병리화 및 정상화하고, 문제가 아닌 해결에 초점을 맞추며, 미래는 재구성될 수 있다고 보면서 내담자를 임파워링하는 것 등의 많은 공통 요소를 공유한다(Neukrug, 2018). 이러한 생각들은 포스트모더니즘과 사회구성주의 철학에 뿌리를 두고 있으며, 이와 관련된 이론에 매료된 상담사는 자주 관계−문화적 치료, 내러티브 치료, 해결 중심 단기 치료의 핵심 개념을 통합할 것이다. 이 장에서는 관계−문화적 치료, 내러티브 치료, 해결 중심 단기 치료의 가장 유명한 개념과 기법을 함께 다루는 통합적 포스트모던 치료(Integrative Postmodern Therapy: 이하 IPMT)의 개요를 살펴볼 것이다.

포스트모던 치료의 창시자를 만나고 싶다면,

Jean Baker Miller, Michael White, Insoo Kim Berg, Sten de Shazer에 대한 간략한 일대기를 알고 싶다면, https://itsapps.odu.edu/psyadm/에 접속하여 'postmodern and feminist door'를 클릭하고, 이들의 각 개인 페이지로 들어가 그들을 만나보자.

인간 본성에 대한 관점

전통적인 과학적 체계에서는 진실이 발견되고, 포스트모더니즘의 체계에서는 진실이 구성된다(Shapiro, 2015, p.185).

IPMT는 개인이 그들이 속한 가족, 문화, 지역, 사회를 포함하는 사회적 환경 내에서 상호작용과 담론을 통해 그들 자신만의 독특한 현실을 구성한다는 **포스트모더니즘적**(postmodern)이고 **사회구성주의적**(social-contructionist) 관점을 취한다(Combs & Freedman, 2012; Madigan, 2011). 이러한 관점에서, **실제는 사회적으로 구성되고**(realities are socially constructed), **실제는 언어를 통해 구성되며**(realities are constituted through language), **실제는 내러티브를 통해 조직되고 유지된다**(realities are organized and maintained through narrative). 여기에 본질적인 진실이란 존재하지 않는다(there are no essential truths) (Freedman & Combs, 1996).

실제는 사회적으로 구성된다: IPMT 치료사는 한 사람의 심리적 구성, 즉, 신념, 가치, 습관, 성격 유형 등이 그들이 속한 가족이나 더 큰 문화적 "수프(soup)"(예: 인종 집단, 지역, 사회)와의 지속적인 상호작용 및 담론을 통해 생성되는 것이라고 믿는다. 지배적인 문화는 미묘하지만 강력하게 모든 개인이 진실이라는 것을 받아들이도록 강요한다. 지배적인 문화가 이해하는 실제와 잘 맞지 않을 때, 사람은 어떤 식으로든 부정적인 낙인이 찍히고 사회와 단절된 느낌을 받게 된다. 따라서 권위자나 지배 집단의 현실에 의문을 제기하는 사람들은 보통 잘못되고, 나쁘며, 사악하고, 어리석으며, 부적응적이거나 정신병자로 간주되며 지배적인 현실을 받아들이거나 그 결과를 직면하라는 압력을 받는다(예: 감옥이나 정신병원에 갇히거나, 부정적 낙인이 찍히거나, 편견을 받거나 등).

실제는 언어를 통해 구성된다: IPMT 치료사는 개인이 사회적 환경 내에서 네트워크를 더 많이 형성하면서 그 환경 내에서 사용하는 언어의 기능으로 특정 현실이나 관점을 발전시킨다고 믿는다. 언어가 실제를 구성하는 사례는 많다. 예를 들어, 성차별적이지 않은 언어를 사용하게 되면서 실제에 대한 인식이 어떻게 바뀌었는지를 생각해 보자. 오늘날 우리는 "nature of man*(인간의 본성)"이라는 표현 대신 "view of human nature"을, "stewardess(스튜어디스)"라는 표현 대신 "flight attendant(승무원)"을, "men working(근무자)"라는 표현 대신 "people working"이라는 표현을 사용한다. 표지판에 "men working"이라는 표현 대신 "people working"이라는 표현을 작성하여 고속도로에서 일하는 직원에 대한 사람들의 이미지를 어떻게 바꿀 수 있는지를 생각해 보라. 언어는 우리가 지각하고 알게 되는 것과 밀접하게 관련되어 있기 때문에, 한 사람의 심리적 양식은 그 사람 안에 내재된 어떤 것이 아니라 사회적 환경에서 사용되는 언어의 유동적인 산물로 볼 수 있다. 또한 맥락은 변할 수 있기 때문에, 사람들 역시 자신이 처한 상황이나 설정에 따라 다양한 유형이나 정체성을 가질 수 있다. 결과적으로 치료적 환경은 하나의 새로운 맥락을 제공할 수 있는데, 내담자와 치료사는 서로 대화하면서 그들 자신을 위한 새로운 실제를 충분히 만들 수 있다.

실제는 내러티브를 통해 조직되고 유지된다: IPMT 치료사는 실제를 개인이 타인과의 담화를 통해 만들어 내는 결과물이자 대화에서 사용된 언어의 기능이라고 본다. 사람들이 스스로에 관해 만든 결과물인 이야기는 그들의 실제를 유지시킨다. 또한, 문화적 맥락에는 지배적인 이야기가 있고, 개인은 자신이 태어난 문화적 맥락의 지배적인 이야기를 통합하여 자기 인생 이야기의 일부로 만든다. 따라서 한 사람을 이해하기 위해서는 그의 이야기를 들어야 한다. 예를 들어, 많은 유대인은 홀로코스트(Holocost)나 여러 세대에 걸친 다른 억압적인 경험에 관련된 이야기에 대해 "never again(다시는 결코)"라는 단어를 자주 들어왔다. 특정 유대교 명절은 이러한 경험을 인정하고, 그에 대한 기억을 장려하며, 모든 민족이 자유로워야 한다고 주장하면서 스스로를 자유롭게 할 수 있는 유대 민족의 능력을 명예롭게 여긴다. 이 지배적인 내러티브가 유대인들에게 유

---

* 역자주: 영어권에서는 '남성'을 의미하는 'man'이라는 단어를 '인간'이라는 전체 집단을 뜻하는 의미로도 사용하여 왔다.

대 문화에 얽혀 있는 권위에 대한 불신과 경계와 함께 세상을 이해하는 방식에 어떻게 영향을 미칠 수 있을지 생각해 보자. IPMT는 좋은 소설을 읽는 것과 마찬가지로 내담자의 이야기를 "읽거나" 듣고 내담자의 지배적인 이야기를 이 해하려고 노력하면서 내담자와 함께 해야 한다고 제안한다.

본질적인 진실은 없다: 외부 진실의 개념을 거부하는 IPMT 치료사는 실제를 우 리가 속한 특정 세계의 담론이 만든 산물이라고 믿는다. 우리에게는 삶을 가득 채우고 실제를 정의하는 **지배적인 이야기**(dominant stories)가 있지만, 동시에 우 리 삶에서 덜 중요한 역할을 하는 다른 이야기들도 있다. 누군가는 자신이 속 한 사회적 환경 내에서 이야기들의 산물인 문화의 실제가 다른 문화의 실제와 다르다는 점을 쉽게 인지하기도 한다. 예를 들어, 미국의 치안에 관한 다수의 흑인과 다수의 백인은 서로 다른 지배적인 이야기를 갖고 있다는 점을 생각해 보라. 많은 흑인의 이야기는 그들에게 가해졌던 억압, 경찰의 편견, 인종주의적 행위와 관련되는 반면, 백인들은 대부분 법을 지키고 불의에 맞서 싸우며 시민 을 보호하는 경찰과 관련된 이야기를 갖고 있다. 이와 같이 많은 흑인과 백인 이 치안에 대해서 매우 다른 방식으로 보는 것이 놀라운 일일까?

내담자는 자주 내담자가 살아온 가족, 문화, 사회적 환경의 산물인 지배적이고 **문 제로 가득 찬**(problem-saturated) 이야기를 갖고 상담에 찾아올 것이다. 이러한 이야기는 해체될 수 있고 문제가 포화된 이야기에 주입되어 있는 억압적인 언어를 확인해 볼 수 있다. 우리는 모두 **다양한 이야기**(multistoried)를 갖고 있기 때문에, 상담은 내담자의 덜 빈번하거나 **지배적이지 않은 이야기**(nondominant stories)를 듣고 그들이 새로운 이야기를 만들도록 도와줌으로써 내담자에게 문제가 포화되지 않은 이야기가 드러나도록 도울 수 있다. 이러한 방식으로 정신 장애를 보는 관점은 정신 질환을 일으키는 지속적이고 고정된 무언가가 그 사람 안에 있다고 가정하는 전통적인 관점과 극명하게 대조된다(상 자 4.1 참조).

상자 4.1 정신 건강 시스템은 강압적인 권력 중개자인가?

오늘날의 정신 건강 시스템에서 소위 객관주의자인 전문가(예: 치료사)는 내담자가 DSM-5 (Diagnostic and Statistical Manual-5)에 부합하는 정신 장애가 있는지 결정하기 위해 내담자를 평가한다. 정신 건강 전문가는 DSM-5를 사용하는 방법을 배웠고 전문적인 담론을 확고하게 통합하였다. DSM-5는 매우 널리 받아들여져 거의 모든 전문가, 심지어 대부분의 일반인도 어떤 사람이 "정신 장애"가 있는지의 여부를 고려할 때 사용한다. DSM은 대부분 병인론을 제공하지 않음에도 불구하고, 개인이 갖고 있는 증상에 초점 맞추기 때문에 많은 전문가들이 장애가 개인 내부에 존재하며 비효율적이거나 비정상적인 내적 구조의 기능이라고 믿는다. 전문가들이 수련 과정에서 배우는 이러한 내적 구조(예: 핵심 신념, 이드-자아-초자아 구조, 생물학적 손상, 정서적 조절 장애 시스템 등)는 초관계적이면서 가변적인 언어 과정의 일부인 생각, 느낌, 행동들과는 대조적이다. 따라서 정신 건강 훈련 프로그램과 정신 건강 시스템(예: 사회 서비스 기관)은 정신 장애를 내담자가 속해 있는 세상의 언어와 내러티브의 결과로 보는 것이 아니라, 한 사람에게 내재되어 있는 것으로 본다. 그 결과 내담자들은 정신장애를 갖고 있는 것에 대해 비난받거나 동정받게 된다. 이와 반대로 IPMT는 DSM-5를 권력자들의 가치를 반영하는 것이며, 사람 내부에 있는 일부 환상적인 심리적 구조나 생물학적 지표를 반영하는 것이 아니라고 제안한다. 따라서 어떤 이들은 그 가치에 의문을 제기해야 한다고 말한다.

IPMT는 사람들이 사회적 담론의 기능으로 만들어진 실제를 이해할 수 있고, 그 기반을 **해체**(deconstruct)(즉, 분해)할 수 있으며 임파워링하는 새로운 실제를 개발하거나 재저작할 수 있다고 가정한다(Madigan, 2015). 실제를 이해하고 새로운 실제를 재창조할 수 있는 능력에 대한 가정은 이 접근법이 반결정론주의적이라는 것을 보여준다. 또한 IPMT는 "한 개인의 정체성을 단일하고 단순화되어 있는 병리적인 정의로 축소"하려는 모든 치료 모델을 지양하는 **반객관주의적**(anti-objectivist)이며 **비병리학적**(non-pathological)이고, **긍정적**(positive)이면서, **강점-기반**(strength-based)의 상당히 **미래 지향적**(future-oriented)인 접근 방식이다(Madigan, 2015, p.1052; Rice, 2015).

핵심개념

IPMT의 근간이 되는 핵심 개념에는 **포스트모더니즘**(post-modernism), **포스트구조주의**(post-structuralism), **사회구성주의**(social constructionism), **권력**(power), **비병리화**(non-pathologizing), **빈약한 설명에서 두터워지는 설명**(thin to thick descriptions), **상호 증진하고 공감적이며 임파워링하는 관계**(mutually enhancing, empathic, empowering relationship), **재저작**(re-authoring)이 포함된다.

포스트모더니즘

포스트모더니즘은 모더니즘, 특히 "진실"이 경험주의나 분석, 과학적 방법을 통해 발견될 수 있다는 생각에 대한 의구심으로부터 정의되어 왔다(Weinberg, 2008). 이전에 발견된 것이 꼭 "틀린" 것은 아니지만, 포스트모더니즘은 "진실"이 발견되게 된 맥락에 의문을 제기하는 것이 중요하다고 제안한다. 예를 들어, 프로이트의 심리성적 단계, 로저스의 "일치된 자아(congruent self)" 개념, 혹은 실존주의적 선택의 개념과 같은 모든 개념은 고유한 맥락과 기간 내에서 "진실"인 것으로 여겨져 왔다. 이러한 모델은 때때로 자신을 이해하는 데 도움이 되는 방법을 제공할 수 있지만, 이 모델은 모두 발생한 맥락에 메어 있는 세상을 이해하는 하나의 방식이다.

IPMT에서 포스트모더니즘은 개인의 진실은 타인과의 담론을 통해 전달되는 집합적 지식(collective knowledge)을 반영하며 개인의 진실은 삶이 진행되고 맥락이 변함에 따라 바뀔 수 있음을 시사한다(Madigan, 2011). 이것은 각 개인의 진실은 독특하고 그 사람이 살아온 맥락에 구속되며 새로운 맥락(예: 치료적 관계) 내에서 변할 수 있다고 가정하는 것으로 내담자에게 큰 영향을 미친다. 또한 상담사가 특정 이론이나 사람을 이해하는 방식(예: DSM-5)의 "진실"에 얽매이지 않는다는 것을 의미한다.

포스트구조주의

구조주의의 기본 전제는 모든 것들은 의미 단위 아래에 하나의 구조를 갖고 있고, 이 구조가 그것의 실제를 구성한다는 것이다. 대부분의 심리학적 실제는 구조주의에 기반을 두고 있다(Madigan, 2011, p. 171).

포스트모더니즘 운동의 일부로 간주되는 **포스트구조주의**(post-structuralism)**는 구조주의**(structuralism)의 일환으로, 구조주의는 과학 혁명과 밀접하게 연관되어 후에 사회과학 및 기타 분야에서 채택된 개념이었다(Coms & Freedman, 2012). 상담과 심리학에서 구조주의는 성격 발달에 영향을 미치는 고유 구조의 존재를 시사한다. 이러한 구조에 대한 설명은 인간 본성에 대한 특정 이론의 관점을 통해 확인할 수 있다. 정신분석, 인간 중심 상담 또는 인지 이론에 존재하는 "구조"를 생각해 보자. 이러한 각 이론은 인간종의 의미 생성 시스템이나 세계를 이해하는 방식에 대해 특정한 믿음을 가지고 있다. 이러한 구조는 실제처럼 보인다. 즉, 그것들은 그것들이 제시된 맥락 안에서 실재한다. 그래서 이드, 자아, 초자아나, 내재된 실현 경향성, 혹은 인지적 스키마에 대한 믿음은 이론가들에 의해 개인에게 존재하는 구조라고 가정하게 만들었다. 이러한 믿음은 개인(예: 상담사)이 세상을 알고 작동하게 되는 방식을 주도한다.

　　포스트구조주의자들은 구조주의적 견해에 도전했다. 그들은 정신역동 이론가나 실존주의자, 인지행동주의자, 또는 대부분의 다른 이론가들이 사람의 본성에 관한 진실을 독점하는 개념에 이의를 제기했다. 그리고 그들은 한 걸음 더 나아가, 이러한 진실에 대한 믿음이 지식에 대한 근시안적인 방식을 촉진한다고 주장하였다. 따라서 억압을 덜 받고, 자아실현을 더 많이 하며, 자신의 인지적 도식을 알기 위해 고군분투하는 개인들은 결국에는 이러한 과정에 둘러싸이게 되고, 이 과정들이 개인의 세상을 이해하는 방식을 결정하게 될 것이다. 그들은 이해하는 방식의 다른 가능성을 보지 못한다. 실제로, 사회의 언어는 구조화된 사고로부터 많은 "진실"을 강화하는 경향이 있으며, 이러한 진실을 받아들이지 않는 사람들을 정신이 이상하거나 어리석고 방어적이며 부도덕하거나 반항적인 것으로 간주한다. 실제로는 존재하지 않지만 이러한 구조화된 혁명을 통해 확립된 상담 관련 단어들을 생각해 보자. 무의식, 이드, 에고, 억압, 방어, 초자아, 내향성, 자존감, 자기실현, 욕구 위계, 내부 추동, 인지적 도식 등이 그러한 단어들이다. 만약 당신이 이러한 단어들이 뜻하는 의미를 믿지 않으면, 당신은 주류가 아니라 규준 밖에 있는 불신자로 여겨질 것이다.

　　주의할 점은 포스트구조주의자들이 시스템이 아예 존재하지 않는다고 말하는 것은 아니라는 것이다. 그들은 시스템을 특정한 지식체계나 혹은 세상을 이해하는 방식으로 보자고 말한다(Coms & Freedman, 2012). 한 사람이 어떤 치료적 시스템을 믿는다는 것이 그 사람과 가족, 문화에 어떤 의미인지를 생각해 보자. 결국에 포스트구조주의자들은 상대적인 시각에 대한 대안적 관점을 제공하는 것이다. 즉, 세상에는 지식에 대한 많은 방식이 있으며, 그 중 무엇 하나가 절대적인 진실일 수 없고, 따라서 모든 방법이 사람에게 다양한 방식으로 영향을 줄 수 있다는 것이다(Marsten et al., 2016).

사회구성주의

우리 각자가 당연하게 여기는 실제는 태어날 때부터 우리를 둘러싸고 있었던 우리 사회의 실제이다. 실제는 우리의 삶을 만들거나 혹은 포스트모더니즘 주의자의 용어로 "우리 자신을 구성하는" 신념, 관행, 단어 및 경험을 제공한다 (Freedman & Combs, 1996, p.16).

1960년대에 두드러지게 나타난 사회구성주의는 지식을 한 개인의 역사와 사회적 환경의 기능으로 여기며, 언어와 담화가 진실의 토대를 형성하는 정신적인 개념들을 조성한다고 주장한다(Gergen, 2015; Richert, 2010; Winslade & Geroski, 2008). 따라서, 실제는 한 사람 내부에 존재하는 것이 아니라, 사람들 사이에서만 존재하는 모호하고 항상 변하는 개념이다. 소위 "진실"이라고 불리는 것은 누군가에게 권한을 부여할 수 있지만, 다른 사람들에게는 그들을 억압하는 것일 수도 있다.

이를 염두하면, 서구 문화에 기반한 상담 이론들에서 상대적으로 소위 진실이라고 불리는 많은 것들, 예를 들면 "우리는 우리 운명의 창조자"라든지, "우리는 우리에게 발생하는 일들에 각자 책임이 있다"라든지, "충분히 깊게 고심한다면, 우리가 특정 행동을 하는 이유를 이해할 수 있다"는 등의 것들에 의문을 제기할 수 있다. 인본주의의 자기실현 경향성이라는 개념이나 의식 무의식에 대한 정신역동적 개념들, 비합리적 혹은 핵심 신념들에 관한 인지행동적 믿음 역시 마찬가지이다. 이러한 개념들은 주로 백인들의 건강 전문 영역 내에서 백인인 서양 엘리트 남성들이 개발한 특정 개념들이다.

사회구성주의자들은 사람들이 "나는 스스로를 독려할 수 있다"라는 태도보다는 서로 상호작용하면서 대화가 지속되고 이것이 곧 의미를 구성하게 된다고 말한다(Combs & Freedman, 2016; Richert, 2010). 따라서 정체성은 항상 타인과 상호작용할 때 사용되는 언어의 작용으로 끊임없이 형성되고 변화한다. 이런 관점에서 볼 때, 한 개인은 시간이 흐름에 따라 담론 속에서 자신을 발견하는 횟수만큼 많은 "정체성"과 "자기"를 가질 수 있다. 나는 단순히 한 명의 "에드"가 아니다. 나는 내 파트너와 함께하는 "에드"이자, 동료에게는 또 다른 "에드"이며, 내 아이들에게는 또다른 "에드(아빠)"이고, 내 형제들에게는 또 다른 "에드(에디)"이다. 이 에드들과 아빠, 에디는 시간에 따라 변화한다. 자기감은 내 안에 내재되어 있는 것이 아니다. 자기는 내가 속한 다양한 집단과 관련하여 변화하고 진화하는 것이다. 그리고 한 단계 더 나아가서 ”에드“라는 단어는 ”에드“가 누구인지를 정의하기에 충분하지 않다.

권력

> 부여받지 못한 특권과 타인에 대한 미묘하거나 노골적인 권력 사용은 필연적
> 으로 분열, 분노, 권한 상실, 우울, 수치심, 단절을 만든다(Jordan, 2010, P. 6).

IPMT 치료사들은 소위 진실이라고 불리는 특정의 지배적인 이야기가 있다고 믿는데, 이것은 권력을 가진 자가 공포한 것으로, 언어와 법을 통해 그 권력 구조를 유지하고, 역사적으로 억압받아온 사람들을 압제하는 결과를 만들어 왔다(Combs & Freedman, 2012; Guilfoyle, 2014). 이러한 지배적인 이야기는 개개인에게 내재화되고, 결과적으로 사람들은 하위계층을 억압하는 경향성이 있는 이야기를 믿게 되며, 내담자는 다른 가능한 이야기와 기회를 보지 못하게 된다. 따라서 역사적으로 억압받던 특정 집단이 ‘게으르다’, ‘멍청하다’, ‘반항적이다’ 등의 이야기는 종종 미묘하게, 때로는 노골적으로 전승되어 권력자들의 지배적인 이야기의 일부가 되고, 심지어 이야기 속의 대상자들 역시 그 이야기를 내면화하여 ”믿게“ 된다. 권력을 가진 사람들은 다른 사람들을 억압하는 자신의 특권적 위치를 알지 못하는 경우가 많기 때문에, 자신이 개발 혹은 공포한 이야기를 검토해 보는 것이 때때로 도움이 될 수 있다. 권력자들이 자신의 언어와 행동이 비지배 집단을 어떻게 억압하는지 이해하도록 돕고 힘이 약한 사람들이 권력자의 언어와 행동에 어떻게 억압받았는지 이해하도록 돕는 것은 IPMT의 중요한 부분이다.

비병리화

> …상담사가 내담자를 병리학적 범주로 설명할 때, 이는 상담사가 특정한 전문
> 영역의 맥락 내에서만 대화했으며 그에 따라 지식을 구성하기로 선택했음을
> 의미한다(Guterman, 2013, p. 26).

IPMT는 **비병리학적인**(non-pathologizing) 입장을 취한다. 내담자를 어떤 정신장애로 발전시키는 내재된 구조가 개인 안에 존재한다는 증거는 확실한 것이 아니라는 포스트

구조주의의 신념을 고수하기 때문이다. 게다가, 내담자를 병리화시키는 언어를 사용하는 것은 내담자로 하여금 그 정신건강 체계에 편승하여 그들 자신에게 본질적으로 잘못된 것이 있고, 그래서 그들이 다른 사람들보다 잘 지내지 못하는 것이라고 개념화시킨다 (Harrison, 2013). 자신을 손상된 대상(goods)으로 보는 것은 내담자를 낙담시키고 세상을 효과적으로 살아나갈 수 있는 자신의 능력에 대해 회의를 품게 만든다. IPMT 치료사들은 그 대신 내담자들이 현재 존재하는 방식을 이해하도록 노력하고, 변화할 수 있는 내담자의 능력에 대해 긍정적이고 낙천적인 관점을 제공한다. 그들은 옳게 행동하는 방식에는 정답이 없으며, 그들의 내담자가 어떻게 행동할지에 대한 사회의 애매한 이상을 충족하도록 시도하지 않으며, 다른 사람들도 비슷한 감정과 생각, 행동을 경험해 왔음을 알려주어 내담자의 부정적인 경험을 정상화한다(Corcoran, 2012; Thomas & Nelson, 2007).

문제가 사람에게 내재된 것이 아니라고 믿기 때문에, 내러티브 치료사들은 "**사람이 문제가 아니다. 문제가 문제다**(The person is not the problem; the problem is the problem)."라는 구절을 널리 알려왔다. 이러한 신념은 **문제를 외재화**(externalizes the problem) (즉, 문제를 개인 외부에 배치)하고, 상담사는 내담자로 하여금 그 문제가 그의 가족과 지역, 사회에서 어떤 목적으로 기능해 왔는지를 이해하도록 도울 수 있다. 이런 방식으로 문제를 재정의하면 내담자는 문제에 대해 빈약한 설명에서 두터운 설명으로 이동하기 시작하고 스스로 문제에 대한 새로운 해결책을 개발하게 된다(White & Epston, 1990).

빈약한 설명에서 두터운 설명으로

IPMT는 내담자의 인생 이야기가 내담자 삶의 복잡성을 이해하는 것을 돕는 도구라고 믿기 때문에, 내담자가 자신의 이야기를 말하도록 격려하는 것이 IPMT의 기본 단계가 된다(Wong, 2015). 내담자가 초기에 자신의 이야기나 **내러티브**(narratives)를 공유하면, 보통 그 이야기는 **빈약한 설명**(thin descriptions)으로 드러난다. 즉, 그들은 일반적으로 문제로 가득 찬 이야기가 복잡하고, 다른 이야기와 모순되거나 부정될 수 있다는 사실을 충분히 인지하지 못한다. 또한 상담 초기에는 건망증이나 불신감, 은밀한 세부 사항을 공유하는 것에 대한 당혹감 때문에 설명에서 많은 부분이 생략된다. 내담자는 세상을 단순하고 종종 이원적인 방식으로 보는 경향이 있기 때문에, 이야기에 대한 빈약한 설명은 내담자로 하여금 자신의 삶에 대해 빈약한 결론을 내리도록 유도한다(Morgan, 2000). 내담자가 자신의 이야기를 계속하면 내러티브 치료사는 문제로 가득 찬 이야기를 확장하도록 도울 수 있다. 이것은 일반적으로 정중하고, 호기심을 가지며, 공감을 나타내고, 진실되고, 그들의 이야기에 대해 질문하여 내담자와 관계를 구축하는 치료사의 능력을 통해 달성된다. 이러한 치료사의 자질은 내담자가 자신의 이야기를 더 완전하게 설명하도록 유도하는 경향이 있다. 이야기의 복잡성을 더 완전히 이해하고 문제로 가득 찬 이야기를 반박하거나 부정할 수 있는 다른 이야기가 등장함에 따라 내담자는 점점 더 복잡한 방식으로 자신의 삶을 이해하고 삶에 대한 **두터운 설명**(thick descriptions)이라고 불리는 것을 발전시킨다.

상호 증진하고 공감적이며 임파워링하는 관계

IPMT의 궁극적인 목표는 친밀함을 수용할 수 있고 임파워링 되었다고 느낄 수 있는 성숙하고 상호 증진하며 공감적인 관계를 개발하는 것이다(Jordan, 2010; Miller, 1976; Sturm, 2015). 이것은 상담사와, 또한 궁극적으로는 내담자의 성장을 촉진하는 관계를 조성하는 다른 사람들과 함께 발생한다. IPMT는 관계 안에서 공감과 긍정적인 인정이 강조되고 개인이 갈등을 통해 말할 수 있는 것이 사회 정서적으로 건강하게 기능하는 것이라고 믿는다(Jordan, 2000). 반면 착취적이고 비판적이며 판단적인 관계는 타인에게 단절감을 불러일으키게 된다. 시간이 지남에 따라 단절을 경험하게 되면서 개인은 다른 사람과 연결할 수 있는 자신의 능력을 억제하는 방식으로 행동하게 된다(Jordan, 2010; Miller, 1976). **단절 전략**(strategies of disconnection)이라고 불리는 것들은 개개인이 고통과 상처를 피하기 위해 사회적, 정서적인 거리를 유지하거나 늘리는 독특한 방식을 말한다. 따라서 역사적으로 개인이 가까운 관계(예: 부모)에게서 학대를 경험한다면, 그 사람은 역설적으로 그러한 친밀함을 멀리하는 전략을 개발하고, 심지어 미래의 모든 관계나 잠재적으로 건강할 수 있는 관계까지도 차단할 수 있다.

역사적으로 억압받거나 권력 및 특권, 접근이 결여된 집단은 더 넓은 사회로부터 단절감을 경험할 수 있다(Jordan, 2010). 사회적으로 승인된 차별과 억압(예: 인종주의, 성차별, 이성애주의, 능력주의 등)은 개인이 지배적인 문화로부터 거리를 두게 하고 사회적 네트워크와 제도로부터 소외되고 고립되는 결과를 초래할 수 있다(Jordan, 2000; Miller & Stiver, 1997). IPMT는 내담자가 사회에서 소외된 자신의 감각을 이해하도록 돕고 억압적일 수 있는 문화에서 살 수 있는 전략을 제공하고자 한다. IPMT 상담사는 억압받는 집단을 옹호하는 역할을 담당하여 때때로 역사적으로 억압받아 온 집단의 사람들이 경험할 수 있는 고립감과 단절감을 줄이기 위해 체계적인 변화를 만들도록 노력할 것이다.

재저작

내담자는 자신이 노출된 사회적 환경에 기초하여 자신의 삶에 대한 빈약한 설명으로 상담을 시작하기 때문에 종종 자신의 삶과 관계를 이원적이거나 단순한 방식으로 본다. 삶의 이야기가 권력 역동과 억압적인 체계에 의해 어떻게 영향을 받았는지 점점 더 많이 알게 되면서, 그들의 문제가 그들 자신에게 있는 것이 아니라, 가족, 지역 사회, 문화 집단 및 사회에서 사용하는 언어가 작용한 결과이며, 규칙과 법이 그것을 공고히 한다는 것을 알게 된다. 서서히 내담자는 자신의 문제에 대한 원래의 이해를 해체하고 새로운 이야기와 새롭고 공감하며 상호 강화하는 관계로 자신의 삶을 재구성하거나 재저작하기 시작한다(Madigan, 2015). 그들은 천천히 자신의 이야기를 다시 쓰기 시작하면서 새롭고 활기를 되찾은 자기 감각을 발전시켜 나가게 된다.

기법

IPMT를 수행하는 치료사는 내러티브, 관계-문화적, 해결 중심 단기 치료, 그리고 다른 관련 포스트모던 접근 방식의 여러 기법들을 통합하게 될 것이다. 여기에는 **신비로워하며 정중한 호기심과 경외심 보여주기**(showing mystety, respectful curiousity, and awe), **수용과 진정성 및 공감 전달하기**(demonstrating acceptance, authenticity, and empathy), **척도화하기**(scaling), **질문 사용하기**(the use of questions), **문제를 외재화하기**(externalizing the problem), **상담사 내담자 간 권력 차이 분석하기**(analyzing counselor-client power differentials), **압제와 소외에 관한 논의 장려하기**(encouraging discussion about oppression and marginalization), **자기 성찰 연습**(self-reflection exercises), **과제**(homework)가 포함된다.

신비로워하며 정중한 호기심과 경외심 보여주기

치료사가 자신을 전문가로 보는 치료 모델과는 다르게 IPMT 치료사는 자신을 타국에 파견된 **대사**(ambassador)처럼 관계를 시작한다(Murphy, 2015; Payne, 2006). 예를 들어, 대사는 사람들의 방식을 이해하려는 시도로 다른 문화권의 사람들을 존중하고 호기심을 가지며 수용하는 모습을 보일 것이다. 비슷한 방식으로 IPMT 치료사는 겸손하게 관계에 임하고 내담자의 곤경에 호기심을 갖고 내담자의 존재 방식을 존중하며 내담자가 그에게 말하는 것을 받아들인다. 또한 IPMT 상담사는 낙인을 피하고 병리적이지 않은 언어를 사용하며 자신을 동맹이자 동등한 파트너로 존재하여 내담자에 대한 존중을 보여준다(Harrison, 2013; Rice, 2015). 이들은 내담자가 자신의 문제를 줄일 수 있는 능력과 도구를 가지고 있다고 가정하며, 내담자의 상황에 대해 내담자를 탓하지 않는다(Morgan, 2000). 이 역할은 관계를 명료히 하고 관계를 변화 가능한 두 사람의 담론으로 정의하는 데 도움이 된다.

수용과 진정성 및 공감 전달하기

강력한 치료적 관계를 형성하는 핵심은 수용과 진정성 및 공감을 전달하는 능력이다(Jordan, 2000, 2010; Miler, 1976). IPMT 치료사는 내담자에게 무조건적인 사랑과 수용을 보여주지만 내담자는 자신을 보여줄 수 있다. 이것은 내담자 경험의 영향과 의미를 모두 효과적으로 반영할 수 있으며, 치료적 관계의 테두리 안에서 내담자에게 실제적이다. 이러한 실제성은 상담사가 관계 내에서 힘의 차이를 완화하려고 시도할 때, 상담사와 내담자 사이의 거리감을 줄이는데 도움이 된다. 수용, 진정성, 공감을 보여주는 것은 내담자의 대화가 종종 문제로 가득 차 있고 일반적으로 내담자가 자신의 문제를 자세히 논의하기 원하는 관계 초기에 특히 중요하다. 내담자에게 문제에 대해 이야기할 기회를 주는 것은 정중한 태도이며, 관계를 구축하고 문제를 이해하는 데 있어 중요한 측면이다(De Jong & Berg, 2013).

척도화

척도화(scaling)는 보통 한 회기를 시작할 때 내담자에게 과거나 현재 혹은 그들이 미래에 할 것 같은 경험들에 대한 여러 가지 생각, 감정, 행동 등을 가상 척도에서 1에서 10 사이로 주관적으로 평가하도록 요청한다(그림 4.1).

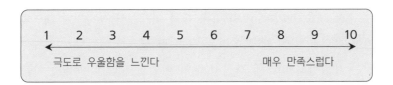

그림 4.1 **척도**

척도화는 내담자가 자신의 현재 위치와 진전 여부를 신속하게 평가하는 데 도움이 된다(De Jong & Berg, 2013). 예를 들어 Stella라는 가상의 내담자를 설정하여 다음과 같은 질문을 던져볼 수 있다.

◆ "1은 당신의 우울이 가장 심한 상태를 말하고 10은 당신이 느낄 수 있는 가장 좋은 상태입니다. Stella, 지금 현재 어느 정도인지 말해줄 수 있나요?"

◆ "Stella, 1에서 10까지의 척도에서 당신이 일기를 쓰는 것이 얼마나 효과적이었는지 말해볼까요?"

◆ "Stella, 오늘 당신은 스스로를 3점으로 평정했는데, 상상해 본다면 1에서 10점 중 몇 점에서 오늘 상담을 마칠 수 있다고 생각하나요?"

◆ "Stella, 당신도 알다시피 당신이 처음 상담에 왔을 때는 삶의 만족도를 나타내는 척도에서 3점을 주었었죠. 당신은 오늘 몇 점에 있다고 생각하나요?"

질문 사용하기

…구전 전통의 치료에서 삶과 관계를 재저작하는 것은 전적으로는 아니어도 주로 질문 과정을 통해 달성되었다(White & Epston, 1990, p. 17).

위협적이지 않으면서도 보통 개방형 형태의 질문은 IPMT에서 내담자의 다양한 문제를 탐색하고 삶에 대한 빈약한 설명에서 두터운 설명으로 이동시키며 재저작 과정을 시작하고, 관계가 나아갈 방향의 분위기를 설정한다(Combs & Freedman, 2012; Rice, 2015). 관계 초기에 질문하는 것은 내담자가 상담을 받는 이유에 대한 존경심 있는 호기심, 신비로움, 경외심을 반영하고 내담자가 자신의 문제로 가득 찬 이야기를 의논하도록 격려하는 역할을 한다. 내담자가 자신의 다중적인 정체성을 이해하는 데 도움이 되도록 다양한 질문을 사용할 수 있다. 관계가 지속됨에 따라 질문은 문제를 외재화하고 그 효과를 계획하는데 초점을 맞출 것이다. 그런 다음 대처 기제를 탐색하거나 내담자의 문제로 가득 찬 이야기에 예외가 있을 때에 초점을 맞춰 질문한다. 내담자가 변화할 준비가 되었을 때 치료사는 내담자가 미래에 자신의 삶이 어떻게 달라질 수 있는지를 보도록 돕기 위해 해결 지향적인 질문을 사용할 수 있다. 마지막으로 재저작 질문은 내담자가 문제로 가득 찬 내러티브를 실행하지 않을 경우 자신의 삶이 어떻게 달라질 수 있는지 검토하는 데 사용된다. 여기에서 질문은 순차적인 방식(처음-중간-끝)으로 제시하지만, 내담자를 자신에 대해 빈약한 설명에서 두터운 설명으로 이동시키고 변화 과정에서 앞으로 나아가게 하는 데 도움이 된다면 상담의 어느 시점에서든 순서에 상관없이 질문을 사용할 수 있다. 다음은 이러한 다양한 유형의 질문들에 대한 몇 가지 예이다.

존중하는 호기심, 신비로움, 경외심을 보여주는 질문

이 질문들은 관계 초기에 자주 사용된다. 상담사가 내담자의 상황에 초점을 맞추고 있고 내담자의 이야기를 듣는데 관심이 있다는 것을 내담자에게 전달한다. 이러한 유형의 질문에는 다음과 같은 것들이 있다.

- "오늘 오신 이유를 공유해 주실 수 있나요? 그 얘기를 듣는 데 정말 관심이 있어요."
- "어떻게 이런 일이 당신에게 일어났고 당신한테 어떤 영향을 주었는지 조금 더 자세히 말씀해 주실 수 있을까요?"
- "당신의 이야기가 매우 흥미로워요. 더 듣고 싶네요!"

정체성을 탐색하는 질문

내담자의 내러티브를 완전히 이해하고 내담자의 삶에 영향을 미친 것이 무엇인지 이해하기 위해 상담사는 가족, 문화 및 사회적 메시지가 내담자의 정체성(예: 성별, 민족, 장애, 등)을 어떻게 형성했는지에 관한 질문을 할 것이다. 예를 들어 상담사는 다음과 같은 질문을 할 수 있다.

- "아내와 어머니로서 어떤 역할을 해 오셨나요, 그리고 왜 그러한 역할을 맡았다고 생각하세요?"
- "[흑인, 히스패닉, 아시아인, 백인 등]으로서 차별을 받았던 때가 있었나요? 있었다면 그것이 당신에게 어떤 영향을 미쳤나요?"
- "성 역할[인종, 장애, 등]에 대해서 학교와 지역 사회로부터 어떻게 살아야 한다는 메시지를 받았나요?"
- "장애로 인해 어떤 어려움에 직면했었나요?"

문제를 외재화하는 데 도움이 되는 질문

내담자는 상담을 점점 더 편안하게 느끼면서 문제를 외재화하는 데 도움이 되는 질문을 받게 되며 이에 따라 문제를 본질적으로 갖고 있는 것처럼 느끼지 않게 된다. 이것은 종종 내담자가 문제의 이름을 선택하도록 하는 작업으로 이루어진다. 예를 들어 상담사는 다음과 같은 질문을 할 수 있다.

◆ "이 문제에 이름을 붙인다면 무엇으로 지을 수 있을까요? [예: 블랙박스]"
◆ "[블랙박스]가 없으면 세상이 어떻게 보일까요?"
◆ "당신이 마음대로 할 수 있는 도구가 생긴다면 당신은 [블랙박스]를 없애기 위해서 무엇을 하겠습니까?"

대처 및 예외 찾기 질문

이 질문은 개인이 문제에 성공적으로 대처한 경우 혹은 문제가 없었던 경우에 초점을 맞추고 그 시점에서 내담자의 삶이 달라진 부분을 찾기 위해 사용된다. 예를 들어

◆ "당신의 인생이 그 문제로 얼마나 많은 시간을 쏟았는지 놀랍지만 그렇지 않았던 때도 있었다고 들었어요. 그때가 어땠는지 대해 말씀해 주실래요?"
◆ "이 문제가 없었던 시기에 당신의 인생은 어땠었나요?"
◆ "인생의 한 시점에서 이 문제를 잘 해결했었다는 말을 제가 들었던 것 같습니다. 그때는 지금과 다르게 무엇을 했었습니까?"

해결 지향 질문

어느 날 밤 당신이 자고 있을 때 갑자기 기적이 생겨서 문제가 해결됐다고 생각해 봅시다. 당신은 어떻게 알 수 있을까요? 무엇이 다를까요? (de Shazer, 1988, p. 5)

위의 기적 질문은 문제가 해결되면 미래에 상황이 어떻게 달라질지에 초점을 맞추는 해결 지향적 질문의 전형이다. 기타 해결 지향 질문은 다음과 같다.

◆ "만약 기분이 나아질 수 있도록 인생에서 무언가를 바꿀 수 있다면 상황은 어떻게 달라질까요?"
◆ "갑자기 당신의 삶을 더 좋게 만들 수 있는 어떤 신이 있다면, 당신의 인생은 어떻게 달라질까요?"

재저작 질문

이러한 질문은 내담자가 자신의 삶을 다르게 볼 수 있도록 하는 방법을 검토하고 자신의 삶을 사는 방법에 대한 새로운 이야기를 만드는 데 도움이 된다.

◆ "이제 이 문제가 발생하지 않았던 시간들이 있었다는 것을 우리가 확인했어요. 미래에 이 문제를 어떻게 할 수 있을지에 대한 아이디어가 있을까요?"
◆ "당신의 삶이 [문제의 이름]에 의한 것이 아니라 다른 이야기로 주도된다면 어떤 모습이 될까요?"

문제를 외재화하기

문제를 외재화하는 것은 IPMT 치료사가 문제로 가득 찬 이야기는 내담자의 사회적 환경 내에서 사용되는 언어의 표현이며 내담자가 본질적으로 잘못된 것이 아니라는 개념을 강화하기 위해서 사용하는 한 가지 기술이다. **문제를 외재화하는 것**(externalize the problem)은 당사자 외부의 것으로 문제를 명명하는 것이다. 예를 들어, John은 우울증과 싸우고 있다. 상담사는 깊숙이 자리 잡고 있는 어떤 심리 사회적인 과정을 통해 우울증이 John의 내부에 있다고 가정하는 대신, John에게 우울증의 이름을 제시하도록 제안한다. John은 자신의 우울증을 "커다란 못생긴 상자"라고 이름 지었다. 그러면 문제는 John 안에 있는 것이 아니라 상자가 된다. 문제의 이름을 바꾸는 것은 내담자가 문제의 근원을 다르게 보기 시작하면서 희망을 주고, 맥락을 바꾸어 내담자가 새로운 사고방식

상자 4.2 비열한 똥 때리기(Beating Sneaky Poo)

Heins와 Ritchie(1988)는 이따금 재미있는 방식으로 아이들에게 심각한 배설물 오염 문제에 도움이 되는 만화책 같은 삽화가 있는 짧은 책을 썼다. 문제를 외재화함으로써 "비열한 똥(sneaky poo)"은 어린이, 부모, 때로는 의료 전문가가 함께 해결하기 위해 노력하는 문제의 초점이 된다. 아이가 아닌 "비열한 똥"에 초점을 맞춤으로써 아이들은 문제에서 자신을 분리하고 배설물 오염과 함께 종종 받게 되는 비난을 경험하지 않게 된다. 문제를 외재화한 후 저자는 어린이와 부모가 "비열한 똥"이 더 이상 문제가 되지 않도록 도울 수 있는 실제적인 방법을 제공한다.

과 문제로 가득 찬 이야기에 따라 행동하는 데 도움을 줄 수 있다(상자 4.2).

상담사-내담자 권력 차이 분석하기

권력은 존재하고 고려되어야 하며 부인될 수 없다(Miller, 1976, p. 5).

초기 관계가 구축된 후 내담자는 상담 관계 내에서 권력의 역동을 분석하도록 권장 받는다(Jordan, 2001; Miller, 1976). 내담자가 상담사를 인식하는 방식과 상담사가 내담자를 보는 방식에 대한 논의는 권력을 제한하고 관계를 평등화하려는 노력에서 발생할 수 있다. 상담사와 내담자는 치료 관계를 포함하여 모든 성장 촉진 관계에서 실제 혹은 인지된 권력의 차이에 대해서 철저하게 분석해야 할 필요성을 인식해야 한다. 이 분석의 목표는 관련된 모든 당사자의 평등과 균형 감각이 강조되는 관계를 발전시키는 것이다. 상담사와 대등한 관계를 갖는 것은 다른 사람과 대등한 관계를 맺는 것의 모델이 될 수 있다.

압제와 소외에 대한 논의 장려하기

전통적인 상담 접근법은 문제를 개인 내부의 어떤 것으로 보는 경향성을 가지고 있으며 내담자는 종종 부분적으로 혹은 완전히 통제할 수 없는 곤경에 대해 스스로를 비난하게 된다. 그러나 IPMT는 개인 내부의 고유한 구조가 아닌 억압적인 시스템이 자신과 타인으로부터 고립감과 분리감을 유발할 수 있다고 믿는다. 따라서 IPMT의 한 가지 목표는 "고립 경험을 줄이고, 자기 공감 및 타인에 대한 공감 능력을 높이며, 맥락이 가진 권력과 문화적/관계적 이미지의 제한점을 인정하고 발전시키는 것"이다(Jordan, 2010, p. 35).

강력한 관계의 기반이 구축되면, 상담사는 내담자의 개별 정체성 상태(즉, 문화/민족, 성 정체성, 성적 취향, 연령)와 관련하여 내담자가 억압받거나 주변화되었던 경험에 대한 대화를 시작할 수 있다(Butler, 1985; Combs & Freedman, 2012; Crenshaw, 1989; Miller, 1976; MacKinnon, 2013). 이러한 담론은 모든 내담자가 자신의 정체성, 지위, 문화, 권력 및 특권이 내러티브와 자기이해, 타인과의 관계에 어떤 영향을 미치는지를 이해하는 데 도움이 된다. IPMT 치료사는 종종 내담자가 사회적, 정치적 문제가 그들의 지배적이고 문제로 가득 찬 이야기를 어떻게 형성했는지 탐색하도록 도울 것이다(White et al., 1994). IPMT 치료사가 탐색할 수 있는 일부 영역에는 다음과 같은 것들이 있다.

◆ 차별과 인종주의가 내담자의 삶에 미친 영향

◆ 성역할이 인간관계에 미친 영향

◆ 우울과 다른 증상이 더 넓은 문화에 의해 지지되는 방식(예: 여성은 종종 강한 목소리를 내기보다 우울해지도록 "조장"됨)

◆ 개인을 침해하고 문제로 가득 찬 지배적인 이야기에 반영되는 사회적인 영향

◆ 내담자의 목소리를 "억압"하기 위해 약물을 사용하는 방법

◆ 내담자에게 자행된 폭력 및 학대 행위를 내담자가 비난받아야 할 무엇인가로 보지 않도록 하기

◆ 치료적 관계에서 평등감을 느끼고 내담자가 자신의 목소리를 들을 수 있도록 하기

◆ 특권의 여부가 내담자의 인생에 미친 영향을 조사하기

◆ "주류적 가치"가 많은 소수자를 억압하고 특정한 방식으로 기능하는지를 조사하기

자기 성찰 연습

IPMT 치료사가 내담자로 하여금 자신의 이야기를 빈약한 설명에서 두터운 설명으로 이동하도록 돕고 자신의 삶을 재저작하는 방법을 고려할 수 있는 기회를 만들기 위해 사용할 수 있는 여러 연습 방법이 있다. 이러한 연습 방법의 다섯 가지는 **재기억하기**(re-membering), **정의 예식**(definitional ceremonies), **외부 증인 집단**(outsider witness groups), **이야기를 말하고 다시 말하기**(telling and retelling stories), **재저작하기**(re-authoring), **치료적인 문서와 기타 도구를 사용하기**(use of therapeutic documents and other paraphernalia)이다.

재기억하기

Barbara Myerhoff(1982, 1986)가 지역사회 센터에서 나이 든 유대인들이 자신을 재창조하도록 도울 때 사용했던 이 활동은 특히 긍정적인 기억은 강조하고 확장하면서 문제로 가득 찬 기억은 제한하여 개인이 자신의 정체성을 재구성하도록 돕는 데 중점을 둔다. 재기억하기는 내담자로 하여금 과거로부터 강력하고 긍정적인 이미지를 불러올 수 있게 하고, 내담자를 현재에 진행되고 있는 어떤 것과 연결시키며, 미래를 위한 로드맵을 제공한다. 예를 들어, 내담자는 자신이 영웅적인 일을 했던 때를 기억할 수 있다. 이 이미지는 자신이 현재 누구이며 미래에 어떻게 행동할 것인지에 대한 은유로 불러 일으

켜지고 집중적으로 사용될 수 있다. 내담자는 일기 쓰기, 이야기 쓰기, 명상 또는 성찰, 비디오 보기 등을 포함한 많은 방법을 통해 기억할 수 있다. 긍정적인 기억을 기억하는 것 외에도 내담자는 자신의 삶에 부정적인 영향을 미쳤던 기억을 제한할 수 있다.

정의 예식(외부 증인 그룹)

Barbara Myerhoff(1982, 1986)는 또한 때때로 외부 증인 그룹이라고 불리는 정의 예식을 창안하였다. 이 활동은 내담자가 새롭고 두터운 이야기를 개발하기 시작한 후에 시작한다. 새롭고 두터운 이야기는 일반적으로 내담자가 자기감을 재형성하고, 자신의 새로운 이야기를 다시 이야기하고 증언하면서 생겨난다. 이 활동은 일반적으로 내담자가 신중하게 선택한 친구들이나 내담자 인생에서 중요한 사람들, 혹은 이전에 유사한 어려움에 대해 조언을 요청했던 사람과 함께 하며 미래에 다른 사람들을 돕고자 하는 욕구도 함께 표현하게 된다. 증인은 내담자의 경험에 대한 대화와 담화를 장려해야 하며, 내담자의 이야기를 축하하거나 긍정하거나 칭송하고 해석해서는 안 된다. 이렇게 증인이 목격하는 것은 내담자가 앞으로 나아가고 있다는 느낌을 공고히 하고 강화한다(White, 2007).

성찰 팀

성찰 팀에서는 엄격하게 선정된 팀원들이 치료사와 함께 내담자를 관찰하고 이후에 내담자 및 치료사와 자신이 한 관찰에 대한 생각을 공유하게 된다(Combs & Freedman, 2012). 성찰 팀은 중요한 타인이나 상담사, 혹은 인생에서 비슷한 이슈를 경험한 사람들로 구성될 수 있다. 때때로 성찰 팀은 정의 예식의 한 유형으로 간주되기도 하는데, 내담자로 하여금 그들의 삶을 재저작하는 새로운 방법을 고려해 보도록 메커니즘을 제공한다. White(1993, 1995)는 성찰 팀에 네 개의 프로세스를 구성할 것을 제안하였다.

1. 치료사와 내담자를 함께 조용하게 관찰하는 성찰 팀
2. 치료사와 내담자가 성찰팀이 내담자의 지배적인 내러티브를 논의하고, 문제로 가득 찬 이야기의 예외를 바탕으로 대안적인 잠재적 성장 이야기를 제공하는 과정을 지켜보기
3. 치료사와 내담자가 성찰 팀이 잠재적인 새로운 깨달음과 행동에 대해 보이는 반응을 논의하기

4. 모든 참여자들이 함께 하면서 어떤 특정 아이디어가 왜 논의되었고, 어떤 질문들이 오고 갔으며, 다른 질문은 왜 없었는지에 대해 서로에게 질문하기

이야기를 말하고 다시 말하기

이야기를 말하고 다시 말하는 것은 한 사람의 인생에서 덜 알려져 있던 이야기가 지배적이 되도록 돕는다(Denborough, 2013; Morgan, 2000). 덜 알려져 있는 이야기를 다시 말하고 확장함으로써 과거에 기반한 새로운 내러티브들이 우세해지게 된다. 예를 들어, 한 내담자가 어린 십대 때 한 친구가 자신의 "난잡함(스스로의 표현)"에 초점을 맞추어 자신의 문제로 가득 찬 이야기를 설명했다. 이 문제로 가득 찬 지배적인 이야기는 그녀가 "좋지 않고 관계를 맺을 가치가 없는" 것처럼 말하게 만들었다. 그녀가 십대였을 때의 다른 이야기들을 탐색하도록 격려받으면서, 그녀는 자신이 다른 사람과 연결되고자 하고 다른 사람을 돕고자 하는 욕망이 중심이었던 시간들에 초점을 맞추게 되었다. 그녀는 자신의 인생에 주요 목표가 다른 사람과 연결되고 다른 사람을 돕는 것이며, 자신은 오직 성관계를 이 목표를 성취하는 유일한 방법으로 알고 있었다는 것을 깨닫게 되었다. 그녀가 타인을 연결하고 돕는 이야기에 집중하면서 이 이야기는 점점 더 커졌고 이전에 자신의 "난잡한" 부분은 그녀의 이야기에서 작은 부분이 되었다. 이 새로운 과거 이야기를 말하고 다시 말함으로써 그녀는 사람들을 하나로 모으고 문제를 해결하도록 돕는 사람이라는 새로 발견한 정체성을 강화할 수 있었다. 말하고 다시 말하기는 다른 사람들과의 대화를 통해 이루어질 수도 있다. 자신과 타인에게 편지나 이메일을 쓰거나, 자서전을 쓰고, 그림이나 조각과 같은 창의적인 수단을 사용하거나, 비디오 녹화 또는 컴퓨터 블로그 제작, 외부 증인을 통해서, 정의 예식을 가짐으로써 등이 가능하다.

치료적 문서와 다른 도구의 사용

치료적 문서와 다른 도구들은 성장을 인정하고 변화를 기술하기 위해 사용이 권장된다(Payne, 2006). 예를 들어, 내담자는 문제가 모든 것을 지배했을 때의 삶과 비교하여 현재 자신의 삶을 어떻게 보는지에 대해 일기를 쓰거나 삶의 변화를 보여주는 자서전을 작성할 수 있다. 상담사는 또한 문서를 사용하여 내담자에게 자신의 변화를 확인하는 편지 쓰기, 생각의 변화를 인정하는 메달 제공, 내담자가 자신을 이해하는 새로운 방식을 인정하는 인증서 제공과 같이 내담자의 진행 상황을 보여줄 수 있다(상자 4.3 참조).

상자 4.3 오즈의 마법사는 IPMT 상담사였나?

…[A] 마음은 당신이 얼마나 사랑하는가로 판단되는 것이 아니라, 당신이 다른 사람들에게 얼마나 사랑받는가로 판단된다 – 마법사. (Langley et al., 1939, p. 107)

나는 항상 양철 인간과 허수아비, 사자가 그들 자신이 스스로 집중하지 않았던 어떤 측면을 인정하도록 하기 위해 오즈의 마법사가 문서와 도구를 사용한 것에 매료되었었다. 이 캐릭터들은 각자 문제로 가득 찬 자신만의 이야기를 가지고 있었다. 양철 인간은 자신을 심장이 없는 삶을 살고 있다고 보았고, 허수아비는 자신이 뇌가 없다고 생각했으며, 사자는 자신이 겁쟁이라고 생각했다. 마법사는 그들이 모두 자신이 생각하는 것처럼 살지 않았던 시절을 지적히면서, 스스로 문세로 가득 찬 이야기를 계속 강조할 필요가 없다는 개념을 강조했다. 그리고 그들의 새로운 정체성의 중요성을 강조하기 위해 그들 각자에게 중요한 어떤 것을 주었다. 양철 인간에게는 황금 사슬에 매달린 크고 붉은 하트 모양의 시계를 주었고, 허수아비는 자신이 똑똑하다는 것을 항상 상기하기 위해 졸업장을 받았다. 사자는 그가 얼마나 용감한지를 상징하는 메달이 주어졌다.

과제

IPMT의 관점에서 과제란 내담자가 자신이 바꾸고 싶은 영역을 식별하고 치료사가 내담자가 가고자 하는 방향에 대해 "지지적이고 지속적으로" 질문하지만 내담자가 어떻게 거기에 도달할 것인지를 처방하지는 않는 것을 의미한다(George et al., 2015; Kim, 2014). 대신 내담자가 원하는 변화의 모습과 방식에 대해 자기 자신의 아이디어를 직접 제안할 수 있다. 어떤 의미에서 공은 내담자의 코트 안에 있는 것이다. 그들이 자신이 선호하는 목표를 향해 어떻게 참여할 것인지를 결정하기 때문이다.

상담 과정

상담사가 처음으로 치료 관계에 들어갈 때, 내담자는 종종 IPMT의 전문적이면서도 친절하고 겸손함에 무장 해제된다. 치료사는 또한 내담자의 상황에 대한 호기심과 신비로움, 경외심을 보여줄 것이다. 치료사는 비임상적 언어를 사용하고 내담자를 진단하지 않음으로써 비병리학적 성향을 수용한다. 많은 내담자들이 그들의 삶에 대한 빈약한 설명을 가지고 와서 문제에 대한 그들 자신의 진단을 내놓을 것이다. 치료사의 목표는 내담자에게 본질적으로 잘못된 것이 있다는 암시를 피하는 언어를 사용하여 진단을 해체하고 내담자가 자신의 삶에 대한 복잡하고 두터운 설명을 개발하도록 돕는 것이다. 이것은 결국 상호 강화하고 공감하며, 권한을 부여하는 새로운 관계를 발전시키게 만들 것이다.

내담자가 자신의 상황을 어떻게 표현하든 상담사는 수용을 보여주고, 존중하는 질문과 진정성 있고 공감적인 반응을 점진적으로 통합해 나갈 것이다. 이러한 기술은 내담자가 자신의 이야기를 공유하는 것을 더 편안하게 느끼게 만들기 때문에 결국 관계를 깊어지게 만든다. 상담사가 내담자의 삶에 대해 더 많은 질문을 하게 되면서 내담자의 지배적인 문제로 가득 찬 이야기 혹은 이야기들은 점점 더 확장될 것이다. 내담자의 가족, 지역사회, 경력, 성별, 내담자가 차별 혹은 학대를 느꼈던 시절이 미친 영향에 대해 질문하는 것이 특히 중요하다. 상담사는 질문에 반응하는 내담자에게 경청하는 동안 내내 공감적 반응과 수용을 사용한다. 이 시점에서 상담사는 내담자에게 척도 상에서 감정의 순위를 매기도록 요청해 볼 수도 있다. 이것은 상담사가 내담자가 경험한 고통의 깊이를 이해하는 데 도움이 되며 나중에 시간이 지남에 따라 상담을 통해 개선된 것을 나타나는 데 사용할 수도 있다. 이를 위해 척도는 관계 전반에 걸쳐 생겨난 것들을 조사하는 데 사용될 것이다.

문제로 가득 찬 이야기가 계속 밝혀지면서 상담사는 내담자가 문제를 구체화하도록 돕기 위해 질문을 사용할 수 있다. 이것은 내담자가 문제가 자신에게 내재되어 있는 것이 아니라 상황에 따라 다르며 다른 맥락(치료적 관계, 새로운 사람들)을 경험하며 새로운 이야기를 발전시키는 것에 따라 바뀔 수 있음을 보도록 도와준다. 비슷한 시기에 상담사는 과거에 내담자가 비슷한 문제에 대처할 수 있었던 시기에 주목하고 문제에 예외가 있었던 사례를 찾기 위해 질문을 사용할 것이다. 내담자는 문제로 가득 찬 이야기의 맥락적 특성이 내담자의 삶에서 가족, 문화, 지역 및 사회에 의해 사용되었던 언어와 행동의 결과라는 것을 점점 더 이해하게 되면서, 변화를 만들어낼 수 있는 권한이 있다는 느낌을 갖기 시작한다. 이것은 상담사가 내담자의 인생의 근간이 될 수 있는 새로운 내러티브와 행동을 구성하도록 돕기 위해 해결지향적이고 재저작하는 질문을 사용하는 경우이다. 이러한 새로운 내러티브와 행동은 내담자가 실험해 보기를 원하는 삶의 오래된 긍정적인 이야기나 새로운 긍정적인 방식의 확장일 수 있다. 이 과정에서 상담사는 상담사와 내담자 사이에 권력 관계가 없는지 검토하기 위해 내담자를 확인한다. 상담사는 전반적으로 수용과 공감을 보여주고 내담자는 경험이 변화함에 따라 상담사와 다른 사람들에게 공감과 수용을 더 잘 보여줄 수 있다. 이 시점에서 내담자가 자신의 삶에서 더 힘을 실어주며 공감할 수 있는 새로운 관계를 찾게 되는 것은 드문 일이 아니다.

내담자의 새로운 내러티브와 존재 방식은 기억하기, 정의 예식, 성찰 팀 사용, 이야 기하고 다시 이야기하기, 치료적 문서 및 기타 도구 사용과 같은 여러 자기 성찰 연습을 통해 권장되고 강화된다. 이러한 훈련에 기초한 숙제(예: 자신의 새로운 내러티브에 대한 일 기쓰기)가 내담자의 성과를 강화하기 위해 연습될 수 있다. 내담자는 점점 더 권한이 부여되고 공감을 더 잘 표현할 수 있다고 느끼면서 문제를 해결할 수 있는 더 복잡한 관계를 구축한다. 그들은 또한 맥락이 이야기에 어떻게 영향을 미치는지 이해하고 성장을 만들어내는 상황과 시스템을 찾는다. 이 시점이 되면 내담자는 상담을 종료할 준비가 된다(상자 4.4 참조).

상자 4.4 IPMT 상담사와 Angela

당신은 Angela가 IPMT를 사용하는 상담사와 함께하는 모습을 시청할 수 있습니다. 비디오를 시청한 후 상담사가 이 작업을 얼마나 효과적으로 수행했는지를 생각해 보고, 상담사가 "순수한" 하나의 접근(예: 엄격하게 내러티브나 해결 중심의 행동 치료, 혹은 관계-문화)을 사용했다면 얼마나 더 나았을 것이라고 믿는지 생각해 보세요.

사회문화적 이슈

어떤 사회에서든 지배 집단은 다양한 역사적인 이유로 권력이 약한 사람들을 여러 집단으로 나누는 경향이 있다. 권력이 약한 집단은 인종, 계급, 성별, 성적 취향 등에 따라 구분된다. 지배 집단은 경제, 사회, 정치, 문화를 포함한 모든 영역에서 권력이 약한 집단보다 더 큰 힘을 얻는 경우가 많다(Miller, 2008, p. 147).

대부분의 다른 치료법보다 IPMT는 권력, 인종주의, 그리고 차별 문제가 개인에게 부정적인 영향을 미치는 방식을 면밀히 살펴본다. 따라서 IPMT는 역사적으로 차별을 받아온 사람들을 특히 환영한다. IPMT 치료사는 처음부터 내담자가 수용한 내러티브의 종류와 그러한 내러티브가 사회의 "주의(isms)"에 의해 어떻게 촉진되었는지에 관심을 갖는다. 그런 다음 IPMT 치료사는 사회의 권력자 엘리트에 의해 형성된 지배적 내러티브가 개인의 세상을 보는 방식에 명백하고 은밀하게 포함되는 방식을 이해하도록 내담자를 돕는다. IPMT의 한 가지 목표는 이러한 역사적으로 억압적인 내러티브를 해체하여 개인에게 미치는 영향을 줄임으로써, 내담자가 덜 분리되고 권한은 더 부여되는 느낌을 받을 수 있도록 하는 것이다. 따라서 치료가 끝날 때까지 IPMT 내담자는 어떤 사회적 영향이 자신에게 부정적인 영향을 미쳤는지 이해하고, 그러한 영향에 덜 반응하게 되며, 권한을 부여하는 다른 사람을 찾고, 사회에서의 차별과 억압에 반하여 싸우면서 자신과 타인을 옹호하는 사람이 된다.

IPMT 치료사는 자신의 가치를 내담자에게 강요하지는 않지만 중립적이지는 않다 (Combs & Freedman, 2012). 실제로 IPMT 치료사는 치료사가 중립적이면 사회의 "주의 (isms)"를 미묘하게 지지하게 된다고 믿는다. 이러한 입장은 권력과 예속의 문제가 분명하지만 미묘한 방식으로 발생하고 사회 전반에 걸쳐 고질적이며 특히 다양한 배경을 가진 내담자에게 해롭다는 믿음을 전제로 한다. 그들은 내담자에게 자신의 아젠다를 강요하지는 않지만 내담자와 협력하여 억압과 차별, 인종주의에 관한 문제에 대한 이슈를 제기할 수 있는 질문을 할 것이다("억압 및 주변화에 대한 토론 장려" 섹션 참조).

IPMT 치료사는 종종 그들의 작업에 교차성의 구성요소를 포함한다. 여기에는 성별, 문화/민족, 성적 정체성, 사회 계층, 능력 상태, 종교, 영성, 사회경제적 지위, 연령 및 기타 고유한 정체성 요소에 대한 내담자의 경험을 풀어내는 것 등이 있다. IPMT 치료사는 내담자가 교차하는 정체성을 풀고 그들의 정체성이 그들의 삶의 경험과 정신건강, 그리고 삶에서 할 수 있는 것과 할 수 없는 것에 대한 인식에 어떤 영향을 미쳤는지 조사하도록 돕는 것이 중요하다고 믿는다.

IPMT 치료사가 되는 것은 사회 정의 운동가가 되는 것이다. 언어가 현실을 창조하고 그 언어가 때때로 특정 집단에 대한 분명한 혹은 은밀한 억압을 초래한다고 믿는다면, 억압받는 사람들을 옹호하고 특권을 가진 사람들이 가진 유리한 점을 인정하는 것 외에 다른 선택은 없다(Patrick & Connolly, 2013).

효과

짐작할 수 있듯이, 상담에 대한 전통적인 포스트모던 접근 방식은 질적 연구에서 발견되는 주관적 경험에만 거의 전적으로 초점을 맞추었다(Gergen, 2015). 실제로, 많은 포스트모던 상담사들은 양적 연구는 내재된 편향을 갖고 있다고 주장할 것이다. 양적 연구자가 연구를 설계하고, 구현하며, 분석 및 해석할 때 내리는 모든 결정들이 연구자 자신의 세상에서 지배적인 담론을 반영하고 있다는 점을 인정할 때, 소위 "순수성"이라고 불리는 양적 연구의 그것에는 의문이 제기될 것이다. 선택한 주제, 조사할 모집단, 채택한 설계의 종류, 심지어 사용한 통계 분석 방법까지도 연구자로 하여금 특정 결론, 즉 연구자가 찾도록 예정되어 있는 결론으로 귀결될 수 있다. 따라서 지식을 보는 다양한 방식에 초점을 맞추고 검토 중인 문제에 대한 가능한 설명을 제공하기 위해 관계에 몰두하는 질적연구는 포스트모던 상담사와 가깝다고 볼 수 있다(Heppner et al., 2016). 안타깝게도 질적 연구 방식이 IPMT와 같은 포스트모던 접근 방식에 잘 맞는 것처럼 보이지만 포스트모던 상담법을 조사하는 좋은 질적 혹은 양적 연구는 부족하다.

그러나 해결 중심 단기 치료는 이 접근법에 대한 많은 연구에서 광범위한 내담자에게 어느 정도 효과가 있음을 보여주었기 때문에 다소 예외적이다(Kim, 2008; Gingerich & Peterson, 2013). 그러나 일부 연구자들은 과거 연구의 엄격함에 의문을 제기하고 더 많은 연구가 필요하다고 제안한다(Center for Review and Dissemination, 2014; Corcoran & Pillai, 2007). 또한 해결 중심 단기치료가 포스트모더니즘과 사회구성주의에 철학적으로 기반을 두고 있지만 실제 구현은 좀 더 직접적이고 인지적 행동주의 지향인 것처럼 보이는 것이 사실이다. 일부는 해결 중심 단기치료의 근본적인 형태가 포스트모더니즘 학파에 속할 수 있는지에 대해 의문을 제기하기도 한다.

다른 포스트모던 치료에 대해 수행된 몇 안 되는 연구 중 일부는 관계-문화적 치료에 초점을 맞췄다. 예를 들어, 관계-문화 치료는 특히 유색 인종 청소년과 함께 작업할 때(Spencer et al., 2004), 수용되어 있는 청소년과 작업할 때(Lenz et al., 2012), 유아를 양육하는 위기에 빠진 엄마들을 개입할 때(Paris & Dubas, 2005), 멘토링 관계의 모델에서(Beyene et al., 2002; Liang et al., 2022; Spencer, 2006; Spencer & Liang, 2009), 부모 자녀 간의 관계를 향상하는데(Spencer et al., 2004), 암에 대처하는 커플들을 돕는데(Kayser et al., 2007), 자해행동을 하는 개인 집단에게서(Haberstroh & Moyer, 2012) 효과적인 것으로 나타났다. 관계-문화적 치료는 집단에서 폭식증 및 우울 증상의 발현을 감소시켰고(Tantillo & Sanftner, 2003, 2010), 이스라엘과 팔레스타인 청소년 그룹에서 긍정적인 관계를 증가시키는 것으로 나타났다(Morray & Liang, 2005). 이러한 특정 주호소 외에도 관계-문화적 치료는 다양한 환경에서 유용한 것으로 밝혀졌으며 다양한 내담자와 작업하는 상담사에게 유용한 형식이다(Duffy et al., 2009). 분명히 포스트모던 상담사나 특히 IPMT 같은 통합적 접근에 대한 효과성을 조사하려면 더 많은 연구가 필요하다.

요약

　　보다 최근의 심리치료 학파인 포스트모던 접근법은 상담 기술을 전달하는 데 있어 다양하지만 동일한 이론적 토대, 즉 포스트모더니즘과 사회구성주의를 기반으로 한다. 특히 세 가지 요법이 상담에서 포스트모던 혁명을 주도했다. Jean Baker Miller가 개발한 관계-문화적 치료, Michael White와 David Epstein이 개발한 내러티브 치료, Insoo Kim Berg와 Steven de Shazer가 기발한 해결 중심 단기 치료가 그것이다. 이 장에서는 포스트모던 치료에 대한 통합적 접근 방식을 취하고 세 가지 치료 접근 방식 모두에서 주요 개념들을 다루었다.

　　통합적 포스트모던 치료(IPMT)는 개인이 가족, 문화, 지역 및 사회 등의 사회적 환경 내에서 상호작용 또는 담론을 통해 고유한 현실을 창조한다고 주장하는 포스트모던 및 사회구성주의적 관점을 취한다. 이러한 관점에서 현실은 사회적으로 구성되고, 현실은 언어로 구성되며, 현실은 내러티브를 통해 조직되고 유지되며 본질적인 진실은 없다. 자신의 현실을 이해하고 새로운 현실을 재창조하는 능력은 IPMT가 반결정론적이라는 것을 의미한다. 또한 이 접근방식은 반객관주의적이고 비병리학적이며 긍정적이고 강점 기반이며 대체로 미래 지향적이다.

　　이 장에서 탐구한 IPMT의 주요 개념에는 포스트모더니즘, 포스트구조주의, 사회구성주의, 권력, 비병리성, 빈약한 설명에서 두터운 설명, 상호적으로 향상하고 공감하며 권한을 부여하는 관계, 재저작이 있다. 포스트모더니즘은 모더니즘에 의문을 제기하고, 상담 영역에서는 특히 다양한 유형의 정신 건강 문제를 담당하는 내부 구조에 초점을 맞추는 측면에서 과거의 많은 이론에 의문을 제기한다. 따라서 이 포스트구조주의적 접근법은 사람 내부에 정신 질환을 유발하는 내재된 구조가 있다는 개념을 거부한다. 사회적 구성주의는 지식이 개인이 유래한 역사적, 사회적 환경의 기능이며 언어와 담론은 무엇이 진실인지 믿게 만드는 근간이 되는 정신적 개념을 형성한다고 주장한다. 따라서 삶에서 지배적인 내러티브를 발전시키는 방식은 내담자가 속한 사회적 환경 내에서 사용하는 언어의 기능이다.

　　권력을 가진 사람들은 통용되는 언어와 법률에 대해 크게 책임이 있기 때문에, IPMT 치료사는 권력 문제, 특히 상담 관계의 권력과 사회의 권력이 어떻게 사람들에게 해방하고 억압받는 느낌을 줄 수 있는지에 초점을 맞춘다. 따라서 상담 관계를 비병리화하고 내담자가 인종주의나 차별 및 억압으로부터 받는 영향을 알 수 있도록 돕는 것이 IPMT의 중요한 측면이다. 내담자는 자신이 권력 문제와 사회적 환경에 의해 어떻게 영향 받았는지 점점 더 알게 됨에 따라 자신의 삶을 보다 복잡한 방식으로 이해하고 자신의 인생 이야기에 대해 빈약한 설명에서 두터운 설명으로 이동한다. 그들은 또한 "사람이 문제가 아니다. 문제는 문제다."라는 것을 깨닫게 된다. 자신의 삶에 대한 두터운 설명이 점점 더 발전함에 따라 내담자는 빈약한 설명이 사람들과 단절을 초래한 방식을 이해할 수 있고 친밀함을 수용하고 권한을 부여받을 수 있는 성숙하고 상호 향상되며 공감하는 관계를 더 발전시킬 수 있다. 궁극적으로 문제에 대한 관점의 변화와 건강한 관계의 발전을 통해 그들은 자신의 삶을 재구성하거나 재저작할 수 있다.

신비로워하며 정중한 호기심과 경외심 보여주기, 수용 및 진정성과 공감을 보여주기, 척도화, 내담자의 삶에 대해 질문하기, 질문 사용하기(예: 정중한 호기심·신비·경외심을 보여주고, 문제를 외재화하는 데 도움이 되며, 문제의 예외상황과 대처에 집중하고, 해결에 초점을 맞추며, 내담자가 자신을 재저작하게 하는 데 도움이 되는 질문들), 문제를 외재화하기, 상담사─내담자 간 권력 차이 분석하기, 압제와 소외에 관한 논의 장려하기, 자기 성찰 연습(기억하기, 정의 예식, 성찰 팀, 이야기를 말하고 다시 말하기), 그리고 과제를 포함하여 IPMT에서는 다양한 기술을 사용한다. 일반적으로 이러한 기법은 앞에서 제시된 순서대로 사용되며 내담자가 점점 더 새로운 이야기로 자신의 삶을 재구성하거나 재저작하고 새롭고 건강한 관계를 발전시키면서 자신의 삶에 대한 빈약한 설명에서 두터운 설명으로 이동하도록 돕는다.

IPMT의 상담 과정은 대부분의 내담자가 자신의 삶에 대한 빈약한 설명과 문제가 내재되어 있다거나 내면에 깊이 자리잡고 있다는 믿음을 가지고 상담에 오는 것이라고 가정한다. 따라서 상담사의 목표는 내담자에게 본질적으로 잘못된 것이 있다는 암시를 피하는 언어를 사용하여 내담자 자신의 진단을 해체하고 내담자가 자신의 삶에 대한 복잡하고 두터운 설명을 개발하도록 돕는 것이다. 이것은 결국 새로 개발되고, 상호 강화하고 공감하며, 타인과의 관계를 공고히 할 것이다. 이를 위해 상담사는 신비로움·존중하는 호기심·경외심을 보여주고, 수용·진정성·공감을 보여줌으로써 내담자와의 관계를 구축할 것이다. 그들은 또한 내담자의 삶의 이야기를 탐구하기 위해 개방형 질문에 크게 의존한다. 예를 들어 내담자로 하여금 자신의 정체성을 개발하도록 장려하는데 도움이 되는 질문을 사용할 수 있다.

문제로 가득 찬 이야기가 밝혀지면 상담사는 질문을 사용하여 문제를 외재화하고, 다른 질문을 사용하여 내담자가 유사한 문제에 어떻게 대처했는지 알 수 있도록 돕고, 예외를 탐색하는 질문을 사용하여 내담자가 자신의 삶이 항상 문제로 가득 차 있지는 않다는 것을 알 수 있도록 한다. 내담자가 자신의 문제로 가득 찬 이야기가 사실은 그들이 살아온 맥락의 결과라는 것을 점점 더 이해하게 됨에 따라, 상담사는 내담자가 어떻게 문제로 가득 찬 이야기를 변화시키고 새로운 내러티브를 개발해 나갈 수 있는지 검토하도록 도울 수 있다. 해결 중심 질문과 재저작 질문을 사용하여 상담사는 내담자가 자신의 삶에 근간이 될 새로운 내러티브와 행동들을 향해서 나아갈 수 있도록 도울 것이다. 새로운 내담자의 내러티브와 존재 방식은 기억하기나 정의 예식, 성찰 팀 운영, 이야기 말하기 다시 말하기, 치료적 문서와 기타 도구의 사용 등의 다수의 자기 성찰 연습을 통해 장려되고 강화될 것이다. 종종 이러한 연습에 기반한 과제(예: 자신의 새로운 내러티브에 대해 일기쓰기)는 내담자의 성과물을 강화시키기 위해 훈련될 것이다. 내담자는 점점 더 권한이 부여되고 공감을 더 잘 표현할 수 있다고 느끼면서 문제를 해결하고 성장을 촉진하는 상황과 시스템을 더 많이 찾을 수 있는 더 복잡한 관계를 구축하게 된다. 이 시점이 되면 내담자는 치료를 종결할 준비가 된 것이다.

IPMT는 권력, 인종주의, 차별이 개인에게 부정적인 영향을 미치는 방식과 권력과 억압이 문제로 가득 찬 이야기를 전개하는 원동력이 되는 방식을 면밀히 살펴본다. IPMT 치료사는 자신의 가치를 내담자에게 강요하지는 않지만 치료사가 중립적일 때 사회의 "주의(isms)"를 미묘하게 지원한다고 여기기 때문에 중립적이지 않다. IPMT 치료사는 성별, 문화/민족, 성적 정체성, 사회 계층, 능력 상태, 종교, 영성, 사회 경제적 지위, 연령 및 기타 고유한 정체성 요소에 대해 내담자의 경험을 풀어내는 것을 포함하여 상담에 교차성의 구성 요소를 포함하는 경우가 많다. 마지막으로 권력, 인종주의, 차별에 초점을 맞춘다는 특징을 생각해 볼 때 IPMT 치료사가 보통 사회 정의 활동가라는 점은 놀라운 일이 아니다.

IPMT 치료사는 정량적 기법의 타당성에 의문을 제기하고 내담자의 경험을 이해하는 것이 특히 중요하다고 믿기 때문에 정성적 연구 기법에 크게 의존한다. 해결 중심 단기 치료 및 관계 문화 치료에 대한 일부 연구가 이러한 접근 방식이 다양한 내담자에게 효과적이라는 것을 보여주지만 일부에서는 연구의 엄격함에 의문을 제기하기도 하였다. 포스트모던 치료의 효능, 특히 IPMT와 같은 통합적 접근의 효능을 조사하려면 더 많은 연구가 필요하다.

핵심어 및 인명

De Shazer, Steven

Epstein, David

Kim Berg, Insoo

Miller, Jean Baker

White, Michael

강점 기반

과제

관계-문화적 치료

구조주의

권력

긍정적

내러티브

내러티브 치료

내러티브를 통해 조직되고
  유지되는 실제

다양한 이야기

단절 전략

대사

대처 및 예외 찾기 질문

두터운 설명

문제로 가득찬 이야기

문제를 외재화

문제를 외재화하는 데 도움이

되는 질문

미래 지향적

반객관주의적

반결정론주의적

본질적인 진실은 없다

비병리학적

비병리학적 입장

비병리화

빈약한 설명

사회구성주의

사회구성주의자

사회적으로 구성되는 실제

상담사 내담자 간 권력 차이
  분석하기

상호 증진하고 공감적이며
  임파워링하는 관계

성찰 팀

수용과 진정성 및 공감 전달하기

신비로워하며 정중한 호기심과
  경외심 보여주기

압제와 소외에 관한 논의
  장려하기

언어를 통해 구성되는 실제

외부 증인 집단

이야기를 말하고 다시 말하기

자기 성찰 연습

재기억하기

재저작

재저작 작업

재저작 질문

정의 예식

전체성을 탐색하는 질문

존중하는 호기심, 신비로움, 경외
  심을 보여주는 질문

지배적이지 않은 이야기

지배적인 내러티브

지배적인 이야기

질문

척도화하기

치료적 분서와 다른 도구의 사용

포스트구조주의

포스트모더니즘

포스트모던

해결 중심 단기 치료(SFBT)

해결 지향적인 질문

해체

사례연구: Markus가 만난 IPMT 치료사

(이 사례연구를 읽기 전에 부록 I 에 있는 Miller家 사람들 이야기를 읽으시오)

Markus는 그의 새로운 치료사인 Dr. Gerald Delorio, 애칭으로 "Jerry"의 대기실에 들어섰다. Markus는 몇 주 전에 Dr. Delorio에게 전화를 걸었고 통화가 되자마자 치료사는 "저를 Jerry라고 불러주세요. 저는 좀 알고 있는 것들이 있지만, 기본적으로는 당신이 다루고 싶은 몇 가지들에 대해서는 우리 둘이 대화를 해야 합니다." Markus는 자신이 무엇을 해야 하는지 알려줄 전문가를 찾길 바랐기 때문에 약간 망설여졌지만 어쨌든 시도해 볼만 하다고 생각했다.

Markus는 예전에도 치료사를 만나본 적이 있었지만, Jerry의 사무실에 대한 그의 첫 인상은 이전에 경험했던 것과는 달랐다. 대기실에 앉아 있는 동안 기분 좋은 음악이 흐르고 있었고 Jerry가 걸어나와 빠르게 Markus에게 손을 내밀었다. Jerry는 청바지, 운동화, 남방을 입고 있었다. "들어와서 저와 함께 하시죠. 콜라나 물, 커피 한 잔 하실래요?" "고맙습니다." Markus는 모든 것이 격식을 차리지 않은 편안한 분위기 같다고 생각하며 대답했다.

Markus는 Jerry의 사무실에 들어서면서 벽에 걸려 있는 이상한 그림 몇 점과 비교적 오래되었지만 편안한 의자를 보았다. "앉으세요." Jerry가 말했다. Markus는 오래되고, 잘 사용되며, 크고 편안한 의자에 앉았다. 계속 넘어질 것 같은 느낌이 들었지만, 의자는 튼튼한 느낌을 주었다. Jerry는 자신의 치료적 접근 방식에 대해 간략하게 설명했는데, Markus는 치료사가 단순히 자신의 삶에 대한 이야기를 듣다가 어떻게 바꿀 수 있는지에 대한 의견을 제시한다는 것처럼 들렸다. Jerry가 말했다. "그래요 Markus, 오늘 여기에 어떤 점 때문에 오셨나요? 저는 정말로 당신에 대해 듣고 싶습니다." Markus는 Jerry가 얼마나 진정성 있고 실제적인지, 그리고 정말로 그의 말을 듣고 싶어하는 것처럼 보이는 모습에 매료되었다.

Markus는 Rob과 여동생, 그리고 그의 부모님과의 관계에 대해 이야기하기 시작했다. 그는 최근 몇 달 동안 얼마나 우울했는지, 어쩌면 평생동안 우울했을지도 모른다고 이야기했다. 그는 자신이 입양되었고 동성애자라고 말했다. Jerry는 순간 Markus가 말하는 것에 정말로 집중하는 것처럼 보였다. "입양, 흑인, 동성애자라는 정체성을 갖는 것이 당신에게 몇 가지 고난을 가져다 주었겠어요." Markus는 Jerry가 Markus의 이러한 측면에 초점을 맞추며 이에 대해 기꺼이 이야기하고 싶어 한다는 사실에 약간 놀랐다. "그래요. 저에게는 고난이 있었죠. 예를 들어, 저는 제가 차선이라고 늘 느꼈어요. 제 여동생은 부모님의 친자식이었기 때문에 '진짜' 자식이었어요. 그리고 게이, 특히 흑인 게이가 되는 것은 매우 힘든 일이었어요. 괴롭힘도 당하고 이상하게 보는 눈초리도 받아야 했죠. 하지만 어쩌면 그것이 나를 조금 더 강하게 만들었을 수도 있어요."

"흑인과 동성애자, 그러면서 입양아인 것이 성장하는 동안 주류 세계에 속하지 않고 다른 사람들로부터 약간 분리된 느낌을 받게 했던 것처럼 들리네요."라고 Jerry가 말했다. "예, 맞아요." Markus는 Jerry가 자신에게 얼마나 관심이 있는지 느껴졌다. "나는 항상 나에게 뭔가 다른 점이 있다고 느꼈고, 이것이 내 우울증의 일부 원인이 아닌지 궁금해요. 최근까지도 나는 나에게 뭔가 잘못된, 생물학적으로 열등한 것이 있다고 생각해왔어요. 이상하게 들린다는 것은 알지만 내 기분은 그랬어요. 그러다가 동성결혼이 합법화되자 무거운 짐이 내려앉는 기분이었어요." Markus가 말했다. Jerry는 Markus를 바라보며 안심시키는 어조로 말했다. "저는 우리가 받아온 메시지와 통과된 법이 우리 자신을 느끼는 방식에 어떻게 영향을 주는지 궁금하네요." Markus가 대답했다. "네, 네. 제가 입양된 동성애자이자 흑인의 세계에 산다면 아마도 스스로가 꽤 평범하게 느껴질 것 같아요."

"그래서 당신은 삶의 많은 부분에서 좀 고립되고 받아들여지지 않는 느낌을 받아온 것 같습니다. 그리고 당신이 더 잘 알겠지만 당신은 여전히 이 짐을 짊어지고 있어요. 이 짐에 이름을 붙인다면 뭐라고 부르겠습니까?" Markus는 "음, 흥미롭군요."라고 대답했다. "저는 그것을 '감염된 나'라고 부를 수 있을 것 같아요. 왜냐하면 이 모든 것에 뭔가 병적인 것이 있는 것처럼 느껴지기 때문이에요." "그럼 '비논리적으로 병든 상자'라고 부르면 어떨까요?" Jerry가 말했다. "제 생각에 당신은 스스로도 당신이 잘못된 부분이 전혀 없다는 것을 알고 있어요. 당신이 지금까지 이야기한 다른 사람들에 의해 정상이 아니라고 이야기된 정체성을 제외하고요. 당신의 일부는 당신이 건강하다는 것을 알고 있어요. 다른 사람들이 당신에게 들려준 억압적인 이야기를 담고 있는 '그 상자'는 비논리적으로 병들어 있어요. 어떻게 생각해요?" Markus는 다른 사람과 사회의 모든 질병에 대한 은유가 되는 자신 외부의 상자를 보는 이러한 관점에 매료 되었다. 그는 Jerry가 무엇을 하고 있는지 이해하기 시작했다. 즉, 그가 아픈 것이 아니라 그에 대한 다른 사람들의 반응과 사회적 반응이 압제적이라는 것이었다.

Jerry는 Markus를 잠시 바라보더니 "비논리적으로 병든 상자가 당신에게 그렇게 강한 영향을 미치지 않았던 때가 있었나요?"라고 물어봤다. Markus는 대답하기 전에 잠시 생각했다. "네, 제가 다른 게이 남성들, 특히 흑인 게이 남성들과 함께 있을 때요. 그리고 Rob을 만났을 때 그에게 사랑받는 느낌을 받았고 나 자신이 괜찮다고 느껴졌어요." "그래서 아마도 당신의 목표는 당신과 공감할 수 있고 자신이 누구인지에 대해 긍정적인 경험을 가진 사람을 찾는 것일 거에요."라고 Jerry가 말했다.

Markus는 한 시간이 거의 지나갔다는 것을 깨달았다. 그는 회기 동안 그가 말한 것들에 대해 놀랐다. 그는 Jerry가 항우울제 처방을 위해 정신과 의사를 소개하고 그가 겪고 있는 깊은 우울에 대해 이야기할 것이라고 생각했다. 그 대신 입양된 동성애자 흑인이라는 자신의 정체성에 대해 이야기하게 되었고, 그는 그것이 옳다고 느껴졌다. 그는 자신이 누구인지에 대해 얼마나 스스로를 낮추어 왔는지와 자신을 지지하고 돌보며 비슷한 사람들과 함께 있을 때에는 얼마나 자유로웠는지에 대해 생각하기 시작했다. 그는 자신의 삶에서 그런 사람을 더 많이 찾을 필요가 있는지 궁금해 하기 시작했다.

"그럼 오늘은 어땠던 것 같나요?" Jerry가 물었다. "매우 좋았어요." Markus가 대답했다. "내 인생에 약간의 변화가 필요할지도 모른다고 생각이 들어요." "나 같은 치료사들은 당신의 삶을 '재구성' 또는 '재저작' 하는 것을 좋아합니다." "제가 그걸 얻은 것 같아요." Markus가 대답했다. "나 자신을 정의하고 받아들이는 데 도움이 되는 새로운 이야기와 새로운 사람들을 찾아야 할 것 같아요." "맞아요." Jerry가 말했다. "미래에 당신의 삶이 어떻게 보이기를 바라는지 생각해 본다면 어떤 모습일까요?" Markus는 잠시 멈추고 오랫동안 생각한 다음 이렇게 말했다. "내 인생에서 우울하지 않았던 때들이 있었어요. 보통 주변에 나에게 지지적인 사람들이 있었던 것 같아요. 그런 걸 다시 느끼려면 함께 있으면 힘이 나고 좋은 사람을 더 많이 찾아야 할 것 같아요. 나를 좋아하는 좀 더 많은 사람들이요." "흥미롭군요." Jerry가 대답했다. "어쩌면요 Markus, 이번 주에 그렇게 할 수 있는 방법을 생각할 수 있을 것 같아요. 아마도 그것에 관해 일기를 쓰는 것이 도움이 될 것 같아요. 그럼 다음 주에 이야기 하시죠." Markus는 "계획처럼 들리네요." 라고 대답했다.

Markus는 회기가 끝날 무렵 Jerry를 얼마나 가깝게 느꼈는지에 약간 놀랐고 작별 인사를 할 때 서로 크게 껴안았다. Markus는 마치 Jerry가 자신의 말을 듣고, 다른 사람들이 미치는 영향을 살펴보라고 격려하고, 미래에 변화를 시작할 수 있는 방법에 대해 몇 가지 제안을 한 것처럼 느꼈다. 그는 Jerry를 처음 만났을 때 얼마나 조심스러웠는지, 그리고 얼마나 빨리 그를 신뢰하게 되었는지 기억했다. 그는 다음 회기를 고대하고 있었다.

생각해 볼만한 질문

1. Jerry는 어떤 방식으로 상담 관계를 정상화하고 탈병리화했나요?

2. Jerry가 보였던 전통적이지 않은 방식을 나열해 보고 이러한 행동이 상담 관계에 어떻게 긍정적 혹은 부정적인 영향을 미쳤다고 생각하는지 이야기 해 보세요.

3. 왜 Jerry가 즉시 Markus의 우울에 초점맞추지 않았다고 생각하나요?

4. Markus의 정체성에 초점을 맞추는 것이 문제로 가득 찬 지배적인 내러티브와 관련된 IPMT 패러다임에 어떻게 잘 맞았나요?

5. Markus의 문제를 "비논리적으로 병든 상자"라고 명명한 목적은 무엇인가요?

6. 정신장애와 정신건강 문제가 사회적 구성물이라고 생각하나요? 아니면 내재된 것이라고 생각하나요? 혹은 그 중간이라고 생각하나요? 정신건강 이슈에 대한 당신의 신념이 IPMT 치료사가 되는 능력에 어떤 영향을 미친다고 생각하나요?

7. "재구성" 및 "재저작"이라는 용어를 사용하는 것이 Markus와 IPMT의 일반적인 치료의 변화를 만들어 내는 분위기를 어떻게 설정하나요?

8. Jerry는 Markus 인생의 긍정적인 시절을 확인하기 위해 어떤 예외 찾기 질문을 사용하나요?

9. Jerry는 Markus가 변화 과정에 대해 생각하는 것을 돕기 위해 어떻게 해결 지향 질문을 사용하였나요?

10. IPMT의 변화 과정에서 일기 쓰기의 목적은 무엇인가요?

11. Markus가 상담을 계속해서 진전시켜 나간다면 시도해 볼 수 있는 정의 예식에는 어떤 예가 있나요?

12. IPMT를 진행해 본다면, 당신의 어떤 문제로 가득 찬 내러티브를 탐색해 보기를 원하나요? 당신의 문제로 가득 찬 내러티브가 그동안 사회적 환경으로부터 받아왔던 메시지를 어떻게 반영한다고 믿나요?

변증법적 행동치료

Dialectical Behavior Therapy, DBT

Francisca Rivas, Ne'Shaun J. Borden, Johana Rocha,
and Kyulee Park

학습목표

◆ 변증법적 행동치료(Dialectical Behavior Therapy; DBT)의 창시자인 Marsha Linehan에 대해 안다.

◆ 행동적, 실존적-인본주의적, 그리고 동양철학적 특징을 포함하여 DBT의 인간관을 이해한다.

◆ 경계성성격장애, 정서조절곤란 및 정서조절, 생물사회이론, 변증법적 철학, 행동주의, 선불교, 마음챙김 등 DBT와 관련된 핵심개념과 DBT로 내담자를 치료할 때 사용되는 일곱 가지 기본 가정에 대해 이해한다.

◆ 평가, 심리교육, 목적에 대한 설명, 구두 또는 서면 동의 등 DBT의 치료 전 기술에 대해 검토한다.

◆ 치료 구조화, 다이어리 카드, 체인 분석, 변증법적 대화기술, 행동기술, 인지적 기술, 집단기술훈련의 강화 등 개인치료의 단계 I에서 IV에 적용되는 기술을 알아본다.

◆ 특별히 수용 기술(마음챙김, 고통감내기술)과 변화 기술(정서조절기술, 대인관계 효과성 기술) 등 집단기술 훈련에 대해 알아본다.

◆ DBT에서 협력팀 회의의 목적에 대해 짧게 설명한다.

◆ DBT에서 전화코칭의 목적에 대해 이해한다.

◆ DBT의 상담과정에 대해 설명한다.

◆ DBT의 사회적 문화적 적용 가능성에 대해 알아본다.

◆ DBT의 효과성에 대해 개관한다.

◆ DBT의 과정에 대해 서술한 사례연구를 소개한다.

변증법적 행동치료의 간략한 역사

핵심은 이것입니다. 만약 당신이 지옥에 있다면 지옥을 빠져 나오기 위해서는 그 불행을 다 겪어 내야 한다는 겁니다. 물론 불행은 지옥보다 훨씬 낫죠. 하지만 그건 고통스러울 거예요. 지옥에서 빠져 나올 때 만나게 되는 불행을 받아들이기를 거부한다면 당신은 끊임없이 반복해서 지옥으로 다시 빠져들게 되고 말거예요(Linehan, 2015a, p. 461).

위에서 인용한 **변증법적 행동치료**(DBT)의 창시자 Marsha Linehan의 말이 모든 것을 말하고 있다. 정신장애로 고통받는 사람들은 지옥에 있는 것과 같아서 더 나아지기 위해 많은 노력을 한다. 그런데 그건 마치 삶의 기쁨 한 줌을 위해 연옥을 통과해 조금씩 올라가는 것과 같이 느리고 힘든 일일 것이다. Marsha Linehan은 누구일까?

1932년 5월 5일 오클라호마 주의 털사에서 태어난 그녀는 DBT의 창시자로 알려져 있다(Carey, 2011). 여섯 남매 중 셋째였던 그녀는 자신의 형제 자매들과 비교했을 때 사랑받지 못하고 부적절한 느낌을 받으며 자란 똑똑한 학생이었다. 17살에 자기혐오, 자기파괴, 사회적 철수 등의 증상을 보인 그녀에게 정신과 의사는 입원을 권유하며 조현병을 진단했다.

의료진이나 같은 병동 환자들의 회고에 따르면, 그녀는 병원에서도 자해, 담뱃불로 손목 지지기, 팔에 자상 입히기, 벽이나 바닥에 머리 찧기 등의 행동을 보였으며 토라진, 리브리움 등 정신과 치료약이 처방되었고 심지어 전기충격 치료까지 받게 되었다. 뉴욕 타임즈와의 인터뷰에서 Linehan은 당시를 회상하며 이렇게 말했다. "나의 모든 경험들은 제가 아닌 다른 사람이 하고 있는 것 같았어요. 이런 거죠. '그때가 오고 있다는 걸 알겠어, 나는 통제력을 잃어. 누군가 나를 도와야 해. 하나님, 어디 계세요?' … 나는 엄청난 공허감을 느꼈어요. ('오즈의 마법사'의) 양철나무꾼 같이 말이에요. 무슨 일이 일어났는지 이야기할 수조차 없었어요. 이해할 길도 없었죠"(Carey, 2011, para. 14). Linenhan은 삶의 후반에 가서는 자신에 대한 진단이 잘못되었고 부적절하게 치료받았다고 주장하곤 했다. 그리고 자신은 조현병이 아니라 경계성성격장애의 특징을 가지고 있었다고 믿었다.

정신과 치료를 받은 지 26개월이 지나서, Linehan은 퇴원을 했다. 그녀의 퇴원기록에는 그녀가 그 병원의 역사상 가장 어려운 환자였다고 적혀 있었고 의사들은 그녀가 퇴원 후에 잘 살아 갈 수 있을지에 대해 의심했다.

"집으로 돌아가서 다른 사람들도 (병원에서) 나오게 하겠다"고 맹세한(Carey, 2011, para. 23) Linehan은 집으로 돌아왔지만 자살사고에 시달린 끝에 20대 중반이 되어서 새로운 삶을 살아 보려고 시카고로 이사를 했다. 시카고에서 안정적인 직장에 들어갔지만 그녀는 길을 잃은 느낌, 혼란스럽고 외로운 느낌을 받았다. 가톨릭 신앙에서 위로를 받게 된 그녀는 어느 날 밤, 기도를 하다가 깨달음이 생겼다.

어느 날 밤, 나는 무릎을 꿇고 십자가를 올려다보고 있었다. 그러자 모든 공간이 황금으로 변했고 갑자기 어떤 것이 내 앞으로 다가오는 느낌이 들었다. 번쩍이는 경험이었고 나는 그대로 내 방 뒤로 뛰어 가면서 "나는 내 자신을 사랑해"라고 말했다. 내가 나를 일인칭으로 부른 것은 그때가 처음이었다. 나는 깨달음이 생겼다(Carey, 2011, para. 27).

결국 이런 깨달음으로 인해 Linehan은 **급진적 수용**(radical acceptance)과 **변화에 대한 전념**(commitment to change)이라는 모순적인 개념을 받아들였고 이것은 DBT의 기본적인 개념이 되었다. 그녀는 시카고에 위치한 로욜라 대학(Loyola University)에서 심리학 학사 학위를 취득하고 난 후 사회심리학과 실험심리학 석사 및 박사학위를 받았다. Linehan은 뉴욕 주의 버팔로에서 자살 예방 및 위기 서비스 프로그램으로 박사 후 인턴십을, 뉴욕 주립대-스토니 브룩(State University of New York, Stony Brook)에서 박사 후 행동치료 프로그램을 수료했다. 자살사고가 있는 사람들과 작업하고 변화에 대한 자신의 생각에 대해 글을 쓰는 일에 열정을 보인 그녀는 수년 동안 임상가 및 교수직을 역임하게 되었다. Linehan은 현재 워싱턴 대학교(University of Washington)의 심리학과 교수 및 정신의학과 및 행동과학과 겸임교수로 재직하고 있다.

초기부터 Linehan의 연구관심은 자살성향, 유사자살성향, 성격장애, 행동수정, 인지행동치료 등에 있었다. 급진적 수용에 대한 관심과 더불어 이러한 주제 및 경계성성격장애를 가진 자살 성향의 개인에 대한 그녀의 작업과 연구를 통해 DBT 이론이 탄생하였고 DBT에 대한 그녀의 글은 많은 호응을 받았다(Linehan, 1987a, 1987b, 1989).

DBT의 개발을 마무리하면서, Linehan은 자기 스스로 급진적 수용을 확실히 체득하기 위해 일을 잠시 쉬어야겠다고 생각했다. 선승의 지도하에 급진적 수용에 대해 연습하고 욕망을 흘려보내는 법을 배우느라 두 달여를 불교 사원에서 보냈다. Linehan은 이때의 영적 경험을 통해 **마음챙김**(mindfulness)을 DBT의 핵심요소 중 하나로 통합하게 되었다(Gold, 2017; Linehan, 2017a). 그녀는 Gerald May(미국 정신건강의학과 전문의이자 Rollo May의 이복형제), Tilden Edwards(살렘 영성 훈련의 창설자이자 주교), Willigis Jager(독일 베네딕토회 수도승) 아래에서 영성 훈련을 지속했다. Linehan 자신도 산보교단학교(Sanbo-Kyodan School) 및 다이아몬드 승가(Diamond Sangha)의 선승(Roshi)이다.

자신의 정신장애에 대해 공개적으로 이야기하는 것이 그녀의 이론과 신뢰도에 지장을 줄까봐 염려되어, 수년 동안 Linehan은 자신의 어려움에 대하여 이야기하기를 주저했다. 그런데 한 환자가 "만약 당신이 우리와 비슷했다면 우리가 희망을 더 가질 수 있었을 텐데요"라고 말하는 것을 듣고(Carey, 2011, para. 2), 그녀는 이제 때가 왔다고 생각했다. 그때 그녀는 "실패를 통해 성공하기: DBT 이면의 사적인 이야기"라는 제목의 강연에서 자신의 정신장애 경험에 대해 공개적으로 이야기하게 되었다.

Linehan은 연구자 및 교육자, DBT의 수호자로서 왕성한 활동을 지속하고 있다. 그녀는 100편 이상의 논문, 책, 그리고 매뉴얼을 썼고 이런 저작들은 여러 언어로 번역되어 있다. 그녀의 괄목할 만한 작업물 덕분에 그녀는 수십 개의 상도 받았다. 이 중에 특히 훌륭한 상으로는 루이1세 더블린 평생공로상-자살부문(the Louis I. Dublin Award for Lifetime Achievement in the Field of Suicide, 1999), 미국심리학회 저명 과학자상(Distinguished Scientist Award from the American Psychological Association: APA, 2001), 미국심리학회 경력공로상(Career Achievement Award from APA, 2005), 미국심리재단 응용심리 평생공로상-금상(Gold Medal for Lifetime Achievement in the Application of Psychology Award from the American Psychological Foundation, 2012), 전국 연합 과학연구상-정신질환 분야(Scientific Research Award from the National Alliance on Mental Illness, 2015), 행동-인지치료 연합회-경력/평생공로상(Career/Lifetime Achievement Award from the Association of Behavioral and Cognitive Therapies, 2016), 그라웨마이어상 10만 달러(the $100,000 Grawemeyer Award in Psychology, 2017; Linehan, 2017b) 등이 있다.

인간 본성에 대한 관점

DBT에서의 인간에 대한 이해는 기본적으로 Theodore Millon(1969)이 주창한 **성격형성의 생물사회적**(biosocial) 모델을 기반으로 한다. Millon은 아동이 체력, 지능, 추동, 에너지, 기질 등과 관련된 특정한 **구성요인**을 가지고 태어난다고 제안했다. 아동기의 정서적 세계는 양육, 또래관계, 다른 환경적 요소에 의한 경험을 통해 위의 구성요인들이 어떻게 형성되는가의 영향을 받을 수 있다. **부정적이고 비수인적 환경**을 만들어내는 아동기의 경험은 구성요인에 영향을 끼치는데 이로 인해 아동 및 성장하고 있는 성인들도 **정서의 변동성**이나 **정서 조절의 어려움**을 갖게 되고 BPD 및 관련 정신장애에 취약하게 된다(Kuo & Fitzpatrick, 2015; Linehan, 2015a).

BPD 및 관련 장애를 치료하기 위해 DBT에서는 동양철학과 실존주의-인본주의 개념을 통합하면서 동시에 인지적, 그리고 행동적인 이론을 따르고 있다(Hayes & Hofmann, 2017; Pederson 2015). **인지행동치료의 제3의 물결**인 DBT 및 다른 제3의 접근법들은 행동적, 생물학적, 그리고 환경맥락적 요인 간의 복잡한 상호작용의 결과로 성격이 형성된다고 보며 내담자가 세상에서 존재하는 방법을 수용하고 또한 변화시킬 수 있도록 돕기 위해 광범위한 기법에 초점을 맞춘다.

DBT가 행동기법에 의존하고 있음에도 불구하고, **인지행동치료의 제1의 물결**(조작적 조건형성, 고전적 조건형성, 모델링)이 그랬던 것처럼 특정 행동의 변화에만 초점을 두는 것은 아니다. 또한 잘못된 사고를 대체하는 과정에서 인지적 왜곡이나 비합리적인 사고를 들여다보는 전통적인 인지치료(**인지행동치료의 제2의 물결**)와는 대조적으로 DBT는 점차 더 유연하게 상대적인 세계관을 받아들이도록 해서, 문제를 악화시키는 경직된 사고방식에 매몰되지 않게 한다. 대신 DBT 및 이와 관련된 제3의 물결 접근법은 "마음챙김, 정서, 수용, 관계, 가치, 목표, 초인지"(Hayes & Hofmann, 2017, p. 245)를 비롯해 많은 전통적인 행동 기법과 수정된 인지 기법을 강조하는 경향이 있다.

변화가 더디고 어려워도 대부분의 내담자에게 변화가 가능하다는 것을 인식하게 되면서, DBT는 내담자를 급진적으로 수용하고 내담자가 스스로를 수용하도록 격려하는 것이 중요하다고 제안한다(Gold, 2017; Linehan, 2017a). 이를 고려해 볼 때, 경청, 공감, 급진적 수용을 통한 치료적 동맹 구축은 중요한 문제이며 이때에는 인간 중심 상담의 인본주의적 기법을 차용한다. 또한 실존 치료 및 게슈탈트 치료의 기법을 통해 내담자가 삶에서 중요한 것이 무엇인지 검증할 수 있게 하고 자신 내부에서 양극단을 볼 수 있도록 도와준다. 삶의 변증법적(양극단의) 측면을 이해하는 것, 특별히 수용과 변화를 이해하는 것은 모든 DBT 치료사의 작업에서 중요하다. 사실 변증법적 방식을 받아들이는 것은 너무 중요해서 모든 DBT 치료사들이 자신들의 삶에서도 적극적으로 받아들여야 하는 전략이다. 변증법적 사고를 촉진하는 데 사용되는 인기 있는 방법 한 가지는 마음챙김 기법이다. 이는 선불교라는 동양철학과 관련된 기법인데, 치료사와 내담자 모두가 자신을 받아들이는 여정에서 중요한 이 기법은 변화를 향한 첫 단계로 간주된다. DBT는 여러 인지행동 전통에 근거를 둔 접근법이지만 분명한 것은 이것이 실존주의-인본주의적 기술, 마음챙김, 동양철학을 통합했으며 내담자의 삶 속에서 더 깊은 의미를 촉진한다는 점이다. 이 과정에서는 급진적 수용을 시행하게 하고 사람은 바뀔 수 있다고 믿으며 이러한 변화를 촉진하기 위해 광범위한 철학과 기법을 사용한다.

핵심개념

　　DBT가 **경계성성격장애**(Borderline Personality Disorder: BPD)를 치료하기 위해 개발되었기 때문에 경계성성격장애를 간략히 설명하면서 이 절을 시작하고자 한다. 그런 뒤에, **생물사회이론, 정서조절곤란, 정서조절, 변증법적 철학, 행동주의, 선불교와 마음챙김** 등 DBT의 이론적 토대와 관련된 중요한 측면에 대해 서술할 것이다. 그리고 **DBT의 기본 가정 일곱 가지**를 이야기하며 마무리를 할 것이다.

경계성성격장애(BPD)

　　Linehan은 자살문제 및 유사자살문제를 보이는 내담자들과의 초기작업에서 많은 내담자들이 BPD의 진단기준 일부 또는 전체를 충족한다는 것을 알게 되었다(Linehan, 1993a). 당시에는 BPD에 대해 알려진 것이 거의 없었지만 Linehan(2017a)은 BPD의 정서적, 대인관계적, 행동적, 그리고 인지적인 조절문제에 대해 빠르게 인식하게 되었다. BPD로 진단받은 내담자들은 종종 관계문제를 가지고, 비자살적 자해행동에 관여하며, 자살 행동의 위험성도 훨씬 더 높다. 또한 그들을 상담하는 것은 특별히 어려운데 증상이 나아지기 어렵고 상담이 거의 성공하지 못해서 상담사가 종종 무기력감을 느끼게 된다. Kuo와 Fitzpatrick(2015)은 DSM-5의 BPD 진단에 필요한 증상을 아래와 같이 요약하였다.

1. 상상 속에서도 버려지지 않기 위해 미친 듯이 노력함
2. 대인관계에서의 불안정성
3. 정체성 혼란
4. 충동성
5. 자살행동
6. 정서적 불안정성
7. 만성적인 공허감
8. 부적절하고 강렬한 분노
9. 스트레스와 관련된 피해적 사고 또는 해리(p. 294)

　　인구의 1.4%에서 5.9%가 BPD 진단을 받지만 이 중 42.4%만이 치료를 받는다 (Grant et al., 2009; National Institute of Mental Health, 2017; Lenzenweger et al., 2007). 게다가 Ten Have 등(2016)에 따르면 약 25%의 사람들이 한두 개의 BPD 증상을 가지고 있으며 거의 4%는 서너 개의 BPD 증상을 보인다. 그러므로 BPD 및 이와 관련된 장애가 있는 사람들 그리고 BPD 증상 몇 개를 가지고 있는 사람들이 상담을 받는 사람들의 상당한 비율을 차지한다.

　　BPD가 있거나 관련된 증상이나 장애가 있는 많은 사람들과 상담을 하면서 Linehan은 치료적 방법이 적절하지 않고 종종 높은 중도 중단률을 보이고, 상담사가 스트레스를 받게 되는 등 안 좋은 결과를 얻게 된다는 것을 재빨리 깨닫게 되었다 (Linehan, 1993a). 그녀는 결국 BPD 내담자의 치료에 사용되는 전통적인 인지행동치료가 변화에 초점을 너무 많이 맞추고 있으며 BPD에게 흔한 조절의 어려움을 줄이는 데에는 충분하지 않다는 결론을 내렸다. 이런 사람들의 삶의 질을 향상시키기 위해 Linehan은 임상가들이 증상을 치료하는 것을 넘어서서, 내담자들이 견디고 버텨내는 정서조절 곤란의 복잡한 순환고리를 알아내고, 거기에 반응할 것을 추천한다. 그녀는 내담자들의 상황이 가진 복잡성을 이해하고 이에 따라 작업을 하기 위해 증상 자체에 초점을 맞추는 대신 생물사회적 관점을 활용했다.

생물사회이론

　　Theodore Millon(1969)에 의해 대부분 만들어진 성격 형성에 대한 생물사회적 모델에 따르면 아이들은 체력, 인지적 능력, 추동, 에너지, 기질 등 세상에 대한 관점을

형성할 수 있는 구성요인들을 가지고 태어나지만 그 요인들은 양육, 또래관계, 그 외 다른 환경적 요인 등 아동기의 경험에 의해 다르게 표현될 수 있다. 구성요인들이 섞여 아이들이 정서적 취약성을 갖게 되고 부정적이고 비수인적인 환경에서 자라나게 되면, BPD나 다른 정신 장애에 대한 위험성은 점점 더 증가하게 된다(Kuo & Fitzpatrick, 2015; Linehan, 2015a).

Linehan(1993a; Rizvi et al., 2013)은 주양육자(예: 부모)로 인해 조성된 **비수인적 환경**이 아이들에게 정서적 반응을 고조시키고, 정서적 반응을 조절하기 어렵게 하고, 정상 상태로 돌아가는 속도를 느리게 할 수 있다(이런 특성은 BPD와 관련된 장애를 가지는 사람들의 전형적인 증상들이다)고 제안했다. 예를 들어, 아동의 정서경험을 양육자가 지속적으로 무시하고 무가치한 것으로 치부해 버리면 아동은 극한의 정서를 표현하게 되고, 이런 행동은 관심을 받을 가능성이 높다. 종종 이런 아동들은 강력한 정서적 표현과 주의를 끄는 것을 연합시키는 법을 배우게 된다.

이런 아동들이 어른이 되면서 상황이 안 좋을 때 효과적으로 의사소통하거나 문제를 해결하는 법을 모르게 되는데 이는 그들이 다른 사람들과 상호작용할 때, 빠르게 고조된 감정 상태에 의존하기 때문이다(Crowell, 2009; Rizvi et al., 2013). 또한 그들은 자신의 정서 상태를 낮추는 것도 힘들어 한다. 이렇듯 정서적 변동성이 지속적으로 순환하며 나타나면서 BPD 또는 관련된 장애가 있는 사람들은 삶의 양극성, 동시에 사실일 수 있는 두 극단의 생각(예: "나는 내 파트너에게 화가 났어, 이혼하고 싶어."와 "내 파트너는 내 삶의 안정감을 줘"라는 생각이 동시에 존재하는 것)을 이해하기 힘들어 한다. 그렇기 때문에 변증법적 철학을 통합하는 방법을 배우는 것은 BPD 또는 관련 장애의 증상을 보이는 사람들에게 매우 중요하며, 모든 사람들이 가져야 할 좋은 철학이라고 할 수 있다.

정서조절곤란과 정서조절

BPD 및 관련 장애가 있는 사람들은 **정서조절곤란**으로 고생을 하는데 이들은 자신의 정서적 경험을 조절하기 어려워하는, 심지어 조절을 못하는 증상을 보인다(Linehan, 2015a). 이런 사람들은 (1) 자신의 감정에 의해서 움직이고, (2) 타인의 정보와 단서를 처리하기 어렵고, (3) 충동적인 행동을 보이고, (4) 결정을 내리기 어려우며, (5) 인지적 왜곡에 따라 행동하게 된다(예: 모 아니면 도, 파국화, 과대일반화, 개인화, "해야 한다"를 과도하게 사용하는 것 등). Pederson(2015)은 낙인을 최소화하기 위해서 이런 인지적 왜곡을 "막힌 생각(stuck thoughts)"이라고 불렀다. 게다가 자신의 정서를 조절하지 못하는 사람들은 (1) 자신의 정서를 모르거나 정서를 억제하고 (2) 긍정적인 정서는 거의 경험하거나 표현하지 않고 (3) 다른 사람과 자신의 감정에 대해 효과적으로 소통할 수 없는 등 과잉통제의 모습을 통해 정서조절 문제를 나타낸다.

　　반대로 **정서조절**은 (1) 강력한 정서를 조절하여 정서가 생각이나 행동을 지배할 수 없도록 하고, (2) 자신의 감정을 다른 사람들과 효율적으로 소통하며 (3) 상황을 긍정적으로 안정시키는 방식으로 강한 정서에 반응하고 (4) 스스로를 안정시켜서 강한 정서가 사고나 행동에 직접적으로 영향을 주지 않게 하는 능력을 의미한다. 정서조절곤란이 BPD가 있는 사람들의 특징이기는 하지만 이는 여러 다른 장애에서도 공통적으로 보일 수 있는 문제이다. 그러므로 DBT가 원래는 BPD가 있는 사람들을 위해 사용되었더라도 상담 장면에 오는 많은 다양한 사람들에게 확대하여 사용될 수 있다.

변증법적 철학

　　변증법적 철학에서는 "현실은 서로 관련이 있고 연결되어 있으며 반대되는 힘으로 구성되어 있고, 항상 변화한다"라고 한다(Rizvi et al., 2013, p. 74). 증상을 변화시키는 것에 초점을 둔 다른 형태의 인지행동치료와 달리 Linehan은 변증법적 개념틀이 변화 과정에 기반이 되는 근본적인 철학이 되어야 한다고 제안하였다(Linehan, 1993). 이런 철학에 따르면 현실은 양극단에 기반을 두고 있는데 그 양극단은 내담자 안에서, 치료사 안에서 그리고 내담자와 치료사 사이에서 항상 긴장을 야기한다. 예를 들어, 다음의 내용은 삶의 양극단을 받아들이기 어려워하는 모습을 보여준다.

1. 내담자는 자기 자신을 악하게만 보고 좋은 점을 깨닫지 못한다.
2. 치료사는 내담자가 경계성성격장애이기 때문에 변화하지 못한다고 믿는다.
3. 치료사는 내담자의 입원을 바라고 있을지 몰라도, 내담자는 자신이 입원을 할 정도는 아니라고 생각한다.

　　삶의 음양이라는 관점에서 보면, 사람은 양극단의 힘을 점점 더 이해하고 동시에 이 두 힘을 의식적으로 붙들고 있을 필요가 있고, 그 양극단에서 얼마나 고생하는지와는 상관없이 양극단의 힘을 통합할 필요가 있다. 예를 들어, 첫 번째 예에서, 내담자는 자신의 장점 또한 알고 있어야 한다. 두 번째 예에서, 치료사는 어떤 변화는 모든 내담자에게 가능하다는 점을 받아들일 필요가 있다. 그리고 세 번째 예에서, 치료사와 내담자는 입원에 대해 가지고 있는 다른 입장을 설명하면서 협력적이고 만족스러운 결론에 도달할 필요가 있다.

수용 대 변화: DBT에서 가장 중요한 변증

DBT에서의 변화 과정 중 가장 핵심적인 **변증**은 '**수용 대 변화**'이다. 예를 들어, 우울한 내담자는 자신의 슬픔을 경험하도록 스스로 허용해야 할 뿐 아니라 만족감을 느끼고 싶은 욕망도 알고 있어야 한다. 자신이 실패했다고 여기는 내담자는 자신의 성공도 마음속에 그려볼 수 있어야 한다. 또한 약물에 대한 욕구가 있는 내담자는 약물에서 깨끗하게 되고 싶은 자신의 바람 또한 볼 수 있어야 한다(Rizvi et al., 2013). 내담자가 자신의 현재 상태를 수용할 수 있게 돕는 것, 동시에 내담자가 자신의 변화 가능성을 볼 수 있도록 돕는 것, 그것이 DBT의 전형적인 특징이다.

BPD를 가지고 있는 사람들의 변증법적 딜레마 세 가지

BPD 및 관련 장애가 있는 사람들과 하는 작업의 핵심은 정서조절곤란의 결과로서 내담자들이 마주하게 되는 세 가지 생물사회적, 변증법적 딜레마를 이해하는 것이고 이 딜레마는 (1) "**능동적 수동성**(active passivity) 대 **겉보기의 유능함**(apparent competence)", (2) "**정서적 취약성**(emotional vulnerability) 대 **자기부정**(self-invalidation)", (3) "**끊임없는 위기**(unrelenting crisis) 대 **억제된 슬픔**(inhibited grieving)"이다(Koemer, 2012). Linehan(1993)은 이런 양극단에는 조절이 충분치 않거나 정서적으로 통제하지 못하는, 생물학적인 측면에 기반을 둔 성향(빨간색), 또는 조절이 지나치거나 자신의 감정을 과잉통제하려는 사회적인 측면에 기반을 둔 성향(파란색)이 존재한다고 제안했다. 어느 쪽도 좋지 않다. BPD 및 관련 장애가 있는 사람은 이 두 극단을 왔다 갔다 하면서 두 극단을 통합하기 어려워한다(그림 5.1).

> **능동적 수동성**(active passivity) 대 **겉보기의 유능함**(apparent competence): 학습된 무기력과 유사하게 능동적 수동성은 스스로 어떤 행동을 하기보다 자신의 운명을 다른 사람이 결정하도록 허락하고 심지어 그러기를 촉구한다. "겉보기"라는 말에 초점을 맞춰 생각해 보면, 겉보기의 유능함이란 다른 사람이 자신이 겪고 있는 스트레스 상황을 못 알아보고, 겉으로만 가장하는 능력을 의미한다.

그림 5.1 세 가지 변증법적 딜레마

정서적 취약성(emotional vulnerability) 대 **자기부정**(self−invalidation): 정서적 취약성은 작은 일에 강한 정서적 반응을 보일 때 나타나는데, 이로 인해 극도의 격정, 타인에 대한 지나치게 강한 반응, 그리고 혼란스러운 대인관계가 발생한다. 반면에 자기부정은 자신의 정서적 경험을 무가치한 것으로 경시하는 것을 의미한다("나는 이런 느낌을 가지면 안 된다", "나는 행복하면 안 된다", "나는 걱정도 해서는 안 된다"). 자기부정은 때로 자해를 유발시킬 수도 있다. 정서적 취약성과 자기부정 모두 정서를 효율적으로 다루지 못하게 하고 진정성 있고 생산적인 방법으로 다른 사람과 상호작용하기 어렵게 한다.

끊임없는 위기(unrelenting crisis) 대 **억제된 슬픔**(inhibited grieving): 끊임없이 위기를 경험하는 사람들은 지속적으로 정서적인 재난과 재앙 상태에 처하게 되는데 이런 상태는 대인관계에 파괴적임에도 불구하고 이들에게 익숙하다. 반대로, 이런 사람들은 자신의 정서를 회피하고 부정하는 억제된 슬픔의 상태에 빠지곤 한다. 어떤 경우건, 즉 지속적으로 위기를 경험하건 감정을 표현하지 못하건 둘 다 진성성이 없고, 감정을 고갈시키는 방식으로 삶을 살아가게 된다. BPD가 있는 사람들은 이 두 가지 극단을 자신의 삶에 통합하는 방법을 배우지 못했다.

건강한 사람들은 능동적 수동성과 겉보기의 유능성, 정서적 취약성과 자기부정, 끊임없는 위기와 억제된 슬픔 간의 균형을 갖춘다. 예를 들어, 건강한 사람들은 자신의 삶에 대한 책임감을 가지고 있으며, 다른 사람에게 자신의 유능함을 입증하려는 강한 욕구를 보이지 않는다. 이들은 상황에 대해 과잉 반응하지 않으며 자신의 정서 또한 경시하지 않는다. 그들은 끊임없어 보이는 위기에 자신을 처하게 하거나 자신의 정서를 피하려고 하지도 않는다. 생물학적 특징과 사회적 양육의 결과, 건강한 사람은 감정에 대해 접근할 수 있고, 자신의 감정을 측정할 수 있고, 합리적인 방법으로 반응하는 능력과 양극성 간의 균형을 찾고 자신의 삶을 진실되게 살게 된다.

행동주의

애초에 Linehan은 자살, 유사자살 문제를 보이는 내담자들과의 작업을 시작할 때 표준적인 행동치료 기술을 사용했다(Linehan & Wilks, 2015). 이런 접근은 **인지행동치료의 제1의 물결**이라고 불리기도 하는 전통적인 행동주의적 원리에 기반을 두었는데 이런 원리에는 고전적 조건형성, 조작적 조건형성, 모델링 등이 해당된다. Ellis의 합리적 정서행동치료나 Beck의 인지행동치료와 같은 인지적 접근이 출현하자 인간의 사고가 문제 행동에 어떤 영향을 미치는지에 초점을 두게 되었다. **인지행동치료의 제2의 물결**로 알려져 있는 이런 접근에서는 행동치료에 내담자의 내부 세계라는 중요한 요소를 추가한다. 그러나 제1, 제2의 물결 모두 문제해결 중심의 전략에 초점을 맞추고 있었는데, Linehan은 문제를 변화시키는 것에 대해 지속적으로 집중하는 것이 대부분의 내담자를 좌절하게 하여 많은 내담자들이 치료사들을 비난하거나 치료를 중단하게 한다는 점을 깨닫게 된다.

Linehan(2016; Linehan & Wilks, 2015)은 곧이어, 결국 변화가 일어나게 될 거라면, 치료사는 이렇게 변화하는 과정에서의 치료적 관계가 얼마나 중요한지 알아야 하고, 치료사가 먼저 자신의 내담자들을 획기적으로 수용해야 하고 내담자들에게 자기 자신을 수용하는 방법을 가르쳐 주어야 하며 내담자가 변증을 이해할 수 있도록 도와주면서 여러 가지 행동적, 인지적 그리고 그 외 다양한 기술을 사용하여 최종적으로 내담자가 변화할 수 있도록 도와주어야 한다는 점을 깨닫게 되었다. 이런 맥락에서, 치료사들은 내담자가 천천히 좋아질 수도 있고 때로는 일시적으로 나빠지거나 좋아질 수도 있다는 사실을 수용해야 하며 매우 까다로운 내담자와 작업을 하는 경우에는 자살이나 자해의 위험성에 대해 지속적으로 인지할 필요가 있다.

오늘날 대부분의 DBT 치료사들은 내담자의 상황에 대한 **기능적 행동분석**(functional

behavior analysis)을 하는데 이때는 내담자의 행동이 문제와 어떻게 연결되는지를 검토하게 된다. 이런 이해와 치료사 및 집단기술 훈련사의 도움을 바탕으로, 내담자는 자신을 어떻게 수용하는지 배울 수 있게 되고 변화에 대해서도 고려할 수 있게 된다. 변화하는 과정에서, DBT 치료사들은 인지행동치료 제1의 물결에 해당하는 행동기술(예: 조작적 조건형성, 고전적 조건형성, 모델링)을 적용하고 내담자들이 자신의 완고한 신념(예: "나는 옳고 너는 그르다.")을 검증할 수 있도록 돕고 좀 더 유연하게 사고하는 법을 제안하며 다양한 기술을 사용하여 내담자가 변증법적 극단을 통합할 수 있고 환경에 덜 반응적이 되도록 돕는다.

선불교와 마음챙김

깊이 있는 기도와 명상에 대한 긍정적인 경험 덕분에 Linehan은 **선불교**의 원리를 배우게 되었다(Swales & Heard, 2009). 선불교 철학은 DBT에 적용되는 많은 원리를 강조하고 있는데 이런 원리에는 상호연관성, 완전성, 지속적인 변화 그리고 삶의 양극단에 대한 깨달음이 포함된다(Robins, 2002). 예를 들어, DBT에서 치료사는 모든 것은 연결되어 있고(상호연결), 문제를 해결하거나 무시하는 것은 삶의 모든 측면에 복잡한 방식으로 영향을 줄 것(전체성)이라는 사실을 내담자가 알 수 있게 도와줘야 한다. 변화는 삶 전체를 통해 지속적으로 이루어지는 것이라는 점을 전제로, 치료사가 내담자에게 매 순간 자신을 수용하는 법, 그리고 변화가 일어날 때 자신의 정서를 관리하는 방법을 배울 수 있도록 가르쳐주어야 한다. 삶의 양극단에 대한 깨달음이라는 마지막 원리의 경우, 양극단이 동시에 존재한다고 제안한다. 이는 내담자가 이원론적인 세계관(예: "나는 항상 나쁜 부모야.")을 포기하고 극단의 양쪽을 모두 품을 수 있는 복합적인 방식을 갖추어야 함(예: "나는 어떤 때는 좋은 부모가 되지 못할 수도 있지만 때로는 상당히 괜찮은 부모이기도 해.")을 의미한다.

Linehan(2015)은 내담자에 대한 가정을 개념화하고 개입을 개발하고 치료목표를 세우는 데에 도움이 되기 위해 위와 같은 선불교의 원리를 사용하였다. 또한 **마음챙김**의 실제는 이런 선불교의 원리를 다수 포함하고 있다고 생각했기 때문에 Linehan은 마음챙김을 DBT에 포함시켜 내담자가 집단기술훈련 회기에서 이를 배우고 개인 회기에서 연습할 수 있도록 하였다. 이런 연습을 통해 내담자들이 배운 기술을 자기 자신과 주변 사람들에게 점점 더 잘 적용할 수 있게 되고 자신을 좀 더 많이 수용하게 되고 변화도 삶의 한 부분임을 이해하고 좀 더 복합적인 방식으로 생각할 수 있게 된다.

DBT의 기본 가정 일곱 가지

DBT의 일곱 가지 기본 가정들은 수용과 변화의 변증법, 그리고 삶 전체의 맥락에서 행동을 변화시키는 것의 중요성을 강조한다(상자 5.1 참조).

상자 5.1 DBT를 사용하여 내담자와 작업을 할 때의 기본 가정 일곱 가지

1. **사람들은 자신이 할 수 있는 한 최선을 다하고 있다.** 언제든지 사람들은 자신이 할 수 있는 한 최선을 다하고 있다고 가정한다.
2. **사람들은 더 나아지기를 원한다.** 현재 고통 중인 사람도 더 나아지기를 원한다. 사람들은 더 잘 하고 더 열심히 하고 변화에 대해 더 동기부여 될 필요가 있다.
3. **사람들이 최선을 다 한다고 해도, 만일 그들이 고통 중에 있으면 더 열심히 하고, 변화하기 위해 훨씬 더 많이 동기부여 될 필요가 있다.** 이 변증(최선을 다 하는 것과 더 열심히 노력해야 하는 것)은 내담자가 배워야 할 중요한 가정이다.
4. **사람들은 자기가 가진 모든 문제를 유발하지 않았을 수 있지만 그들은 어쨌든 문제를 해결해야 한다.** 사람들에게는 자신의 문제를 해결할 방법을 찾아야 하는 최종적인 책임이 있다. 그렇지만 다른 사람(예: 치료사)이 그 과정에서 도움을 줄 수 있다.
5. **모든 관련된 맥락에서 새로운 행동을 학습해야 한다.** 새롭게 학습한 행동은 처음에 학습했던 상황에만 적용되는 것이 아니라 그 행동이 필요한 모든 상황에 일반화되어야 한다.
6. **모든 행동(행동, 사고, 정서)은 원인이 있다.** 오기능, 해악이 되는 행동에도 원인, 즉 이유가 있다. 심지어 그 행동을 하는 사람이 그 이유를 알고 있지 못한다고 할지라도 말이다.
7. **행동의 원인을 파악하고 변화시키는 것이 판단하고 비난하는 것보다 변화를 위해 더 좋은 방법이다.** 자신 또는 타인을 판단하거나 비난하지 말아야 한다. 대신에 행동의 원인을 찾아보고 그것을 변화시켜 보려고 애써야 한다(Linehan, 2015, p. 53, 첫 문장은 원문에서 그대로 따 옴).

기법

DBT의 치료적 과정은 정통 심리치료 과정과 비교해 볼 때 독특한 점이 있는데 치료 전 단계와 이어서 동시에 적용되는 네 가지 모드로 구성된다. 이 네 가지 모드는 개인치료, 집단기술훈련, 협력팀 회의, 회기 간 전화코칭이다(표 5.1 참조). 치료는 대개 일주일에 4~5시간 진행되고 6달에서 1년에 걸쳐 지속되며 각 모드 내에서 다양한 기법이 사용된다(Linehan, 1993－a, －b, 2015a; Peterson, 2015; Van Dijk, 2012).

　　아래에서는 치료 전 단계, 개인치료, 집단기술훈련, 협력팀 회의, 회기 간 코칭에서의 기술, 기법 및 초점에 대해 개관할 것이다. DBT는 집중적인 훈련이 필요하지만 여기에서는 상대적으로 자주 사용되는 기법 중 몇 개에 대해서만 간단히 다룰 것이다. 만약 당신이 더 심화된 훈련에 관심이 있다면 **DBT 치료사 자격증**을 취득하게 될 수도 있다. 이 자격증을 따기 위한 조건에는 정신건강 분야의 석사 이상의 학위, 변증법적 치료에 대한 훈련, 임상적 경험, 시험응시 등이 있다(www.dbt－lbc.org).

표 5.1 DBT 치료의 모드

모드	기간	주요 목표	관여하는 전문가
치료 전 단계	1-3회기	• 목표와 과정 설명 • 치료에 대한 오리엔테이션과 서약 • 내담자 평가와 진단 • 심리교육: 진단, 생물사회적 모델, 정서조절곤란, 변증법 등 • 경계 설명하기 • 구두 및 서면 동의	• 보통은 개인치료 담당 상담사
개인치료	주 1시간	• 자살 및 생명위협 행동 줄이기 • 치료방해 행동 줄이기 • 삶의 질 행동 기술 증가시키기 • 집단에서 습득한 기술 강화하기	• 개인치료 담당 상담사
집단기술 훈련	주 2-2.5시간	• 치료를 방해하는 것으로 보이는 행동 줄이기 • 기술 습득, 기술 강화	• 집단기술 훈련가
협력팀 회의	주 1-1.5시간	• 치료사, 집단기술 훈련사의 동기수준 유지시키기 • 치료에 대한 상의 및 효과성에 대해 보장하기 • 치료사와 집단기술 훈련사의 소진 방지하기 • 지지와 책임을 통해 DBT 원칙 유지하기	• 개인치료 담당 상담사, 집단기술 훈련가, 정신과의사, 기타
회기 간 코칭	필요 시	• 자살 및 생명위협 행동 줄이기 • 행동기술의 일반화 증가하기 • 갈등, 소외, 치료사 및 다른 사람들과의 거리감 줄이기	• 개인치료 담당 상담사

치료 전 단계

　　개인치료를 진행할 치료사에 의해 시작되는 **치료 전 단계**에서는 **오리엔테이션**과 치료적 과정에 대한 **서약**이 포함된다(Linehan, 1993a, 2015a; Pederson, 2015). 일반적으로 이 단계에서는 내담자의 현재 생활 환경에 대한 전반적인 **평가**를 실시하고, 자살가능성을 평가하며 진단을 실시한다. 그런 다음, 진단, 생물사회적 모델, 정서조절곤란, 변증법에 대한 **심리교육**이 제공된다. 개인치료, 집단기술훈련, 회기 간 코칭의 **목표와 과정에 대한 설명**도 제공되고 **관계에서의 경계** 또한 다룬다. 이런 일련의 과정은 내담자가 가지고 있을지도 모르는 치료 절차에 대한 오해를 감소시키는 데에 도움이 된다. 궁극적으로 치료에서 진전이 있으려면 내담자는 모든 개인치료 회기, 집단기술훈련 회기에 참석할 것과 자살, 유사자살행동 및 치료에 방해가 되는 행동이 발생할 때에는 치료사에게 이야기하기로 동의해야만 한다. 내담자가 이 과정에 동의한 후에는 **구두나 서면으로 동의**를 구하는데, 6개월에서 1년 후에 동의를 갱신할 계획도 세운다. 이러한 과정은 치료절차에 대한 책임감을 강화시키게 된다.

개인치료에서의 단계 I-IV

DBT의 개인치료는 4단계로 나누어 볼 수 있다. **개인치료의 I~IV단계**는 다음과 같다.

I단계: 삶을 위협하는 행동, 치료를 방해하는 행동, 삶의 질을 저하시키는 행동을 순서대로 다루면서 안전과 안정화에 초점을 둔다.

II단계: 과거의 외상이나 비수인성 때문에 생긴 비참함이나 "소리 없는 절망감"을 유발하는 행동에 초점을 맞춘다.

III단계: 일상의 문제를 유발하는 행동에 초점을 맞추어서 내담자가 비록 기복은 있지만 상대적으로 만족스러운 삶을 살 수 있도록 한다.

IV단계: 좀 더 심오한 의미, 영적인 성취, 및 지속적으로 성공하고 기뻐할 수 있는 능력을 찾는 데 초점을 둔다.

개인치료를 진행할 때, 내담자가 어느 단계에 있느냐에 따라 기법을 다르게 적용한다. I단계에 있는 내담자들은 삶에 위협이 되고 치료를 방해하고, 삶의 질을 떨어뜨리는 문제를 우선적으로 다뤄야 한다. DBT에서의 단계는 보통 선형적인 모습을 보이지만, 때때로 단계들이 겹치거나 때로는 이전 단계로 돌아가게 될 수도 있다. 다음은 여러 단계에서 사용되는 몇 가지 지침 및 기법에 대한 설명이다.

치료 구조화

치료의 단계가 몇 단계이든지, **구조화된 치료**는 중요하고 종종 다음과 같은 특징이 있다(Pedersen, 2015; Van Dijk, 2012).

- ◆ 내담자와 따뜻하게 인사하기: 치료적 동맹 유지하기
- ◆ 내담자의 정서상태에 대해 이야기하기
- ◆ 내담자와 상담사의 현실기반성을 높이기 위해 마음챙김 실시하기
- ◆ 치료의 다른 측면(예: 집단기술훈련)에 대해 묻기
- ◆ 과제에 대해 묻기
- ◆ 다이어리카드 검토하기
- ◆ 이제껏 알게 된 정보를 바탕으로 회기 운영하기
- ◆ 목표를 설정하고 과제를 적절히 제시하기
- ◆ 최종적으로 마음챙김 연습하기
- ◆ 마무리 인사하고 다음 약속 상기시키기

다이어리 카드

DBT를 하는 대부분의 상담사는 내담자가 **다이어리 카드**를 매주 완성하여 제출하도록 한다. 다이어리 카드는 내담자가 한 주 동안 경험하는 자신의 정서에 초점을 둘 수 있게 도와준다. 또한 내담자가 자살 및 유사자살사고를 경험하고 있다면 전화코칭이 필요하다. 다이어리 카드의 종류는 여러 가지가 있다(Brodsky & Stanley, 2013). 축약본 중 하루치가 표 5.2에 제시되어 있다.

표 5.2 수정된 다이어리 카드

요일: 월요일	다이어리 카드				
강한 정서 목록 → 강도 ──────→ (낮은=1; 높은=5)	우울 (4)	무기력 (4)	무관심 (3)	기타:	기타:
욕구: ──────→ 강도 ──────→ (낮은=1; 높은=5)	자살 (2)	베기 (5)	기타:	기타:	기타:
행동: ──────→	베기	기타:	기타:	기타:	기타:

더 많은 종류의 다이어리 카드를 이용하여 자살사고, 자해 행동, 치료 방해 행동 (treatment-interfering behaviors: TIB), 강한 정서의 수준(예: 우울, 불안, 분노), 약물치료, 수면, 에너지 수준, 약물 사용, 자기관리 기술 등 여러 가지 문제를 추적 관리할 수 있다 (Pederson, 2015). 다이어리 카드가 한 주 동안 잘 작성되지 않았다면 치료사는 개인치료 회기에 내담자와 함께 체인 분석(chain analysis)을 실시하여 다이어리 카드 작성의 중요성을 더 강화시킨다.

체인 분석

여기에서는 다루어야 할 문제 행동을 좀 더 자세히 검토한다. 일반적으로 다음과 같은 내용을 검토한다(Van Dijk, 2012).

◆ 문제행동(다이어리 카드에서 종종 알 수 있다.)
◆ 주변환경은 촉발사건과 어떻게 관련되는가?
◆ 촉발사건과 문제행동 사이의 연결고리
◆ 문제 행동의 부정적/긍정적 결과
◆ 문제 행동에 대해 가지는 개인의 취약성을 줄이는 방법
◆ 촉발사건이 다시 일어나지 않게 하는 방법
◆ 문제를 유발하는 사건의 연결고리를 감소시키는 방법
◆ 문제 행동과 관련된 피해를 바로잡는 방법(상자 5.2 참조)

상자 5.2 체인 분석

내담자 성명: Jeremiah Bully Picker
문제 행동: 피부 뜯기(피부뜯기장애)
환경적 취약점: 프로젝트 마감과 수면 부족 때문에 유발된 일과 관련된 스트레스
현재 사건: 파트너와 말다툼
연결고리: "저는 직장에서 집에 왔고 아내와 그 날에 대해 이야기를 하려고 했어요. 아내는 저의 말투를 지적하면서 제가 아내에게 못되게 굴고 있다고 하더군요. 저는 아니라고 했죠. 그녀는 제가 저를 잘 모른다고 하는 거예요. 그래서 화가 나더라고요. 화를 내면서 아내에게 틀렸다고 말했어요. 그러자 아내는 자신이 틀리지 않았다고 하더군요. 제가 더 화가 나서 아

내에게 거의 소리를 지르다시피 하면서 아내가 나를 미치게 하고 있다고 했어요. 아내는 저에게 문제가 있다며 꺼지라고 했어요. 저는 아내를 때리고 싶었어요. 하지만 다행히 윗층으로 올라가 제 침실에서 TV를 봤죠. 이때 제가 피부를 뜯기 시작했어요. 이미 손과 팔에 딱지가 몇 개 있었는데 제가 그것을 마구 뜯었더니 피가 나더라고요. 저는 피가 흐르는 딱지를 보면서 내가 뭘 한 걸까 싶어 부끄러워졌어요. 그 순간 살 가치가 없다고 생각되었죠. 반창고를 가지고 와서 지혈을 시키고 그만 뜯어야겠다 싶었어요. 아내가 올라오더라고요. 그리고 저를 봤죠. 그러더니 이런 일이 일어나서 자기 마음이 안 좋다고 했어요. 저에게 와서 제 등을 쓰다듬으면서 사랑한다고 말했어요. 저도 그녀에게 사랑한다고 했어요. 그리고 저는 낮잠을 길게 잤어요."

부정적인 결과:

1. 아내와 말싸움을 하고 거리감을 느꼈다.

2. 신체를 손상시키고 자신에 대해 안 좋은 감정을 느꼈다.

긍정적인 결과:

1. 아내는 사과를 했고 나를 돌봐 주었다.

2. 낮잠을 잤고 기분이 좋아졌다.

추후 취약성을 줄이는 방법:

1. 집에 오기 전에 스트레스를 완화시키는 방법을 사용함(예: 명상, 마음챙김 연습, 운동)

2. 수면에 도움이 될 수 있는 약을 일시적으로 처방받기 위해 병원에 가 보기

3. 강박행동을 막기 위한 항우울제 찾아보기

사건의 촉발을 막는 방법:

1. 직장에서 스트레스를 많이 받은 날은 집에 곧바로 오지 않기. 대신 스트레스를 줄이는 활동을 하기(운동, 명상, 마음챙김 등)

2. 말다툼이 시작하게 될 것 같을 때 이완시키거나 그 자리를 떠나 다른 것을 하기

일련의 사건들을 줄이는 방법:

1. 스트레스를 많이 받으면, 알아차리고 그것을 줄일 수 있는 활동을 하기(예: 명상, 운동 등)

2. 스트레스를 많이 받으면, 아내와의 의사소통 기술을 활용해야 하고, 현재 내가 좋은 상태가 아니라는 것을 아내가 알 수 있도록 하기

3. 분노를 느끼면서 말다툼이 악화되고 있음을 알게 되면 일단 그 상황에서 벗어나기

4. 분노를 느끼면서 말다툼이 악화되고 있음을 알게 되면 겸허하게 내가 느끼는 분노가 좋지 않다는 사실을 아내에게 설명하기

5. 피부를 뜯고 싶다는 생각이 들 때, 딱지 위에 즉시 밴드를 붙이고 진정제를 투약하고 잠시 산책하기

바로 잡고 수정하는 방법:

1. 내가 화를 낸 것에 대해 아내에게 사과하기

2. 내가 감정적으로 기복이 심한 사람이어서 미안하게 생각하고 있고, 이 문제로 치료를 받아 더 나은 결혼생활이 되게 하겠다고 아내에게 설명하기
3. 내 자신에게도 내가 비록 피부를 뜯었다고 해도 내 자신을 용서해야 한다고, 그리고 내가 이런 문제가 있다는 것을 수용하면서 나의 증상을 낮추기 위해 노력해야 한다고 이야기하기

변증법적 대화기술

　　DBT에서는 다양한 의사소통기술을 활용하는데 이러한 기술들은 수용과 변화라는 변증법적 전략을 따르고, 상황을 좀 더 복잡한 방식으로 볼 수 있도록 도와주며, 내담자로 하여금 다른 관점을 고려하도록 돕는다(Pederson, 2015; Van Dijk, 2012). 자주 사용되는 기술에는 급진적 수용, 상호적 의사소통, 불손한 의사소통, 악마의 옹호자 역할하기, 은유 사용하기, 레몬으로 레모네이드 만들기, 예외 규칙, 현명한 마음, 역할 바꾸기, 세 가지 변증법 이해하기가 있다. 상자 5.2에 사용된 체인 분석을 사용하여, 이 기술의 몇 가지를 살펴보자.

　　급진적 수용: 실존적 – 인본주의적 전통에서, 이는 내담자를 충분히 들어주고 공감을 보이고, 내담자에 대한 무조건적인 긍정적인 배려를 제공하는 것을 의미한다. 이때 상담사는 내담자가 세상에 대한 현재 자신의 이해 범위 안에서 자신이 할 수 있는 모든 것을 하고 있다는 점을 수용한다.

◆ **상담사:** "이 모든 것이 당신에게는 매우 고통스러운 경험인 것같이 들리네요. 한편으로는 아내에게 화를 낸 것이 정당하다고 느껴지셨겠지요. 다른 한편으로, 당신은 아내와 이렇게 일이 끝나버리고 당신은 이렇게 또 딱지를 뜯었다는 점에 대해 언짢으셨죠."

　　상호적 의사소통: 이 기술은 내담자와 주고받는 의사소통에 적용되는데 이 의사소통에서 상담사는 진실하고 따뜻하고 평등주의적이고 경청을 하고 공감적이고 내담자를 존중하고 내담자의 어려움을 이해하고 적절한 방식으로 자기개방을 하게 된다. 이런 반응

은 치료동맹에 중요하고 이를 통해 내담자를 인정하게 되고 변화를 강화하게 된다.

◆ 상담사: "말다툼을 하신 후에 아내 분과 정말 좋은 경험을 가지셨던 것으로 들리네요. 그것은 당신이 화가 난 상황을 진정시키기 위해 노력을 아주 많이 했다는 것을 의미하는 것으로 보입니다. 제 경험으로 봐도 그게 얼마나 기분 좋은 일인지 알아요. 어떻게 생각하시나요?"

◆ 내담자: "우리가 대화를 나눈 뒤에 기분이 좋았어요. 문제를 해결할 수 있다는 희망도 생겼고요. 제 목표를 다시 살펴볼 수 있을 것 같습니다."

◆ 상담사: "네, 좋습니다."

불손한 의사소통: 급진적 수용과 상호적 의사소통이 '음'이라면 불손한 의사소통은 '양'에 해당한다. 이것은 도발적이고 대립적이고 직접적이다. 이것은 내담자가 세상을 다르게 보도록 돕고, 내담자를 균형에서 벗어나게 한 다음 다시 균형을 잡게 하고, 정서적인 초점을 이동시키려는 목표를 가지고 있기 때문에 내담자가 듣고 싶어 하지 않을 수 있는 반응을 포함한다.

◆ 상담사: "저는 우리가 치료 계약을 지키기로 동의했다고 생각합니다. 그렇지만 지난주 당신이 아내 분에게 화를 냈을 때, 당신은 결국 팔에 있던 딱지를 뜯었지요. 그것은 계약 내용과 다릅니다."

악마의 옹호자 역할하기: 여기서 상담사는 내담자가 제안하는 관점과 다른 관점을 제안한다. 이를 통해 내담자는 자신이 하고 있는 행동을 다시 검증하게 된다. 이렇게 함으로써 내담자는 "게으른 머리는 악마의 놀이터가 된다"라는 말을 떠올리게 된다.

◆ 상담사: "자, 저에게 아내와 함께 있을 때 분노를 키우고 싶지 않다고 말씀하셨는데요. 그렇지만 당신이 그녀와 있을 때 화를 내게 된다면 그 자체에서 이차적 이득이 있는 것처럼 들리거든요. 예를 들어, 당신이 통제하고 있

다는 느낌, '내가 맞다'는 그 느낌을 좋아하시는 것 같아요."

은유 사용하기: 은유를 사용하면 내담자가 자신의 문제를 이해하는 데에 대안적인 작동원리를 가질 수 있게 되고 전통적인 상담사 반응과 다른 방식으로 뇌를 작동시킨다. 그렇기 때문에 내담자가 자신이 처한 상황을 새로운 방식으로 이해할 수 있는 기회를 가질 수 있게 된다.

◆ 상담사: "나쁜 상황에서 결국에 당신 자신을 벗어나게 한 것은 잘 하셨습니다. 이 것이 건강하지 못하다는 것을 알게 되자마자 번개같이 벗어났군요."

레몬으로 레모네이드 만들기: 이 기술은 문제 상황을 끌어내어 이것을 잠재적으로 긍정적인 경험으로 바꾸는 것이다.

◆ 상담사: "아내와 말다툼한 후에 살을 뜯었던 것은 당신이 배운 기술들을 연습할 수 있는 기회가 되었었네요."

예외규칙: 해결중심 단기치료(solution-focused brief therapy, SFBT)에서 차용한 이 기술은 내담자가 문제 행동이 없었던 때를 떠올리게 해서 그 문제행동이 일어나는 맥락을 인식할 수 있게 한 후 그 맥락을 대체할 수 있도록 시도한다.

◆ 상담사: "우리는 당신이 피부를 뜯어야겠다는 생각이 안 들었을 때에 대해 이야기했습니다. 그런 때에는 지금과 어떤 점이 달랐는지 말씀해 주실 수 있을까요?"

현명한 마음: 이것은 정서적으로 활성화된 내담자에게 자신의 지혜로운 마음으로 상황을 바라보라고 요청하는 것을 말한다. 지혜로운 마음이란 논리적인 마음, 정서적인 마음의 중간쯤 되는 곳이다. 내담자가 깊은 명상을 하면서 자신의 감정에 대해 인식하고 이성적으로 반응할 수 있는 각자의 지점에 도달할 수 있다는 것을 알게 될 때 지혜로운 마음을 얻을 수 있다.

◆ 상담사: "지금 당신은 너무 화가 나 있고요, 당신의 아내가 계속해서 당신을 건드
린다고 확신하셨지요. 그렇지만 잠시, 당신의 지혜로운 마음에 다가가 봅
시다. 숨을 들이 쉬고 내 쉬어 보세요. 그리고 상황에 대해 생각해 보세
요. 잠시 당신 몸 안에 머물러 보세요. 당신 내면 깊은 곳에 들어가 보세
요. 마치 당신이 당신의 기분과 당신의 상황을 관찰하는 것처럼요. 자, 이
제 지혜로운 마음을 사용해 봅시다. 현재 상황을 생각해 보고 당신의 아
내가 당신을 계속해서 건드린다고 생각하고 있는지 아닌지 살펴봅시다."

역할 바꾸기: 이것은 내담자에게 계속해서 갈등을 겪는 상대방의 역할을 해 보도록
요청하는 것인데 이를 통해 내담자가 문제의 다른 측면을 볼 수 있게 한다.

◆ 상담사: "당신이 당신의 아내인 것처럼 저에게 말씀해 보실 수 있나요? 아내의 관
점에서 본다면, 지난번의 말다툼에 대해 아내는 저에게 뭐라고 말씀하실
것 같나요?"

세 가지 변증법 이해하기: 앞서 살펴봤듯, DBT의 내담자들은 종종 능동적 수동성 /
겉보기의 유능함, 정서적 취약성 / 자기부정, 끊임없는 위기 / 억제된 슬픔이라는 양극단
중 하나 이상과 고군분투하고 있다. 내담자들은 양극단 중 한 곳에 묶여 있거나 이쪽저
쪽을 왔다 갔다 하면서 세상에 대한 관점의 경직성을 유지한다. 심리교육이나 격려를 통
해 치료사들은 내담자가 자신이 고군분투하고 있는 양극단을 이해하고 양쪽을 통합하는
쪽으로 변화하도록 도울 수 있다.

◆ 상담사: "그러니까 우리가 앞에서 이야기 한 것처럼, 당신의 기본적인 태도가 정
서적 취약성이라면 이것은 곧바로 자기부정으로 바뀝니다. 당신이 얼마
나 빠르게 아내에게 화를 냈다가 당신의 감정과 당신 자신을 무가치한
것으로 치부했는지 한번 보세요. 당신은 심지어 "삶은 살 가치가 없어"
라고 말할지도 모르죠. 그럼 당신은 당신의 감정을 무시하고 싶으시겠
죠. 그래서 피부를 뜯는 거고요. 그렇게 자해하는 방식으로 강하게 반응
하지 말고 이 상황을 다룰 수 있는 다른 방법은 무엇이 있을까요?"

행동기술

DBT에서 변화의 핵심은 행동기술에 초점을 맞춘다는 점이다. 그러므로 DBT 상담사는 조작적 조건형성, 고전적 조건형성, 모델링 즉 제1세대 행동기술의 기초에 익숙해야 한다. DBT 치료사들은 종종 **기능적 행동분석**을 수행해서 행동이 강화되는 유관성(contingency)을 파악한다. 앞에서 다뤘던 **체인 분석**은 기능적 행동분석의 한 종류이다. 예를 들어, 상자 5.2에서 본 Jeremiah의 체인 분석을 보면, 그의 행동과 관련이 있는 강화 유관성(reinforcement contingency)을 발견하게 된다.

1. **프로젝트 마감 및 수면 부족과 관련된 스트레스**: Jeremiah가 스트레스를 덜 경험하고 자신의 일에 대해 정적 강화되면서 개선된 시간관리와 의도적인 수면유도 행동이 정적 강화될 수 있다.
2. (남편의 입장에서 지각된) **아내의 부정적인 어투 및 남편이 뭔가 잘못된 것 같다는 아내의 말**: 결국 아내의 이러한 처벌이 행동의 감소를 이끌어냈다(남편은 상황에서 벗어난다.)
3. **피부뜯기**: 피부뜯기 행동은 엔도르핀을 방출하는데 엔도르핀은 중독적이며 행동을 강화하게 된다. 강박적인 행동은 불안과 분노를 감소시키기 때문에 (피부뜯기 행동은) 고전적 조건화된다.
4. **피가 나는 딱지에 밴드를 붙임**: 이 행동은 반응을 방지하는 소거기술이다.
5. **등을 쓰다듬어주면서 사랑한다고 말해주는 아내**: 연쇄적인 반응을 정적으로 강화하는 것은 추후에 발생하는 유사한 행동을 강화할 수 있다.

Jeremiah가 보이는 행동의 기능적 행동분석을 통해 행동개입의 기회를 얻을 수 있다. 예를 들어, 시간관리의 개선을 촉진시키면서 앞으로 Jeremiah는 자신의 프로젝트와 적절한 거리를 둘 수 있게 되고 작업 습관을 긍정적으로 강화시킬 수 있게 된다. 의도적인 수면유도습관은 스트레스를 줄일 수 있고 결과적으로 더 나은 업무습관을 유발하고 정적 강화를 증가시킨다. 더구나 그가 귀가 후에 경험하는 스트레스를 줄이는 데에 마음챙김 또는 집단기술훈련에서 배운 다른 여러 기술들을 사용할 수 있다. 이런 기술들은 아내가 그의 행동에 대해 처벌적 반응을 할 가능성을 줄이게 된다. 또한 Jeremiah는 아내와의 상호작용에서 어떤 부정적인 일이 일어날지를 인식하게 되는 방법을 배우고 집에 돌아올 때 선제적인 방법을 쓸 수 있게 된다. 그는 집단기술훈련에서 배운 새로운 대인관계 기술을 아내와 함께 연습할 수 있고 특정한 행동(가령, 집에 오자마자 낮잠을 잔다든지, 책을 읽거나 TV를 보는 등의 행동)을 지양하게 된다. 선제적으로 딱지에 밴드를 붙이는 행동은 피부를 뜯는 행동의 가능성을 줄이고, 엔도르핀의 분출에 따라 그가 얻게 되는 즉각적 강화도 줄일 수 있다. 이외에 방금 말한 연결고리에서 시행할 수 있는 다른 행동적 개입에는 어떤 것이 있을까? (상자 5.3 참조)

상자 5.3 Jeremiah에 대한 행동적 반응

Jeremiah의 체인 분석에서 알게 된 연결고리를 살펴보자. 그리고 아내와 말다툼을 하고 피부를 뜯을 가능성을 줄일 수 있는 세 가지 행동적 개입을 떠올려 보자. 그리고 다른 사람과 나누어보자.

1. _____
2. _____
3. _____

행동기술은 행동을 변화시키기 위한 강력한 방법이고 DBT에서 여러 가지 방법으로 사용된다. 예를 들어, 상담사는 행동기술을 사용하여 효과적인 행동을 하는 모델이 될 수 있고 내담자의 긍정적인 행동을 강화해 줄 수도 있으며 긍정적인 행동의 강화를 위한 자기관리 기술을 내담자에게 가르쳐 줄 수도 있고 내담자 주변 다른 사람의 긍정적인 행동을 강화하기 위한 교육을 할 수 있는 등 여러 가지 방법으로 행동기술을 사용할 수 있다.

인지기술

전통적인 인지치료에서는 사고를 교정하거나 논박할 대상으로 간주하지만 DBT에서는 인지적 복잡성을 높이고 다른 관점을 고려하기 위해 초점을 두어야 할 또 다른 메커니즘으로 바라본다(Pederson, 2015). 그러나 DBT에서 우선적이고 중요한 과정은 치료사가 내담자의 현재 인지적 관점을 타당화하고 인정해 주는 것이다. 즉 내담자의 현재 맥락적 틀 내에서는 내담자의 인지적 관점이 납득될 수 있다는 점을 가정해야 한다(예: 그의 생물학적, 행동적, 인지적 측면을 고려함). 내담자가 정서적으로 조절이 잘 안 될 때에는 내담자의 관점을 확대하려고 하지 않는 것 또한 중요하다. 왜냐하면 정서적으로 조절이 어려운 사람들은 자신의 인지적 왜곡 속에 갇혀 지내는 경향이 있기 때문이다.

Pedersen(2015)은 사람들이 때때로 가질 수 있는 14가지 인지적 왜곡을 발견하였고, 이에 대해 변증법적 변화를 가질 것을 제안하였다. 이런 인지적 왜곡은 아래와 같다.

◆ 흑백사고: 일이 늘 일방향이라고 믿는 것
  변증법적 변화: 다른 관점 또는 반대 관점을 고려하라.
◆ 후회성향: 과거에 대해 지속적으로 후회하는 것
  변증법적 변화: 지금 할 수 있는 변화에 집중하라.
◆ 마음읽기: 다른 사람이 생각하고 있는 내용에 대해 자신도 알고 있다고 가정하는 것
  변증법적 변화: 이 가정을 다른 사람과 함께 확인하라.
◆ 최소화/최대화: 큰 걱정을 매우 작게 생각한다든지 작은 걱정을 매우 크게 생각한다.
  변증법적 변화: 문제의 정확성을 확인하면서 반응하기 전에 걱정하고 있는 것을 주의 깊게 그리고 충분히 살펴보라.
◆ 파국화: 상황을 실제보다 좋지 않게 보는 것
  변증법적 변화: 상황에 초점을 똑바로 맞추고 대부분의 상황이 파국으로 끝나지 않는다는 점을 기억하면서 작업하라.
◆ 운세 맞추기: 미래를 부정적으로 예측하는 것
  변증법적 변화: 현재의 문제해결 기법에 초점 맞추라.
◆ 과대일반화: 너무 넓게 일반화하는 것
  변증법적 변화: 모든 상황에 대해 사실을 수집하고 가정을 확인하라.
◆ 선택적 정보수집: 정보를 걸러내기 때문에 현재의 생각이 강화되는 것
  변증법적 변화: 다른 관점에 따라 정보를 수집하라.
◆ 명명하기(라벨링): 사람이나 상황에 이름(라벨)을 붙이는 것(예: "너는 경계성성격이야.").
  변증법적 변화: 행동이나 상황의 맥락을 섬세하게 묘사하라.
◆ 개인화: 상황을 항상 당신에 관한 것으로 여기는 것
  변증법적 변화: 상황 중 어떤 것이 당신에 관한 것이고 어떤 것은 당신에 관한 것이 아닌지 판독하고 상황을 너무 개인적인 것으로 받아들이지 않도록 하라.
◆ 정서-마음 추론: 이성을 사용하지 않는 것, 항상 정서를 사고에 침투시키는 것
  변증법적 변화: 마음챙김이나 다른 기술을 사용하여 지혜롭고 이상적인 마음에 접근하라.

◆ '해야만 한다' 진술하기: 상황에 대해 판단을 내리고, 상황이 특정한 방식으로 전개
　될 것이라고 가정하는 것

　변증법적 변화: 상황이 자연스럽게 펼쳐지도록 두고 '해야만 한다'가 아닌 그 자
　체가 어떤 것인지 알아본다.

◆ 긍정적인 면 무시하기: 부정적인 면에 초점을 맞추고 긍정적인 면을 경시하는 것

　변증법적 변화: 긍정적인 면을 받아들여라.

◆ 비난하기: 우리의 행동이나 문제에 대한 책임이 다른 사람에게 있다고 가정하는 것

　변증법적 변화: 자신의 행동이나 문제에는 자신이 책임을 가지도록 하라.

집단기술 훈련의 강화

집단훈련 기술에 대한 다음 절에서는 수용과 변화에 대한 여러 가지 기술에 대해 알아볼 것이다. 내담자는 이런 기술을 집단기술훈련 회기에서 배우게 된다. 내담자가 건강한 대인관계를 발전시키려고 할 때 이런 기술들이 특별히 중요하다. 그리고 집단회기 및 개인회기에서 이런 기술들이 지속적으로 강화되는 것이 대단히 중요하다. 그러므로 각 개인회기의 초반에 상담사는 내담자가 집단회기에서 어떤 기술을 배웠는지, 한 주 동안 새로운 기술을 충분히 연습을 했는지 확인하게 된다. 개인회기 그리고 전화코칭 기간 동안에 상담사는 내담자가 배웠던 기술이 무엇이었는지 그것을 어떻게 적용하면 되는지 기억하도록 돕고 한 주 동안 내담자가 연습한 이런 기술을 정적 강화할 수 있다. 이런 경우, 반복된 연습을 통해 완벽하게 된다. 그리고 **집단기술 훈련**에서 치료사가 **강화**를 해주고 내담자의 삶에서 다른 사람들도 강화를 해 줌으로써 이런 기술이 내담자의 삶에서 자연스러운 한 측면이 될 수 있다.

집단기술훈련

집단기술훈련은 **마음챙김, 고통감내, 정서조절, 대인관계 효과성**이라는 네 개의 모듈에 대해, 24주 커리큘럼으로 구성되며 경우에 따라 1년간 반복하는 프로그램이 되기도 한다 (Linehan, 2015a). 변증법, 마음챙김, 고통감내 기술을 강조하는 것은 **'수용 기술'**에 해당하고 정서조절, 대인관계 효과성 기술은 **'변화 기술'**에 해당된다(그림 5.2 참조).

네 가지 집단기술훈련은 차례대로 학습되고, (1) 시작하기, (2) 지난 회기 이후에 진행된 과제 검토하기, (3) 새로운 내용 소개하기, (4) 서서히 마무리하기(p. 54)라는 네 부분으로 나눠진다. 예를 들어, 한 회기는 마음챙김 연습으로 시작할 수 있고, 다음으로

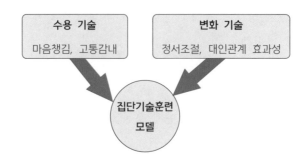

그림 5.2 수용 및 변화 기술

집단 구성원들이 각자 자신이 했던 과제에 대해 나눈 다음, 기술을 가르쳐 주는 치료사가 새로운 행동기술을 소개해 주고 각 참여자들이 해당 회기 동안에 알게 된 것, 습득하게 된 것이 무엇인지 이야기하면서 서서히 마무리할 수 있다. 집단 구성원은 해당 되는 주제에 집중하고 배운 기술과 관련 없는 내용에 대해 이야기하지 않도록 한다. 집단구성원들이 주제에서 벗어나면, 집단 리더는 다루고 있는 기술로 다시 초점을 옮기게 될 것이다.

　　Linehan(1993b, 2015a)은 네 가지 집단기술 훈련과 더불어, 세 가지 위계적 목표, 즉 우선순위를 만들었고 이는 다음과 같다. 1) 치료를 파괴하는 행동 멈추기, 2) 기술을 습득하고 강화시키고 일반화하기, 3) 치료에 방해가 되는 행동을 줄이기. 이 우선순위는 기술 훈련에서 다루어진다. 대부분의 기술은 특정한 순서에 따라 학습된다. 만약에 어떤 내담자가 어떤 모듈을 건너뛴다면 나중에 보충할 수도 있다. 그렇지만 기술 훈련 과정에서는 내담자가 모든 모듈에 참석하고 이런 기술을 연습하기를 요구한다. 다음은 마음챙김, 고통감내, 정서조절, 대인관계 효과성 기술이라는 네 가지 모듈에 대한 간략한 설명이다.

마음챙김(수용 기술)

　　마음챙김이란 우리가 도달해야 할 곳이 아니라 우리가 머물러 있어야 할 곳이다(Linehan, 2015a, p. 152).

　　깊은 기도와 선불교의 경험을 통해 Linehan은 마음챙김을 DBT에 포함시켰다(Linehan, 1993a; 1993b; 2015a). 마음챙김을 통해 내담자는 자신의 경험에 머무르고, 자기 자신을 비판단적으로 듣고, 자신의 내부 및 외부에서 일어나는 일에 대한 중립적 관찰자가 될 수 있다. 명상은 마음챙김의 한 형태가 될 수도 있지만 마음챙김이 꼭 명상적인 것은 아니다. 마음챙김은 지속적으로 일어나고 있는 생활 방식이다. 마음챙김을 통해 그 순간에 삶을 경험하고 있는 자기 자신을 관찰할 수 있게 된다.

Linehan(2015a)은 마음챙김을 '**무엇 기술**(what skill)'과 '**어떻게 기술**(how skill)'로 표현했다. '무엇 기술'은 비록 유쾌하지는 않더라도 사건, 정서, 행동에 이름표를 붙이거나 중단시키지 않고 관찰하는 것, 관찰한 신체적, 환경적 사건에 이름을 붙이면서 표현하는 것, 활동에 자의식 없이 온전히 참여하는 것을 포함한다. '어떻게 기술'은 관찰하고 묘사하고 마음챙김에 참여하는 과정을 나타낸다. 이것은 자신에 대해 비판단적으로 평가하는 것, 한 마음이 되는 것, 현재 하고 있는 일에 집중하는 것, 효과적으로 행동해서 핵심을 증명하거나 자신이 옳고 그른지 증명할 필요에서 벗어나는 것을 포함한다(경험적 연습 5.1).

경험적 연습 5.1: 마음챙김 연습

몇 가지 간단한 마음챙김 연습법을 소개하고자 한다. 마음챙김이란 비판단적이고, 의식수준에 있는 무엇이든 받아들이는 예리한 의식상태를 가지는 것임을 기억하라. 이 연습을 하면서 당신은 관찰하고 묘사하고 온전히 참여하고 비판단적이 되고 과제에 집중하며 한 마음이 되고 어떤 점을 증명하려고 노력하지 않으면서도 효율적으로 작동할 수 있는 상태가 되어야 한다.

꽃이나 잎을 관찰하라: 당신의 손에 꽃 한 송이 또는 이파리 한 잎을 쥐어 보자. 그리고 당신이 마치 그것을 처음 보는 것처럼 그것을 묘사해 보라.

당신의 생각을 관찰하라: 편안하게 앉아서 눈을 감아보라. 당신의 생각이 떠돌아다니게 하고, 그 생각이 어디에 있는지 관찰하라. 판단하거나 비난하지 말고 그냥 관찰하라.

당신의 감정을 관찰하라: 편안하게 앉아서 눈을 감아보라. 당신의 생각이 감정을 방해하지 않게 하면서 당신이 가지는 어떤 감정이라도 경험하도록 하라.

마음챙김 식사: 식사를 하는 동안 당신 자신에게 당신이 무엇을 먹고 있는지, 당신이 어떻게 먹고 있는지를 관찰하고 설명하라. 음식이나 자신을 평가하지 않고 먹는 행동에 온전히 임할 수 있도록 하라. 먹는 과정에 집중하라.

마음챙김 듣기: 다른 사람과 앉아서 그 사람이 하는 말을 정확하게 들어라. 판단하지 말고 끼어들지 말고 조언도 하지 말라. 그 사람에 대해 혼자서라도 비난하지 말라. 그저 그 사람이 하는 말을 온전히 들어라. 간간히 그 사람이 당신에게 하는 말을 반영해

주어 그 사람이 계속 말을 할 수 있게 하라.

하나 이상의 연습을 마치면 이 마음챙김 연습에서 당신이 배운 것이 무엇인지 다른 사람들과 대화를 나누어 보라. 당신이 당신 스스로나 타인을 경험하는 평상시의 방식과 다른 점이 있다면 무엇일까? 마음챙김이 증상을 받아들이거나 변화시키는 데에 어떻게 도움이 될 수 있을지 생각해 보자.

마음챙김을 통해 내담자들은 그 순간 자신이 어디에 있는지 경험하게 되고 그들이 원하는 것에 대한 결정을 할 수 있게 된다. Pederson(2015)은 삶에서 어려움은 있지만 깊은 고통까지는 경험하지 않는 사람들도 마음챙김을 사용하여 자신의 현재 상태를 이해하게 되고 결국 자신의 상황을 받아들이고 변화하기 위한 목표를 세울 수 있게 된다고 했다. 반면에 깊은 고통감을 느끼는 사람들은 오히려 자신의 고통에 초점을 맞추기보다 다른 일, 심호흡 등 삶의 긍정적인 것들에 관심을 기울이려고 할 수 있다.

고통감내기술(수용 기술)

DBT 이론에서는 위기를 감내하고 고통을 능숙하게 견뎌내고 고통스러운 일을 받아들이고 의미를 찾는 것이 중요하다(Linehan, 1993a). 이런 목표를 달성하기 위해, DBT에서는 여러 가지 고통감내기술을 가르쳐 주는데 여기에는 위기 생존 기술(crisis survival skills), 현실 수용 기술(reality accepting skills)이 있다.

위기 생존 기술: 고통스러운 상황을 견뎌내고 충동적으로 행동할 가능성을 낮추기 위해 사용되는 단기 전략으로, 다음의 여섯 가지가 있다(Linehan, 2015a).

1. **STOP 기술:** 이것은 멈추기(Stop), 뒤로 물러서기(Take a step back), 관찰하기(Observe), 마음챙김을 사용하며 나아가기(Proceed mindfully)를 의미한다.
2. **장단점 살펴보기:** 내담자는 충동대로 행동하는 것과 그렇게 하지 않는 것의 결과가 가지는 장점과 단점에 대해 생각해 본다.
3. **TIP 기술:** 이 연습은 신체적 화학 작용을 변화시켜 정서적 각성을 줄이기 위해 사용된다. TIP이란 체온(Temperature), 격렬한 운동(Intense exercise), 호흡 조절

(Paced breathing), 동시근육이완(Paired muscle relaxation)을 의미한다.

4. **지혜로운 마음 ACCEPTS를 가지고 주의분산하기:** 이 주의분산 방법을 통해 정서적 자극과의 접촉을 줄일 수 있다. ACCEPTS는 "활동(Activities, 부정적인 정서에 부합되지 않는 활동), 원인(Contributing), 비교(Comparisons), 정서(Emotions, 현재 부정적 정서와 반대되는 정서), 상황에서 떨어져 보기(Pushing away from the situation), 사고(Thoughts), 감각(Sensations)을 의미한다(Linehan, 2015a, p. 417).

5. **자기위안:** 시각, 청각, 후각, 미각, 촉각적 감각을 누그러뜨리는 데 도움이 되는 활동이 포함된다.

6. **그 순간을 IMPROVE 하기:** 삶의 질을 높이기 위해 심상(Imagery), 의미(Meaning), 기도(Prayer), 이완활동(Relaxing actions), 한 번에 하나씩(One thing in the moment), 휴가(Vacation), 격려(Encouragement) 등에 초점을 둔다(Linehan, 2015a, p 417).

현실 수용 기술: 위기와 관련된 고통감을 감소시키고 고통스러운 상황이 바뀌지 않을 때 개인을 자유롭게 하기 위해서 Linehan(2015a)은 다음과 같은 현실 수용 기술을 개발하였다.

1. **급진적 수용:** 현실에 존재하는 사실을 완전하고 전적으로 받아들이는 것이다.

2. **마음을 돌이키기:** 수용으로 가는 첫 번째 단계는 "마음을 돌이켜" 수용 쪽으로 향하는 것이다. 이것을 발달시키기에는 시간이 걸리기 때문에 반복해서 연습해야 한다.

3. **기꺼이 하기:** 삶의 과정에 순응하고 몰입하는 것이다. 이것은 삶을 이끌려고 애쓰는 고의성과 대조된다.

4. **반쯤 웃는 미소, 기꺼이 내미는 손:** 이 연습에서는 우리의 근육이 수용을 반영하거나 거부할 것이라고 가정한다. 반쯤 웃는 연습은 얼굴 근육을 이완하고 입술을 약간 위로 올리는 연습이다. 기꺼이 내미는 손은 손을 움켜쥐지 않고 손바닥과 손가락을 편안하게 유지하는 연습이다.

5. **현재 하고 있는 생각에 대한 마음챙김:** 이 기술은 내담자가 자신의 생각을 진실을 포함하고 있는 것, 또는 절대적 진실 그 자체로 보는 게 아니라 신경의 점화가 일어나는 뇌의 기능으로 바라보도록 연습시키는 것이다. 이런 연습은 생각이 덜 반응적으로 되는 데 도움이 된다.

정서조절기술(변화 기술)

정서조절곤란은 약물남용, 자해, 폭식, 과잉통제, 정서억제 등 여러 가지 심각한 행동의 문제로 이어질 수 있다(Linehan, 2015a). 따라서 정서조절기술은 정서조절장애를 예방하고 긍정적인 정서를 개발할 수 있도록 사용된다. Linehan은 정서조절을 다룰 때 내담자의 정서를 이해하고 정서에 이름을 붙이고 원하지 않는 정서를 변화시키고 정서적 취약성을 줄이면서 극단적인 정서를 관리하는 것이 중요하다고 했다.

정서를 이해하고 이름 붙이기: 정서는 우리의 상태에 대해 다른 사람들과 의사소통하는 데에 도움이 되고 어떤 일이 일어났는지 우리 자신에게 알려주고("나는 지금 무섭다!"), 우리가 어떻게 행동을 통제하고 행동에 영향을 주고자 하는지에 대한 신호가 된다. 만약 우리가 우리의 정서에 현실적으로 반응하려면 정서를 이해하고 이름을 붙이는 것이 중요하다. 이때, 우리가 (1) 정서를 유발한 사건, (2) 정서를 유발한 사건에 대한 해석, (3) 그 사건에 대한 민감성과 정서적으로 반응하려는 취약성을 증가시키는 사건에 대한 이력, (4) 생리적 감각 같은 정서와 관련된 현상학적 경험, (5) 정서와 관련된 표현적 행동, (6) 다른 유형의 기능에 미치는 정서의 추후 효과 등을 관찰하고 서술할 수 있다면 정서를 이해하고 이름을 붙이기 더 용이할 것이다.

원치 않은 정서를 변화시키기: 일단 우리가 어떤 정서로 인해 어려움을 경험하고 있다는 것이 분명해지면 정서를 변화시키는 작업을 다양한 방법으로 시작할 수 있게 된다. 예를 들어, 중요한 정서를 경험해 보기 위해 마음챙김을 사용할 수도 있다. 이것은 역기능적인 정서상태를 증폭시키는 이차적인 정서(예: 정서에 대한 죄책감)가 표출되는 것을 방지하고 불편하더라도 견딜 수 있는 상황으로 이끈다. 또한 특정 정서에 반대로 해 보는 연습을 할 수 있는데 이때는 덜 해로운 다른 감정을 표현해 보려고 노력할 수 있다. 얼굴 표정과 자세를 바꿔 보는 것도 다른 정서를 이끌어내는 데에 도움이 될 수 있다. 또다른 방법으로, 삶에서 즐거운 경험을 증가시키기 위해 의도적으로 노력해 보는 방법이 있는데 이를 통해 더 긍정적인 정서를 이끌어 낼 수 있다.

감정적인 마음에 대한 취약성 감소시키기: 이 기술 훈련에서 내담자는 긍정적인 정서를 습득하고, 자신의 몸을 돌보고, 기술을 숙련시키고, 어려운 상황이 닥치기 이전에 대처하는 법을 배우는 작업을 통해 정서를 다루는 법을 익히게 된다. 긍정적인 정서는 다양한 방법을 통해 형성될 수 있다. 예를 들어 즐거운 경험이나 가치 있는 일을 더 많이 경험하도록 해서 일상의 긍정적인 경험을 증가시키고 삶을 가치 있는 것으로 만들 수 있다. 긍정 정서의 증가는 회복탄력성을 증가시키고 결과적으로 부정적인 경험을 더 쉽게 다룰 수 있게 한다. 또한 여러 가지 기본적인 활동들을 통해 기분을 개선하고 정서조절문제를 감소시킬 수 있다. 예를 들어, 건강한 식습관 가지기, 충분한 수면을 취하기, 운동하기, 질병에 대해 잘 대처하기, 불법적인 약물 사용하지 않기, 이 밖에 건강에 도움이 되는 습관 가지기 등은 기술 숙련도를 높이고, 이후에 일어날 수도 있는 어려운 상황에 대한 예방책이 되고, 자기효능감을 증가시키는 데에 도움이 된다.

극단적인 정서 다루기: 극단적인 정서는 누구나 경험할 수 있지만 BPD 및 관련 장애를 가지고 있는 사람들에게 더 자주 발생한다. 극단적인 정서를 줄일 수 있는 한 가지 방법은 판단, 회피, 주의분산하지 않고 현재 경험하고 있는 정서에 마음챙김하며 주의를 기울이는 것이다. 그 결과로 이차적 정서(예: 수치심, 죄책감)가 감소하거나 없어져서 일차적 정서에 집중을 할 수 있게 된다. 이때 일차적 정서가 여전히 엄청나게 불쾌하지만 견딜 수 있다고 느낄 가능성이 높아진다.

대인관계 효과성 기술

Linehan(1993b; 2015a)은 대부분의 사람들이 상당히 효율적인 대인관계 기술을 가지고는 있으나 이것을 효과적으로 활용할 수 있는 능력이 부족하다고 믿었다. 그렇기 때문에 집단기술훈련을 통해서 내담자는 대인관계 기술을 강화시키고 활용하는 방법을 배우게 된다. 세 가지 대인관계 효과성 기술은 다음과 같다. 1) 관계와 자존감을 유지하면서 목표 달성하기, 2) 관계를 구축하고 파괴적인 관계는 끝내기, 3) 중간 길로 걸어가기

관계와 자존감을 유지하면서 목표 달성하기: 이 기술을 통해 내담자들이 필요한 것을 어떻게 얻는지, 어떻게 거절하는지, 대인관계에서의 갈등을 어떻게 효과적으로 다루는지 가르쳐 준다. Linehan(2015a)은 이 핵심 기술을 익히기 위한 9가지 구체적인 기술 훈련 모듈을 설명했다.

모듈 1-4: 여기서 기술 훈련은 내담자의 대인관계 효과성을 방해하는 요인을 알아내는 데에 초점을 둔다.

모듈 5: 이 모듈에서는 DEAR MAN을 이용하여 원하는 것을 어떻게 얻어내는

지에 초점을 둔다. DEAR MAN: 서술하기(Describe), 감정 표현하기(Express feelings), 바램 주장하기(Assert wishes), 강화하기(Reinfoece), 마음챙김(Stay Mindful), 자신감 있게 보이기(Appear confident), 협상하기(Negotiate)

모듈 6: 여기서는 GIVE를 이용한 대인관계 효과성 기술에 초점을 둔다. GIVE: 친절하게(be Gentle), 관심을 가지고(act Interested), 수인적인 태도로(Validate), 느긋하게(use an Easy manner)

모듈 7: 이 모듈에서 집단 구성원은 자존감을 유지할 수 있는 기술을 배우고 FAST를 사용하게 된다. FAST: 공정하게(be Fair), 사과하지 않고(no Apologies), 가치관을 지키고(Stick to values), 진실되게(be Truthful)

모듈 8: 원하는 것을 요청할 때 어느 정도의 강도로 요청해야 하는지, 거절을 할 때에는 어느 정도의 강도로 해야 하는지를 집단회기에서 배우게 된다.

모듈 9: 이 모듈에서는 문제분석과 해결, 즉 내담자가 어느 지점에서 그리고 왜 대인관계 효과성 기술사용에 실패했는지 살펴보는 데에 초점을 둔다.

관계를 구축하고 파괴적인 관계는 끝내기: 대인관계 효과성 기술의 두 번째 부분은 대인관계를 형성하고 유지하는 것, 그리고 부담이 크고 파괴적인 대인관계를 끝내는 것에 초점을 둔다. 여기서 Linehan(2015a)은 세 가지 모듈을 설명한다.

모듈 1: 잠재적 친구 찾기: 이 기술에서는 친구가 될 수 있는 사람을 적극적으로 찾아보는 데에 초점을 둔다.

모듈 2: 다른 사람에 대해 마음챙김하기: 여기서 집단 구성원들은 다른 사람에게 민감하고 비판단적으로 되는 방법, 다른 사람을 비난하거나 비판하지 않고 자신의 생각, 감정, 반응을 표현하는 방법을 배우게 된다. 마음챙김 기술을 사용하면 이렇게 반응하는 데에 도움이 된다.

모듈 3: 관계를 끝내는 방법: 훈련사는 친구를 적극적으로 사귀는 방법, 다른 사람에 대해 마음챙김 하는 방법 등에 대해 가르쳤으니 이제 집단회기에서는 파괴적이고 부담이 큰 대인관계를 효과적으로 끝내는 방법으로 다룰 차례가 되었다. Linehan은 부담이 되는 대인관계를 너무 오랫동안 유지하는 것은 대인관계를 맺지 못하는 것만큼의 영향력을 가지고 있다고 믿는다.

중간 길로 걸어가기: 이 기술은 원래 청소년과 보호자들을 위해 개발되었지만 성인에게도 중요하다는 것이 밝혀졌다(Linehan, 2015a). 이 기술에는 변증법, 수인, 행동 변화를 위한 전략을 가르치기 등이 포함된다.

모듈 1: 변증법: 여기서 내담자들은 현재 행동이 어떤 상태인지, 그리고 행동이 더 넓은 영역에서는 어떤 영향을 미치는지, 현실이 어떻게 양극단으로 구성되는지(예: 변화와 수용), 경직되고 이원론적인 사고가 어떻게 사람의 변화를 막는지, 그리고 변화는 삶에서 지속된다는 것을 배운다.

모듈 2: 수인(validation): 이 모듈에서 집단 구성원들은 비수인(invalidation)을 어떻게 극복하는지, 자기 자신을 어떻게 수인하는지 그리고 대인관계에서 수인이 중요하다는 것을 배우게 된다.

모듈 3: 행동 변화를 위한 전략: 여기서는 다양한 조작적 조건형성을 포함하여 행동기술 몇 가지와 각각의 행동이 서로 어떻게 영향을 미치는지 배우게 된다. 이 기술들은 상담사들이 내담자의 행동변화 과정을 도울 때 사용하는 기술과 같은 것이다(상자 5.2 및 p. 182 참조)

협력팀 회의

변증법적 행동치료에서 세 번째 모드는 '협력팀 회의'이다. 이것은 매주 있는 회의로 평균적으로 1시간에서 90분 동안 지속되고 2-8명의 전문가들로 구성된다(Linehan, 2015a). 예를 들어 협력팀에는 정신건강의학과 전문의, 자격증을 갖춘 치료사, 집단기술 훈련사 등이 포함될 수 있다.

Linehan은 협력팀의 역할을 "치료사에 의한 치료사를 위한 치료"라고 정의하였다 (Linehan, 2015b, 47:30). BPD 및 관련 장애 내담자와의 작업은 아주 힘들기 때문에 치료 사를 위한 치료는 중요하다. 협력팀 회의는 치료에 관련된 모든 사람들이 치료에 대해 협력할 수 있도록 하고 관련된 모든 사람들이 일관성을 유지하도록 돕는다. 게다가 집단 회기에서 배우게 되는 기술들은 개인회기에서 강화되고 그 반대도 마찬가지인데 이런 기술들이 협력팀 회의에서 논의될 수 있다. 내담자들과 집단회기에서 하는 것과 마찬가 지로 치료팀원들은 협력팀 회의에 참여하고 만약에 회의에 참여하지 못한다면 회의 참 여를 방해하는 행동에 대해 다룬다. 만일 계속해서 이 회의에 불참하면 더 이상 자신이 DBT 치료사라고 할 수 없게 된다(Swales & Heard, 2009).

회기 간 코칭

변증법적 행동치료에서 대게 전화로 이루어지는 **회기 간 코칭**은 치료과정에 포함되 는 치료모드이다. **전화코칭**은 기술 훈련과 새로 배운 기술의 강화에 초점을 맞추는데 시 간 제한적이고, 상담사－내담자 계약에 따라 정해진 규칙을 따른다. 내담자들은 자해를 생각하기 전에 배운 기술을 실행하는 데에 도움을 받기 위해 반드시 전화를 해야 한다는 안내를 받는다. Linehan(1993a, 2015a)에 따르면 기술 훈련을 강화하는 것에 더하여 전화 코칭을 한다면 치료적 관계 형성에 도움이 되고 내담자들이 어려움에 처했을 때 지지를 받을 수 있는 또 다른 장치가 생기는 셈이 되며 새로운 행동도 강화되고 내담자가 대인 관계 갈등으로 고생하고 있을 때 즉각적인 도움을 제공받을 수 있게 된다.

Linehan(2015b)은 상담사가 내담자의 시간을 너무 많이 통제하는 것이 부당하다고 느꼈기 때문에 전화코칭을 DBT에 추가했다고 말했다. 그렇다 해도 전화코칭을 하루 24 시간 주 7회 내내 가능한 것으로는 하지 않아야 하고 치료사의 재량에 따라 제한을 설정 한 후 의사소통의 추가적인 형태로만 활용해야 한다. 전화코칭은 가령 '월요일, 수요일, 금요일 정오에서 4시 사이에 전화를 건다'는 식의 규칙을 정해 실시할 수 있다. 다른 경 계 또한 설정할 수 있다. 예를 들어 내담자가 적절한 전화 예절을 지키지 않는다면(예: 전화를 끊어 버리기) 일주일 동안 치료사에게 전화를 걸 수 없게 된다.

기법 요약

변증법적 행동치료는 치료 전 단계, 네 단계로 된 개인치료, 집단기술훈련, 협력팀 회의, 종종 전화로 이루어지는 회기 간 코칭이라는 다섯 가지 요소로 구성되어 있다. 이런 요소들은 서로 함께 작동하게 되는데 파괴적인 행동과 인지적 경직성을 특징으로 하는 좀 더 위험하고, 정서적으로 조절되지 않은 상태에서 내담자가 자신의 정서를 조절하고 좀 더 복합적이고 상대주의적인 방식으로 사고할 수 있는 상태로 나아간다. 이런 여정에서 집단기술훈련을 받는 동안 내담자는 많은 기술과 살아가는 방식을 배우고 이것은 개인회기에서 강화되며 그 반대도 성립된다. 전화코칭은 회기와 회기 사이에 정서적으로 지지가 필요한 내담자들에게 적용 가능하며 내담자들은 자신의 치료사와 주중에도 접촉할 수 있고 새로 배운 기술을 조정할 수 있는 기회를 가지게 된다. 협력팀 회의는 매주 실시되는데 치료 팀 구성원들이 치료 계획에 대해 서로 상의를 할 수 있고 내담자와의 작업에 대해 서로 지지를 얻을 수 있게 된다. 표 5.3에 내담자가 DBT의 여러 모드에서 배우는 기술과 달성할 목표가 요약되어 있다.

표 5.3 DBT 모드에서 배우는 기술과 달성할 목표

치료 전 단계	• 오리엔테이션 및 서약 • 평가 • 심리교육 • 목적과 과정에 대한 설명 • 관계의 경계 설정하기 • 구두 또는 서면 동의			
개인치료 (단계I-IV)	• **치료 구조화:** 매 회기마다 치료사는 치료동맹을 구축하고 정서 상태를 서술하고 마음챙김을 실행하고 치료(예: 집단회기) 및 과제에 대해 물어보고, 다이어리 카드를 검토해보고 회기 진행을 하고 목표와 과제를 설정하고 마무리 인사를 한다.			
	• **다이어리 카드:** 정서, 자살사고, 자해행동, 강렬한 감정, 그리고 때로는 약물치료, 수면, 에너지 수준, 약물 사용, 자기관리 등에 초점을 맞춘다.			
	• **체인 분석:** 문제 행동, 환경적 취약성, 촉진 사건, 체인 내에서의 연결, 부적적/긍정적 결과, 취약성을 줄이는 방법, 체인을 감소시키는 방법, 수정할 수 있는 방법 등을 확인한다.			
	• **변증법적 의사소통 기술:** 급진적 수용, 상호적 의사소통, 불손한 의사소통, 악마의 옹호자 역할 하기, 은유 사용하기, 레몬으로 레모네이드 만들기, 예외 규칙, 현명한 마음, 역할 바꾸기, 세 가지 변증법 이해하기			
	• **행동기술:** 기능 분석, 체인 분석, 조작적 조건형성, 고전적 조건형성, 모델링(행동주의 기법의 제1의 물결)			
	• **인지적 기술:** 인지적 왜곡(14개의 유형이 앞에서 서술되었음)의 변증법적 변화를 경험한다.			
	• **집단기술훈련의 강화:** 집단회기에서 배운 기술을 연습하고 강화한다.			
집단기술훈련	수용 기술	마음챙김	무엇 기술(what skill): 관찰하기, 묘사하기, 참여하기	
			어떻게 기술(how skill): 비판단적, 한 마음으로, 효과적으로 행동하기	
		고통감내	위기 생존 기술	1. STOP 기술, 2. 장단점 살펴보기,

				3. TIP 기술, 4. 지혜로운 마음, ACCEPTS를 가지고 주의분산하기, 5. 자기위안, 6. 그 순간을 IMPROVE 하기
			현실 수용 기술	1. 급진적 수용, 2. 마음을 돌이키기, 3. 기꺼이 하기, 4. 반쯤 웃는 미소, 기꺼이 내미는 손, 5. 현재 하고 있는 생각에 대한 마음챙김
	변화 기술	정서조절 기술		• 정서를 이해하고 이름 붙이기 • 원치 않은 정서를 변화시키기 • 감정적인 마음에 대한 취약성 감소시키기 • 극단적인 정서 다루기
		대인관계 효과성 기술		• 모듈 1-4: 대인관계 효율성을 저해하는 요인 • 모듈 5: 원하는 것을 얻는 방법 "DEAR MAN" • 모듈 6: 효율성 기술 "GIVE" • 모듈 7: 자기존중감 "FAST" • 모듈 8: 대화의 적절한 강도에 대한 작업 • 모듈 9: 문제 분석 및 해결-의사소통 실패 다루기
협력팀 회의	• 치료사, 집단기술 훈련사, 정신건강의학과 의사 등 • "치료사를 위한 치료" • 치료와 기술에 대한 협력			
회기 간 코칭	• 치료적 동맹 강화에 도움이 됨 • 자살, 자해 행동을 멈추게 하는 데에 도움이 됨 • 배운 기술을 강화하는 데에 도움이 됨 • 갈등이 생겼을 때 즉각적인 도움을 제공하는 데에 도움이 됨			

상담 과정

행동을 잘 조절하기 위해 해야 할 첫 번째 일은, 내담자를 살아 있게 하는 것이다. 왜냐하면, 장담컨대, 죽은 사람에게 치료는 효과를 낼 수 없기 때문이다 (Linehan, 2015b, 24:54).

원래 DBT는 경계성성격장애를 가진 사람들을 위해 개발되었지만 최근에는 이와 관련된 장애 또는 다른 문제 행동에까지 확대 적용되고 있다. 내담자가 처음 DBT 치료사를 만나게 되면 먼저 치료 전 단계에 참여하게 되는데 여기에서는 이런 치료가 내담자에게 가장 적합한 방식인지 생각해 보고 공동으로 동의하는 작업을 하게 된다. 치료 전 단계 동안에 치료사는 DBT의 목적과 과정에 대해 내담자에게 설명해 주고 내담자가 DBT에 적응하게 한다. 이 단계의 초반에 치료사는 평가를 하고 진단을 내린다. 내담자에 대한 진단, 생물사회적 모델, 정서조절곤란, 변증법, DBT의 치료과정 등에 대한 심리교육이 제공된다. 그런 다음 내담자는 본인이 DBT라는 엄격한 치료과정에 참여할 준비가 되었는지를 결정하게 된다.

내담자가 DBT 치료를 받는 것에 동의한다면 6개월에서 1년, 또는 그 이상의 기간에 걸쳐 치료를 받게 될 것이고 이 치료에는 개인치료, 집단기술훈련, 그리고 주기적으로 회기 간 코칭을 받게 될 것이다. 자해행동, 치료에 방해가 되는 행동 등을 평가하고 다루고 난 다음에는 각 개인치료가 비슷한 방식으로 구조화된다. 여기서 내담자는 마음챙김을 하고 집단기술훈련에서 어떻게 진행되고 있는지에 대해 이야기 하고 부여받은 과제에 대해 논의하고 다이어리 카드를 살펴보면서 일상생활에서 어떻게 지내고 있는지를 이야기한다. 또한 목표를 설정하고 부분적으로라도 다이어리 카드를 기반으로 과제를 부여받고 마지막으로 마음챙김을 연습한 후에 다음 약속을 정한다.

개인치료에 더불어 주중에는 집단기술훈련에 참여한다. 여기서 내담자들은 다양한 수용 기술(예: 마음챙김, 고통감내기술)과 변화 기술(예: 정서조절, 대인관계 효과성 기술)에 대해 배운다. 이런 기술들은 집단에서 연습을 하고 개인 상담치료에서 강화된다.

주중에 내담자는 주로 전화를 통해 치료사와 만날 수 있는 기회를 갖게 되는데, 이때 문제 행동에 대해 논의하거나 새로 배운 기술에 대해 세심하게 조절할 수 있다. 한편, 치료사는 집단기술 훈련사, 정신과의사, 그 밖에 다른 치료 팀원과 만나 진행 상황과 내담자와 작업을 하는 데에 방해가 될 수 있는 문제를 논의하고 서로에 대한 지지를 제공한다.

치료과정 내내 내담자는 새로운 행동을 배우고 더 유연한 방식으로 사고하는 방법에 대해 알아보고 다양한 수용 기술 및 변화 기술을 적용해 보면서 정서조절의 어려움을 완화하고 덜 혼란스럽고 정서적으로는 더 조절되고 더 즐거운 삶을 살아가는 데 도움을 받을 수 있다.

사회문화적 이슈

다문화 상담 측면에서 볼 때, DBT는 전 생애에 걸쳐 적용가능한 것으로 보이는데 7살 아동부터 노년층에 이르기까지 효과가 있는 것으로 검증되었다(Behavioral Tech, 2017). DBT는 모든 성적 지향, 성별, 인종, 민족 및 대부분의 문화권에 속한 사람들에게 적합한 치료법으로서 25개 이상의 국가에서 다양한 진단에 대해 실행되고 있다.

전세계적으로 사용되고 있음에도 불구하고 많은 국가의 의료서비스에서 DBT를 이용하기 어렵고 치료사 및 치료팀을 찾기도 어렵다(World Health Organization, 2019). 또한 경제적으로 취약한 국가에서 치료팀 전체의 비용을 지불하거나 국가의 지원을 받는 것은 부담스러운 일이 될 수 있다. 상황에 맞춰 수정해서 적용할 수는 있겠지만 이런 변화가 DBT의 효과성을 떨어뜨리는 것은 아닌가 고민해 보아야 한다.

Linehan이 선불교의 수행법, 변증법, 서양식의 수행법(예: 행동주의) 등을 통합한 것은 많은 문화권의 사람들에게 도전이 되었다. 자신과 다른 사람을 이해하는 방식은 다양하고(Kessel et al., 2014) 어떤 사람들은 전통적인 서양문화의 관행을 삼가는 문화권에 속해 있을 수도 있고 또 어떤 사람들은 선불교, 마음챙김 같은 기술 등 동양의 관행에 친밀감을 느낄 수도 있다. 그렇기 때문에 모든 내담자와 작업을 할 때 내담자의 인종-심리적 기질을 이해하는 것이 중요하고 문화적으로 적절히 조정하는 것이 필요해 보인다(Bernal et al., 2009; Ramaiya et al., 2017).

이렇듯 문화 간 차이로 인해 발생하는 문제를 해결하기 위해 연구자들은 서로 다른 문화적 배경을 가지고 있는 사람들과 작업하기 위한 수정된 형태의 DBT를 개발해왔다. 이때는 대규모 치료팀에 의지하지 않는 방법을 사용하고, 언어와 의사소통에 차이점이 있을 때 정확한 의사소통을 할 수 있도록 신경쓰고, 내담자가 집단주의 문화권 출신일 때에는 DBT모델에 대해 걱정되는 점에 대해 다루고, 내담자의 종교적, 영적인 가치관에 따라 DBT를 어떻게 실시할지 조정하게 된다(Cheng & Merrick, 2017; Mercado & Hinojosa, 2017). 이런 문화적 조정을 통해 더 많은 내담자들이 DBT에 쉽게 접근할 수 있지만 이로 인해 DBT의 성과에 부정적인 영향을 미칠 수도 있다(Ramaiya et al., 2017). DBT가 비교적 새로운 치료법임에도 불구하고 그 효과성에 관해서는 많이 알려져 있다. 문화 간 효과성에 대해서는 여전히 의문이지만 더 많은 연구들이 진행되면서 DBT가 다양한 내담자들에게 효과가 있는지 평가될 것이다.

효과

DBT의 목표는 내담자가 자신의 정서를 조절하고 부적응적인 행동을 없앨 수 있도록 기술을 가르치는 것이다. 따라서 DBT가 자살사고 및 행동, 자해, 우울, 분노, 정서조절곤란, 불안 등을 다루는 데에 효과가 있다고 검증된 것은 놀라운 일이 아니다(Behavioral Tech, 2017). 예상할 수 있듯이, DBT는 BPD가 있는 사람들에게 가장 효과가 좋은 접근법인데 원래 DBT는 BPD를 위해 개발되었기 때문이다(Koons et al., 2001; Kröger et al., 2013; Panos, et al., 2014).

또한 DBT가 심리치료, 명상, 또는 이 둘을 결합한 치료 등 기존의 치료(TAU,

treatment-as-usual)보다 효과도 좋고 비용도 적게 든다는 증거도 있다(Behavioral Tech, 2016). DBT는 이중진단을 받은 사람들에도 효과가 있는 것으로 나타났다(Behavioral Tech, 2016, 2017; Harned et al., 2012, 2014).

DBT는 상대적으로 새로운 치료 방법이다. 그러나 짧은 기간 동안 DBT는 상당한 실증적 연구를 이끌어 냈고 관련 연구가 폭넓게 실시되고 있다. 예를 들어, Linehan 훈련연구소(Linehan Institute Training Company)인 행동기술연구소(Behavioral Tech)(2018)에서는 1993년에서 2000년까지 매해 평균 8편의 연구논문이, 2001년에서 2010년 사이에는 평균 41편, 2011년 이후에는 매년 78편씩 발표되었다고 보고했다(para. 1). 행동기술연구소(2017)는 한 개 이상의 무선통제연구(randomized controlled studies)를 통해 DBT의 효과가 입증된 장애들이 있다고 보고했다(그 밖의 비무선통제연구들에서는 다른 장애에 DBT를 활용하는 것도 가능하다는 것을 보여주었다). DBT의 효과가 나타난 장애들은 다음과 같다.

◆ 다음을 동반하는 경우를 포함한 경계성성격장애
  − 자살, 자해행동
  − 물질사용장애
  − 외상후 스트레스장애
  − 높은 과민성
◆ B군 성격장애
◆ 성격장애를 가진 자해하는 사람
◆ 주의력 결핍 과잉행동 장애(ADHD)
◆ 아동기 성학대 관련 외상후 스트레스 장애
◆ 다음을 포함한 주요우울장애
  − 치료에 거부적인 주요우울장애
  − 만성적 우울증, 하나 이상의 성격장애를 가지고 있는 노인
◆ 양극성장애
◆ 범진단적 정서조절장애
◆ 자살, 자해 청소년
◆ 심각한 정서 행동 조절 문제를 가진 청소년기 이전 아동
◆ 폭식장애
◆ 신경성 폭식증("어떤 조건에서 DBT가 효과가 있을까?")

요약

이번 장은 DBT의 창시자인 Marsha Linehan이 DBT를 개발하는 과정을 설명하는 내용으로 시작하였다. 자기혐오와 자해행동으로 어려움을 겪었던 Linehan은 17세의 나이에 조현병 진단을 받고 26개월 동안 입원을 했다(그녀는 자신이 BPD였다고 생각한다). 그때 받은 부담스러운 약물치료와 충격치료 때문에 그녀는 퇴원 후 다른 사람들 돕는 일을 하기로 결심했다. 결국 그녀는 심리학 박사학위를 취득하고 커리어의 초반에는 선불교와 마음챙김, 행동주의에 매료되었다. 마음챙김에 대한 관심은 자신의 상태에 대한 급진적인 수용이 변화의 전제조건이 되어야 한다는 믿음으로 이어졌다. 그리고 이런 철학은 행동주의에 대한 관심과 결합되어 결국 자살 및 유사자살 경향이 있는 내담자나 경계성성격장애 내담자를 치료하는 DBT의 개발로 이어졌다.

다음에는 인간의 본성에 대한 DBT적 관점에 대해 살펴보았다. DBT는 행동적 접근이기는 하지만 인지치료의 제3의 물결인, 비교적 최근의 전통적 입장에서 발전된 것이다. 이 입장은 성격 형성을 행동과 생물학, 맥락(환경) 간의 상호작용에 의한 것이라고 보며 내담자가 세상을 살아가는 자신의 방식을 받아들이고 변화하는데 도움이 될 수 있는 광범위한 기법에 초점을 맞춘다. 이 접근법은 내담자가 자신 행동의 결과를 이해하고 이 행동을 바꾸도록 도와주는 전통적인 행동치료를 차용한 것이다. 또한 내담자가 덜 경직되고 복합적인 방식으로 세상을 볼 수 있도록 하기 위해서 인지를 어떻게 수정할 수 있는지 그 방법을 알아본다. 또한 증상의 변화를 강조하는 대신 수용과 변화를 변증법적으로, 즉 두 가지를 모두 의식 속에 담아 앞으로 나가갈 수 있어야 한다는 점에 초점을 맞춘다. 마음챙김은 내담자가 수용을 배우기 위해 사용할 수 있는 방법이다. 또한 이 접근법은 치료적 동맹을 구축하는 것이 중요함을 강조하고, 경청, 공감, 급진적인 수용과 같은, 인본주의적이고 실존주의적인 기법이 사용된다. 게다가 다른 인본주의적 기술을 사용하여 내담자가 자신의 삶에서 무엇이 중요한지를 살펴보고 자신이 살아가고 있는 삶의 양극단을 이해할 수 있도록 도울 수 있다.

인간본성에 대한 DBT의 관점을 살펴 본 다음, 몇 가지 핵심 개념을 살펴보았다. 먼저 경계성성격장애(BPD)에 대해 설명하였고 이 진단을 내릴 때 볼 수 있는 증상이 무엇인지 확인하였으며 DBT가 BPD 및 관련 장애를 가진 내담자들을 위해 설계되었다는 점을 기술하였다. 그런 다음 우리는 성격형성에 대한 생물사회적 이론을 설명했는데 이 설명에서는 아이들이 아동기 경험에 의해 형성될 수 있는 특정한 기질을 가지고 태어난다고 한다고 본다. 아이들이 정서적 어려움에 대한 생물학적 취약성을 가지고 있으면서 비수인적인 환경에서 양육된다면 그들이 BPD 및 관련 장애로 어려움을 겪을 가능성은 높아지게 된다. 우리는 그런 사람들이 정서조절의 어려움을 가진다고 언급하였다. 결과적으로 이들은 정서에 휘둘리는 경향이 있고, 다른 사람들에 대한 정보나 단서 등을 처리하는 데에 어려움을 경험하고, 충동적인 행동을 보이고, 의사결정을 하는 데에 어려움을 경험하고, "고착된 생각"인 인지적 왜곡에 의해 행동이 좌지우지되는 경향을 보이게 된다. 이런 사람들은 세상 속에서 기능을 해 나가기 위해 치료를 통한 도움이 필요하다.

　　DBT의 초석이 되는 변증법적 철학에서 현실이란 서로 관련된 상반된 요소들에 의해 구성되며 삶은 지속적으로 변화하고 있다고 간주한다. 이 철학은 개인의 수용과 변화의 필요라는 변증처럼 삶의 양극성을 이해할 필요가 있다는 점을 지지한다. 우리는 BPD 및 관련 장애를 가진 개인에게 보이는 세 가지 공통된 변증, 즉 '능동적 수동성 대 겉보기의 유능함', '정서적 취약성 대 자기부정', 그리고 '끊임없는 위기 대 억제된 슬픔'에 주목하였다.

　　다음으로 살펴 본 핵심개념은 행동주의였는데 여기서는 인지행동치료의 제1, 2, 3 물결의 차이점에 대해 강조하였다. 우리는 DBT가 제3의 물결이라는 철학에서 많은 영향을 받았다는 점에 주목했다. 또한 우리는 이런 배경을 바탕으로 볼 때, DBT 치료사들은 변화 과정 중에 인지행동의 제1의 물결에서 강조하는 인지행동적 기술(예: 조작적 조건형성, 고전적 조건형성, 모델링)을 사용할 것이고 내담자들이 기능적 행동분석을 완료하도록 돕고, 내담자가 자신이 가진 경직된 신념(예: 나는 옳고 너는 틀렸다)을 살펴보고, 보다 더 유연한 사고방식을 가지고 변증법적 극단을 통합하고 세상에 덜 반응하도록 다양한 범위의 기법을 사용한다는 점에 주목하였다.

　　다음으로 다른 핵심개념은 선불교와 마음챙김과의 관계를 강조하는 것이었다. 우리는 내담자가 삶은 연결되어 있고, 양극성 속에서 살아가야 한다는 점을 받아들이기 위해 마음챙김이 도움이 된다는 점을 강조했다. 마음챙김 연습을 통해 내담자는 자신과 다른 사람에게 미치는 스스로의 영향력을 파악하고 변화가 삶의 일부라는 점을 이해하면서 자신을 더 수용할 수 있도록 도움을 받는다. 마지막으로 우리가 언급한 핵심 개념은 DBT의 일곱 가지 기본 가정이었다. 그 가정은 다음과 같다. 1) 사람들은 최선을 다 하고 있다, 2) 사람들은 개선되기를 원한다, 3) 비록 사람들이 최선을 다 하고 있지만 고통을 겪고 있다면 그들은 더 열심히 노력해야 하고 변화하기 위해 더욱 동기부여 되어야 한다, 4) 사람들은 자신의 모든 문제를 스스로 초래한 것은 아니지만 어쨌든 문제를 풀어나가야 한다, 5) 새로운 행동은 모든 관련된 맥락 안에서 학습되어야 한다, 6) 모든 행동(행동, 생각, 감정)은 원인이 있다, 7) 행동의 원인을 알게 되고 이를 변화시키는 것은 판단하고 비난하는 것보다 더 효과적인 변화 방법이 된다.

이 장의 상당 부분은 DBT에서 사용되고 있는 기법에 초점을 맞추고 있다. DBT의 치료적 과정은 상담의 치료 전 단계에 이어서 개인치료, 집단기술훈련, 협력팀 회의, 종종 전화로 이루어지는 회기 간 코칭이라는 네 가지 치료모드가 동시에 진행되도록 구성된다. 치료는 일반적으로 주 4~5시간, 총 6개월에서 1년 동안 지속되며 각 모드 내에서 다양한 기술이 사용된다. 이 장에서는 DBT의 모든 단계와, 모드의 주요한 기법과 목표가 나타난 요약표(표 5.3)를 제공했다.

DBT의 네 가지 모드가 함께 작동하면서 내담자가 위기 행동과 정서적으로 조절되지 않은 행동, 인지적으로 경직된 행동에서 벗어나 자신의 정서를 조절하고 좀 더 복합적이고 상대적인 방식으로 생각할 수 있는 능력을 가질 수 있게 된다. 이 과정에서 내담자는 집단기술훈련을 받으며 여러 가지 구체적인 기술과 삶에서의 적용방식에 대해 배우게 되고 이러한 것들은 개인치료에서 강화되며 반대의 경우도 마찬가지로 일어나게 된다. 회기 사이에 정서적 지지가 필요한 경우 주로 전화로 이루어지는 코칭이 제공되는데 여기서는 내담자가 주중이라도 치료사와 접촉할 수 있고 이때 새로 배우게 된 기술을 세밀하게 조정할 수 있는 기회를 제공받게 된다. 협력팀 회의는 매주 진행되는데 이를 통해 치료팀은 치료 계획에 대해 서로 상의할 수 있고 내담자와의 작업과 관련하여 서로 지지해 줄 수 있다.

이번 장의 결론에 다다르면서 우리는 DBT와 관련된 몇 가지 사회문화적 이슈에 대해 살펴보았다. 우리는 25개국에서 DBT를 사용하고 있으며, 이 치료법이 모든 성적지향, 성별, 인종, 민족, 문화권을 아울러 대부분의 아동 및 성인에게 적절하다는 점에 주목했다. 또한 우리는 만약 내담자가 DBT에서 동양철학적 기법(예: 마음챙김)이나 서구 기술(예: 고전적 행동주의)에 대해 경계하는 태도를 보일 경우 접근 방식을 조정해야 할 수도 있다는 점을 지적하였다. 상담사가 내담자의 민족적–심리적 요소를 아는 것은 매우 중요하고 다른 여러 문화권에 맞게 조정하여 DBT를 적용하는 것이 성공적이었다. 또한 우리는 내담자가 집단주의 문화권 출신인 경우 DBT를 조정하는 것이 중요하다는 점에 대해서도 언급하였다.

이 장의 마지막 부분에서는 DBT가 자살사고 및 자살행동, 자해, 우울, 분노, 감정조절문제, 불안 등에 효과적이라고 언급하였다. 예상할 수 있듯, DBT는 BPD 및 관련 장애를 가진 사람들에게 특히 효과가 있다. DBT는 비용효율성이 높은 것으로 나타났으며 일반적인 치료(예: 약물 치료 동반 또는 미동반 심리치료)보다 더 나은 결과를 보고하는 경우가 많았다. DBT는 비교적 최근 심리치료이론이지만 많은 연구 결과를 빠르게 보유하게 되었고 그 중 대부분은 무선통제연구(RCT)이다. 마지막 부분에서는 최소 하나 이상의 RCT 연구를 통해 DBT가 치료로서 가능성을 보인다고 증명된 여러 장애에 대해 설명하였다.

핵심어 및 인명

DBT 치료사 자격증	무엇 기술	정서변동성과 조절곤란
DBT의 일곱 가지 기본 가정	변증법	정서적 취약성 대 자기부정
Linehan, Marsha	변증법적 대화기술	정서조절
Millon, Theodore	변증법적 철학	정서조절곤란
개인치료의 1-4단계	변화기술	정서조절기술
경계성성격장애	변화에 대한 전념	집단기술훈련
고통감내기술	비수인적 환경	집단기술훈련의 강화
구성요인	생물사회이론	체인 분석
구조화된 치료	선불교	치료 전 단계
급진적 수용	성격 형성의 생물사회적 모델	행동기술
기능적 행동분석	수용 기술	행동주의
끊임없는 위기 대 억제된 슬픔	어떻게 기술	현실 수용 기술
능동적 수동성 대 겉보기의 유능함	위기생존기술	협력팀 회의
다이어리 카드	인지기술	회기 간 코칭
대인관계 효과성 기술	인지치료의 제1, 2, 3 물결	
마음챙김	전화코칭	

사례연구: Jake의 DBT 치료사와의 경험

(이 사례연구를 읽기 전에 부록I에 있는 Miller家 사람들 이야기를 읽으시오.)

Jake는 DBT 치료사인 Duhamel 박사를 3주째 만나고 있다. 처음에 Duhamel 박사는 Jake에 상태를 면밀하게 평가해 본 결과 범불안장애라는 주진단과 공황장애라는 2차 진단을 내렸다. Jake가 어린 시절부터 관련된 증상으로 어려움을 겪었다는 사실도 분명한 것 같았다. 주기적으로 증상이 좋아지기는 하였지만 증상들은 자주 재발하였고 증상이 재발하고 나면 그 증상들을 통제할 수 없어서 과민반응을 보이곤 했다. 치료사가 평가를 실시하고 Jake에게 생물사회적 모델에 대해 설명한 후 Jake는 DBT를 6개월 간 받는 것에 동의하였다. Jake는 매주 Duhamel 박사를 만나고 집단기술 훈련가와 DBT 치료를 받고 있는 다른 5명의 내담자들을 주 2~2.5시간씩 만난다. 여기서 내담자들은 자신을 받아들이고 감정을 조절하고 변화하는 데 사용할 수 있는 다양한 기술을 배운다. 또한 필요한 경우, Jake는 주중 일정 시간을 정해 전화코칭을 받으며 기술을 연습하고 강화할 수 있게 된다. 우리는 Duhamel 박사와의 세 번째 회기를 골라보았다.

Jake는 당황하고 지친 모습으로 개인치료에 온다. Duhamel 박사는 Jake의 주름진 셔츠와 지저분한 머리 및 수염을 본 후 반갑게 인사를 건넨다. Jake는 자리에 앉으면서 사과했다. "늦어서 죄송합니다. 무슨 일이 있었는지 모르겠습니다. 또 지각하고 싶지는 않아서 알람을 세 개나 설정하긴 했지만요. 정말 죄송해요. 저는 패배자에요." Duhamel 박사는 웃으며 대답했다. "상당히 힘든 아침을 보내신 것 같네요. 그래도 상담에 잘 오셔서 다행입니다. 무슨 일인지 조금 더 자세히 말씀해 주시겠어요?"

"저는 더 이상 제정신이 아니에요. 이유를 모르겠어요." Jake가 대답했다. "제가 어떤 사람이 되어 가고 있는지 모르겠어요. 직장에 다닌 후로는 지각을 한 적이 거의 없었는데 이제는 회의, 상담 등 모든 일에 지각하고 있거든요. 잠을 거의 못 자고 정신을 잃고 있는 것 같아요. 제가 말씀드렸죠. 이성을 잃고 다른 사람들, 심지어 박사님도 실망시키고 있다고요." Duhamel 박사가 참을성 있게 고개를 끄덕이며 "과거에 많은 일이 있으셨지요. 요즘도 그렇고요. 이것은 다루기 힘든 커브볼과 같아요. 당신도 알다시피 집단회기에서 배우고 개인회기에 강화되는 이런 기술들은 삶이 향상된다는 느낌을 얻기 위해 아주 중요합니다." Jake도 동의하면서 고개를 끄덕인다.

Duhamel 박사는 분위기를 바꾸어 "우리가 더 진행하기 전에 잠시 간단한 마음챙김 호흡 연습을 해 봅시다, Jake씨."라고 했다. Jake는 대답했다. "좋아요." 그리고 치료사의 안내에 따라 두 사람은 마음챙김 호흡 연습을 한다. 호흡 연습을 마칠 때 Jake는 천천히 눈을 뜨고 짧은 웃음을 띠며 이렇게 말했다. "집에서도 여기서 연습한 대로 마음챙김 호흡 연습을 하려고 노력하고 있어요. 가이드가 있을 때 연습하기가 더 쉬워지는 것 같아요." "Jake씨, 댁에서 노력을 해 주셨다니 감사하네요." Duhamel 박사가 말했다. "그건 당신이 변화에 대해 상당히 전념을 하고 있다는 것을 의미하고, 희망이 있다는 것을 의미하죠. 저는 당신이 스트레스를 받을 때는 그렇게 하는 것이 어려울 것이라는 점도 알고 있습니다. 마음챙김을 하면서 판단 없이 자신과 주변의 행동을 관찰하면 마치 영화를 보는 것처럼 자신을 관찰할 수 있다는 것을 기억하세요. 자신과 다른 사람을 판단하지 않는다는 점이 중요하다는 것을 잊지 마세요. 가이드를 제공하면서 도움이 될 어플리케이션이 있다는 걸 아시죠? 이따가 그것에 대한 정보를 드릴게요. 당신이 잘 하지 못할 것 같을 때 그 어플이 도움이 될 거예요." "좋아요, 정말로 그게 도움이 될 것 같네요." Jake가 말했다.

Duhamel 박사는 Jake에게 다이어리 카드를 살펴 보자고 하는데 이 카드는 Jake가 의무적으로 매일 작성하면서 개인치료 회기 때 가지고 와야 하는 것이다. 함께 다이어리 카드를 살펴보면서 Duhamel 박사는 Jake가 거의 매일 좌절감이 매우 높고(5점 만점에 5점), 분노를 동반하는 경우가 많다(대개 4점)는 사실에 주목한다. Jake는 또한 주기적으로 경험하는 공황상태를 항상 5점으로 평가한다. 또한 다이어리 카드에 자신이 잠을 매우 잘 못 잔다고도 기록한다. "자, 우선 저는 당신의 우울증과 무망감이 특히 높다는 점을 알 수 있겠네요." Duhamel 박사가 말한다. "좋습니다. 그렇지만 당신의 좌절, 분노, 공황상태는 상당히 심한 편입니다. 또한 저는 당신의 수면 부족이 걱정이 되는군요. 당신은 평생에 걸쳐 이런 증상들 때문에 어려움을 많이 겪었을 거라고 생각되네요." "네, 맞습니다." Jake가 말한다. 이어서 Duhamel 박사는 이렇게 덧붙인다. "그리고 저는 자녀분들이 차를 길로 굴린 사건 그 이후로 상황이 나빠졌다는 것은 이해가 되는데요. 그 일이 계기가 되어 Justine이 크게 다쳤던 옛날 기억이 떠올랐을 겁니다." 그러자 Jake가 이렇게 말한다. "네, 저는 제가 항상 '예민한 사람'이라고 생각하고는 있는데 Justine의 사고가 저를 자극했습니다. 그리고 그때 이후로 특히 최근에 더 심해졌습니다."

"Jake, 이런 생활 방식이 당신의 상태에 대해 정보를 주고 있어요. 항상 그런 것은 아니지만 대부분의 경우 모든 것이 안전한지에 대해 확인을 하려고 경계를 늦추지 않지요. 그리고 그런 점은 불안, 좌절, 그리고 주기적인 공황과 연결되어 있고요. 그리고 상태가 한 번 나빠지기 시작하면 정말로 나빠지죠. 그 모든 강렬한 감정을 겪으면서도 당신이 얼마나 많은 일을 일상에서 해 내고 있었던지, 정말 인상적이었어요. 그런데 강렬한 감정을 불러일으키는 특정한 사고방식이 있는 건 아닌지 궁금하군요." 그러자 Jake가 물었다. "사고방식이라뇨, 무슨 뜻이죠?" "자, 그럼 제가 '인지적 왜곡'에 대해 알려드릴게요. 이것은 어떤 사람들이 무엇을 받아들이거나 믿는 방식인데요, 어디 한번 당신이 여기 중 어디에 해당되는지 확인해 볼까요." Duhamel 박사는 이렇게 말하면서 14가지 인지적 왜곡이 나열되어 있는 플라스틱 판을 꺼내었다. "이런 것을 '왜곡'이라고 부르는 이유는 이것이 세상을 특정한 방식으로만 보도록 사람들을 가두어 놓기 때문이죠. 실제로 세상은 그렇지 않은데 말이에요. 당신이 여기 중에 무엇과 관련이 있는지 보시죠." Jake가 들여다보면서 말을 한다. "글쎄요, 네, 파국화는 분명해요. 저는 항상 어떤 일들이 잘 안 될 거라고 생각하거든요. 그리고 저는 일이 제 뜻대로 되지 않으면 나쁜 일이 일어나고 말거라는 식의 예언자적 사고(fortune-telling)도 하는 편이에요. 개인화도 하는 편이고요, 당위진술도 하네요. 일이 잘 안 풀리면 남 탓도 하는 편이고요."

"시작이 좋습니다, Jake 씨." Duhamel 박사가 말한다. "자, 당신이 세상을 그런 방식으로 보게 된다면 변화하기 어려워요. 마치 일이 특정한 방식으로 일어날 거라고 확신하면서 다른 사람들에게 항상 당신의 방식대로 하라고 요구하는 것과 같아요. 그리고 그들이 그렇게 하지 않으면 그건 그들의 잘못이 되는 거죠. 이해하시겠어요?" "음, 네." Jake가 말한다. "Angela와 아이들을 돌보느라 제가 너무 압도되었다는 사실도 알겠어요." 그러자 Duhamel 박사는 한 가지 제안을 한다. "자, 그럼 다음 주에 당신이 가지고 있는 그 생각을 바꿀 수 있는 몇 가지 시도를 해 보는 것은 어떨까요?" 그러자 Jake는 "네, 무엇이든 해 볼 의향은 있습니다."라고 대답한다.

Duhamel 박사는 인지 왜곡으로 인해 경직된 사고가 발생한다는 점과 이에 대응하는 방법에 대해 이야기를 하면서 Jake가 그런 식으로 사고하는 자신을 '포착'하게 되면 심호흡을 몇 번 하고 그런 생각을 지나가게 하라고 제안한다. 박사는 Jake가 최근 집단 회기에서 배운 기술인 "STOP 기술"을 상기시켰다. STOP 기술이란 멈추고(Stop), 한 발짝 물러서서(Take a step back), 관찰하고(Observe), 마음챙김을 사용하며 진행하라(Proceed mindfully)라는 뜻의 약어이다. Duhamel 박사는 Jake가 하나 이상의 인지 왜곡에 휩싸여 있는 자신을 발견하게 될 때마다 이 기술을 사용하라고 제안한다.

"좋습니다, Jake씨. 시작이 좋습니다. 당신은 이제 막 자신을 받아들이고 변화를 만들기 위한 여정을 시작하고 있습니다. 우리가 이야기한 인생의 양극단인 변증법에 대해서도 기억하세요. 수용과 변화의 중요성에 대해서도요." "네, 알 것 같습니다." Jake가 말한다. Duhamel 박사는 "이제 당신은 당신이 어떻게 살아 왔는지에 대해서도 알았고 더 나은 삶을 위해 취할 수 있는 단계가 있다는 것도 알게 되셨겠지요."라고 말한다. "먼저, 마음챙김 연습을 하시게 될 겁니다. 그 연습을 통해 당신은 감정에 휩쓸리지 않도록 도움을 받을 수 있습니다. 그리고 자신의 인지적 왜곡에 대해 살펴보면서 경직된 사고의 일부부터 느슨하게 되기 시작하게 됩니다. 그리고 이러한 인지적 왜곡을 들여다보는 데에 도움이 되는 STOP 기술도 사용할 수 있습니다. 또한 매주 다이어리를 작성해 주시고요, 물론 만일 전화코칭이 필요하시다면 지정된 시간에 전화를 하실 수도 있습니다. 그리고 Jake씨, 한 가지를 더 해 주실 수 있으실까요?" "물론이죠, 그게 뭔가요?" Jake가 묻는다. "다음 주에, 만일 당신이 아내와 아이들과 사이에서 통제력이 상실되는 경험을 하게 된다면 그것에 대해 좀 자세히 적어 보시기 바랍니다. 저는 당신과 함께 체인 분석이라는 것을 해 보려고 합니다. 이것을 하게 되면 당신이 화가 나게 되는 요인을 이해하고 앞으로 그 요인과 싸울 수 있는 방법을 찾게 되는데 도움을 얻을 수 있게 될 겁니다. 괜찮으신가요?" "물론입니다." Jake가 대답한다. "좋은 아이디어라고 생각됩니다."

"그러니까 다시 한 번 정리해 보자면요, 마음챙김 호흡법을 연습하고 인지 왜곡이 아닌 다른 방식으로 사고를 하려고 하고 STOP 기술을 연습하고 다이어리를 쓰고 자녀나 아내와의 관계에서 어려운 상황이 닥치면 적어 보세요. 아셨죠?" "물론입니다. 좋습니다." Jake가 말한다. Duhamel 박사는 "아, 그리고 오늘 가시기 전에 한 가지 더요. 그 어플을 보여드리도록 하겠습니다."라고 말한다.

Jake는 Duhamel 박사와 함께 DBT 과정의 시작 단계에 있다. 계속 진행을 하면서 자신의 감정을 살펴보고, 관리하고, 삶에서 더 풍부하고 의미 있는 관계를 발전시키는 데 도움이 되는 많은 기술을 배우게 될 것이다. 지속적으로 자신을 받아들이고, 변화를 위해 노력하면서 삶은 조금씩 더 평안해지고 의미 있게 될 것이다. 그렇지만 이를 위해서는 시간, 수용, 그리고 노력이 필요하다.

생각해 볼만한 질문

1. Jake의 정서조절곤란에 대해 설명해 보십시오. 그가 어떻게 이런 특성을 가지게 되었다고 생각하나요, 그리고 만일 이를 바꾸기 위해 어떤 희망을 가져야 한다고 생각하나요?

2. Jake가 자신의 정서조절곤란으로 인해 경험하는 이차정서인 죄책감을 알아챌 수 있나요?

3. Duhamel 박사는 급진적인 수용을 보이고 있나요? 만약 그렇다면 어떻게 하고 있는 건가요? 급진적 수용을 보이기 위해 그가 할 수 있는 일이 더 있을까요?

4. Jake가 자신의 정서조절곤란을 살펴보고 다루는 데에 마음챙김 호흡이 어떻게 도움이 되었는지 기술해 보세요.

5. Duhamel 박사는 Jake와 함께 수용과 변화를 어떻게 연습했는지 기술해 보세요.

6. STOP 기술이 어떤 방식으로 Jake와 그 가족에게 도움이 되었을까요?

7. Jake가 인식하지는 못했지만 그를 괴롭히고 있는 추가적인 인지왜곡이 있을까요?

8. 체인 분석의 목적은 무엇인가요?

9. Jake가 강력한 정서 때문에 늘 괴로울 것이라고 생각하나요?

10. 전화코칭의 목적이 무엇일까요? 그리고 Jake가 전화코칭을 받기 꺼리게 되는 이유는 무엇이 있을까요? 어떻게 Jake가 전화코칭을 받을 수 있도록 격려할 수 있을까요?

11. 만일 Jake가 치료 과정을 적절하게 잘 따라 온다면 6개월 이후 그의 삶은 어떻게 될 것이라고 생각하는가?

12. 당신은 당신 자신에게 어떤 인지적 왜곡이 있다고 생각하나요?

Credit

Img. 5.1: Copyright ⓒ 2012 Depositphotos/baavli.

수용전념치료

Acceptance and Commitment Therapy, ACT

John C. Wren, Robert R. Armbruster, and Abie Tremblay

학습목표

◆ ACT의 역사를 이해하고, 창시자인 Steven C. Hayes에 대해 학습한다.

◆ ACT의 인간 본성에 대한 견해를 제3세대 인지행동 접근 방식의 견해와 비교한다.

◆ ACT의 핵심개념을 학습한다. 여기에는 ACT의 이론적 근거인 관계구성틀이론, 인간의 고통이 어떻게 언어의 본질로부터 야기되는가에 대한 논의, 심리적 경직성의 여섯 가지 과정(인지적 융합, 경험 회피, 과거 또는 미래에 고착, 개념화된 자기에 대한 집착, 가치 명료화 부족, 실행불가능 행동), 그리고 심리적 유연성의 여섯 가지 과정(탈융합, 수용, 현재와 접촉하기, 맥락으로서의 자기, 가치, 전념 행동)이 포함된다.

◆ ACT 실행에서 중요한 주요 기법을 검토한다. 여기에는 연민, 수용, 존중, 공감, 협력적이고 평등한 관계 촉진, 병력 청취, 사전동의 획득 및 목표 설정, 심리교육, 비유, 은유, 이야기, 역설, 마음챙김, 그리고 심리적 유연성과 관련된 연습이 포함된다.

◆ ACT 상담과정을 이해한다.

◆ ACT의 사회 및 문화적 적용 가능성을 검토한다.

◆ ACT의 효과를 검토한다.

◆ ACT 과정을 보여주는 사례를 살펴본다.

수용전념치료의 간략한 역사

수용전념치료(acceptance and commitment therapy, ACT, 영어 단어 'act'로 발음하면 됨)는 제3세대 인지행동치료(Hayes, 2004; Hayes et al., 2012)이다. 제1세대는 B. F. Skinner(1957) 가 제안한 순수 행동 치료처럼 행동 및 정서 문제를 교정하기 위해 관찰 불가능한 정신역동이론의 구성개념(예: 원초아, 자아, 초자아) 대신 근거에 기반한 행동 원리를 적용하는 것에 초점을 맞춘다. 자극은 행동 반응을 불러일으키며, 오래된 반응을 없애고 새로운 반응을 조건화함으로써 변화를 야기한다.

그러나 행동치료의 기계적이고 엄격한 행동적 접근은 인지적인 측면을 간과하였고, 행동의 발달에 있어 인지 과정과 상징적 기억(symbolic memory)이 중요한 역할을 한다고 제안하는 새로운 이론이 곧 등장하였다(Bandura, 1977). Skinner의 접근이 충분히 입증되지 않았기 때문에, 행동이 사고에 대한 반응일 수 있다는 주장을 한 Bandura(1977)의 뒤를 이어, Aaron Beck과 Albert Ellis 등이 제2세대 인지행동치료를 개발하였다. 이 접근은 인지가 행동, 느낌, 생리적 반응을 매개하는 방식에 초점을 두었다(Hayes, 2004; Hayes et al., 2006).

이러한 새로운 인지치료는 곧 많은 인기를 끌었지만(제1세대를 존중하여 점차 인지행동이라는 용어를 사용하게 됨), 사고의 내용과 믿음을 직접적으로 변화시키는 것은 어려운 일이었다(Hayes, 2004; Hayes et al., 2006; Hayes et al., 2004a). 우리의 행동이나 사고를 단순하게 변화시키는 것만으로 변화의 기제를 충분히 다룰 수 없음이 명백해졌다(Hayes et al., 2006).

제1세대와 제2세대 인지행동 접근의 변화 기제에 대한 의문과 함께, 제3세대 인지행동치료가 탄생하였다. 제3세대 인지행동치료에는 변증법적 행동치료(dialectical behavioral therapy, DBT; Linehan, 1993), 기능분석치료(functional analytic psychotherapy, FAP; Kohlenberg & Tsai, 1991), 통합적 행동 부부치료(integrative behavioral couples therapy, IBCT; Christensen et al., 2015), 마음챙김 기반 인지치료(mindfulness-based cognitive therapy, MBCT; Segal et al., 2013), 그리고 ACT가 포함된다. 이러한 새로운 치료들은 경험적이고 근거에 기반한 접근을 하면서도 영성, 가치, 마음챙김 등 일반적으로는 경험적이라고 여겨지지 않던 구성개념들을 통합하였다(Hayes et al., 2004a, 2006). 대부분의 제3세대 치료들은 사고를 바꾸려고 시도하기보다 맥락을 바꾸려고 노력하였다(Cloud, 2006). ACT 자체는 본질적으로 행동적 접근으로의 회귀라고 특징지을 수도 있지만, 여기서는 인지가 맥락에 중점을 둔 행동 분석적 관점에서 다루어진다(Hayes, 2004; Hayes et al., 2006).

Steven C. Hayes는 ACT의 창시자로서 인정을 받고 있다. 현재 리노의 네바다 대학교(University of Nevada) 재단 교수(foundation professor)인 "Hayes는 과학 정보 연구소(Institute for Scientific Information)에서 1986년에서 1995까지 세계에서 가장 영향력 있는 심리학자 30위로 선정되었다"(Podina & David, 2017, p. 178). Hayes는 1960년대에 캘리포니아 남부에서 성장하였다. 그는 인문학에 대한 관심과 과학에 대한 열정을 통합할 수 있는 분야를 연구하고 싶었기 때문에, 심리학에 대해서 거의 알지 못했음에도 불구하고 심리학을 선택하였다. 그는 천주교 신자였지만, 로스앤젤레스에 있는 기독교 대학인 로욜라 메리마운트 대학교(Loyola Marymount University)에 다닐 때에는 더 이상 스스로를 천주교 신자라고 생각하지 않았다(Hayers, 2008). 그곳에서 그는 Skinner의 연구와 Irving Kessler로부터 영감을 받았는데, Irving Kessler는 최근 교수진에 합류하여 행동주의적 이론과 임상 실습 간의 연관성을 입증했던 인물이다. 그는 또한 그 당시 두드러졌던 반문화 운동에 참여하며 동양 철학에 빠지게 되었고, 특히 D. T. Suzuki와 Alan Watts의 저서에 매료되었다. 졸업 후에도 Hayes는 이러한 관심을 유지하면서 Swami Kriyananda가 운영하던 동양 종교 공동체(Eastern religion commune)에서 시간을 보냈다. 1972년, Hayes는 딸을 낳은 지 3년 만에 고등학교 동창인 Angel Butcher와 결혼하였다.

Hayes는 행동 분석 연구로 유명한 웨스트 버지니아 대학교(West Virginia University)에서 박사과정을 밟으며 관련 작업에 몰두하게 된다. 그 후, 브라운 대학교(Brown University)에서 인턴십을 하며 David Barlow의 불안 장애 치료에 크게 영향을 받았으며, 인턴십을 마친 후 1977년에 그린스버러에 있는 노스캐롤라이나 대학교(University of North Carolina)의 교수진에 합류하였다. 그곳에서 보낸 9년은 파란만장했다. 심리학과는 행동중심 교수진과 인지중심 교수진으로 분리되어 갈등이 심각하였다(Hayes, 2008). 1978년에 열렸던 한 학과 회의에서, Hayes는 긴장이 고조되자 말을 할 수 없고 심장마비가 올 것 같다는 생각을 하였다. 이것이 그의 첫 번째 공황 발작이었으며, 그 이후 2년 동안 공황발작은 더 자주 발생하였다(Cloud, 2006). 이 기간 동안 스트레스가 증가하면서 그는 Angel과 이혼했다(Hayes, 2004). 1980년 무렵, 그는 불안 때문에 더 이상 강의를 할 수 없었으며, 식당이나 극장과 같은 공공장소를 완전히 피하게 되었다(Cloud, 2006). 그는 더 이상 일상생활을 지속하기 어려웠기 때문에 이후 3년 동안 불안 장애를 극복하기 위해 노력했으며, 이러한 노력들이 어느 정도는 ACT의 개발로 이어졌다고 볼 수 있다(Hayes, 2008). 그는 진정제를 복용하거나 공황 발작을 인지적으로 처리하여 통제하는 것과 같은 일반적인 대처 방법은 오히려 공황 발작에 집중하게 만들고 상황을 악화시킬 뿐임을 깨달았다(Hayes, 2016).

Hayes는 그의 첫 번째 박사과정생인 Robert D. Zettle과 함께 임상적인 문제(예: 불안 장애)가 어떻게 언어, 언어적 행동, 그리고 규칙에 따른 행동(다른 사람이 우리에게 부여한 규칙에 기반한 경직된 사고)에 의해 영향을 받는지를 조사하기 시작했다(Zettle, 2011). 특히 그들은 근본적인 관점에서 Beck이 내담자들에게 그들의 생각과 믿음으로부터 거리를 두도록 한 연습을 적용하려고 했는데, Hayes(2016)는 이를 "생각으로부터 나오는 것이 아닌 생각을 바라볼 수 있는 능력"(11:48)이라고 언급하였다. 이 초기 치료 형태는 Beck의 "거리두기"를 훨씬 넘어선다는 의미에서 **포괄적인 거리두기**(comprehensive distancing)로 명명되었다. 이러한 접근은 이후 몇 년에 걸쳐 ACT로 발전되었다(Hayes, 2008; Zettle, 2011).

같은 기간 동안, Hayes는 언어에 대한 행동 및 맥락적 접근 방식이자 행동 실천에 영향을 미치는 **관계구성틀이론**(relational frame theory, RFT)을 개발하기 시작했는데, 어떤 사람들은 RFT와 ACT간의 연결이 극도로 미미하다고 주장하기도 하였다(Barnes-Homes et al., 2016; Blackledge & Drake, 2013; Hayes et al., 2001). RFT에 대한 최초의 상세한 설명은 1985년 행동분석협회(Association for Behavior Analysis, ABA) 협의회에서 발표되었다(Hayes & Brownstein, 1985). Hayes는 46권의 책과 650편의 논문을 썼으며, 여러 전문 학회의 회장을 역임했다. 그는 행동 인지 치료 협회(Association for Behavioral and Cognitive Therapy)의 평생 공로상을 포함하여 많은 상을 받았다. 그는 Google scholars에서 전 세계적으로 가장 많이 인용되는 학자 중 한 명이다("Steven C. Hayes Ph.D.," 2020).

인간 본성에 대한 관점

다른 제3세대 인지행동치료와 마찬가지로 ACT는 내용보다 개인의 생각과 감정의 맥락에 더 중점을 둔다. **제1세대 및 2세대 인지행동 접근**(예: 행동치료, CBT)은 행동이나 인지가 부적응적이기 때문에 이를 바꿔야 한다고 가정했지만, 제3세대 접근은 "사고, 감정 혹은 기억 자체가 본질적으로 문제적이거나 역기능적이거나 병리적이라기보다는 오히려 이 모든 것들은 맥락에 달려있다"고 주장한다(Harris, 2009, p. 34). ACT는 **심리적 사건**(즉, 사람들이 행동하고 생각하고 느끼는 것)이라고 불리기도 하는 개인의 **사적인 사건**이 발생하는 현재 및 과거의 생물학적, 사회적, 신체적, 문화적 맥락(또는 환경)을 조사하기 때문에 일종의 **기능적 맥락적 이론**(functional contextual theory)이라고 할 수 있다(Fox, 2004-2020). 그렇기 때문에 행동이나 인지를 교체하기보다는 그러한 맥락을 수용하고 적응하는 것이 의미 있는 삶을 살기 위한 핵심이다.

ACT는 관계구성틀이론(RFT)에 기반하고 있다. RFT는 인간의 언어와 인지가 어떻게 발달되고, 개인이 자신의 행동, 사고 및 감정(즉, 그들의 사적인 사건들)을 매개하는 **관계구성틀**의 연결망을 어떻게 형성하는지에 대한 행동적 기술이다. 경직된 사고와 경험 회피는 개인이 자신의 삶에서 중요한 가치를 추구하는 것을 방해하는데, 관계구성틀이 경직된 사고와 경험 회피를 초래하게 되면, 이는 고통스러운 감정과 역기능적인 행동으로 이어질 수 있다. 그러나 내담자가 마음챙김, 수용, 인지적 탈융합(자신의 생각에 경직되게 얽매이지 않는 것) 등 **심리적 유연성**을 기를 수 있다면, 내담자는 자신의 부정적인 생각, 감정, 기억의 맥락을 바꾸고, 그것들의 영향을 줄일 수 있다. 이러한 일들은 사람들이 고통스러운 생각, 감정, 기억을 수용(Accepting)하고 현재에 머무르며, 인생의 가치 있는 길을 선택(Choosing)하고, 고통이 덜하고 의미 있는 삶을 살기 위한 행동을 취함(Taking)으로써 가능해진다. 이러한 개념은 생각, 감정, 기억, 그리고 관련된 행동을 교체가 필요한 "결함이 있는 기계"로 보는 이론과 상당히 대조된다(Harris, 2009; 상자 6.1 참조).

ACT는 자극이 관계구성틀의 연결망 내에서 어떻게 강화되는지를 다루는 RFT에 기반을 두기 때문에, 행동주의를 근간으로 하고 있으며, 심리적 유연성을 발달시키기 위해 마음챙김 및 명상, 그리고 연관된 철학을 사용한다는 점에서 동양적 색채도 띠고 있다. 그리고, 인간은 인생의 앞으로 나아갈 수 있다는 믿음을 갖고 있기 때문에 어느 정도 인

상자 6.1 기능적 맥락주의자들과 다른 심리학적 이론의 관심 차이

- 정신역동 치료사: 불완전한 자아 발달의 변화에 초점
- 실존적-인본주의 치료사: 일반적으로 낮은 자존감에 기인하는 감정 및 관련된 불일치 행동의 변화에 초점
- 인지 치료사: 잘못되었거나 비합리적이거나 부정적인 신념의 변화에 초점
- 이야기 치료사: 문제로 가득 찬 개인의 이야기를 변경하는 데 초점

반면:
- 기능적 맥락주의자: 생각, 감정, 행동이 발생하는 맥락을 변경하여 그 기능(예: 고통스러운 것)이 더 이상 동일한 힘을 갖지 않도록 함(ACT에서 심리적 유연성의 발달이 맥락을 바꾸는 데 도움이 될 수 있음)

본주의적인 경향이 있다고 할 수 있다. 그러나, ACT는 명백하게 자체적인 이론에 기반하며, 변증법적 행동치료, 마음챙김기반 치료 등과 함께 제3세대 인지행동 운동의 일부이다.

핵심개념

비록 대부분의 상담가들이 ACT의 이론보다 적용에 더 많은 관심을 두고 있지만, 이번 절은 ACT가 근거하고 있는 복잡한 이론인 관계구성틀이론(RFT)을 개관하는 것으로 시작한다. 이제부터 여러분이 ACT를 실시할 때 왜 그렇게 하는가를 이해할 수 있도록 RFT를 다소 현실적인 용어로 매우 압축하여 설명하고자 한다. 그런 다음 RFT가 어떻게 언어발달과 관련되어 있으며, 마음이 어떻게 심리적 경직성과 인간의 고통을 강화할 수 있는지에 대해서 논의할 것이다. 우리가 여기서 다룰 심리적 경직성의 여섯 가지 과정은 인지적 융합, 경험 회피, 과거 또는 미래에 고착, 개념화된 자기에 대한 집착, 가치 명료화 부족, 실행불가능 행동이다. 그리고 마지막으로 ACT 내담자가 매진해야 할 심리적 유연성의 여섯 가지 과정에 대해 논의할 것이다. 이러한 여섯 가지 과정은 탈융합(지금 생각하고 있는 것을 바라보기), 수용(개방하기), 현재와 접촉하기(지금 여기에 머무르기), 맥락으로서의 자기(순수한 인식), 가치(중요한 것이 무엇인지를 알기), 전념 행동(필요한 것을 하기)이다.

관계구성틀이론

관계구성틀이론(Hayes et al., 2001)은 포괄적인 이론으로, 인간의 언어 및 인지에 관한 기능적이고 맥락적인 기초 행동 연구 프로그램이다(Hayes et al., 2004b, p. 21).

관계구성틀이론(relational frame theory, RFT)은 우리의 행동, 사고, 감정(즉, 우리의 사적인 사건들) 및 언어가 관계구성틀(우리가 세상을 보는 방식)의 작용 방식, 즉 자극들이 강화되고 관계구성틀의 연결망 내에서 서로 연결되는 방식과 어떻게 관련되는지를 설명한다(Fox, 2004-2020). 우리는 이러한 망을 삭제할 수는 없지만 그 망에 추가하거나 망을 수정할 수는 있다.

RFT는 자극의 수가 증가하고 서로 연결됨에 따라 우리가 특정한 관계구성틀의 망을 구성하고, 이를 통해 세상을 바라본다고 가정한다(Hayes et al., 2012a). 예를 들면, 어린 아이는 고양이라는 단어와 눈에 보이는 따뜻하고 털이 많은 동물 간 유도된 자극 관계

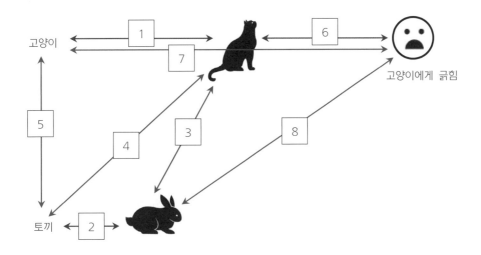

그림 6.1　관계 망

(derived stimulus relationship)에 대해 강화를 받았을 것이다(그림 6.1, 화살표 1). 그래서, **고양이**는 따뜻하고 털이 많은 동물과 동격이 되고, 인간의 마음이 작동하는 방식에 따라 따뜻하고 털이 많은 동물은 **고양이**와 동격이 된다. 그 후, 아이는 **토끼**가 따뜻하고 털이 많은 동물이라는 것을 배운다(화살표 2). 그러면, 고양이는 따뜻하고 털이 많은 동물이고, 토끼도 따뜻하고 털이 많은 동물이 된다. 그리고 인간의 마음이 작동하는 방식 때문에 둘 다 따뜻하고 털이 많으므로 토끼와 고양이의 관계가 형성된다(화살표 3). 이와 함께, 따뜻하고 털이 많은 **고양이**와 **토끼**라는 단어 간에도 관계가 형성되고(화살표 4), **토끼**라는 단어와 **고양이**라는 단어 간에도 관계가 형성된다(화살표 5). 따라서 고양이는 토끼와 연관되고, 토끼는 고양이와 연관된다. 어느 시점에서, 아이는 고양이에게 긁힐 수도 있다(화살표 6). 그리고 어떤 사람이 **고양이**라는 단어를 말하면 아이가 화를 낼 것이다(화살표 7). 이제 **고양이**와 **따뜻하고 털이 많은 동물**은 할퀼 수 있다. 그리고, 고양이는 토끼와 연관되어 있기 때문에 토끼도 할퀴는 것과 이차적으로 연관된다(화살표 8). 이제 우리는 이러한 관계가 어떻게 따뜻하고 털이 많은 동물에게 일반화되는지를 쉽게 확인할 수 있다. 자, 보라. 공포가 얼마나 쉽게 형성되었는가! 우리는 또한 어떤 사람이 따뜻하고 털이 많은 (그런데 할퀴는) 동물과 같이 있는 것보다 동물 없이 지내는 것이 더 낫다는 생각으로 이어지는 관계구성틀을 어떻게 발달시킬 수 있는지도 볼 수 있다. 여기서 우리는 따뜻하고 털이 많은 동물과 할퀴는 것 간에 **임의적인** 관계가 형성된 것도 볼 수 있다. 이러한 관계는 인생에서 "주어진" 것이 아니라 어떤 개인의 상황에서만 고유하기 때문에 임의적인

것이다.

우리는 관계구성틀이 어떻게 개인의 사적인 사건의 기초가 되는지를 확인하였다. 이러한 관계구성틀은 도움이 될 수도 있고 되지 않을 수도 있다(모든 따뜻하고 털이 많은 동물이 할퀸다고 생각하는 것은 도움이 되지 않는다). 두 개 이상의 자극이 서로 연관되는 것을 **조합 수반**(combinatorial entailment)이라고 한다. 많은 자극이 다른 많은 자극과 임의로 연결되면서 만들어지는 무한히 많은 관계구성틀을 상상해 보라. 이러한 관계구성틀은 "각 개인이 강화를 받는 다양한 맥락 내에서 발생하는 관계적 반응의 패턴"이며(Gross & Fox, 2009, p. 91), 우리의 인지와 언어 발달의 기초가 된다. 관계구성틀은 관계의 망이기 때문에 복잡하고, 서로 관련되어 있고, 쉽게 변하지 않는다. 우리는 이 망을 분리할 수는 없지만, 그 망을 있는 그대로 수용하고 새로운 관계 망을 형성하여 본래의 망이 기능하는 방식을 변화시킬 수 있다.

인간의 고뇌는 언어의 본질에 기인한다

ACT는 언어가 내담자를 자신의 내적 삶에 대항하여 싸우도록 만드는 방식을 강조한다(Dewane, 2008, para. 9).

ACT는 인간이 그들이 만든 관계구성틀의 복잡성과 **사적 언어** 혹은 **공적 언어**와 같이 그들이 사용하는 언어의 결과로 고통을 받는다고 가정한다(Harris, 2006). 사적 언어에는 "사고, 심상, 백일몽, 계획, 심상화 등"(p. 4)이 포함되는데, 이는 종종 **인지**(예: 어떤 사람은 "저 따뜻하고 털이 많은 동물은 나를 할퀼 거야! 나는 저것들이 무서워"라고 생각한다)라고 불린다. 공적 언어에는 "연설하기, 말하기, 흉내내기, 몸짓, 쓰기, 그리기, 노래하기, 춤추기 등"(p. 4)이 포함된다(예: 어떤 사람은 "모든 따뜻하고 털이 있는 동물은 금지합시다"라고 외친다). **마음**이라는 단어는 우리가 개발한 여러 종류의 언어를 상징한다(그림 6.2).

언어는 우리가 서로를 이해하고 세상을 이해하는 데 도움이 되고, 주요 문제에 대한 해결책을 찾고(예: 발명, 과학적 발견 등), 공감을 보여주고, 중요한 이유를 옹호하는 데 사용될 수 있다. 하지만 언어는 또한 고통을 증가시키기도 한다. 예를 들어, 공적 언어는 거짓말을 하거나 괴롭히거나, 성차별적이고 차별적인 방식으로 반응하는 데 사용될 수 있다. 사적인 언어는 우리가 자신에 대해 판단하고 나쁘게 느끼도록 만들고, 고통을 유발하는 과거의 부정적인 일들을 떠올리게 하며, 불안을 야기하는 미래의 일을 상상하게

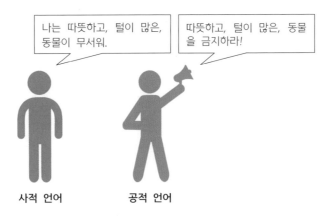

그림 6.2 사적 언어와 공적 언어

한다. 또한 우리의 행동을 제한할 수도 있는 삶의 방식에 대한 규칙을 만들게 할 수 있다. 따라서 언어는 고통스러운 **사적 경험**(감정, 기억, 생각, 감각 및 기타 내적 경험)과 잘못된 선택을 초래할 수 있다. 예를 들어, 어떤 사람이 운동하는 것에 대해서 "우리 아빠처럼 나한테도 심장마비가 올 수 있어"라고 생각한다면, 그는 앞으로 운동을 기피하게 될 것이다. 만약 어떤 사람이 '자신의 배우자가 다른 방식으로 행동**해야 한다**'라고 생각한다면, 그 사람은 배우자에게 폭언을 하게 되고 관계가 악화될 것이다. 또한 "은퇴하면 삶이 좋아질 거야"라고 생각하는 사람은 은퇴를 기다리며 우울한 삶을 살 것이다. 언어는 이런 식으로 사람을 혼란에 빠트린다. 따라서 우리의 마음이 우리의 친구가 아닌 주된 이유는 우리가 **심리적 경직성**을 초래하는 언어 사용 방식을 개발했기 때문이다.

심리적 경직성

심리적 경직성(psychological inflexibility)은 개인이 자신의 가치에 따라 행동할 수 없도록 만드는 서로 관련된 여섯 가지 과정으로 설명할 수 있다(Hayes, 2009; Törneke, et al., 2008). 이러한 과정들은 다양한 방식으로 서로 영향을 미치는 경향이 있기 때문에 서로 관련되어 있다. 여섯 가지 과정에는 인지적 융합, 경험 회피, 과거 또는 미래에 고착, 개념화된 자기에 대한 집착, 가치 명료화 부족, 실행불가능 행동이 포함된다(Harris, 2009). 이 여섯 가지 과정은 심리적 유연성의 여섯 가지 과정인 탈융합(또는 인지적 탈융합), 수용, 현재와 접촉하기, 맥락으로서의 자기, 가치, 전념행동과 대비된다. 심리적 유연성에 대해서는 다음 절에서 설명할 것이다.

정신 건강 문제를 야기하는 심리적 경직성은 장기적으로 해로운 영향을 미친다는 사실에도 불구하고 단기적으로는 이득이 있기 때문에 쉽게 강화된다. 예를 들면, 사회 공포증이 있는 사람은 사회적 상황에서 평가받고 거부당하는 것이 두렵기 때문에 그러한 상황을 회피한다. 사회적 상황을 회피하면 사회적 상황에서 불안이나 공황을 겪지 않기 때문에 단기적으로 안정을 느낄 수 있다. 하지만, 이렇게 회피하는 것은 타인과 함께하기를 원하는 개인의 욕구와 일치하지 않는 삶을 초래하게 된다. 심리적 경직성의 여섯 가지 과정은 다음과 같다.

인지적 융합

인지적 융합(cognitive fusion)은 우리가 심각한 괴로움을 유발하는 생각에 사로잡혀 있고, 그러한 생각을 반복하는 것이 괴로움을 더욱더 유발한다는 사실에도 불구하고 그러한 생각을 지속적으로 할 때 발생한다. 인지적 융합은 우리가 규칙에 얽매이고, 판단적이고, 변화의 여지가 없으며, 흑백논리적인 생각에 경직되게 집착할 때 더욱 분명해진다(Hayes, 2004; Harris, 2009). 이러한 생각들은 종종 다음과 같은 특징을 지닌다.

- ◆ 절대적인 진실처럼 보임
- ◆ 반드시 따라야 할 것처럼 보임
- ◆ 자신에 대한 자신의 이해를 지배함
- ◆ 즉각적으로 제거해야 할 것 같음
- ◆ 과거나 미래에 대한 것이며 끊임없이 걱정을 야기함
- ◆ 개인의 삶에 부정적인 영향을 미친다는 사실에도 불구하고 그 생각에서 벗어나는 것이 불가능함

이러한 사고는 종종 주 양육자와의 고통스러운 기억과 융합되어 실망, 거부, 실패, 학대, 낮은 자존감을 야기한다. 그러한 경험은 "나는 좋지 않아", "나는 절대 성공할 수 없어", "나는 가치가 없어", "왜 노력해야 하지? 어차피 잘 되지 않을 거야" 등의 자기 진술로 이어진다(Harris, 2009). ACT에서는 내담자가 이러한 생각들을 인지할 수 있도록 격려한다. 그리고, 그러한 생각들을 중단하려고 노력하지는 않되 그러한 생각들에 대한 믿음에는 빠지지 않도록 격려한다. 이것은 마치 버스 안에 있는 승객들이 생각이라면 "자기(self)"가 버스 위에 올라타 있는 것과 같다. 자기는 생각을 관찰할 수 있지만 그것에 휘말리지는 않는다. 카드 한 벌을 생각해도 좋다. 카드가 한 장씩 당신 앞에 펼쳐질 때,

그 카드를 생각이라고 상상해 보자. 내담자는 카드("생각")를 잡으려고 하지 않고 카드가 한 장씩 지나갈 때 그냥 그것들을 지켜보는 법을 배운다. 인지적 융합의 반대 개념인 탈융합은 다음 절의 심리적 유연성에서 살펴보겠다.

경험 회피

우리 인간에게 있어서 사적인 사건은 관계구성틀을 통해 쉽게 불쾌한 자극과 관련지어지며, 그 결과로 회피의 대상이 되기도 한다(Törneke et al., 2008, p. 149).

진화론적 관점에서, 인간은 생존에 위협이 될 수 있는 외부의 문제를 해결하기 위해서 문제해결 방법을 발달시켜 왔다(Harris, 2006). 예를 들어, 곰이 사람을 죽일 수 있으며 돌을 던지는 것만으로는 대응에 한계가 있다는 것을 깨달은 후, 인간은 곰을 피하기 위한 보다 복잡한 전략을 개발했다. 회피 전략은 곰이 쫓아오는 것과 같은 외부의 위협을 다루는 데에는 잘 작동하지만, 어려운 감정, 기억, 감각 및 생각과 같은 증상에 적용할 때에는 그다지 도움이 되지 않았다. 사실, 어려운 감정, 기억, 감각 및 생각을 피하려는 노력은 오히려 어려운 감정, 기억, 또는 생각을 증가시킨다.

예를 들어, 우울한 사람은 자연적으로 슬픈 감정과 싸우거나 피하고자 한다. 그러나 이러한 사람들은 고통스러운 우울한 감정에 대해서 얘기하는 것을 거부하고, 그러한 고통을 전혀 다루지 않으며, 해결되지 않은 고통스러운 감정과 함께 살아가기 때문에, 우울증을 피하려는 시도는 일반적으로 사람을 더 우울하게 만든다. 사람들과 함께 있는 것이 불안해서 사회적 접촉을 일부러 회피하는 사람은 결국 주변에 친구들이나 사람들이 없기 때문에 우울하고 불안해진다. 경험 회피(experiential avoidance)는 종종 인지적 융합에 의해 촉진된다. 예를 들어, 다른 사람과의 상호작용을 회피하는 불안한 사람은 종종 "나는 다른 사람들과 어울릴 만큼 좋은 사람이 아니야"(이러한 생각은 아마도 "너는 좋은 애가 아니야"와 같은 주 양육자와의 고통스러운 초기 기억과 융합되었을 것이다)와 같은 생각에 사로잡혀 있다. 따라서, 이러한 사람들은 사람들과 함께 하길 원하는 자신의 가치에 따라 살지 않기 때문에 자신의 삶을 더욱 풍요롭게 만들지 못한다. 경험 회피의 반대 개념은 다음 절에서 논의될 자기 수용이다.

과거 또는 미래에 고착

이러한 사람들은 현재를 사는 대신 과거에 집착하거나 미래에 대해서 끊임없이 생각한다. 그들은 "만약 이랬다면…" 어땠을지를 생각하거나 미래가 어떻게 될지를 걱정한다. 이러한 사람들은 언제나 과거 그들이 겪었던 학대와 그것이 그들에게 어떤 부정적인 영향을 미쳤는지에 관해서 생각한다. 또한 이들은 관계가 실패할 것을 걱정하기 때문에 파트너를 찾고자 하지 않는다. 과거 또는 미래에 고착(being stuck in the past or future)되는 것과 반대되는 개념은 다음 절에서 다룰 현재와 접촉하기이다.

개념화된 자기에 대한 집착

우리의 개념화된 자기(conceptualized self)는 우리의 인생 이야기를 바탕으로 알게 된 자기이며, 이름, 문화적 배경, 연령, 성별, 결혼 여부, 직업, 학위, 활동, 직업과 같은 것들을 포함한다. 우리는 모두 개념화된 자기를 가지고 있다. 그러나 개념화된 자기의 한두 가지 측면에 경직되게 집착하면, 우리는 '나에 대한 기술(self-description)을 **갖게** 되는 것'이 아니라 '나에 대한 기술**대로** 살게 된다.' 예를 들어, 어떤 정신과 의사가 '정신과 의사란 무엇인가'에 대한 자신의 지각에 융합되게 되면 그는 환자를 대하는 대안적인 방식을 생각할 수 없으며, 친구들이나 지인과 함께 있을 때에도 자신이 언제나 "정신과 의사"의 역할을 수행해야만 한다고 믿는다. 개념화된 자기에 대한 집착의 반대되는 개념은 맥락으로서의 자기이며, 이에 대해서는 다음 절에서 살펴보겠다.

가치 명료화 부족

이것은 인지적 융합, 경험 회피, 과거 또는 미래에 고착, 경직된 개념화된 자기로 인해 자신의 가치에 대해 명확성을 갖지 못하고, 그러한 가치를 받아들이는 방식으로 행동하지 못하게 되는 것을 말한다. 예를 들어, 현재 직장에서 불행하고 불만족을 느끼는 우울한 사람은 자신이 일을 잘 수행할 수 없다는 생각에 사로잡혀 있고(인지적 융합), 미래에 대한 불안(미래에 고착) 때문에 새로운 직업을 찾는 것을 피하며(경험 회피), 자신이 그려 놓은 직업적 역할에 경직되게 집착한다(경직된 개념화된 자기). 가치 명료화 부족(lack of clarity of values)의 반대되는 개념은 명료한 가치를 갖는 것이며, 이에 대해서는 다음 절에서 살펴보겠다.

실행불가능 행동

이것은 목적 지향적이고 의도적이며 주의 깊은 행동에 반대되는 감정, 생각, 행동으로, 우리가 선택한 가치를 향해 나아가는 것을 방해한다. 여기에는 충분히 숙고하지 않은 충동적이고 반응적이며 자동적인 행동들이 포함된다. 이러한 행동은 학대하는 배우자, 습관적으로 마약을 복용하는 약물 남용자, 외로워하면서도 상대를 찾지 않는 사람, 자신의 직업에 불만이 있으면서도 다른 일자리를 찾지 않는 사람 등에게서 볼 수 있다. 실행불가능 행동(unworkable action)의 반대 개념은 전념 행동으로, 이에 대해서는 다음 절에서 살펴보겠다.

ACT의 목표가 "피할 수 없는 고통을 수용하면서 풍요롭고 의미 있는 삶을 만드는 것"이기 때문에, 우리는 심리적 경직성에서 벗어나 심리적 유연성을 기르는 새로운 방법을 어떻게 획득할 수 있는지를 배워야 한다.

심리적 유연성

심리적 경직성의 반대 개념인 **심리적 유연성**(psychological flexibility)은 개인이 현재 순간에 살고, 현재 상태를 수용하고, 자신이 선택한 가치에 따라 행동할 수 있는 능력을 의미한다(Hayes, et al., 2021b). 심리적 유연성은 서로 관련되어 있는 여섯 개의 핵심 차원 혹은 과정으로 구성되어 있다. 여섯 개의 과정은 **탈융합**(지금 생각하고 있는 것을 바라보기), **수용**(개방하기), **현재와 접촉하기**(지금 여기에 머무르기), **맥락으로서의 자기**(순수한 인식), **가치**(중요한 것이 무엇인지를 알기), **전념 행동**(필요한 것을 하기)이다(Harris, 2009; Hayes et al., 2012a, 2012b). 이것은 육각형 모델로 시각화 할 수 있다(그림 6.3). 선이 다양한 과정들을 어떻게 연결하고 있는지 주목하라. 이 모델은 여섯 개의 과정들이 어떻게 서로 관련되거나 영향을 미치며, 함께 심리적 유연성을 발달시키는지를 보여준다. 이 과정들이 상담에 어떻게 적용되는지는 이 절 다음에 나오는 기법에서 제시하겠다. 지금부터는 이러한 과정을 각각 살펴보기로 하자.

탈융합(지금 생각하고 있는 것을 바라보기)

인지적 융합이 자신의 생각에 얽매이는 것이라면, 탈융합(defusion, 인지적 탈융합이라고도 함)은 자신의 생각을 놓아주고 자신이 그 생각에 의해 지배되지 않았다는 것을 이해하는 것이다. Harris(2009)는 탈융합된 상태는 생각이 다음과 같은 상태라고 말한다.

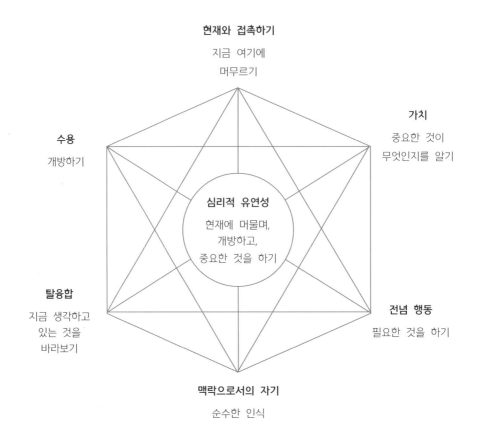

그림 6.3 육각형 모델

◆ 사실일 수도 있고 아닐 수도 있음

◆ 꼭 순종해야 하는 명령이거나 따라야 하는 규칙이 아님

◆ 위협적이지 않음

◆ 물리적인 세계에서 일어나는 것이 아니며, 그저 우리의 머리 속에 있는 단어나 그림임

◆ 중요할 수도 있고 중요하지 않을 수도 있음 — 얼마나 주의를 기울일지는 우리가 선택할 수 있음

◆ 우리가 잡거나 밀어낼 필요 없이 자연스럽게 오고 갈 수 있음(p. 21)

인지적으로 탈융합된 사람들은 자신의 생각에서 한 걸음 물러서서 지금 자신이 무엇을 생각하고, 상상하고, 기억하고 있는지를 지켜볼 수 있다. 그들은 자신의 생각에 지

나치게 얽매이거나 사로잡히지 않을 수 있는 능력을 가지고 있다. 예를 들어, 배우자를 학대하던 어떤 사람이, 이제는 잠시 멈추고 자신의 생각에 대해 생각하는 법을 배우고, 자신의 생각에 꼭 반응하지는 않으면서 그 생각과 분리되어 지켜보는 마음챙김 훈련을 했다면, 그는 이제 자신의 배우자를 사랑하는 새로운 목적 지향적인 행동을 할 수 있다.

수용(개방하기)

수용(acceptance)은 개인이 어려운 사적 경험(감정, 기억, 생각, 감각 및 기타 경험)을 경험(개방)하도록 함으로써 자신의 가치와 일치하는 더 강력한 선택을 할 수 있도록 한다 (Batten & Ciarrochi, 2015; Harris, 2009; Neale-McFall, 2015). 예를 들어, 대인관계에 가치를 두지만 과거에 관계에서 상처를 입은 사람은 우울하고 다시 상처를 입을까봐 미래의 대인관계를 회피할 것이다. 수용은 개인이 경험 회피 없이 그 순간의 상처를 경험하도록 하고, 그 고통에도 불구하고 다시 사랑의 관계로 이어질 행동을 취하는 것을 선택하도록 한다.

현재와 접촉하기(지금 여기에 머무르기)

현재 순간에 대한 유연한 집중은 지금 여기와 접촉하는 과정이다(Neale-McFall, 2015). 이것은 순간을 경험하고, 판단을 유예하고, 기대를 버리고, 자신의 심리적 또는 육체적 세계에 완전하고 의도적인 주의를 기울일 때 일어난다. 이것은 좁고 초점화된 주의를 넓고 퍼져 있는 주의로 옮기는 능력이며, 개인이 과거에 일어났던 일이나 혹은 미래에 일어날 수 있는 일에서 지금 현재 일어나고 있는 일로 이동하는 것을 가능하게 한다. 불안과 걱정이 과거에 발생했던 일이나 앞으로 발생할 일에 초점을 맞추기 때문에 발생한다는 점에서 이것은 매우 가치가 있다. 예를 들어, 어린 시절의 학대 경험으로 인해 지속적으로 학대에 사로잡혀 있는 사람은 마음챙김 훈련을 통해 현재에 집중하고 현재에 기반하고 있다는 느낌을 가질 수 있다. 이러한 과정은 내담자가 과거에 대한 반복적인 생각을 줄이고, 미래를 위한 건강한 선택에 대해 생각할 수 있게 한다.

맥락으로서의 자기(순수한 인식)

다음을 한번 생각해보자.

당신은 머리 안에 있는 생각인가?

아니면,

당신은 머리 안에 있는 당신의 생각에 대한 인식인가?

아이들은 자라면서 자기 자신을 정립하는, 혹은 자신을 바라보는 관점이 되는 이야기(narratives)를 발달시킨다. 예를 들면, 아이들은 자기 자신이 똑똑하고, 운동 능력이 있고, 누구보다 못하거나, 누구보다 낫고, 예쁘고, 걱정이 많다고 생각할 수 있다. 아이들은 자신을 기술하는 내용들과 관련지어 자신을 바라본다. 우리는 이것을 **내용으로서의 자기**(self−as−content)라고 부른다. 이러한 단순화는 누가 누구인지 혹은 무엇이 무엇인지에 대해서 설명하고 기술하는 유용하고 빠른 방법이다(Törneke, 2010). 그러나, 나이가 들어가면서 이러한 생각들은 지배적이 되어 행동에 영향을 미치고, 자신을 바라보는 경직된 방식으로 자리잡게 된다. 반면, 맥락으로서의 자기(self−as−context)는 이러한 서술 및 그와 관련된 내용, 감정, 그리고 경험으로부터 분리할 수 있는 능력이다. 이는 자신의 내용에서 자신을 제거하거나 분리하는 초월적인 상태 또는 자기에 대한 메타인식으로 간주되기도 한다. 이 개념은 명상 중에 달성되는 상태와 유사하다(Hayes et al., 2012a). 정신과 의사이지만 그 역할에 경직되게 얽매이지 않는 사람이 이런 상태에 있다고 볼 수 있다. 이 사람은 사람들을 다른 방식들로 대할 수 있으며, 자신의 친구나 배우자와 함께 있을 때에는 "정신과 의사"의 역할을 유지할 필요가 없다(상자 6.2 참조).

상자 6.2 나는 누구인가?

나는 5일 동안 가치 명료화 워크숍에 참석한 적이 있었는데, 그곳에서 나는 내가 무슨 일을 했었는지, 어떤 학위를 가지고 있는지, 심지어 어떤 공부를 했었는지에 대해서도 언급하지 말 것을 요청 받았다. 나는 갑자기 "내용으로서의 자기"가 없는 사람이 되었다. 나는 학위와 직업이 나를 규정하였으며, 내가 그것들에 얽매여 있었다는 것을 인식하게 되면서 점점 힘이 들었다. 하지만, 나는 명상과 마음챙김, 그리고 관련된 경험을 통해 서서히 새로운 나와 마주하게 되었다. 새로운 나는 더 이상 내가 누구였는지에 대한 내용을 필요로 하지 않았다. 그리고 나는 나 자신을 발견하는 맥락에 따라 다른 '나'가 될 수 있었다.-Ed Neukrug

가치(중요한 것이 무엇인지를 알기)

인생은 당신이 다른 계획을 세우느라 바쁠 때 일어난다(John Lennon, 1980, min. 2:18).

ACT에서 가치(value)라는 것은 인생에 기쁨과 의미를 가져다주는 활동이며, 개인의 더 큰 목적을 반영한다(Harris, 2009, 2015). ACT 치료사는 목표를 달성하는 것에 초점을 맞추는 **목표 중심적인 삶**과 자신의 가치를 실천하는 과정 또는 여정에 초점을 맞추는 **가치 중심적인 삶**을 구별하는 것이 중요하다고 제안한다. 개인이 가치 중심적인 삶을 살면 목표를 달성하지 못할 때에도 충만함, 목적, 의미를 얻는다. 목표 중심적인 삶을 살면 목표를 달성하는 것에 실패하였을 경우 실망, 실패한 느낌, 공허함을 느끼게 된다. 비록 목표 중심적인 삶이 목표가 달성되었을 때 작은 기쁨과 행복을 가져다주긴 하지만 그것은 순간적이다. 반면, 가치 중심적인 삶은 그 여정 자체에 즐거움이 있으며, 어떤 특정한 목표 달성은 더 큰 여정의 맥락 안에서 기쁨의 순간을 선사한다.

가치 중심적인 삶이 공유하는 몇 가지 가치는 더 나은 부모가 되는 것, 건강을 유지하는 것, 만족스러운 가족 관계를 유지하는 것, 관계에서 더 깊은 친밀감을 개발하는 것, 만족스러운 고용 상태를 유지하는 것, 개인적으로 성장하는 것, 직업을 즐기는 것, 지역 사회 및 환경 문제에 참여하는 것, 영적으로 또는 종교적으로 깊어지는 것, 그리고 사회적 관계를 구축하는 것이다(Harris, 2009). 다양한 가치 명료화 연습을 통해 개인은 그들의 삶에서 어떤 가치가 가장 중요한지를 판단하여 자신을 위한 가장 좋은 선택을 할 수 있다. 이러한 연습 방법 중 하나는 문제 중심 단기 치료에서 사용하는 기적 질문과 비슷하다.

만약 당신이 마술지팡이를 흔들어 이 모든 문제적인 생각과 감정이 더 이상 당신에게 영향을 미치지 않도록 할 수 있다면, 당신은 무엇을 시작하거나 더 많이 하시겠습니까? 또는 무엇을 중단하거나 더 적게 하시겠습니까? 그리고 친구, 배우자, 자녀, 부모, 친척, 직장 동료, 그리고 또 다른 사람들에게 어떻게 다르게 행동하시겠습니까? 또는 집에서, 직장에서, 그리고 즐길 때에 어떻게 다르게 행동하시겠습니까?(Harris, 209, p. 56)

전념 행동(필요한 것을 하기)

전념 행동(committed action)은 긍정적이고 부정적인 정서 경험이 동시에 유발되는 상황에서 "우리의 가치에 따라 효과적인 행동을 취하는 것"을 필요로 한다(Harris, 2009, p. 11). 전념 행동의 장기적인 목적은 내담자가 자신의 가치와 조화를 유지하는 데 도움이 되는 목표를 결정하고 이를 위해 노력하는 것이다. Harris(2009)는 전념 행동의 단계를 다음과 같이 제시하였다.

1. 변화의 필요성이 가장 높은 삶의 영역을 선택하라.
2. 이 영역에서 추구하고자 하는 가치를 선택하라.
3. 그 가치에 따라 목표를 세워라.
4. 신중하게 행동을 취하라(p. 209).

이를 실현하기 위해 전문적인 상담사는 내담자에게 목표 세우기, 기술 훈련, 노출 치료, 협상, 시간 관리, 주장 훈련 등 전통적인 행동 기법을 가르치고, 이를 통해 내담자는 전념 행동을 하는 동안 경험하는 감정을 견딜 수 있게 된다. 그러나 이러한 모든 과정의 초점은 목표 중심이 아니라 가치 중심적인 삶의 발전에 있어야 한다는 것을 기억해야 한다. 예를 들면, 과거의 상처 때문에 연인을 찾는 것을 두려워했던 외롭고 우울한 사람이 이제는 과거의 상처에서 오는 고통을 받아들일 수 있으며, 미래에 대한 걱정을 하지 않고, 새로운 상대를 찾기 위해 신중하면서도 의도적인 행동을 기꺼이 할 수 있게 된다.

기법

ACT 치료사들은 다양한 기법들을 사용하는데, 그 중 많은 기법들이 심리적 유연성의 발달과 관련이 있다. 여기서 우리는 연민, 수용, 존중, 공감, 협력적이고 평등한 관계 촉진, 병력 청취, 사전동의 획득 및 목표 설정, 심리교육, 비유, 은유, 이야기, 역설, 마음챙김, 그리고 육각형 모델의 여섯 가지 핵심 과정을 강조하는 연습을 검토할 것이다.

연민, 수용, 존중, 공감

ACT에서 작업 동맹을 형성하는 것은 중요하기 때문에, ACT 치료사들은 이를 위해 상담에서 긍정적인 결과와 관련되어 있다고 알려진 다양한 공통 기법들을 사용한다

(Wampold & Imel, 2015). ACT 치료사들은 내담자의 곤경에 연민(compassion)을 갖고, 현재 내담자의 상태를 수용(acceptance)하고, 내담자에 대한 존중(respect)을 표시하며, 내담자에게 상담사가 듣고 있음을 보여주는 공감(empathy)적 관계를 발달시킴으로써 관계 속으로 자기 자신을 끌어 들인다(Harris, 2006).

협력적이고 평등한 관계 촉진

ACT 치료사들은 우리 모두가 씨름하는 삶의 문제를 가지고 있으며, 심리적 유연성이 그들의 삶의 문제에 도움이 된 것처럼 내담자들의 인생 경로에도 도움이 될 것이라는 것을 이해하고 있다. 그렇기 때문에 상담사들은 전문가적 위치에서 상담을 접근하는 대신 **협력적이고 평등한 관계**(collaborative and egalitarian relationship)를 발달시키며, 그들 자신이 심리적 유연성을 증가시키기 위해 사용했던 방법을 공유한다.

나는 당신이 내가 내 인생을 완벽하게 정돈했다고 생각하지 않기를 바란다. 이것은 오히려 당신은 저기에 있는 당신의 산을 오르고, 나는 여기에 있는 나의 산을 오르는 것과 같다. 내가 이미 산의 정상에 올라서 휴식을 취하고 있는 것이 아니다. 나는 단지 내 산 위에서 당신이 볼 수 없는 당신의 산에 있는 장애물을 볼 수 있을 뿐이다. 그렇기 때문에 나는 당신에게 그 장애물들을 알려줄 수 있고, 그 주변에 있는 다른 길을 안내해줄 수도 있다(Harris, 2006, p.8).

병력 청취

ACT 상담사는 처음 몇 회기에 걸쳐 내담자의 현재 증상과 그들이 살아온 삶에 대해서 조사를 할 것이다(Harris, 2009). 이러한 작업은 ACT 치료사들이 지향하는 이론에 따라 다양하겠지만, 보통은 다음과 같은 내용들을 다룬다.

1. **현재 호소문제**: 내담자의 감정을 악화시키는 경험 회피 행동에 대한 검토를 포함하여 현재 호소문제에 대한 조사.
2. **초기 가치 평가**: 내담자의 삶에 목적을 부여하는 것, 기쁨을 주는 활동, 내담자가 성장하고 변화하고 싶은 방식, 의미 있는 관계 등과 같은 내담자의 가치에 대한 조사.
3. **삶의 맥락/역사**: 의학적 문제, 과거 상담 경험, 가족 및 다른 중요한 관계, 직업 관

련 문제, 재정 상태 등을 포함하는 가족 및 사회적 상황에 대한 검토.

4. **심리적 경직성**: 과거나 미래에 대한 지속적인 걱정, 경직된 규칙이나 믿음에 대한 집착, 두드러진 경험 회피, 경직된 정체성에 대한 집착, 생각과 감정을 식별하는 데 있어서의 어려움과 같은 문제에 대한 조사.

5. **동기적 요소**: 내담자가 가지고 있는 꿈과 욕구를 확인하고, 외적인 요소(예: 경제적 상황)와 내적인 요소(예: 경직된 사고)가 어떻게 내담자의 동기를 방해하는지를 확인.

6. **심리적 유연성 및 내담자 강점**: 육각형 모형의 관점에서 내담자가 유연한 영역을 발견하고 내담자가 가지고 있는 긍정적인 강점을 확인(예: 친화력).

사전동의 획득 및 목표 설정

평과 과정이 끝난 후, 내담자에게 ACT 진행 과정 및 내담자가 참여하는 여러 가지 실험과 기술 연습에 대해서 설명한다. 또한, 의도한 것은 아니지만 상담과정 중 자신의 고통과 상처를 경험하게 될 수도 있다는 사실을 안내한다. ACT의 일반적인 과정에 대해 설명한 후에는 치료 목표를 세우고 회기를 결정한다. 일반적으로, 심리적 유연성이 낮은 사람들은 좀 더 긴 치료 과정(예: 1년 정도)이 필요할 수도 있다(Harris, 2009). 목표는 비교적 간단하다. 어려운 감정과 생각을 변화시키는 것이 아니라 관리하는 데 초점을 두며, 개인이 자신의 삶에서 중요한 가치를 추구하는 데 도움이 되는 새로운 행동을 강조한다.

심리교육

ACT에서 사용하는 기법이 육각형 모델의 여섯 가지 과정과 직접적으로 관련이 되어 있기 때문에 내담자에게 육각형 모델에 대해서 설명하는 것은 ACT의 중요한 요소이다(Harris, 2009). 내담자의 병력을 조사하고 심리적으로 경직된 영역을 결정한 후에, 치료사는 내담자가 가장 고통스러워하고 있는 것처럼 보이는 영역에서 작업을 시작할 수 있다. 이러한 영역을 다룰 때, 치료사는 그러한 부분들을 내담자에게 확인시켜 주고, 어떤 목적을 수행할 것인지를 설명해주고, 심리적으로 좀 더 유연해지기 위해서 사용할 수 있는 연습이나 숙제를 제안한다.

비유, 은유, 이야기, 역설, 마음챙김 사용하기

ACT는 풍부한 연습을 사용하는 것으로 유명한데, 그 중 많은 것들이 창의적이고 재미있으며, 대부분 심리적 유연성의 여섯 가지 영역을 다룬다. 이러한 연습들에는 비유, 은유, 이야기, 역설, 마음챙김이 있다(Ciarrochi & Bailey, 2008; Stewart, et al., 2001; Törneke, 2010). 이러한 모든 기법들은 상직적인 언어를 사용하는데, 이런 언어는 대화로 하는 전통적인 치료법과는 다른 신경 경로와 관련되어 있으며, 상당히 장기적인 변화를 초래한다(Riddell, 2016). 여기서 우리는 ACT에서 내담자들과 작업하는 공통적인 접근 방식을 정의할 것이다. 이들 중 몇몇 기법은 다음 절에서 심리적 유연성의 여섯 가지 주요 과정이 어떻게 개발되는가를 설명할 때에도 사용될 것이다.

비유

비유(analogy)는 두 개 이상의 사물을 직접적으로 비교하는 것으로, 이들은 표면적으로 보기에는 종종 서로 다르지만 사람에게 중요한 의미를 전달한다. 예를 들어, 배우자가 반드시 변화해야 한다는 생각에 사로잡힌 내담자에게, 상담사는 "당신의 배우자를 바꾸려고 노력하는 것은 중

국식 손가락 덫에서 손가락을 잡아당겨 빼려고 하는 것과 같습니다. 당신이 배우자를 바꾸려고 하면 할수록 원하는 결과를 얻을 가능성은 더 줄어듭니다."라고 말할 수 있다.

은유

은유(metaphor)는 내담자에게 어떤 개념을 새로운 방식으로 이해시키기 위해 추상적이거나 상징적인 생각 또는 이미지를 현 상황과 비교할 때 적용할 수 있다. 예를 들어, 상담사는 불안으로 어려움을 겪고 있는 사람에게 "당신은 지금 모래늪에 있는 것 같군요"라고 말할 수 있다. 이것은 내담자가 자신의 불안이 어떻게 자신을 더 불안 속으로 깊숙이 끌어들이고 있는지를 인식하는 데 도움이 될 수 있다(Ciarrochi & Bailey, 2008).

이야기

이야기(story)를 통해 개인은 자신이 겪고 있는 직접적인 경험으로부터 자신을 분리할 수 있다. 이렇게 분리가 되면, 개인은 자신의 상황을 새로운 방식으로 이해할 수 있게 된다. 예를 들어, 상담사가 자신의 감정을 조절하는 데 어려움이 있는 충동적인 내담자와 작업을 한다면, 그는 내담자에게 자신의 삶에서 평화를 못 찾고 세속을 떠나 하루종

일 불경을 외우는 수도승이 되기로 결심한 사람에 대해서 이야기해 줄 수 있다. 이러한 경험을 한 후 그는 다시 일상으로 돌아왔고, 세속을 떠나 배운 것들을 이용하여 사람들에 대한 반응을 적절하게 조절할 수 있게 되었다.

역설

ACT의 역설(paradox)은 우리가 어려운 사적 경험을 피하기보다 그것을 수용하려고 노력해야 한다는 것을 의미한다. 그렇기 때문에 치료사들은 종종 내담자에게 어려운 감정이나 생각을 피하지 말고 경험하라고 제안한다. 예를 들어, 자신이 피해자라고 생각하여 동료들에게 원한을 품고 있는 내담자는 갈등을 피하기 위해서 그들에게 끊임없이 친절하게 대하려고 노력할 것이다. 하지만 이것은 증상을 유지하는 결과를 가져온다(지속적인 분노와 짜증의 감정). 이제 치료사는 내담자에게 "자신의 분노를 인정"하고 이러한 사람 중 한두 명과 대화하는 역할극을 하도록 제안할 수 있다. 역할극을 하는 동안 내담자는 화를 내고 분개하게 되며, 갑자기 그러한 분노의 상당 부분은 동료들이 자신을 대하는 방식 때문이 아니라 그들이 성취한 것에 대한 자신의 질투와 관련 있음을 깨닫게 될 것이다.

마음챙김

마음챙김(mindfulness)은 명상은 아니지만 명상 전통(예: 불교)에 기반을 두고 있으며, 사람이 부정적인 감정에 지배당하지 않고 부정적인 감정을 경험하게 하고, 자신의 생각으로부터 한발짝 물러서게 하며, 독단적인 신념에 대한 경직된 집착을 버릴 수 있게 하는 지금-여기의 연습이다. 즉, 자신을 수용하고, 관찰하고, 인지적 탈융합으로 나아가게 한다(Hayes et al., 2012a; Kabat-Zinn, 2003; Ong et al., 2012). **마음챙김**이라는 용어가 어렵다면, "당신이 경험하는 부정적인 감정들을 수용하고 이해하는 데 도움이 되는 연습을 해봅시다"라고 말하며 마음챙김 연습을 좀 다른 방식으로 소개할 수도 있다. 일반적인 마음챙김 연습은 다음과 같은 방식으로 시작할 수 있다.

편안한 자리에 앉는다.

눈을 감고 숨소리를 들으며 심호흡을 한다.

숨을 들이마셨다가 내뱉는다.

호흡에 집중하고 호흡과 하나가 된다.

점점 더 편안해지면, 생각이 진행되는 것을 지켜본다.

그것은 단지 생각일 뿐이며, 당신은 그것들을 관찰하고 있을 뿐임을 기억한다.

육각형 모델의 여섯 가지 핵심 과정을 강조하는 연습

지금부터는 심리적 유연성을 개발할 수 있는 여섯 가지 과정 각각에 대해 하나의 간단한 연습을 소개하겠다. ACT에는 탈융합, 수용, 현재와 접촉하기, 맥락으로서의 자기, 가치, 전념 행동을 개발하는 데 사용할 수 있는 다양한 연습들이 있다. 이러한 과정, 즉 연습들은 서로 연관되어 있기 때문에 여섯 가지 과정 중 하나 이상을 반영할 수 있다는 점을 명심해야 한다. 아래에 있는 연습 방법들을 읽으면서 이것이 비유, 은유, 이야기, 역설, 마음챙김 중 어떤 기법에 해당하는지 생각해 보길 바란다.

탈융합 연습

탈융합 연습의 목적은 내담자가 자신의 생각을 자각하고 그 생각들로부터 분리될 수 있도록 돕는 것이다. 이러한 연습을 통해 내담자는 생각이 꼭 무의식적인 과정일 필요는 없으며, 우리가 알아차리고, 관찰하고, 추구할 수 있는 어떤 것임을 깨닫게 된다. 탈융합 연습은 영국의 심리학자인 Edward Titchener가 "우유, 우유, 우유" 연습을 개발한 1916년으로 거슬러 올라간다(Snyder et al., 2011). Titchener는 약 45초 동안 "우유"라는 단어를 말한 후, 그 단어가 이제는 소리가 되어, 시원하고 하얀 부드러운 맛이 나는 음료를 마시는 신체적 경험과의 인지적 관련성을 잃어버렸다는 것을 깨달았다. 아래에 소개한 연습은 우리가 인지적으로 융합된 상태에서 인지적으로 탈융합된 상태로 이동하는 데 도움을 줄 수 있다.

상담사: "저는 당신이 가끔씩 당신의 배우자에 대해 비판적이고 모욕적인 생각을 하고 결국은 폭언을 하게 된다는 것을 알고 있습니다. 자, 이제 눈을 감고 그러한 생각들이 기차 위에 있다고 생각을 해 보세요. 그리고 당신은 역사에 남아서 그 기차와 당신의 생각이 떠나가는 것을 지켜보고 있습니다. 그 생각들이 보이시나요? 그러한 생각들을 지켜보면서 당신으로부터 분리되는 것을 인식하세요. 그 생각들은 당신이 누구이

고, 무엇을 할 것인지를 지시하지 않습니다."

위에 제시한 것과 같은 연습들은 사무실에서도 할 수 있고 집에서도 할 수 있다. 그리고 배우자와 함께 있을 때 이런 비슷한 생각이 들기 시작하면, 이런 연습을 통해 그 생각들로부터 자신을 분리하고 배우자에게 폭언을 할 가능성을 줄일 수 있다.

수용 연습

수용은 평화를 유지하며 그 순간의 생각과 감정, 기억, 그리고 경험을 받아들이는 것이다. 그렇다고 체념한다는 것은 아니다. 역설적이게도 이것이 변화를 위한 첫 단계이다. 상자 6.3에 내담자가 자신의 고통을 수용하고 새로운 인생을 향해 나아가도록 도울 수 있는 마음챙김 연습을 소개하였다.

상자 6.3 수용에 초점을 둔 마음챙김 연습

상담사: "의자에 편안하게 앉아서 눈을 감으세요. 주변의 모든 소리와 냄새에 주의를 기울이고, 생각이 어떻게 흘러가는지를 지켜보세요. 자, 이제 당신이 느낄 수 있는 모든 것을 느껴보세요. 숨을 깊게 쉬면서 당신이 느끼는 모든 것을 경험하세요. 그것을 없애려 노력하지 말고 그냥 경험하세요. 감정이 올라오면, 그것을 관찰하면서 그러한 감정들이 당신에게 중요한 메시지라고 생각하세요. 그러한 감정이 당신에게 무엇을 말하고 있는지를 생각하고, 그러한 감정과 감정이 의미하는 것들을 경험하세요. 감정을 경험하면서, 그러한 감정들이 당신의 인생에 있어서 당신에게 중요한 메시지라는 것을 기억하세요. 자 이제, 마음의 눈으로 그 감정들을 종이에 적어보세요. 이 감정들은 나중에 당신이 당신의 인생에서 무엇을 하고 싶은지를 선택할 때 도움이 될 수 있습니다. 자 이제, 천천히 이완하면서 당신의 삶에서 기분 좋은 공간을 생각하세요. 깊은 숨을 쉬면서 준비가 되면, 이제 눈을 뜨세요." (내담자가 이러한 감정들을 실제로 적을 수 있도록 종이를 줄 수 있다.)

수용 연습의 두 번째 예는 일 년 전에 Boots라는 이름의 고양이를 잃은 내담자가 어떻게 그 고통을 수용하는 법을 배우는지를 보여준다. 내담자는 슬픔의 감정을 회피하고 있다(경험 회피). 아래 예에서, 상담사는 내담자가 Boots에 대해서 빠르게 얘기하고는 곧 주제를 바꾸는 것을 보았다.

상담사: 방금 Boots에 대해서 얘기할 때, 저는 잠깐 동안 당신의 신체에서 슬픔을 보았습니다. 신체의 어디에서 그런 슬픔을 느끼셨습니까?

내담자: 목구멍과 눈 뒤에서요. 저는 그냥 고양이에 대해서 생각할 때 그런 모든 감정을 느끼고 싶지 않아요.

상담사: 그건 마치 감정은 해결책이 아니라 문제라는 것처럼 느껴집니다.

내담자: 그러한 감정들이 너무 강렬하거든요. 영원히 지속되고 절대 사라지지 않을 것 같아요. 마치 댐의 수문이 열릴 것 같아 두려워요.

상담사: 우리의 감정은 실제적이고 영원한 것처럼 느껴집니다. 하지만, 그러한 감정들은 일시적인 것이며 우리 안에서 밀물과 썰물처럼 계속 움직일 것입니다. 그리고, 우리는 그런 감정의 움직임이 일어났을 때 그것을 그냥 관찰할 수 있습니다.

내담자: [조용히 앉아서 눈물을 흘리며 운다]

상담사: [내담자가 그러한 감정을 느낄 수 있는 시간을 준다]

상담사: 감정을 경험할 때, 그 순간에 무엇을 알아챘습니까? 지금 이 순간에 어디서 감정을 느낍니까? 이러한 감각을 뭐라고 부를 수 있겠습니까?

슬픔을 수용함으로써 내담자는 상황을 검토하고, 원하는 경우 적절한 행동을 취해 자신의 삶을 계속할 수 있다. 적절한 행동은 그 사람의 가치에 따라 달라진다.

현재와 접촉하기 연습

현재와 접촉하기는 과거나 미래에 경직되게 초점을 맞추지 않고 현재의 순간에 집중하는 법을 배우고, 그 초점을 어떻게 좁히고 넓힐 수 있는지를 배우는 것이다. 이것은 내담자가 불쾌한 생각에 주의를 빼앗기는 것을 중단하는 데 특히 도움이 된다. 아래에 소개한 마음챙김 연습은 배우자가 자신을 떠나갈 것이라는 생각으로 매우 혼란스러운 내담자와의 작업을 보여준다. 내담자의 마음은 무슨 일이 벌어질 것인가에 관한 생각으로 꽉 차 있고 이로 인한 심리적 불편감이 두드러지고 있다. 연습은 내담자가 자신의 생각으로부터 분리되어 자신의 신체에 머무를 수 있도록 돕는 것을 목표로 하고 있다. 이 것은 내담자가 과거나 미래에 관해 생각하는 것을 멈추고 현재에 집중할 수 있도록 돕 는다.

> 상담사: "… 당신의 마음이 당신을 모든 곳으로 끌어당기고 있습니다. 당신은 지금 생각과 감정의 소용돌이 속에서 이리저리 흔들리고 있기 때문에 효과적으로 생각하고 행동할 수가 없습니다. 당신이 무엇보다 먼저 해 야 할 일은 닻을 내리는 것입니다.

> 내담자: "무슨 뜻인가요?"

> 상담사: "자, 바닥을 발로 쭉 밀어 보세요. 그 아래 있는 땅을 느끼세요. 이제 의자에 앉아서 당신이 어떻게 앉아 있는지 관심을 기울여 보세요. 그 리고 방을 둘러보면서 당신이 무엇을 볼 수 있는지 확인하세요. 무엇 을 들을 수 있는지도 확인하세요. 당신이 지금 무엇을 하고 있는지 주 의를 기울여 보세요. 당신과 제가 이 방 안에 있고, 서로 이야기를 나 누고 있는 것을 확인하세요. 이제 심호흡을 몇 번 하고, 그 숨이 발까 지 내려갈 수 있는지 지켜보세요. 그리고 그 숨을 바닥에 단단하게 고 정하세요. 그리고 당신의 마음이 어떻게 당신을 다른 곳으로 계속 끌 어당기려고 하는지를 알아차리고 당신이 현재에 머물 수 있는지를 확 인하세요. 당신 주변에 있는 공간에 주의를 기울이세요. 그리고 당신 이 여기서, 바로 지금 무엇을 하고 있는지에 주목하세요."(Harris, 2009, p. 167)

맥락으로서의 자기 연습

ACT 치료사들은 내담자가 자신이 하는 일의 내용에 사로잡히는 대신, 자신이 누구 인지를 알 수 있는 맥락을 들여다 볼 수 있도록 도우려고 노력한다. 다음에 제시되는 이 야기는 인생의 어떤 특정한 역할에 경직되게 얽매여 있는 내담자에게 들려줄 수 있다.

자신의 농장에서 일하던 농부가 늙은 말이 병이 들었다는 것을 알게 되었다. 농부를 말을 가둬두는 대신 산으로 풀어주었다. 그의 이웃들이 와서 그에게 "당신의 말이 가버려서 유감입니다. 당신이 매우 슬플 거예요."라고 말하자 농부는 이렇게 말했다. "아마 그럴 수도 있겠죠(perhaps)."

며칠 후에, 말이 다시 건강해져서 돌아왔는데, 건강한 젊은 말들을 몇 마리 데리고 왔다. 그의 이웃들이 다시 와서 그가 운이 참 좋다고 말하자, 그는 이렇게 대답했다. "아마 그럴 수도 있겠죠(perhaps)."

다음날, 농부는 아들에게 새로운 말들을 훈련시키라고 했는데, 훈련을 시키는 도중 말이 아들을 들이받아서 아들은 다리가 심하게 부러지고 잘 걷지 못하게 되었다. 그의 이웃들은 다시 그의 불운을 한탄했지만, 그 농부는 다시 대답했다. "아마 그럴 수도 있겠죠(perhaps)."

몇 달 후 전쟁이 발발하였는데, 그의 아들은 걷는 것이 어려웠기 때문에 징집이 유예되었다. 그의 이웃들이 농부에게 그와 그의 아들이 분명 안도했을 것이라고 말하자 농부는 이렇게 말했다. "아마 그럴 수도 있겠죠(perhaps)."

전쟁이 끝난 후, 마을 사람들은 농부에게 아들이 걷는 게 불편해서 다른 젊은이들만큼 열심히 일을 할 수 없어 걱정스럽겠다고 말하자, 농부는 대답했다. "아마 그럴 수도 있겠죠(perhaps)."

남자들이 전쟁에서 돌아왔을 때, 그들 중 많은 사람들이 정신건강 문제와 외상 후 스트레스 장애를 겪고 있었다. 마을사람들은 농부에게 아들이 이런 문제를 겪지 않고, 장애가 있기는 하지만 여전히 일을 잘 하니 행복하겠다고 말하자, 농부를 이렇게 대답했다. "아마 그럴 수도 있겠죠(perhaps)."

가치 연습

사람이 자신의 가치에 잘 맞는 삶을 살기를 원한다면, 자신이 소중하게 여기는 것과 자신의 인생에 의미를 주는 것들에 대해서 아는 것이 중요하다. 하지만 가치는 규칙에 따라 결정되어서는 안 된다. 일단 그것이 우리가 추구해야 하는 무엇이 되면, 그것은 짐이 되고 그 의미를 잃게 된다. 상자 6.4에 소개된 Dahl과 Lundgren(2006)의 과녁(Bull's Eye)은 사람들이 자신의 삶을 어떻게 살고 있으며, 자신에게 중요한 가치를 실천하고 있는지를 검토하는 데 도움이 된다.

상자 6.4 가치 연습을 위한 과녁

다음의 다섯 개 영역 각각에 대해 당신이 어떤 사람이 되고 싶은지, 그리고 인생을 살아가면서 스스로 어떻게 발전할 수 있는지에 관해 짧게 기술하시오.

1. 일/교육(경력, 교육, 직장)
2. 관계(배우자, 자녀, 친구, 동료, 친척)
3. 개인적 성장(상담, 영성, 종교, 창의성)
4. 육체적 건강(운동, 식단, 마음-신체 운동, 질병 관리)
5. 여가(취미, 오락, 휴식, 놀이)

아래에 소개된 과녁을 이용해서, 각 영역마다 오늘은 어디에 위치하는지를 X 표시한다. 과녁의 가운데는 당신이 오늘 당신의 가치를 충실하게 실천했음을 의미하며, 과녁의 바깥쪽은 당신이 추구하는 가치와 당신의 삶 간에 극단적인 불일치가 있음을 의미한다.

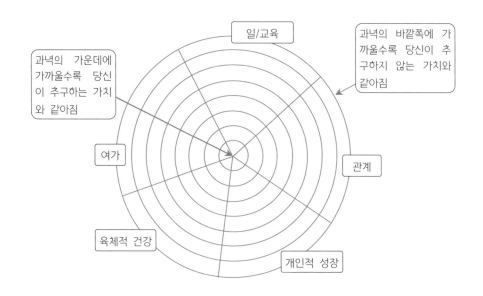

전념 행동 연습

가치를 실천하는 방향으로 전념하기 위한 첫번째 단계는 중요한 가치를 찾아내는 것이다. 여기서는 상자 6.4를 참고하여 개인이 자신의 가치를 실천하는 방향으로 나아가는 연습을 해 보겠다.

1. 다섯 개의 영역 중에서 실천하고 싶은 한두 개의 영역을 확인한다.
2. 선택한 영역 내에서 좀 더 충만하게 실천하고 싶은 구체적인 가치들을 확인한다.
3. 그러한 가치들을 실천하기 위한 목표를 세운다.
4. 목표를 달성하는 데 필요한 전략을 개발한다.
5. 신중하게 행동으로 옮긴다.
6. 행동에 전념할 때 "SMART" 목표를 사용한다.
   a. 구체적인(Specific): 언제, 어디서 그러한 행동을 취할 것인지, 그리고 정확하게 무슨 일을 할 것인지와 같은 구체적인 행동을 확인한다.
   b. 의미 있는(Meaningful): 목표는 다른 사람을 충족시키기 위한 것이 아니라 분명히 개인의 가치에 따른 것이며 그 개인에게 의미가 있어야 한다.
   c. 적응적인(Adaptive): 목표는 개인의 삶을 의미 있는 방향으로 향상시키고, 개인이 자신이 원하는 방향으로 움직이도록 도울 수 있으며, 필요하다면 수정될 수도 있다.
   d. 현실적인(Realistic): 목표는 실현가능한 것이어야 한다. 개인은 목표를 달성할 수 있는 기술을 가지고 있어야 하며, 목표 달성을 위해 필요한 시간도 고려되어야 한다.
   e. 기한이 있는(Time-framed): 가능하다면 목표를 달성하기 위해 전념할 날짜와 시간을 정한다.

상담 과정

ACT의 기본적인 치료 과정은 육각형 모델의 여섯 가지 핵심 과정을 통해 작업하는 것이다. 이러한 과정을 통해 내담자는 더 큰 심리적 유연성을 발달시킬 수 있고, 자신의 가치에 따른 전념 행동을 하기 위한 목표를 세울 수 있다. 지금부터 소개하는 여덟 단계는 치료의 일반적인 방향을 기술하지만, 내담자의 필요에 따라 단계들이 앞뒤로 쉽게 이동할 수 있다.

1. **작업 동맹 구축**: 처음에 치료사는 연민, 수용, 존중, 공감을 보여줌으로써 내담자와 작업 동맹을 구축한다.

2. **협력적이고 평등한 관계 발전**: 비록 치료사가 내담자의 심리적 유연성을 기르기 위해 필요한 구체적인 기술들을 가지고 있다 하더라도, 내담자는 아직 "전문가"를 받아들일 만한 여유가 없다. 대신, 치료사는 내담자와 협력적이고 평등한 관계를 발전시킨다. 치료사는 특정한 기법을 제안하지만 내담자가 준비되지 않았거나 어떤 특정 기법에 대해서 거부적이라면 기꺼이 철회한다.

3. **병력 청취**: 관계 초기에, 치료사는 내담자의 심리적 유연성 수준과 내담자에게 중요한 것으로 여겨지는 가치를 이해하기 위해 내담자의 과거를 탐색한다. 이러한 과정에는 현재 호소 문제에 대한 정보를 모으는 것, 가치 평가를 하는 것, 삶의 맥락/역사를 파악하는 것, 심리적 경직성을 조사하는 것, 동기 요소를 확인하는 것, 그리고 내담자의 심리적 유연성과 강점을 검토하는 것이 포함된다.

4. **사전동의 획득 및 광범위한 목표 설정**: 이제 치료사는 사전동의를 획득하고, 조사한 내용에 기반하여 광범위한 목표를 세운다. 목표는 간명하며, 불편한 감정이나 생각의 변화가 아닌 관리에 초점을 맞춘다. 목표는 또한 내담자가 확인된 가치를 추구하는 데 도움이 되는 새로운 행동을 강조하기 시작한다.

5. **심리적 유연성에 대한 심리교육**: 이 시점에서 치료사는 내담자에게 육각형 모델을 설명하고, 해결해야 할 영역과 작업해야 할 숙제를 내담자와 함께 확인한다.

6. **심리적 유연성을 개발하기 위한 연습 시행**: 이제, 수용, 탈융합, 현재에 머무르기, 맥락으로서의 자기를 다루는 연습을 통해 내담자가 심리적 유연성의 개발을 시작할 수 있다.

7. **가치 명료화 및 가치 중심적인 삶 받아들이기**: 심리적 유연성을 개발하기 위한 연습을 시행한 직후 혹은 동시에, 내담자는 가치 중심적인 삶을 추구하는 전념 행동을 하기 위해 중요한 가치를 점점 더 명확하게 파악할 수 있게 되며, 심리적 유연성을 유지할 수 있게 된다.

8. **가치 중심적인 삶을 살기**: 심리적 유연성이 점점 더 증가함에 따라, 내담자들은 더 이상 고통을 유발하는 사적인 경험에 시달리지 않고 세상을 더 잘 살 수 있다. 그들은 또한 자신의 정체성과 일치하는 가치를 개발하는 방향으로 움직이면서

자신의 삶을 더 잘 수용할 수 있다. 그리고, 그들은 상담의 도움을 받지 않고 세상에 점점 더 잘 적응하게 된다.

사회문화적 이슈

ACT는 맥락 기반 이론이기 때문에, 내담자가 자신의 삶에서 가장 귀중한 문화적 습관이나 사고방식에 따라 자신의 가치를 자유롭게 선택할 수 있다. 내담자가 이러한 맥락을 스스로 선택하기 때문에, ACT는 다양한 문화에 성공적으로 적용될 수 있다. Hayes 등(2012a)이 언급하였듯이 "잘 수행된 가치 작업은 내담자가 주제를 설정하고 그 자신이 최종 전문가이기 때문에 본질적으로 문화에 적응적이다"(p.325).

내담자의 가치가 상담사와 상당히 다를 때, ACT는 상담사가 자신의 심리적 유연성을 성장시키도록 도전의식을 북돋운다. 이런 경우, 치료사들은 자신의 기술과 기법이 다문화에 적절하도록 조정할 필요가 있다(예: 문화적으로 적절한 은유와 마음챙김 기법을 사용). 상담사 자신도 수용, 탈융합, 현재에 머무르기, 다른 가치 이해하기를 연습하기 때문에, 상담사는 자신과는 다르지만 현재 고통을 경험하고 있는 내담자와 더 효과적으로 작업할 수 있다(Hayes et al., 2012a).

ACT가 비록 다문화적으로 사용되고 있기는 하지만, 다른 문화권에 대한 적용 가능성을 조사한 연구는 거의 없다. Woidneck 등(2012)이 ACT 대조군 통제 연구들을 검토하였는데, 그 중 인종이나 민족성과 같은 연구참여자의 문화적 구성에 대해서 보고한 연구는 매우 적었다. 문화적 구성에 대해서 보고한 연구들에서 ACT는 효과적인 것으로 나타났지만, 그 연구들에서도 인종이나 민족성에 따라 그 효과성이 별도로 검증되지는 않았다.

ACT와 불교의 중심 교리에는 상당한 일치성이 있으며, ACT를 토론토에 있는 캄보디안 불교 공동체에 적용했을 때 좋은 결과를 보여주었다(Fung, 2014). 그러나 마음챙김과 같은 동양 철학을 거부하는 내담자들은 ACT 원리를 받아들이는 데 어려움을 겪을 수도 있다. 그렇기 때문에 때로는 기법들을 좀 더 내담자에게 편안한 방식으로 설명하는 것이 중요하다. 어떤 사람들은 마음챙김이라는 용어 대신 "집중 훈련을 해보겠습니다" 또는 "당신에게 도움이 될 수 있는 호흡 훈련을 해보겠습니다" 라는 말을 좀 더 편안하게 받아들일 수 있다.

효과

ACT는 비교적 최근에 심리치료 목록에 추가되었음에도 불구하고 최소 일곱 개의 메타 분석 연구(A-Tjak et al., 2015; Bluett et al., 2014; Hacker et al., 2016; Krafft, et al., 2018; Öst, 2014; Powers et al., 2009; Ruiz, 2012)를 포함하여 상당히 많은 대조군 통제 연구에서 검증되고 있다(Powers et al., 2009). ACT는 우울과 불안(Twohig & Levin, 2017), 중독(Luom et al., 2012), 만성통증(Cosio & Schafer, 2015), 강박장애(Bluett et al., 2014; Twohig et al., 2010), 공황장애(Meuret et al., 2012), 발모광(Woods et al., 2006), 경계선 성격장애의 증상 완화(Morton et al., 2012), 정신증(Bach et al., 2012; Gaudiano & Herbert, 2006), 범진단적 정신과 입원 환자(Pinto et al., 2017)에서 대기자 명단에 있는 대조군이나 전통적인 치료법을 적용한 집단에 비해 효과적인 것으로 밝혀졌다. ACT는 또한 암(Hulbert-Williams et al., 2015; Rost et al., 2012), 간질(Lundgren et al., 2006), 이명(Hesser et al., 2012) 등 의학적 상태에 있는 환자의 정신 건강을 증진시키는 데에도 효과적인 것으로 나타났다.

전통적인 개인 및 집단 치료 방법 외에도 ACT는 인터넷(Fiorillo et al., 2017; Hesser et al., 2012; Lappalainen et al., 2014), 워크숍(Stewart et al., 2016), 독서요법(Jeffcoat & Hayes, 2012; Muto et al., 2011)을 통한 간략한 형식(e.g., Bach et al., 2012; Ivanova et al., 2015; Kohtala et al., 2014)으로도 효과가 있는 것으로 밝혀졌다.

비록 ACT가 대기명단이나 심리적 위약, 전통적인 치료 등과 비교할 때에는 증상을 유의미하게 개선하였지만(A-Tjak et al., 2015; Bluett et al., 2014; Hacker et al., 2016; Öst, 2017; Powers et al., 2009), 인지행동치료와 같은 능동적 통제 조건과 비교할 때에는 그 효과가 덜 명확했다. 대부분의 연구에서 ACT와 다른 치료법 간 효과성의 차이는 무시할 만한 수준이었다(A-Tjak et al., 2015; Bluett et al., 2014; Hacker et al., 2016; Öst, 2014; Powers et al.,2009). 그러나 Krafft 등(2018)은 정신 장애에 대한 낙인을 줄이는 데에는 교육적 개입보다 ACT가 더 효과적임을 보여주었다. Ruiz(2012)도 CBT와 비교하여 ACT에서 더 우수한 결과를 발견했는데, 그러한 개선은 ACT의 이론적 과정(예: 인지적 탈융합의 증가와 경험 회피의 감소)과 직접적으로 관련되어 있었다. 반면, CBT는 CBT의 이론적 과정과 관련된 개선(예: 자동적 사고의 감소)은 보여주지 못했다

요약

ACT는 제1세대 행동주의의 기계적인 접근과 제2세대 인지행동 접근을 거부하는 제3세대 인지행동치료로 여겨진다. 제1세대와 제2세대 접근이 내담자의 행동이나 생각이 부정적이기 때문에 이것이 바뀌어야 하는 것이라고 가정한 반면, 제3세대 접근은 생각, 감정, 기억이 본질적으로 문제가 있는 것이 아니라 그것들이 어떻게 경험되는지는 맥락에 의해 결정된다고 주장한다. 이러한 새로운 접근은 개인이 자기 자신을 받아들이고 자신이 경험하는 맥락을 바꿀 수 있도록 영성, 마음챙김과 같은 다양한 동양적 접근을 적용한다.

ACT는 Steven C. Hayes가 B. F. Skinner에게 영감을 받고 Irving Kessler에게 영향을 받아 개발하였는데, 그들은 모두 행동주의를 임상 실제에 통합하는 방법을 구상했던 인물들이다. Hayes는 또한 반문화 운동에 참여했던 사람들과 D. T. Suzuki, Alan Watts, Swami Kriyananda처럼 동양 철학을 공부했던 사람들로부터도 영향을 받았다. Hayes는 공황 발작을 경험한 후, 발작을 인지적으로 통제하려는 시도들이 더욱 그것에 집중하게 만들어 상황을 악화시킨다는 것을 깨달았다. 그래서 그는 박사과정생인 Rober D. Zettle과 함께 언어, 언어적 행동, 그리고 규칙에 지배되는 행동이 어떻게 임상적인 문제에 영향을 미치는지를 연구하기 시작하였다. 특히 그는 사람들이 어떻게 자신의 생각과 믿음으로부터 거리를 둘 수 있는지를 살펴보기 시작하였다. 그리고 Hayes는 심리적 경직성을 발달시키고 심리적 유연성 및 증상 완화를 막는 데 있어서 언어와 인지, 그리고 관계구성틀의 역할을 이해하기 위해서, 행동적이고 맥락적인 접근인 관계구성틀이론(RFT)을 서서히 발전시키기 시작했다.

RFT는 심리적 사건(어떤 개인이 행동하고, 생각하고, 느끼는 독특한 것)이라고도 불리는 사적인 사건들이 유도된 자극 관계를 통해 발달된다고 제안한다. RFT는 조합 수반이라는 과정을 통해 점점 더 많은 자극들이 서로 연관을 맺게 되면서, 사람들이 세상을 경험하는 기반이 되는 관계구성틀이라는 고유한 망을 만들게 된다고 가정한다.

고유한 관계구성틀은 집합적으로 인지라 불리는 한 개인의 사고, 백일몽, 시각화를 포함하는 사적 언어와 연설, 대화, 집필, 모방 등 공적 언어의 기반이다. 언어는 임의의 방식으로 강화되는 고유한 관계구성틀을 기반으로 하기 때문에, 개인에게 도움이 될 수도 있고 해로울 수도 있다. 예를 들어, 사적 언어는 타인과 세상을 이해하는 데 도움이 되며, 공적 언어는 공감을 표시하고 중요한 대의를 옹호하는 데 사용될 수 있다. 그러나 사적 언어와 공적 언어는 때로 고통을 야기할 수도 있다. 공적 언어가 거짓말, 괴롭힘, 성차별적이고 차별적인 반응에 사용될 때, 그리고 사적 언어가 자신을 판단하거나 과거의 부정적인 사건을 상상하고, 불안을 야기할 수도 있는 미래의 어떤 것에 대해서 생각하는 데 사용될 때, 또는 삶을 어떻게 살아야 하는지에 대한 규칙을 만들어 행동을 제약할 때 고통이 야기될 수 있다. 언어는 해로울 수 있기 때문에 우리의 마음이 항상 우리의 친구는 아니다. 우리는 때로 심리적 경직성을 초래하는 언어 사용을 발달시킬 수도 있다. 이러한 과정은 인지적 융합, 경험 회피, 과거 또는 미래에 고착, 개념화된 자기에 대한 집착, 가치 명료화 부족, 실행불가능 행동의 여섯 가지 과정을 포함한다.

ACT의 주요 목적 중 하나가 육각형 모델로 상징되는 심리적 유연성을 발달시키는 것인데, 여기에는 탈융합(지금 생각하고 있는 것을 바라보기), 수용(개방하기), 현재와 접촉하기(지금 여기에 머무르기), 맥락으로서의 자기(순수한 인식), 가치(중요한 것이 무엇인지를 알기), 전념 행동(필요한 것을 하기)이 포함된다. 심리적 유연성은 개인이 그들의 고통스러운 생각, 감정, 기억을 수용(Accepting)해서 함께 하고, 인생의 가치 있는 길을 선택(Choosing)하고, 그리고 좀 더 의미 있고 고통이 덜한 인생을 위한 행동을 취하는(Taking) 법을 배우도록 도와준다.

ACT는 심리적 유연성을 기르고 전념 행동으로 나아가기 위해 여러 가지 기법들을 사용하는데, 여기에는 연민, 수용, 존중, 공감 등 작업 동맹을 형성하는 데 중요한 모든 것들이 포함된다. 또한 협력적이고 평등한 관계 촉진의 중요성, 병력 청취, 사전동의 획득 및 목표 설정, 심리교육, 비유, 은유, 이야기, 역설, 마음챙김, 그리고 육각형 모델의 여섯 가지 핵심 과정을 강조하는 다양한 연습들이 포함된다.

ACT의 치료과정은 다음과 같은 여덟 단계로 구성된다: (1) 작업동맹 구축, (2) 협력적이고 평등한 관계 발전, (3) 병력 청취, (4) 사전동의 획득 및 광범위한 목표 설정, (5) 육각형 모델에 대한 심리교육, (6) 심리적 유연성을 개발하기 위한 연습 시행, (7) 가치 명료화 및 가치 중심적인 삶 받아들이기, (8) 가치 중심적인 삶을 살기.

ACT는 내담자가 자신의 삶에서 가장 중요한 문화적 습관이나 사고방식에 따라 자신의 가치를 자유롭게 선택할 수 있도록 하기 때문에 다양한 문화에 적용될 수 있다. ACT의 모든 기법이 모든 내담자에게 쉽게 수용되지 않을 수 있기 때문에(예: 마음챙김), ACT 치료사는 자신이 사용하는 기술과 기법을 문화적으로 적절하도록 조정할 필요가 있다. ACT를 다문화권에 적용하는 것과 관련된 연구가 거의 없기 때문에 다양한 집단에 대한 효과를 보여주기 위해 더 많은 연구가 필요하다.

　　짧은 역사에도 불구하고, ACT는 광범위한 문제를 다루는 데 있어 효능성이 있음을 보여주고 있다. ACT는 개인 치료 및 집단 치료 형식, 간략한 형식, 인터넷이나 독서치료를 통해서도 효능성을 보여주었다. 메타 분석 연구에서 ACT는 대기 명단, 심리적 위약, 전통적인 치료법과 비교하였을 때에는 유의미한 향상을 보였으나 인지행동치료와 같은 능동적 통제 조건과 비교하였을 때에는 그 효과가 덜 명확하였다.

핵심어 및 인명

Beck, A.

Butcher, A.

Ellis, A.

Hayes, S. C.

Kessler, I.

Kriyananda, Swami

Skinner, B. F.

Suzuki, D. T.

Titchener, E.

Watts, A.

Zettle, R. D.

가치 명료화 부족

가치 중심적인 삶

가치(중요한 것이 무엇인지를 알기)

개념화된 자기에 대한 집착

경험 회피

공적 언어

과거 또는 미래에 고착

관계구성틀

관계구성틀이론

기능적 맥락적 이론

마음

마음챙김

마음챙김기반 치료

맥락으로서의 자기(순수한 인식)

목표 중심적인 삶

변증법적 행동 치료

병력 청취

비유

사적 경험

사적 사건

사적 언어

사전동의 획득 및 목표 설정

수용(개방하기)

실행불가능 행동

심리교육

심리적 경직성

심리적 사건

심리적 유연성

역설

연민, 수용, 존중, 공감

유도된 자극 관계

육각형 모델

육각형 모델의 여섯 가지 핵심
　과정을 강조하는 연습

은유

이야기

인지

인지적 융합

임의적 자극

전념 행동(필요한 것을 하기)

제1세대 및 2세대 인지 행동 접근

제2세대 행동치료

제3세대 인지행동치료

조합 수반

탈융합(지금 생각하고 있는 것을
바라보기)

포괄적인 거리두기

현재 순간에 대한 유연한 집중

현재와 접촉하기
　(지금 여기에 머무르기)

협력적이고 동등한 관계

사례연구: Jake가 만난 수용전념치료사

(이 사례연구를 읽기 전에 부록 I에 있는 Millers家 사람들 이야기를 읽으시오)

Jake는 워터사이드 심리치료(Waterside Psychotherapy)의 주차장에 들어가면서 다른 치료사를 만나기로 한 것이 현명한 일인지에 대해 궁금해지기 시작했다. 그는 지난 한 해 동안 두어 명의 치료사를 만났고, 그때마다 불안이 일시적으로 가라앉았다. 하지만, 그는 여전히 자신의 가족과 그들의 안전에 대해서 심한 불안으로 고통스러워하고 있다. Jake는 교통체증을 우려해서 약속시간보다 45분이나 일찍 도착했지만, 상담실에 일찍 들어가서 대기하고 싶지는 않았다. 그는 차 안에서 약속을 기다리면서 건물을 살펴보았다. 그 건물은 주택가로 들어가는 대로변에 위치하고 있고 옆쪽이 집과 같은 형태를 띠고 있는 것으로 보아 분명 누군가의 집이었던 것 같다. 그는 이렇게 개조된 곳에서 일하고 있는 치료사는 어떤 사람일까 궁금해지기 시작했는데, 이런 생각은 그가 다른 치료사를 만나는 것이 현명한기에 대한 갈등을 더 부추길 뿐이었다.

몇 시간 같은 시간이 흐른 뒤, Jake는 마침내 차에서 기어나와 건물로 들어갔다. 접수실은 작은 편으로 쿠션이 두세 개 놓여 있는 소파와 안락의자 몇 개, 그리고 장식용 실내 폭포로 깔끔하게 꾸며져 있었다. Jake는 초기 서류 작업을 마친 후, 치료사인 Mildred Jones가 나오기를 기다리며 자리를 잡고 앉아 있으려고 했지만 가만히 앉아 있기가 힘들었다. 또 한 시간 같은 시간이 흐른 후, 몸집이 작은 나이 든 여성이 대기실에 들어와서 "Miller 씨, Mildred Jones입니다. 그냥 Mildred 아니면, Jones 씨라고 편하게 부르세요"라고 말하였다. 이제 그는 진짜로 이렇게 하는 것이 좋은 생각이었는지 확신할 수가 없었다. 그는 이렇게 작고 친절해 보이는 나이든 여성이 어떻게 그가 지금 겪고 있는 것들을 이해할 수 있을지 궁금해졌다.

Jake는 Mildred의 사무실로 들어가 쿠션이 있는 소파에 자리를 잡고 앉아 사무실의 나머지 부분을 살펴보았다. 그곳은 작은 공간으로, 한쪽 구석에는 안락의자가, 한쪽 벽에는 소파가, 그리고 방 안의 유일한 창문 근처에 있는 또 다른 구석에는 Mildred의 어수선한 책상이 있었다. 소파의 맞은편에는 책이 꽉 찬 큰 책장이 있었다. Mildred가 책상 의자를 Jake쪽으로 돌리며 "Jake 씨, 오늘은 무슨 일로 오셨나요?"라고 물었다.

Jake는 갑자기 참을 수 없어져서, 그가 겪고 있는 모든 일들을 거의 로봇 같이 읊어 댔다. "그게요, 저는 최근 거의 모든 일들에 대해서 불안하고 화가 나 있습니다. 이런 증상은 1년 전 아들 Luke와 딸 Celia가 제 차에서 놀다가 차가 길가로 굴러가게 된 사고 이후 시작되었어요. 사실, 제가 제 아들 나이 만할 때, 저는 제 여동생 Justin과 함께 비슷한 사고를 겪었습니다. 그 사고로 제 여동생은 심각한 인지 손상을 입었죠. 음, 저는 지금 계속 스트레스를 받고 화가 나 있는 것 같아요. 이런 상태는 제가 하는 모든 일에 영향을 미치고 있습니다. 저는 늘 초조하고, 아이들의 안전에 대해서 항상 걱정하고, 어린 시절 제 여동생의 사고를 떠올립니다. 그리고, 제 아내 Angela와도 잘 지내지 못하고 있지요. 저는 이것저것 걱정을 하고, 문이 잘 잠겨 있는지, 아이들은 안전하게 잠자리에 들었는지를 확인하며 밤에 거의 반쯤 깨어 있습니다. 이런 것들은 직장에서의 제 업무에도 영향을 미칩니다. 저는 자낙스를 복용하고 있고, 치료사들도 몇 명 만났습니다. 그런데도 이런 것들이 별로 도움이 되는 것 같지 않아요. 솔직히 말해서, 저는 아이들이 제 말을 좀 더 잘 듣고, Angela가 아이들을 홈스쿨링하면 모든 것이 괜찮아질 것 같습니다." Mildred는 Jake의 얘기를 들으며, 연민과 존중, 공감을 표시하였고, Jake는 때때로 거의 횡설수설하다시피 하며 계속 얘기했다.

　　Jake가 30분 가까이 말했을 때, Mildred는 깊은 숨을 들이마셨다. 그 숨은 마치 Jake에게 "천천히 해도 괜찮다"고 격려하는 것처럼 Jake를 안심시키는 것이었다. Mildred는 의자에 앉아 있는 Jake를 보며 이렇게 말했다. "Jake 씨, 지금 당신이 하는 얘기는 꽤 복잡하고 관련이 있는 얘기들이에요. 저는 이 이야기들을 좀 더 이해하고 싶습니다. 저는 우리 둘이 이것들 중 몇 가지를 함께 해결해서 당신과 당신의 가족이 좀 더 나아지기를 바랍니다. 무슨 일이 일어나고 있는지 정확히 이해할 수 있도록 좀 더 이야기해 주시겠어요? 괜찮으실까요?" Jake는 처음에는 의심스러웠지만, 이제는 Mildred가 벌써 편안하게 느껴져서 "그럼요."라고 대답하였다.

　　Jake의 상황을 이해하기 위해서 Mildred는 많은 정보를 모으기 시작했다. 여기에는 현재 문제에 대한 전반적인 양상, Jake의 삶에서 중요한 가치, 증상이 언제 어떻게 나타나는지, 치료를 받으려는 동기가 어떻게 생겼는지에 관한 질문과 Jake의 강점과 심리적 유연성을 이해하기 위한 질문 등이 포함되어 있었다. 회기가 끝날 무렵, Mildred는 다음과 같이 말했다. "자, 이제, 당신의 상황에 대해서 제가 이해한 것들을 말씀드리겠습니다. 우선, 저는 당신이 당신의 아내와 아이들을 얼마나 사랑하는지, 서로 말이 잘 통하는 사랑하는 가족과 함께 한다는 것이 당신에게 얼마나 중요한지를 들었습니다. 그리고, 당신이 겪어 온 이야기를 통해 당신이 지금의 상황을 좀 더 낫게 하기 위해서 지금 하고 있는 것 외에 다른 무엇인가를 하는 것이 매우 힘들다는 것도 알게 되었습니다. 당신은 아이들과 아내가 안전에 관해서 당신의 말을 잘 듣지 않을 때 매우 불안하고 화가 나게 되는 것 같습니다. 그리고, 당신은 치료를 통해 뭔가를 하고 싶다는 동기가 매우 높지만 지금은 무엇을 해야 할지 약간 길을 잃은 것 같습니다. 제 생각에 당신은 당신의 불안을 통제하고 당신의 가족에게 어떤 행동을 강제하려고 애쓰는 것 같습니다. 하지만, 저는 우리가 대화를 좀 나누면 당신이 현재 하고 있는 일이 소용없다는 것을 스스로 알게 될 거라고 생각합니다."

Jake는 그녀가 하는 모든 말이 옳았다고 생각하며 그녀의 말을 열심히 들었다. "음, 오늘 회기는 여기서 끝입니다. 저는 당신과 어떻게 작업할지에 대한 몇 가지 생각이 있는데요, 다음 주에 이 중 몇 가지에 관해서 이야기를 해보면 어떨까요? 하지만 만약 당신이 좀 편해진다면, 이번주와 다음주 사이에 당신이 몇 가지 시도해 볼 수 있습니다. '구르는 돌에는 이끼가 끼지 않는다'는 옛 말을 아시죠? 당신은 지금 일종의 '구르는 돌'인 것 같습니다. 당신의 삶에서 모든 것들 위를 굴러다니는 거죠. 저는 당신이 조금 속도를 늦추고, 뭔가 강렬한 느낌이 들 때 강하게 반응하는 대신 자신의 반응을 기록해 보면 어떨까 싶습니다. 아이들이나 Angela에게 강한 반응을 보이려고 할 때, 생각나는 대로 반응하지 말고 당신의 생각을 적어 보는 거죠. 일종의 자기 관찰이라고 할까요. 할 수 있으시겠어요?" Jake는 잠시 생각한 후 그의 생각에 동의하였다. Mildred는 "네, 그럼 그렇게 하기로 한 겁니다"라고 말하며, "일주일 동안 해봅시다, 그리고 다음주에 만나서 어땠는지 이야기해 보기로 해요. 그리고 나서 제가 당신과 함께 할 수 있는 다른 것들을 좀 더 소개해 드리겠습니다."라고 덧붙였다.

일주일 후, Jake는 Mildred와 다시 만났다. 그녀는 사무실로 그를 따뜻하게 안내한 후 "지난주에는 어땠나요?"라고 물었다. Jake는 "보시다시피, 조금 나아진 것 같아요. 믿기 어려우시겠지만, 지금 무슨 일이 벌어지고 있는지를 생각하고, 제 생각을 적다 보니 불안과 좌절이 좀 줄어든 것 같아요."라고 대답하였다.

"좋습니다. 제가 지금 당신과 함께 이야기하려고 하는 것과 통하네요. 아시겠지만, 저는 수용전념치료, 혹은 ACT라고 하는 것을 하고 있습니다. ACT에서는 사람들이 종종 자신에게 그다지 도움이 되지 않는 방식으로 생각하고, 말하고, 반응하는 것에 사로잡힌다고 믿습니다. 그것은 아마도 사람들이 오랜 시간 동안 특정한 방식으로 살아오면서 발전시킨 방식일 겁니다. 하지만 우리는 가끔 뒤로 한 발짝 물러서서 새로운 방식으로 반응하거나, 혹은 반응하지 않는 법을 연습하는 것이 중요합니다. 그리고 무엇보다도 저는 이러한 새로운 방식이 당신이 진정으로 원하는 것을 얻는 데 도움이 될 것이라고 생각합니다. 즉 서로 의사소통이 잘 되는 사랑하는 가족 말이죠. 이해가 되시나요?"

Jake가 이해된다고 말했고, Mildred가 계속해서 말을 이어갔다. "당신은 엔지니어니까 어떤 일이 작동하는 방식에 관한 모델이나 이론을 이해하고 싶을 것 같다는 생각이 듭니다. 제가 이제 육각형 모델이라는 것과 이 모델이 치료에 어떻게 적용될 것인지에 대해서 설명해 드리겠습니다." Mildred는 육각형 모델을 설명하였고, 설명이 끝난 후 "어떻게 생각하세요?"라고 Jake에게 물었다. 그는 "글쎄요, 약간 낯설지만 흥미롭네요. 몇 가지는 해볼 수 있을 것 같습니다."라고 대답하였다.

Mildred가 말했다. "음, 제가 당신의 생각을 관찰해 보라고 했잖아요? 그때 당신은 이미 해 보신 겁니다. 그걸 일종의 탈융합이라고 하죠. 그리고, 그건 확실히 조금은 도움이 되었을 거라고 생각합니다. 그 외에도 우리가 할 수 있는 많은 것들이 더 있습니다. 여기에는 수용, 현재에 살기, 자신이 누구인지를 알아보는 법, 자신에게 중요한 가치에 기반해서 목표에 도달하기 등이 있죠. 어떻게 생각하세요?" Jake는 "네, 하시죠"라고 대답했다. 그 시점에서, Mildred는 치료 과정에 대한 사전 동의를 받고 치료를 시작하였다.

다음 몇 달 동안, Jake는 다양한 방식으로 자신의 불안과 좌절, 그리고 화를 해결하기 위해 노력했다. 그는 점점 자신의 불안과 좌절, 화를 받아들이기 시작하였다. 좀 더 현재에 살기 시작하였다(Justin과 함께 했던 상황에 대해서 적게 생각하고, 미래에 대해서도 덜 걱정하게 되었음). 그는 좌절이 시작될 때 자신의 생각을 관찰하기 시작하였는데, 이는 삶의 문제에 대해 좀 덜 반응적이게 만들었다. 그리고 아버지와 엔지니어로서의 역할이 종종 자신을 삶의 모든 것을 모두 아는 것처럼 통제해야 할 것 같은 느낌에 가둔다는 것을 알게 되었다. 그가 자신을 점점 더 수용하게 되고, 좀 덜 반응적이 되고, 역할에 덜 집착하게 되면서 집에서의 상황이 안정되기 시작하였고 많은 증상들이 줄어들었다. Mildred는 곧 Jake에게 아이들과 좀 더 활동적으로 즐기고, Angela와 좀 더 낭만적이 되도록 격려하였다. 이 모든 것들은 Jake가 오랫동안 원했던 것이었기 때문에 그는 재빨리 그것들을 받아들였다.

작업은 시간이 걸렸고, Jake가 응답하는 방식이 언제나 완벽하지는 않았다. 그러나 시간이 지나면서 그는 더 좋은 아버지가 되었고, 더 사랑하는 남편이 되었으며, 자신의 일을 더 즐기는 엔지니어가 되었다. 그리고 좀 더 희망을 품은 인간이 되었다.

생각해 볼만한 질문

1. 첫 번째 회기 동안, Mildred는 Jake로부터 정보를 수집하는 데 상당한 시간을 보냈습니다. 이것이 ACT 치료에 어떻게 영향을 미치나요? 당신은 이런 방식으로 접수면접을 진행하는 것에 대해 편안하게 느끼나요?

2. Mildred는 자신이 협력적이며 Jake와 관계를 구축하고 싶다는 것을 어떤 식으로 보여주나요?

3. Mildred는 Jake에게 심리교육을 어떻게 사용하나요? 그리고 그 목적은 무엇인가요?

4. 경험 회피가 실제로 Jake의 증상을 어떻게 강화시켰는지 설명할 수 있나요?

5. Mildred는 초반에 Jake의 심리적 경직성을 언급하기 위해서 "구르는 돌은 이끼가 끼지 않는다"는 은유를 사용하였습니다. 은유나 비유, 혹은 그것들과 비슷한 기법을 사용하는 것에 대해 어떻게 느끼나요? 은유가 효과적이었다고 생각하나요?

6. Jake의 어떤 면에서 인지적 융합을 발견할 수 있나요?

7. Jake의 어떤 면에서 "내용으로서의 자기"를 발견할 수 있나요?

8. Jake가 할 일의 대부분은 자기 자신을 수용하고 자신의 불안과 좌절을 받아들이는 것입니다. 이러한 과정은 Jake가 자신의 가치와 더 일치하는 새로운 삶의 방식을 추구하는 데 어떻게 도움이 될 수 있을까요?

9. ACT 치료 과정 중 Jake에게 적용하면 좋을 기법들에는 무엇이 더 있을까요?

10. Jake의 예후는 어떨까요?

11. ACT가 Jake의 아이들과 Angela에게 얼마나 효과적일까요?

12. 당신의 삶에서 인지적 융합, 경험 회피, 과거 혹은 미래에 고착, 개념화된 자기에 집착, 가치 명료성의 부족, 실행 불가능한 행동과 관련된 심리적 경직성을 보이는 부분들을 확인할 수 있나요? 심리적 유연성을 기르기 위해 당신이 할 수 있는 일이 있나요?

Credits

Fig. 6.1a: Copyright © 2013 Depositphotos/Naddya.

Fig. 6.1b: Copyright © 2014 Depositphotos/agongallud.

Fig. 6.1c: Copyright © 2014 Depositphotos/tanor.

Fig. 6.2a: Copyright © 2013 Depositphotos/leremy.

Fig. 6.2b: Copyright © 2014 Depositphotos/bruno1998.

Fig. 6.3: R. Harris, "The Hexaflex Model," ACT Made Simple: An Easy−to−read Primer on Acceptance and Commitment Therapy, pp. 10. Copyright © 2009 by New Harbinger Publications.

Img. 6.1: Copyright © by Casey Fleser (cc by 2.0) at https://www.flickr.com/photos/somegeekintn/3858360054.

7

동기강화상담
Motivational Interviewing, MI

Tony Dice, Betsy Zimmerman, and Rawn Boulden

학습목표

◆ 동기강화상담(Motivational Interviewing: 이하 MI) 창시자 William Miller와 Stephen Rollnick, 동기강화상담 발전의 역사에 대해 학습한다.

◆ MI의 실존적-인본주의적, 포스트모던적, 인지행동적 기반과 다른 이론들과의 초이론적 결합을 검토한다.

◆ 동기강화상담의 주요 개념인 동기, MI 정신(연민, 협동, 수용, 유발), 양가감정, 변화대화, 직면피하기, FRAMES(피드백, 책임, 조언, 선택대안목록, 공감, 자기효능감)를 이해한다.

◆ MI에서 자주 사용하는 기법들을 살펴본다. 변화에 대한 중요성, 자신감, 준비도를 평가하는 것과 OARS(열린질문하기, 인정하기, 반영하기, 요약하기), 경청 및 공감, 불일치감 만들기, 변화대화 이끌어내기, 유지대화 경청하기(저항과 함께 구르기), 정보 및 조언 제공하기, 목표 설정하기 기법들이 이에 해당한다.

◆ MI의 상담 과정을 설명한다.

◆ MI의 사회문화적 적용가능성을 살펴본다.

◆ MI의 효과를 검토한다.

◆ MI 과정을 보여주는 사례를 제공한다.

동기강화상담의 간략한 역사

동기강화상담은 "자신에게 가장 좋은 것이 무엇인지 알고 있는 자신의 지혜를 신뢰하는 능력이며, 스스로 해결할 수 있도록 지지적이고 목적적인 활동, 즉 동기강화상담에서의 대화를 구성하는 능력"이다(Rollnick, 2013, minute 2:30).

동기강화상담(Motivational Interviewing: 이하 MI)은 약물남용 치료를 위해 1980년대에 개발되어, 도박문제, 섭식장애, 불안장애, 만성질환관리, 건강 관련 장애 그리고 최근에는 더욱 광범위한 정신건강문제로까지 빠르게 확장 적용되었다(Arkowitz et al., 2017a; Dean 2015). MI의 기원과 시간 흐름에 따른 발전 과정을 살펴보자.

William Richard Miller와 Stephen Rollnick은 그들의 중요한 저서인 1993년 작 '동기강화상담: 변화 함께하기 *Motivational Interviewing: Helping People Change*'로 인해 동기강화상담의 창시자로 인정받아왔으나, 사실상 MI의 기원은 이보다 10년 앞서 시작되었다고 할 수 있다. 이것이 그 이야기이다.

William Richard Miller는 1947년 6월 27일, 펜실베이니아주 샤모킨의 작은 애팔래치아 탄광 마을에서 태어났다. 그는 가난하고 종교적인 가정에서 자랐으며 두 자녀 중 맏이였다("Conversation With," 2009). Miller의 아버지는 철도회사에서 일했고, 어머니는 지역 공장에서 일했다. Miller가 13살이었을 때, 그의 8살 여동생 Frances는 당뇨 합병증으로 인해 사망했다. 이 일은 Miller의 정서적 어려움과 신앙적 위기를 초래하였다. 결국, 신학대학에 가기를 원했던 Miller는 펜실베이니아주 윌리엄스포트에 있는 라이커밍 대학(Lycoming College)에서 심리학 전공으로 학부 과정을 시작하였다. 그의 학부 시절 경험은 그에게 세상을 바라보는 새로운 방식을 열어주었고, 삶의 어려운 질문들에 대해 그가 성찰하도록 도전하였다. 신앙적 위기는 지속되었고, 과학적 방법에 대한 새로운 관심으로 인해 Miller는 결국 불가지론(agnosticism, 不可知論)으로 돌아서면서 신학대학에 가지 않기로 결심하고 심리학 대학원에 지원하였다.

Miller는 1969년 위스콘신 대학교(University of Wisconsin)에서 대학원 과정을 시작하였다. 베트남 전쟁이 한창일 무렵, 그는 한 학기 만에 징집되었다. 그는 양심적 병역거부자로 접수되어 위스콘신주 매디슨에 있는 멘도타 주립 병원(Mendota State Hospital)에서 정신과 보조원으로 일하게 되었다(Moyers, 2004). 이전에 멘도타 주립 병원에서 정신분열

증 환자와 함께 일했던 Carl Rogers의 발자취를 따라, Miller는 Rogers가 개발한 **인간중심상담**(person-centered counseling)의 원리에 빠져 있는 자신을 발견했다. 이러한 경험은 그를 오리건 대학교(University of Oregon)의 대학원 심리학 프로그램에 다시 지원하도록 이끌었다. Miller는 자신을 장발의 좌파 히피라고 설명하면서, 재향군인(Veterans Affairs: VA) 알코올 중독자 치료 클리닉에서 학비를 벌기 위해 일했다.

로저리언 방식을 활용하던 Miller는 치료 중인 사람들이 공유하는 이야기에 매료되었고, 이러한 어려움을 겪고 있는 집단에 대한 공감력이 커져갔다(Moyers, 2004). 1973년 신경생물학 석사 학위를 취득한 후 그는 중독에 새롭게 관심을 갖게 되었고, 이는 대학 생활에 대한 애정 그리고 이후 결혼하게 될 Kathy와의 새로운 관계가 싹트기 시작한 일과도 함께 결부되어, 결국 오리건 대학교에 남아 임상심리학 박사 학위를 취득하기로 결심하였다("Conversation With," 2009). Miller는 연구를 수행하면서 알코올 중독과 기타 다른 중독에는 동일하게 점진적으로 진행되는 특성이 있다는 생각을 떨쳐버릴 수 없었다. 이러한 생각을 통해 그는 조기 개입이 더 긍정적인 결과를 가져올 수 있다고 믿게 되었다. 따라서 Miller는 박사논문에서 아직 심각한 장애가 발생하지는 않은 사람들이 가진 음주문제를 연구하였다. 1976년 박사 학위를 취득한 후, Miller는 새로운 알코올 치료 프로그램을 갓 시작한 뉴멕시코 대학교(University of New Mexico)에서 심리학과 조교수로 일하게 되었다. Miller와 Kathy는 새로운 삶에 잘 적응하였으며, 주로 알코올 중독에 관한 연구를 수행하였다.

안식년 동안, Miller는 행동치료에 대한 그의 전문성으로 노르웨이의 알코올 중독 치료 센터인 헬레스타드 클리닉(Hjellestad Clinic)에서 강의 초청을 받았다(Miller & Rollnick, 2013; Moyers, 2004). 그곳에서 일하고 있었던 심리학자들은 Miller에게 격주로 만나 현재 치료 이슈에 대한 공개 사례 토론회를 갖자고 요청하였다. 한 회의에서 Miller는 힘든 내담자(다른 치료사가 내담자 역할을 함)를 상담하는 치료사로서 역할극을 요청받았다(Moyers, 2004). Miller는 연습 도중 개입 방식을 이해하고자 수많은 질문을 쏟아내어 이러한 연습을 방해하는 일이 유럽에서 훈련받은 심리학자들에게는 일반적인 훈련 방식이었다는 것을 미처 알지 못했다. 처음에 Miller는 임상팀이 다음과 같은 질문을 하며 끊임없이 방해할 때 어려움을 겪었다: "지금 무슨 생각을 하고 있나요?", "방금 당신이 한 것은 왜 그렇게 한 것이지요?", "방금 당신은 이러한 공감적인 표현을 했습니다. 왜 다른 공감적 표현은 안 하셨나요?", "왜 그런 구체적인 질문을 하신 건가요?" Miller는 자신의 의사결정 과정을 말로 표현하면서, 그가 거의 무의식적인 수준에서 사용하고 있었던 결정 기준들(decision parameters)의 기본 방향을 의식적으로 자각하게 되었다. 그때, Miller는 내담자들이 변화에 대한 논의를 시작할 수 있도록 초점화된 반영, 특정 방향으로의 질문, 기타 의도를 가진 개입들을 사용하고 있음을 깨달았다. 남은 안식년 동안 그는 이러한 결정 기준들이 드러날 때마다 기록하였고, 노르웨이 방문이 끝날 무렵 "동기강화상담(*Motivational Interviewing*)"의 초안을 작성하였다("Conversation With," 2009).

비판적 피드백을 얻기 위해 Miller는 이 글을 몇몇 동료들과 공유하였는데, 놀랍게도 행동 심리치료(*Behavioral Psychotherapy*) 저널 편집자로부터 그의 글을 출판하기를 원한다는 말을 듣게 되었다(Moyers, 2004). Miller는 편집자에게 자신의 아이디어를 뒷받침할 만한 근거가 없다고 이야기했지만, 편집자는 그 글이 충분히 탄탄하다고 주장했고, 1983년에 출판되었다(Miller, 1983). Miller는 자신의 이론을 더욱 발전시키고 연구를 수행하기 위해 뉴멕시코로 돌아왔다("Conversation With," 2009).

처음에 Miller는 잠재적인 환자들이(potential patients) 도움을 수용하도록 하는 방법으로서 MI를 개념화했다(Moyers, 2004). 이를 위해 Miller는 단기 개입 치료와 관련된 기존 문헌에 대한 철저한 검토를 시작했다. 그는 검토한 내용을 정제하여 가장 성공적이라고 밝혀진 개입들과 MI 기법을 결합하였다. 이후, 이 접근 방식은 **음주자 점검**(The Drinker's Check-Up)으로 알려진 단회기 상담에서 환자에게 전달되었다(Miller, 1983; Miller & Sovereign, 1989). Miller는 단회기 상담을 마친 후 더 집중적인 치료가 필요하다는 것을 환자가 깨달아서 더 집중적인 치료를 시작하는 사례가 상당히 증가할 것으로 기대하며, 이 접근의 효과 검증을 위한 연구를 수행하였다. Miller의 예상과 달리, 놀랍게도 집중치료를 시작하는 환자가 거의 없었다! 이 단회기 MI를 완료한 환자들은 전통적인 치료에 들어가지 않고도 긍정적인 성과를 보고했다("Conversation With," 2009). 후속 연구를 통해 수집된 자료와 함께, 이러한 발견은 MI를 독자적인 치료 방식으로 보도록 Miller를 이끌었다. Miller는 이 내용을 담아 "문제 음주자와 동기강화상담: II. 예방 개입으로서의 음주자 점검 *Motivational Interviewing with Problem Drinkers: II. The Drinker's Check-up as a Prevention Intervention*"이라는 제목으로 행동심리치료 저널(*the Journal of Behavioral Psychotherapy*)에 실었다(Miller et al., 1988). MI가 아직 미국에서 입지를 다지지는 못했지만, 그 모든 것이 바뀌려 하고 있었다.

1990년, 호주 시드니의 뉴 사우스 웨일스 대학교(University of New South Whales)에서 안식년을 보내는 동안 Miller는 남아프리카 공화국의 Stephen Rollnick을 만났다(Miller & Rollnick, 2004). Rollnick은 1983년 논문과 MI가 영국 및 그 밖의 지역에서 얻은

인기로 인해 Miller의 이름을 알아차렸다(Moyers, 2004). 독학으로 MI 지도자가 된 Rollnick은 유명한 Miller를 만난다는 사실을 믿을 수 없었고, 그에게 그 주제에 대해 더 많은 글을 써달라고 간청하였다("Conversation With," 2009). 다음 해, Miller와 Rollnick은 MI에 관한 결정판인 '동기강화상담: 변화 함께하기 *Motivational Interviewing: Helping People Change*'를 공동 저술하였다(Moyers, 2004). 이후 이 책은 16개 언어로 번역되었고, 세 번째 판이 나왔다. 각 후속판에서 이 책은 중독치료를 훨씬 넘어 적용 범위를 확장했으며, 현재는 심리치료, 교정, 건강관리 등 전반에 걸쳐 일반적으로 활용되고 있다(Arkowitz, et al., 2017a).

'중독(*Addiction*)' 저널에서 진행한 인터뷰에서 MI가 그렇게 성공한 이유가 무엇인지에 대해 묻자, Miller는 단기간 사용될 수 있고 거의 즉각적인 변화나 진전을 가져올 수 있다는 의미에서 "사용가능성(trialability)"에 관해 이야기하였다("Conversation With," 2009). 또한 중독 분야에서의 빠른 적용은 동기가 부족한 환자들을 만나 좌절한 실무자들이 많았기 때문이라고 Miller는 생각했다. MI는 이러한 환자들이 앞으로 나아가게 하는 데 도움이 되는 도구를 제공한다. Miller는 또한 기본 기법을 다른 접근들과 함께 결합하여 사용할 수 있다는 점에서 보편성(universality)에 대해 언급하였다. "12단계 접근 및 행동치료처럼 실무자들이 하고 있는 다른 개입들과 상당히 잘 호환되므로, 이전에 수행했던 모든 것을 버리고 MI로 전환할 필요가 없다("Conversation With," 2009, p. 890)." 이러한 호환성(compatibility)은 인지행동치료와 12단계 회복 접근법에서도 빈번히 이루어지는 것을 볼 수 있다. Miller는 MI가 실무자의 이론적 관점 전체를 바꿀 필요가 없으며, 이미 존재하는 다른 치료양식들의 사용을 지속할 수 있다고 강조한다. Miller는 MI의 접근을 거의 직관적으로 설명하는데, 이는 MI를 활용하는 실무자들에게 이해가 잘 되는 방식으로 여겨진다(Arkowitz et al., 2017a).

뉴멕시코 대학교의 심리학 및 정신의학 명예교수인 Miller는 10권의 책과 400편 이상의 논문을 출간했으며, 전 세계적으로 저명한 기관들과 협력해 왔다(Arkowitz et al., 2017a; Miller & Rose, 2009). 그는 Robert Wood Johnson 재단으로부터 '약물남용과 싸우는 혁신가상(the Innovator Combating Substance Abuse Award)', 미국심리학회로부터 2개의 공로상(career achievement award), '국제 Jellinek 기념상(the international Jellinek Memorial Award)', 미국중독의학회로부터 'Brinkley Smithers 저명 과학자상(Brinkley Smithers Distinguished Scientist Award)'을 받았다. Miller는 아내 Kathy와 함께 뉴멕시코주 앨버커키에서 살고 있다. 그의 엄청난 생산력은 느려졌지만, 1997년 Steve Rollnick과 함께 시작

한 조직인 **동기강화상담 트레이너들의 정보 교환 모임**(Motivational Interviewing Network of Trainers: MINT)에서 그는 여전히 활발하게 활동하고 있다.

인간 본성에 대한 관점

"변화에 대한 양가감정의 일반적인 문제를 다루기 위한 인간중심상담 방식"으로 정의되는(Miller & Rollnick, 2013, p. 21) MI의 목표는 변화에 대한 내담자의 동기를 높이고 변화 과정에 전념하도록 하는 것이다. MI에서 동기는 많은 외적·내적 요인에 의해 야기되고, 우리 모두를 변하게 하며, 임상가의 영향을 받는 변화의 핵심으로 간주된다.

실존-인본주의 철학 및 **현상학**과 깊이 관련되어 있는 MI는 내담자의 세계관을 이해하기 위해 공감과 수용을 사용한다. 그것은 **동등하고 평등한 관계** 구축을 장려하기에, 많은 정신역동적, 인지행동적 접근의 객관주의적인(objectivistic) 관점과 대조적으로 상담 관계에서 나누는 여정의 중요성을 제안한다.

MI는 변화를 위해 유용한 조언을 제공하는 것이 도움이 된다고 보는 지시적인 요소를 포함하고 있기는 하지만, 대부분은 비지시적인 접근을 취한다. MI는 내담자가 변화 과정에 대한 자신의 양가감정을 검토할 자원이 있으며, 변화를 만들어낼 수 있는 전략을 상담사와 함께 제안할 수 있다고 가정한다. MI는 내담자가 변화 과정에서 자신의 양가감정에 휩쓸릴 수 있지만, 변화에 대한 내적 동기를 갖고 있다고 믿는다. 또한 MI의 평등주의적, **비병리적**(nonpathological) 입장과 내담자 **임파워먼트**(empowerment)에 대한 초점은 **포스트모던적**(postmodern) 특징을 가지고 있다. 즉, 과거 많은 이론들의 객관주의적이고 결정론적인 견해를 거부할 뿐만 아니라 모든 내담자에게 적용되어야만 하는 치료에 대한 고유한 "올바른" 모델을 가정하지 않는다.

독자적 접근으로서, 단기 개입 방식은 인지행동치료를 연상시키는 지시, 목표 설정과 더불어 실존-인본주의 철학, 포스트모더니즘과도 깊은 관련이 있다. 그러나 동기강화상담은 여러 다양한 이론적 관점에서 활용될 수 있기 때문에 **초이론적**(trans-theoretical)이라고 보기도 한다(Arkowitz et al., 2017a; "Motivational Interviewing," 2019). 이는 MI가 모든 상담이론에서 중시하는 작업동맹(working alliance)의 구축을 장려하기도 하고, 변화 과정에서 양가감정에 초점을 두는 MI의 기본 과정이 다른 이론적 접근 방식에도 적용될 수 있기 때문이기도 하다. 일단 내담자가 변화 과정에 전념하게 되면, 특정 내담자의 문제를 해결하는데 유용한 어떠한 이론적 관점도 도움이 될 수 있을 것이다.

핵심개념

　　MI에서 가장 중요한 개념은 **동기**(motivation)이며, 동기와 관련된 여러 주요 가정들이 이절에서 논의된다. 또한 이 절에는 연민(compassion), 협동(collaboration), 수용(acceptance), 그리고 유발(evocation)의 요소들을 포함하는 **동기강화상담의 정신**(MI Spirit)에 대한 설명이 포함된다. 우리가 탐색할 또 다른 핵심 개념은 **양가감정**(ambivalence), **변화대화**(change talk), **직면피하기**(avoiding confrontation)와 FRAMES(피드백 Feedback, 책임 Responsibility, 조언 Advice, 선택대안목록 Menu of options, 공감 Empathy, 자기효능감 Self-efficacy)가 포함된다.

동기

　　MI는 학생[또는 내담자] 보다 앞장서서 변화를 향해 끌어당기거나 그들을 뒤에서 미는 것이 아니라, 나란히 함께 가는 것에 기반을 두고 있다(Rollnick et al., 2016, p. 13).

　　MI 변화의 핵심 요소인 동기는 상담사가 아닌 내담자로부터 오는 것으로 본다(Rosengren, 2009). 상담사가 내담자를 밀어붙이기보다는 호기심의 장소, 즉 내담자와 내담자의 상황에 대해 더 많이 알고자 노력하는 그곳에서 온다. 이 과정을 통해 상담사는 때때로 내담자의 숨은 동기를 발견할 수 있다. MI 이론을 이끄는 동기에 대한 수많은 가정이 확인되었다(Miller, 1999).

- ◆ **동기는 변화의 핵심이다**: 동기는 많은 요소들을 포함하는 복잡한 구조이며, 이 모든 요소들은 변화 과정에 중요할 수 있다. 일부는 개인의 자기감(sense of self), 생물학적 요인, 사회적 요인, 발달 문제 등을 포함한다.
- ◆ **동기는 다차원적이다**: 동기는 내적 충동, 외적 압력 및 목표, 위험과 유익에 대한 인식, 상황에 대한 인지적 평가를 포함한다.
- ◆ **동기는 역동적이고 변동적이다**: 동기는 시간이 지남에 따라 달라질 수 있고 강도는 자주 바뀔 수 있다.
- ◆ **동기는 사회적 상호작용의 영향을 받는다**: 내부 요인은 변화에 매우 중요하지만, 외부 요인은 변화의 여건을 조성하는 데 도움이 된다.

◆ **동기는 수정될 수 있다**: 다양한 요소들이 개인의 동기를 변화시킬 수 있고, 숙련된 임상가는 그러한 상태가 되도록 준비하는 것을 도울 수 있다.

◆ **동기는 임상가의 스타일에 영향을 받는다**: 치료적 관계를 구축하는 상담사의 능력은 상담사가 사용하는 특정 기술보다 더 중요할 수 있다.

◆ **임상가의 임무는 동기를 이끌어내고 강화하는 것이다**: 임상가는 변화 과정에서 내담 자를 돕기 위해 광범위한 기법들을 보유하고 있어야 한다.

대체로 MI에서는 '동기 부여가 되지 않는 내담자'란 있을 수 없다고 본다. 대신 내 담자를 동기가 차고 기울어지는, 그리고 적절한 환경에서 동기 부여될 수 있는 한 개인 으로 본다. MI 이론가들은 적절한 환경의 일부분은 내담자를 세심하게 배려하는 태도를 가진 임상가가 만든다고 주장한다. 임상가의 태도는 MI 정신이라고 불리는 대표적인 네 가지 속성에 포함되어 있다.

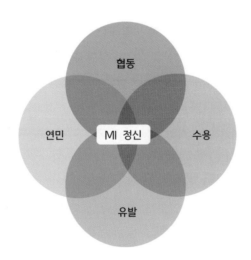

그림 7.1 MI 정신

MI 정신

이론적 지향과는 대조적으로, MI는 상담사가 포용하는 "정신(spirit)"이라고 불리는 것에 기반을 둔다. 이것은 **연민**(compassion), **협동**(collaboration), **수용**(acceptance), **유발** (evocation)을 포함한다(Miller & Rollnick, 2013; 그림 7.1). 이러한 요소들은 MI의 효과와 내 담자의 긍정적인 성과를 증가시킨다. 상단의 세 가지 요소는 관계의 발전에 초점을 맞추지만, 마지막 요소는 내담자에게 변화가 중요한 이유를 떠올리게 하거나 내담자로부터 끌어내는 것과 관련이 있다. 각 요소를 살펴보자.

연민

연민은 상담사가 최전선에서 내담자의 안전, 안녕, 최선의 이익을 지키는 것을 포함한다(Miller & Rollnick, 2013). 이는 상담사의 마음이 올바른 위치에 있음을 의미하는데, 상담사 중심이 아닌 내담자 중심적인 접근을 하는 것이며 내담자가 이용당하지 않도록 하는 것이다(Cialdini, 2007). 이러한 접근은 상담사가 비판단적이고, 여러 다양한 감정과 경험에 대한 이해를 보여줄 수 있으며, 내담자가 인생에서 선택한 길과 관계없이 내담자를 존중한다는 것을 시사한다.

협동

상담사는 위계적이고 전문가적인 접근을 취하는 대신, 내담자에게 성장을 요구하지 않고 성장을 지원하는 공간 조성을 위해 노력하는 협력자의 태도를 보인다. 여기서 상담사는 내담자에 대해 정중하게 호기심을 갖고, 상담사의 직감과 다를 수 있는 내담자의 목표를 이해하고 수용하기 위해 노력한다. 협력적 치료관계를 조성하는 데에는 시간이 걸리므로, 협력적인 상담사는 내담자가 편안함을 느끼는 정도를 다른 내담자와 비교하거나, 치료적 동맹이 선형적으로 증가할 것이라고 기대하지 않는다(Rollnick et al., 2016). '파트너십'으로 보는 이 관계는 비판단적이면서, 내담자를 그 자신의 경험에 대한 전문가라고 믿고, 경청하며, 주기적으로 질문하고, 내담자의 눈으로 세상을 보며, 내담자로 하여금 삶에서 더 나은 선택을 할 수 있도록 자신의 경험을 확장하도록 돕는다.

수용

MI는 수용이 다음 네 가지 요소로 구성되어 있다고 제안한다: **절대적 가치**(absolute worth), **정확한 공감**(accurate empathy), **자율성 지지**(autonomy support), **인정**(affirmation). 다음은 각 특성에 대한 간략한 설명이다.

절대적 가치: Miller와 Rollnick(2013)은 "수용은 모든 인간의 내재된 가치와 잠재력을 소중하게 여기는 것을 포함한다"(p. 17)고 하였다. 이것은 MI가 인간중심상담의 원리, 특히 **무조건적인 긍정적 존중**(Unconditional Positive Regard: UPR)에

근원을 두고 있음을 말해준다. Rogers는 개인이 가치 조건(conditions of worth)을 스스로에게 부과하는 경우가 흔한데, 이는 결국 사람들로 하여금 타인이 그들에게 바란다고 믿는 방식대로 살게 하여 조화롭지 못한 삶을 살게 만든다고 보았다. 반대로, 개인에게 UPR 또는 절대적 가치가 부여되면 자신을 온전히 수용하게 되는데, 공감받는 것을 허용하고 진정한 자기를 표현하는 데 개방적이게 되어 자유로이 변화하게 된다. 상담 관계에서 절대적 가치가 부재하면, 치료 동맹을 저해하는 판단을 낳게 된다. 한편, UPR은 내담자가 진정으로 자신답게 행동할 수 있도록 하며 긍정적인 결과를 촉진한다.

정확한 공감: 인간중심상담에 근간을 둔 또 다른 개념인 정확한 공감은 상대방이 설명하는 내용과 감정을 정확하게 들을 수 있는 능력이다(Neukrug, 2017; Rogers, 1957, 1962). 그것은 다른 사람의 세계 속으로 들어가 개인을 깊이 이해하는 것이다. 현상학적 관점에서 보면, 내담자의 직접적, 주관적인 경험을 이해할 수 있는 것과 같다. 정확한 공감은 상대방을 불쌍히 여기거나 안타까워할 때 드는 동정심을 보이는 것이 아니다. 또한 당신이 비슷한 일을 겪었기 때문에 한 개인의 상황을 이해한다고 생각하는, 그 사람과 동일시하는 것도 아니다. 그것은 그 사람에 대한 깊은 이해로, 내담자가 언어적으로 또는 비언어적으로 "네, 맞아요. 그게 제가 느끼고 있는 것입니다."라고 말할 때만 확인될 수 있는 이해이다.

자율성 지지: 자율성 지지를 활용하는 상담사는 내담자에게 무엇을 해야 하는지 알려주지 않는다. 대신, 자연스럽게 내담자의 의식 속으로 선택이 떠오를 수 있도록 환경을 마련한다(Miller & Rollnick, 2013). 그러한 환경은 방어를 줄이고 변화 과정에 대한 "자유 의지"를 촉진하며 치료관계를 더욱 발전시키는 긍정적인 분위기를 조성하는 데 도움이 된다. 자율성 지지는 절대적 가치를 제시하고, 내담자를 인정하며, 정확한 공감을 보여주는 것에서 비롯되는 자연스러운 결과물이다. 하지만 "나는 당신이 최선이라고 생각하는 것을 지지하며, 당신을 돕기 위해 여기에 있습니다."와 같은 긍정 변화 진술을 통해 상담사가 구두로 강화할 수도 있다.

인정: 마지막으로, 인정은 내담자의 강점을 긍정적으로 여기고 변화를 향한 내
담자의 움직임을 지지하는 것을 포함한다(Miller & Rollnick, 2013). 긍정적인 인
정을 듣는 것은 내담자가 자신이 발전한 영역을 인식하는 데 도움이 될 수 있
으며, 이는 자기충족적 예언(self-fulfilling prophecy)으로 작용하여 지속적인 성
장을 촉진할 수 있다. 인정의 반대는 내담자의 약점을 확인하고 내담자가 그것
을 어떻게 다루어야 하는지 지시하는 것을 포함한다. 이 같은 접근은 의존성을
키우고 자율성을 감소시키며 잠재적으로 내담자의 방어를 높인다.

유발

상담에 대한 초기 많은 접근은 치료사가 "전문가"이고, 자신의 진단에 따라 내담자를
대상화하고, 치료사가 실행한 이론적 방향에 따라 치료를 처방하는 의학적 모델을 사용하
였다(Schumacher & Madson, 2015). 대조적으로, MI 상담사의 역할은 내담자의 자연스러운
변화 경향성을 불러일으키거나 드러내기 위해 내담자로부터 정보를 끌어내는 것이다
(Miller & Rollnick, 2013). 이 과정은 모든 내담자가 때때로 자신도 모르게 변화에 대한 열
망과 미래에 대한 희망으로 동기가 부여된다고 가정한다. 유발 과정은 협력적이고 인간중
심적이며, 문제에 대한 내담자의 이해를 묻고, 내담자가 변화하기를 원하거나 변화하지
않으려는 이유를 탐색하고, 내담자가 어떻게 변화할 수 있을지 부드럽게 질문하고, 변화
과정을 안내하는 데 도움이 될 수 있는 깊은 가치관과 신념을 탐색하고, 변화를 막는 이
유를 논의하고, 변화를 방해하는 현재 행동을 검토하는 것을 포함한다(Herman et al.,
2014). MI는 변화를 막는 것이 무엇인지 내담자가 이해하고, 내담자를 변화 과정으로 이
끄는 대화, 즉 **변화대화**(change talk)를 촉진하는 것을 목표로 한다.

양가감정

변화해야 하는 이유를 생각하다가, 변화하지 않을 이유를 생각하고, 결국 변화
에 대해 생각하는 것을 아예 멈춰버리는 것이 일반적인 패턴이다. 양가감정에
서 벗어나는 길은 한 방향을 선택하고, 그것을 따르고, 선택한 방향으로 계속
나아가는 것이다(Miller & Rollnick, 2013, p. 7).

많은 사람이 변화를 원하지만, 변화하기를 주저한다(Miller & Rollnick, 2013). 사람들은 수년 동안 "양가감정의 지대(ambivalence-land)"에 갇힐 수 있기 때문에 양가감정은 다루기가 어렵다. 그들은 가능성 사이를 왔다 갔다 하는 데 상당한 시간을 소모할 수 있고, 때로는 앞으로 나아갈 때 뒤로 물러서는 길에 더 관심을 보일 수 있다. 양가감정을 느끼는 데는 다음을 포함하여 여러 가지 이유가 있다.

◆ 변화해야 할 이유와 함께 변화하지 않을 이유를 생각
    예: "제가 파트너를 떠나면, 제 삶의 긴장이 덜해질 거예요. 제가 파트너를 떠나면, 전 외로워질 거예요."
◆ 변화의 중요성을 경시
    예: "저는 술을 끊을 수 있어요. 그렇지만 제가 술을 마시는 것이 실제 그 누구에게도 그렇게 부정적인 영향을 미치지 않아요."
◆ 변화 시도의 실패로 인한 패배
    예: "제가 우울하다는 것을 알고 있지만, 예전에 효과적이었던 것이 아무것도 없었어요."
◆ 변화 과정을 통한 불균형 발생
    예: "사람들과 더 많이 소통하는 것을 시작했는데, 시도할 때마다 너무 불안했어요. 저는 소통하는 사람이 되는 것에 익숙하지 않아요."

변화를 원하면서도 그것에 대해 고군분투하거나 노골적으로 피하는 상태는 흔하며, 이는 모든 사람들이 일생 동안 어떤 시점에서든 경험한다. 그러나 MI는 양가감정에서 희망을 본다. 양가감정을 부정적인 상태로 보는 대신, 변화에 대한 열망으로 본다. 결국, 어느 정도 수준에서 변화가 선택 사항이라는 것을 인식하지 않는 한 양가감정을 경험할 수 없다. 따라서 MI는 현재 상태를 유지하는 것과 변화 과정에서 앞으로 나아가는 것 사이에서 내적으로 고군분투하는, 양가감정의 존재를 변화를 향한 진행으로 본다. MI 상담사들은 이를 염두에 두고 내담자와 협력하여 **변화대화**(change talk)의 양은 늘리고 **유지대화**(sustain talk)의 양은 줄여나간다(Schumacher & Madson, 2015).

변화대화

변화해야만 한다(must), 변화할 수 있다(can), 변화하길 원한다(want)고 말하거나 변화해야 할 타당한 이유(reason)가 있다고 말하는 것은 변화에 대한 의지(will)를 의미하는 것은 아니다(Miller and Rollnick, 2013, p. 162).

MI에서 가장 중요한 과정 중 하나는 내담자가 변화하려는 자신의 자연스러운 열망을 볼 수 있도록 돕는 것이다. Miller와 Rollnick(2013)은 변화대화에는 준비와 실행이라는 두 가지 유형이 있다고 제안하였다. 이러한 유형의 변화대화는 DARN CATS라는 축약어로 알려져 있다.

"DARN"은 **변화준비대화**(preparatory change talk)이다. 열망(Desire)은 내담자가 자신의 인식에 대해, 변화하기를 열망하는 것에 대해 논의하는 것을 포함한다(예: "저는 담배를 끊고 싶어요."). 능력(Ability)은 변화할 수 있는 자신의 능력에 대한 내담자의 자신감에 초점을 둔다(예: "제가 노력하면 담배를 끊을 수 있다는 걸 알아요."). 이유(Reason)는 변화가 가져올 긍정적인 영향을 확인하고(예: "담배를 끊으면 활력을 더 많이 얻고, 흡연과 관련된 병에 걸릴 가능성을 줄일 수 있어요."), 필요(Need)는 문제의 긴급성을 반영한다(예: "저는 담배를 오랫동안 피워왔기 때문에 정말로 끊어야 해요. 제 또래들이 흡연과 관련된 병을 앓는 것을 보았어요."). "DARN"을 탐색함으로써, 내담자는 현상 유지의 불이익을 알아차리기 시작할 수 있다(Miller & Rollnick, 2013).

"CATS"는 **변화실행대화**(mobilizing change talk)로서, 보다 실천 지향적이고 변화를 시행하고자 하는 열망이 커진 것을 나타낸다. 예를 들어, 결심공약(Commitment)은 내담자가 "나는 금연을 약속합니다"라고 말할 때이고, 실행활성화(Activation)는 내담자가 "나는 일주일 내로 금연을 시작할 준비가 되었습니다"라고 알릴 때이며, 실천하기(Taking Steps)는 내담자가 담배를 버리고 금연에 도움이 되는 약을 복용하며 스트레스 상황에서 이완을 실천할 때를 말한다. 이 장의 후반부, 기법 부분에서 상담사가 변화대화를 끌어낼 수 있는 몇 가지 방법들을 살펴볼 것이다.

직면피하기

추측할 수 있듯, MI의 신념은 직면이 아닌 협동이다(Dean, 2015). 상담사가 변화 과정을 유발하기 위해서는 MI에서 평등하고 협력적인 관계를 구축하는 것이 중요하다. 직면은 방어적이게 할 수 있고, 결과적으로 내담자가 상담 관계에서 중요한 주제를 회피하게 하고, 내담자가 상담을 그만두게 할 수 있다. 반면, 평등하고 협력적인 관계는 내담자의 개방성, 정직성, 깊은 생각, 통찰력을 장려하고, 도전하고 변화해야 할 측면을 신중히 살펴보도록 돕는다. 따라서 MI 상담사는 직면과 힘겨루기를 피하고 문제가 되는 행동을 승인하거나 강화하지 않도록 주의하면서 유지대화(이전에는 저항과 함께 구르기라고 하였음)를 경청하도록 권장된다.

FRAMES

여러 단기 상담 접근들과 유사하게, MI는 피드백(Feedback), 책임(Responsibility), 조언(Advice), 선택대안목록(Menu of options), 공감(Empathy), 자기효능감(Self-efficacy)의 약자인 FRAMES라는 표제에 포함될 수 있는 여러 표준 개입법들을 활용한다(Miller, 1996; Miller & Rose, 2009). 다음은 이들 각각에 대한 간략한 정의이다.

피드백: 제시된 문제를 기반으로, 문제의 부정적인 결과에 대해 내담자에게 피드백을 제공하고 내담자가 당신의 피드백에 어떻게 반응하는지 경청하라.

책임: 문제 행동과 관련하여 내담자가 무엇을 해야 할지에 대해 스스로 결정할 책임이 있다는 사실을 강조하라.

조언: 내담자가 합리적이고 수용적일 경우, 문제 행동을 수정할 수 있는 방법에 대한 조언을 제공하라.

선택대안목록: 문제 행동을 다룰 때 내담자가 선택할 수 있는 다양한 대안, 목표, 전략을 제공하라.

공감: 경청하고 공감하며 판단하지 마라.

자기효능감: 내담자가 자신의 삶을 변화시키고 자신에 대해 만족스럽게 느끼는 능력에 대해 낙관하라.

기법

앞서 논의한 MI 정신(연민, 협동, 수용, 유발), 내담자를 직면시키지 않는 것의 중요성, 상담의 전체적 방향으로 FRAMES를 염두에 두고 상담사들이 동기강화상담을 수행할 때 사용하는 몇 가지 특정 기법들이 있다. 여기에는 **변화에 대한 중요성, 자신감, 준비도를 평가하는 것**, **OARS**(열린질문하기|open-ended questions, 인정하기|affirmations, 반영하기|reflecting, 요약하기 summarizing), **경청과 공감**, **불일치감 만들기**, **변화대화 이끌어내기**, **유지대화 경청하기**(저항과 함께 구르기), **정보 및 조언 제공하기**, **목표 설정하기**가 포함된다(Miller & Rollnick, 2013). Miller와 Rollnick(2009)은 이것들이 MI에서 사용되는 일반 기법이라고 제안하지만, 임상가들이 모든 회기에서 사용하는 구조화된 지침이라고 여겨서는 안 된다는 점을 함께 지적하였다.

변화에 대한 중요성, 자신감, 준비도 평가하기

내담자가 자신의 문제 행동에 대해 의논하고 싶어 상담을 받으러 오는 초기에, 내담자에게 변화가 얼마나 중요한지, 내담자가 변화 실행에 대해 얼마나 자신이 있다고 느끼는지 이야기 나누는 것은 중요하다. MI 상담사는 중요도와 자신감을 측정하기 위해 **척도**(Ruler)를 사용한다(Miller & Rollnick, 2013).

0	1	2	3	4	5	6	7	8	9	10
전혀 중요하지 않음   매우 중요함

0	1	2	3	4	5	6	7	8	9	10
전혀 자신 없음   매우 자신 있음

Miller와 Rollnick(2013)은 두 가지 척도로 내담자를 평가하면, 아래 네 가지 유형 중 하나에 해당할 것이라고 설명하였다(상자 7.1 참조). 그룹 2, 3, 4의 경우, 상담 초기에 수행해야 할 작업이 있다. 내담자가 자신의 문제 행동을 덜 중요하게 여기거나(그룹 2, 4), 자신의 문제를 성공적으로 해결할 자신이 없거나(낮은 자기효능감: 그룹 3, 4), 자신의 문제가 중요하다고 믿지만 낮은 효능감을 가졌다고 인식하기 때문이다(그룹 3). 반면, 그룹 1의 경우 상담을 빠르게 잘 수행할 수 있어야 한다.

상자 7.1 내담자 유형

중요성

	높음	낮음
높음	1	2
낮음	3	4

자신감

OARS

상담 초반에는 치료 동맹을 발전시키고 변화에 대한 준비도를 평가하는 데 중점을 두지만, 상담 과정 전반에 걸쳐 중요한 것은 OARS라는 약자로 알려진 여러 기본 상담 기법이다(Miller & Rollnick, 2013). 이 기법은 **열린질문하기**(**O**pen−ended questions), **인정하기** (**A**ffirmations), **반영하기**(**R**eflecting), **요약하기**(**S**ummarizing)의 사용이 요구된다.

열린질문하기

내담자가 운전석에 앉도록 하는 한 가지 방법은 열린질문을 활용하는 것이다. 이러한 질문을 통해 내담자는 다양한 방식으로 자유롭게 응답하고 회기의 중심을 내담자가 주도하는 환경으로 만들 수 있다(Neukrug, 2019). 이분법적이거나 제한된 응답을 요구함으로써 논의를 차단하는 경향이 있는 닫힌질문보다는 열린질문이 보다 더 내담자 중심적인 것으로 여겨진다. 예를 들어, 논의를 제한할 수 있는 닫힌질문은 다음과 같다: "가족 내에서 어머니나 아버지가 정서적으로 더 불안정했다고 생각하나요?" 대조적으로, 열린질문은 "부모님과의 관계에 대해 이야기해 주시겠어요?"와 같이 질문하여 논의를 할 수 있게 한다. MI에서 질문하기는 종종 문제 행동에 초점을 맞추고 내담자가 변화 과정을 고려하도록 요청한다. 예를 들어, 내담자가 자신의 음주 행위를 중단하는 것의 이점을 고려하도록 하는 열린질문은 다음과 같다: "술 마시는 것을 멈추면 어떤 유익들을 경험하게 될까요?" 일반적으로, Miller와 Rollnick(2013)은 상담사들이 열린질문하기를 반영하기와 혼합하여, 열린질문이 반영에 뒤이어 오도록 할 것을 제안한다.

인정하기

인정하기를 사용하는 것은 긍정적인 작업 동맹을 발전시키고 내담자의 자존감을 구축하는 데 크게 도움이 된다(Neukrug, 2019). 인정(affirmations)과 가까운 개념인 격려(encouragement)와 지지(support)는 모두 내담자와 내담자 경험에 초점을 두도록 유지하는 데 활용될 수 있는 중요한 기법이다(Miller, 1983; Miller & Rollnick, 2013). 인정은 "잘했어요"와 같이 짧은 진술에서부터 "목표를 이루기 위해 정말 열심히 노력했고, 또 많은 것들을 해낸 것 같아요"까지 다양하다. 이러한 긍정적인 반응은 내담자를 칭찬하는 것이라기보다 내담자가 성취한 것에 대해 긍정적으로 언급하는 것이다. 칭찬은 상담사와 내담자 사이에 의존적 관계를 조장하는 경향이 있지만, 인정은 그렇게 될 가능성이 적다. 따라서 상담사는 "자조모임에 참석한 당신이 정말 자랑스러워요"라고 내담자를 칭찬하기보다, "자조모임에 참석하기 위해 정말 최선을 다하셨군요"라고 내담자를 인정한다(Miller & Rollnick, 2013).

반영하기

열린질문하기, 인정하기와 마찬가지로 내담자가 말한 내용을 반영하는 것은 치료 동맹을 구축하는 데 중요하며, 상담 관계가 시작될 무렵에 특히 중요하다(Neukrug, 2019; Wampold & Imel, 2015). 때때로 **반영적 경청**(reflective listening)이라고 불리는 반영하기는, 상담사가 내담자의 말을 정확하게 듣고 내담자의 여정에 적극적으로 참여하고 있음을 보여주는 짧은 진술 또는 다른 말로 바꿔 말하기로 설명된다.

일부 사람들은 MI에서 세 가지 유형의 반영하기 기법인 **단순반영**(simple reflection), **확대반영**(amplified reflection), **양면반영**(double-sided reflection)을 사용할 것을 제안하였다(Dean, 2015). 단순반영은 내담자가 말한 것을 반복하는 것으로서, 예를 들어 음주에 대한 내담자의 실망감을 상담사의 말로 전하는 것이다: "지속되고 있는 당신의 알코올 사용에 대해 너무나 실망한 것처럼 들리네요." 확대반영은 내담자가 말한 것을 다른 말로 바꾸어 표현하고 강화하는 것으로, 변화 과정에 조금 더 초점을 두어 내담자가 하고 있는 것과 원하는 것 사이의 불일치를 강조하는 경향이 있다: "지속되고 있는 당신의 음주에 대한 실망감이 당신을 정말 화나게 했군요." 마지막으로, 양면반영은 내담자가 말한 것을 되돌려 반영해주면서 내담자가 경험하고 있는 것과 내담자가 원하는 것 사이의 불일치를 더욱 선명하게 말하는 것이다: "당신이 얼마나 술을 끊고 싶어 하는지 알고 있기 때문에, 지속되고 있는 당신의 음주 행동이 당신에게 얼마나 실망감을 주고 있는지도 압니다." 반영적 경청은 모든 상담 접근에서 중요하지만, 이러한 유형의 반영은 변화 과정에 조금 더 초점을 둔다. 따라서 한편으로는 내담자가 지지받는 것으로 느끼면서, 다른 한편으로는 반영 과정을 통해 내담자가 변화하도록 부드럽게 권유받고 있는 것처럼 느끼게 만들 것이다.

요약하기

Miller와 Rollnick(2013)은 내담자가 말한 내용을 정리하는 데 요약은 필수적이며, 이를 세 가지 유형으로 나누어 볼 수 있다고 하였다. 첫째, **수집요약**(collecting summaries)은 상담사가 상호연관된 여러 주제(주로 내담자가 자신의 문제를 탐색한 결과)를 모을 때 사용한다. 이 요약하기를 사용한 후 상담사는 내담자가 회기 내에서 탐색 과정을 계속하도록 초대하는 열린질문으로 마무리할 수 있다.

> **상담사:** "오늘은 몇 가지 다른 이야기를 듣고 있어요. 예를 들어, 당신은 관계에서 행복하지 않아요. 그리고 더 친밀감을 느끼기를 원합니다. 또한 진로 목표에 대해서나 직업적으로 올바른 방향으로 가고 있는지에 대해서도 다소 걱정이 있어 보이네요. 마지막으로, 당신이 언급했듯 음주로 인해 '무감각해진' 증상의 정도에 대해 주의를 기울이고 있는 것 같아 보여요. 혹시 또 다른 걱정은 없나요? 제가 놓친 것이 있습니까?"

두 번째 유형인 **연결요약**(linking summaries)은 이전에 이야기된 두 가지 이상의 아이디어를 연결하는 데 활용된다. 예를 들어, 연결요약은 다음과 같을 수 있다.

> **상담사:** "스트레스를 낮추기 위해 열심히 노력해 왔고, 지금은 기분이 훨씬 나아 보이네요. 예전에도 스트레스 완화를 위해 동일한 기법을 사용했었는데, 그때도 효과가 있었다고 말했던 것이 기억납니다."

때때로 연결요약은 변화에 대한 양가감정을 반영하는 데 사용될 수 있다(Miller & Rollnick, 2002, 2013). 다음은 내담자가 현재 행동을 유지하려는 이유와 변화시키려는 이유 모두를 함께 요약한 상담의 예이다.

> **상담사:** "마리화나 사용이 당신에게 어떤 영향을 미치는지 들었어요. 매일 마리화나를 흡연하고 있기 때문에, 당신은 때때로 자신의 삶을 충분히 조절하지 못하고 있다고 생각하는군요. 마리화나는 당신을 더 게으르게 하고, 가족을 위해서나 직장에서 해야 할 일에 집중하지 못하게 만드네요. 그런데 이와 동시에 다른 한편으로는, 당신의 삶, 특히 굉장히 스트레스가 많은 직장생활에 마리화나 흡연이 긴장을 풀어주고 걱정들로부터 당신을 벗어나게 해 준다고 말하는 것도 듣고 있어요. 이 둘 모두에 대해 조금 더 이야기 나눠보길 원하시나요?"

셋째, **전환요약**(transitional summaries)은 회기가 막 끝나갈 때 상담사가 다음 회기에 일어날 일을 고려하는 것처럼, 상담사와 내담자가 다른 것으로 전환할 때 유용하다. 이러한 반응은 광범위한 정보를 모으는 것으로 수집요약과 연결요약보다 조금 더 관여하는 경향이 있다. Miller와 Rollnick(2013)은 내담자에게 전환요약을 소개하는 시작 문구를 포함할 것을 권한다.

> **상담사:** "우리는 오늘 회기를 끝내고 다음에 만날 때를 생각해야 해요. 먼저, 지금까지 논의한 주요 내용을 검토해 봅시다. 담당 의사선생님이 당신의 음주량에 대해 걱정하고 있다는 사실을 이야기했어요. 처음에는 의사선생님의 우려를 무시했지만, 점차 그것에 대해 생각하기 시작했고 이제는 이따금 걱정이 되기도 한다고 했지요. 또한 술뿐만 아니라 복용하고 있는 항불안제도 걱정이 된다고 했어요. 둘 중 하나 또는 두 가지 모두에 중독이 되지 않을까 걱정이 된다고요. 음주, 항불안제와 관련하여 당신이 할 수 있는 일에 대해 우리가 이야기할 때, 처음에 당신은 당신을 진정시키고 기분 좋게 해 줄 무언가가 없다면 삶이 너무 끔찍할 것이기 때문에 그것들이 필요하다고 말했지요. 그런데, 이후

당신은 약물과 술이 결혼 생활과 자녀 양육에 나쁜 영향을 주진 않을까 궁금해지기 시작했어요. 그래서 우리는 당신이 술, 약물 복용과 관련하여 어떻게 해야 할지 고민하며 마무리를 하고 있어요. 당신이 이야기했던 모든 내용이 정확하게 정리된 것 같나요?"

경청과 공감

MI는 인간중심상담의 원리에 많은 부분 기반을 두고 있으므로, **경청**과 **공감**이 상담관계에서 사용되는 중요한 기법이라는 점은 그리 놀라운 일이 아니다(Cole, 2012).

Neukrug(2019)는 경청을 다음을 포함하는 능동적인 과정으로 설명한다.

1. 최소한으로 말하기
2. 내담자가 하는 말에 집중하기
3. 방해하지 않기
4. 충고하지 않기
5. 관계에서 무언가 얻기를 기대하지 않기
6. 내담자의 내용 듣기
7. 내담자의 영향 듣기
8. 알맞고 적절한 눈 마주침, 고개 끄덕임, "으음"이라고 말하는 등 내담자의 말을 듣고 있음을 보여주는 비언어적 행동 사용하기
9. "그 부분에 대해 다 듣지는 못했는데, 다시 한 번 말씀해 주시겠어요?" 또는 "제가 정확히 당신을 이해하도록 다른 방식으로 설명해 주시겠어요?"와 같이 명료화 질문하기
10. (명료화 질문 외에 다른) 질문하지 않기(p.49)

공감은 경청에서 한 걸음 더 나아가 상담사가 내담자의 세계관과 인식을 더 잘 이해하기 위해 내담자의 입장이 되어 보는 것을 포함한다(Bayne & Neukrug, 2017). 모든 치료관계의 시작에서 특히 중요하지만(Neukrug, 2019), 공감은 치료과정 전반에 걸쳐 고루 사용될 수 있으며 상담 관계에서의 균열을 복구하는 데에도 활용될 수 있다. 공감한다는 것은 상담사가 내담자를 판단하거나 꾸짖거나 비난하는 것을 삼가는 것을 의미한다. 이러한 비판단적인 자세를 통해서만 상담사는 내담자의 말을 온전히 들을 수 있고, 내담자

는 수용받고 타당화받는다고 느낄 수 있다. 이해받고 타당화받은 내담자는 회기 내에서 개방하는 것을 더욱 편안하게 느낀다(Cole, 2012).

좋은 공감 반응의 기본 요소는 내담자의 감정과 내담자가 말한 내용을 정확하게 반영하는 것이다(Neukrug, 2019). Miller와 Rollnick(2013)은 Carl Rogers가 정의한 공감을 다룬 Carkhuff의 원척도와 유사한 5점 척도를 설명한다(Neukrug, 2019). 요컨대, 그들은 상담사가 다음 척도로 정의된 것처럼 공감을 거의 보이지 않을 수도 또는 깊은 공감을 보여줄 수도 있다고 하였다.

1. 임상가는 내담자의 관점에 관심이 없음이 분명하다. 내담자의 관점에 거의 또는 전혀 주의를 기울이지 않는다.
2. 임상가는 내담자의 관점을 탐색하기 위해 가끔 노력한다. 임상가의 이해가 부정확하거나 내담자의 진정한 의미를 훼손할 수 있다.
3. 임상가는 내담자의 관점을 이해하기 위해 적극적으로 노력하며, 어느 정도 성공한다.
4. 임상가는 내담자의 관점을 정확하게 이해하고 있다는 근거를 보여준다. 내담자의 관점을 이해하기 위해 적극적이고 반복적인 노력을 기울인다. 이해는 대부분 명시적인 내용으로 제한된다.
5. 임상가는 명시적으로 언급된 내용뿐만 아니라 내담자가 의도한 내용, 말하지 않은 내용에 대해서도 내담자의 관점을 깊이 이해하고 있다는 근거를 보여준다 (Miller & Rollnick, 2013, pp. 392-393).

좋은 공감 반응, 깊이와 의미를 부여할 수 있는 다양한 반응에 대한 책이 있다 (Neukrug, 2017). 핵심을 말하자면, 공감은 MI에서 중요한 도구이며 상담 관계 전반에 걸쳐 지혜롭게 활용되어야 한다고 할 수 있다.

불일치감 만들기

불일치감을 만든다는 개념이 MI의 일부가 된 것은 초창기부터였다. … 이 중요한 동기 요인은 현재 상태와 원하는 상태 간 불일치, 개인의 목표와 현재 위치 간 거리이다(Rollnick & Miller, 2013, p. 243).

어떤 특정 기법과는 반대로, 불일치감 만들기는 내담자의 현재 부적응적이거나 문제가 되는 행동과 내담자 개인의 가치관에 기초한 목표 달성 사이의 불일치를 지적한다 (예: 과음하고 폭언하는 것 대 자녀들의 롤모델이 되기를 원하는 것) (Miller & Rollnick, 2013). 이 과정은 상담사가 강한 치료 동맹을 구축하고, 내담자의 삶에서 부적응적이거나 문제가 되는 행동을 확인하도록 돕고, 내담자에게 중요한 가치와 목표를 이끌어내고, 현재 행동과 가치관, 목표 사이의 불일치를 보여주기 위해 다양한 기법을 사용하는 것을 포함한다. 불일치를 드러내는 이 과정은, 변화에 대한 내담자의 양가성에 대한 인식을 높이고 ("저는 …을/를 원하지만, 실제 저는 … ") 궁극적으로 내담자가 변화 과정을 시작할 것인지 여부를 결정하는 데 도움이 된다.

MI에서 내담자가 부적응 행동을 원하는 가치 및 목표와 비교하도록 유도하거나 지시할 때에는 내담자중심 기반의 방향을 전환한다(Miller & Rollnick, 2013). 숙련된 상담사는 지지와 도전의 섬세한 균형을 갖추어 내담자가 불일치를 더 잘 인식할 수 있도록 안내한다. 지지는 내담자중심 기법과 인정하기를 통해 이루어지는 반면, 도전은 상담사가 양쪽측면 경청하기, 변화대화 등 지시적 기법을 사용할 때 일어난다.

상담받는 사람들은 대개 자신이 현재 위치한 곳과 자신이 가고 싶은 곳 사이에서 삶의 부조화를 느낀다. 상담사의 역할은 이러한 부조화를 밝히는 것으로, 다른 사람(상담사, 파트너, 친구)이 생각하는 바람직한 행동에 내담자를 맞추기 위해 내담자를 변화시키려는 함정을 피해야 한다. 궁극적으로 상담사는 내담자가 왜 그리고 어떻게 변화해야 하는지 분명히 하는 것을 목표로 해야 한다. 표현된 가치관에 기반하여 가장 중요한 목표를 방해하는 내담자의 행동을 내담자가 스스로 관찰할 때, 변화에 대한 내담자의 동기를 높일 수 있고 자신의 변화에 대한 책임을 질 가능성이 높으며 변화 전략을 개발할 권한이 자신에게 있다고 느낄 가능성이 높다. 내담자의 불일치를 조명하는 여러 가지 방법이 있는데, 이미 언급한 것 중에서는 열린질문하기, 다양한 형태의 반영하기, 여러 유형의 요약하기, 공감하기 방법이 있다. 자주 사용되는 방법 중 하나는 여러 전략들을 포함하는 변화대화를 이끌어내는 것이다. 이에 대해 살펴보자.

변화대화 이끌어내기

MI의 주요 목표 중 하나는 변화를 이끌어내는 것이다(Miller & Rollnick, 2002, 2013). 변화대화는 협업 과정으로 여겨지는데, 이때 상담사는 내담자의 삶에서 중요할 수 있는 변화가 있다면 성찰해 보도록 격려하지만 강요하지는 않는 일련의 질문과 진술을 사용한다(Miller & Rollnick, 2013). 변화대화는 지지와 도전을 활용하여 내담자가 변화의 가능성을 탐색하도록 돕고, 이러한 변화를 구현하기 위한 계획 세우기를 시작하도록 장려한다.

MI 상담사들은 변화에 대한 동기나 변화를 원하는 의지가 드러나는 내담자의 작은 한마디라도 찾으려고 노력한다(Cole, 2012). 일단 확인이 되면, 상담사는 변화를 위한 대화로 확대하고 내담자가 이러한 새로운 생각을 탐색할 수 있도록 시간적 여유를 둔다. Miller와 Rollnick(2002, 2013)은 변화대화를 이끌어내는 여러 방법들을 확인하였다. 여기에서는 이에 대해 간단히 설명할 것이다.

유발질문하기

여기에는 변화대화를 유발할 수 있는, 내담자의 상황에 대한 열린질문하기가 포함되어 있다. 내담자가 이에 긍정적으로 반응한다면 상담사는 반영과 공감으로 답할 수 있다. Miller와 Rollnick(2013)은 앞서 언급한 DARN CATS 축약어 중 "DARN"(열망 Desire, 능력 Ability, 이유 Reason, 필요 Need)을 사용할 것을 제안하였다. 여기 몇 가지 예가 있다.

> 열망(Desire): "당신의 삶이 미래에 어떤 모습이길 바라나요?"
> 능력(Ability): "삶의 어떤 측면을 변화시킬 수 있다고 생각하나요?"
> 이유(Reason): "만약 변화된다면 삶의 어떤 점이 더 나아질까요?"
> 필요(Need): "당신 삶의 어떤 부분에 변화가 필요하나요?"

중요도 척도 사용하기

여기에서는 상담사가 내담자의 중요도 척도 점수와 관련된 질문을 하여, 내담자에게 변화가 얼마나 중요한지에 대해 이야기하도록 하는 것이 목표이다.

> 상담사: "중요성에 대해서는 0이 아니라 6으로 평가하셨네요. 당신에게 변화에 대한 열망이 있는 것 같아요. 그것에 대해 이야기해 주시겠어요?"

내담자가 왜 0보다 높게 체크했는지에 대해 질문하면, 내담자가 변화를 중요하게 여긴다는 사실에 대해 상담사와 이야기 나눌 수 있게 된다는 점에 주목하라. "왜 10이 아닌가요?"라고 묻는 것은 내담자를 방어적으로 느끼게 할 수 있고, 내담자 자신이 충분히 노력하지 않았다거나 변화할 능력이 없다거나 변화가 너무 어렵다고 생각하게 만들 수 있다. 다음은 변화 과정에서 앞으로 나아가는 것에 대한 생각을 이끌어내기 위해 척도를 사용하는 또 다른 예이다.

> 상담사: "6에서 8로 넘어가려면 어떻게 해야 할까요?"

여기에서 다시, 우리는 내담자가 "8"에 있지 않은 이유에 초점을 두지 않고, "8"에 도달하는 방법에 대한 아이디어에 초점을 둔다. 이러한 접근은 더욱 긍정적인 효과가 있으며 목표를 향한 변화대화와 움직임을 일으킬 가능성이 더 크다.

결정저울 탐색하기

상담사는 내담자가 자기 행동의 양쪽 측면을 보는 것을 돕기 위해 결정저울(decision balance) 활동지를 활용할 수 있다. 이것은 내담자가 문제의 원인이 되는 삶의 측면에 명확하게 초점을 맞출 수 있도록 돕는다(상자 7.2 참조).

상자 7.2 결정저울 활동지

계속해서 분노 표현하기		분노 표현 자제 시작하기	
유익	대가	유익	대가
사람들이 내 말을 듣는다.	사람들을 멀어지게 만든다.	나는 사람들에게 더 호감을 받을 것이다.	나는 나 자신이 되지 않을 것이다.
내가 원하는 것을 전달한다.	다른 사람들이 무엇을 원하는지 나는 듣지 못한다.	사람들에게 폭발하지 않을 것이다.	내가 절대 내가 아닌 것처럼 느낄 것이다.
내가 다른 사람에 의해 통제받지 않는다.	다른 사람들을 통제하고 있고, 그들은 나를 좋아하지 않는다.	더 많은 친밀 관계를 가질 것이다.	숨 막히는 느낌이 들 것이다.
내 감정을 흘려버린다.	이따금 화를 낸 이후 죄책감을 느낀다.	내 행동에 죄책감을 느끼지 않을 것이다.	내 감정을 흘려보낼 수 없게 될 것이다.
내 아이들이 내 말을 들을 것이다.	내 아이들이 나를 존중하지 않을 것이다.	내 아이들에게 더 나은 롤모델이 될 것이다.	

이 과정에서 상담사는 서로 다른 행동의 양극성을 탐색하는 데 도움이 되는 열린질 문을 사용할 수 있다. 예를 들어, 분노 문제로 어려움을 겪고 있는 내담자는 초반에 다음 과 같은 질문을 받을 수 있다.

상담사: "당신 분노의 긍정적인 측면은 무엇인가요?"

그런 다음, 상담사는 다음과 같이 질문할 수 있다.

상담사: "우리는 당신 분노의 긍정적인 측면 중 몇 가지를 이야기 나누어 보았 습니다. 이제 당신 분노의 부정적인 측면을 살펴보는 건 어떨까요?"

마찬가지로, 상담사는 분노 자제의 긍정적 측면과 부정적 측면을 내담자가 볼 수 있도록 열린질문하기 방식으로 물어볼 수 있다. 내담자 또는 상담사가 활동지에 다양한 반응들을 적을 수 있고, 회기를 진행하는 동안이나 이후에 분노에 대한 다양한 유익과 대가를 탐색할 수 있다.

정교화하기

단순히 내담자의 문제에 대해 정교한 설명을 하도록 요청하는 것 자체가 변화대화 를 이끌어내는 데 도움이 될 수 있다. 다음 대화를 살펴보고 이것이 어떻게 발생할 수 있는지 알아보자.

내담자: "아시다시피, 저는 이따금 제 아이들과 아내에게 화가 많이 나요."

상담사: "이 부분에 대해 좀 더 말해주세요. 무슨 일이 일어나나요?"

내담자: "글쎄요, 제가 그들에게 화를 많이 내면 아내는 울기 시작하고, 아이들 은 방으로 들어가는데… 아이들이 움츠러드는 게 보여요."

상담사: "그 점이 당신에게 꽤 힘든 일인 것 같네요."

내담자: "네, 저는 제 아내를 울리는 것도 싫고, 아이들이 그런 꼴을 보는 것도
　　　　싫고요. 제가 악마가 된 듯해요."

상담사: "이런 일이 당신과 당신 가족에게 어떤 다른 영향을 미치는 것도 있나요?"

내담자: "네, 우리 모두가 서로 거리를 두게 하는 것 같아요."

위 예시를 통해 문제를 단지 상세하게 설명하는 것만으로도 당면한 문제에 대한 통찰을 얻을 수 있다는 것을 알 수 있다. 내담자가 문제를 더 충분히 볼수록, 내담자는 그것에 대해 더 많은 책임을 지고 변화 과정을 수용하기를 원한다.

극단질문하기

내담자에게 자신의 문제 행동에 대한 가장 심각한 걱정에 대해 설명하도록 하면, 내담자가 어떤 조치를 취해야 할 필요성을 인식하도록 이끌 수 있다. 다음은 분노로 인해 어려움을 겪고 있는 내담자의 예이다.

상담사: "당신의 분노에 대해 가장 걱정하는 것은 무엇입니까?"

내담자: "글쎄요, 이런 말은 아무한테도 한 적이 없는데, 정말 화가 나면 누군가
　　　　를 때리거나 다치게 할까 봐 걱정이에요."

상담사: "그러면 당신은 정말 당황할 거예요. 당신이 화를 더 잘 다룰 수 있게
　　　　된다면, 당신에게 일어날 가장 좋은 결과가 무엇일지 생각해 보시겠
　　　　어요?"

내담자: "글쎄요, 확실한 건, 제가 더 침착해지고 누군가를 다치게 할까봐 두려
　　　　워하지 않을 거라는 거죠. 그리고 아마도, 저는 모든 면에서 더 나은
　　　　사람이 될 겁니다."

극단으로 질문할 때, 변화의 긍정적인 결과를 탐색하는 것도 유용할 수 있다.

상담사: "그러면, 화내는 것 외에 다른 무언가를 한다면 어떤 일이 일어날 것
　　　　같나요?"

> **내담자**: "제가 화를 덜 낸다면, 아내와 아이들이 저를 더 사랑해 줄 것 같아요."
>
> **상담사**: "또 다른 건 없나요?"
>
> **내담자**: "아마도 제 자신에 대해 더 좋게 느낄 것 같아요. 화가 나면 제 자신이 정말 싫거든요."

과거 회상하기

내담자에게 문제가 없었던 시절을 되돌아보면, 당시에는 무엇이 달랐는지 탐색할 수 있고, 보다 나았던 시절도 떠올릴 수 있다. 이것은 내담자가 변화하도록 동기를 부여할 수 있다.

> **상담사**: "이야기해 보세요. 살면서 이런 문제가 없었던 때가 있었나요?"
>
> **내담자**: "네, 있었어요. 그때 저는 많이 달랐었고… 훨씬 좋았죠."
>
> **상담사**: "그럼, 그땐 당신의 삶에서 뭐가 달랐었나요?"
>
> **내담자**: "글쎄요, 스트레스도 덜 받고 책임도 덜 지고, 친구도 많았었죠. 그런 것들이 정말 많은 차이를 만들었어요."

위 대화가 스트레스 줄이기, 삶의 일부 책임 내려놓기, 그리고 친구들과의 더 강한 네크워크를 형성하는 것을 포함하여 내담자가 노력하기로 결정할 수 있는 구체적 목표로 어떻게 이어질 수 있는지 알 수 있다.

미래 예상해 보기

내담자가 자신의 삶을 살아가며 미래를 내다보도록 돕고, 상황이 더 나아질 때를 상상해 보도록 하는 것은 변화대화를 이끌어낼 수 있다. 해결중심 단기 치료사들이 개발한 고전적인 예는 **기적질문**(miracle question)이다.

> 어느 날 밤, 당신이 잠든 사이 기적이 일어나 이 문제가 해결되었다고 가정해 봅시다. 기적이 일어났다는 것을 당신은 어떻게 알까요? 무엇이 달라져 있을까요?(de Shazer, 1988, p. 5)

목표와 가치관 탐색하기

내담자의 목표와 가치관을 검토하는 훈련은 자신이 진정으로 원하는 삶을 살고 있지 않다는 것을 알아차리게 함으로써 내담자의 변화 동기를 촉진할 수 있다. 단순 가치관 명료화(simple values clarification) 훈련은 내담자에게 깨달음을 줄 수 있다(Kirschenbaum, 2013). 내담자에게 개인 간 관계, 개인 내 자아, 진로, 직업, 영적 자아, 신체적 건강과 관련된 중요한 영역을 확인하도록 요청하는 것만으로도 깨달음을 줄 수 있다(상자 7.3 참조). 특정 가치관 명료화 훈련(specific values clarification)은 다양하며 내담자가 자신의 삶에서 무엇이 중요한지, 더 의미 있고 충만한 삶을 살기 위한 방향으로 나아가고 있는지 파악하는 데 도움이 될 수 있다.

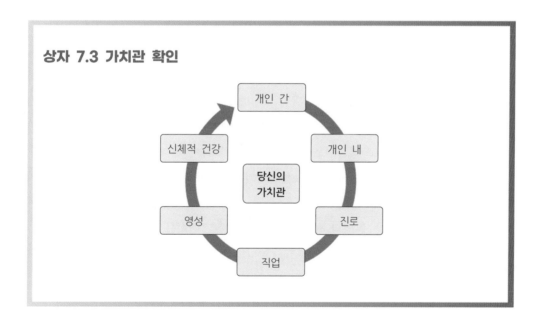

상자 7.3 가치관 확인

유지대화 경청하기(저항과 함께 구르기)

저항과 함께 구르기(rolling with resistance)라는 용어가 알려지면서, 내담자가 변화를 내키지 않는 것처럼 보일 때 상담사들은 "흐름에 따라가야 한다" 개념을 강조하였다(Miller & Rollnick, 2002). 그러나 최근 몇 년 동안, Miller와 Rollnick(2013)은 "저항" 대신 유지대화(sustain talk)라는 용어를 사용해 왔다. 유지대화는 "내담자 자신의 동기와 언어가 현재 상황을 선호하고 있음"을 시사한다(p. 197). "저항"이라는 용어는 개인에게 문제가 있는 것으로 여겨지기 때문에, 이를 대신하는 "유지대화"라는 용어가 내담자를 병리화할 가능성이 적다고 보았다. 그것을 저항과 함께 구르기라고 하든, **유지대화 경청하기**(listening to sustain talk)라고 하든 내담자가 현재에 변화를 원하지 않는다는 개념을 보여준다. Miller와 Rollnick(2002, 2013)은 MI 정신에 충실하기 위해서는 유지대화를 듣는 것(저항과 함께 구르기)이 중요하다고 제안한다. 그리고 상담사의 역할은 내담자의 의식을 높여 불일치와 변화에 대한 저항을 인식시키는 것이지, 내담자가 머물러 있는 곳에 도전하는 것이 아님을 명심해야 한다고 하였다. 실제 MI 상담사들은 유지대화를 성장의 공통적이고 포괄적인 요소로서 정상적인 것으로 본다. 이들은 내담자가 머물러 있는 곳에서 내담자를 수용하고, 내담자의 저항을 존중하는 것에서 더 나아가 포용하며, 내담자에게 성공 "비법(secret recipe)"을 제공하려는 시도를 피하며, 내담자가 변화대화를 발전시킬 기회를 제공한다.

상담사들은 유지대화에 귀를 기울이면서, 관계에서의 **불협화음**(discord)을 피한다. 그리고 내담자가 비판받고, 요청하지 않았을 때 조언받고, 준비되지 않은 채 비난받거나, 수치를 당하거나, 변화를 향해 나아가도록 요구받는 상황에서 발생하는 **교정반사**(righting reflex)를 하지 않는다(Cole, 2012). 상담사들은 불협화음을 일으키기보다, 내담자가 유능하고 자신의 고유한 욕구를 알고 있으며 관련 행동에 대처할 해결책을 개발할 수 있다는 기본 가정을 유지해야 한다. 또한 내담자의 지속적인 저항은 상담사가 내담자에게 어떻게 반응하고 있는지 숙고해 보고 접근법을 바꾸는 것을 고려해야 한다는 신호로도 볼 수 있다.

유지대화 경청은 단순 반영, 공감, 상담사가 내담자의 저항을 표현할 수 있도록 허용하는 비판단적 자세를 포함한다. 다음은 학교 다닐 의욕이 없어 보이는 청소년과 함께 상담할 때 상담사가 단순 반영과 공감을 사용하여 유지대화를 경청하는 장면이다.

> **내담자:** "네. 저는 그게 왜 큰 문제인지 잘 모르겠어요. 저는 단지 새벽 5시에 일어나기가 너무 싫고요, 너무 피곤해서 집중이 정말 안되요. 솔직히, 학교에 가는 게 무의미해 보여요."
>
> **상담사:** "일찍 일어나는 게 얼마나 힘든지 알아요. 너무나 힘든 일이고, 피로가 집중력에 어떤 영향을 미치는지도 이해할 수 있어요."
>
> **내담자:** "맞아요, 하지만 부모님과 선생님은 이해하지 못하는 것 같아요."
>
> **상담사:** "그들이 이해하지 못할 때, 힘들어지는군요. 그들은 당신이 학교를 결석하는 이유가 무엇인지 이해하지 못하는 것 같아요, 그렇죠?"

내담자: "맞아요."

유지대화를 경청하는 상담사들은 때때로 내담자가 변화에 대해 숙고할 수 있도록 하는 표현으로 응답할 것이다. 예를 들어, 앞의 시나리오에서 상담사는 다음과 같이 할 수 있다.

상담사: "이른 새벽에 일어나야 한다는 게 얼마나 힘든지 알아요. 그리고 당신 이 학교생활을 잘하고 싶어 하는 것도 알고 있어요."

내담자의 불일치에 대한 이러한 반영을 통해, 내담자는 딜레마의 양쪽 측면, 즉 일찍 일어나는 것이 몹시 싫은 것과 학교생활을 잘하고 싶어 하는 것에 대해 계속 생각할 수 있다.

내담자가 변화 과정을 고려하도록 도울 수 있는 또 다른 방법은 내담자의 유지대화의 **재구성**(reframe)을 활용하는 것이다. 예를 들어, 자신의 음주가 문제가 된다는 것을 알고 있는 내담자가 "쉽게 멈출 수가 없어요. 지난 6개월 동안 노력했지만, 소용이 없었어요."라고 말한다면, 상담사는 "술이 몸에 좋지 않다는 것을 알고는 있지만, 6개월 동안 술을 끊기는 쉽지 않았고 그에 대한 고민도 정말 많았었군요. 그간 가졌던 많은 생각들을 공유해 줄 수 있나요?"라고 말할 수 있다. 이러한 재구성은 문제 행동을 인정하면서도 내담자의 노력을 긍정하며 내담자가 문제를 해결할 방법에 대해 계속 고민할 수 있게 한다. "당신은 술이 건강에 좋지 않다는 것을 깨달았지만, 현시점에서는 그것에 대해 어떤 노력도 하고 싶어 하지 않는 것으로 보이네요."라고 말할지도 모르는 상담사와 비교해 보았을 때, 이러한 반응이 얼마나 다른지 생각해 보라. 후자의 반응은 변화에 대한 저항으로 이어져 내담자의 방어를 높일 가능성이 크다. 단순 반영, 공감, 재구성, 미묘한 변화대화를 사용 여부를 떠나, 상담사가 내담자를 지원하고 치료 동맹을 구축하기 위해서는 내담자의 유지대화(저항과 함께 구르기)를 경청하는 것이 중요하다.

정보 및 조언 제공하기

변화에 대한 양가감정이 있는 내담자는 때로 현재 행동이나 상황의 영향을 인식하지 못한다. 예를 들어, 술과 관련된 문제를 이야기하는 내담자는 알코올 남용이 신체에 미치는 영향을 인식하지 못할 수도 있다. 여기서, 상담사는 술이 미칠 수 있는 영향과 현재 행동이 원하는 목표에 어떻게 영향을 미칠 수 있는지에 대해 내담자를 교육할 수 있다(Miller, 1983). 때론 유용하지만, 정보 및 조언 제공하기가 MI의 주요 초점은 아니다. 실제로 정보 및 조언 제공하기의 함정은 잘 알려져 있다. 의존적인 내담자-상담사 관계를 조성하는 것, 상담사를 모든 것을 알고 있는 사람으로 보고 스스로 해결책을 찾을 수 있는 권한을 포기하는 것, 유용한 정보나 조언을 제공하지 않는 것이 이에 포함된다(Neukrug, 2019). 그러나 정보와 조언을 제공하는 것은 상담사가 불일치감을 만들고 변화대화를 더욱 촉진하는 데 도움이 될 수 있다.

목표 설정하기

내담자가 변화에 대한 약속을 하고 그들이 나아가고자 하는 전반적인 방향을 알면, 상담사와 협력하여 목표를 수립할 수 있다. 여기에서는 다른 치료 접근법, 특히 인지행동 기법의 특정 기법이 활용될 수 있기 때문에 상담사의 전문성과 조언이 중요하게 작용할 수 있다. MI는 초이론적(trans-theoretical)이기 때문에 상담사가 사용하는 접근법을 기반으로 다양한 상담이론의 기법들을 적용할 수 있다.

상담 과정

MI는 다른 이론적 접근들과 유사하게 적용되지만, MI 과정의 일반적인 흐름이 있다. 첫째, MI 치료사는 내담자에 대한 연민, 협동, 수용 감각을 요구하는 MI 정신을 지닌 치료적 동반자 관계에 들어간다. 즉, 상담사가 내담자와 내담자의 안녕에 관심을 갖는다는 의미인 연민, 상담사가 내담자에게 무엇을 해야 하는지 전문적으로 알려주는 것과는 대조적으로 상담사-내담자의 관계를 공동의 파트너십 관계로 본다는 의미인 협동, 내담자는 세상을 살아가는 방식에 대해 무조건적이고 긍정적인 지지를 받아야 하는 내재적 자기 가치를 지닌 사람으로 간주됨을 의미하는 수용 정신을 가지고 상담에 임한다. 또한 상담사는 자신의 역할에 대해 직면은 제한하고 유발을 통한 변화대화를 장려하는 일을 하는 것으로 본다. 상담사는 FRAMES 모델을 사용하여 내담자와 함께 작업하는 방법에 대한 관점을 제공한다. 여기에는 내담자가 제시한 문제에 대한 **피드백(F**eedback)을 제공하고 피드백에 대한 내담자의 반응에 귀 기울이는 것, 내담자가 자신의 삶에 대해 내리는 결정에 대해 궁극적으로 **책임(R**esponsibility)이 있음을 기억하며, 내담자가 이를 받아들일 경우 **조언(A**dvice)을 제공하고, 목표에 대한 **선택대안목록(M**enu of options)을 제공하며, 상담 과정 전반에 걸쳐 **공감(E**mpathy)을 전달하고, 내담자가 자신의 삶을 변화시킬 수 있는 능력이 있다는 점에서 **자기효능감**(Self-efficacy)을 가진 존재로 보는 것이 포함된다.

상담사의 "뒷주머니(back pocket)"에 MI 정신과 FRAMES 모델이 있는 경우, 치료과정 전반에 걸쳐 관계형성하기(engaging), 초점맞추기(focusing), 유발하기(evoking), 계획하기(planning)라는 4가지 과정을 포함하는 흐름이 존재한다(Miller & Rollnick, 2013). Miller와 Rollnick은 이를 위쪽으로 올라가도 필요하면 다시 아래로 내려갈 수 있는 계단처럼(상자 7.4 참조) "순차적이고 순환적인" 과정으로 본다(p. 26). 네 가지 과정에 대해 간략하게 살펴보겠다.

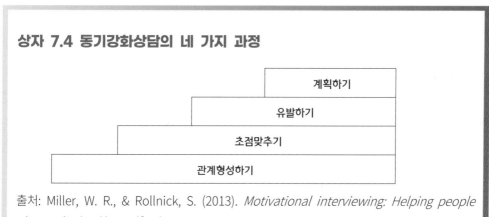

상자 7.4 동기강화상담의 네 가지 과정

계획하기

유발하기

초점맞추기

관계형성하기

출처: Miller, W. R., & Rollnick, S. (2013). *Motivational interviewing: Helping people change* (3rd ed.). Guilford Press, p. 26.

관계형성하기

초반에 내담자들과 함께 작업을 시작할 때, 상담사는 내담자와 관계를 형성하는 작업 동맹 구축이 중요하다. 이 초기 과정은 긍정적인 상담 결과를 예측하므로, 일반적으로 상담사가 연민, 협동, 수용의 MI 정신을 받아들여 잘 듣고 공감하며 내담자를 인정해 주는 것이 가장 좋다.

초점맞추기

관계가 구축됨에 따라, 상담사와 내담자는 내담자가 움직이기 원하는 방향으로 점차 더 집중하게 된다. Miller와 Rollnick(2013)은 이것이 "변화에 대한 대화 과정 안에서 특정한 방향을 설정하고 유지하는"(p. 27) 상담사의 능력을 포함한다고 하였다. 여기에서 상담사는 제시된 문제에 대해 질문하고 내담자의 변화에 대한 의지, 중요성, 준비도를 평가할 수 있다. 열린질문하기, 경청하기, 공감이 관계 전반에 걸쳐 사용되지만, 치료 파트너십의 초기 단계에서는 상담사와 내담자가 서로 협력하고 계속해서 치료 동맹을 구축하며, 상담에서 다룰 특정 주제에 집중하기 때문에 특히 중요하다. 효과적인 반영적 경청은 상담회기의 초점을 내담자와 내담자의 목표에 맞추는 데 활용되며, 공감과 인정은 상담 관계를 공고히 하는 데 도움이 될 수 있고, 내담자의 자기효능감을 강조하는 데 중요하다.

유발하기

세 번째 과정에서, 상담사는 기법을 사용하여 변화에 대한 내담자의 동기를 이끌어 낸다. 이것은 전문가-내담자 모델과는 대조적으로 내담자를 변화의 방향으로 독려한다. 변화를 향한 태도를 유발하는 것은 내담자의 현재 상황이나 행동과 내담자가 원하는 상황이나 행동 사이에 불일치감을 만듦으로써 달성된다. 또한 문제에 대해 내담자를 교육하거나, 불일치감을 두드러지게 하는 특정 OARS 기법이나 변화대화 기법을 사용함으로써 촉진될 수 있다. 불일치감이 두드러지면, 내담자는 자신의 삶을 어디에 위치하게 하고 싶은지를 선택할 수 있는 선택권이 자신에게 있다는 것을 깨닫는다. 이 지점에서 내담자가 미래를 내다보고 세상을 살아가는 새로운 방법을 모색하고 싶어한다는 것을 점차 더 깨닫게 되면서, 구체적인 가치 명료화 훈련과 목표 탐색이 시작될 수 있다. 공감이 상담 전반에 활용되지만, 명시된 목표를 강화하는 공감 반응은 변화에 대한 내담자의 새로운 관점을 확고하게 하는 데 도움이 될 수 있다.

때때로 내담자는 변화를 준비하며 변화 과정에 대한 양가감정과 두려움으로 어려움을 겪는다. 이를, 내담자가 변화를 원하지 않는 것으로 보아서는 안 되며, 대신 변화 여부에 대한 임박한 결정과 관련하여 예상되는 양가감정의 징후로 보아야 한다. 그러나 변화에 대한 내담자의 두려움과 이러한 변화가 내담자에게 어떤 영향을 미칠 수 있는지에 대한 양가성을 관리하는 것은 어려운 작업이 될 수 있다. 여기에서, 치료적 협력 가운데 상담사의 역할은 양가감정의 존재를 정상화하고 그것을 변화 과정의 일부로 재구성하며, 이러한 변화를 이루는 자신의 능력에 대한 내담자의 믿음 또는 자기효능감을 지지하는 것이다. 또한 내담자가 때때로 앞으로 나아가기를 주저할 것이기에, 상담사는 유지대화를 듣게 될 것이다. 상담사는 항상 내담자가 운전대를 잡고 있다는 것과 변화 여부에 대한 결정은 내담자가 선택한다는 것을 인식하며 접근해야 한다. 양가감정이 줄어들면서 변화를 선택한 내담자는 자신의 가치와 일치하는 목표에 다시 집중할 수 있다.

계획하기

내담자가 점차 더 준비되면, 그들은 자신이 나아가길 원하는 방향과 그곳에 어떤 방법으로 도달하기를 원하는지에 대한 상당히 강한 감각을 발달시켜 나가기 시작한다. 상담사는 특정 목표를 달성하는 데 필요한 기법들에 대한 지식이 풍부하므로, 내담자와 함께 아이디어를 공유할 수 있다. 내담자와 협력하여 내담자의 문제, 기질, 세계관, 문화적 배경, 특정 치료 주제에 가장 적합한 방법을 고려하여 기법을 선택해야 한다. 이 과정에서 점점 더 내담자는 변화와 구체적인 행동 계획에 전념하게 된다.

사회문화적 이슈

MI는 수용, 존중, 호기심의 중요성을 강조하는 한편, 내담자의 주관적인 세계관을 존중하면서 협동과 공감의 사용을 강조한다. 이러한 핵심 태도와 기법은 폭넓은 내담자들에게 적용될 수 있다(Arkowitz et al., 2017a). 또한 다양한 사람들과 작업할 때 겸손함을 보이고 존중하며 "내담자가 전문가다"라는 자세를 취하는 것은, 본질적으로 사회적, 문화적, 영적 차이에 대한 깊은 존중과 내담자의 세계관이 치료사의 세계관과 다를 수 있다는 점을 수용 가능하게 한다(McMaster & Griva, 2015; Miller & Rollnick, 2013). 이러한 배경과 함께 일부 미국 연구에서 MI가 백인 내담자보다 다양한 배경을 가진 내담자들에게 더 큰 효과가 나타난 점은 흥미롭다(Hettema et al., 2005; Miller & Arkowitz, 2017). 다양한 내담자들과의 긍정적인 상담 결과와 더불어 내담자에 대한 비판단적 입장을 견지하고 여러 현실의 관점을 잘 받아들일 수 있는 MI 상담사들과 함께 MI는 서구 국가 밖에서도 관심을 끌며 널리 활용되고 있다.

MI가 국제적인 관심을 끌고, 비병리적이며 수용적인 입장을 가지고 있음에도 불구하고, 특정 문화권에서는 MI의 효과에 대한 우려가 제기되었다(Lee, Tavares et al., 2015; McMaster & Griva, 2015). 특히, MI의 활용은 내담자의 내적통제소재가 내담자가 속한 문화의 종교적 신념, 도덕성, 사회적 가치 또는 부모의 결정으로 대체될 때 그 효과가 의문스러울 수 있다. 이 경우, 개인에게 초점을 두는 MI는 내담자가 속한 집단주의적 문화 특성과 상당히 불일치할 가능성이 있다. 외부 집단의 힘이 개인의 중요성을 경시하거나, 내담자의 자율성 또는 고유한 의사결정 과정을 존중하는 것을 좋지 않게 보는 강한 신념 체계를 만들 수 있다(Miller & Rollnick, 2013). 또한 MI는 감정에 접근하기 위한 수단으로 공감에 크게 의존하기 때문에, 감정표현을 자제하는 문화에서는 치료관계를 되레 해칠 수 있는 불균형이나 불편한 상태에 놓이게 될 수 있다. 마지막으로, MI 치료법에 대한 충실도, 즉 다른 문화권에 MI 치료법을 적절하게 제공할 수 있을지가 어려운 과제일 수 있다. 특히, 공감과 복잡한 반영적 경청 기법이 다른 문화권에서 어떻게 해석될지의 측면에서 생각해 볼 필요가 있다(Lee et al., 2015). 이러한 잠재적인 교차문화적(cross-cultural) 난관에도 불구하고 MI를 활용한 교차문화적 상담에 대한 적응이 이루어져 나갈 필요가 있으며, 미국과 국제적으로 다양한 내담자들과 함께하는 MI의 미래는 유망해 보인다(McMaster & Griva, 2015).

효과

상대적으로 새로운 상담 접근임에도 불구하고, 지난 30년 동안 MI 및 MI 관련 개입과 관련하여 발표된 임상시험은 200건 이상이었다(Miller & Arkowitz, 2017). 계속해서 축적되고 있는 자료는 다양한 결과를 보여주고 있다. 이들 대부분의 연구에서는 MI 접근의 치료를 받은 환자들과 다른 유형의 치료를 받거나 전혀 치료를 받지 않은 환자들을 비교하였다(일부는 메타분석 연구). MI에 대한 초기 연구는 약물 남용, 문제 음주 및 건강관리 문제를 가진 사람들에게 특히 효과적이었고, 긍정적인 변화를 발견했다(Britt et al., 2004; Heckman et al., 2010; Hettema et al., 2005; Lundahl et al., 2010; Lundahl et al., 2013; Rubak et al., 2005).

더 많은 연구가 수행됨에 따라 불안, 우울, 도박, 섭식장애 문제에 효과가 있는 것으로 나타났다(Arkowitz et al., 2008). 최근에는, Arkowitz 등(2017a)이 연구들을 검토하면서 MI가 정서장애, 강박장애, 불안, 외상후스트레스장애, 공존하는 물질사용장애, 우울, 자살사고, 중독, 도박, 금연, 친밀한 파트너 폭력, 섭식장애의 치료에 어느 정도 성공적으로 사용되었다는 것을 확인하였다. 또한 공포증, 성범죄자, 수면 문제, 그리고 조현병이 있는 성인 자녀를 돌보는 부모들을 대상으로 한 치료에서도 일부 성공적이었던 것 같다(Arkowitz et al., 2017b).

흥미롭게도, MI가 다른 치료양식과 결합되었을 때 치료에 대한 특정 효과와 순응도(adherence)가 시간이 지남에 따라 확대되었다. 즉, MI는 다른 형태의 치료와 결합할 때 강화 효과가 있는 것으로 나타났다(Hettema et al., 2005). 또한 일부 연구에서는 심각한 문제가 있는 환자들에게 MI를 사용했을 때 더 큰 효과가 있었다고 밝혔다(Handmaker et al.,

1999; Westra et al., 2009). MI를 다른 치료 접근법과 비교해 보았을 때, MI가 더 적은 회기 수를 요구한다는 점을 제외하고, 치료 성과에 있어 유사한 결과를 나타냄을 보여주었다 (Babor & Del Boca, 2003; Hodgins et al., 2001).

아마도 가장 중요한 연구문제 중 하나는 MI가 다른 이론적 접근과 결합되는 방식과 비교하여, 독립적 접근 방식이 효과가 있느냐일 것이다(Arkowitz et al., 2017c). 이에 대한 단순한 답은 두 가지 모두 효과적일 수 있을 것이라는 거다. 그러나 Arkowitz 등(2017c) 은 다른 접근법과 결합할 경우에도 관계형성하기, 초점 맞추기, 유발하기, 계획하기의 네 가지 과정이 존재할 필요가 있으며, MI를 실시하는 사람은 MI에 대해 적절하게 훈련받은 사람이어야 하며, 치료는 다른 치료 접근법과 비교할 수 있는 방식으로 수행되어야 한다고 제안한다. MI에 대한 연구는 빠르게 발전해 왔으며, 많은 연구에서 긍정적인 결과를 보여주고 있다. MI가 계속해서 사용되고 다듬어지고 다른 치료양식과 결합됨에 따라 주요한 치료 개입으로서 MI의 유용성은 더욱 분명해질 것이다.

요약

동기강화상담(MI)은 William Miller가 알코올 중독 치료 센터에서 근무했던 경험을 토대로 개발한 것으로, Miller는 인간중심상담 기법과 단기 개입 기법의 조합이 도움에 대한 내담자의 수용과 긍정적인 치료 결과를 증가시킨다는 것을 발견하였다. 1990년 Miller는 Stephen Rollnick을 만났고, Rollnick의 격려로 이론을 확장하고 '동기강화상담: 변화 함께하기(Motivational Interviewing: Helping People Change)'를 저술하였다.

MI는 실존-인본주의 및 현상학과 깊은 관련이 있으며, 지시적인 요소가 있기는 하지만 인간중심상담을 많이 차용하였다. 또한 MI는 내담자에게 권한을 부여하고, 비병리적이며, 동등하고 평등한 관계를 발전시키는 것과 관련하여 일부 포스트모던적인 영향을 보여주기도 한다. MI의 기본은 그 어떤 내담자들에게도 사용할 수 있고, 실제 기법과 내담자가 변화를 결심한 이후의 변화 과정은 대부분의 다른 이론적 접근 방식과 함께 사용될 수 있기 때문에 초이론적인(trans-theoretical) 것으로 간주되기도 한다.

MI는 동기가 변화의 핵심이라고 제안하는 동기이론을 기반으로 한다. MI는 다차원적이고 역동적이며 변동적이고, 사회적 상호작용에 영향을 받으며, 수정될 수 있고, 임상가의 스타일에 영향을 받으며 임상가에 의해 이끌어진다. MI의 가장 중요한 모델은 상담사가 상담 관계에 어떻게 임해야 하는지를 제안하는 MI 정신이다. 이 모델은 연민, 협동, 수용(절대적 가치, 정확한 공감, 자율성 지지, 인정), 유발의 요소로 구성되며, 이는 내담자가 변화 과정을 지켜보도록 격려하기 위해 변화대화를 사용하는 것과 관련된다. 다른 핵심개념으로는 내담자가 변화에 대해 양가감정을 직면하게 될 것이라는 이해, 내담자와 변화 과정을 촉진하고 다양한 방법으로 수행할 수 있는 변화대화 개발, 저항과 함께 구르기라고도 불리는 유지대화 경청과 관련된 직면피하기가 포함된다. Miller와 Rollnick은 변화대화의 두 가지 범주를 제안한다: 축약어 DARN CATS(열망 Desire, 능력 Ability, 이유 Reason, 필요 Need, 결심공약 Commitment, 실행활성화 Activation, 실천하기 Taking Steps)로 알려진 변화준비대화와 변화실행대화이다. FRAMES라는 축약어로 알려진 마지막 핵심 개념은 상담사가 치료를 수행하는 전반적인 방식과 관련이 있으며, 피드백(Feedback), 책임(Responsibility), 조언(Advice), 선택대안목록(Menu of options), 공감(Empathy), 자기효능감(Self-efficacy)을 의미한다.

MI 정신을 염두에 두고, 직면을 피하는 것과 상담 수행을 위한 전반적인 방향인 FRAMES를 기억하면서, 상담사들이 동기강화상담을 훈련할 때 사용하는 특별한 기법들이 몇 가지 있다. 변화에 대한 의지, 중요성, 준비도를 평가하는 "척도"를 사용하는 것이 포함된다. 또한 OARS(열린질문 Open-ended questions; 인정 Affirmations; 단순, 확대, 양면 반영적 경청 Reflective listening; 수집, 연결, 전환 요약 Summaries)를 사용하는 것, 공감 표현하기, 불일치감 만들기, 변화대화 이끌어내기(유발질문, 중요도 척도, 결정저울 탐색하기, 정교화하기, 극단질문하기, 과거 회상하기, 기적질문을 포함하여 미래 예상해 보기, 목표와 가치관 탐색하기), 불협화음(discord)을 피하고 교정반사를 하지 않으며 유지대화 경청하기(저항과 함께 구르기), 정보 및 조언 제공하기, 목표 설정하기가 포함된다. 상담사의 "뒷주머니"에 MI 정신과 FRAMES가 있다면 관계형성하기, 초점맞추기, 유발하기, 계획하기의 네 가지 상담 과정 내에서 위 기법들이 사용된다.

MI는 여러 가지 기법을 사용하는데, 특히 광범위하게 다양한 문화와 작업하며 잘 수용될 수 있도록 내담자들과 함께하는 방법을 활용한다. 여기에는 전문가로서 나서는 것을 제외한 수용, 공감, 존중, 비판단, 호기심이 포함된다. 평등주의적이고 협력적이며 비병리적인 관계는 문화적 차이에 대한 깊은 존중을 보여주며, 연구는 다양한 문화에서 긍정적인 결과를 보여주었다. 이 접근은 국제적으로 활용되지만, 본질적으로 보다 집단주의적인 일부 문화에서는 MI가 권장하는 내부통제소재의 개발에 어려움이 있을 수 있다.

MI는 최신 이론임에도 불구하고, 다양한 내담자 집단에 걸쳐 상당히 좋은 효과를 보여주는 상당량의 연구들이 수행되었다. MI는 다른 치료양식과 결합하면 강화 효과가 있는 것으로 나타났다. 또한 심각한 문제에도 좋은 효과를 나타내고 있는 것으로 보인다. MI가 독립 이론으로 사용되는 것이 가장 좋은지, 아니면 다른 이론과 결합되는 접근 방식으로 사용되는 것이 가장 좋은지에 대해서는 다소 혼란이 있지만, 연구에 따르면 두 접근 방식 모두 어느 정도 효과가 있는 것으로 나타났다. MI는 많은 사람들에게 효과를 보여준, 그리고 계속해서 발전하고 있는 비교적 새로운 치료법이다. 최근 몇 년 동안 그 인기가 급상승하면서 치료 요법의 중심으로서 전망은 밝지만, 여전히 다소 알려지지 않은 측면이 있다.

핵심어 및 인명

7가지 변화대화	변화대화 이끌어내기	유발하기
DARN CATS	변화실행대화	유지대화
FRAMES	변화에 대한 자신감	유지대화 경청하기
MI 정신	변화에 대한 준비도	음주자 점검
Miller, William Richard	변화에 대한 중요성, 자신감,	인간중심상담
OARS	준비도 평가하기	인정
Rogers, Carl	변화준비대화	임파워먼트
Rollnick, Stephen	변화하려는 의지	자율성 지지
가치 조건	불일치감 만들기	재구성
경청	불협화음	저항과 함께 구르기
계획하기	비병리적 입장	전환요약
공감	비지시적	절대적 가치
관계형성하기	수용	정보 및 조언 제공하기
교정반사	수집요약	직면피하기
단순반영	실존 인본주의 철학	척도
동기	양가감정	초이론적
동기강화상담 트레이너들의	양면반영	초점맞추기
정보 교환 모임	연결요약	포스트모던
동등하고 평등한 관계	연민	현상학
반영적 경청	열린질문하기	현상학적 관점
반영하기	요약하기	협동
변화대화	유발	확대반영

사례연구: ROB이 만난 동기강화상담 상담사

(이 사례연구를 읽기 전에 부록 I에 있는 Miller家 사람들 이야기를 읽으시오)

Markus의 파트너인 Rob은 상담사를 만나는 일로 긴장했고, Markus에게 함께 가주 겠냐고 물었다. 두 사람이 대기실에서 기다리면서 두 손을 잡고 허공을 응시한 채 Rob 은 자신의 음주에 관해 걱정했다. Nickabee 박사가 나타나 "Johnson, 들어오시죠"라고 말했다. Rob은 Nickabee 박사를 쳐다보면서 "Markus와 함께 들어가도 될까요? 첫 시간 만이라도요."라고 물어보았다. "네, 괜찮습니다. 두 분 모두 들어오세요." Nickabee 박사 가 답했다. Markus와 Rob이 안으로 들어와 나란히 의자에 앉았다. Nickabee 박사는 두 사람 앞에 앉아, "오늘 무슨 일로 오셨나요?"라고 물었다. Rob은 Markus를 보면서 "네가 말해."라고 했고, Markus가 답했다. "Rob은 정부 일 때문에 지난 몇 달 동안 떠나 있었 어요. Rob이 무척 보고 싶었죠. 그런데 말이에요, Rob이 돌아왔을 때 그에게 이 문제, 이 음주 문제가 있다는 걸 갑자기 깨달았어요. 우리는 매일 저녁에 최소 와인 한 병씩을 마시곤 했었는데, Rob이 없는 동안 저는 일주일에 한 병 정도밖에 마시지 않는다는 걸 순간 알아차리게 된 거예요. Rob은 너무 많이 마셔왔어요. 그리고 그의 음주가 우리 관 계에 부정적인 영향을 미치지는 않는지도 궁금해요." Rob은 침묵한 채 앉아있었지만, 마 치 "예"라고 말하는 것처럼 고개를 끄덕였다.

Nickabee 박사는 두 남자를 바라보면서 "네, 그래서 두 분은 Rob의 문제가 다소 조 절하기 힘든 문제라는 것, 그리고 그것이 관계에도 그렇게 좋지 않을 수 있다는 것에 동 의하시는군요."라고 말했다. "네, 바로 그겁니다"라고 Rob이 부드럽게 말했다. 이어서 Nickabee 박사는 "Rob, 저는 우리가 그 문제를 함께 작업할 수 있다고 생각합니다. 당 신이 동의한다면요."라고 말했고, Rob은 "글쎄요, 어느 정도는요."라고 답했다. 이에 Nickabee 박사는 "좋아요, '어느 정도'라면 충분하지요."라고 하였다.

이후 첫 회기 남은 시간 동안 Nickabee 박사는 Rob과 Markus의 관계에 대해 정보 를 수집하였다. 회기를 마치면서 Rob은 "다음 주에는 저 혼자 올 수 있을 것 같아요."라 고 말했다.

다음 주에 Rob은 혼자 상담에 왔고, Nickabee 박사는 Rob을 상담실 안으로 안내했 다. "오늘 다시 뵙게 되어 기쁘네요. 한 주 잘 보내셨나요?" "그냥 그랬어요." "지난주에 있었던 좋은 일과 나쁜 일을 말씀해 주시겠어요?" "글쎄요. 술 마시는 것에 관해 좀 더 생각해 보았죠. 너무 많이 마시지 않았으면 좋겠다고 생각했습니다. 그런데 한편으론 술을 마시면 어떤 식으로든 제가 진정된다는 생각도 들었어요. 아시겠지만 정부 일을 하는 것이 꽤 스트레스를 줍니다. 정부에서는 늘 저를 어떤 곳으로 보내는데, Markus가 그것을 좋아하지 않는다는 것도 알고 있어요. 그리고 제 수면이 별로입니다. 반쯤은 깨어 있어서 이것저것을 생각합니다. 그래서 저를 진정시키기 위해 밤에 술을 마시는 일이 잦습니다.”“아, 네 그러시군요. 당신 생각에, 술을 마시는 것이 관계에는 썩 좋지 않지만 어떤 다른 유익을 제공할 수도 있다고 생각하시는군요.”라고 Nickabee 박사가 말했다.

　　Nickabee 박사는 Rob을 살피면서 “한 가지 물어볼 것이 있습니다. 만일 당신의 삶이 당신이 원하는 모습이 된다면, 어떤 모습일까요? 특히 당신의 음주와 Markus와의 관계가 어떤 모습이 될까요?”라고 질문했다. Rob은 몇 분 동안 조용히 앉아서 이 질문을 곰곰이 생각해 봤다. 그런 다음 불쑥 다음과 같이 말했다. “글쎄요, 분명 술을 적게 마실 것이고, Markus와 좀 더 많은 시간을 보내겠죠. 그리고 직장에서도 일반적인 생활에서도 스트레스를 덜 느낄 것 같습니다.”“Rob, 좋은 출발입니다. 제가 들은 것이 맞다면 당신은 Markus와 더 많은 시간을 가지면서 더 친밀해지기를 원하고 있습니다. 그리고 술을 덜 마시면서 좀 더 평화로운 삶을 살길 원하고 있습니다. 그리고 잠도 더 잘 자길 바라고 있구요.”“네, 맞습니다.”

　　“그래서 Rob, 당신이 원하는 것과 일치하는 삶이 될 수 있도록 어떻게 변하면 될지 생각해 본 적이 있나요?”“네, 해 봤습니다. 그런데 일이 많을 것 같아요.” Nickabee 박사가 잠시 생각을 한 후 다음과 같이 말했다. “음, 당신의 이야기를 들으니 한편으론 다른 삶을 원하지만, 다른 한편으론 그것에 다다르는데 많은 고통이 있을 거라 생각하는 것 같네요.”“박사님, 정확히 보셨습니다.”

　　“Rob, 한 가지 확인할 것이 있습니다. 밤에 가끔 잠에 들기 위해서 술을 마신다고 말씀하신 걸로 아는데, 음주가 실제로는 수면을 방해한다는 것을 알고 있는지 궁금합니다.”“네, 네… 들어본 적이 있어요. 그 순간에는 도움이 되지만 장기적으로는 그렇지 않다는 것으로 알고 있어요.”“좋습니다. 우리가 같은 것을 알고 있는지 확인하고 싶었습니다.”

　　“Rob, 저는 가끔 제가 상담하는 사람들의 변화 과정을 확인하기 위해 머리글자인 DARN CATS을 사용합니다. 이는 변화에 대한 열망 Desire to change, 변화 능력 Ability to change, 변화의 이유 Reason to change, 변화의 필요 Need to change, 변화에 대한 결심공약 Commitment to change, 변화를 위한 실행활성화 Activation to change, 변화를 위해 실천하기 Taking Steps to change를 의미합니다. 이 단계들에 대해 이야기하면 어떨까요?”“네, 저는 좋습니다. 저를 어디로 이끌지 궁금하네요.”

"좋습니다. Rob, 1점부터 10점까지 점수가 있습니다. 10점은 매우 중요하다는 것을, 1점은 전혀 중요하지 않다는 것을 의미합니다. 당신은 얼마나 변화를 원하시나요? 점수를 매겨보시기 바랍니다. 그리고 변화하려는 의지에 대해서도 점수를 매겨보세요." "박사님, 음주 문제는 변하고 싶습니다. 저한테 매우 중요하거든요. 제 관계에도 부정적으로 영향을 미치고 있고, 제 수면에도 마찬가지구요. 그래서 9점을 줄 수 있을 것 같습니다. 그런데 변화하려는 의지는 6점일 것 같습니다. 힘든 일이 될 것 같아요." "네, 정말로 중요하다는 것을 잘 알고 있지만, 지금 당장 그것을 받아들일 수 있는지에 관해서는 확신이 없네요." "네, 맞습니다." "변화에 대한 능력은 어떤가요?" "글쎄요, 제가 정말로 원한다면 할 수 있을 것 같습니다. 그리고 어떤 단계를 취해야 할지도 알고 있어요." "아, 그러신가요? 어떤 단계인가요?" "제 생각엔 AA모임(Alcoholics Anonymous, 단주자조모임)에 가면 동기부여가 될 것 같습니다." "매우 좋습니다. 그런데 Rob, 음주에만 초점을 두고 있네요. 스트레스, 수면, Markus와의 관계는 어떤가요?" "글쎄요. 솔직히 모든 게 다 중요합니다. 매우 중요해요. 그런데 약간 버겁네요. 한 번에 한 가지씩 다룰 수 있을까요?" Nickabee 박사는 다시 Rob을 살폈다. "Rob, 당신도 아시겠지만, 제가 당신에게 원하는 것은 당신 자신에 대해 기분이 나아지는 것이고, 당신이 초점을 맞출 필요가 있는 것에 초점을 맞추는 것입니다. 그리고 당신은 모든 것이 중요하지만, 현재로서는 좀 더 음주에 초점을 두고 싶다고 말하고 있네요. 일리가 있다고 생각되어요." Rob은 신체적으로 이완된 채 의자에 뒤로 물러서 앉아 있었는데, 마치 "네, 너무 많아서 압도되는 것 같습니다. 제 이야기를 들어줘서 고맙습니다."라고 말하는 것 같았다.

"계속해서 머리글자를 살펴보도록 하죠. '이유'와 관련해서는 제가 당신을 대신해서 답할 수 있을 것 같습니다. 음주는 당신에게 좋은 것이 아니고, 수면이나 관계에도 도움이 되지 않는다는 점을 당신은 잘 알고 있죠." "네. 바로 그겁니다."라고 Rob이 말했다. "'필요'는 어떤가요? 얼마나 긴급히 해결해야 하나요?" "결국 해야 하는 거죠. 미룰 수도 있지만 지금 하는 것이 좋을 거라는 걸 알고 있습니다."

"좋습니다, Rob. 저에겐 꽤 분명해 보입니다. 당신 생각엔 이 모든 것이 중요하고, 필요하기도 하고, 미뤄서는 안 된다고 생각하죠. 당신의 삶에서 많은 부분들이 문제가 있다는 걸 알고 있습니다. 하지만 지금 당장은 음주 문제에 집중하고 싶어 합니다. 또한 당신은 음주 문제가 삶의 다른 부분, 가령 일, 수면, 그리고 Markus와의 관계에 영향을 미친다는 것을 알고 있어요. 그래서, 우리는 문제가 무엇인지는 꽤 많이 파악했는데, 변화를 결심하는 것, 변화를 위해 실행하고 실천하는 것에 관해서는 약간 불명확합니다.

아마도 그것에 대해 우리가 초점을 맞춰볼 수 있을 것 같아요." Rob은 동의하듯 고개를 끄덕였다.

"자, Rob, 당신이 뭘 해야 할지 많은 생각이 내 머릿속에서 돌아다니고 있어요." "어떤 생각들이죠?" Rob이 질문했다. "음, 당신은 AA모임에 갈 수 있고, 운동을 하면서 당신의 건강을 돌보고, 밤에는 술을 마시지 않고 Markus와 더 많은 시간을 보내고, 이완기법을 연습할 수 있어요." "와, 잠시만요, 꽤 많은데요." Rob은 항의하듯 말했다. "아, 미안합니다. 제가 너무 앞서갔군요. 당신은 음주에 초점을 두고 싶다고 분명하게 말했었고, 저는 당신이 매우 능력이 있다고 생각합니다. 제가 너무 앞서간 것 같습니다. 분명 당신을 앞서간 것 같아요. 제 잘못입니다! 당신이 원하는 것이 무엇인지 이야기해보죠." "글쎄요, 박사님, 사실은 그걸 모두 하고 싶습니다. 하지만 제가 할 수 있을지 의문이 듭니다."

"Rob, 당신은 대단한 사람입니다. 당신은 통찰력이 있고, 좋은 관계를 원하며, 뭘 할지 알고 있고, 나아질 의향이 있습니다. 매우 인상적이에요. 하지만 당신이 말한 것처럼, 조금 천천히 해 보죠. 이번 주와 다음 주 사이에 당신이 해야 할 것을 한 가지 고른다면 그게 뭘까요?"

"음… 박사님이 말씀하셨던 그 모든 것들이 좋아 보입니다. 하지만 제 생각엔 가장 실현 가능한 건 AA모임에 가는 것으로 생각됩니다." "좋습니다. 다음 주 목표를 그걸로 하죠." "알겠습니다. 그리고 아마도 헬스클럽에 등록할지도 모르겠습니다. 하지만 그것은 약속하지 않겠습니다." "저는 이 모든 것이 훌륭한 출발이라고 생각해요. 당신은 지난 주에 Markus와 함께 이곳에 왔었고, 이 모든 것이 무엇인지 조금 경계했었고요. 당신과 Markus는 두 사람을 힘들게 하는 것들을 확인했었죠. 당신은 분명 동기부여가 돼서 오늘 이곳에 온 것처럼 보였습니다. 당신은 삶에서 변하고 싶은 많은 것들을 확인했지만, 한 번에 하나씩 집중하고 싶다고 말했습니다. 음주가 당신이 집중하고 싶은 것임을 알게 되었고, 이번 주에는 적어도 AA모임에 가기로 결정했어요. 또한 당신은 헬스클럽에 갈지도 모른다고 말했어요. 하지만 당신이 분명하게 '아마도'라고 말해줘서 그것에 대해서는 기대를 하지 않겠습니다. 두 번의 만남, 이 말을 해야 할 것 같습니다. 당신이 서 있는 그곳, 그것에 감명을 받았습니다. 다음 주에 당신을 보는 것을 고대하겠습니다. 당신이 한 주 동안 무엇을 했을지 보고 싶습니다."

"Nickabee 박사님, 감사합니다. 한편으론 이 모든 것이 저에겐 꽤 분명한 것처럼 보이지만, 박사님께서 제 우선순위를 세우도록 도와주셨고, 마치 제 옆에서 저를 응원하는 코치인 것 같은 느낌이 듭니다. 그게 저를 뭔가 하도록 더욱 동기부여하고 있어요. 사실

저 약간 신나요. 다음주에 뵙겠습니다."

"훌륭합니다, 기대하겠습니다. 아, 마치기 전에 한 가지 더요. 이 지역에 있는 AA모임 명단이 저에게 있는데, 드릴까요?" "네. 물론입니다."라고 Rob이 답했고, 명단을 받았다. 상담사는 내담자와 악수를 했고, 미소를 지으면서 "다음 주에 만나죠."라고 말했다.

생각해 볼만한 질문

1. Nickabee 박사는 연민, 협동, 수용과 관련한 MI 정신을 어떻게 구현했나요? 몇 가지 예를 들어보세요.

2. Nickabee 박사는 Rob의 저항에 어떻게 대처했나요? 예를 두 가지 들어보세요.

3. Nickabee 박사가 사용한 단순반영, 확대반영, 양면반영의 예를 들어보세요.

4. Nickabee 박사는 Rob을 상담하면서 어떻게 정보 및 조언 제공을 통합시켰나요?

5. Nickabee 박사는 Rob을 상담하면서 어떤 종류의 요약을 사용했나요?

6. Rob이 어떤 식으로 변화에 대한 양가감정을 나타냈는지 예를 들어보세요.

7. Rob이 가지고 있던 변화에 관한 불일치에 대해 Nickabee 박사는 어떻게 작업했나요?

8. Nickabee 박사는 불일치감을 만들기 위해 많은 방법들을 사용했다. 그가 사용한 방법을 설명해보세요. Nickabee 박사가 사용하지 않았지만, 당신이 사용하고 싶은 방법이 있나요?

9. Nickabee 박사가 DARN CATS 머리글자를 사용한 것에 대해 어떻게 생각하나요?

10. Nickabee 박사가 유지대화(저항과 함께 구르기)를 다루기 위해 경청하기를 활용한 방법에 대한 예를 제시해보세요.

11. Rob을 너무 많이 몰아붙인 것에 대해 Nickabee 박사가 대처한 방식에 관하여 어떻게 생각하는지 논의해 보세요. Nickabee 박사가 물러선 것이 적절했다고 생각하나요? 당신이라면 다르게 대처했을까요?

12. 당신 삶의 어떤 영역에서 불일치한 점들이 있는지 예를 들어보세요. 이러한 불일치를 확인하는 것이 당신에게 도움이 된다고 생각하나요?

Credits

Fig. 7.1: Source: https://coping.us/motivationalinterviewing/overviewofmi.html.

Img. 7.2: W. R. Miller and S. Rollnick, "Profiles of Clients," *Motivational Interviewing: Helping People Change*, p. 213. Copyright © 2013 by Guilford Press.

8

긍정상담
Positive Counseling

Kira Mari Candelieri Marcari, Kathleen Brown, and Clara Adkins

학습목표

◆ 긍정상담의 역사를 이해하고, Martin Seligman과 긍정상담의 발전과 관련한 다른 주요 이론가들에 대해 학습한다.

◆ 강점과 긍정적 특질, 논리적 실증주의, 반(反)결정주의, 의도성, 강점 구축 접근법을 포함한 긍정상담의 인간 본성에 대한 관점을 검토한다.

◆ 심리적 안녕 유지하기, 부정성을 향한 기본설정, 강점이론, 긍정 정서의 확장구축이론, PERMA 모델을 포함한 긍정상담의 주요 개념에 대해 알아본다.

◆ 긍정상담에서 자주 사용하는 기법들을 살펴본다. 안녕 평가하기(예: Ryff의 심리적 안녕 6차원, 삶의 질 척도), 잘한 일 파악하기, 긍정성 비율 높이기, 마음챙김, 강점 기반 훈련, 감사 훈련, 희망 및 낙관성 훈련, 기타 긍정심리치료 개입들이 이에 해당한다.

◆ 긍정상담의 상담 과정을 기술한다.

◆ 긍정상담의 사회문화적 적용가능성을 살펴본다.

◆ 긍정상담의 효과를 검토한다.

◆ 긍정상담의 과정을 보여주는 사례를 제공한다.

긍정상담의 간략한 역사

어느 날 저녁, 연로한 체로키 인디언이 손자에게 사람들 마음속에서 벌어지는 전투에 대해 말했다. 그는 "얘야, 전쟁은 우리 모두의 내면에 있는 두 '늑대' 사이의 싸움이란다. 하나는 악이다. 분노, 시기, 질투, 슬픔, 후회, 탐욕, 오만, 자기 연민, 죄책감, 억울함, 열등감, 거짓말, 거짓 자존심, 우월감, 이기심이다. 다른 하나는 선이다. 기쁨, 평화, 사랑, 희망, 평온, 겸손, 친절, 자비, 공감, 관대함, 진실, 연민, 믿음이다." 손자는 잠시 생각하다가 할아버지에게 "어느 늑대가 이기나요?"라고 물었다. 할아버지는 "네가 먹이를 주는 쪽"이라고 답했다. (저자 미상, Martin에서 인용, 2013, p. 57).

이러한 토착 민속과 유사하게, 도움을 주는 직업에 종사하는 많은 사람들은 내담자가 문제에 집중하는 데 몇 달, 몇 년을 보내는 것보다 자신의 긍정적인 측면에 집중하는 것이 더 유익하다고 믿는다. 사실, 행복과 긍정성에 대한 연구는 수천 년을 거슬러 올라간다. 예를 들어, Democritus(기원전 460년 ~ 370년)는 "행복한 삶은 전적으로 유리한 운명이나 외부 환경의 산물이 아니라 사람의 마음가짐의 산물"이라고 믿었다(Kesebir & Diener, 2009, p. 60). 수세기 동안 다른 이들도 행복 연구에 잠시 관심을 갖긴 했지만, 개인의 부정적이거나 병리적인 측면에 대한 집중이 긍정성에 대한 집중보다 우선시 되는 경우가 많았다.

20세기 동안 미국에서는 정신건강 문제의 치료는 병리와 질병으로 간주되는 사람들을 고치는 방법에 대부분 초점을 두었다(Frisch, 2015; Neukrug, 2016). 이처럼 사람들의 잘못된 부분에 초점을 맞추는 것은 문제를 다루는 상담이론, 정신장애에 집중하는 미국정신의학협회의 진단 및 통계 매뉴얼, 대학원 및 의과 대학에서 습득하는 훈련 그리고 소위 정신질환자와 정신적으로 타락한 사람들을 수용하기 위한 클리닉과 센터의 발전에 반영되었다. 그러나 이 시기에도 긍정심리학적 관점에 대한 기운이 있었다(Froh, 2004; Rich, 2001; Neukrug, 2018). 예를 들어, Carl Jung과 Alfred Adler와 같은 초기 몇몇 정신역동 이론가들도 개인의 강점을 강화하고 긍정심리학적 목표를 통해 사람들이 번영하도록 돕는 것의 중요성에 관해 이야기하였다. 많은 초기 인본주의자들은 인간의 잠재력을 향상시키는 데 중점을 두었고, Abraham Maslow는 그의 책 중 하나에서 "긍정심리학"이라는 장을 쓰기도 하였다. 또한 Thomas Szasz와 William Glasser는 정신건강 전문가들 사이에서 정신 질환에 대한 강조에 의문을 제기했다. 특히, Glasser는 긍정적인 언어 사용의 중요성을 강조했다. 따라서 대체로 증상과 병리학에 초점을 맞춘 정신건강 체계 안에서, 이러한 강조에 의문을 제기하고 사람들의 긍정적인 측면을 더 많이 바라보는 집단이 급증하고 있었다. 이후, 20세기 후반에는 Ed Diener의 행복(happiness)과 주관적 안녕(subjective well-being); Mihaly Csikszentmihalyi의 플로우(flow), 의미(meaning), 최적의 경험(optimal experiences); Barbara Fredrickson의 긍정 정서(positive emotions); Charles "Rick" Snyder의 희망(hope); Carol Ryff의 안녕(well-being)과 탄력성(resilience)과 같은 주제의 연구와 저술의 양이 증가하기 시작했다.

1998년, 미국심리학회 회장 Martin Seligman은 **긍정심리학**(positive psychology) 운동을 시작할 때라고 결정했다(Frisch, 2015). Seligman은 APA 상담심리 분과에서 긍정심리학을 주제로 한 섹션을 열어 해당 분야의 연구와 논문을 장려하였다(Seligman & Csikszentmihalyi, 2000). Seligman은 **학습된 무기력**(learned helplessness)에 대한 실험(Seligman, 1972; Seligman & Maier, 1967)으로 유명했는데, 그는 피할 수 없는 상황에서 전기충격을 받은 개는 이후 탈출이 가능할 때도 유사한 상황을 피하지 않는다는 것을 보여주었다. 그들은 무력해지는 것을 배웠다. 사람을 대상으로 한 후속연구에서, 특정 유형의 사고방식이 학습된 무기력을 초래하는 경향이 있음을 보여주었다. 학습된 무기력에 관한 수년간의 연구 끝에, Seligman은 관점을 바꾸었고 개인이 생각과 행동을 수정하고 긍정적으로 되는 방법을 배울 수 있다는 것을 깨달았다! 그는 이것을 **학습된 낙관성**(learned optimism)이라고 불렀다(Seligman, 1990). 학습된 무기력에서 학습된 낙관성으로의 Seligman의 관점 변화는 그가 5살 된 딸과 함께했던 경험과 동시에 일어났다(상자 8.1 참조).

상자 8.1 MARTIN SELIGMAN에서 발췌

긍정심리학 운동의 개념은 내가 미국심리학회 회장으로 선출되고 난 후 몇 달이 지난 시점에서 시작되었다. 이는 다섯 살 된 딸 Nikki와 함께 잡초를 뽑는 동안 우리 정원에서 일어났다. 고백하자면, 나는 아이들에 관한 책을 쓰긴 하지만 아이들과 그렇게 잘 지내지는 못한다. 나는 목표지향적이고 시간에 쫓기는 사람이라, 정원에서 잡초를 뽑을 때는 실제 잡초를 뽑는 데만 집중한다. 그러나 Nikki는 공중에 잡초를 던지고 주위를 돌면서 춤을 추고 있었다.

나는 그녀에게 고함을 질렀다. 그녀가 자리를 뜨다가 돌아와서 말하길, "아빠, 할 얘기가 있어요." "그래, Nikki?" "아빠, 제 다섯 번째 생일 이전의 저를 기억하세요? 저는 세 살 때부터 다섯 살 때까지 징징이였어요. 저는 매일 칭얼거렸었죠. 다섯 살이 되었을 때, 저는 더는 칭얼거리지 않기로 했어요. 그건 제가 한 일 중 가장 어려운 일이었어요. 그리고 제가 칭얼거리는 걸 멈출 수 있다면, 아빠도 투덜거리는 걸 멈출 수 있을 거예요." 이것은 다름 아닌, 나에게 주는 깨달음이었다. 나는 Nikki에 대해, 아이를 키우는 일에 대해, 나 자신에 대해, 그리고 내 직업에 대해 많은 것을 배웠다. 우선, Nikki를 양육하는 일은 징징대는 것을 바로잡는 일이 아니라는 것을 깨달았다. Nikki는 이를 스스로 해냈다. 오히려 Nikki를 양육하는 일은 "영혼으로 들어가 살펴보기(seeing into the soul)"라는 놀라운 기술을 받아들이는 것, 그리고 그것을 증폭시키고 육성하는 것, 그녀가 자신의 약점과 삶의 폭풍에 맞서 이를 완충하면서 삶을 잘 이끌어가도록 돕는 것임을 깨달았다. 아이를 키우는 일이 그들의 잘못된 점을 고치는 것 이상이라는 것을 깨달았다. 그것은 아이들의 가장 강한 자질, 아이들이 소유하고 있는 것, 가장 잘하는 것을 발견하고 육성하는 것 그리고 이러한 긍정적 특질을 가장 잘 살릴 수 있는 분야를 찾도록 돕는 것이다. … (Seligman & Csikszentmihalyi, 2014, p. 3).

Seligman이 딸 Nikki와 나눈 대화는 삶의 부정적인 측면보다는 개인의 역량과 기술에 집중하는 것이 중요하다는 점을 상기시켰다. 그는 정신건강 분야가 Nikki의 긍정적인 측면과 강점을 키우기보다 Nikki의 징징거림을 바로잡는 데 초점을 맞춰 왔음을 깨달았다. Seligman에게 심리치료란 개인의 부정적 질병을 고치려는 시도로, 삶의 질을 높이고 타고난 소질을 키우려는 노력과는 동떨어진 것이었다. 그는 회장직을 정신건강 분야의 변화를 옹호하는 데 활용하기로 마음먹었다. 긍정심리학 분야는 긍정심리학 운영위원회 및 긍정심리학 네트워크 등의 조직 창설, 긍정심리학 회담 등의 회의, 다양한 출판물을 통해 그의 임기 7년 동안 번창했다. 이러한 발전은 긍정심리학 운동의 확립을 촉진했고, 이후 긍정 상담 또는 치료를 발전시켰다(Lopez, 2009; Schulman, 2009; Snyder & Lopez, 2002).

Seligman이 긍정심리학을 대중화하였지만, 그 운동이 갑자기 나타난 것은 아니다. 예를 들어, 그 시작은 긍정심리학 운동처럼 강점에 기반한 인본주의 심리학자들의 저술로 거슬러 올라갈 수 있다(Joseph & Linley, 2006; Linley, 2009). 그러나 인본주의자들은 많은 실존적 개념과 연결되어 있었고 사람들이 선천적으로 선하다고 믿었다. 반면, 긍정심리학을 수용하는 학자들은 인간이 선천적으로 좋고 나쁜 감정을 갖거나 행동을 할 수 있

으며, 우리의 실제 행동은 양육, 생활 체계, 문화, 유전자, 약간의 신비 등 많은 요소의
결과라고 믿는다. 따라서 우리가 선하거나 악할 수 있다면, 긍정심리학 운동은 우리가
그 사람의 강점과 긍정적인 정서에 초점을 맞추도록 노력할 것을 제안한다. 긍정심리학
에 관련된 사람들의 현재 물결은 보다 더 긍정적인 정서, 긍정적인 특성에 대한 연구 그
리고 긍정성을 강조하는 기관을 설립하는 메커니즘에 초점을 맞추는 것의 중요성을 강
조하였다(Peterson, 2006). 펜실베이니아 대학교(University of Pennsylvania)의 **긍정심리센터**
(Positive Psychology Center, 2019)는 긍정심리학의 목표가 다음을 지원하는 과학을 구축하
는 것을 포함한다고 하였다.

- ◆ 아이들이 번영할 수 있는 가정과 학교
- ◆ 만족과 생산성을 높이는 일터
- ◆ 시민 참여를 장려하는 지역사회
- ◆ 내담자의 강점을 파악하고 육성하는 치료사들
- ◆ 긍정심리학의 가르침
- ◆ 조직 및 지역사회에서 긍정심리학적 개입의 보급(4항)

긍정심리학의 많은 아이디어가 긍정상담에 중요하지만, 두 운동 사이에는 차이가
있다(Rashid, 2009). 긍정심리학은 다양한 장면에 적용할 수 있는 광범위한 접근 방식을
나타내는 반면, 긍정상담은 특히 긍정심리학 운동에서 제안한 여러 아이디어를 상담 및
심리치료에 적용하는 방법에 중점을 둔다. 오늘날, "단순히 고통과 부적응을 완화하는
것이 아니라 안녕을 촉진하는 긍정심리학의 큰 뜻과 일치하는" 많은 치료법들이 있으며
(Joseph & Linley, 2009, p. 758), 다른 치료법들은 긍정심리학 운동의 여러 아이디어를 기
존 접근법에 통합한다(McAuliffe, 2019). 그러나 긍정심리학의 관점을 그들의 접근 방식에
완전히 통합하는 접근법은 거의 없다. 따라서 이 장은 긍정상담의 인간 본성에 대한 근
본적인 관점에 초점을 맞추고, 긍정상담의 핵심개념 중 일부를 검토하고, 긍정상담을 수
행할 때 활용할 수 있는 몇 가지 전형적인 기법을 제공하며, 이론과 기법이 전통적인 치
료법의 보조 기법이자 독자적인 접근법으로서 긍정상담에 어떻게 적용될 수 있는지 검
토할 것이다.

인간 본성에 대한 관점

긍정심리학 및 긍정상담 운동은 초기 인식론(epistemologies), 특히 인본주의 심리학에서 발전했지만, 긍정심리학과 인본주의 심리학에서 바라보는 인간 본성에 대한 관점은 상당히 다른 구별점이 있다.

이러한 관점을 발전시키는 이론가, 연구자, 실무자는 인간의 본성에 대한 이해가 서로 다르고, 심리적 기능의 어떤 측면을 가장 흥미롭게 생각하는지도 다르며, 그들 작업에 필요한 철학적 근거나 영감을 찾을 때에도 철학적 사유가 매우 상이한 학파에서 찾는다(Waterman, 2013, p. 131).

Waterman(2013)은 각 접근 방식의 기본적인 철학적 기반은 크게 다르지만, "내담자의 잠재력과 안녕 증진"을 포함하고 있는 각 접근들의 목표가 유사하다고 주장한다(p. 131). 그러나 각 접근 방식이 목표에 도달하는 방식은 상당히 다르다. 예를 들어, 언급한 것처럼 인본주의 심리학자들은 인간이 선천적으로 선하다고 믿는 반면, 긍정심리학자들은 인간이 선하면서 악할 수 있다고 본다. 인본주의 심리학 운동은 여러 가지 기본적인 **실존주의 원리**에 대한 검토를 요하는 경향이 있으므로, 인간이 어떻게 삶의 의미를 만들고 그 선택이 어떻게 자신의 **현상학적 관점** 또는 독특한 세계관으로 귀결되는지에 초점을 둔다. 즉, 인간이 진정으로 자신을 마주하고 존재 본연의 상태에 의미 있는 선택을 하게 한다면, 타고난 선함을 실현하는 선택을 할 것이라고 본다. 그러나 긍정심리학과 긍정상담은 개인이 **강점**(strengths)과 **긍정적 특질**(qualities)을 확인하여, 보다 더 생산적이고 만족스럽고 긍정적인 삶을 살기 위해 이를 강화하도록 돕는 데 중점을 둔다. 대신, 개인이 **논리적 실증주의**(logical positivism)를 통해 더 나은 삶을 살 수 있다고 믿는다. 즉, 자신의 상황에 대한 논리적 분석을 통해 더 나은 삶을 살 수 있다는 의미이다. 따라서 인간에게 강점과 약점이 모두 있는 것이라면, 긍정상담에서는 내담자가 자신의 강점을 인식하고 발전시킬 수 있도록 상담사가 도와야 한다고 제안한다.

때로 긍정심리치료라고도 불리는 긍정상담은 정신장애(부정적인 사고, 감정, 행동)와 정신병리가 "성장, 충족, 행복이 좌절될 때" 발생한다고 가정한다(Rashid, 2009, p. 749). 따라서 증상은 인간에게 영구히 내재된 것이 아니라, 우리 중 누구라도 특정 상황에서 보일 수 있는 특질이며, 방법을 가르친다면 개인이 넘어설 수도 있는 특질로 간주된다.

사실, 긍정상담은 인간의 약점만큼 강점도 선천으로 내재되어 있고, 존재한다고 믿는다.

> … 가난한 사람들에 대한 테레사 수녀의 연민, 간디와 마틴 루터 킹의 민권 투쟁,
> 엘리너 루즈벨트의 이타주의, 아웅산 수지와 샤린 아바디의 정치적, 사회적 용기
> 는 그 자체로 진정성 있고 가치 있는 것으로 여겨진다 … (Rashid, 2009, p. 749).

치료에서 내담자가 자신의 부정적 특질에 대해 이야기하도록 조건화되어 있지만, 약간의 방향성만 잡히면 행복, 만족, 기쁨에 이르는 것에 대한 논의로 이어질 수 있다고 긍정상담사는 믿는다. 이는 "잘못된 것을 수정하는(fix-what's-wrong)" 접근법과는 대조적인 **강점을 구축하는 접근법**(build-what's-strong approach)으로 간주된다(Duckworth et al., 2005, p. 631). 상담에서도 문제가 되는 부분과 부정적인 측면들을 논의할 수 있지만, 균형을 갖추는 것이 중요하다. 사실, Frederickson은 일반적으로 내담자가 삶에서 긍정성과 부정성이 3:1의 비율을 가져야 한다고 하면서, 이에 따라 긍정상담에서 부정적인 면보다 긍정적인 면에 초점을 더 두는 것이 합당하다고 제안한다.

긍정상담은 **반결정론적인**(anti-deterministic) **의도적 훈련**(intentional practice)이다. 사람들이 자신의 삶에 만족, 행복, 기쁨을 포용하기로 선택함으로써 삶에 대한 보다 긍정적인 조망을 변화시키고 발전시킬 수 있다고 가정한다. 고통과 상처에 대해 이야기할 수 있지만, 의도적으로 자애와 긍정 정서를 크게 증대시킬 수 있다.

핵심개념

긍정상담은 오늘날 사용되고 있는 약 300개의 이론 중 비교적 새롭게 추가된 이론이다(Neukrug, 2015). 긍정상담은 긍정심리학 운동의 영향을 크게 받아 인간 본성에 대한 관점을 기반으로 형성된 것이지만, 긍정상담이라는 "하나의 이론"이 존재하는 것은 아니다(Joseph & Linley, 2009; McAuliffe, 2019). 따라서 우리는 긍정상담을 실천하는 일부 실무자들이 수용할 가능성이 가장 높은 몇 가지 핵심개념을 제시하고자 한다. 여기에는 **심리적 안녕 유지하기**(sustaining psychological well-being), **부정성을 향한 기본설정**(human default toward negativity), **강점이론**(strengths theory), **긍정 정서의 확장구축이론**(broaden and build theory), PERMA 모델이 포함된다.

심리적 안녕 유지하기

McAuliffe(2019)는 인간의 안녕감에 영향을 미치는 세 가지 요인을 강조한다. 첫째, 그는 기질에 대한 **유전적 설정점**(set-point)이 있다고 제안하였다. 이는 우리 성격의 특정 측면이 대부분 유전자에 의해 결정된다는 것을 의미한다. 따라서 우울 경향성을 가진 경우, 우울에 대한 범위나 변동성은 있지만 개인이 지닌 설정점에 의해 어느 정도 제한된다. 설정점이 다소 결정론적으로 들리지만, McAuliffe는 "어느 시점에서 개인이 자기 설정점의 상위에 있을지, 하위에 있을지는 여러 요인들에 의해 결정된다"(p. 6)고 언급하였다. 따라서 변화하는 **환경**(circumstances)은 개인의 설정점에 영향을 미쳐, 그 사람이 하위 또는 상위 범위에 있게 되는 결과를 조래할 수 있다. 예를 들어, 어떤 사람이 자원이 거의 없는 빈곤한 가운데 성장한다면, 그러한 환경은 그 사람을 자기 설정점의 낮은 쪽으로 자극할 가능성이 매우 큰 반면, 애정 어리고 긍정적인 부모 자원에 대한 접근이 원활한 환경은 그 사람을 자기 설정점의 높은 쪽으로 뻗어가게 할 가능성이 크다. 마지막으로, 긍정적인 행동과 생각을 연습하고 긍정적인 결과를 얻을 수 있는 목표를 설정하는 것과 같은 **의도적 활동**(intentional activities)은 자기 설정점의 더 높은 곳을 향해 나아가게 할 수 있다. 상담사가 상당한 영향을 미칠 수 있는 부분은 분명히 이 마지막 부분이지만, 옹호 활동 역시 누군가의 환경에 긍정적인 영향을 미칠 수 있다.

부정성을 향한 기본설정

당신은 학교에서 성적표를 받았을 때, 낮은 점수와 높은 점수 중 어느 쪽에 더 주의를 기울였는가? 그리고 직장이나 특정 활동(예: 스포츠)에서 당신의 수행에 대한 평가를 받았을 때, 비판적인 피드백과 칭찬하는 피드백 중 어떤 것이 더 두드러져 보였나? 인간은 부정적인 것에 초점을 맞추는 자연스러운 경향이 있으며, McAuliffe(2019)는 긍정적인 것이 발생했을 때 우리가 거의 알아차리지 못한다는 점에서 **긍정성은 습관**(positive is customary)이라고 설명하였다. 따라서 누군가 긍정적인 인정을 받았을 때, 그것이 수용되긴 하지만 크게 내세워지는 경우는 거의 없다. 그러나 부정적인 비판은 자주 두드러지고, 때로는 돌직구로 날아오기도 한다. 또는 기분 좋은 것은 당연하게 여기고, 기분 나쁜 것에 더 주목하기도 한다. 이에, 상담사의 역할은 이처럼 부정적인 방향으로 기본설정이 되어 있는 것에 대항하는 것이다. 사실, 상담사가 할 수 있는 가장 중요한 일 중 하나는 강점, 긍정적인 감정, 긍정적인 특질과 같은 개인 삶의 긍정적 측면에 주의를 기울이는 것이다.

강점이론

강점이론은 사람의 강점에 주목하는 것 그리고 약점을 보수하는 것보다는 관리하는 것이 더 중요하다고 설명한다(Magyar-Moe, 2009). 사실, 치료사를 포함한 대부분의 사람들은 먼저 약한 부분을 보수하거나 교정하기를 원하는 것에 초점을 둔다. 예를 들어, 대부분의 상담사들은 처음에 어떤 사람의 "잘못된(wrong) 부분"이 무엇인지 평가한 다음, 이를 교정하기 위해 많은 시간을 보낸다. 강점이론 지지자들은 인간의 결핍에 초점을 맞추는 것은 다음과 같은 네 가지 사고오류의 결과라고 제안한다.

1. **약점을 교정하는 것은 사람을 더 강하고 돋보이게 만든다.**

   약점을 교정하는 것이 하나의 평균을 만들 수는 있지만, 하나의 위대함을 만들지는 못한다는 것이 현실이다. 금주는 알코올 중독자에게는 매우 자랑스러워해야 할 놀라운 성취이지만, 그것이 사람을 주목할 만한 것으로 만들지는 않는다.

2. **강점은 자연스럽게 발달할 것이다.**

   우리는 타고난 강점이 있으면 자연스럽게 올림픽 금메달리스트나 노벨상 수상자가 될 것이라고 믿고 싶지만, 강점을 최적화하기 위해서는 강점에 집중하여 육성해야 하는 것이 현실이다.

3. **강점과 약점은 반대이다.**

   사실, 강점과 약점 사이에는 직접적인 관계가 없으며 하나에 집중한다고 해서 반드시 다른 하나에 극적인 방식으로 영향을 미치는 것은 아니다. 예를 들어, 우리는 그 사람이 어떻게 공감하지 못하는가에 초점을 맞추는 것으로써 그 사람을 공감할 수 있게 만들 수는 없다.

4. **사람은 자신이 집중하는 것에 대해서는 무엇이든 할 수 있다.**

   우리 모두는 어떤 일에는 능숙하지만 또 어떤 일에는 그다지 능숙하지 않다. 재능이 별로 없는 일에 전문가가 되려 애쓰고 집중하면, 실제 실패의 정체성을 형성할 수도 있다. 이는 우리가 중요하다고 생각하는 분야(우리가 재능이 별로 없는 분야일지라도)에서 더 성공하려고 노력해서는 안 된다는 의미가 아니라, 우리가 모든 면에서 완벽하게 잘할 것이라고 기대할 필요는 없다는 의미이다.

긍정 정서의 확장구축이론

Magyar-Moe(2009)는 긍정 정서의 중요성을 강조하는 5가지 가설을 요약했으며, 이를 모아 긍정 정서의 확장구축이론이라고 하였다. 여기에는 확장(broaden), 구축(build), 원상복구(undoing), 탄력성(resilience), 번영(flourish) 가설이 포함된다.

1. **확장 가설**은 긍정 정서가 증가하면 **사고-행동 반응**(thought-action responses)이 확장될 수 있다고 설명하는데, 이는 행동을 취하기 전에 행동의 결과에 대해 생각하는 능력이 높아진다는 것을 의미한다. 이로 인해 선택할 수 있는 잠재적인 긍정 선택지가 너 많아신다. 반대로, 부정 정서는 반응 범위를 좁히는 경향이 있다.
2. **구축 가설**은 긍정 정서가 개인이 "신체적 자원(조정력, 심혈관 건강, 근력), 사회적 자원(우정, 사회적 기술, 지원), 지적 자원(지식, 문제 해결), 심리적 자원(창의성, 낙관주의, 탄력성)" 영역에서 개인 자원을 구축하는 데 도움이 된다고 설명한다(Magyar-Moe, 2009, p. 8). 이처럼 새롭게 구축된 자원들은 긍정 정서를 경험하지 않는 시기에도 지속되는 경향이 있다.
3. 부정 정서와 씨름할 때 긍정 정서를 추가하는 것은 **원상복구 가설**의 기초가 되며, 이는 부정 정서가 인지 및 신체적 안녕에 미치는 영향을 긍정 정서가 줄일 수 있음을 시사한다.
4. **탄력성 가설**은 긍정 정서가 긍정성의 상승형 나선 구조를 가진다는 점에서 다른 긍정 정서를 기반으로 구축된다고 설명한다. 이러한 긍정성은 탄력성을 형성하는 데 도움이 되고, 어려운 상황을 겪을 때 보다 쉽게 대처하고, 그 상황에서 보다 빠르게 회복할 수 있게 해 준다.
5. **번영 가설**은 긍정 정서와 부정 정서의 최적 수준을 갖는 것이 중요하다고 하였으며, Fredrickson(2009)은 3:1의 비율이 이상적이라고 제안하였다. 긍정적인 감정과 비교할 수 있는 상반된 감정이 없다면 긍정적인 감정을 경험할 수 없기 때문에, 부정적인 감정이 중요하다는 점을 인식하는 것 또한 중요하다.

PERMA 모델

Seligman(2002, 2011, 2012)에 의해 개발된 PERMA 모델은 안녕감을 경험하는 데 중요한 5가지 주요 속성을 제시한다. 긍정 정서(**P**ositive emotions), 몰입(**E**ngagement), 관계

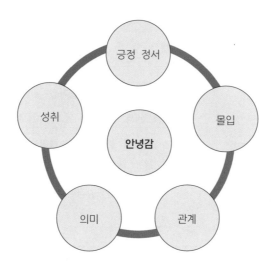

그림 8.1   안녕감에 관한 Seligman의 PERMA 모델

(Relationships), 의미(Meaning), 성취(Achievement) (그림 8.1). 이러한 속성들이 상담, 교육, 사업 또는 다른 장면에서 다루어지고 있는지를 평가하는 것은, 개인이 삶의 만족감 또는 안녕감을 경험하고 있는지를 이해하는 데 중요하다. 이러한 중요한 속성에 관해 각각 살펴보자.

긍정 정서

내담자가 **긍정 정서**(positive emotions)를 활용하고 감사하는 능력을 발견할 수 있다면, 내담자의 관계와 일상 행동에 긍정성의 파급효과가 따를 것이다. 긍정 정서는 과거, 현재, 미래로부터 검토될 수 있다(Seligman, 2002). 그림 8.2는 일생 동안 다양한 시점에서 경험할 수 있는 다양한 종류의 긍정 정서들을 나타낸 것이다.

몰입

시간 가는 줄 모르고 완전히 몰입할 수 있는 **몰입감**(sense of engagement)을 갖는 것은 안녕의 중요한 부분이다. 이것은 운동(예: 달리기), 음악 연주(예: 피아노 연주), 취미 활동(예: 목공) 또는 완전히 몰두하는 어떤 활동처럼 비교적 간단한 것일 수 있다. 몰입은 중요하게 여기는 활동에 몰두하고 빠져드는 과정인 **플로우**(flow)의 개념과 밀접한 관련이 있다(Csikszentmilhalyi, 1997, 2009). 창의적인 활동 과정에서 몰입을 경험하면 집중력이 높아지고, 시간 감각이 사라지며, 부정적인 생각이 줄어들거나 없어지고, 실패에 대한 두려움이

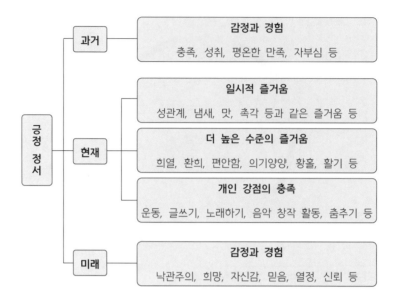

그림 8.2 다양한 종류의 긍정 정서들

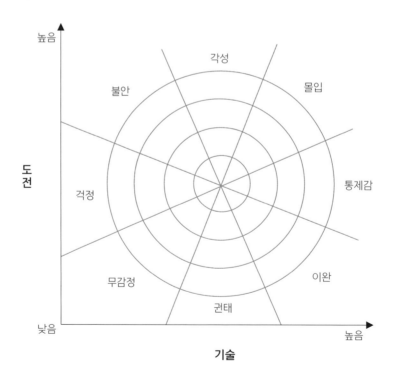

그림 8.3 몰입의 상태

사라진다. 몰입은 기술 수준에 대한 인식과 작업의 도전 수준에 대한 인식이 높을 때 달성될 가능성이 더 높다(그림 8.3의 오른쪽 상단 사분면 참조). 도전과 기술 수준을 어떻게 인식하느냐에 따라 다른 감정 상태를 경험할 수 있다. 예를 들어, 기술 수준은 높게 그리고 도전 수준은 낮게 인식되면 이완된 상태가 되는 반면(그림 8.3의 오른쪽 하단 사분면 참조), 도전 수준은 높게 그리고 기술 수준은 낮게 인식되면 불안을 느끼게 된다(그림 8.3의 왼쪽 상단 사분면 참조).

관계

인간은 사회적 동물이며, 번영하기 위해 다른 사람과의 연결에 의존한다. 깊고 의미 있는 **긍정적 관계**(positive relationships)를 갖는 것은 우리의 안녕에 필수적이다. 이러한 관계는 사랑, 정서적 연결, 신체적 상호작용 및 친밀감과 같은 속성 중 일부 또는 전부를 토대로 한다. 다른 사람과 연결성을 갖는 것은 개인이 현실감과 안전감을 느끼도록 도우며, 이는 다른 사람과 연결될 때 기쁨과 사랑 같은 긍정적인 정서를 느끼는 데에 매우 중요하다. 그러한 연결은 삶의 의미를 발전시키는 데에도 도움이 된다.

의미

실존치료가 대부분의 시간을 내담자 삶의 목적과 의미에 대한 이해 부족에 깊이 뿌리내린 실존적 딜레마에 초점을 맞추는 것과는 달리, 긍정상담은 내담자에게 삶의 의미와 목적을 가져다줄 행동을 발견하고 실행하는 것을 더 많이 지향한다. 따라서 개인에게 중요한 것이 무엇인지 이해하는 데 초점을 맞추고, 그러한 행동을 증가시키기 위한 선택을 한다. 이것은 자신과 타인에 대한 긍정적인 감정을 증가시키는 결과를 가져온다.

성취

우리 모두는 성공하고, 목표를 달성하고, 자신을 향상시킬 때, 특히 우리의 목표가 삶의 의미와 목적의 발전과 일치할 때 번영한다. 우리의 **성취**(accomplishments)를 발전시키고 실현하는 것은, 자부심과 가치를 느끼는 감정 개발과 이를 경험하는 데 도움이 된다. 인생에서 무언가를 이루는 것은 IQ보다는 자기 수양 및 끈기와 더 큰 관련이 있어 보인다(Csikszentmihalyi, 2014; Duckworth, 2016; 상자 8.2 참조).

> ## 상자 8.2 당신의 PERMA: 번영 수준 평가하기
>
> Seligman(2019)은 행복을 평가하는 여러 가지 도구를 개발했습니다. 당신의 PERMA를 평가해 보고 싶다면, 다음 링크로 이동한 다음 "로그인"을 클릭하고 등록하십시오. 다음으로 "Questionnaires" 링크를 클릭하고, "PERMA"라고 표시된 설문지를 선택하면 됩니다. 사이트에 있는 여러 도구들은 자유롭게 사용하셔도 됩니다.
>
> URL: https://www.authentichappiness.sas.upenn.edu/

기법

긍정상담은 독자적인 접근법으로 또는 다른 치료 양식과 함께 결합하여 사용할 수 있다. 긍정상담을 단독으로 사용하거나 다른 이론과 결합하여 사용하기로 하는 결정은 복잡할 수 있고, 치료사는 내담자와 의논하면서 각 접근의 효과성을 고려해야 한다. 종종 내담자가 심각한 병리로 어려움을 겪고 있어 오랜 기간 동안 상담을 받게 될 때에는 문제 해결을 위해 전통적인 접근법이 활용된다. 그러나 이는 내담자를 위한 "부가 가치(value added)" 옵션으로서 긍정상담 기법을 포함시킬 수 있는 좋은 기회이기도 하다. 긍정상담과 전통적인 접근법을 결합하면, 제시된 문제를 개선하는 동시에 내담자의 삶에서 긍정 정서를 강화하는 데 도움이 될 수 있다. 그러나 내담자가 덜 심각한 증상으로 내방할 때에는, 긍정상담 기법을 사용하는 것만으로도 긍정 정서와 부정 정서의 비율이 3:1이 되도록 하는 일반적인 목표 달성과 더불어 개인의 안녕감을 높이는 데 충분히 도움이 될 수 있다. 오늘날, 개인의 안녕감을 높이는 데 도움이 되는 긍정 초점의 기법들이 많다. 다음은 일반적으로 사용되는 몇 가지 기법들이다: 안녕(well-being) 영역 평가하기, 잘한 일 파악하기, 긍정성 비율 높이기, 마음챙김, 강점 기반 훈련, 감사 훈련, 희망 및 낙관성 훈련, 기타 긍정심리치료 개입.

안녕 평가하기

자신의 안녕감 또는 안녕감의 부족을 평가하는 방법에는 여러 가지가 있지만, 자주 사용되는 도구는 Ryff의 심리적 안녕 6차원과 삶의 질 척도이다.

표 8.1 RYFF의 모델에 따른 심리적 안녕 6차원(수정 버전)

차원	손상 수준	최적 수준
환경에 대한 통제	일상적인 일을 다루는 것이 어렵거나 어렵다고 느낌, 주위 환경을 변화시키거나 개선할 수 없다고 느낌, 주변의 기회를 인식하지 못함, 외부 세계에 대한 통제력이 부족함	환경을 잘 관리하는 능력이 있음, 외부 활동을 잘 통제함, 주변 기회를 효과적으로 활용함, 개인적 욕구나 가치에 적합한 맥락을 만들거나 선택할 수 있음
개인적 성장	개인적 침체감을 가지고 있음, 시간이 지남에 따라 향상되거나 확장되어간다는 느낌이 부족, 삶이 지루하고 재미없다고 느낌, 새로운 태도나 행동을 발전시킬 수 없다고 느낌	계속해서 발전한다고 느낌, 자신이 성장하고 확장되어가는 것을 봄, 새로운 경험에 대해 개방적임, 자신의 잠재력을 실현하는 감각을 가짐, 시간이 지남에 따라 자신과 행동이 향상되는 것을 봄
삶의 목적	삶의 의미가 부족함, 목적이나 목표가 거의 없음, 방향 감각이 부족, 과거 지나온 삶의 목적을 알지 못함, 삶의 의미를 부여하는 관점이나 신념이 없음	삶의 목적과 방향 감각을 가짐, 현재와 과거의 삶이 의미가 있다고 느낌, 삶의 목적을 부여하는 신념을 가짐, 인생의 목적과 목표가 있음
자율성	다른 사람의 기대와 평가에 지나친 관심을 보임, 중요한 결정을 할 때 다른 사람의 판단에 의존함, 특정 방식으로 생각하거나 행동하라는 사회적 압력에 순응함	결정력이 있고 독립적임, 사회적 압력에 저항할 수 있음, 내부에서 행동을 조절함, 개인적 기준으로 자신을 평가함
자기 수용	자신에 대해 불만족을 느낌, 과거 삶에 대해 실망함, 특정한 개인적 자질에 대해 걱정함, 현재 자신과는 다른 사람이 되길 원함	자신에 대해 긍정적인 태도를 가짐, 자신의 좋은 점과 나쁜 점을 수용함, 과거 삶에 대해 긍정적으로 느낌
긍정적 대인관계	친밀하고 신뢰할 수 있는 타인과의 관계가 거의 없음, 개방적이지 않고 대인관계에서 고립되고 좌절함, 중요한 타인과의 관계를 유지하기 위한 타협이 없음	다른 사람과 따뜻하고 신뢰로운 관계를 가짐, 다른 사람의 복지에 관심이 있음, 강한 공감·애정·친밀감을 느끼는 것이 가능함, 인간관계는 주고받는 것임을 이해함

출처: Fava, G. A., & Ruini, C. (2003). Development and characteristics of a well−being enhancing psychotherapeutic strategy: Well−being therapy. *Journal of Behavior Therapy and Experimental Psychiatry, 34*, 51.

Ryff의 심리적 안녕 6차원

내담자가 최적의 안녕 수준을 확인할 수 있도록, Ryff(1989)의 **심리적 안녕 6차원**(Six Dimensions of Psychological Well−Being)은 환경에 대한 통제, 개인적 성장, 삶의 목적, 자율성, 자기 수용, 긍정적 대인관계의 6가지 영역에서 안녕 수준을 평가할 수 있도록 수정되었다(Fava & Ruini, 2003; Ruini, 2014; 표 8.1 참조).

Ruini와 Fava(2009)는 내담자가 안녕감을 경험했던 때와 그렇지 못했던 때를 구별하기 위한 일지를 사용할 때 표 8.1을 참조할 것을 제안하였다. 그렇게 하면, 내담자는 안녕감을 지속적으로 경험하는 것을 방해하는 생각을 분별하는 일에 스스로 전문가가 될 수 있다. 상담사는 내담자의 부정적인 생각에 도전하고 긍정적인 생각에 집중할 수 있도록 즐거운 활동을 제안할 수 있다. 상대적으로 짧은 시간 내에, 내담자는 긍정적인 생각과 활동을 스스로 "공급"할 수 있으며, 이로 인해 좋은 감정과 긍정적인 안녕감이 생기게 된다. Ryff의 심리적 안녕 6차원은 긍정상담 기법을 사용하는 많은 접근들과 함께 사용될 수 있지만, Giovanni Fava는 특히 이 척도를 활용하는 **웰빙 치료**(well-being therapy)라는 접근 방법을 개발하였다(Fava, 2009; Fava & Ruini, 2003; Ruini & Fava, 2009; Ruini et al., 2015).

삶의 질 척도

Frisch(2006, 2015)의 **삶의 질 척도**(Quality of Life Inventory)는 개인의 전반적인 삶에 대한 만족도 점수를 구하기 위해 16개 삶의 영역을 평가한다. Frisch는 행복이 16개 영역 내에서 개인의 욕구, 바람, 목표를 충족시키는 데서 비롯된다고 가정한다. 질문지를 작성한 이후, 매우 낮음에서 낮음, 평균, 높음까지 이르는 전반적인 삶의 질 점수를 구한다. 16개 영역 각각에 -6(불만족)에서 +6(만족) 범위의 점수가 부여되며, 점수가 0 미만이면 우려 영역을 나타낸다. Frisch는 내담자가 불만족 영역을 확인한 후 내담자가 중요하다고 여기는 영역만 타깃 영역이 될 것이라고 강조한다. 16개 영역은 표 8.2에 제시되어 있다.

표 8.2 삶의 질 치료 16개 영역

1. **건강**은 신체적으로 건강하고, 아프지 않으며, 고통이나 장애가 없는 것이다.
2. **자존감**은 당신의 강점과 약점, 성공과 실패, 문제 해결 능력에 비추어 자기 자신을 좋아하고 존중하는 것을 의미한다.
3. **목표와 가치**(또는 삶의 철학)는 현재와 미래 모두에서 삶의 가장 중요한 것과 어떻게 살아야 하는지에 대한 당신의 믿음이다. 여기에는 인생의 목표, 옳고 그름에 대한 생각, 삶의 목적이나 의미가 포함된다. 그것은 영적 믿음을 포함할 수도 있고 포함하지 않을 수도 있다.
4. **돈**(또는 생활 수준)은 세 가지로 구성된다. 당신이 버는 돈, 당신이 소유하고 있는 것(자동차나 가구 등) 그리고 미래에 필요한 돈과 물건들을 가지게 될 것이라는 믿음이다.
5. **일**은 당신의 직업이나 대부분의 시간을 보내는 방법을 의미한다. 직장에서 일하거나 집에서 가족을 돌보거나 학교에서 학생으로서 일할 수 있다. 일에는 업무에 대한 의무, 버는 돈(있을 경우), 함께 일하는 사람이 포함된다.
6. **놀이**(또는 레크리에이션)는 긴장을 풀고, 즐기고, 자신을 향상시키기 위해 여가 시간에 하는 것을 의미한다. 여기에는 영화 감상, 친구 방문, 스포츠나 정원 가꾸기와 같은 취미 활동이 포함될 수 있다.

7. **학습**은 당신이 흥미로워하는 것에 대한 새로운 기술이나 정보를 얻는 것을 의미한다. 역사, 자동차 수리, 컴퓨터 사용과 같은 주제의 책을 읽거나 수업을 들음으로써 배울 수 있다.
8. **창의력**은 일상적인 문제를 해결하기 위해 새롭고 지혜로운 방법을 생각해내거나 그림그리기, 사진찍기, 자수놓기와 같은 취미를 즐기기 위해 상상력을 활용하는 것이다. 여기에는 집을 꾸미거나 기타를 연주하거나 직장에서 문제를 해결할 새로운 방법을 찾는 것이 포함될 수 있다.
9. **돕기**(또는 사회봉사 및 시민활동)는 도움이 필요한 사람들을 돕거나 지역사회를 더 살기 좋은 곳으로 만드는 일에 조력하는 것을 의미한다. 돕기는 혼자서 또는 교회, 동호회, 정당과 같은 집단에서 할 수 있다. 학교에서 자원봉사를 하거나 자선단체에 돈을 기부하는 것이 돕기에 포함될 수 있다. 돕기는 친구나 친척이 아닌 사람들을 돕는 것을 의미한다.
10. **사랑**(또는 애정 관계)은 다른 사람과 매우 가까운 낭만적 연인 관계이다. 사랑에는 대개 성적인 감정과 사랑받고, 보살핌받고, 이해받는 느낌을 포함한다.
11. **친구**(또는 우정)는 당신이 잘 알고, 당신과 같은 관심사와 의견을 가진 사람들(친척 아님)이다. 친구들은 함께 즐거운 시간을 보내고, 개인적인 문제에 대해 이야기하며, 서로를 돕는다.
12. **자녀**는 당신이 자녀(들)와 함께 지내는 방법을 의미한다. 자녀를 돌보거나 방문하거나 함께 놀 때, 어떻게 지내는지 생각해 보라.
13. **친척**은 부모, 조부모, 형제, 자매, 이모, 삼촌, 인척(처가, 시가)과 어떻게 지내는가를 의미한다. 방문하거나 전화 통화하거나 도움을 주는 것과 같은 일을 함께 할 때, 어떻게 지내는지 생각해 보라.
14. **주택**은 당신이 사는 곳이다. 당신의 집, 아파트, 그 주변의 마당이다. 얼마나 좋아 보이는지, 얼마나 큰지, 임대료나 집값을 생각해 보라.
15. **이웃**은 당신의 집 주변 지역이다. 그 지역이 얼마나 좋아 보이는지, 그 지역에서 범죄가 얼마나 잦은지, 그 지역 사람들을 얼마나 좋아하는지 생각해 보라.
16. **지역공동체**는 당신이 사는 도시, 마을 또는 지방, 지역 전체이다(단지 당신의 이웃만을 뜻하는 것이 아니다). 지역공동체는 해당 지역이 얼마나 좋은지, 범죄가 얼마나 잦은지, 지역공동체 사람들을 얼마나 좋아하는지가 포함된다. 또한 공원, 콘서트, 스포츠 행사, 음식점과 같이 즐길 수 있는 장소들이 포함된다. 또한 생활필수품들의 가격, 일자리의 가용성, 공공기관, 학교, 세금, 환경오염을 고려할 수 있다.

출처: Frisch, M. B. (2006). *Quality of life therapy: Applying a life satisfaction approach to positive psychology and cognitive therapy.* John Wiley & Sons, p. 23.

삶의 질 척도에서 낮은 평가를 받은 영역이 확인되면, 내담자가 해당 영역에서 만족도를 높일 수 있도록 **5가지 행복 경로**(five paths of happiness) 또는 **CASIO 기법**(CASIO TECHNIQUE)을 사용할 수 있다. CASIO는 환경(Circumstance), 태도(Attitude), 기준(Standards), 중요성(Important), 기타(Other)의 약자이며, Frisch는 이 작업이 다음과 같은 방식으로 수행된다고 하였다.

    a. 스스로에게 "내가 원하는 것은 무엇인가?", "어떻게 하면 그것을 얻을 수 있을까?" 또는 "어떻게 하면 나의 행동이나 상황을 개선할 수 있을까?"라고 질문함으로써 자신의 **환경**이나 상황을 바꾸는 것

b. 모든 사실을 파악하여 **태도**를 바꾸고, 문제를 바라보는 더 나은 방법을 찾고, 최악의 상황이 발생하더라도 결국에는 살아남아 번영하는 모습을 보는 것

c. 해당 영역에서 만족하기 위한 보다 현실적이지만 도전적인 목표 및 **기준** 설정하는 것

d. 해당 영역에서 가장 **중요**하고 통제 가능한 것을 강조하는 것

e. 해당 영역이 아니더라도 관심 있는 삶의 **다른** 영역에 대한 만족도를 높이는 것

(Frisch, 2015, p. 786)

잘한 일 파악하기

연구에 따르면, 내담자가 일주일 동안 "오늘 잘한 일 세 가지와 그것이 잘된 이유를 기록하는 것"(Seligman, 2012, 9:51)은 이 작업을 수행하지 않은 내담자보다 안녕감을 경험할 가능성이 더 높은 것으로 나타났다. 또한 그는 사람들이 자신이 잘하는 것을 기록하는 과정을 즐기기 때문에, 이 간단한 과제가 중독성이 있다고 설명한다. 훈련은 간단하고 수월하다(Vilhauer, 2019).

1. 침대 옆에 종이 한 장을 놓고, 자기 전에 오늘 잘한 일 3가지와 잘된 이유를 간단히 적는다.
2. 아침에 일어나 목록을 읽는다.
3. 매일 밤 3가지를 추가한다.
4. 이것을 일주일 이상 한다.

긍정 정서 높이기

긍정 정서는 개인의 사고−행동 반응을 넓혀주고, 덜 반응적이게 한다. 따라서 내담자와 함께 긍정 정서를 높이는 작업을 하는 것은 정신건강과 안녕을 향상시키는 데 유용한 기법이다(Kobau et al., 2011). 긍정 정서의 성장을 촉진하는 것은 불안, 우울, 공격성과 같은 부정적인 감정에 뿌리를 둔 문제를 치료하는 데 특히 도움이 된다(Fredrickson, 2001). 상담사는 즐거운 활동을 강조하고 내담자가 자신의 삶에서 긍정적인 의미를 찾도록 도와줌으로써 긍정 정서를 장려할 수 있다.

긍정 정서와 부정 정서의 3:1 비율을 활용하면 행복과 심리적 성장이 증가하고, 수명이 연장되며, 직관력과 창의성이 증대되고, 역경에 대한 회복력이 더 커지며, 건강 문제가 감소될 것이다(Fredrickson, 2001, 2009; Fredrickson & Losada, 2005). 상자 8.3에 있는 웹사이트로 이동하여 자신의 긍정성 비율을 측정할 수 있다. 자신의 긍정성 비율을 확인한 후, 각자 자신의 긍정 정서를 높이기 위해 의도적으로 노력해야 하는지 여부를 정할 수 있다. 이 장에서 제안하는 많은 기법들은 긍정 정서를 높이기 위한 의도적 노력으로 활용될 수 있다.

상자 8.3 긍정성 비율

Fredrickson은 부정성 비율에 대한 우리의 긍정성 비율이 3:1 정도 되어야 한다고 제안합니다. 당신의 긍정성 비율을 확인하고 싶다면, 다음 URL로 이동하여 평가해 보십시오.

www.positivityratio.com/single.php

마음챙김

마음챙김은 우리 자신에게 주의를 기울이는 보살핌과 수용의 렌즈를 통해 자신의 감정, 감각 및 환경에 대해 알아차리는 현재 중심의 인식이다(McAuliffe, 2015; Snyder & Lopez, 2007). 마음챙김 훈련은 내담자에게 자신의 여러 측면을 의식적으로 인식할 수 있는 능력을 부여하고, 전반적인 안녕을 증진시키는 데 도움이 될 수 있다. 마음챙김을 연습하면 내담자가 더 긍정적인 상태에 마음을 열고 연결될 수 있으며, 긍정상담의 핵심 구성 요소인 내담자의 긍정적인 성격 강점을 구축하는 데 도움이 될 수 있다(Niemiec, 2013). 마음챙김을 통해 현재에 존재함으로써 과거나 미래의 걱정을 떨쳐버리고, 판단 없이 연민을 가지고 생각과 감정에 집중하며, 시간이 지남에 따라 어려운 상황에 대처하는 데 있어 더 큰 유연성을 키울 수 있다(Hammond, 2015). 마음챙김을 훈련하는 방법은 무수히 많으며, 상자 8.4는 **오감 지향 훈련**(five senses orientation exercise)을 통한 한 가지 방법을 제시하고 있다.

상자 8.4 오감 지향 훈련

1. 편안한 자세로 앉으십시오. 발이 땅에 평평하게 고정되도록 하고 자세를 편안하게 바로 세운 후 손을 허벅지 위에 올리세요.

2. 잠시 자신의 호흡을 의식해 봅니다. 들숨과 날숨 그리고 숨 사이의 간격에 세심한 주의를 기울여 보세요.

3. 한 번에 하나씩, 오감에 주의를 기울이십시오. 한 번에 1분씩 각각의 감각에 집중할 수 있도록 합니다. 때로는 이 작업 과정에서 눈을 감는 것이 도움이 됩니다.

   a **청각:** 주변의 모든 소리에 주의를 기울입니다. 아마도 에어컨의 웅웅거리는 소리나 히터의 쉬익거리는 소리? 배에서 꾸르륵거리는 소리나 삼킬 때 꿀꺽하는 소리와 같은 소리가 여러분 안에서 일어나고 있을 수 있습니다.

   b **후각:** 이제 주변 환경의 냄새로 주의를 전환합니다. 옷의 섬유 유연제 냄새나 아침에 사용했던 비누 냄새가 날 수도 있습니다. 밖에 있으면 만발한 꽃의 달콤한 향기를 맡거나 이웃집 그릴에서 나는 연기 냄새를 맡을 수도 있습니다.

   c **미각:** 잠시 숨을 들이마시고 삼키십시오. 치아 안쪽이나 입천장을 따라 혀를 움직입니다. 입안에서 민트향의 신선한 맛이 날 수도 있고, 아침 식사와 함께 곁들인 커피 맛이 날 수도 있습니다. 입안의 맛을 직접 경험해 보세요.

   d **촉각:** 몸이 닿는 모든 것에 의식을 기울입니다. 의자에 앉은 몸의 감각, 피부에 닿는 옷의 감각에 주의를 기울이세요. 손으로 만져보면 차가울 수도 있고, 따뜻함을 느낄 수도 있습니다.

   e **시각:** 눈을 감았었다면, 잠시 눈을 떠보십시오. 주변의 모든 색상, 모양, 질감을 살펴보세요. 공간을 천천히, 유심히 보면 이전에 보지 못한 것을 발견할 수도 있습니다.

다섯 가지 감각을 모두 마쳤다면, 잠시 멈추고 지난 5분 동안 여러분이 했던 모든 것에 대해 생각해 보십시오. 훈련 전과 비교하여 지금은 어떤 다른 느낌이 드나요?

강점 기반 훈련

강점은 특정 방식으로 행동하거나 생각하거나 느끼는 본래 가지고 있던 능력으로, 이를 활용하는 사람에게 진정성과 활력을 제공하며 최적의 기능, 발전, 수행을 가능하게 한다(Linley, 2008, p. 9).

강점 기반 훈련(strength-based exercises)의 초점은 개인의 강점을 발견하고, 파악된 목표를 달성하기 위해 강점들을 발전시키는 것이다(Frisch, 2015; Lopez, 2009). 강점은 사람들이 즐겨하고, 잘하고, 일단 알게 되면 더 자주 하고 싶어지는 것이다. 강점 기반 훈련에는 많은 종류가 있는데, 여기에서는 세 가지를 제시하고자 한다: 강점 발견하기, 예외 탐색 질문 사용하기, 강점 발견을 위한 검사와 측정도구 사용하기.

◆ 강점 발견하기(Strength-Spotting): 상담사는 강점을 발견하도록 돕기 위해 성공 패턴, 강점을 향한 에너지, 강점에 대한 욕구 등을 파악하는 강점 발견하기를 적용하여 구조화된 면담을 할 수 있다(Carter & Page, 2009). 또한 내담자는 자신의 강점에 대한 자기평가를 수행할 수 있다. 이러한 평가는 내담자가 3단계의 과정을 거쳐 강점을 파악해 나가기 때문에 시간이 다소 소요된다. 첫 번째 단계에서는 언제 기분이 좋고, 활기차고, 자신감이 있는지 그리고 피곤하거나 좌절하거나 화나지 않을 때는 언제인지 주목함으로써 강점을 파악할 수 있다. 두 번째 단계에서는 강점이 적용되는 경우와 적용되지 않는 경우를 스스로에게 물어봄으로써 강점을 명확히 한다. 세 번째 단계에서는 자신이 무엇을 하고 있는지, 어떻게 하고 있는지, 그것에 대해 어떻게 느끼는지, 그리고 그것을 함으로써 얻는 성과를 검토하여 강점을 확인한다.

◆ 예외 탐색 질문(Exception-seeking Questions): 어떤 사람들은 자신이 삶에서 대처해 왔던 긍정적인 방식을 보지 못하는 경향이 있기 때문에, 상담사는 내담자가 어려운 시기를 대처할 수 있었던 방법에 초점을 맞춘 예외 탐색 질문을 할 수 있다. 즉, 상담사는 내담자가 "레몬으로 레모네이드를 만드는 일"을 돕는 것이다. 예를 들어, 항상 우울했었고 식욕이 없었다고 이야기하는 내담자에게 상담사는 다음과 같이 물어볼 수 있다. "우울증이 있음에도 불구하고 어떻게 침대에서 일어나 일하러 갈 수 있었습니까? 이를 위해 어떤 자원을 사용했습니까?" 상담사는 계속해서 이렇게 말할 수 있다. "당신이 식욕이 없었던 것을 알고 있습니다. 그러나 당신은 식사를 챙겼지요. 무엇이 당신을 그렇게 할 수 있게 했습니까? 당신은 어떤 음식을 좋아했나요?" 상담사는 다음과 같이 질문을 할 수도 있다. "그래요, 당신이 지난주에 우울했던 것을 알고 있어요. 그렇지만 당신이 웃거나 약간 기분이 좋아졌던 잠깐의 순간들을 공유할 수 있나요? 그 순간들은 무엇이 달랐

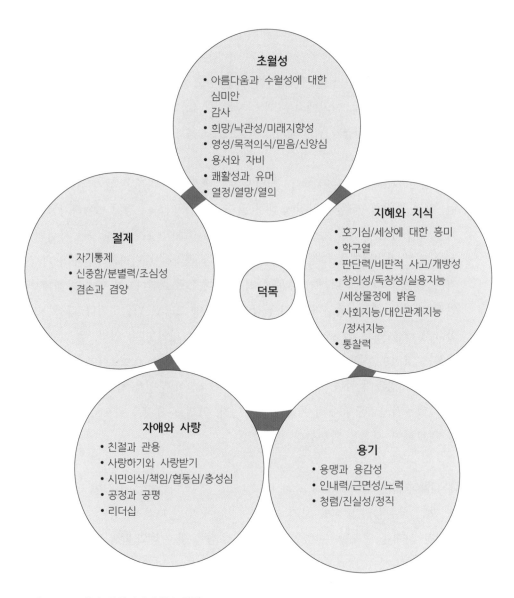

그림 8.4   5개의 덕목과 24개의 강점

습니까?" 또는 "당신은 과거에 비슷한 시기를 벗어날 수 있었다고 언급했습니다. 그 당시에는 무엇이 달랐습니까? 그 시간을 헤쳐나가기 위해 무엇을 했습니까?"

◆ **강점 검사와 측정도구**: 강점 검사와 측정도구는 강점을 확인하고 개발시키는 추가적인 방법이다. 예를 들어, Seligman(2011)의 **24개 성격 강점 검사**(24 Survey of Character Strength Test)는 개인의 최상위 덕목을 확인하는 데 사용될 수 있다(그림

8.4). 질문지를 작성한 후, 자신의 최상위 덕목을 검토하고 예상치 못했던 것들이 있는지 찾아보아야 한다. 그런 다음, 여러 가지 덕목들의 상위 5개 강점들을 활용하여 그 상위 5개에 동의하는지 여부를 성찰해 보아야 한다. 또한 Seligman은 적절한 시기에 각자 자신의 최고 강점을 "발휘"해야 한다고 제안하였다. 예를 들어, 어떤 사람의 최상위 강점이 친절과 관용("자애와 사랑"이라는 덕목 아래)이라면, 그 사람은 아마도 일주일에 두어 시간 정도 이 강점을 실천하기 위해 할 수 있는 일을 개발할 수 있다(예: 노숙자 보호소에서 자원봉사). Seligman(2019)은 Authentic Happiness 웹사이트(https://www.authentichappiness.sas.upenn.edu/)에서 몇 가지 행복 척도들과 측정도구들을 제공한다. 다양한 척도를 사용하여 내담자가 초점을 두고자 하는 것(예: 행복, 낙관성, 삶의 만족)을 토대로 상담사와 그 결과를 논의할 수 있으며, 상담사는 내담자가 삶의 행복을 높일 수 있는 행동을 하도록 안내할 수 있다.

감사 훈련

감사는 "모든 삶을 선물로 보는 경향"이며 "정서, 태도, 도덕적 덕목, 습관, 성격 특성 및 대처 반응으로 개념화된다"(Emmons, 2009, p. 442). 행복한 사람들이 감사하는 사람들인 경향이 있기 때문에 감사는 안녕과 관련이 있는 것으로 보인다. 또한 사람들이 경험하는 가장 일반적인 정서 중 하나인 감사는 감사를 경험할 수 있는 사람들이 더 탄력적이고 삶의 어려움에 더 잘 대처할 수 있는 회복력과 관련이 있는 것으로 보인다. 그러나 감사는 사람들에게 쉽게 다가오지 않는 경우가 많기에, 이를 계발하고 촉진할 필요가 있다. McAuliffe(2019)는 감사가 자신에 대한 감사, 타인에 대한 감사, 삶과 자연에 대한 감사 등 여러 형태로 다가온다고 하였다. 감사 훈련은 내담자가 당연하게 여기는 삶의 긍정적 측면을 확인하고, 강조하고, 감사를 표현하는 데 도움이 된다. 여러 해 동안 여러 가지 감사 훈련이 인정받아 왔으며, 다음은 그중 두 가지를 제시한 것이다.

◆ **감사 일기 작성하기**: 다른 사람에게서 감사를 받을 때 또는 다른 사람이나 삶에 감사한 마음이 들 때, 그 순간을 기록하는 간단한 과정은 긍정 정서를 증가시키는 데 도움이 될 수 있다.

◆ **삶에 대한 감사 표현하기**: 여기에서, 내담자는 하루 중 감사함을 느끼는 중요한 순간을 인식하는 방법을 찾는다. 이 과정은 먼저 감사가 우리 주변에 있다는 것을

인식하고, 감사한 순간을 마음챙김(mindful)하고, 그 순간을 경험하게 하는 것을 포함한다. 내담자는 그 순간에 대해 일기를 쓸 수도 있고 쓰지 않을 수도 있다 (상자 8.5 참조).

상자 8.5 삶에 대한 감사

매년 봄, 산비둘기 두 마리가 우리 집 현관 위에 둥지를 틀고 알을 낳습니다. 종종 나는 급히 집을 나서느라 새들이 거기에 있다는 걸 전혀 인식하지 못하곤 합니다. 하지만 속도를 늦추고 마음챙김을 하게 되면 새들을 알아차리게 됩니다. 바로 그 순간, 새와 삶의 과정에 대한 기쁨과 경이로움을 느낍니다. 그 새들은 자연의 경이로움에 대해 의도적으로 마음챙김하는 일의 중요성을 상기시켜 줍니다(Ed Neukrug).

희망 및 낙관성 훈련

낙관주의자는 긍정적 측면에 집중하는 반면, 비관주의자는 자연히 부정적 측면에 집중하는 경향이 있다. 유리잔이 반이나 차 있거나 반이나 비어 있는 것으로 보는 것과 유사하게, 더 비관적인 사람들은 부정적인 사건이 타고난 자신의 성격 특성 때문에 발생한다고 보고, 이 일이 계속될 것이라고 생각하는 경향이 있다(Magyar-Moe, 2009). 반면, 낙관론자들은 부정적인 사건이 당면한 상황에 대한 특정 외부 요인들의 작용이라고 믿는다. 예를 들어, 어떤 사람이 직장에서 해고되었을 때 비관론자는 이렇게 말할 것이다. "나는 이 일에 실패했고, 내가 지금 뭐 하고 있는지 모르겠어[외적 귀인이 아닌, 내적 귀인]. 나는 어떤 일도 잘하지 못할 거야[다른 장면에 일반화]." 반대로, 낙관주의자는 이렇게 말할 것이다. "내가 활용한 상담이론에 대해 슈퍼바이저는 충분히 알지 못했고, 그것을 내가 얼마나 잘 수행했는지에 대해서도 제대로 파악하지 못했기 때문에 해고된 거야[내적 귀인이 아닌, 외적 귀인]. 이런 일이 다른 직장에서 일어날 가능성은 희박해[이 일에만 해당됨]."

희망과 낙관성에 초점을 맞추도록 돕는 상담사는 내담자가 과거, 현재, 다가올 미래 삶의 긍정적인 측면을 검토하고, 삶의 부정적인 사건에 대한 예외를 기록하고, 내담자가 긍정적인 측면으로 관심을 전환하는 방법을 배우고 긍정적인 미래를 내다볼 수 있도록 도울 것이다. Rashid(2008)가 사람들이 자신의 성격 중 낙관적인 측면에 더 집중할 수 있도록 돕기 위해 개발한 한 가지 훈련은 다음과 같다.

1. 중요한 문이 닫혔을 때 세 번 확인하라.
2. 닫힌 각각의 문으로 인해 어떤 문들이 열렸는지 확인하라.
3. 그 문이 닫힌 후, 어떤 문들이 열렸는지 알아내는 데 얼마나 걸렸나?
4. 어떤 문들이 열려 있는지 보지 못한 이유는 무엇인가?
5. 앞으로 열린 문들을 더 빨리 볼 수 있도록 무엇을 할 수 있을까?

이 훈련은 사람들이 세상을 보는 대안적이고 더 낙관적인 방법을 찾기 시작하고, 삶에 대한 보다 긍정적인 관점을 천천히 발달시키도록 돕는다.

기타 긍정심리치료 개입

사람들의 긍정적인 측면을 끌어내는 데 활용될 수 있는 다른 많은 활동이 있다 (Magyar-Moe, 2009; McAuliffe, 2019). 긍정 기법을 만드는 것은 상담사의 상상력에 의해서만 제한될 뿐, 상담사가 긍정적인 접근을 수용하면 내담자가 더 긍정적으로 되도록 돕는 활동에는 제한이 없다.

모든 상담사와 치료사가 긍정심리치료 기법들을 자신의 접근법에 통합할 수 있지만, 이 기법들은 분명히 일부 치료법에 더 적합하다. 예를 들어, 문제에 초점을 맞추고, 인간 내부에 갈등을 유발하는 선천적 구조들이 있다고 가정하며, 주로 과거를 살펴보는 정신역동적 접근에 긍정심리학을 통합하는 것은 더 어려울 것이다. 그러나 인본주의, CBT, 포스트모던 접근 방식 중 일부는 이러한 전략을 쉽게 통합할 수 있다.

상담 과정

앞서 언급한 것처럼, 긍정상담은 독자적인 접근법으로 사용되거나 다른 치료 양식들과 결합하여 함께 사용될 수 있다. 내담자가 **웰빙 치료**(well-being therapy)를 받을 때, 전형적으로 나타나는 과정에 대해 Giovana Fava(Fava, 2009; Fava & Ruini, 2003; Ruini & Fava, 2009; Ruini et al., 2015)가 제시한 내용을 소개하고자 한다. 웰빙 치료는 내담자와의 작업에 인지행동의 일부 기법을 통합한 긍정상담 접근법이다. 이는 긍정상담 접근 안에서 전통 치료 모델이 어떻게 활용될 수 있는지에 대한 감을 제공할 것이다. 이후, 우리는 독자적인 접근으로 긍정상담을 진행할 때 취할 수 있는 방향을 제시할 것이다.

웰빙 치료

단기 접근 방식인 웰빙 치료는 일반적으로 8회에 걸쳐 진행되며, "구조화된 기록지를 활용하여 자기 관찰을 강조하는, 지시적이고 문제지향적인 교육모델을 기반"으로 한다(Ruini & Fava, 2009, p. 512). 치료는 내담자가 세 단계를 거치면서 몇 가지 전통적인 인지행동 기법을 통합한다.

초기 회기: 초기 회기 동안 내담자는 자신이 언제 안녕감을 경험했는지 파악해야 한다. 집에서 작성할 수 있는 구조화된 기록지를 활용하여, 관련된 에피소드를 기록하고 그것들을 0에서 100 사이의 척도(100＝개인이 경험할 수 있는 가장 강렬한 안녕감)로 평정하도록 한다.

중간 회기: 2~3회기 동안 지속되는 이 단계에서, 내담자는 어떻게 안녕의 순간이 조기 중단되었는지 검토하고 자신의 생각, 특히 안녕감의 경험을 지속하는 것을 방해하는 비합리적 또는 자동적 사고를 관찰하는 방법을 배운다. 이 단계는 치료사가 Ryff의 차원들(표 8.1 참조) 중 어떤 측면이 비합리적 또는 자동적 사고에 의해 방해받고 있는지 구별하는 데 도움이 된다. 이 시점에서 상담사는 내담자의 비합리적이거나 자동적인 사고에 도전할 수 있을 것이다. 그러나 내담자를 위한 주된 초점은 자신의 안녕감을 관찰하는 방법을 배우는 것이다. 여기에서 내담자는 자신의 좋은 정서와 긍정적인 안녕감을 "공급(feed)"하는 방법을 배우기 시작한다. 마지막으로, 이 단계에서 치료사는 안녕감이 지속되는 것을 장려하기 위해 즐거운 활동들을 제안하기 시작할 수 있다.

종결 회기: 내담자에게 Ryff의 6가지 심리적 차원에 대해 더 설명하고, 안녕감을 손상시키는 차원에 초점을 맞추고자 노력한다(예: 자신의 삶에서 다른 사람에 의해 지배받고 있는 사람은 자율성 차원에서 낮은 행복감을 경험하고 있을 수 있음) (표

8.1 참조). 인지행동 기법은 부정적 사고에 맞서고 새로운 행동을 개발하는 데 사용된다. 그다음으로 가장 중요한 것은 내담자가 기록지 작성을 지속하고, 안녕감을 느꼈던 순간들을 성찰하며, 자신의 문제 해결 기술을 확장하고, 안녕감을 높이는 활동에 참여함으로써 자신의 안녕감을 지속적으로 관찰하고 "공급"하도록 해야 한다는 것이다. 긍정상담의 한 가지 접근 방식일 뿐이지만, 웰빙치료는 내담자와의 협업에 중요한 기여를 하며, 예비 연구에서 그 효과가 입증된 것으로 보인다(Ruini et al., 2015).

독자적인 접근법으로서의 긍정상담

내담자가 삶에 대해 보다 낙관적인 관점을 구축하고 번영할 수 있도록 돕기 위해 상담사가 사용할 수 있는 수십 가지 긍정상담 기법이 있다(Gander et al., 2013; Lyubomirsky & Layous, 2013; Park & Peterson, 2006; Park et al., 2004; McAuliffe, 2019). 다음은 독자적 접근법으로서 긍정상담을 수행할 때, 상담사가 취할 수 있는 8가지 일반적인 단계이다.

1. 내담자는 생명을 위협하지 않는, 비병리적인 문제로 상담받고자 내방한다.
2. 상담사는 공식 설명서를 통해 내담자에게 활용할 접근 방식을 사전고지한다.
3. 상담사는 내담자에게 긍정상담이 강점 기반 접근이라는 것을 가르치기 위해 심리교육을 활용한다.
4. 상담사는 인터뷰 또는 설문이나 질문지를 사용하여 내담자의 강점을 평가하고, 내담자가 강화하기를 원하는 영역을 파악한다.
5. 내담자 평가를 기반으로 내담자와 협의를 통해, 상담사는 내담자에게 가장 적합한 기법들을 선택한다. 예를 들어, 경미한 우울을 보이는 내담자가 감사와 쾌활성이라는 초월적인 덕목(그림 8.4)을 확장하려는 욕구가 있다면, 감사와 쾌활성의 특정 개입들을 선택할 수 있을 것이다.
6. 상담사는 내담자에게 긍정상담 개입에 대해 가르치고, 회기 내에서 이를 사용하는 방법을 교육하며, 내담자가 회기 밖에서도 계속해서 이를 실천하도록 격려한다.
7. 정기적으로 예정된 회기를 진행하는 동안, 상담사는 정기적으로 내담자가 긍정상담 기법을 사용하고 있는지 확인하고 효과를 평가하며 필요에 따라 조정하거나 추가한다.

8. 내담자가 자신의 삶에 긍정적인 시각을 점점 더 통합해 감에 따라, 내담자를 덜 자주 만나게 되며 상담사는 내담자가 상담을 종결하도록 돕는다.

사회문화적 이슈

긍정상담은 서구적 가치관이 내재되어 있어, 잠재적으로 비서구인들에게는 사용하기 어렵다는 비판을 받아 왔다. 실제, Kubokawa와 Ottawa(2009)는 "긍정심리학의 전체 기반이 서구의 이념과 가정에 근거하고 있기에, 비서구 문화권에서 이를 연구하고 실천하는 것이 거의 불가능하다"(p. 6)고 보았다. 보다 구체적으로, 그들은 개인주의, 독립적인 자기(self)에 대한 장려, 행복의 중요성, 긍정적인 정서를 포용할 필요성과 같은 가치가 모두 서구 사회에서 중요하게 여기는 가치이며, 이는 다른 문화와 반드시 공유되는 것은 아니라고 주장하였다. 예를 들어, 연장자와 부모에 대한 "의무와 순종"의 개념이 서구 문화에서는 꺼려지지만, 동아시아 국가들과 같은 많은 문화권에서는 수용될 것이라고 그들은 설명하였다. 또한 그들은 서구 문화에서 중시하는 행복 추구가 모든 문화에서의 보편적 가치가 아니라는 점에 주목한다. 사실, 어떤 문화에서는 비관주의가 더 보편적이지만 우울 증상이 만연해있지 않은 경우를 지적한다. 이러한 문화에서는 낙관적인 것이 중요하다는 생각을 받아들이지 않을 수 있다.

Christopher와 Hickinbottom(2008)도 마찬가지로 긍정심리학의 서구 지향적 특성에 대해 비판적이다. 그들은 긍정심리학의 효과를 평가하는 데 사용된 방법론에 의문을 제기한다. 또한 긍정심리학이 특정 지역에 적용되면 현상 유지가 지속될 것이라고 하면서, "다른 문화에 적용될 때, 긍정심리학은 문화적 차이를 존중하지 않는 태도를 보이며 종종 심리적 제국주의를 초래하거나 비교문화심리학자들이 일컫는 강요된 에틱(etic)이라는 현상을 발생하게 할 수 있다"(p. 581)고까지 하였다.

Lomas(2015)는 비교문화적 민감성과 관련하여 긍정 상담 및 심리학에 내재된 문제를 인식하고, "긍정심리학과 비교문화심리학 사이의 가교를 구축"하여 이를 "**긍정비교문화심리학**(positive cross-cultural psychology)"으로 명명할 시점이라고 한다(p. 60). Lomas는 주거, 적절한 영양, 만족스러운 일자리 및 건강과 같이 비교문화적으로 안녕감에 영향을 미치는 모든 문화들의 공통 요인들을 조사함으로써 **보편주의**(universalism)를 포괄할 것을 제안하였다. 또한 Lomas는 긍정심리학적 방법을 적용할 때 **상대주의**(relativism)를 실천할 것을 강조하였다. 즉, 우리는 문화마다 안녕을 다르게 정의할 것이라는 점과 안녕이 무엇인지에 대한 서구적 관점을 사용하기보다는 그들 자신의 정의를 적용하는 것이 중요하다는

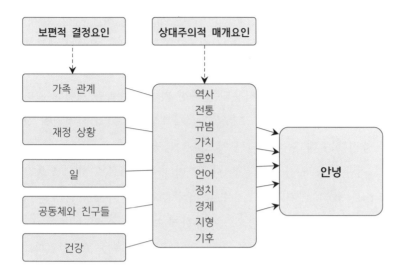

그림 8.5 안녕의 보편적 요인과 상대주의적 매개요인

점을 인식해야 한다. 한 가지 예로서, Lomas는 어떻게 **보편 상대주의**(universal relativism)가 긍정비교문화심리학에 의해 포괄될 수 있는지 보여준다(그림 8.5).

긍정심리학과 긍정상담이 비교문화적 관점을 받아들이는 데 더디긴 했지만, 몇 가지 예외가 있다. 예를 들어, **펜 리질리언스 프로그램**(Penn Resilience Program: PRP)은 청소년 학생들이 일상적인 스트레스 상황을 처리하는 능력을 향상시키도록 돕기 위해 고안된 학교 프로그램이다. PRP는 여러 국가 및 지역사회의 청소년과 다양한 인종 및 민족 배경을 가진 청소년에게 비교문화적으로 효과적임이 확인되었다(Seligman et al., 2009). 더욱이, 공동체와 다른 사람들과의 사회적 교류에 집중하는 집단주의 문화의 내담자에게 감사 표현하기, 친절한 행동 먼저 하기와 같은 긍정상담 개입들은 도움이 될 수 있다(Sin & Lyubomirsky, 2009).

효과

긍정심리학의 발전 이후, Danner 등(2001)은 180명의 가톨릭 수녀들이 20대 초반이었을 당시 긍정적 정서에 대한 자전적 기록을 조사했고, 긍정 정서의 내용과 60년 후 수명 간 상관관계를 조사했다. 그들은 "젊은 시절 자전적 기록에 담긴 긍정 정서의 내용이 수명과 매우 밀접한 관련이 있음을 발견하였다…"(p. 804). 따라서 더 오래 살고 싶다면, 긍정적인 정서를 받아들이기 시작하는 것이 좋을 거라고 말할지 모른다. 이는 흥미로운 연구이긴 하지만, 사실 긍정성과 긍정상담의 효과에 대한 연구는 비교적 최신이고 아직은 초기 단계에 있다. 그럼에도 불구하고, 이러한 개입의 목적은 증상, 문제 또는 장애의 감소가 아니라 긍정적인 감정, 생각 또는 행동을 증가시키는 것이기 때문에(Bolier et al., 2013), 일부 예비 결과는 앞으로의 전망을 기대케 한다.

일부 연구에서는 긍정상담에 사용되는 특정 기법의 효과를 검증해 왔다. 예를 들어, 상담에 마음챙김 기법을 통합하면 긍정적인 정서를 증가시키고 부정적인 정서를 감소시켜 안녕감을 증진하는 데 도움이 되는 것으로 나타났다(Seear & Vella-Brodrick, 2013). 유사하게, 근력 기반 운동과 감사 훈련을 사용하면 행복감이 증가하고 우울감이 감소하였다(Seligman et al., 2005). 마지막으로, Seligman 등(2006)은 "우울증 치료는 긍정 정서, 몰입, 의미를 확연히 증가시키는 훈련으로 유용하게 보완될 수 있다"(p. 774)고 하였다. 그리고 그들은 이러한 훈련이 인터넷을 통해 진달될 수 있음을 보여주었다.

어떤 경우에는, 긍정상담이 전통적인 정신치료만큼 또는 그보다 더 효과적일 수 있음을 보여주었다. 예를 들어, 긍정지향 심리치료군과 인지행동 치료군을 비교한 결과, 긍정지향 심리치료군이 주요 우울증으로 힘들어하는 내담자의 행복감을 높이는 데 더 효과적인 것으로 나타났다(Asgharipoor et al., 2012). Marrero 등의 2016년 연구는 긍정심리학적 개입이 대학생의 행복감, 자기 수용, 타인과의 긍정적 관계, 낙관주의 및 자존감을 증가시켰다고 하였다.

몇 가지 메타분석은 긍정심리학적 개입이 효과적일 가능성을 지지하였다. 예를 들어, Sin과 Lyubomirsky(2009)는 51개의 연구를 조사하여 긍정심리학적 개입이 안녕감을 향상시키고 우울 증상을 감소시킨다고 결론내렸다. 최근 수행된 두 번째 메타분석 연구에서 Bolier 등(2016)은 39개의 연구를 조사하여 긍정심리학적 개입이 안녕감을 증가시키고 우울증을 감소시키는 데 어느 정도 효과가 있음을 밝혔다.

비록 신생 분야이긴 하지만, 긍정상담 기법 그 자체 또는 다른 치료적 개입과 결합한 긍정상담 기법이 상담에서 내담자의 안녕감을 증진시키는 데 어느 정도 성공을 거둔 것으로 보인다.

요약

이 장은 긍정상담의 역사에 대한 간략한 개요로 시작하였다. 우리는 20세기 동안, 정신건강 상담이 대부분 병리에 초점을 맞추고 문제를 어떻게 해결할지에 중점을 두었다는 사실을 주목했다. 그러나 일부 상담이론의 긍정적인 측면의 영향으로 안녕

(well-being)과 긍정성에 대한 관심이 증가하였다. 한편, 안녕이 다양한 형태로 연구되기 시작했다. 예를 들어, Ed Diener는 행복과 주관적 안녕; Mihaly Csikszentmihalyi는 플로우, 의미, 최적의 경험; Barbara Fredrickson은 긍정 정서; Charles "Rick" Snyder는 희망; Carol Ryff는 안녕과 탄력성을 연구했다. 이후 1998년, 미국심리학회 회장이었던 Martin Seligman이 긍정심리학 운동을 시작했다. Seligman은 학습된 무기력을 연구해 왔지만, 보다 더 긍정적인 관점으로 인간을 바라보고자 하여 학습된 낙관성을 연구하기 시작했다. 그의 여러 선도적 결단을 통해, 긍정심리학 운동과 함께 긍정상담이 탄생하였다.

긍정심리학의 인간 본성에 대한 관점과 그에 따른 긍정상담 운동은, 인본주의 심리학과 같은 초기 인식론에 영감을 받았다. 그러나 긍정상담에 대한 발상은 인본주의 심리학이 시작된 것과는 다르다. 긍정심리학과 긍정상담은 사람들이 자신의 강점과 긍정적인 특질을 확인하고, 보다 생산적이고 긍정적인 삶을 살 수 있도록 돕는 데 중점을 둔다. 인본주의 심리학처럼 실존적 딜레마와 인간에 대한 관심에 초점을 맞추지 않는다. 대신, 상황에 대한 논리적 분석을 통해 더 나은 삶을 살 수 있다는 것을 의미하는 논리적 실증주의를 통해 사람들이 더 나은 삶을 살 수 있다고 믿는다. 긍정상담은 정신장애(부정적인 사고, 감정, 행동)와 정신병리가 성장, 충족, 행복이 좌절될 때 발생한다고 가정한다. 따라서 증상은 인간에게 영구히 내재되어 있는 것으로 간주되지 않는다. 긍정심리학 연구자들은 사람들이 부정적인 사고, 감정, 행동을 긍정적으로 전환하는 방법에 초점을 맞춰왔다. 이는 "잘못된 것을 수정하는" 접근법과는 대조적으로 "강점을 구축하는" 접근법으로 간주된다. 마지막으로, 긍정상담은 반결정론적인 의도적 훈련이다.

긍정상담은 아직 형성되고 있는 단계에 있지만, 이 장에서는 많은 사람들이 지지하는 몇 가지 핵심개념에 대해 논의하였다. 예를 들어, 심리적 안녕을 유지하는 데 있어 기질에 대한 유전적 설정점이 있을 수 있고, 환경이 설정점에 어느 정도 영향을 미칠 수 있으며, 긍정적인 행동을 연습하는 것과 같은 의도적 활동이 내담자가 자기 설정점의 상단에 더욱 가까운 결과를 얻도록 도울 수 있다는 점에 주목했다. 우리는 또한 부정성을 향하도록 기본설정이 되어 있기에, 삶의 긍정적인 측면을 알아차리지 못하는 것이 드문 일이 아니라는 의미에서 "긍정성은 습관"이라는 점에 관심을 기울였다. 따라서 긍정성을 알아차리고 유지하기 위한 의도적인 노력이 필요하다. 또한 개인의 약점을 고치는 것이 아니라 강점에 초점을 맞추는 것이 중요하다는 강점이론을 강조했다. 이와 관련하여, 우리는 사람들이 흔히 보이는 네 가지 사고의 오류를 언급하였다: 약점을 교정하는 것은 사람을 더 강하게 만든다, 강점은 자연스럽게 발달할 것이다, 강점과 약점은 반대이다, 사람은 자신이 집중하는 것에 대해서는 무엇이든 할 수 있다. 또 다른 핵심개념인 긍정 정서의 확장구축이론은 긍정 정서의 다섯 가지 가설을 강조했다. 확장 가설은 긍정 정서가 증가하면 잠재적 사고-행동 반응을 넓힐 수 있음을 시사한다. 이는 우리의 생각이 우리의 행동 유형에 어떤 영향을 미치는지를 우리가 더 잘 알 수 있음을 의미한다. 구축 가설은 긍정 정서가 개인이 신체적, 사회적, 지적, 심리적 자원 영역에서 개인 자원을 구축하는 데 도움이 된다고 설명한다. 원상복구 가설은 부정 정서가 인지 및 신체적 안녕에 미치는 영향을 긍정 정서가 줄일 수 있다고 한다. 탄력성 가설은 긍정성의 상승형 나선 구조를 가진다는 점에서 긍정 정서가 또 다른 긍정 정서에 기반한다고 강조한다. 마지막으로 번영 가설은 긍정 정서 대 부정 정서의 최적 수준을 갖는 것이 중요하다고 보았으며, 이는 3:1 비율로 제안되었다. 다음으로 우리가 강조한 핵심개념은 PERMA 모델이었다. 이 모델은 안녕감을 경험하는 데 중요한 다섯 가지 주요 특성을 설명한다: 긍정 정서(Positive emotions), 몰입(Engagement), 관계(Relationships), 의미(Meaning), 성취(Achievement).

긍정상담은 상담에 대한 독자적 접근 방식 또는 전통적인 형태의 상담과 함께 결합하여 사용하는 "부가 가치" 접근 방식을 취할 수 있다. 두 가지 접근 중 어느 경우이든, 긍정상담에서 자주 사용되는 여러 주요 기법들을 살펴보았다. 예를 들어, Ryff의 심리적 안녕 6차원 또는 삶의 질 척도와 같은 도구를 통해 안녕 평가하기, 잘한 일 파악하기, 개인의 긍정성 비율 높이기, 마음챙김, 강점 기반 훈련, 감사 훈련, 희망 및 낙관성 훈련, 기타 긍정심리치료 개입들이 포함된다.

우리는 긍정상담에서 치료 과정이 독자적 접근인지 또는 다른 치료 양식과 결합된 접근인지에 따라 다를 수 있음을 언급하였다. 인지행동 기법과 Ryff의 심리적 안녕 6차원의 활용을 결합한 웰빙 치료의 예를 들었고, 긍정상담이 독자적 접근법으로 사용될 때 내담자와 상담사가 일반적으로 거치는 8단계를 확인하였다.

긍정상담은 개인주의, 독립적인 자기에 대한 장려와 같은 서구적 가치가 지나치게 내재해 있다는 비판을 받아왔다. 다른 한편으로, 일부 문화들의 경우 상대적으로 더 비관적이지만 덜 우울하다는 점이 지적되기도 하였다. 이러한 문화들에서는 낙관적인 것이 중요하다는 생각을 받아들이지 않을 것이다. 긍정상담이 문화 전반에 걸쳐 적용되는 것은 일종의 제국주의라는 주장도 제기되고 있다. 그러나 다른 한편으로는 긍정상담이 그 자체와 비교문화적 이슈 간의 가교를 구축하는 것이 가능하다고 제안한다. 그들은 이것을 "긍정비교문화심리학"이라고 명명하고, 이 접근 방식에서 보편주의와 상대주의를 포용하는 것이 중요하다고 강조한다. 프로그램 중 하나인 펜 리질리언스 프로그램(PRP)은 비교문화적 관점을 수용하여, 다양한 국가와 지역, 인종 및 민족적 배경을 가진 청소년들에게 효과적으로 적용된 바 있다. 또한 감사 표현하기, 친절한 행동 먼저 하기와 같은 특정 긍정상담 개입은 집단주의 문화의 내담자에게 도움이 될 수 있다는 점에 주목하였다.

긍정상담은 상대적으로 새로운 접근 방식이지만, 몇몇 연구에서 긍정상담을 활용하여 긍정적인 성과를 얻은 것으로 나타났다. 수녀들을 대상으로 한 연구에서는, 삶에 대해 더 긍정적인 조망을 가진 사람들이 더 오래 산다는 것을 보여주었다. 다른 연구들에서는 긍정상담이 우울증 치료에 효과적이며, 긍정 정서를 촉진하고 부정 정서를 감소시키는 것으로 나타났다. 적어도 한 가지 경우에서는, 긍정 집단상담이 인지행동 집단치료보다 우울증 치료에 더 효과적이라는 것을 보여주었다. 두 가지 메타 분석 연구는 긍정상담이 안녕감을 증가시키고 우울증을 감소시킬 수 있음을 제시하였다.

핵심어 및 인명

5가지 행복 경로	구축 가설	삶의 질 척도
CASIO 기법	긍정 정서	상대주의
Csikszentmihalyi, Mihaly	긍정비교문화심리학	성격 강점 검사
Diener, Ed	긍정성 비율	성취
Fava, Giovanna	긍정성 비율 높이기	실존주의 원리
Fredrickson, Barbara	긍정성은 습관	심리적 안녕 유지하기
Glasser, William	긍정심리센터	예외 탐색 질문
PERMA	긍정심리학	예외 탐색 질문 사용하기
Ryff, Carol	긍정적 관계	원상복구 가설
Ryff의 심리적 안녕 6차원	기타 긍정심리치료 개입	웰빙 치료
Seligman, Martin	논리적 실증주의	유전적 설정점
Snyder, Charles "Rick"	마음챙김	의도적 활동
Szasz, Thomas	목적	의도적 훈련
감사 훈련	몰입	의미
강점 구축 접근법	반결정론적	자기 수용
강점 기반 훈련	번영 가설	잘한 일 파악하기
강점 발견을 위한 검사와	보편 상대주의가 긍정비교문화	탄력성 가설
측정도구 사용하기	심리학에 의해 포괄될 수 있다	펜 리질리언스 프로그램(Penn
강점 발견하기	보편주의	Resilience Program: PRP)
강점과 긍정적 특질 확인하기	사고-행동 반응	학습된 낙관성

학습된 무기력   확장 가설   희망 및 낙관성 훈련
현상학적 관점   환경

사례연구: ANN이 경험한 긍정상담

(이 사례연구를 읽기 전에 부록 I에 있는 Miller家 사람들 이야기를 읽으시오)

Jake와 Angela는 상담을 통해 좋은 경험을 하면서 Jake의 어머니인 Ann이 Justine의 교통사고 이후 겪은 고통과 아픔을 헤아릴 수 있게 되었다. Jake의 상담사는 '자신이' Jake의 어머니를 만나는 것은 현명한 방식이 아니라고 판단하여, 많은 사람들이 "B박사"라고 부르는 Barbara Federoni 박사에게 Ann을 연계하였다. B박사는 긍정상담의 형태로 상담을 진행하는데, Jake의 상담사는 그것이 Ann에게 특히 잘 맞을 것이라고 생각했다.

Jake와 Angela는 B박사와의 첫 회기에 Ann과 동행했다. Ann은 상담받으러 가기를 꺼렸지만, 그들의 격려에 마음이 누그러졌다. Ann은 B박사의 대기실에 앉아 둘러보며, 그곳의 아늑함과 방을 가득 채운 밝은 색상에 좋은 인상을 받았다. 몇 분 후, 한 60대 여성이 걸어 나왔다. 그녀는 흘러내리는 화려한 옷을 입고 밝은 미소를 지으며, Ann을 정면으로 쳐다보며 말했다. "안녕하세요, 당신이 Ann이군요. 만나서 반가워요. 그리고 이쪽이 Jake, Angela인가요?" 두 사람 모두 "네"라며 고개를 끄덕였다. "그럼 Ann, 혼자 들어오시겠어요? 아니면 Jake와 Angela도 동행하길 바라나요?" Ann은 B박사를 바라보며, "글쎄요, 제가 여기까지 왔으니 스스로 도약해서 혼자 해 보는 것이 좋을 것 같아요."라고 했고, B박사는 "좋은˙결정입니다."라고 답했다.

Ann은 대기실만큼이나 밝고 아늑한 B박사의 사무실로 들어간다. Ann은 주변의 모든 자지레한 장식품들을 둘러보고선, B박사에게 비언어적으로 동의를 표한다. B박사는 "네, 여기에 많은 물건들이 있다는 걸 압니다. 언젠가는 모두 정리하고 그중 일부는 치워야겠지요."라고 말한다. "자, 의뢰서를 통해 당신에 대해 조금 알게 되었어요. 당신은 기혼이고, 두 자녀와 두 손주가 있네요. 그리고 자녀 중 한 명인 Justine이 심각한 인지 장애를 갖게 되었을 정도로 매우 심각한 사고를 겪었군요. 맞나요?" "음… 네…" Ann이 답한다. "가족에 대해 좀 더 자세히 알려주시고, 오늘 어떤 이유로 여기에 왔는지에 대해서도 설명해 줄 수 있나요?"

Ann은 계속해서 Jake, Justine 그리고 그 사고에 관해 이야기한다. 32년 전 그 사고

이후로, 그녀는 예전 같지 않았다고 B박사에게 말한다. "저는 항상 구름 속에 있고, 항상 Justine을 그리고 Justine이 어떻게 지내는지를 걱정하고, 더는 교회에 가지도 않고, 남편과의 관계도… 음… 이제는 존재하지 않아요. 제가 전형적인 우울증인 것 같아요." 잠시 후 그녀는 계속 이야기한다. "그 사고 이후로, 전 제 마음을 잃은 것 같아요." B박사는 한숨을 쉬며 "분명, 그날 이후로 많은 것들이 변한 것 같아요. 당신의 결혼 생활, 자녀들과의 관계, 그리고 그날 당신이 변했다는 것이 핵심이네요." "네, 바로 그거예요." Ann이 답했다.

두 사람은 Ann의 삶에 대해 더 이야기하고 회기가 거의 끝나갈 무렵, B박사는 자신이 하는 상담 유형에 대해 설명하기 시작한다. 그녀는 많은 사람들이 긍정적인 정서와 부정적인 정서의 비율이 3:1 정도라는 점에 주목하고, 사고 이후로 Ann의 긍정 정서 비율이 상당히 낮아지지 않았나 짐작한다. Ann은 동의하듯 고개를 끄덕인다. 긍정상담에 대한 설명 이후, B박사는 "제가 당신을 조금이나마 도울 수 있을 것 같아요. 적어도 당신이 삶을 조금 더 즐길 수 있도록, 다른 방식으로 세상을 볼 수 있도록 도와드릴 수 있을 것 같습니다. 하실 말씀이 있으신가요?" Ann은 고개를 떨구고 눈물을 흘리며 말한다. "네, 저도 그렇게 하고 싶은 것 같아요." Ann이 떠나기 전, B박사는 그녀가 집에 도착하면 온라인으로 긍정성을 측정해 본 후 몇 점이 나왔는지 다음 회기에 와서 보고해 줄 것을 제안한다. Ann은 동의하며, "오랜만에 처음으로 희망을 가져보네요."라고 말한다. B박사는 "잘 됐어요, 다음 주가 기대됩니다."라고 답한다.

다음 주, Ann이 약속 시간에 왔을 때 B박사는 재깍 "긍정성 비율을 측정해 보았나요?"라고 묻는다. "네" Ann이 답한다. "겨우 1:2를 받았어요. 꽤 안 좋죠?" "글쎄요, 저는 더 낮은 경우도 봤는데요."라고 B박사가 말하며 "그래도, 그 수치는 당신이 꽤 많은 부정적 정서를 가지고 세상을 살아가고 있다는 걸 의미하지요. 당신이 세상을 좀 더 긍정적인 시각으로 볼 수 있도록 우리는 함께 협력할 수 있을 거예요. 마치 잔이 반이나 비어 있는 것이 아니라 반이나 차 있는 것으로 보는 것처럼요." "그러면 좋겠어요." Ann이 답한다.

Ann은 몇 주 동안 B박사를 만난다. 처음에 B박사는 공감과 경청을 많이 하고, Ann은 자녀를 "잃은" 것에 대한 슬픔을 공유한다. 몇 주가 지나면서, B박사는 여러 긍정상담 기법들을 점차 회기에 통합하기 시작한다. B박사가 하는 첫 번째 일 중 하나는 Ann에게 성격 강점 검사를 해 보도록 요청하는 것이다. Ann은 감사, 신앙심, 용서, 친절과 관용, 시민의식 순으로 자신의 가장 큰 다섯 가지 강점들을 확인한다. Ann은 현재 상위

4개 부문만 작업하기로 결정하고, B박사는 Ann과 상의하여 다음과 같은 몇 가지 목표를 설정하기 시작한다.

1. 딸, 아들과 관련하여 감사한 점들을 나열하십시오.
2. 교회에 다시 나가기 시작하고, 교회 행사에 참여하십시오.
3. 아들에게 사고를 용서한다는 편지(보낼 필요가 없는 편지)를 쓰십시오.
4. 참여하고 싶은 자선단체를 찾으십시오.

회기가 계속됨에 따라 B박사는 몇 가지 인지행동 기법을 통합하기 시작한다. B박사는 비합리적인 신념인 "B"와 함께 A−B−C에 대해 가르친다. 그녀는 Ann에게 "인생은 항상 공정하고 정의로워야 한다"는 비합리적 신념이 사고 이후 그녀의 감정에 어떤 영향을 미쳤는지 보여준다. 그녀는 Ann에게 사고("A"—선행 사건)가 결과("C"—우울증)로 이어진 것이 아니라는 것을 가르친다. 대신, B박사는 사고에 대한 Ann의 신념, 인생은 항상 공평하고 정의로워야 한다는 신념이 우울증을 초래했다고 가르친다. B박사는 Ann이 사고 이후로 이러한 비합리적 신념과 관련된 것들을 가져왔다는 점과 그것이 그녀의 삶 그리고 우울한 감정에 "구름"을 만드는 데 일조해 왔음을 알도록 돕는다. 한편, Ann은 자신의 비합리적 신념에 논박하는 방법을 천천히 배우며, B박사와 합의하여 설정한 네 가지 목표를 달성하기 위해 노력한다.

그 후 몇 달 동안, Ann은 Justine이 충만한 삶을 살고 있고 대부분의 시간을 행복하게 보내고 있음이 얼마나 감사한 일인지 깨닫기 시작한다. 또한 그녀는 Jake, Angela 그리고 손주들에게 감사하고 있음을 깨닫는다. 그녀는 그 사고에 대해 Jake를 용서하는 편지를 쓴 다음, Jake와의 대화를 통해 자신이 그를 사랑하고 그가 자신의 삶에 선물해 준 Angela와 손주들에게도 너무나 감사하다는 마음을 전한다. Ann은 교회에 다시 나가기 시작하고, 교회가 후원하는 선교 사업에 참여하게 된다. 그녀는 천천히 자신이 확인한 네 가지 강점인 감사, 신앙심, 용서, 친절과 관용을 기반으로 구축해 나간다. 요즘은 남편과의 관계도 좋아진 것 같다.

약 9개월 간의 상담 후, B박사는 말했다. "Ann, 당신은 아주 잘하고 있어요. 긍정성 측정을 다시 한 번 해 보는 게 어때요?" "얼마든지요." Ann이 답했다. 다음 주, Ann은 재빨리 알렸다: "저 2.5:1.6을 받았어요. 이건 제게 진정한 전환점이예요. 삶에 대해 훨씬 더 희망적이고 긍정적으로 느낀다는 걸 반영하는 것 같아요. 제가 이곳에 처음 왔을 때,

잔이 반이나 차 있는 것으로 보는 게 아니라 반이나 비어 있는 것으로 보는 것에 대해 말씀하셨잖아요. 그게 무슨 의미인지 이제 알겠어요. 지금은 반쯤 차 있는 것을 보고 있는 것 같아요. 어쩌면 반 이상을요." B박사는 "당신은 여기에서, 당신의 삶에서 굉장히 큰 일을 해냈어요. 그리고 그걸 지속할 수 있어 보여요. 어떠세요? 이제 이곳에 그만 올 때가 되었나요?"라고 답한다. Ann은 고개를 숙이고 말한다. "저도 그 부분에 대해 생각해 봤어요. 앞으로 이곳에 오지 않을 거라는 생각에 익숙해질 수 있도록 몇 주 더 있어 보면 어떨까요? 그런 후에 제가 어떤지 보기로 해요." "저도 좋아요." B박사가 말한다. 이후 몇 번의 회기를 더 진행한 뒤, Ann은 상담을 종결한다. 그녀는 "재교육(refresher)"을 위해 언제든 상담에 다시 올 수 있지만, 상담에서 배운 많은 것들이 그녀에게 머물 것이라고 상기시켜주는 B박사에게 감사를 전한다. "네, 알 것 같아요. 그간 도와주셔서 정말 감사합니다!"

생각해 볼만한 질문

1. Jake의 상담사는 Ann에게 긍정상담이 잘 맞을 것이라 생각한다. 그는 왜 그런 결론에 도달했을까요? 당신도 동의하나요?

2. B박사는 초반에 공감과 경청을 많이 활용한다. 그녀가 왜 그렇게 한다고 생각하나요? 당신은 그것이 긍정상담과 조화를 이룬다고 생각하나요?

3. B박사는 Ann과의 상담에서 심리교육을 어떻게 통합했나요?

4. 상담에서 긍정성을 측정하는 것이 중요하다고 생각하나요? 왜 그런가요? 또는 왜 그렇지 않은가요?

5. Ann이 성격 강점 검사를 받은 목적은 무엇이었나요? 긍정상담의 틀에 어떻게 부합하나요?

6. Ann의 강점을 기반으로, B박사는 Ann과 상의하여 그녀를 위한 몇 가지 목표를 제시하였다. 그 목표들이 어떻게 생각되었나요? 당신이 생각한 다른 목표들이 있었나요?

7. 회기에서 인지행동 기법을 통합한 목적은 무엇이었나요? 이러한 기법을 사용하지 않았다면, Ann이 그러한 발전을 이루었을 것이라고 생각하나요?

8. 당신이 긍정상담을 한다면, 독자적인 접근법으로 할 건가요? 아니면 다른 이론과 통합할 건가요? 통합한다면, 어떤 이론과 통합할 건가요?

9. 긍정상담으로 인한 변화가 지속 가능하다고 생각하나요? 다시 말해, 상담으로 인한 변화를 기반으로 이전의 생활 방식으로 되돌아갈 가능성은 낮다고 생각하나요?

10. 당신의 긍정성 비율은 얼마나 되나요? 그것은 당신에 대해 무엇을 말해주나요?

11. 성격 강점 검사를 실시하고, 그 결과를 검토해 보세요. 당신의 5대 강점은 무엇인가요?

12. 파악한 강점을 토대로 자신을 위해 목표를 세운다면 어떤 목표를 세울 건가요?

Credits

Fig. 8.3: Mihaly Csikszentmihaly, "State of Flow," *Finding Flow*. Copyright © 1997 by Perseus Books Group.

Table 8.1: Giovanni A. Fava and Chiara Ruini, Modification of the Six Dimensions of Psychological Well—Being According to Ryff's model, from "Development and Characteristics of a Well—Being Enhancing Psychotherapeutic Strategy: Well—Being Therapy," *Journal of Behavior Therapy and Experimental Psychiatry*, vol. 34, no. 1, p. 51. Copyright © 2003 by Elsevier B.V. Reprinted with permission.

Table 8.2: Michael B. Frisch, "Sixteen Areas of Quality of Life Therapy," *Quality of Life Therapy: Applying a Life Satisfaction Approach to Positive Psychology and Cognitive Therapy*. Copyright © 2006 by John Wiley & Sons, Inc. Reprinted with permission.

Img. 8.1: Copyright © 2013 Depositphotos/chones.

9

신경과학기반 상담
Neurocounseling

Carlos Zalaquett and Lauren Parker

학습목표 ─────────────────────

- ◆ 신경과학기반 상담의 역사에 대해 학습한다.
- ◆ 신경과학기반 상담의 건강, 강점기반, 발달, 구조생물학적 특성을 확인한다.
- ◆ 신경과학기반 상담의 핵심개념을 학습한다. 여기에는 신경가소성, 신경발생, 주의 및 각성과 집중, 변연계와 정서, 일생에 걸친 뇌기능의 변화, 공감과 거울 뉴런, 세부기술과 신경망의 관계, 뇌파, 건강 및 긍정성과 신경가소성, 자기조절이 포함된다.
- ◆ 신경과학기반 상담에서 사용되는 주요 기법을 검토한다. 여기에는 신경교육, 생활양식 평가, 바이오피드백 및 자기조절 기술(횡경막 호흡, 마음챙김, 바이오피드백에 대한 기술적 접근), 뉴로피드백, 그리고 신경과학 지식 기반 치료(지속노출치료, 안구운동 민감소실 및 재처리)가 포함된다.
- ◆ 신경과학기반 상담의 상담과정을 이해한다.
- ◆ 신경과학기반 상담의 사회 및 문화적 적용 가능성을 검토한다.
- ◆ 신경과학기반 상담의 효과를 검토한다.
- ◆ 신경과학기반 상담 과정을 보여주는 사례를 살펴본다.

신경과학기반 상담의 간략한 역사

21세기의 심리과학은 단순히 겉으로 드러나는 행동이나 마음만을 다루는 과학
이 아니라 뇌기능을 다루는 과학이 될 수 있으며, 그렇게 될 필요가 있다
(Cacioppo & Decety, 2008, p. 17).

신경과학기반 상담(Neurocounseling)은 최근 상담 과정에 점점 더 많이 통합되고 있는
새롭고 복잡한 치료양식(modality)이다(Field et al., 2017). 하지만, 그 역사는 상담 이론의
발달 초기로 거슬러 올라간다. 1800년대 후반에 신경과 전문의 훈련을 받은 프로이드는
처음에는 신경 과정(neural process)과 심리 상태 사이에 밀접한 연결이 있다고 믿었기 때
문에 뇌의 구조물을 조작함으로써 다양한 심리학적 문제를 해결할 수 있다고 믿었다
(Miller & Katz, 1989; Northoff, 2012). 그러나 정신건강 치료에서 생리적 측면에 대한 '현대
식' 조작은 조금 더 늦게 시작되었다(Chatters et al., 2017). 예를 들면, 1930년대에
Edmund Jacobson(1938)은 신체화 장애 치료를 보조할 수 있는 점진적 근육 이완
(progressive muscle relaxation)을 소개하였다. **바이오피드백**(biofeedback)은 1960년대에 등장
하였는데, 내담자들은 체온계 및 심전도 측정기의 도움을 받아 자신의 생리적 반응을 추
적하고 궁극적으로는 변화시켰으며, 이를 통해 사람들은 깊은 이완(deep relaxation)과 숙
면을 취하고 다른 신체 기능들을 조절하여 건강을 증진시킬 수 있었다(Tart, 1969). 그 이
후로 바이오피드백은 "생리적 과정에 대한 자기조절"을 가르치는 데 사용되었으며(Myers
& Young, 2012, p. 21), 운동선수, 명상가 등이 최고의 성과를 달성하도록 돕는 데에도 적
용되었다(Field et al., 2017).

1960년대 후반, 의식에 관한 **Joe Kamiya**(1969)의 연구는 단순한 보상 기제를 사용
하여 사람들이 스스로 뇌파의 패턴을 변화시키는 것을 학습할 수 있음을 보여주었는데,
이것이 첫 번째 뇌전도(electroencephalogram, EEG) **뉴로피드백**(neurofeedback, NFB) **훈련**이
다. 예를 들면, 사람들은 이러한 훈련을 통해 알파파와 다른 뇌파들을 구분할 수 있게 되
며, 궁극적으로 이완 및 스트레스 완화와 더욱 관련 깊은 뇌파인 **알파파**(alpha waves)의
상태로 들어갈 수 있다. 이러한 형태의 훈련은 많은 행동 및 생물학적 과정에 대한 치료
로 확대되어 사람들이 주의집중을 유지하고 불안과 외상 후 스트레스 장애를 완화할 수
있도록 도왔다.

바이오피드백이 신체 활동으로부터의 피드백을 사용한다면, 뉴로피드백은 뇌활동으로부터의 피드백을 사용한다(Crockett et al., 2017). 이런 이유로 **뉴로피드백**(neurofeedback)은 "… 종종 뇌에 대한 바이오피드백이라 불린다"(Russell-Chapin, 2016, p. 94). 따라서 뉴로피드백 또는 **뇌전도 바이오피드백**(EEG biofeedback)은 좀 더 특정한 형태의 바이오피드백이라고 할 수 있다(Association for Applied Psychophysiology and Biofeedback [AAPB], 2011; Neurofeedback Alliance, n.d.). 바이오피드백과 뉴로피드백의 목표는 사람들이 자신의 행동과 정서를 스스로 통제하고 건강의 회복과 유지에 있어서 좀 더 능동적인 역할을 할 수 있도록 하는 것이다. 내담자들은 도구와 기술을 사용하여 생리적 반응들을 추적하고 변화시키는 **자기조절**(self-regulation)을 통해 건강을 촉진하고 기능을 증진시킬 수 있다(AAPB, 2011). 자기조절은 의식적으로 주의를 기울이고, 환경적 요인들과 우리의 육체 및 정서 반응들을 인식하며, 과거의 성공적인 적응과 관련된 기억을 소환하여 현재의 상황에서 견딜 수 있도록 하고, 당면한 고통과 도전을 해결하는 데 유용한 정서 상태와 건강을 되찾는 능력을 포함한다(Ford & Blaustein, 2013). 뉴로피드백 절차는 이전에는 불수의적 신경 기능이라고 여겨졌던 것들을 조절할 수 있도록 도움으로써 자기조절의 방법을 제공할 수 있다(Thibault et al., 2015).

양전자 방출 단층촬영(positron emission tomography, PET) 및 **기능적 자기공명영상**(functional magnetic resonance imaging, fMRI), 그리고 **뇌전도**(electroencephalogram, EEG)를 현대적으로 사용하는 방식의 지속적인 발전은 우리의 뇌파와 생체 역학(biomechanics) 간에 긴밀한 관계가 있다는 것을 밝혀냈고, 이는 상담과 심리학에서 인식의 대전환을 이루었다(Ivey & Zalaquett, 2011; Ivey et al., 2018). 실제로, 오늘날 우리는 일상적인 대화나 개인 상담 중에도 뇌의 변화를 측정할 수 있다. 그뿐만 아니라, 경청, 공감, 강점 구축(strength building)과 같은 상담 기술과 행동, 인지 및 대인관계 치료가 어떻게 긍정적인 느낌과 교정적 행동, 그리고 새로운 신경 경로의 생성으로 이어지는지도 보여줄 수 있다(Grawe, 2007; Montes, 2013). 또한 연구자들은 정신적 외상, 가난, 학대, 괴롭힘과 같은 사회적 문제가 뇌 발달에 어느 정도 해를 끼친다는 것을 입증하였다(Clearfield & Niman, 2012; Likhtik et al., 2008; Zalaquett & Ivey, 2014; Zalaquett et al., 2018).

Eric Kandel(1998)은 콜롬비아대학교 뉴욕 주립 정신의학연구소(New York State Psychiatric Institute of Columbia University)의 100주년 기념식에서 신경과학과 심리치료의 중요성을 강조하면서, 새로운 학습은 유전자 발현을 바꿈으로써 뇌의 구조적 변화를 야기하는데, 심리치료도 이러한 변화를 야기할 수 있을 것이라고 주장했다:

심리치료 혹은 상담이 효과적이고 장기적인 행동 변화를 일으킨다면, 그것은 아마도 학습을 통해서일 것이다. 학습은 유전자의 발현을 변화시켜 시냅스 연결의 강도를 바꾸고, 구조적 변화를 일으켜 뇌의 신경 세포 간 상호 연결의 해부학적 패턴을 바꾼다(p. 460).

'신경과학기반 상담(neurocounseling)'이라는 용어가 처음 등장했던 문헌 중 하나인 카운슬링 투데이(Counseling Today) 2013년 판에는 신경과학기반 상담이 상담과 신경과학을 통합하여 정신 건강 문제에 특정한 개입을 제공하는 것이라고 정의되어 있다(Montes, 2013). 이 문헌에서, 신경과학기반 상담 분야의 선구자 중 한 명인 Lori Russell-Chapin 은 "여러 해 동안 대학원생들에게 계속 말해왔지만, 우리가 뇌에 대해서 더 잘 알게 된다면 치료 방법이 바뀔 것이다…. 나는 정말로 뇌가 최후의 개척지라고 생각한다…"(p. 33)고 언급하였다. 그녀는 계속해서 "신경과학은 우리가 가지고 있는 많은 정신 건강 문제의 생리적인 토대를 제시한다. 우리의 뇌와 신체는 끊임없이 함께 작동하면서 건강한 혹은 조절되지 않는 삶을 만들어내고 있다. 내담자들이 이것을 이해하도록 도와주는 것이 매우 중요하다"고 언급하였다(Russell-Chapin, 2016, p. 93). **상담의 최신 세력**(newest force in counseling)이라 불리기도 하는 이러한 접근법은 내담자 중심이며 강점기반 건강 모형(strength-based wellness model)을 지지한다(Crockett et al., 2017).

Allen Ivey, Mary Bradford Ivey와 Carlos Zalaquett는 상담 및 치료에 신경과학의 통합을 시작하면서 관련된 신경과학적 증거를 교과서에 포함하고, 신경과학이 어떻게 상담 및 치료의 효과성을 입증하였는지 그리고 사회정의사업에 있어서 그것이 얼마나 중요한지에 관한 논문들을 출판하기 시작하였다(Ivey & Zalaquett, 2011; Zalaquett & Ivey, 2014). 2013년에 열린 미국 상담 협회(American Counseling Association, ACA) 전국 회의의 기조 연설에서, Allen Ivey는 신경과학 연구 결과의 통합이 해당 분야의 미래에 얼마나 중요한지를 설명하였다. 예를 들면, 부정적인 스트레스는 신경 손상을 야기하여 정신건강 문제의 증상으로 나타나는 반면 긍정적인 치료적 관계는 새로운 신경 경로를 생성하고 정신 건강을 개선하는 데 도움이 된다(Montes, 2013). 상담과 신경과학의 통합에 정통한 또 다른 전문가인 Chad Luke도 관련된 주제에 대해서 광범위하게 글을 쓰고 연설을 하였다.

신경과학은 우리가 정신건강 문제를 바라보고 진단하는 방식을 변화시킬 수 있는 잠재력을 가지고 있다. 최근 국립 정신 건강 연구소(National Institute of Mental Health)는 진단 및 통계 편람(Diagnostic and Statistical Manual, DSM-5)에 근거한 전통적인 진단 절차에 잠재적으로 새로운 방향을 제안하는 연구 영역 기준(Research Domain Criteria, RDoC)을 개발하였다(American Psychiatric Association, 2013; Kozak & Cuthbert, 2016; Insel, 2013). 정신병리와 심리학, 그리고 유전학 및 신경과학과 같은 생물학 간의 관계를 조사함으로써, 관찰 가능한 행동 및 신경생물학적 측정에 근거한 새로운 분류 시스템이 가능할 것이라는 희망을 갖게 되었다.

오늘날, 남을 돕는 직업을 가진 많은 사람들 사이에서 신경과학기반 상담에 대한 관심이 증가하고 있으며, 신경과학적 지식은 상담 이론 및 기술을 다루는 교과서에 접목되기 시작했다(e.g., Ivey et al., 2017; Luke, 2016; Zalaquett et al., 2018). 게다가, 신경과학은 바이오피드백, 뉴로피드백, 자기조절, 안구운동 민감소실 및 재처리, 지속노출치료와 같은 뇌 기반 상담에 중점을 둔 특정한 치료 양식(modality)을 제공한다(Insel, 2013). 21세기에 들어서면서 상담에 신경과학의 통합이 증가하고 있으며, 이러한 통합을 기반으로 한 이론적 모델이 개발될 가능성이 매우 높다.

인간 본성에 대한 관점

신경과학기반 상담은 상담에 **신경교육**(neuroeducation)을 통합한 **건강**(wellness) 및 **강점기반 접근**(strength—based approach)이다. 신경교육은 심리교육의 한 형태로, 활동과 환경이 일반적인 건강과 뇌의 **구조 생물학**(structural biology)에 미치는 영향을 다룬다. 건강과 생활양식을 최적화하면 웰빙이 증가하고 스트레스가 줄어들며, 성공적인 신경 변화에 필수적인 **신경가소성**(neuroplasticity)이 자극된다(Davidson & McEwen, 2012; Miller, 2016). 어느 정도의 스트레스는 도움이 될 수도 있고 최적의 발달을 위해 필요하지만, 스트레스가 과도해지면 신경망(neural networks)이 손상되기 시작한다(Ivey et al., 2018). 반면, 다양한 차원에서 건강한 삶의 방식을 유지하면 행복과 자기조절이 향상되며, 스트레스가 감소하고 신경망 손상 가능성이 줄어든다.

특정한 생활양식은 긍정적 혹은 부정적으로 신경가소성에 영향을 미칠 수 있다. 예를 들면, **신체 운동**(physical exercise)은 신경가소성을 촉진시키고 정신 기능을 향상시키는 것으로 밝혀졌다(Rock et al., 2012; Russell—Chapin, 2017b). 운동은 **뇌유래신경영양인자**(Brain—derived neurotrophic factors, BDNF)를 방출하는데, BDNF는 신경세포의 성장, 성숙, 유지를 돕고 신경가소성의 주요 인자로 작용한다(Bliss et al., 2010; Cooke, 2011; Jones, 2017a). 영양과 관련된 측면을 살펴보면, **장내 미생물과 뇌의 연결**(gut—microbiome—brain connection)에 관한 연구는 불안과 우울에 대한 장내 미생물의 영향을 탐색하고 있는데,

가공식품이 많이 포함된 식단은 **뇌의 조절장애**(brain dysregulation)에 기여하는 것으로 보인다(Russell−Chapin, 2017b). **수면 위생**(sleep hygiene, 예: 적절한 수면)은 기억의 공고화 및 정서 조절에 영향을 미치며, 창조성에도 핵심적인 역할을 한다(Rock et al., 2012). 또한, 수면 중에는 **교세포**(Glial cells)가 활성화되어 **글림프 경로**(glymphatic pathway)를 통해 뇌의 찌꺼기를 제거하는 중요한 역할을 한다. 만약 수면이 충분하지 않다면, 독소가 축적되고 뇌기능이 손상된다(Benveniste et al., 2017; Russell−Chapin, 2017b).

　　생활양식 습관(lifestyle habits)도 신경가소성에 영향을 미칠 수 있다. 예를 들면, Ivey 등(2014)은 여러 영역에서 사람들의 생활양식을 평가하여 내담자들이 기능이 낮은 영역에 집중할 수 있도록 교육하였다. 이러한 영역에는 운동, 영양, 수면, 사회적 관계, 친교, 인지적 도전, 문화적 건강 및 문화적 정체성, 명상, 약물 사용 및 음주, 약품 및 보충제 사용, 긍정적 사고, 영성, 자연, 흡연, 스크린 타임, 휴식 및 즐거운 시간, 교육, 돈과 특권, 타인을 돕는 것, 기쁨과 유머, 그리고 예술과 음악 및 춤이 포함된다. 생활양식이 뇌 건강에 영향을 미치는 방식을 이해하면, 상담사는 내담자가 향상이 필요한 영역에 집중하도록 돕고 더 나은 신경 기능을 위해 실제적이고 구체적인 변화를 하도록 동기를 부여할 수 있다(Miler, 2016).

　　신경과학기반 상담은 **발달적인 관점**(developmental focus)을 지니고 있다. 따라서 신경과학기반 상담사가 정보에 근거하여 내담자에게 효과적으로 개입하고자 한다면, 일생에 걸쳐 뇌에서 일어나는 신경생물학적인 변화 및 관련된 정서와 행동적 반응에 대한 지식을 갖추어야 한다(Codrington, 2010; Lorelle & Michel, 2017). 뇌 발달은 태내에서부터 시작하여 인생 전반에 걸쳐 이루어진다. 독소, 질병, 학대처럼 뇌발달에 해로운 초기의 요인들은 전 생애에 걸쳐 개인에게 영향을 미칠 수 있다(Knokel, 2018; National Research Council and Institute of Medicine, 2000). 뇌의 주요 변화는 24세까지 일어나지만(Arain et al., 2013), 뇌는 전 생애에 걸쳐서 지속적으로 변화하며, 40세 이후에 어느 정도의 기능 저하가 있을지라도 일부 신경가소성은 전 생애에 걸쳐서 지속된다. 그렇기 때문에 뇌의 발달적 변화에 대한 지식과 그에 따른 도전이 신경 지식에 기반한 상담(neuro−informed counseling)에 통합되어야 한다(Luders, 2014; Singh−Manoux et al., 2012).

　　신경과학기반 상담에 대한 비판가들은 이러한 접근이 인간 행동에 대해 환원주의적 관점을 가지고 있다고 말한다. 즉, 상담의 경험적 본질을 무시하고, 치료적 개입에 객관주의적 의학 모델을 제안하며, 상담의 인본주의적 기초에 반대된다는 것이다(Hansen et al., 2014; Wilkinson, 2018). Wilkinson(2017)은 신경교육이 단순히 행동주의에 기반을 둔

심리교육과 바이오피드백의 특수한 형태일 뿐이라고 주장하였다. 반면, Russell-Chapin(2017)은 신경과학기반 상담의 도구들이 생리적 자기조절을 제공하기 때문에 사실은 강점기반 이론이라고 주장하였다.

몇몇 연구자들은 상담관계를 해치지 않으면서 상담 실제에 신경과학을 통합하는 방법을 제시하였다. 예를 들면, Luke 등(2019)은 신경 지식에 기반한 상담이 상담사가 인간의 경험을 이해하는 데 도움을 줄 수 있으며, 내담자가 그들의 경험을 이해하고 정상화하는 데에도 도움이 될 수 있다고 제안하였다. 신경과학기반 상담이 환원주의적이며 의학적 모델로부터 나온 것이라고 보는 사람들은 이러한 주장을 납득하기 어려울 수도 있다. 하지만, 생리적 요인들을 이해하는 것은 내담자에게 힘을 실어줄 수 있다. 독소를 제거하는 방법에 관한 정보를 제공함으로써 신경가소성을 촉진시키고 변화에 대한 동기를 증진시킬 수 있다. 신경과학과 상담의 통합은 내담자가 치료 목표를 성취할 수 있도록 지원하는 또 다른 도구로 신경과학을 사용한다는 점에서 상담의 인간 중심 모델이라고 할 수 있다(Bergstrom et al., 2014; Sullivan et al., 2018).

핵심개념

이번 절에서는 신경과학기반 상담의 주요 개념을 다룬다. 주요 개념에는 **신경가소성, 신경발생, 주의 및 각성과 집중, 변연계와 정서, 전 생애에 걸친 뇌기능의 변화, 공감과 거울 뉴런, 신경망과 세부기술의 관계, 뇌파, 건강 및 긍정성과 신경가소성, 자기조절**이 포함된다.

신경가소성

신경가소성(neuroplasticity)은 "발달, 학습, 기억, 뇌손상, 질병 등 외부 및 내부 환경의 변화에 대한 반응으로 뇌의 구조와 기능을 바꾸는 뇌의 능력이다"(Field et al., 2017, p. 261). 즉, 뇌는 손상이나 질병 및 스트레스와 같은 사건과 건강한 활동 및 스트레스 감소의 결과로, 그리고 학습된 경험 등을 통해 구조적인 변화를 일으킬 수 있다(Davidson & McEwen, 2012; Tardif et al., 2016). 만약 우리가 건강한 자극에 노출된다면, 전 생애에 걸쳐서 새로운 신경 연결과 신경망이 형성되고, 뇌는 신경세포 간의 연결과 이러한 연결 간에 상대적인 강도가 강해짐에 따라 스스로 신경회로를 변화시킬 수도 있다(Schwartz & Begley, 2003).

상담과정은 내담자가 새로운 현실을 시각화하고, 독특한 믿음을 탐색하고, 대안 행동을 연습하도록 안내함으로써 뇌가 새로운 신경망을 구축할 수 있도록 한다(Ivey et al.,

2018). 결과적으로 상담과정에서 제공되는 반복적이고 안내된 연습을 통해 새로운 신경 경로는 점점 더 강해진다(Lillard & Erisir, 2011; Ratey, 2008). 우울증, 양극성 장애, 자폐증, 조현병, 약물 중독과 같은 정신건강 장애는 신경가소성을 억제한다(Collingridge et al., 2010). 하지만, 효과적인 상담은 신경망과 사람들이 느끼고 생각하고 행동하는 방식을 영구적으로 변화시킬 수 있다.

신경발생

신경발생(neurogenesis)은 뇌가 줄기세포로부터 손상되었거나 손실된 신경세포를 재생하는 능력이다. 줄기세포는 신경세포를 포함한 다양한 종류의 세포로 분화할 수 있는 미분화된 세포이다. 이러한 과정은 긍정적인 신경가소성에 기여한다(Ivey et al., 2018; Jones, 2017a). 신경발생은 전 생애에 걸쳐 일어나지만 나이가 들면서 감소된다(Alvarez−Buylla & Lim, 2004). 하지만, 건강한 활동은 한 개인의 연령과 유전적인 요소들을 고려하였을 때 신경발생이 가능한 최적의 상태를 만든다.

주의, 각성, 집중

주의(attention)는 학습과 이해의 획득, 업데이트, 수정에 필수적이며, 뇌 영상을 통해 평가될 수 있다(Lodge & Harrison, 2019). 내담자와 상담사가 서로 주의를 기울일 때, 두 사람의 뇌는 집중하게 되며, 시간이 지남에 따라 뇌의 화학적, 구조적 변화는 확연해진다. 주의는 각성(arousal)과 집중(focus)이라는 두 가지 과정을 포함한다. 각성은 수면과 대비되며, 망상활성계(reticular activating system)라고 불리는 뇌간(brainstem)의 신경망을 깨운다. 각성이 되면, 전두피질(frontal cortex)의 집행기능(executive function)이 주의의 방향을 판단한다(Ivey et al., 2018). 상담과 같은 특정 활동에 주의를 집중하는 능력은 뇌 발달 및 개인이 사고하고 행동하고 느끼는 방식에 긍정적인 영향을 미친다. 예를 들면, 집중된 이완과 명상은 "실제로 유전자가 표현되고 신체에 영향을 미치는 방식인 유전자 활동을 바꿀 수 있다"(Benson & Proctor, 2010, p. xii). 그렇기 때문에 각성과 집중을 조절하는 방법을 배우는 것은 안녕감으로 이어질 수 있다.

변연계와 정서

변연계(limbic system)는 시상하부(hypothalamus), 해마(hippocampus), 편도체(amygdala)를 포함한 뇌의 여러 영역들로 구성되며 종종 인간 정서의 중심지(seat of human emotions)라

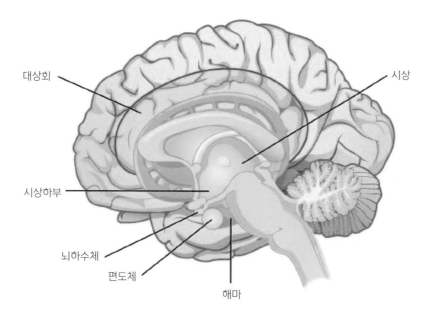

그림 9.1 **변연계**

고 불린다. 변연계는 **집행기능**을 조절하는 **대뇌 피질**(회백질)이 포함되어 있는 **대뇌** (cerebrum) 아래에 위치하고 있다(그림 9.1 참조). 변연계의 정서를 통제하는 것이 **대뇌 피질**이기 때문에, 변연계가 대뇌 피질 아래에 위치하고 있다는 사실은 은유적으로 흥미롭다. 그러나 때때로 심각한 스트레스와 정서적 과부하 상태에서 변연계는 오히려 대뇌 피질의 통제를 압도할 수도 있다. 실제로, 1930년대부터 1980년대까지 변연계와 전전두 피질의 연결을 끊는 외과적 절차인 **전전두엽 절제술**(prefrontal lobotomies)이 수천만 명의 사람들에게 시행되는데, 시술을 받은 사람들은 거의 언제나 무감동해지고, 수동적이 되었으며 동기가 결여되었다(상자 9.1 참조).

　　변연계의 한 구조물인 편도체는 슬픔, 분노, 기쁨, 공포와 관련이 있으며, 기억을 저장하는 데 관여하기 때문에 특정 감정과 관련되어 있는 비슷한 사건들이 회상될 수 있다. 편도체는 시상하부, 뇌하수체, 부신과 함께 스트레스와 위험에 처할 경우 중요한 대처 기제로 기능한다.

상자 9.1. 미국의 뇌엽절제술

그 과정을 지켜본 사람들의 설명에 의하면, 환자는 전기충격으로 인해 의식을 잃게 된다. 그 후 Freeman은 날카로운 송곳 같은 도구를 환자의 안구 위쪽을 통해 뇌의 전두엽까지 삽입한 후 앞뒤로 움직인다. 그런 다음 그는 다른 쪽 얼굴에서도 동일한 작업을 수행한다(National Public Radio, 2005, para. 8).

1930년대부터 1950년대 사이에, 조현병 및 심각한 우울증이 있는 사람들의 정동을 조절할 목적으로 40,000건에서 50,000건의 뇌엽절제술이 수행되었다. 이러한 수술은 환자의 뇌에 접근하기 위해 두개골에 드릴로 구멍을 뚫거나 송곳 같은 도구를 안구 위쪽을 통해 전두엽까지 삽입하여 행해졌다. 사람의 정동을 심각하게 둔화시키고, 성격을 변화시키며, 심지어 사망에 이르게 할 수도 있는 이러한 잔인한 수술로, 그 수술의 창시자인 Antonoi Egas Moniz는 노벨상을 수상하였다!(Tartakovsky, 2019)

전 생애에 걸친 뇌기능의 변화

신경과학기반 상담사가 정보에 근거하여 내담자에게 효과적으로 개입하고자 한다면, 일생에 걸쳐 뇌에서 일어나는 신경생물학적인 변화 및 관련된 정서와 행동적 반응에 대한 지식을 갖추어야 한다(Codrington, 2010; Lorelle & Michel, 2017). 뇌 발달은 태내에서부터 시작하여 인생 전반에 걸쳐 이루어진다. 질병(예: 풍진), 산전 알코올 섭취, 영양 결핍, 스트레스, 독소(예: 납 페인트)와 같은 뇌발달에 해로운 초기의 요인들은 전 생애에 걸쳐 개인에게 영향을 줄 수 있다(Knokel, 2018; National Research Council and Institute of Medicine, 2000).

전 생애에 걸친 변화는 아동이나 청소년 내담자와 상담 시 상당히 관찰 가능하게 나타날 수 있다. 집행 기능에 깊이 관여하고 있는 전전두엽은 사춘기부터 24세까지 뇌를 재배선하며(Arain et al., 2013) 마음 이론과 합리적 의사 결정에 중요한 역할을 한다. 특히 청소년기에 나타나는 이러한 변화는 변연계와 상호작용하여 좀 더 정서적이고 불안정한 행동을 유발한다(Siegel, 2013). 이로 인해 사춘기 청소년의 사고와 행동이 비조직적이고 이기적이며, 불완전하거나 비합리적으로 보일 수 있다(Lorelle & Michel, 2017; Xi et al., 2011). 이러한 이유로 놀이치료가 어린 아이들에게는 특히 도움이 되지만, 청소년들에게는 그다지 유용하지 않다(Jones, 2017b).

인간이 20대 중반을 넘어가게 되면, 신경세포 주변을 감싸고 있는 수초가 퇴화되기 시작하며 뇌 수용체의 속도를 둔화시킨다. 40세 이후 10년마다, 인간의 뇌는 부피와 무게가 약 5%씩 감소되며 기억 회상, 새로운 정보의 학습, 추론 기술 사용 능력이 꾸준하게 저하된다(Luders, 2014; Singh-Manoux et al., 2012). 하지만, 일부 신경가소성은 전 생애 동안 지속된다. 뇌의 발달적인 변화 및 그 변화로 인한 도전적 과제들은 신경 지식에 기반한 상담에 통합되어야 한다.

신경과학기반 상담의 관점에서 볼 때, 증상이나 질병, 부상, 정신적 외상의 양상뿐 아니라 내담자의 발달 단계도 치료와 개입에 정보를 제공한다. 뇌는 지속적으로 발달하고 전 생애에 걸쳐서 변화한다. 따라서 이러한 사실에 대한 이해를 통해 임상가는 좀 더 풍부하고 완전한 사례 개념화를 할 수 있으며 내담자를 위한 치료계획을 세울 수 있다(jones, 2017b).

공감과 거울 뉴런

우리가 타인의 행동을 관찰하게 되면 무의식적으로 그것을 받아들이고 따라하게 된다. 예를 들어, 어떤 사람이 우울한 사람의 주변에 있게 되면, 그 사람은 무의식적으로 우울한 사람과 똑같이 슬픈 표정을 짓게 되고, 그 슬픔의 순환고리는 강화된다. 반대로, 어떤 사람이 활기차고 흥미롭게 귀를 기울인다면 아마도 다른 사람들은 이러한 긍정적인 정동(affect)을 알아챌 것이다.

> 표정(expression)은 … 정서(emotion)를 타인에게 전달할 수 있다— 강렬한 혐오를 보이고 있는 사람의 모습은 그것을 관찰하고 있는 타인의 뇌에서 혐오와 관련된 영역을 활성화시킨다. 이와 비슷하게, 만약 당신이 웃고 있다면, 이 세상은 진정으로 당신에게 웃어줄 것이다(어느 정도까지는). 어떤 실험에서 사람들의 "미소" 근육에 작은 센서를 부착한 후 다른 사람이 미소짓는 모습을 관찰하게 하였는데, 다른 사람이 미소짓는 모습은 피험자의 자동적인 모방을 야기하였다—비록 보이지 않을 정도로 미세하기는 했지만. … 뇌는 바깥에 무언가 좋은 일이 일어났다고 결론을 내리고, 기쁜 감정(feeling)을 만든다(Carter 1999, p. 87).

정서 표현의 모방은 **거울 뉴런**(mirror neurons)에 의해서 매개된다. 거울 뉴런은 관찰자가 다른 사람의 행동을 볼 때 활성화된다. 즉, 거울 뉴런은 타인의 경험을 모방하여 그러한 경험의 근본을 이해할 수 있도록 해준다.

타인의 행동을 모방하는 능력은 "[공감]을 구성하는 기본 요소들이 뇌 안에 내장되어 있으며, 타인과의 상호작용을 통해서 발달될 준비를 하고 있다…"는 것을 시사한다(Decety & Jackson, 2004, p. 71). 상담사가 공감할 때, 상담사는 거울 뉴런을 이용하여 내담자의 세계를 경험할 수 있고, 이에 따라 내담자의 거울 뉴런도 깨어나게 된다. 즉, 상담사는 공감을 보여 주고, 내담자는 상담사의 공감을 경험하면서 공감에 대해서 배운다. 따라서, "환자에게 공감적이라는 것은 단순히 환자의 '기분이 더 나아지도록' 돕는 것 이상의 것이다. 이는 순간적으로 일치하는 새로운 신경활성화 상태를 만들어 자기조절 능력을 향상시킨다(Siegel, 2006, p. 255).

Decety와 Jackson(2006)은 반사회적인 범죄자의 성격을 가지고 있는 사람들은 타인의 정서를 인식하는 능력이 줄어들어 있다고 지적하였다. 그들에게는 거울 뉴런의 발화가 적은 것뿐 아니라 편도체와 해마(장기 기억)를 활성화시키는 기능에도 장애가 있는 것 같다. 공감 및 공감과 관련된 세부기술에 대한 훈련을 통해 거울 뉴런의 효과를 증진시키고 다른 비공감적인 반응을 줄이는 것도 가능할 것이다(Ivey et al., 2018).

신경망과 세부기술의 관계

우리의 환경과 신경망이 서로 역동적으로 상호작용하고 있다는 것을 인식하게 되면서, 전통적인 치료적 개입과 **세부기술**(microskills)들이 신경망을 변화시킨다는 것을 알아냈다. 세부기술은 인간관계를 효과적으로 돕는 것과 관련된 기본적인 기술이다(Ivey et al., 2018). 그리고 신경 영상 분야에서의 새로운 기술 발달을 통해 임상가들은 세부기술이 내담자의 긍정적인 변화와 관련된 뇌 영역의 신경망에 영향을 미친다는 것을 알게 되었다(Ivey et al., 2017, 2018; Kawamishi et al., 2015). 신경가소성은 뇌의 신경망이 재배선되도록 하고, 이러한 과정은 결과적으로 내담자의 정서, 행동, 인지 향상에 영향을 미친다(Ivey et al., 2017).

뇌파

뇌파(brainwaves)는 뇌 안에서 서로 정보를 주고받는 신경 세포들로부터 발생하는 동시적이고 반복적인 전기 파동에 의해 생성되며, 우리의 사고와 정서, 행동의 기초가 된다. 뇌파는 당신이 행동하고 느끼는 것에 따라 변화한다. 느린 주파수의 뇌파는 우리가 휴식이나 수면을 취하거나 피로한 상태에 있을 때 주로 나타난다. 빠른 주파수의 뇌파는 우리가 집중하거나 매우 각성되어 있거나 흥분되어 있을 때 주로 나타난다.

뇌파에는 뇌전도(EEG)에 기록되는 주파수에 따라 다섯 가지 형태가 있다. 뇌파는 헤르츠(초당 순환 주기)로 측정한다. EEG는 두피에 부착된 작은 금속 판(전극)을 통해 뇌의 전기적 활동을 탐지하는 도구이다(Mayo Clinic, 2018a). 각각의 뇌파는 내담자의 상태와 관련이 있다. 내담자는 뉴로피드백 같은 기술을 통해서 이러한 패턴을 바꾸고 조절하여 보다 긍정적인 느낌이나 사고, 행동으로 이어지게 할 수 있다(Ruwwel-Chapin, 2016). 상담사는 뇌파를 이용해서 진단, 관찰, 치료, 그리고 개입의 결과에 대한 평가를 할 수 있다(사진 9.1 참조).

사진 9.1 두피에 전극을 부착한 모습

Field, Jones와 Russell-Chapin(2017)은 초당 순환 주기로 측정되는 헤르츠(Hz)의 주파수를 기준으로 뇌파의 5개 범주와 각각의 잠재적인 기능을 제시하였다(Ehlers & Kupfer, 1999).

1. **델타파**(Delta waves, 1-3 Hz): 델타파는 가장 느린 뇌파로 깊은 휴식이나 명상, 꿈을 꾸지 않는 수면 동안 발생한다. 공감, 치유, 재생과 가장 많이 관련되어 있는 것으로 보인다. 평균적으로 여성에게서 델타파의 활동이 더욱 왕성하다.

2. **세타파**(Theta waves, 4-7 Hz): 세타파는 전환기 상태에 나타나는 뇌파로 잠이 들 때나 깨어날 때 혹은 백일몽의 상태에서 발생하며, 명상을 하는 동안 쉽게 이런 상태로 들어갈 수 있다. 이러한 상태는 깊은 휴식을 취하고 있는 상태이며 종종 창의성, 학습, 기억, 직감으로 가는 통로로 여겨지기도 한다.

3. **알파파**(Alpha waves, 8-15Hz): 뇌의 휴식 상태로 불리기도 하는 알파파는 이완된 의식, 평온, 스트레스 감소, 마음과 신체의 통합과 관련되어 있다.

4. **베타파**(Beta waves, 16-31 Hz): 베타파는 깨어 있는 상태를 지배하며 각성, 주의, 문제 해결, 집중된 정신 활동, 의사 결정, 불안정, 우울, 불안, 싸움-도주 반응과 관련되어 있다.

5. **감마파**(Gamma waves, 32-100Hz): 감마파는 빠르게 진동하며 의식적인 알아차림, 지각, 혁신, 통찰의 폭발과 관련되어 있다(Field et al., 2017, p. 144). 일부 증거는

감마파와 조현병 및 자폐증 사이에 관계가 있음을 시사한다(Hirano et al., 2015; Rojas & Wilson, 2014).

건강, 긍정성, 그리고 신경가소성

마음과 신체의 상호작용에 대한 내담자의 자각을 높이는 것이 신경과학기반 상담의 핵심이다. 예를 들면, 만성 스트레스는 우울, 불안, 양극성 장애, 조현병, 외상 후 스트레스 증후군과 관련이 있으며(Douthit & Russotti, 2017), 과도한 스트레스는 신경가소성을 억제하고 스트레스 감소는 신경가소성을 증진시킬 수 있다(Davidson & McEwen, 2012; Tardif et al., 2016). 이러한 사실을 내담자가 알 수 있도록 돕는 것이 중요하다. 내담자가 이러한 지식을 얻은 후에 **건강 및 긍정적인 측면에 초점**을 맞추면, 내담자는 새로운 신경망을 형성하는 뇌의 능력을 강화하는 선택을 할 수 있다. 예를 들면, 신경전달물질인 도파민은 즐겁거나 긍정적인 상황에서 방출되는데, 뇌가 새로운 학습과 새로운 신경망을 발달시킬 수 있도록 준비시킨다. 이와는 반대로, 심각한 독성 물질, 학대, 정신적 외상, 형편없는 생활양식 선택, 부정적인 사고는 신경 연결이 손실되는 결과를 야기한다(Kahneman, 2011).

상담사와 심리치료사가 부정적인 사건이나 문제에 주로 초점을 맞추게 되면 편도체와 전두피질 간에 부정적인 자기 강화적 순환을 구축하게 된다. 이와 반대로, 운동, 과거 이야기를 긍정적으로 재구성하는 것, 대인관계 증진, 명상, 여가 활동, 인생 전반에 걸친 긍정적인 습관의 개발과 같은 건강한 활동은 부정적인 사고와 감정을 조절하고 수정하는 개인의 능력을 촉진한다. 내담자가 생활양식을 변화시키는 방법을 알아감에 따라, 뇌가 재배선되며 부정적인 증상이 감소하고 건강은 향상된다(Russell-Chapin, 2017b).

자기조절

자기조절(self-regulation)은 보다 만족스러운 삶을 추구하기 위해 자신의 생리적 기능, 행동, 인지, 정서에 대한 조절감을 획득하거나 회복하는 능력이다. 실제로, 대부분 상담적 접근의 목표는 자신을 조절하는 법을 배우는 것이다. 예를 들어, 변증법적 행동치료(dialectical behavior therapy, DBT)의 일차적인 목표는 감정을 조절하고 감정적 상황을 완화하며 스스로 진정하는 법을 배움으로써 정서 조절을 돕는 것이다(Koemer, 2012). 특수한 형태의 바이오피드백과 뉴로피드백도 자기조절 과정을 도울 수 있다. 개인은 자신의 신체와 마음 상태에 대한 피드백을 통해 이완 상태, 정서적 안정, 그리고 존재의 긍정적인 상태에 기반한 새로운 신경망을 발달시키는 법을 배울 수 있다.

기법

이번 절에서는 신경과학기반 상담에서 사용되는 주요한 기법을 소개한다. 이러한 기법에는 **신경교육, 생활양식 평가, 바이오 피드백과 자기조절 기술**(횡경막 호흡, 마음챙김, 바이오피드백에 대한 기술적 접근), **뉴로피드백, 지속노출치료와 안구운동 민감소실 및 재처리** 같은 **신경과학 지식 기반 치료**가 있다.

신경교육

신경교육(neuroeducation)은 내담자가 정신 기능의 기저에 있는 신경 과정을 이해하도록 돕는 교육적이거나 경험에 기반한 개입으로, 내담자의 고통을 감소시키고 내담자의 결과를 향상시키는 것을 목표로 한다(Miller, 2016, p. 105).

내담자는 증상에 대한 신경 기반을 이해함으로써 변화가 가능하다는 것을 믿기 시작한다. 변화가 연습과 반복을 통해 가능하며, 그러한 변화는 빨리 일어나지 않는다는 것을 이해하게 되면, 내담자는 불안정한 치료적 성과와 상담에서의 좌절에 대처할 수 있게 된다(Miller, 2016). 따라서, 신경과학기반 상담사는 뇌와 행동의 필수적인 상호관계를 강조하기 위해서 뇌의 구조와 기능에 대한 기초적인 교육을 제공한다.

내담자에게 뇌 구조가 어떻게 정서 반응에 영향을 미치는지를 이해시키고, 그러한 반응을 조절하는 기법을 알려주는 간단한 방법 한 가지는 **뇌의 손 모델**(hand model of brain)을 이용하는 것이다(Jones, 2017a; Siegel, 2017). 뇌의 아래쪽 부분에는 척수와 뇌간, 그리고 해마 및 편도체를 포함하는 변연계가 자리 잡고 있으며 손목과 엄지손가락으로 표현된다(그림 9.2). 이 부분은 **뇌의 정서 영역**으로 **싸움-도주 반응**을 매개하기도 한다. 뇌의 위쪽 부분인 **피질**은 나머지 네 손가락으로 표현되는데, 손가락 끝 부분은 **전전두 피질**을 나타내며 관절 주변 부분은 **대뇌 피질**을 나타낸다. 피질은 인간이 논리적으로 사고하고 도덕적으로 추론을 할 수 있게 한다. 때때로, 사람이 너무 피곤하거나 정서적 통제를 잃는 상황에 처하게 되면, 그림 9.2의 왼쪽 그림처럼 뇌의 아래쪽 영역이 주도권을 가지면서 마치 뚜껑이 열리는 것처럼 **"통제력 상실"**을 할 수도 있다. 하지만, 인간은 곧 뇌의 아래쪽 부분에 대한 통제력을 회복할 수 있다. 그림 9.2의 오른쪽처럼 전전두엽이 뇌의 아래쪽 부분을 감싸고 있으며, 그 부분을 통제하기 위해 대뇌 피질의 다른 영역들과 의사소통하고 있다. 이 모델은 인간이 뇌의 위쪽 부분을 활성화시키고(예를 들면, 특정한 인지 기법의 사용) 뇌의 아래쪽 부분에서 나타나는 반응을 줄일 수 있는 특정한 기법을 어떻게 배울 수 있는지를 비유적으로 설명한다. 이러한 과정을 **신경과학 지식 기반 개입**(neuroscience-informed interventions)이라고 한다.

　　신경교육을 통해 증상의 기저에 있는 신경 기반을 배우게 되면, 내담자는 자신과 타인에 대한 연민과 공감이 증가하고 자신의 과거 행동에 대한 수치심이 감소하는 것을 경험하게 된다(Miller, 2016). 또한 내담자가 파괴적인 관계에 있어 자신의 역할이 있었음을 인식하고 스스로가 자신의 변화를 어느 정도 통제를 할 수 있기 때문에 자신의 문제에 대해 타인을 비난하는 경향이 줄어든다.

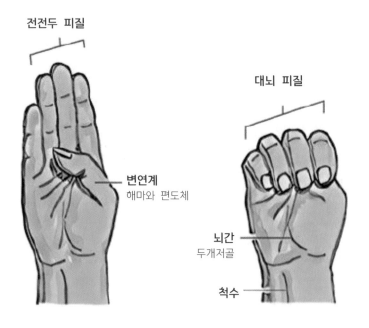

그림 9.2　뇌의 손 모델

생활양식 평가

　　내담자가 마음과 신체의 연결성에 대해 점차 이해하게 되고 행동이 뇌 발달과 사고, 감정, 행동에 영향을 미치는 방식을 명확하게 알게 되면, 내담자들은 그들의 삶에서 신경가소성을 방해할 수 있는 과도한 스트레스나 행동을 평가할 수 있게 된다. 내담자가

표 9.1 지료적 생활양식 변화 척도

당신의 생활양식은 얼마나 건강하십니까? Allenlvey, Mary Bradford Ivey, and Carlos Zalaquett © 2014

이름: _____ 연령: _____ 인종/민족성: _____ 날짜: _____
성별: _____

질문에 대한 반응에 표시하세요.

스트레스 종류 및 수준: 당신의 스트레스 수준은 어느 정도입니까?

	1	2	3	4	5	반응
설명	유의한 스트레스. 인생이 전반적으로 고요하고 평온하므로. 크고 굵직자리 문제들이 거의 없고, 나 작은 스트레스가 비교적 빨리 회복됨. 즐겁고 행복한 생활.	관리 가능한 정도의 스트레스. 인생의 굵직자리 문제들이 있으나, 나 회복 가능함. 기끔 어려운 문제들이 있기는 하지만 생활은 좋은 편.	종종 스트레스를 느낌. 어떤 날은 며칠 동안 지속되고, 잠 못 자기도 해며, 오래된 스트레스 사건들로 괴롭기도 함. 하지만 전반적으로 생활은 좋은 편.	지속적으로 스트레스, 잠 밖, 수면 문제를 겪으며, 오래된 문제들로 괴로워함. 스트레스 사건들로 괴로울 것 같지만 참을 수 있음. 생활은 괜찮은 편이 지만….	만성적인 스트레스, 피곤하고 화가 나고 수면 문제가 있으며, 머 슬프고 쇠약할 것 같음. 더 쉽게 흥분할 것 같음. 쉽게 통제력을 상실할 것 같으며 생활의 변화가 필요요함.	1 2 3 4 5

1. 운동(걷기, 수영, 자전거 타기, 정원 가꾸기, 달리기, 암벽 타기)을 얼마나 자주 하십니까?

1	2	3	4	5	반응
1주일에 5-7일	1주일에 4-5일	1주일에 2-3회	가끔 함	전혀 하지 않음	1 2 3 4 5

2. 영양: 주로 어떤 식사를 하십니까?

1	2	3	4	5	반응
비건, 채식주의자, 어류	저지방, 설탕기, 과일, 야채	지중해식, 팔레오(Paleo)식	미국 표준 식단	패스트푸드, 감자튀김, 설탕	1 2 3 4 5

3. 수면: 밤에 잠을 얼마나 주무십니까? 그리고, 수면은 얼마나 편안하십니까?

1	2	3	4	5	반응
7-9시간	7시간	수면에 어려움이 있음	많은 약이 필요함	수면에 어려움이 심각함	1 2 3 4 5

4. 사회적 관계: 다른 사람들(친밀한 관계, 가족, 친구, 모임)과 얼마나 교류하십니까?

1	2	3	4	5	반응
사람들과 교류를 매우 잘 하고 사람들과 교류하고 있음	사람들과 교류를 잘 하고 사람들과 교류하고 있음	친구 및 몇몇 모임과 교류하고 있음	약간의 사회적 관계를 맺고 있음	혼자임. 하나고 슬픔	1 2 3 4 5

4a. 친밀한 관계, 성생활: 성생활에 얼마나 만족하십니까?

1	2	3	4	5	반응
매우 만족스럽다	어느 정도 만족스럽다	다소 만족스럽다	만족스럽지 못하다	관심 없다	1 2 3 4 5

5. 인지 도전: 당신은 마음을 확장시키는 인지적 도전에 얼마나 적극적으로 참여하고 계십니까?

1	2	3	4	5	반응
지속적으로 새로운 배우 것 찾는 것에서 기쁨을 느낌	적극적으로 참여하고 있음	독서, 퍼즐 등을 통해 적절한 관심을 유지하고 있음	약간 참여하고 있으며, 3시 건을 넘지 않음	전혀 참여하고 있지 않음	1 2 3 4 5

(계속)

6. 문화적 건강 및 문화적 정체성: 문화적 정체성을 포함하여 당신에게 영향을 미치는 문화적 문제에 대한 의사

1	2	3	4	5	평가
자신과 타인에 대한 공감, 관계 속에서의 자기, 인종/민족성 등 삶의 비전에 대한 인식, 삶의 비전에 대해 알고 있음	이전 항목 중 최소 2가지 및 약간의 삶의 비전	이전 항목 중 최소 1가지와 약간의 삶의 비전	문제들을 어느 정도 인식하고 있음	인식 결여, 실제적인 삶의 비전이 없음	1 2 3 4 5

7. 명상, 요가 등: 이러한 것들을 얼마나 하십니까?

1	2	3	4	5	평가
매일	1주일에 3-4일	인식하고 있음, 가끔 함	하지 않음		1 2 3 4 5

8. 약물과 술: 약물이나 술을 드십니까?

1	2	3	4	5	평가
전혀 사용하지 않음	어느 정도 사용함	삶의 일부분임	최대 관심사임	중독되어 있음	1 2 3 4 5

9. 약과 건강보조제: 일어날 수 있는 가능한 문제들 및 이와 관련하여 의사를 만나는 것에 대해서 얼마나 인식하고 있습니까?

1	2	3	4	5	평가
정기적으로 진료를 보며, 의사의 지시에 따르고 있음	가끔 진료를 보며, 의사 지시를 폼	가끔 진료를 보며, 의사의 지시를 따르는 데 어려움이 있음	거의 진료를 보지 않음	전혀 진료를 보지 않음	1 2 3 4 5

10. 긍정적인 사고/ 낙관주의/ 행복: 당신은 희망적이고 긍정적인 태도와 좋은 수준의 행복을 가지고 있습니까?

1	2	3	4	5	평가
희망적이고 긍정적, 낙관적	대부분의 시간에 그러함	언제나 그렇지는 않지만, 보통 그러함	거의 그렇지 않음	드묾	1 2 3 4 5

11. 신념, 가치: 당신은 의미 있는 삶을 사는 것에 얼마나 관여하고 있습니까?

1	2	3	4	5	평가
삶의 중심임	관여하고 있음	가끔 관여함	전혀 관여하지 않음	관심 없음	1 2 3 4 5

11a. 영성, 종교성: 당신은 영적이거나 종교적인 활동에 참여하고 계십니까?

1	2	3	4	5	평가
매일	2-4일 간격으로	일주일에 1회	휴일에만	믿지 않음	1 2 3 4 5

12. 자연/ 녹지/ 정원: 당신은 외부/ 자연 활동을 얼마나 하고 계십니까?

1	2	3	4	5	평가
외부활동을 자주 함	빈번하게 활동함	가끔 활동함	거의 활동하지 않음	거의 전혀 하지 않음	1 2 3 4 5

(계속)

13. 흡연: 당신은 흡연을 하십니까? 하신다면, 얼마나 하십니까?

1	2	3	4	5
전혀 하지 않음	전혀 하지 않으나, 2차 흡연에 노출됨	금연하였음	금연하려고 노력함	흡연하고 있음
1	2	3	4	5

14. 스크린 타임(텔레비전, 핸드폰, 아이패드, 컴퓨터): 얼마나 많이 이용하십니까?

1	2	3	4	5
전혀 사용하지 않음	하루에 2시간 이하	4시간	6시간 이상	사용하지 않는 시간이 없음
1	2	3	4	5

15. 휴식과 재미: 당신은 여가 또는 휴식 활동을 얼마나 자주 하십니까?

1	2	3	4	5
매일 어느 정도 함	일주일에 5-6 시간	3-4 시간	제한되어 있으며, 스트레스를 받고 있음	일중독, 스트레스 받고 있음
1	2	3	4	5

16. 교육: 당신은 학교를 어디까지 다니셨습니까?

1	2	3	4	5
대학원	대학교	전문대학교	고등학교/ 검정고시	중퇴
1	2	3	4	5

17. 재산과 특권: 당신의 경제적 여건이 어떻습니까? 당신은 인종이나 다른 요인 때문에 특권을 누립니까?

1	2	3	4	5
모든 것을 가지고 있고, 특권도 누리고 있음	풍족함	그럭저럭 잘 지내고 있음	경제적으로 불안한 상태이지만 괜찮음	가난함. 중압감을 느낌
1	2	3	4	5

18. 다른 사람 돕기/ 지역사회 참여/ 사회 정의 활동: 당신은 얼마나 자주 사람이나 지역사회에 도움을 줍니까?

1	2	3	4	5
매일 하는 활동	주 단위로 활동	종종 활동함	시간이 없음	거의 하지 않음
1	2	3	4	5

19. 예술, 음악, 춤, 문화: 당신은 예술 활동을 얼마나 자주 하십니까?

1	2	3	4	5
매일	일주일에 여러 번	중간 정도로 자주	때때로	전혀
1	2	3	4	5

20. 기쁨, 유머, 삶에 대한 열정, 단순함 즐기: 당신은 얼마나 행복하십니까? 혹은 얼마나 재미있었습니까?

1	2	3	4	5
인생은 신나는 경험이라고 생각함	대부분의 시간이 재미 있음	중간 정도로 행복함	가끔	전혀
1	2	3	4	5

일반적인 생활 양식에 대한 자기 평가

일: 일 혹은 은퇴 후 활동 정도가 어떻습니까?

1	2	3	4	5
완전 고용 상태. 은퇴하였었고 지루하지도 않음	부분 고용 상태. 은퇴하였지만 지루하지도 않음	임시직. 괜찮지만 가끔 지루함	실업상태. 지루하고 덜 행복함	일하는 것을 포기. 덜 활동적이고 우울함
1	2	3	4	5

(계속)

통제감: 당신은 자신의 삶을 얼마나 통제할 수 있습니까?

내 삶을 완전히 통제	대부분 통제	어느 정도 통제	통제감이 낮음	통제 불가	1	2	3	4	5
1	2	3	4	5					

건강: 당신은 얼마나 건강하십니까?

매우 건강	가끔 문제가 있음	나빠지는 않음	주요한 문제가 있음	매우 좋지 않음	1	2	3	4	5
1	2	3	4	5					

안정성: 당신의 삶은 현재 얼마나 안정적이십니까?

매우 안정적	적당함	약간의 기복이 있음	불안정함	혼란 상태임	1	2	3	4	5
1	2	3	4	5					

회복탄력성: 삶이 고난으로부터 회복할 수 있는 능력

금방 회복		일시적으로 곤란을 겪음 / 상당히 걱정함	어렵지만 시도해 봄	압도됨	1	2	3	4	5
1	2	3	4	5					

만족: 당신은 현재 자신의 삶에 얼마나 만족하고 계십니까?

매우	중간 정도	다소	불만스러움	무기력함	1	2	3	4	5
1	2	3	4	5					

실행: 당신은 행복을 증진시키기 위해 변화할 준비가 얼마나 되어 있습니까?

변화할 준비가 되어 있음	변화를 원함	변화에 대해 생각 하고 있음	관심이 약간 있음	관심이 없음	1	2	3	4	5
1	2	3	4	5					

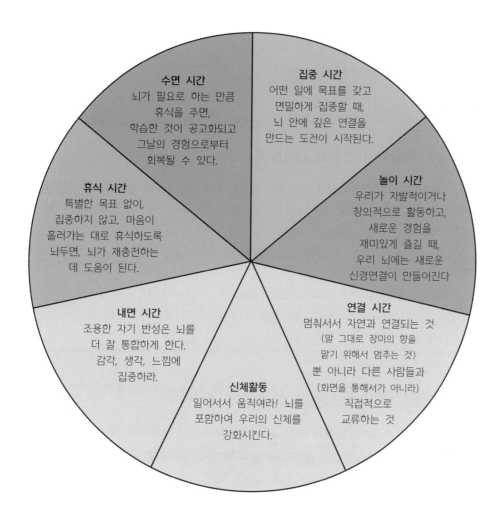

그림 9.3 **건강한 마음 플래터(Healthy mind platter)**

자기평가를 할 수 있는 방법 중 하나는 Ivey 등(2018)이 개발한 **치료적 생활양식** 변화 척도(therapeutic lifestyle changes inventory)를 사용하는 것이다. 이 척도는 생활을 20개 차원으로 평가하며, 내담자는 자신이 가장 먼저 변화하고 싶은 영역에 순서를 매길 수 있다 (표 9.1).

치료적 생활양식 변화 척도와 유사하게, Myers와 Sweeney(2004)는 **불가분의 자기 모델**(indivisible self model)을 개발하였다. 이 모델은 건강에 대한 증거 기반 모델로, 개인의 삶의 경험을 다양한 측면으로 나누어 조사하고 이러한 측면들이 서로 관련되어 전반적인 안녕감에 영향을 미치고 있음을 보여준다. 마지막으로, **건강한 마음 플래터**(healthy mind platter)는 최적의 뇌기능을 위한 틀을 제공하는 모델이다(Rock et al., 2012; Siegel, 2019)(그림 9.3과 상자 9.2 참조). 최적의 뇌기능은 뇌건강과 안녕감 증진을 위한 일곱 가지 정신 활동에 매일 참여함으로써 촉진된다.

상자 9.2. 생활양식 변화에 집중하기

표 9.1에 제시한 치료적 생활양식 변화 척도를 사용하여, 3점 이상의 점수를 받은 영역을 확인한다. 그 다음, 그림 9.3에 있는 건강한 마음 플래터의 일곱 가지 정신 활동을 사용하여, 하루 중 해당 정신 활동에 얼마나 집중하는 경향이 있는지에 따라 순위가 가장 높은 것부터 가장 낮은 것까지 차례대로 정렬한다. 그런 다음, 두 목록을 모두 이용하여, 스트레스를 감소시키고 생활만족도를 향상시키기 위해 노력해야 할 영역을 확인한다. 이번 장에서 언급하였듯이, 스트레스를 감소시키기 위해 노력하고 긍정적인 변화에 초점을 맞추는 것은 신경가소성을 증가시키고, 당신이 생각하고 행동하고 느끼는 방식을 장기적으로 변화시킬 수 있다.

바이오피드백과 자기조절 기술

신경과학기반 상담의 우선적인 목표가 내담자에게 스트레스에 대한 생리 반응을 조절할 수 있는 구체적인 방법을 제공하는 것이기 때문에, 내담자가 스트레스 활성화 및 억제와 관련된 생리학에 대한 기초적인 이해를 하는 것이 도움이 된다(Russell-Chapin, 2017b). 간단하게 설명하면, 스트레스는 **교감신경계**가 활성화되고 **부교감신경계**가 억제되었을 때 경험되며, 부교감신경계가 활성화되고 교감신경계가 억제되면 감소한다(Douthit & Russotti, 2017; Ivey et al., 2018). 모든 스트레스가 해로운 것은 아니다. 예를 들면, 교감신경계 활성화는 주의, 동기, 정보처리, 면역 기능과 수행에 필요 조건이다(Jones et al., 2017). 하지만, 교감신경계가 강렬하고 지속적으로 활성화되면 수면 붕괴, 소화기 및 면역 시스템 조절 장애와 함께 심박수와 혈압 및 불안이 증가한다(Douthit & Russotti, 2017). 그렇기 때문에 교감신경계와 부교감신경계 사이의 균형을 유지하는 것이 목표이며, 교감신경계가 지속적으로 활성화되고 부교감신경계가 지속적으로 억제되면 정서적, 육체적, 인지적으로 부정적인 결과가 발생하기 때문에 개입이 필수적이다(Crockett et al., 2017; Ivey et al., 2018; Jones et al., 2017; Russell-Chapin, 2017b). 개입을 통해 교감신경계 활성화에서 부교감신경계 활성화로 바뀌면 심박동과 혈압이 낮아지며, 불안이 감소되고, 면역 및 소화기능이 회복된다(Douthit & Russotti, 2017).

자기조절 기술(self-regulation skills)을 사용하는 첫 번째 단계는 내담자에게 스트레스에 대한 대응(response)이 반드시 자동적일 필요는 없다는 사실을 깨닫게 해주는 것이다. 반응(reaction)과 대응(response) 간에는 차이가 있다. 그리고 이러한 사실을 일단 인지하면 생리적으로 다르게 대응하는 방식을 배울 수 있다(Russel-Chapin, 2017b). 예를 들어, 내담자가 **싸움 또는 도주**와 관련된 변연계와 편도체의 교감 반응이 자기조절을 통해 조절될 수 있다는 것을 이해하면, 내담자는 이러한 지식에 기반하여 관련된 조절 기술에 관심을 기울일 수 있게 된다(Russel-Chapin, 2017b). 자기조절을 도울 수 있는 다양한 기술이 있지만, 효과적인 세 가지 접근법은 **횡경막 호흡, 마음챙김, 바이오피드백에 대한 기술적 접근**이다.

횡경막 호흡

부교감신경계와 교감신경계 간의 불균형은 종종 느리고 불규칙적인 얕은 호흡을 수반하며, 이는 불안, 우울, 정신적 외상과 같은 고통과 관련되어 있다(Crockett et al., 2017). 횡경막 호흡(diaphragmatic breathing)을 통해 횡경막을 이용하여 완전히 깊게 숨을 들이마시면, 뇌의 진정 및 이완 기제가 작동하면서 포도당과 산소 흡수율이 증가하여 전반적인 안녕감이 개선되고 불안이 감소된다(Crockett et al., 2017; Russell-Chapin, 2017b). 내담자가 일단 건강한 호흡과 관련된 기본적인 신경생물학을 이해하면, 신경과학기반 상담사는 안내된 호흡 인식 훈련(guided breath awareness exercises)을 통해서 내담자가 "속도, 깊이, 코 또는 입 사용, 움직임 위치, 부피, 들숨 대 날숨 비율, 질감, 편안함, 쉬움, 어려움"과 같은 호흡에서의 불규칙성을 알아차리고 해결하도록 도울 수 있다(Crockett et al., 2017, p. 171).

마음챙김

내담자에게 자기조절 기술을 가르칠 수 있는 또 다른 기법은 마음챙김(mindfulness)이다(Russell-Chapin, 2017b)(상자 9.3 참조). 마음챙김의 기본은 좋아하는 음식을 먹는 것 또는 사랑하는 사람과 함께 시간을 보내는 것과 같은 경험들이 모든 감각으로부터 어떻게 지각되는지에 집중하고, 그러한 경험의 특징을 판단하지 않고 알아차리는 것이다(Crockett et al., 2017; Russell-Chapin, 2017b). 간단하고 구체적인 예시를 통해 마음챙김을 어떻게 적용하는지를 이해하게 되면, 내담자는 판단하지 않고 현재에 집중하는 것에 더

상자 9.3 마음챙김 연습

메이요 클리닉(2018b)에서는 마음챙김 연습을 위해 몇 가지 쉬운 방식을 제안한다. 아래에 소개하는 연습을 살펴본 후, 한두 가지를 선택하여 다음 주 동안 실천해 보기를 바란다. 연습이 당신의 스트레스와 불안 수준에 긍정적인 영향을 미칠 수 있는지, 장기간 지속할 경우 신경가소성에 긍정적인 효과가 있을지를 확인하기 바란다.

- **주의 기울이기(Pay attention).** 바쁜 세상에서 속도를 늦추고 주변을 알아차리는 것은 어렵다. 촉각, 청각, 시각, 후각, 미각 등 당신의 모든 감각을 이용하여 주변 환경을 경험하는 시간을 갖도록 노력한다. 예를 들면, 좋아하는 음식을 먹을 때 냄새를 맡고, 맛을 보고, 진정으로 음식을 즐기는 시간을 가질 수 있다.
- **순간에 살기(Live in the moment).** 당신이 지금 하고 있는 모든 일에 의도적으로 개방적이고 수용적이며 분별력 있는 주의를 기울이도록 노력한다. 단순한 즐거움에서 기쁨을 찾는다.
- **자신을 인정하기(Accept yourself).** 당신이 좋은 친구를 대하는 것처럼 스스로를 대한다.
- **자신의 호흡에 집중하기(Focus on your breathing).** 부정적인 생각이 들 때에는 앉아서 심호흡을 하며 눈을 감도록 노력한다. 신체의 안과 밖으로 움직이는 호흡에 집중한다. 단 일 분 정도만 앉아서 호흡하여도 도움이 된다.

다음에 소개되는 좀 더 구조화된 마음챙김 연습을 시도해 볼 수도 있다.

- **몸 살피기 명상(Body scan meditation).** 다리를 쭉 펴고 손바닥이 위로 가도록 팔을 몸의 양 옆으로 붙이고 눕는다. 발가락 끝에서 머리 쪽으로 혹은 머리 끝에서 발가락 쪽으로, 신체의 각 부분에 천천히 신중하게 주의를 집중한다. 몸의 각 부분과 관련되어 있는 어떤 감각이나 정서, 생각을 의식한다.
- **정좌 명상(Sitting meditation).** 등을 똑바로 세워 편안하게 앉고 발바닥을 땅에 평평하게 놓고 손은 무릎 위에 얹는다. 코로 숨을 쉬며 호흡이 신체의 안과 밖으로 움직이는 것에 집중한다. 신체 감각이나 생각이 명상을 방해하면 그 경험을 알아채고 다시 호흡에 집중한다.
- **걷기 명상(Walking meditation).** 길이가 3~6m 정도 되는 조용한 공간에서 천천히 걷기 시작한다. 서 있는 감각과 균형을 잡게 해주는 미세한 움직임을 의식하면서 걷는 경험에 주의를 기울인다. 끝까지 걸어가면 그 감각의 의식을 유지하면서 돌아서서 계속 걷는다. (Mayo Clinic, 2018b, Section "What are some examples of … ").

능숙해진다. 그런 후에야 내담자는 외부 자극과 내부 반응(reaction) 사이의 연결성을 이해할 수 있게 되고 주의와 집중을 통해 자신의 반응(reaction)을 변화시킬 수 있는 능력을 개발할 수 있게 된다(Crockett et al., 2017).

바이오피드백에 대한 기술적 접근

바이오피드백을 이용한 다양한 기술적 접근은 자기조절 기술을 가르치는 데 사용될 수 있다. 이 기술들은 근육 긴장과 피부 전도를 낮추고 체온을 유지하며, 호흡과 심박수 그리고 심박변이(heart rate variability, HRV)를 조절하는 데 중점을 둔다. 각각의 기술은 특정한 훈련과 장비가 필요하다(Crockett et al., 2017; Russell−Chapin, 2017b). 신경과학기반 상담사는 본인 스스로 종합적이고 특수한 훈련을 받거나(Crockett et al., 2017), 적절한 경우 훈련을 받은 임상가에게 내담자를 의뢰할 수도 있다. 앞에서 소개한 비(非)기술적 자기조절 전략과 유사하게, 기술적 접근도 내담자에게 바이오피드백을 통해 스트레스를 줄이고 수행을 향상시키며 회복탄력성을 높이고 건강을 개선할 수 있는 자기조절 방법을 알려준다. 궁극적으로 내담자는 상담 회기 밖에서도 바이오피드백 기술 없이 자기조절하는 방법을 배우게 된다(Crockett et al., 2017; Russell−Chapin, 2017b)(상자 9.4).

상자 9.4 스트레스 감소를 위해 바이오피드백 사용하기

스트레스 상태에 있다면 우선 맥박을 측정한다. 그 후, 상자 9.3에서 소개한 마음챙김 연습 중 한두 가지를 약 10분 정도 실시하고, 맥박을 다시 측정한다. 감소하였는가? 만약 그렇다면, 방금 시행한 비(非)기술적 접근이 자신의 신체 상태를 조절하는 방법에 대한 하나의 지표라고 할 수 있다. 기술을 사용하면, 피드백은 당신이 일반적으로는 관찰할 수 없었던 자신의 생물학적 상태를 모니터할 수 있게 하고, 결국에는 당신의 신경망이 변화하게 한다.

뉴로피드백

심리적이고 행동적인 문제 해결을 위한 임상적 접근으로서의 뉴로피드백은 뇌의 전기적 활동과 행동 심리학 연구에 그 기원을 두고 있다. 학습 원리, 뇌 가소성에

대한 지식, 그리고 바이오피드백 및 자기조절의 원리와 결합된 인간 뇌전도(EEG)
의 발달은 다양한 정서 및 생리적 질병과 관련된 뇌의 전기적 활동의 변화를 탐
지하고, 관찰하고, 변화시키는 것을 가능하게 만들었다(Chapin & Russell-Chapin,
2014, p. 87).

뉴로피드백(neurofeedback, NFB)은 훈련받은 임상가에 의해 실시되는데, 뇌파를 측
정하고 훈련시키며, 신경망 간의 연결성을 증가시킨다(Chapin & Russell-Chapin, 2014).
NFB는 두피에 부착된 전극을 통해 뇌의 전기적 활동을 읽고 컴퓨터 소프트웨어 프로그
램을 이용하여 정보를 보여주고 분석하는 비침습적 방법이다(Collura, 2013). NFB는 조작
적 및 고전적 조건화 원리를 기반으로 강화물과 억제물을 이용하여 내담자가 자기 뇌의
전기적 활동을 조절할 수 있는 방법을 알려준다(Chapin & Russell-Chapin, 2014; Collura,
2013). 전기적인 활동은 뇌파로 측정되며, 특정 뇌파의 진폭은 정신 상태와 관련되어 있
다. 뇌파 패턴의 변화는 심리적 증상이나 행동을 개선하는 데 기여할 수 있다. 뇌파 활
동의 변화는 간단한 조작적 조건화 기법을 통해서 일어날 수 있다. 예를 들면, 상담사가
내담자에게 좋아하는 퍼즐이나 게임, 음악, 영화 등을 선택하라고 한 후, 이것을 보상으
로 사용할 수 있다. 바람직한 뇌파가 생성되면 그 선택한 활동이 보상으로 주어지고(음
악이 연주되고 퍼즐을 펼쳐짐), 뇌파가 조절되지 않은 상태로 남아 있다면 그 보상은 주어
지지 않는다(음악이 중단되고 퍼즐이 멈춤). 상담사는 NFB를 내담자 평가에 포함하여 뇌파
의 불규칙성을 판단하기 위해 사용할 수 있으며, 종합적인 생물심리사회적 평가로부터
나온 정보와 통합하여 이러한 뇌파의 불규칙성을 해결할 수 있는 치료 절차를 치료 계
획의 일부로 선택할 수 있다. 정규 치료 회기를 통해 내담자가 바람직한 뇌파 패턴을 생
성하는 방법을 숙달하게 되면, NFB는 내담자가 일상생활에서 사용할 수 있는 자기조절
능력을 개발하는 또 다른 도구로 사용될 수 있다(Russell-Chapin, 2016).

신경과학 지식 기반 치료

신경과학의 영향을 받은 치료법들이 많이 있지만, **지속노출치료**와 **안구운동 민감소실
및 재처리**가 지난 몇 년 동안 인기를 끌어왔다. 여기에서는 두 가지 치료법에 대해 매우
간단히 소개하고자 한다.

지속노출치료

지속노출치료(Prolonged Exposure Therapy, PE)는 "외상 후 스트레스 장애에 대해 경험적으로 지지된 효과적인 치료법"이며 참전군인에 대한 치료법으로 흔히 사용된다(McNally, 2007: Stojek et al., 2018, p. 1). Stojek과 동료들은 외상적인 사건이 뇌에 서로 연결되어 있는 영역들의 신경망을 방해한다고 주장한다. PE는 파괴된 영역들 내의 연결과 영역들 간의 연결을 증가시켜 복내측 전전두 피질(ventromedial prefrontal cortex, vmPFC), 편도체(amygdala) 그리고 해마(hippocampus) 간의 기능적 응집성을 재건한다. 이러한 과정은 스트레스 상황에서 정서적 반응의 조절을 증가시킨다. 즉, PE는 편도체, 해마, 전전두 피질 등 뇌의 공포 회로를 재배열한다.

PE 치료는 한 회기당 90분씩 9~12번의 회기로 진행된다. PE 치료의 초기 목표는 내담자가 경험하는 스트레스에 대해서 가능한 많은 정보를 모으면서 내담자에게 심리교육을 제공하는 것이다. 또한 초기 치료 회기에 내담자에게 이완기법과 관련된 워크북을 제공한다. 라포가 충분히 형성되고 내담자에게 PE 치료 과정에서 발생할 수 있는 초조와 스트레스를 완화하는 방법을 알려준 후, 상담사는 남은 치료 회기 동안 외상적 사건에 대한 노출을 시작할 것이다(Mackinson & Young, 2012).

안구운동 민감소실 및 재처리

안구운동 민감소실 및 재처리(Eye Movement Desensitization and Reprocessing, EMDR)는 원래 외상 후 스트레스 증후군(PTSD)을 경험한 사람들과 같은 외상 피해자를 치료하기 위해 만들어졌다. 외상과 관련된 기억이 기억 체계 내에 잘 통합되지 않았기 때문에 특정한 촉발 요인이 종종 원래의 외상을 다시 불러일으키는 것으로 여겨진다. 신경처리 관점에서 볼 때, 안구운동 민감소실 및 재처리(EMDR)는 **적응적 정보 처리**(adaptive information processing, AIP)모델로 설명된다. 이 모델은 편도체와 해마에 있는 신경 경로에 저장된 외상적인 기억이 더 넓은 적응적인 기억 망에 통합되지 못하고 그 안에 갇히게 된다고 제안한다(EMDR Institute, 2019a; Shapiro & Solomon, 2015). 어떤 상황이 이렇게 갇힌 기억을 촉발하면, 그 기억은 원래 경험했던 모든 육체적, 정서적, 지각적 경험과 함께 마치 현재 일어나고 있는 것처럼 펼쳐지게 된다. 이렇게 저장된 기억이 치료의 표적이 되며, 안구 운동이나 손가락 두드림 혹은 신호음의 사용과 같은 양방향 이중 주의 자극의 사용을 통해서 표적 기억이 일반적인 기억 망으로 통합되고 내담자의 인생 경험의 일부분으로 자리잡게 된다.

　EMDR이 작동하는 이유가 완전히 명확하지는 않지만, 눈동자를 빠르게 움직이는 수면 동안 기억이 저장되는 방식(아마도 EMDR이 이 과정을 모방한 것처럼 보임)과 관련이 있을 수 있다. 또는 이 과정을 통해서 자동적인 이완 반응이 점차적으로 증가되기 때문일 수도 있고, 이 과정에서 부수적으로 와해된 기억의 생생함이 감소되기 때문일 수도 있다. 어떤 이들은 과거의 외상이 우리의 정신 안에 내장될 수 있고, 그렇게 내장된 기억의 카타르시스가 치유로 연결될 수 있다고 지적한다. 또 다른 이들은 핵심 믿음은 부정적인 경험을 유지하지만, EMDR의 목표 중 하나이기도 한 새로운 인지와 행동이 내담자가 이 세상에 존재하는 새로운 방식을 습득하도록 돕는다고 제안하였다. 어떤 경우든, EMDR 치료는 어덟 단계로 구성되어 있으며, 이 난계는 몇 회기 만에 끝나 수도 있지만 대부분 더 오래 걸린다(EMDR Institute, 2019b; Shapiro & Solomon, 2015).

　1단계: 내담자의 병력 및 치료 계획(Client History and Treatment Planning): 이 단계에서는 내담자의 자세한 병력을 청취하고 치료 계획을 수립한다. 특히, 치료사는 문제 증상, 문제를 유발했던 과거의 상황, 고통을 지속시키는 현재의 문제, 그리고 앞으로 그 문제를 완화시키는 데 필요한 행동 및 기술과 함께 그 문제가 무엇인지에도 초점을 둔다. 문제에 대해 깊이 토론할 필요는 없지만, 내담자가 자신의 문제가 무엇인지를 파악하도록 할 필요는 있다. 보통 이 단계를 다루는 데는 1~2회기가 소요된다.

　2단계: 준비(Preparation): 일반적으로 1~2 회기 정도에 걸쳐 진행되지만 문제에 따라 더 오래 걸릴 수도 있다. 2단계에서는 공감 및 관련된 기술을 통해 신뢰 관계를 형성하고, 내담자에게 이완 및 대처 기법을 알려주는 것을 시작한다. EMDR이 안구 운동을 사용하는 것으로 알려져 있기는 하지만, 치료가 성공적이려면 내담자가 치료 과정에 '주인이 되는 것'이 필수적이기 때문에 치료적 관계가 과소평가되어서는 안 된다(Dworkin, 2005). 또한 내담자에게 다양한 인지 행동적인 이완 기법과 대처 기술을 알려줌으로써 내담자가 불안을 스스로 관리할 수 있도록 도울 수 있다.

3단계: 평가(Assessment): 이번 단계에서 내담자는 1단계에서 확인된 문제 상황을 이용하여 사건과 관련된 부정적인 믿음을 확인한다. 부정적인 자기 진술 또는 핵심 신념은 "나는 사랑받을 만하지 않아", "나는 가치가 없어", "나는 능력이 없어"와 같은 것들이다. 하나 또는 그 이상의 부정적인 믿음을 찾아낸 후, 내담자는 부정적인 믿음에 반하는 긍정적인 믿음을 찾아낸다. 불편감에 대한 주관적 평가(subjective units of disturbance, SUD) 척도를 사용하여, 내담자가 자신의 불편감을 0점에서 10점까지 평가한다. 여기서 0점은 문제가 되는 상황적 맥락에서 가장 편안한 상태를 의미하고, 10점은 가장 불쾌한 상태를 의미한다. 내담자는 부정적인 사건이나 자기 진술, 혹은 새롭게 발견한 긍정적인 자기 진술에 대해 생각하면서 평가를 이어갈 수 있다.

4단계: 민감소실(Desensitization): 4단계에서 치료사는 내담자가 외상적이거나 불쾌한 사건과 관련된 불쾌한 장면, 부정적인 믿음, 정서, 신체적 감각에 집중하도록 한다. 그리고 동시에, 치료사는 내담자에게 일련의 안구 운동을 시키거나 관련 자극(예: 손가락 두드리기, 리듬감 있는 음색 듣기)을 제시한다. 그 후, 치료사는 내담자에게 "지워버리세요"(또는 "잊어버리세요")라고 말하고, 깊게 숨을 들이쉬라고 한 후 "지금 어떤 생각이 드세요?"라고 묻는다(Shapiro, 2002b, p 38). 이 시점에서 치료사는 내담자의 반응 종류에 따라 치료를 지속할 것이다. 만약 내담자가 초기에 불쾌했던 장면과 관련 증상으로 인해 여전히 불편해하면 민감소실 절차를 반복하지만, 내담자는 대부분 초기의 장면은 잘 떠나보내며 외상적 사건과 관련된 다른 장면으로 넘어간다. SUD가 0, 1, 2점이라면 다음 단계로 넘어간다.

5단계: 주입(Installation): 내담자의 불쾌함 수준이 감소하면 3단계에서 찾아냈던 긍정적인 인지적 믿음이 자연스럽게 증가한다. 따라서, 이번 단계의 목적은 이러한 긍정적인 믿음을 강화시키는 것이다. 1점(완전히 거짓)~7점(완전히 진실) 척도로 평가하는 인지 타당성 척도(Validity of Cognition, VoC)를 이용하여, 내담자가 새롭게 선택한 긍정적인 인지적 믿음에 대해 가장 높은 점수에 이를 수 있도록 하는 것이 목표이다. 이 단계에서 치료사는 내담자가 긍정적인 인지를 외상적 사건과 짝지을 수 있도록 동기를 부여한다. 즉, 어린 시절에 "멍청하다"고 언어적으로 학대를 당했던 사람은 자신이 멍청하다는 소리를 듣는 장면과 "나는 능력 있고 영리하다"라는 진술문을 짝지을 것이다. 긍정적인 자기진술을 강화하기 위해 다른 활동도 함께 사용할 수 있다. 예를 들면, 내담자가 자신의 어린 시절에 그런 말을 했던 부모에게 직접적으로 맞서기로 결심할 수도 있다. 이러한 직면이 적절하게 사용된다면, 내담자가 긍정적인 믿음을 강화하는 데 도움이 될 것이다.

6단계: 신체 살피기(Body Scan): 신체는 때때로 우리의 마음이 의식적으로 말하는 것 이상으로 외상적이거나 불쾌했던 사건에 기인한 긴장 상태를 지속한다. 따라서 내담자에게 그 사건을 회상하는 동안 자신의 신체를 잘 살펴보도록 요청해야 한다. 내담자가 여전히 긴장감을 느낀다면, 4단계와 5단계를 추가적으로 진행한다.

7단계: 종결(Closure): 종결 단계에서는 내담자가 각각의 회기를 시작할 때에 비해서 마칠 때에 더 기분이 나아졌는지를 확인하고, 내담자가 현재 느끼고 있는 "심리적 안정감"에 집중하도록 돕는다. 따라서, 각 회기의 마지막에 내담자가 2단계에서 배운 자기 관리 기법을 연습하도록 격려한다. 또한, 내담자가 치료적 진전을 기록하기 위해 치료일지를 작성하고, 집에서 자기 관리 기법을 연습하고, 집에서 안정감을 유지하기 위해 이완을 위한 시청각자료를 이용할 수 있도록 격려한다.

8단계: 재평가(Reevaluation): 각각의 EMDR 회기 시작 시, 치료사는 내담자와 함께 내담자의 치료일지를 검토하고 치료에서 다루어야 할 추가적인 문제에 대해서 이야기를 나눈다. 치료 과정이 진행됨에 따라 새로운 문제가 발생하고 치료의 표적은 바뀔 것이다. 새로운 문제가 드러나면, 내담자는 3단계부터 8단계까지를 반복한다. 새로운 문제가 해결됨에 따라 내담자의 불안은 점차 줄어들고 추가적인 치료 없이도 심리적 안정감이 유지될 것이다.

다양한 질병과 문제를 치료하는 데 있어서 EMDR의 성공은 앞으로도 유망하며, 이러한 접근은 연구 기반을 확장하여 EMDR의 효과성에 대한 근거를 명확하게 밝히게 될 것이다(EMDR Institute, 2019c; Shapiro & Solomon, 2015).

상담 과정

신경과학적 지식에 기반한 접근은 보통 내담자 문제에 대한 일반적인 임상 평가와 함께 시작된다. 평가는 내담자의 건강에 대한 다양한 질적 및 양적 평가와 전통적인 접수 면접으로 이루어진다. 앞부분에서 소개한 치료적 생활양식 변화 척도, 불가분의 자기 모델, 건강한 마음 플래터도 평가 부분에 포함될 수 있다. 또한, 행동이나 증상과 관련되어 있을 수도 있는 뇌파 활동을 수집하기 위해 **정량화 뇌전도**(quantitative electroencephalogram, qEEG)를 시행할 수도 있다. 신경과학기반 상담사는 발달적인 변화에 대한 지식과 함께 이러한 평가를 활용하여 행동, 정서, 생각, 그리고 감정을 신경과학적 관점으로 개념화할 수 있다(Russell−Chapin, 2017a). 이러한 개념화는 치료 계획에 초점을 맞추고 적절한 개입 방법을 선택함으로써 내담자와 의도적인 작업을 수행하는 데 필수적이다. 치료계획은 기존 신경망을 강화하고, 취약한 신경 경로를 확인하여 발달시키고 강화할 것이다.

상담사가 구조 생물학, 연령에 따른 뇌의 변화, 뉴로피드백 과정에 대해 훈련을 받았다면 신경과학기반 상담을 독립적으로 시행할 수 있다. 예를 들면, 신경 지식에 기반한 접근은 뇌파의 변화가 어떻게 생활양식에 긍정적인 영향을 미치는지, 그리고 생활양식이 어떻게 뇌파의 변화에 긍정적인 영향을 미치는지에 초점을 맞출 수 있다. 그러나 대부분의 상담사는 상담에 대한 이론적 접근만을 훈련받는다. 상담사는 뉴로피드백에 관한 워크숍이나 강의를 통해 자신이 현재 다루고 있는 이론적 접근에 신경 지식에 기반한 치료를 통합할 수 있다. 또한 상담사는 선택된 중재가 신경망을 변화시키는 과정과 그러한 변화가 심리적이고 정서적인 개선으로 이어지는 방법을 내담자와 공유할 수 있으며, 이는 변화 과정에 대한 내담자의 주체성을 증가시킨다(Miller, 2016).

사회문화적 이슈

지금까지 안녕감 및 정서적 건강에 미치는 스트레스의 영향이 신경과학기반 상담의 주요한 개념으로 강조되어 왔다. 따라서, 사회적 불평등 및 억압의 희생자들과 소외된 집단 구성원들이 겪는 스트레스를 포함하여 다양한 스트레스의 원인에 대한 이해가 상담 개입을 성공적으로 수행하는 데 핵심적이다(Ivey et al., 2018). 이러한 시각은 상담 과정을 통한 적절한 개입의 필요성뿐 아니라 스트레스의 상당 부분을 차지하는 원인을 완화하기 위해 사회 정의 문제를 다루는 것의 중요성도 강조한다(Douthit & Russotti, 2017; Zalaquett & Ivey, 2018). 가난, 학대, 따돌림, 인종차별, 성차별, 동성애자 차별, 차별 대우, 그리고 또 다른 형태의 억압과 같은 주요한 사회 정의 문제들도 모두 스트레스를 유발한다. 스트레스를 주는 사건은 신생아와 아이들의 정상적인 뇌발달을 억제할 수 있으며, 성인의 뇌 신경발생과 가소성에 부정적인 영향을 미친다. 따라서, 사회 정의 문제는 개인의 심리적, 육체적, 사회적 안녕에 해롭다(Zalaquett & Ivey, 2014, 2018).

신경과학기반 상담사는 기존의 이론적 틀에 신경 지식 요소들을 통합하면서 문화적 민감성, 교차하는 정체성(intersecting identity), 그리고 다양한 신체적 요구들을 고려하여 내담자와의 작업에서 문화적인 역량을 발휘해야 한다(Douthit & Russotti, 2017). 그렇기 때문에 사회 불의의 희생양이 될 가능성이 가장 높은 소수자를 옹호하는 것은 신경과학기반 상담사에게 중요하다. 일반적으로, 신경과학기반 상담의 효과성을 입증하기 위해서 더 많은 연구가 필요하지만, 특히 다양한 인구 집단에 대한 적용을 탐색하는 연구가 필요하다.

효과

신경과학기반 상담은 상대적으로 새로운 접근법이기 때문에 다양한 인구 집단에 대한 효능성은 여전히 밝혀지고 있는 중이다(Field et al., 2017). 하지만, 외상, 물질 사용 장애, 주의력 결핍/과잉행동 장애, 불안, 우울 및 기타 문제를 겪고 있는 사람을 포함하여 많은 사람들이 신경 지식 기반 접근 방식으로부터 혜택을 얻을 가능성이 있는 것으로 확인되었다.

외상

외상을 경험한 사람들과 작업을 하는 상담가는 이러한 사람들에게서 전형적으로 나타나는 신경 반응패턴에 적합한 신경과학 지식 기반 개입을 고려해야 한다(Jones et al., 2017; Navalta et al., 2018). 예를 들어, 발달 중인 뇌가 어린 시절에 부정적인 경험에 노출되어 강렬하고 지속적인 스트레스를 겪으면 종종 육체적이고 정신적인 질병으로 이어진다(Griffith, 2018). 한 메타 분석에서 어린 시절에 학대와 관련된 PTSD를 경험한 성인은 해마 부피가 줄어들었으나 이를 경험한 아동의 해마 부피에는 영향이 없는 것으로 나타났다(Woon & Hedges, 2008). 이는 해마 부피가 시간이 지나면서 영향을 받으며, 조기 개입이 이러한 변화를 다룰 수 있을 가능성을 시사한다. 무작위 대조 처치(random control treatment, RCT) 예비 연구에서, NFB가 PTSD 증상을 유의하게 감소시키고 정동 조절을 향상시켰으며, 다른 증거 기반 PTSD 치료와 비슷한 효과 크기를 보였다(Gapen et al., 2016). 또한 PTSD에 대한 NFB의 효과를 검증한 다섯 개의 연구를 검토한 문헌 조사 결과도 NFB가 PTSD 치료에 유력한 효능성이 있다(probably efficacious)고 제안하였다(Reiter et al., 2016).

약물 사용 장애

약물 사용 장애(substance use disorder, SUD)가 신경계에 미치는 전반적인 영향에 대한 이해와 적절한 신경 지식 기반 개입은 유망한 결과로 이어질 수 있다(Hall & Walker, 2017). 예를 들면, 알코올 사용 장애 입원 환자를 대상으로 초월 명상(transcendental meditation, TM)과 보통의 치료법을 비교한 결과, 두 치료 집단 간에 유의미한 차이가 없었다. 하지만, 하루에 두 번 TM을 연습한 사람들은 재발율이 낮았으며, 규칙적인 TM 연습은 추적 관찰 시 스트레스 감소, 갈망 감소, 음주 빈도 감소와 상관이 있었다(Gryczynski et al. 2018).

Peniston과 Kulkosky(1989)는 알코올 중독자에게 알파/세타 뇌파 훈련, 피부 온도 바이오피드백 이완, 술 거부 이미지를 포함한 뇌파 훈련(brain wave training, BWT) 치료를 제공하였다. 대조군과 비교하였을 때, BWT 집단은 자기 보고 우울 증상과 스트레스의 생리적 지표가 감소했고, 13개월의 추적 기간 동안 금주를 유지했다. 그들이 제안한 치료계획은 여러 연구에서 진행된 임상 평가에서 긍정적인 결과를 보였다(Sokhadze, 2016).

Peniston의 BWT 치료계획은 정신자극제 관련 장애(psychostimulant disorder) 치료에 적합하도록 수정되었으며, Scott−Kaiser 수정이라고 알려져 있다(Sokhadze et al., 2014). 대부분 다약제 사용자인 거주치료 프로그램 참가자 121명에 대한 연구에서, 보통의 치료(treatment−as−usual, TAU)만 받은 참가자와 TAU에 NFB를 추가적으로 받은 참가자를 비교하였다. NFB + TAU 집단의 참가자들은 통제집단에 비해서 치료 장면에 좀 더 오래 머물렀으며, 1년 동안 약물 사용을 자제한 비율이 더 높았고, 충동성과 주의력에서 더 큰 향상을 보였다(Scott et al., 2005). SUD 치료를 위한 NFB 연구를 검토한 결과, Sokhadze 등(2008)은 알코올 사용 장애, 자극제 사용 장애, 혼합 물질 사용 장애에 대해 NFB을 거주 치료(residential treatment)에 결합하여 적용하는 것이 유력한 효능성이 있다(probably efficacious)고 하였다. 다양한 종류의 SUD에 대한 NFB 치료의 추가적인 성공을 바탕으로, Sokhadze 등(2014)은 앞으로는 SUD에 대한 NFB 치료가 CBT, 동기강화 치료, 유지 약물치료와 같은 이미 확립된 행동 개입과 공식적으로 통합될 것을 권고하였다.

주의력 결핍/과잉행동 장애

NFB와 주의력 결핍/과잉행동 장애(ADHD)의 효능성을 확인한 문헌 조사에서, Chapin과 Russell−Chapin(2014)은 NFB 치료에 대한 가장 낮은 평가는 "유력한 효능성이 있음(probable efficacious)"인 반면, 가장 강력한 평가는 "효능성이 있고 특정적(efficacious and specific)"이라고 결론 내렸다. Van Doren 등(2018)은 ADHD 아동을 대상으로 한 10편의 RCT 연구를 메타 분석하여, 부주의에 대한 집단 내 NFB 효과가 치료 후에는 중간 효과 크기를 보였으나 추적 소사 시에는 큰 효과 크기를 보였음을 발견하였다.

불안과 우울

불안과 우울에 대한 효능성을 검토한 문헌에서, Chapin과 Russell−Chapin(2014)은 불안에 대한 NFB 치료는 "유력한 효능성이 있음(probably efficacious)"부터 "효능성이 있음(efficacious)"으로, 우울에 대한 NFB 치료는 "가능한 효능성이 있음(possibly efficacious)"으로 간주될 수 있다고 보고하였다. 주요 우울 장애 환자들의 편도체 기능에 초점을 맞춘 연구에서, Young 등(2014)은 긍정적인 자전적 기억 회상과 함께 NFB 훈련을 받은 환자들이 편도체 기능을 조절할 수 있게 되고 기분이 개선되었음을 발견하였다. 이와 유사하게, 우울 증상이 있는 한국 대학생을 대상으로 한 소규모 연구에서도, 명상과 함께 NFB을 적용한 경우 치료 후와 4개월 후 추적 조사에서 심리사회적 활기와 정동이 모두 유의하게 향상되었다(Hwang et al., 2017). Thabrew 등(2018)은 심박 변이(HRV), 바이오피드백 보조 이완 치료, 뇌전도 등 다른 종류의 바이오피드백을 이용한 9개의 연구(이 중 4개는 RCT)를 선정하여 체계적 문헌 고찰을 하였다. 이러한 조합은 불안을 줄이는 데 효과적이었으며, 두 개의 연구에서 HRV 훈련은 우울을 감소시켰다. 마지막으로, 신경 지식 기반 CBT(neuro−informed CBT, n−CBT)의 사용 및 인식을 조사하기 위한 다면적 혼합 방법 예비 연구에서, Field 등(2016)은 연구에 참가한 대부분의 상담사들이 n−CBT가 불안과 우울 장애를 가지고 있는 사람들과 작업을 할 때 가장 효과적이라고 믿으며, 불안과 우울 증상이 모두 감소했다고 보고했다.

기타 문제들

신경 지식 기반 상담은 집단 치료(Luke & Diambra, 2017), 직업 상담(Luke & Field, 2017) 그리고 운동선수와의 작업을 위해 제안되었다(Chapin, 2017). 바이오피드백은 직업적 성취를 위해 스트레스를 받으며 수행해야 하는 개인의 스트레스 관리에 효과적인 것으로 밝혀졌다(Kennedy & Parker, 2018). 건강의 관점에서 보았을 때, 바이오피드백과 뉴로피드백 기법의 통합은 결국 광범위한 상담 접근에 효능성을 보일 것이다.

이전 문헌 고찰에서 시사하듯, 신경과학기반 상담은 현재 만들어지고 있는 이론이기 때문에 신중한 개발과 엄격한 평가가 필요하다. 신경 지식 기반 기법의 효과에 대한 지속적인 연구가 무엇보다 중요하다고 할 수 있다.

요약

이번 장에서는 신경과학기반 상담을 검토하면서 비교적 간략한 역사를 살펴보는 것으로 시작하였다. 뉴로피드백은 1930년대에 Edmund Jacobson에 의해 시작된 점진적 이완이나 1960년대에 시작된 바이오피드백처럼 정신 건강을 증진시키기 위해 생리적 반응을 조절한다. 뉴로피드백은 1960년대에 사람들이 뇌파 활동을 변화시킬 수 있도록 하는 훈련을 연구하였던 Joe Kamiya로 인해 인기를 끌게 되었다.

세월이 흐르면서 PET와 MRI 스캔의 발전 및 EEG 사용과 함께 뇌의 변화를 측정하는 것에 대한 관심이 증가되었다. 그리고, 1998년에 Eric Kendel은 상담이 유전자의 표현형을 변화시킬 수 있고 신경망을 바꿀 수 있다고 언급하였다. 상담계에서 신경과학기반 상담의 초기 선구자들 중에는 Lori Russell-Chapin, Allen Ivey, Mary Bradford Ivey, Carlos Zalaquett, 그리고 Chad Luke가 포함된다. 이러한 접근은 얼마되지 않아 상담의 최신 세력 중 하나로 불리게 되었으며, 최근에는 기존에 있었던 이론적 틀에 통합하여 사용하거나 독립적으로 사용할 수 있는 접근법으로서 인기를 끌고 있다.

신경과학기반 상담에서 보는 인간 본성에 대한 관점은 신경교육을 통합한 건강 및 강점기반 접근을 포함한다. 이러한 접근은 환경과 건강에서의 긍정적인 변화가 신경가소성을 자극하는 과정을 통해 뇌의 구조생물학에 영향을 미칠 수 있다는 사실에 근거한다. 많은 요인들이 신경망을 긍정적으로 변화시킬 수 있지만, 그 중에서도 신체 운동, 수면 위생, 장내 미생물, 생활양식 습관을 포함한 몇 가지가 더 강조된다. 또한 주요한 뇌의 변화는 시간에 걸쳐서 일어난다. 상담사가 연령의 변화에 따른 신경망의 잠재적인 변화에 대해서 아는 것이 중요하기 때문에 신경과학기반 상담은 발달적인 관점을 유지해야 한다.

주요한 개념에 대해서도 몇 가지 언급하였다. 예를 들면, 신경가소성은 뇌가 구조와 기능을 바꿀 수 있는 능력이고, 신경발생은 뇌가 손상되거나 손실된 신경세포를 재생할 수 있는 능력이다. 주의, 각성 및 집중은 주의를 집중하는 개인의 능력에 따라 뇌가 어떻게 변화하는지와 관련된다. 우리는 또한 대뇌 피질 하부에 있으며 정서와 관련되어 있는 변연계에 대해서도 설명하였다. 우리는 뇌의 기능이 평생에 걸쳐서 주요한 변화를 거치며, 인간은 거울 뉴런을 통해 타인의 행동을 모방할 수 있고, 내담자는 상담사의 공감을 관찰하고 신경학적으로 거울 뉴런을 통해 학습할 수 있으며, 세부기술이 신경망을 변화시킬 수 있나는 것을 강조하였다. 마지막으로, 이 장에서는 다양한 뇌파(델타파, 세타파, 알파파, 베타파, 감마파)의 기능을 검토하였다. 또한 건강에 집중하고 긍정적 태도를 취하는 것이 어떻게 신경가소성을 증가시키는지도 살펴보았다. 다양한 유형의 치료들(예를 들어 DBT)과 특정 유형의 바이오피드백 및 뉴로피드백은 자기조절을 가능하게 하며, 이러한 기법들은 이완, 정서적 안정, 그리고 신경가소성의 증가에 중요하다.

우리는 이번 장에서 다양한 신경과학기반 상담 기법을 소개하였다. 예를 들면, 우리는 교육적 또는 경험에 기반한 개입을 통해서 내담자에게 변화의 신경 기반을 가르치는 신경교육(예: 뇌의 손 모델을 학습하는 것)에 대해 학습하였고, 치료적 생활양식 변화 척도, 불가분의 자기 모델, 건강한 마음 플래터와 같은 자기 평가를 사용하여 생활양식을 평가하는 것의 중요성을 다루었다. 또한 특히 교감신경계 및 부교감신경계와의 관계에 초점을 맞추어 바이오피드백을 통해 자기조절 기술을 학습할 수 있다는 점을 다루었다(예: 횡경막 호흡, 마음챙김, 심박변이(HRV) 및 호흡수 낮추기와 같은 바이오피드백을 이용한 기술적 접근). 전극을 두피에 부착하여 뇌파를 측정하고 내담자가 뇌파를 변화시킬 수 있도록 훈련시키는 뉴로피드백에 대해서도 다루었으며, 지속노출치료(PE)와 안구운동 민감소실 및 재처리(EMDR)와 같은 신경과학 지식 기반 치료도 검토하였다.

앞서 언급한 것처럼, 신경과학적 지식에 기반한 상담 접근은 보통 일반적인 임상 평가와 함께 시작한다. 이러한 과정은 일반적으로 전통적인 접수 면접, 치료적 생활양식 변화 척도, 불가분의 자기 모델, 또는 건강한 마음 플래터와 같은 평가도구를 사용한 평가, EEG를 이용한 뇌파 측정, 내담자에게 발달적으로 적절한 지식이 적용된 치료 계획을 포함한다. 상담사가 구조생물학에 대해 훈련받았다면 신경과학기반 상담을 독립적으로 실시할 수 있으며, 워크샵이나 강의를 통해 훈련받았다면 현재 상담사가 사용하고 있는 상담적 접근 방식에 통합하여 사용할 수 있다.

신경과학기반 상담의 주요한 관심사가 한 개인의 스트레스 영역을 확인하는 것이기 때문에 가난, 학대, 따돌림, 인종차별, 성차별, 동성애자 차별, 차별 대우 및 기타 형태의 억압과 같은 사회 정의 문제가 신경망에 부정적인 영향을 미칠 수 있다는 것을 명심해야 한다. 사회적 불의의 희생자가 될 가능성이 가장 높은 소수자를 지지하는 것은 신경과학기반 상담사에게 매우 중요하다.

신경과학기반 상담의 효능성과 관련해서, 우리는 이러한 접근이 외상, 물질 사용 장애, 주의력 결핍/과잉 행동 장애, 불안 및 우울의 영향을 받은 사람들에게 어느 정도 유용함을 확인하였다. 또한 이러한 접근은 집단 치료, 직업 상담 및 운동선수와의 작업 등 다양한 형태의 상담에도 제안되었다. 우리는 신경과학기반 상담이 현재 만들어지고 있는 이론이기 때문에 사려 깊은 개발과 엄격한 평가가 요구된다고 결론지었다. 신경과학적 지식에 기반한 기법의 효과성에 대한 지속적인 연구가 다른 무엇보다 중요하다.

핵심어 및 인명

1단계: 내담자의 병력 및 치료 계획

2단계: 준비

3단계: 평가

4단계: 민감소실

5단계: 주입

6단계: 신체 살피기

7단계: 종결

8단계: 재평가

Chapin, Lori-Russell

Ivey, Allen

Ivey, Mary Bradford

Jacobson, Edmund

Kamiya, Joe

Kandel, Eric

Luke, Chad

Zalaquett, Carlos

각성

강점기반 접근

거울 뉴런

건강

건강 및 긍정적인 측면에 초점 맞추기

건강, 긍정성, 그리고 신경가소성

건강한 마음 플래터

공감과 거울 뉴런

교감신경계

교세포

구조생물학

글림프 경로

기능적 자기공명영상

뇌유래신경영양인자

뇌의 손 모델

뇌의 정서 영역

뇌의 조절장애

뇌전도

뇌전도 바이오피드백

뇌파

뉴로피드백

뉴로피드백 훈련

대뇌 피질

대뇌반구

마음챙김

바이오피드백

바이오피드백과 자기조절 기술

바이오피드백에 대한 기술적 접근

발달적 관점

변연계와 정서

부교감신경계

불가분의 자기 모델

불편감에 대한 주관적 평가 척도

상담의 최신 세력

생활양식 습관

생활양식 평가

세부기술	심리적 안정감	전전두 피질
수면 위생	싸움 또는 도주	전전두엽 절제술
시상하부	싸움-도주 반응	정량화 뇌전도
신경가소성	안구운동 민감소실 및 재처리	주의
신경과학 지식 기반 개입	알파파	지속노출치료
신경과학 지식 기반 치료	양전자 방출 단층 촬영	집중
신경과학기반 상담	인간 정서의 중심지	집행기능
신경과학기반 상담사	인지 타당성 척도	치료적 생활양식 변화 척도
신경교육	자기조절	통제력 상실
신경망과 세부기술의 관계	자기조절 기술	편도체
신경발생	장내 미생물과 뇌의 연결	해마
신체 운동	적응적 정보 처리	횡경막 호흡

사례연구: Jake가 경험한 신경과학기반 상담

(이 사례연구를 읽기 전에 부록 I에 있는 Millers家 사람들 이야기를 읽으시오)

Jake의 아이들이 실수로 그의 차를 주차장에서 밀어내서 차가 진입로를 따라 내려간 이후로, Jake는 매우 불안해져서 그의 가족들이 하는 모든 일을 통제하려고 노력하였으며, 때로는 불같이 화를 내기도 했다. 그는 수면에도 어려움이 있으며, 몇 년 전 여동생 Justine과 함께 겪었던 사고와 관련하여 악몽을 꾸기도 한다. 또한 매일 퇴근 후 집에 돌아와 주차를 할 때면 공황발작을 경험하기도 한다. Jake는 살아오는 동안 내내 불안에 시달렸는데, 그동안 많은 치료사들을 만나왔지만 증상은 나아지지 않았다. Jake는 이번에 인지행동치료에 신경과학을 접목시켜 작업을 하는 치료사를 만나기로 결심한다.

Jake는 Jim Oliver 박사의 사무실로 들어간다. 사무실은 매우 현대적이고 반짝반짝 빛이 나게 깨끗하다. Jake는 대기실의 의자에 앉아 있는데, 얼마 되지 않아 키가 크고 정장을 갖춰 입은 한 남자가 나온다. 그는 Jake에게 손을 내밀어 악수를 청하며 "Oliver 박사입니다. 만나서 반갑습니다. 제 치료실로 들어오세요"라고 말한다. 그의 치료실은 대기실처럼 반짝반짝 빛이 나게 깨끗했으며, 몇몇 낯선 기계들이 비치되어 있다. Oliver 박사는 인지행동치료에 어떻게 신경과학을 통합하였는지를 설명하며 이러한 접근법들의 기본적인 원리를 각각 설명한다. Oliver 박사는, 본인은 사람들을 건강의 관점에서 바라보며, 스트레스는 신경가소성과 변화의 능력을 낮추기 때문에 스트레스를 받고 있는 영역을 평가하기 위해 그 사람의 과거사를 탐색하는 것을 좋아한다고 언급한다.

Oliver 박사의 첫 번째 회기는 3시간 정도로 보통의 접수면접보다 길다. 처음에는 개인력, 가족 배경, 정신 상태 검사 등 전통적인 접수면접을 진행한다. 그리고 나서 Jake 가 스트레스를 받고 있는 영역과 그가 건강을 돌보지 못하는 영역을 확인하기 위해 Jake 에게 치료적 생활양식 변화 척도를 작성하도록 한다. 그 다음에는 뇌전도(EEG)를 통해 Jake의 시각적 심상에 대한 반응을 평가한다. 그는 작은 전극(납작한 둥근 금속 판)을 Jake 의 두피에 부착한다. EEG에 연결되어 있는 전극은 뇌파의 신호를 측정한다. 우선, 그는 기저선을 측정하는데, Jake는 알파파가 높고 베타파가 낮다. 그 후, 그는 Jake에게 눈을 감고 운전을 해서 집의 진입로에 들어가는 것을 시각적으로 상상하도록 지시한다. Oliver 박사는 Jake의 뇌파가 불안 및 싸움 도주 반응을 의미하는 높은 베타파 영역으로 재빠르게 바뀌는 것을 확인한다. 시각적 이미지에 대한 Jake의 반응이 그의 불안을 반영 하는데, 이것은 아마도 PTSD 또는 공포와 관련되어 있음이 분명하다.

Jake의 불안, 분노 폭발, 불면증과 악몽, 침투적인 생각과 이미지는 그가 경험한 급 성 외상 사건(Justine과 함께 겪은 사고)의 직접적인 결과일 가능성이 크다. 이러한 증상은 내담자가 사고 현장에서 여동생을 부상으로부터 구할 수 없었다는 무력감과 관련된 부 정적인 핵심 신념의 결과인 것 같다. 이러한 부정적인 핵심 신념은 중간 신념의 기초가 되며, 결과적으로 인지 왜곡으로 이어져 그가 경험하는 증상으로 발현된다. 내담자의 인 지 왜곡은 파국화, 해야만 한다(Should)는 당위(Angela와 아이들은 문제를 피하기 위해서 이러 한 방식으로 행동 "해야만 한다"), 차 사고의 결과로 다른 끔찍한 일이 일어날 가능성에 대 한 과잉 일반화를 포함한다. 내담자의 증상들과 이러한 증상들을 경험한 시점, 증상들이 최초의 외상적 사건에 노출된 이후 즉각 발생하였다는 사실, 그리고 다른 진단을 지지할 만한 증거가 부족하다는 점을 고려할 때, 내담자의 잠정적인 진단이었던 외상 후 스트레 스 장애와 범불안 장애가 가능한 진단이다.

두 번째 회기에서, Oliver 박사는 "당신이 겪어 왔던 일들에 대해 평가한 결과, 우리 가 함께 작업할 수 있는 영역들이 몇 가지 있는 것 같습니다. 우리는 당신이 그동안 고 통받아왔던 모든 불안으로부터 어느 정도 안정을 찾을 수 있기를 바랍니다."라고 말한 다. Jake는 "저도 그렇게 되기를 바랍니다, 솔직히 최근의 제 삶은 너무 고통스러웠습니 다"라고 대답한다. Oliver 박사는 "제가 생각하고 있는 것을 말씀드리겠습니다. 당신의 개인력을 살펴본 결과, 당신은 아직 Justine과 함께 겪은 사고에 대해 약간의 PTSD 증상 이 남아 있거나 아니면 적어도 당신이 퇴근 후 집에 돌아와서 주차를 하는 상황처럼 어 떤 특정한 상황에 대해 약간 공포스러운 반응을 보이는 것 같습니다. 그리고 또 치료적 생활양식 변화 척도의 반응을 보면, 당신의 삶에서 스트레스를 증가시킬 가능성이 있지만 당신이 잘 돌보고 있지 않은 여러 영역들이 있습니다. 그리고, 지난 회기에서 얘기 나눴던 것처럼, 스트레스는 새로운 신경 연결을 만들고 행동과 느낌을 변화시키는 데 가장 나쁜 요인입니다. 그래서, 여기 제가 몇 가지를 제안하겠습니다"

Oliver 박사는 계속해서 다음과 같이 하고 싶다고 언급한다:

1. CBT를 이용해서 Jake의 자동적 사고, 이미지, 인지 왜곡, 그리고 최종적으로는 핵심 신념에 초점을 맞추기
2. 치료적 생활양식 변화 척도를 기반으로 가장 낮은 점수 중 세 가지 항목에 집중하기: 긍정적 사고의 부족, 즐거움의 부족, 너무 많은 스트레스(이완된 상태를 거의 느끼지 못함)
3. 신경교육과 자기조절 기술 교육을 통해 Jake가 교감신경계와 뇌의 스트레스 반응을 자기조절하는 법을 습득하도록 돕기
4. Jake가 주차 시 보이는 공포 반응을 다루기 위해 지속노출(PE)을 적용하기
5. EEG를 이용하여 Jake의 공포 반응 및 전반적인 상태의 변화를 평가하기

Oliver 박사는 CBT를 시작하였고, Jake는 빠르게 이해한다. Jake는 "전에는 제가 절대 포착할 수 없었던 이러한 모든 '자동적 사고'가 너무 놀라워요. 이제는 자동적 사고들이 인지 왜곡과 어떻게 관련되어 있는지 알 수 있습니다. 저는 특히 파국적인 생각을 합니다"라고 말하였다. Oliver 박사는 시간이 지남에 따라 Jake가 중간 신념과 그의 핵심 신념인 무력감을 이해할 수 있게 되기를 바란다. 하지만 지금 그는 좋은 진전을 보이고 있으며, 부정적인 자동적 사고와 이미지 중 일부를 포착할 수 있고, 심지어 그것들을 긍정적인 사고로 대체할 수 있다.

치료적 생활양식 변화 척도를 바탕으로 Jake와 상의한 후, Oliver 박사와 Jake는 Jake가 아이들을 데리고 나가서 미니 골프나 영화, 볼링처럼 좀 더 즐거운 활동을 하기로 결정한다. 그는 또한 스트레스를 줄이기 위해서 운동요법도 시작했다.

생리적 반응에 대한 자기조절을 위해 새롭게 배운 신경과학적 지식과 기술을 사용하여, Jake와 Oliver 박사는 지속노출(PE)을 시작할 준비가 되었다. Oliver 박사는 Jake에게 집에 도착하여 주차장으로 들어가는 동안 여러 다른 위치에서 그가 얼마나 불안을 느끼는지를 위계적 목록으로 작성하도록 시킨다. 그는 주차장 진입로의 가장 안쪽에서 가

장 불안을 느끼며, 한 블록 떨어져 있는 곳에서 불안을 가장 덜 느낀다. Oliver 박사는 Jake가 가장 낮은 불안 단계(한 블록 떨어진 곳)에서 시작할 수 있도록 계획을 세웠는데, Jake는 하루에 두 번 주차장에서 한 블록 떨어진 곳에서 30분 동안 차 안에 앉아있게 될 것이다. 그가 더 이상 불안을 느끼지 않을 때(아마도 이 단계는 며칠쯤 걸릴 것이다), 불안 위계 목록의 다음 항목으로 넘어갈 것이다(예: 반 블록 떨어진 곳). 그는 주차장 진입로의 가장 안쪽에 도달할 때까지 그 위계 목록의 위쪽으로 계속해서 올라갈 것이다. 이러한 과정은 보통 며칠이 걸리고 혹은 몇 주가 걸리기도 한다. 시간이 지나면서 불안에 대한 Jake의 조건화된 반응이 소거되기를 기대해본다.

시간이 지나면서 나타나는 변화를 평가하기 위해, Oliver 박사는 Jake에게 2~3주마다 EEG 검사를 받도록 한다. 그는 Jake가 주차장 진입로에 들어가는 상상을 하는 동안 그의 뇌파를 관찰한다. 몇 주가 지나면, Jake의 뇌파가 낮은 불안을 의미하는 낮은 알파파 범위에 있기를 기대한다.

몇 주가 지난 후, Jake는 기분이 훨씬 좋아졌음을 느낀다. Jake는 "짧은 시간 동안 얼마나 많은 진전이 있었는지 믿을 수가 없어요."라고 말하고, Oliver 박사는 "이 과정이 효과를 나타내는 데는 시간이 좀 걸렸고, 당신이 완전히 회복하려면 시간이 좀 더 걸릴 겁니다"라고 말한다.

그 이후 몇 주 동안, Oliver 박사와 Jake는 그의 중간 신념과 핵심 신념을 조사하고, 치료적 생활양식 변화 척도에서 확인된 고통스러운 영역들을 좀 더 해결하며, 자기조절 기술과 지속노출을 계속해서 훈련하고 EEG를 이용하여 뇌파를 측정한다. 시간이 지나면서, Oliver 박사는 Jake에게 이완과 깊은 명상 상태를 의미하는 세타파와 델타파로 들어가는 방법을 안내하고자 한다. 그는 또한 Jake가 그의 인생에서 자신에게 좀 더 기쁨과 긍정성과 사랑을 가져다 줄 수 있는 행동을 지속적으로 연습하기를 바란다. 마지막으로 Oliver 박사는 Jake가 무력감이라는 핵심 신념을 그가 자신과 타인을 도울 수 있다는 신념으로 변화시키기를 희망한다.

생각해 볼만한 질문

1. CBT가 Jake에게 도움이 된다고 생각하나요?
2. 접수면접을 3시간가량 진행하는 것에 대해 어떻게 느끼나요? 편안하게 느낀다면 왜 그런가요? 편안하지 않다면 왜 그런가요?

3. Oliver 박사의 접근법에 신경과학을 통합하는 것이 그럴 만한 가치가 있다고 생각하나요?

4. Oliver 박사의 접근법에 신경과학이 어떤 식으로 통합되었나요?

5. Oliver 박사의 접근법은 어떤 면에서 건강과 강점을 기반으로 하나요?

6. 당신은 진단을 내리는 것이 내담자의 전반적인 건강한 삶에 초점을 두는 상담접근법에 적절하다고 생각하나요?

7. 당신은 Jake가 고통받고 있을 수도 있는 다른 인지 왜곡을 발견하였나요?

8. 지속노출(PE) 치료를 사용하는 것에 대해서 어떻게 느끼나요? PE가 치료 초반에 Jake에게 더 많은 불안을 느끼게 하는데 이것은 윤리적인가요?

9. 치료적 생활양식 변화 척도와 PE, CBT를 사용하는 것이 신경과학적 접근 및 신경 연결 변화와 어떻게 관련되어 있다고 생각하나요?

10. 만약 당신이 Jake와 함께 작업을 한다면, 어떤 이론적 접근이 가장 효과적일 것이라고 생각하나요?

11. 당신은 (9번 질문처럼) 본인이 사용하고 있는 이론적 접근에 신경과학 기반 기법을 통합할 생각이 있나요?

12. 만약 당신이 상담을 받는다면, 당신의 상담사가 신경과학을 통합한 접근을 사용하기를 바라나요? 만약 그렇다면, 어떤 기법이 좋을까요?

Credits

Fig. 9.1: Copyright © by CNX OpenStax (cc by 4.0) at https://commons.wikimedia.org /wiki/File:

Figure_35_03_06.jpg.

Img. 9.1: Copyright © by Alexhvl15 (cc by−sa 4.0) at https://commons.wikimedia.org /wiki/File:EEG.png.

Fig. 9.2: Source: https://lucymarymulholland.wordpress.com/2018/10/10/dr−daniel− siegels−handmodel−of−the−brain/.

Table 9.1: Carlos Zalaquett, Allen Ivey, and Mary Bradford Ivey, "Therapeutic Lifestyle Changes," *Essential Theories of Counseling and Psychotherapy: Everyday Practice in Our Diverse World*, pp. 46–50. Copyright © 2019 by Cognella, Inc. Reprinted with permission.

보완 · 대체 · 통합적 접근

Complementary, Alternative, and Integrative Modalities

Kevin C. Snow and Christine Ciecierski Berger

학습목표

◆ 상담 및 심리치료에서의 보완·대체·통합적 접근(Complementary, Alternative, and Integrative Approaches: 이하 CAM)의 간략한 역사를 정의하고 살펴본다.

◆ CAM에서 이야기하는 인간 본성에 대한 전인적 관점, 건강에 대한 관점, 그리고 마음 -신체 관점을 설명한다.

◆ 전인적인 돌봄 접근을 포함한 CAM의 주요 개념들을 이해한다. 여기에는 보완·대체· 통합 건강, 천연제품에 대한 보완적 실무, 마음과 건강 작업, 기타 보완적인 건강 접 근, 대중적인 보완·대체·통합적 건강 접근, 그리고 CAM 사용과 관련된 윤리적 고려 사항과 최선의 실무가 포함되어 있다.

◆ CAM에서 사용하는 많은 기법 중 몇 가지를 간략히 살펴본다. 여기에는 허브, 비타민, 미네랄, 프로바이오틱스, 요가, 척추지압, 정골요법, 명상과 마음챙김, 침술, 이완요법, 태극권과 기공, 최면, 기타 마음-신체 작업, 아유르베다 의술, 전통적인 한의술, 동종 요법, 자연요법 등이 있다.

◆ CAM을 사용하면서 상담을 진행할 수 있는 몇 가지 방법들을 검토한다.

◆ CAM과 관련된 사회문화적 이슈를 검토한다.

◆ 선별된 CAM 접근들의 효과를 살펴본다.

◆ CAM이 어떻게 보완적인 방식으로 상담 안에서 통합되고 상담 안에서 사용될 수 있는

지 사례를 통해 살펴본다.

보완·대체·통합적 접근의 간략한 역사

이 장에서는 일반적으로 **보완·대체 의학(또는 접근)**(complementary and alternative medicine/modality: CAM)으로 알려져 있고, 때로는 **보완·대체·통합적 접근**(complementary, alternative and integrative approaches: CAM)으로 불리는 비주류 상담 및 심리치료 접근에 대해 전반적으로 살펴보고자 한다. CAM은 그 범위가 광범위한데, 많은 사람들이 금방 알아볼 수 있는 다양한 접근들을 포함하고 있고, 여기에는 마음챙김 및 명상, 호흡법, 기도 등이 해당된다. 덜 알려진 기법 중에는 감정자유기법(emotional freedom techniques: EFT)과 같은 에너지 작업이 있고, 실제로 해 보는 기치료 또는 치유적 접촉 등이 있다. 이러한 비주류 기법 중에는 전통적인 상담 및 심리치료와 함께 또는 그 안에서 사용되는 것들이 있고, 어떤 것들은 서양의 전통적인 심리치료를 대신해서 사용되는 것들도 있다 (Berger, 2015). 현재 우리는 보완·대체·통합적 접근들이 점점 더 대중화되어가면서 패러 다임의 변화 가운데 놓여 있다. 그러나 이러한 기법들은 대부분 고대 문화에 깊이 뿌리를 두고 있는데, 수천 년 동안 행해져왔기 때문에 전혀 새로운 것이 아니다(Berger, 2015; Kraus, 2015). 수천 가지의 CAM 접근들이 있지만, 우리는 좀 더 대중적인 것들을 세 개 영역으로 구분해서 살펴볼 예정이다. 세 개 영역에는 천연제품, 마음-신체 기법, 기타 보완적인 건강 접근이 있다.

매일 아침 종합비타민제를 복용하나요? 뻣뻣한 목 때문에 척추지압사에게 가 본 적이 있나요? 심호흡, 요가 또는 명상을 마지막으로 해본 것이 언제인가요? 스트레스를 줄이거나 잠에 들기 위해 카모마일 같은 허브차에 의존하거나 발레리안 뿌리를 먹어본 적이 있나요? 질병을 치료하기 위해 칸나비디올 오일을 바른 적이 있나요? 만일 당신이 이런 행위 중 어떤 것이라도 해본 적이 있다면, 건강이나 치료를 위해 CAM 기법을 적용해 본 것이다. 치유와 조력을 위한 이런 기법들은 미국에서 지난 20년 동안 극적으로 증가했다. CAM 기법에 대해 전국적으로 실시된 2012년 국립보건면담설문에 따르면, 미국 성인의 34%가 CAM 기법을 사용한다고 보고했다(Clarke et al., 2015). 또한 아동청소년의 11.6%가 CAM 기법을 사용하고 있었는데, 이는 자신의 건강 관리를 위해 CAM 기법을 사용하는 사람들의 연령대가 광범위하다는 것을 시사한다(Black et al., 2015).

1960년대와 1970년대 미국인들은 동양의 건강관리법에 더욱 친숙해졌다. 그 당시 중국과의 외교관계가 재개되었고, 수많은 미국인들이 중국과 인도 같은 동양의 국가들을 방문했는데, 침술, 마음챙김, 아유르베다 의술과 같은 동양의 건강 및 영적인 전통을 알게 되었다(Harrington, 2007). 그 당시 서양에서 훈련받은 건강전문가들은 건강에 대한 동양의 관점과 기법이 가지고 있는 잠재적인 이점에 대해 관심을 갖기 시작했다. 예를 들어, 미국 내 마음챙김의 선구자인 Daniel Goleman과 Richard Davidson은 그 당시 하버드대학 학생으로 1970년대 인도를 여행했는데, 그곳에서 발견한 명상기법에 호기심을 가졌다(Gates et al., 2009). Goleman과 Davidson은 임상 및 연구 프로그램인 마음챙김기반 스트레스 감소 프로그램(Mindfulness-Based Stress Reductions: MBSR)을 고안하고 있었던 Jon Kabat-Zinn에게 연락했다. 이들은 건강 도구로서 마음챙김을 미국에 소개했던 많은 정신건강전문자 집단의 일부였다. 이 집단이 대부분의 마음챙김 프로그램과 연구를 이끌었다. 이 분야에서 또 다른 선구자는 정신과의사인 James Lake인데, 구체적인 정신장애를 치료하기 위해 어떻게 복수의 CAM 기법을 사용할 수 있는지에 관해 논문과 도서를 저술하기 시작했다. 그의 주요 도서로는 Integrative Mental Health: A Therapist's Handbook(2015), An Integrative Paradigm for Mental Health Care: Ideas and Methods Shaping the Future(2019)가 있는데, 증거에 기반한 총체적인(holistic) CAM 기법을 적용해서 정신장애를 개념화하고 치료하기 위한 지도(map)를 제시했다.

　　미국 및 다른 서양 문화에서는 CAM으로 간주하는 기법들이 동양 문화에서는 수천 년 동안 전인적인 건강 및 영적인 기법으로 간주되어 왔음을 이해하는 것이 중요하다(Cooper, 2007; Fennell et al., 2009). 예를 들어, 요가, 명상과 같은 CAM 기법들은 힌두교나 불교와 같은 고대 종교에 그 뿌리를 두고 있기 때문에, 누가 언제 그리고 어디에서 그러한 기법들이 창시되었는지를 추적하거나 정확하게 지적하는 것이 쉽지가 않다(Barnett & Shale, 2012). 전통 한의학과 같은 초기 동양의학적 전통에는 차 의학(herbal medicine), 침술, 기공과 태극권을 포함하고 있는데, 이 모든 것들이 기(또는 삶의 에너지)를 균형 잡히게 하려는 의도를 가지고 있다. 인도의 아유르베다는 명상, 요가, 심호흡 등의 기법과 함께, 지난 수천 년 동안 본국에서 사용되어 왔고, 현재 인도, 중국, 일본, 한국 등 비서양권 국가에서 광범위하게 사용되고 있다. 뿐만 아니라 아프리카, 중남미, 태평양군도에 있는 다양한 나라에서 사용되고 있다(Berger, 2015; Kraus, 2015).

　　많은 비주류 접근들의 기원이 수백 년 또는 수천 년으로 거슬러 올라가지만, 전통적인 서구의 심리치료, 상담 및 의료 분야 안에서 이러한 접근들은 점점 더 대중의 인기를 얻고 있고 광범위하게 사용되고 있다(Barnett & Shale, 2012; Berger, 2015; Ventola, 2010). 예를 들어, 척추 지압은 목과 등의 고통을 치료하는 것으로 많은 사람들에게 익숙한데,

1895년에 개발된 이래 배척되곤 했지만 지금은 주류가 되어 많은 보험회사가 수용하고 있고, 현재 미국에서는 7만 명이 넘는 면허 실무자들이 종사하고 있다(American Chiropractic Association, 2019). 척추 지압은 그 기원을 120년 이상 거슬러 올라갈 수 있지만, 많은 CAM 기법들은 그 역사가 더 길고, 현재 서양에서 또는 보수적인 건강 패러다임 안에서 "떠오르고" 있고, 서양의 보건 실무를 훈련 받은 임상가들에 의해 점점 더 받아들여지고 있다(Barrett et al., 2003; Mamtani & Cimino, 2002).

최근, 일반 시민뿐 아니라 정신건강전문가들 역시 다양한 이유로 CAM 기법을 활용한다. 가령 건강을 증진하고 질병을 예방하려는 이유에서(Upchurch & RAinisch, 2015), 만성적인 건강 상태 및 서양의학이 가지고 있는 실제 또는 인식된 한계 때문에, 그리고 잠재적인 칠학적 또는 영적인 가치와 관심 때문에 CAM 기법들을 찾고 있다(Berger & Johnson, 2017; White et al., 2008). 미국 내에서 점점 더 보완적인 건강 기법들을 사용하게 되면서, 1991년 연방정부는 CAM 기법들을 연구하기 위한 기금을 국립보건연구원(National Institutue of Health: NIH) (Barnett & Shale, 2012)에 제공했고, 이후 1992년에는 **대체의학실을** 세워 이 새로운 연구분야를 조사했으며, 결국 이 **기관은 1999년 국립보완및대체의학센터**(National Center for Complementary and Alternative Medicine: NCCAM)로 발전되었다(Pearson & Chesney, 2007).

현재, NCCAM은 **국립보완및통합보건센터**(National Center for Complementary and Integrative Health: NCCIH, 2017a)로 알려져 있다. 이렇게 명칭이 변경된 것은 기법들이 보완적인 또는 대체제로만 사용되던 것에서, 점점 더 통합적인 방식으로 사용되고 있음을 반영한 것이다. NCCAM의 미션은 "엄격한 과학적 조사를 통해 보완적인 통합 보건 행위의 유용성과 안전 그리고 건강 및 건강관리 증진의 역할을 정의하는 것이다"(NCCIH, 2017b, "우리의 미션"). 전국건강설문에 따르면, 미국 성인들은 CAM 기법에 40조 이상 소비하고 있다(NCCIH, 2017c). 주로는 등의 통증 및 만성적인 통증 그리고 심인성 문제들을 위해 보완적인 대체 기법을 사용하지만, 수많은 대체 기법들이 다양한 이유로 사용되고 있는데, 여기에는 정신건강상의 문제를 치료하는 것도 포함된다. 건강 분야에서 CAM이 매우 큰 영역을 아우른다는 점을 이야기하는 것이 필요하다. 그만큼 많은 기법과 용어가 존재한다. 초기에 그리고 여전히 광범위하게 사용되는 용어는 CAM이지만, 다른 용어들 또한 존재한다. 여기에는 **통합 의학, 통합적 보건, 기능의학, 보완 및 통합적 보건** 등이 있다.

이러한 기법들은 관심 있는 개인이 독립적인 치료법으로 탐구할 수도 있고, 아니면 각각의 분야에서 훈련받은 전문적인 실무자들(예: **동종요법** 의사, 무당 또는 **주술사, 기치료사,** 기타 다른 치유사)을 통해 이러한 기법들을 살펴볼 수 있다. 그러나 점점 더 많은 상담사와 정신건강전문가들이 이러한 기법들을 전통적인 서양의, 보수적인 상담 및 심리치료에 포함시키기 시작했다(Berger et al., 2017). 예를 들어, Counseling Today와 Psychology Today에서 출간되는 많은 논문에서 전문상담사 및 심리학자들이 CAM 기법들을 어떻게 자신의 상담 업무에 통합하고 있는지를 살펴보았다. 예를 들어, Fisher(2015)는 1922년에 현대적인 기법으로 공식화된 고대 일본의 에너지 기법인 기치료(Reiki)를 우울증을 호소하는 내담자에게 사용한 것을 소개했다. Marks-Stopforth(2009)는 남자청소년을 대상으로 요가, 명상, 이완기법을 사용한 것을 이야기했고, Meyers(2019a)는 어떻게 전문가들이 트라우마 내담자들을 대상으로 이완기법, 명상, 심호흡, 점진적 근육 이완을 사용하는지를 설명했다. 다른 전문가들 역시 폐경을 경험하고 있는 여성을 대상으로 침술을 사용할 것을 추천했고(Meyers, 2019b), 아동과 성인 상담에서 치유적인 터치의 이점을 이야기했으며(Moffat, 2016), ADHD와 자폐범주성장애(autism spectrum disorders)를 가진 사람들을 대상으로 영양식이요법을 탐색했다(Harrell, 2016). Berger는 몇몇 CAM 기법들이 상담직군 안에 광범위하게 퍼져있기 때문에, CAM기법은 그녀뿐 아니라 다른 상담사들의 정체성의 일부분이 되었다고 말했다(Irving-Johnson, 2019에서 재인용함).

인간 본성에 대한 관점

CAM 기법들은 치유에 관한 총체적인(holistic) 관점을 견지하는데, 서양 의학이 공통적으로 제한된 영역에 초점을 두고 평가와 치료를 활용하는 것과는 달리, CAM 기법들이 전인적인 인간(the whole person)의 욕구에 초점을 둔다는 것을 의미한다(Berger, 2015; Weil, 2013). 또한 CAM 기법들은 내담자의 전반적인 건강(wellness)을 바라보면서 내담자의 문화적 배경과 신념을 인식하고 주의를 기울인다.

서구의 보건 전통은 대부분 구체적이고, 국부적인(localized), 특정 대상을 겨냥한 평가와 치료 절차를 따르는데, 이 과정은 외과수술과 약리학 분야의 발전과 백신 사용을 통해 성장했다. 이러한 성장은 대단한 것이었지만, 전문화(specialization)는 이내 치료와 동일시되었고, 한계가 드러나기 시작했다. 예를 들어, 초점화된 치료에 반응하지 않는 만성 통증과 기타 만성적인 건강상의 문제를 경험하는 경우 한계가 드러났다. 이러한 한계가 드러났을 때, 어떤 사람들은 동양적인 접근을 찾았고, 자신, 삶, 그리고 건강에 대해 완전히 다른 패러다임을 발견하게 되었다.

서구의 접근은 직선적이고 물질적(material)이다. 즉, 우리가 볼 수 있는 것을 다룰 수 있는 것이다. 동양의 접근은 근대 서양의학 이전에 발달했는데, 시행착오를 통해 마음과 몸이 서로 분리된 것이 아니고, 자기(self)의 한 영역에 개입하면 다른 영역에도 영향을 미칠 개연성이 매우 높다고 가정한다(Chan et al., 2002; Harrington, 2007; Larson-Presswalla, 1994). 또 다른 가정(assumption)은 **마음과 몸, 그리고 정신은 서로 조화롭게 작동하고, CAM 기법과 같이 건강을 촉진시키는 행동은 건강문제를 예방하고 균형을 유지한다**는 것이다 (Furnham, 2002; Schuster et al., 2004). 마지막으로, 전통적인 한의학에서는 인간성 (humanity)이 자연으로부터 분리되지 않는다고 가정한다. 따라서 전통적인 한의학을 적용하는 전문가들은 사람들을 평가하고 치료함에 있어서 계절, 숲, 금속, 동물과 같은 자연의 요소들을 고려한다(Jagirdar, 1989).

궁극적으로, 이러한 "새로운" 이론과 접근들은 내담자의 문제를 개념화하는 데 있어서 다른 틀을 제공하는데, 치유와 건강에 관한 매우 "오래된" 관점에서 내담자의 문제와 치료계획을 바라볼 수 있다. 많은 CAM 기법들이 가지고 있는 주요 특징은, **본질적으로 마음과 몸이 연결되어 있음**을 강조한다는 것인데, 건강을 증진시키기 위해서는 **정신적인, 신체적인, 영적인 부분들을 연결하고 통합**해야 한다고 강조한다(Barnett & Shale, 2012; Lake, 2009). 예를 들어, 우울증을 호소하는 내담자와 상담할 경우에는 우울증상에만 초점을 두기보다는 내담자의 전체적인 건강에 초점을 두어야 한다. Meyer와 Sweeney는 그들의 **분리될 수 없는 자기모델**(indivisible self model)에서 **창의적 자기**(예: 사고, 감정, 통제, 일, 긍정적인 유머), **대처 자기**(예: 여가, 스트레스 관리, 자기가치감, 현실적 신념), **사회적 자기**(예: 우정, 사랑), **본질적 자기**(예: 영성, 젠더 정체성, 문화 정체성, 자기관리), **신체적 자기**(예: 영양, 운동; 상자 10.1 참조)를 제안했다.

상자 10.1 당신의 건강 평가하기

아래 제시된 다섯 개의 요인 각각에 대해 1점부터 5점까지 점수를 매겨보시오. 이때 5점은 가장 많이 개선되어야 함을 의미한다. 그런 다음, 다섯 가지 요인(창의적 자기, 대처 자기 등)의 평균점수를 계산하시오. 또한 점수가 안 좋게 나온 영역(3점부터 5점 사이의 점수를 받은 영역)에 대해서는 어떻게 개선할 수 있을지 그 방법을 적어보시오. 이때 당신이 처한 환경이 바뀌면 당신의 점수가 어떻게 변할 수 있을지도 생각해 보시오.

요인

창의적 자기: 이 부분은 대인관계에서 우리가 가지고 있는 독특성과 관련이 있는데, 세상에서 우리의 위치를 어떻게 인식하는지와 관련이 있다. 정신적으로는 날카롭고 개방적인 능력(사고), 우리 자신의 감정을 느낄 수 있는 것(정서), 의도적이고 계획적이면서 우리의 욕구를 표현하는 방법을 아는 것(통제), 효과적으로 일을 하고 우리가 가진 기술을 성공적으로 사용하는 것(일), 그리고 삶이 우리에게 달려들 때 그것을 다룰 수 있는 능력(긍정적인 유머)으로 특징지을 수 있다.

대처 자기: 이것은 생활사건을 다루고 부정적인 상황에 효과적으로 대처하는 능력과 관련이 있다. 이것의 구성요소로는 여가활동을 하는 것(여가), 스트레스에 효과적으로 대처하는 것(스트레스 관리), 우리 자신을 가치 있게 여기고 어려움에도 불구하고 자기존중감을 유지하는 것(자기가치), 모든 사람들로부터 사랑받는다는 것이 비현실적임을 인식하면서 완벽하지 않을 수 있는 능력(the capacity to be imperfect)을 갖추는 것(현실적 신념) 등이 있다.

사회적 자기: 사회적 자기는 우정, 친밀한 관계, 가족과의 유대를 통해 타인과 연결되는 것과 관련이 있다. 이것은 지지적이고, 정서적이면서, 때로는 성적인 방식으로 타인과 관계를 맺는 능력(우정과 친밀함)으로 구성된다. 또한 이 부분은 타인들과 깊이 있게 공유하고 서로 존중하면서 이해할 수 있는 부분이다(사랑).

본질적 자기: 이는 우리가 우리자신 및 타인과의 관계에서 의미를 찾는 것과 관련이 있다. 이것은 우리의 몸과 마음 너머에 있는 우리 자신의 일부를 인식하는 것(영성), 우리 자신의 젠더에 편안함을 느끼는 것(젠더 정체성), 우리 문화에 편안함을 느끼는 것(문화 정체성), 자기관리를 통해 그리고 처한 환경에서 해로움을 최소화함으로써 자신을 돌볼 수 있는 능력(자기 돌봄) 등으로 구성되어 있다.

신체적 자기: 이 부분은 생물학적이고 육체적인 자기를 통해 드러나는데, 삶에서 적절한 신체활동을 하는 것(운동), 잘 먹으면서도 과체중이 되는 것을 피하는 것(영양)과 관련이 있다.

맥락

맥락은 우리가 살고 있는 체계, 가령 가족, 공동체, 사회 및 정치 체계, 직장 환경, 전지구적 체계 등과 관련이 있다. 5개의 요인들을 평가할 때, 당신이 처한 맥락에 따라 스스로에 대한 인식이 어떻게 변하는지 생각해 보시오.

CAM 기법들은 특정 방법이나 모델이 모든 것을 아우를 수 없음을 강조한다. 의사, 에너지 치유사 또는 점술가들이 모든 답을 가지고 있지 않은 것처럼, 전문상담사와 심리치료사들 또한 마찬가지다. 이점을 기억하면, 정신건강전문가들이 이러한 움직임을 인식하고 스스로 이런 기법들을 배우고, 필요하다고 판단될 경우 내담자의 욕구에 더 잘 반응하기 위해 자신의 실무에 이런 기법들을 사용할 것을 고려하는 것이 마땅하다(Barnett & Shale, 2012). 일반적으로, 다음 두 가지 방식 중 하나를 사용해서 CAM 기법을 적용하는 것을 추천한다. 즉, 구체적인 기법들에 대해 훈련을 받고 그것을 직접 상담 실무에 통합하거나, 아니면 지역에 있는 CAM 네트워크 정보를 수집해서 효과적이고 윤리적인 방식으로 CAM 기법을 사용하는 실무자들에게 내담자를 의뢰하는 것이다.

CAM 기법 및 세계관에 대해 더 많은 정보를 얻고 싶다면 CAM 기법에 관한 연구들을 출간하고 재정적인 지원을 해주고 있는 NCCIH에 문의하는 것을 추천한다(NCCIH, 2019a 참조). CAM 기법들을 담고 있는 주요 도서는 다음과 같다.

◆ *Complementary and Integrative Treatments in Psychiatric Practice* (Gerbard et al., 2017)
◆ *Energy Medicine* (Eden & Feinstein, 2008)
◆ *Full Catastrophe Living: Using the Wisdom of Your Body and Mind to Face Stress, Pain, and Illness* (Kabat−Zinn, 2013)
◆ *Fundamentals of Complementary and Alternative Medicine* (Micozzi, 2015)
◆ *Integrative Mental Health Care: A Therapist's Handbook* (Lake, 2015)
◆ *Integrative Psychiatry* (Monti & Beitman, 2009)
◆ *Meditation Interventions to Rewire the Brain* (Tarrant, 2017)
◆ *Nutrition Essentials for Mental Health: A Complete Guide to the Food−Mood Connection* (Korn, 2016)
◆ *The Science Behind Tapping* (Stapleton, 2019)
◆ *Yoga Skills for Therapists* (Weintraub, 2012)

CAM 접근에서 바라보는 인간관과 다양한 개념 및 기법들에 대해 알아볼 수 있는 또 다른 방법은 CAM 실무를 지지하는 전문 학술단체 모임에 가입하고 참여하는 것이다. CAM 접근과 관련이 있는 출판물과 학술대회를 제공하는 학회는 다음과 같다.

◆ Alternative Therapies in Health and Medicine (www.alternative−therapies.com)

◆ Association for Humanistic Psychology (www.ahpweb.org)

◆ Association for Comprehensive Energy Psychology (www.energypsych.org)

◆ American Holistic Health Association (www.ahha.org)

◆ Institute of Noetic Sciences (www.noetic.org)

◆ Association for Creative in Counseling (www.creativecounselor.org)

핵심개념

CAM의 5가지 주요 개념은 다음과 같다. 1) 돌봄에 관한 **총체적 접근**을 견지하기, 2) **보완, 대체, 통합적 건강** 간 차이를 이해하기, 3) **천연제품, 마음 및 신체 실무, 기타 대체적인 접근들의 보완적인 측면을 아는 것**, 4) 몇몇 인기 있는 **보완·대체·통합적 건강 기법들**을 아는 것, 5) CAM 사용에 있어서의 **윤리적인 고려사항**과 **최선의 실무**(best practice)를 이해하기.

총체적 돌봄

CAM을 이해하는 데 있어서 한 가지 기본이 되는 개념은 CAM이 총체적 돌봄과 연관되어 있다는 것이다(Berger, 2015; Weil., 2013). 총체적 돌봄은 **총체주의**(holism)를 기반으로 한 개념으로, 몸과 마음의 문제가 서로 긴밀히 연결되어 있음을 의미한다. 이러한 관점은 미국 의료시스템에 널리 퍼져있는 질병모델이 가정하는 전통적인 서양의 의학적 접근, 즉 몸과 마음의 문제를 분리해서 접근하는 것과 정반대되는 것이다. 이러한 서양 모델에서는 몸과 마음의 문제를 서로 독립적인 별개의 문제로 다룬다. 예를 들어, 일반적으로 정신건강 치료는 의학적인 치료와 구분되는 것으로 간주되는데, 이로 인해 정신건강전문가들은 심장전문의와 같은 의료진과는 별도로 훈련받고, 면허를 받으며, 독립적으로 일을 한다.

더 자세히 설명하면, 고혈압에 과체중인 사람이 불안이나 우울 때문에 가정의학과 전문의를 찾아갔다면, 이 사람은 의료적인 문제와 심리적인 문제를 각각 다루기 위해 여러 실무자들에게 의뢰될 가능성이 많다. 이러한 전문가들에는 체중 문제를 다루는 영양사, 정신건강 문제를 다루는 전문상담사, 상승한 혈압을 위한 심장전문의, 지속적으로 건강을 점검하는 가정의학 전문의가 있을 것이다. 불안이나 우울 기저에 있는 다른 문제들, 예를 들면 영적인 어려움이나 관계상의 갈등은 완전히 간과될 수 있다. 반면, 총체적인 관점은 문제들이 서로 연결되어 있다고 바라보고, 몸과 마음이 결합되어 있다는 관점으로 한 사람을 다룬다(Berger, 2015; Weil., 2013). 따라서 총체적 접근에서는 한 개인의 신체적인/의학적인/정신적인/영적인/정서적인/관계적인/기타 다른 영역이 상호 연결되어 있다는 관점을 견지하며, 한 영역에서의 결함이나 손상이 복잡하고 신비한 방식으로 다른 영역에 영향을 미친다고 믿기 때문에, 치료 또한 전반적인 내담자의 안녕(well-being)을 회복시키고 유지하는 것을 목적으로 한다.

보완·대체·통합적 건강

정신건강전문가들이라면 건강(wellness)에 대한 세 가지 비주류 접근을 알고 있어야 하는데, 자신의 실무에서 이런 기법을 사용하는 것을 고려하고 있다면 특히 그렇다. (a) **보완 건강**(complementary health)은 비주류 기법으로 간주되는 실무나 제품이 전통적인 접근에 더해 추가적으로 사용될 때 사용되는 용어이다. (b) **대체 건강**(alternative health)은 비주류 기법이 전통적인 의학을 대신해서 사용될 때 사용하는 용어이다. (c) **통합 건강**(integrative health)은 비주류 기법이 주로 건강에 통합될 때 사용되는 용어이다(NCCIH, 2018a).

일반적으로 대부분의 실무자들은 전통적인 심리치료를 함에 있어서 통합적인 접근을 따른다. 통합적인 방식으로 비주류 기법들을 활용하는 사례로는 마음챙김 기법, 명상 또는 심호흡 기법들이 해당되는데, 임상가가 안전하고 윤리적으로 자신의 임상 회기에 통합할 수 있다. 예를 들어, 정신건강상담사가 호흡기법과 마음챙김 명상을 활용해서 불안으로 힘들어 하는 내담자를 조력하거나 위기와 트라우마 상황에서 회복하도록 조력할 수 있다(Marks-Stopforth, 2009). 전문가는 평소 자신이 어떤 이론(예: REBT, 인간중심, 개인심리학)을 지향하든 상관없이 이런 기법들을 기존의 심리치료에 통합해서 사용할 수 있는데, 그 이유는 이러한 기법들이 주로 이완 또는 스트레스 관리의 도구로 사용되기 때문이다.

비록 많은 사람들이 통합적인 접근을 취하고 있지만 보완적인 접근을 사용할 수가 있는데, 가령 내담자에게 도움이 되는 기법을 사용하고 있는 외부 전문가에게 내담자를 의뢰할 수 있다(예: 내담자의 불안을 경감시키고 내적 평온을 회복시키기 위한 목적으로 훈련을 받은 리더가 운영하는 초월명상집단에 내담자를 의뢰한다).

천연제품, 몸과 마음 작업, 기타 보완 건강 기법

NCCIH는 보완 건강 기법을 세 개의 하위집단으로 구분한다: **천연제품, 몸과 마음 기법, 기타 보완건강 기법**(NCCIH, 2018a). 아래에 각각의 접근을 설명하였다.

천연제품

이 그룹에 속한 제품에는 차(aka botanicals), 비타민과 미네랄, 천연보조제, 생균제(probiotics)가 있다. 몇 가지 예를 들면, 발레리안 뿌리, 멜라토닌, 허브차, 물고기 오일, CBD 오일, 비타민 B 등이 있다. 이 범주에 속한 제품들은 일반적으로 음식, 차 또는 영양보조제의 형태로 구강으로 섭취하거나, 크림이나 로션 또는 연고로 몸에 바른다. 이 제품들은 일반의약품으로 처방전 없이 구매할 수 있지만, 가장 좋은 것은 이러한 천연제품을 유능하게 사용할 수 있는 한의사, 자연요법 의사, 또는 통합적인 의료행위를 하는 전문가들을 통해 활용되는 것이다.

몸과 마음 작업

이것에는 건강 및 정신건강 문제에 몸과 마음의 경험을 통합·연결시키기 위해 건강 및 정신건강 문제에 훈련받을 실무자 또는 힐러가 시행하는 수많은 절차 또는 기법이 포함된다. 예를 들어, 요가, 척추지압, 정골요법, 명상, 마사지치료, 침술, 이완기법, 태극권, 기공, 힐링 터치, 최면 요법, 운동치료, 기치료, 감정자유기법(EFT), 기타 기법 등이 포함된다. 대부분은 특정한 훈련을 필요로 하는데, 침술, 마사지, 척추지압·정골요법은 면허를, 요가는 자격증을 요구한다.

기타 보완 건강 기법

이 범주에는 이상의 두 개 범주에 포함되지 않은 기법들이 포함되어 있는데, 무당이나 점술사 등 전통적인 힐러들이 시행하는 기법, 식이요법, 운동, 보충제, 생활양식을 조합한 것들이 포함된다. 아유르베다 의술, 전통 한의학, 동종요법(homeopathy), 자연요법(naturopathy) 또한 이 범주에 해당된다.

대중적인 보완·대체·통합 건강 기법

Berger(C. Berger, 사적 대화, 2020년 1월 5일)는 상담 및 심리치료 분야에서 상호보완

표 10.1 상담 및 심리치료에서 활용되는 대중적인 보완 및 대체 기법

침술	마사지
고급 통합 치료	명상
알렉산더 기법	마음챙김
아로마테라피	자연요법
아유르베다	기도와 긍정
사색 심리치료	재탄생(rebirthing) 및 호흡법
친환경치료	기치료
감정 자유 기법(EFT)	소매틱 경험(somatic experiencing)
에너지 심리	소리 치유
힐링 터치	치료적 터치
하트매스(heartmath)	전통치유
약초학(herbal medicine)	전통적인 한의학
동종요법	시각화 및 유도된 심상(visualization and guided imagery)
통합적 영양	요가

적으로 또는 대체제로 활용되는 수많은 보완·대체·통합 건강 기법들을 설명했다(표 10.1 참조). 이 목록은 많은 대중적인 CAM 기법들을 아우르고 있지만, 현재 활용되고 있는 모든 CAM 기법이 포함되어 있지는 않다. 사실, NCCIH 웹사이트에는 400개 이상의 CAM 관련 주제들이 제시되어 있다(NCCIH, 2019b).

윤리적 고려사항 및 최선의 실무

CAM 기법에 관심이 있는 임상가들은 CAM 업무에 특화된 훈련을 받고, 관련 자격증 및 면허, 기타 규정들을 살펴보는 것이 필요하다(그런 것들이 존재한다면). 그렇지 않으면 비윤리적으로 행동하는 것일 뿐 아니라 법적인 소송에 휘말릴 수 있다.

자격증을 소지한 많은 정신건강전문가들이 통합적인 관점에서 CAM을 사용한다고 가정되지만, 늘 그런 것은 아니다. 적절한 훈련을 이수하고 자격증을 소지한 실무자들 역시 내담자의 치유를 위해 전통적인 실무와 비전통적인 실무 사이를 오갈 수 있다. 예를 들어, 치료사(예: 상담사, 사회복지사, 심리학자)로서 자격증을 소지했을 뿐 아니라 기치료 전문가인 사람은 동일한 내담자에 대해 상담회기와 기치료 회기를 별도로 가질 수 있다. 또는 동일 회기 내에 이러한 기법들을 통합해서 적용해볼 수도 있다(Fisher, 2015). 어떤 정신건강전문가들은 상담접근을 엄격하게 고수하면서 의뢰 절차에 따라 내담자를 CAM 전문가에게 의뢰할 것이다.

상담회기 내에서 CAM 기법을 통합하고자 할 때, 임상가는 자신의 훈련 및 역량의 범위를 설명하는 것이 매우 중요하다. 자격증을 소지한 정신건강전문가들에게는 새롭게 부상하고 있는 치료에 관해 적절한 훈련을 받아야 한다는 매우 구체적인 윤리적 지침 및 규정이 적용된다.

상담사는 적절한 교육과 훈련 및 슈퍼비전을 받은 후에 새로운 전문 분야에서 실무한다. 새로운 전문 영역에 관해 기술을 발전시키는 동안 상담사는 자신의 역량을 확신하고 잠재적인 위해로부터 내담자를 보호할 수 있도록 조치를 취한다(American Counseling Association[ACA], 2014, Section C.2.b., 새로운 전문영역에 대한 실무).

심리학자는 자신이 익숙하지 않은 집단, 영역, 기법 및 기술을 포함하고 있는 업무를 제공하거나 가르치거나 또는 연구를 수행하고자 할 때는 적절한 교육과 훈련, 슈퍼비전, 자문 또는 연구를 수행한다(American Psychological Association[APA], 2017, Section 2e: 역량).

더욱이, 어떤 접근을 사용하건 그 접근의 효과를 지지하는 증거를 확보하는 것이 윤리적이다.

서비스를 제공할 때 상담사는 이론에 기반을 두고 있으면서 경험적인 또는 과학적인 토대를 갖추고 있는 기법/절차/방법들을 사용한다(ACA, 2014, Section C.7.a., 치료를 위한 과학적 기초).

심리학자들은 기초 심리학 분야뿐 아니라 응용심리학 분야에서도 연구 증거를 평가하고 사용해야 한다(APA, 2019, Section e.)

마지막으로, CAM 기법을 통합해서 사용하건 또는 의뢰를 하건, 고려해야 할 몇 가지 최선의 실무를 상자 10.2에 제시했다(Feinstein, 2011; Murphy, 2015).

상자 10.2 CAM 접근 활용 시 최선의 실무

1. 당신이 왜 CAM 기법을 통합하고 살펴보려고 하는지 분명한 이유를 알고 있어야 한다.
2. 해당 기법은 반드시 증거에 기반하고 증거에 의해 지지되어야 한다.
3. CAM 기법을 상담실무에 통합시키고자 한다면, CAM에 관한 훈련과 자격증을 취득한다.
4. 해당 기법에 대한 전문 학술단체가 있는지, 학술단체에는 윤리강령이 제정되어 있는지 살펴본다.
5. CAM 기법을 상담접근에 통합시켜 활용하고 있다면, CAM 기법에 관해 슈퍼비전을 받는다.
6. CAM 실무자에게 내담자를 의뢰해야 하는 상황이라면, 그 실무자가 적절한 훈련을 받았는지, 사용하고 있는 기법에 대해 자격증을 받았는지 확인한다.
7. CAM 기법 사용에 관해 내담자와 신중하게 협력한다.
8. CAM 기법이 내담자가 호소하는 문제에 적합한지 신중히 고려한다.
9. 유의사항, 사용금지 사유, 또는 안전의 문제들이 포함되어 있는지 고려한다.
10. 상담목표를 달성하기 위해 왜 당신이 CAM 기법을 사용하는지 설명하고, 내담자로부터 고지된 동의를 구한다.
11. 변호사가 서류를 검토하게 한다.

기법

CAM은 폭과 깊이가 커서 어디서부터 살펴봐야 할지 가늠하기 어렵다. 400개가 넘는 기법들이 있기 때문에 어떤 목록도 완전하지 않다(NCCIH, 2019b). 또한 어떤 것들은 기법인지 이론인지 구분하기가 어렵다. 표 10.1에 제시된 목록을 살펴보면, 기치료, 명상, 아로마테라피, 치유적 터치 등 몇 가지 CAM 기법들을 확인할 수 있다. 이것들은 이론인가, 접근인가, 실무인가, 아니면 기법인가? 이 교재의 목적을 위해 우리는 이것들을 기법으로 다가갈 예정인데, 어떤 사람들은 이것들을 이론으로 바라봐야 한다고 주장할지도 모른다. NCCIH에서 제시하는 세 가지 범주(**천연제품, 몸과 마음 작업**, 그리고 **기타 보완 건강 접근들**)를 사용할 때, 임상가들은 뒤에 제시하는 대중적인 기법들에 친숙해져야 하는데, 여기서는 몇 개의 선별된 CAM 기법들을 개관하고자 한다.

천연제품

이 범주에는 허브, 비타민, 미네랄, 프로바이오틱 제품, 그리고 흔히 영양보조제로 알려진 제품들이 포함되어 있다(NCCIH, 2018a). 이 중 대부분은 차나 알약, 첨가제 또는 다른 음료와 섞는 가루, 또는 크림, 팅크, 오일 등의 형태로 구강으로 복용한다.

허브(aka botanials). NCCIH에서는 CAM을 위해 사용하는 50개 이상의 허브 목록을 제공하고 있다(NCCIH, 2019c). 하지만 소비자들이 구할 수 있는 다양한 종류의 허브들이 더 많이 존재하는데, 이 제품 중 많은 것들이 일반 약처럼 규제되고 있지 않다(U.S. Food and Drug Administration, 2018). 많은 허브들이 일반 가정의 부엌 서랍과 식료품가게 또는 약국에서 발견할 수 있는데, 어떤 것들은 더 이국적이어서 특별한 천연식품가게나 한의원, 또는 다른 통로를 통해 구입할 수 있다. 이러한 허브에는 우리에게 친숙한 제품들이 포함되어 있는데, 마늘, 차나무오일, 캐모마일, 알로에 베라, 은행나무, CBD 오일, 라벤더, 계피 등이 있다. 덜 알려진 제품으로는 큰엉겅퀴, 광귤, 요힘베, 피버퓨, 발레리안 뿌리, 노니 등이 있다.

비타민과 미네랄. 많은 사람들은 비타민과 미네랄을 복용하는 것이 CAM의 한 단면임을 인식하지 못한 채 비타민과 미네랄을 정기적으로 복용하고 있다. NCCIH(2018b)에 따르면 다음과 같다.

비타민과 미네랄은 우리의 몸이 발달하고 정상적으로 기능하기 위해 필요한 필수 물질이다. 우리에게 알려진 비타민에는 A, C, D, E, K, 그리고 B가 있는데, 비타민 B에는 티아민(B1), 리보플라빈(B2), 니아신(B3), 판토텐산(B5), 피리독살(B6), 코발라민(B12), 비오틴, 엽산이 있다. (para. 1)

이러한 비타민과 함께, 건강에 중요하고 CAM 치료로 활용되는 미네랄에는 칼슘, 인, 칼륨, 나트륨, 염화물, 마그네슘, 철분, 아연, 요오드, 황, 코발트, 구리, 불소, 망간, 셀레늄 등이 있다(NIH, 2018b, para. 1). 건강한 식단에는 보통 다량의 필수 비타민과 미네랄이 포함되어 있지만, 많은 사람들은 보충제로 이것들을 복용하거나, 종합비타민제 또는 종합미네랄제의 일부로 복용한다.

생균제(probiotics). NCCIH에 따르면, "생균제는 인간의 내장에서 발견되는 유익한 미생물과 비슷한 살아있는 미생물이다(대부분의 경우 세균임). 또한 이들은 '우호적인 세균'

또는 '좋은 세균'으로도 불린다. 생균제는 주로 영양제와 음식의 형태로 소비된다"(NCCIH, 2017d, para. 1). 요구르트처럼 매우 친숙한 음식들은 **생균제**로 분류되고, 영양보조제나 다른 형태의 제품에서 발견되며, 구강으로 섭취하거나 국소 투여된다. 몇몇 증거에 따르면, 내장의 건강을 조절하기 위해 생균제를 사용하면 전반적인 정신건강과 우울증에 긍정적인 영향을 미친다(Bested et al., 2013; Huang et al., 2016).

천연제품과 관련해서는, 상담사가 처방하는 방식이 아니라 교육의 일환으로 내담자에게 정보를 제공하는 것이 중요하다. 천연제품이 정신건강에 미치는 잠재적인 영향에 관해서는 관련 웹사이트, 지역 내 전문가, 또는 Psychobiotic Revolution(심리생물적 혁명; Anderson et al., 2017)과 같은 도서가 추천된다. 중요한 것은, 정신건강전문가들이 구체적인 제품을 제안하거나 또는 천연제품으로 구성된 치료계획을 작성하는 것을 삼가야 한다는 것이다. 왜냐하면 이와 관련된 대부분의 정보는 정신건강전문가들의 실무를 벗어나는 것이기 때문이다.

몸과 마음 작업

많은 기법들이 이 범주에 포함되어 있다. 어떤 것들은 몸과 마음 건강의 통합을 위한 것으로 잘 알려져 있고, 특별하게 훈련받고 자격증 또는 면허를 소유한 실무자들이 있다. 여기서 우리는 요가, 척추지압 및 정골요법, 명상, 침술, 이완법, 태극권 및 기공, 최면치료, 감정자유기법(EFT), 기공치료와 기타 바이오 분야 치료, 그리고 다른 종류의 몸과 마음 기법을 살펴볼 것이다.

요가

원래 요가는 고대 인도의 종교 및 철학에 뿌리를 두고 있지만, 지금은 이러한 전통과는 무관하게 사용되고 있다. **요가**는 몸과 마음의 치유를 위해 다양한 형태의 몸자세, 호흡법, 이완 또는 명상법을 사용하는 인기 있는 기법이 되었다(NCCIH, 2018c). 몇 가지 유형의 요가가 존재하는데, 요가 및 핫요가 스튜디오, 수련센터 또는 지역에 있는 체육시설 등 전통적인 장소뿐 아니라 비전통적인 장소에서 쉽게 요가를 접할 수 있다. 요가는 트라우마 치료를 보조하고(Emerson et al., 2009; Macy et al., 2018), 불안을 경감시키며(Hofmann et al., 2016), 우울을 감소시키는 것으로 확인되었다(Uebelacker & Broughton, 2016). 요가는 내담자와 정신건강전문가들 사이에서 인기가 증가했는데, 그만큼 보완적이고 통합적인 형태로서의 요가에 대한 연구기반 또한 확장되어 왔다. 등록된 요가 강사가 되려면 일정 시간의 훈련이 요구되기 때문에, 상담사가 상담회기 중 요가를 사용하기 위해서는 이러한 훈련을 받아야 하거나, 아니면 지역에 있는 요가 수업에 내담자를 의뢰해야 한다.

척추지압 및 정골요법

척추도수치료로도 불리는 **척추지압**(chiropractic) 및 **정골요법**(osteopathic manipulation)은 상당히 대중적인 치료법이 되었다(NCCIH, 2017e). 훈련받은 전문가들, 가령 척추지압사, 의사(예: 정골요법 의사, 자연요법 의사), 물리치료사, 육상 트레이너 등은 고통을 경감시키고 다양한 신체상의 문제들을 교정하기 위해 손의 힘을 사용해서 척추 및 다른 사지를 다룬다.

명상과 마음챙김

명상은 요가와 유사한데, 다양한 영적, 종교적 철학에 뿌리를 두고 있고, 특히 인도, 일본, 티벳, 중국의 종교/철학적 전통에 그 뿌리를 두고 있다(NCCIH, 2017f). 많은 종류의 명상과 마음챙김 기반 활동은 마음을 고요하게 하고 마음을 중심에 두기 위해 사용되는데, 이것을 사용하는 사람의 내적/외적 상태에 대한 인식을 증진시키고, 사용자 안팎의 삶을 인식하기 위해 사용한다. 명상은 종종 훈련된 강사가 집단을 대상으로 실시하지만, 개인들이 쉽게 명상법을 배워 스스로 적용해 볼 수 있다. 많은 명상법들은 특별한 자격을 요구하지 않기 때문에, 상담사는 자신의 상담회기에 명상 및 **마음챙김** 기법들을 손쉽게 적용해 볼 수가 있다.

많은 유형의 명상이 있지만, 상담에서 가장 자주 사용하는 세 가지 유형은 위빠사나 또는 통찰 명상, 초월 명상(TM), 심상 또는 시각화가 있다. 위빠사나 명상은 일종의 불교 마음챙김 명상인데, 사용자가 조용히 앉아 자신의 호흡을 따라가면서 생각과 느낌, 감각을 관찰한다. 목표는 외부의 비본질적인 생각들을 없애고, 내면에 대한 인식과 통찰을 발전시키는 것이다. 초월명상은 마음을 만트라 또는 단어에 초점을 두게 한다. 심상(guided imagery)은 초심 명상가에게 유용한데, 왜냐하면 이 기법에는 구조가 있고 좀 더 많은 내적 경계를 가지고 있기 때문이다. 더욱이, 쉽게 사용할 수 있는 스마트폰 앱이 존재하기 때문에, 내담자들이 명상을 수행할 가능성을 증가시켰다. 이것에는 Calm, Headspace, Insight Timer 등이 있다.

몇 가지 형태의 마음챙김 또는 명상이 내담자에게 도움이 될 수는 있지만, 어떤 것들은 사용을 금하기도 한다. 예를 들어, 정신병이나 외상성 해리를 경험하고 있는 사람들에게는 앉아서 호흡을 따라가는 것을 추천하지 않는다. 이러한 유형의 명상법은 내적인 경계가 적고 지나치게 구조화가 되어 있지 않기 때문에 불안이나 생리적인 각성을 증가할 가능성이 있다(Compson, 2014).

침술

침술은 주로 전통적인 한의학에서 유래되었지만 현재 많은 아시아 국가 및 미국에서 광범위하게 사용되고 있다. 침술은 "다양한 기법을 사용해서 몸의 특정 지점을 자극하는데", 훈련 받은 전문가가 "손으로 또는 전기자극을 사용해서 단단한 금속 재질의 침으로 피부를 관통시킨다"(NCCIH, 2017a, para.1). **침술**은 기, 즉 몸 전체의 경락을 흐르는 미묘한 에너지 시스템에 작용한다. 육안으로는 이러한 에너지가 보이지 않지만, 침술을 통한 에너지 작업을 통해 원하는 효과를 얻을 수 있다. 침은 머리카락 두께 정도로 매우 얇기 때문에 침을 놓을 때는 거의 느껴지지 않을 정도이다. 미국에서는 6개의 주를 제외한 모든 주에서 면허가 요구되는데, 대부분의 경우 대체 치료로 고려된다. 현재 많은 보험회사에서 침술을 보험처리하고 있다. 침술의 한 형태인 귀 침술은 2,500개가 넘는 중독치료센터에서 사용되고 있는데, 술, 아편, 코카인 의존 때문에 금단현상을 경험할 때 욕구를 조절하는 데 도움이 되는 것으로 나타났다(Smith et al., 2010). 침술은 만성적인 고통을 포함하는 다양한 문제들을 다루는 데 사용되고 있고, 심지어 심장절개수술 등 수술에 사용되어 왔다(Litscher et al., 2015; Zhou et al., 2011). 침술은 주로 신체적인 건강 문제를 다루는 데 활용되고 있지만, 앞서 언급한 것과 같이 중독에도 효과가 있는 것으로 나타났고, 비록 연구의 엄격함에는 한계가 있지만 불안에도 유용하다는 증거가 있다(Pilkington et al., 2007; 상자 10.3 참조).

상자 10.3 침술 마취

1971년 어느 일본 신문에서 중국의 침술 마취에 관한 기사를 실었는데, 충수염과 같은 복부수술 시 마취를 위해 저주파 전기침술을 사용했고, 수술 시 환자의 의식이 분명히 남아 있다고 보고했다. 이 기사는 침술 마취 및 무통에 관한 연구를 촉진시켰는데, 침술치료는 일본에서 통증치료 시 마취제로 사용되고 있었다. 침술 마취에 대한 첫 번째 조사는 1960년경 중국에서 수행되었다. 일본에서는 마사요시 히오도가 1972년 오사카의과대학에서 30건의 침술 마취를 시행했고, 침술 마취를 사용하는 숙련된 전문가 중 한 명이 되었다. 침술 마취는 몇 가지 이점이 있는데, (1) 복잡한 도구가 없는 간단하고 쉬운 방법이고, (2) 부작용이 없으며, (3) 침이 자극하는 부위의 신경세포들을 관여시키지 않으면서 무통증 영역을 유발하고, (4) 침술 마취 이후에 마취효과가 지속되며, (5) 상처가 더 빨리 회복된다(Taguchi, 2008, p. 153).

태극권과 기공

서로 관련이 있는 이 두 기법은 전통 한의학의 일부로서, 침술 및 다른 CAM 기법과 마찬가지로 고대 중국과 다른 아시아 문화에 그 뿌리를 두고 있다. 이 기법들은 "정신 집중과 호흡, 이완"을 증진시키기 위해 천천히 그리고 체계적으로 다양한 몸동작과 자세를 활용한다(NCCIH, 2019e, para. 4). **태극권과 기공**은 몸과 마음의 균형을 유지하기 위해 특정한 방식으로 기를 움직인다. 무술과 유사하지만(태극권이 특히 그러함), 이 기법들은 동작, 균형, 안정성, 삶의 질과 기분 향상을 위해 사용되고, 만성적인 고통과 불안을 경감시키기 위해서도 활용된다.

최면 치료

최면 또는 (혼자 사용할 경우)자기최면으로 알려진 **최면 치료**는 깊은 가수(假睡) 상태 또는 깊은 집중 상태를 유도하는데, 불안, 만성 통증, 금연, 과민성 대장증후군 등 다양한 증상을 치료하기 위해 사용된다(NCCIH, 2017h). 최면으로 우울을 치료하는데, 퇴역군인의 PTSD를 위한 보완 치료로 유용하다는 증거 또한 존재한다(Alladin, 2012; Abramowitz et al., 2007).

감정자유기법

"가볍게 두드리기"(tapping)로도 알려진 **감정자유기법**(emotional freedom techniques: EFT)은 자가 지압법으로, 침술과 유사하게 체내의 미묘한 에너지 경락에 작용하지만, 에너지 지점을 자극하기 위해 침 대신 두드리는 것을 활용한다. 이 기법은 1990년대 Gary Graig가 창시했고, 1980년대 Roger Callahan이 창시한 사고장요법(thought field therapy)에서 파생되었다. EFT는 다양한 문제를 다루기 위해 몇몇 인지적 기법과 함께 두드리는 것을 결합시킨다. 가볍게 두드림으로써 생리적 각성을 감소시키고, 내담자가 편안함을 느끼도록 도와주는 것처럼 보인다. 그러나 더 깊은 수준에서 두드리는 것은 스트레스를 유발하는 사건에 대한 습관적인 정서 반응을 변화시키는 것처럼 보인다. EFT는 음식에 대한 갈망을 줄이는 것으로 나타났고(Stapleton et al., 2016), 트라우마(Church et al., 2013; Sebastian & Nelms, 2017), 우울(Nelms & Castel, 2016), 불안(Clond, 2016)을 감소시키는 것으로 확인되었다.

기 치료와 다른 바이오필드 치료

기 치료(Reiki)는 바이오필드 치료로 불리는 치유 범주에서 가장 인기 있는 기법이다. 침술이나 EFT처럼 경락(meridian) 에너지를 기반으로 하는 기법과는 달리, 바이오필드 치료는 인간의 미묘한 에너지 장을 다루는데, 이 장은 동양의 미묘한 에너지 체계의 일부로서 우리 몸에서 반경 2미터까지 뻗어가는 에너지의 장으로 알려져 있다. 이러한 치료에는 **차크라**(chakra)가 포함되는데, 이것은 미묘한 에너지체계의 세 번째 부분이다. 가장 많이 언급되는 7개의 차크라는 몸의 중심부를 따라 존재하는 회전바퀴 모양의 미묘한 에너지들인데, 회음부에서 머리끝까지 분포한다. 기치료, 치유적 터치는 바이오필드와 차크라와 함께 작업한다. 몇몇 치료들은 다른 치료들보다 더 영적이고, 모든 치료는 몸과 마음 및 정신적으로 최적의 건강을 위해 깨끗하고 분명하며 균형잡힌 에너지를 겨냥한다. 바이오필드 치료는 손을 직접 대는 기법과 대지 않는 기법이 있다. 기 치료는 가장 대중적인 기법으로서 현재 미국 내에서 최소 64개의 병원에서 기 치료를 제공하고 있고, 스트레스 관리, 상처 치료와 수술 후 회복 촉진을 위해, 고통을 관리하기 위한 수단으로, 그리고 신체 문제와 관련이 있는 정신건강상의 문제들을 다루기 위한 방편으로 활용되고 있다. 기 치료는 정신건강전문가들의 소진을 감소시키고(Rosada et al., 2015), 성인들의 우울, 통증, 불안을 줄이는 것으로 밝혀졌다(Richeson et al., 2010). 치유적 손길(healing touch)은 다른 유형의 바이오필드 치료인데, 애도 상담(Berger et al., 2017)과 현역 복무로 복귀하는 군인들이 보이는 PTSD, 그리고 기타 다른 문제에 도움이 되는 것으로 나타났다(Jain et al., 2012).

기타 몸과 마음 작업

여기에 해당되는 몸과 마음 기법들이 많이 있다. 가령 펠덴크라이스 기법, 알렉산더 기법, 필라테스와 같은 동작치료도 있고, 깊은 조직 마사지, 롤핑요법과 같은 접촉 치료

(touch therapy)가 있다. 다른 CAM 기법처럼 너무나 많은 몸과 마음 기법들이 존재하기 때문에 여기에 모두 나열하는 것은 불가능하다.

기타 보완 건강 접근

이 범주에는 천연제품이나 몸/마음 기법에서 다루지 않은 치료나 기법들이 포함된다. 여기에는 무당이나 점술사, 종교적이고 전통적인 치유사들이 사용하는 다양한 기법들이 포함되고, 기존의 두 가지 범주에는 명확히 들어맞지 않는 기법들이 포함된다. 이 교재에서는 아유르베다 의술, 한의학, 동종요법, 자연요법에 관해 다루고자 한다.

아유르베다 의술

NCCIH에 따르면, 아유르베다(Ayurveda) 의술은 "고대 인도의 의학시스템으로서 신체, 정신 건강에 대한 '자연적인' 또는 총체적인 접근에 의존하는 고대 작물들에 기반을 두고 있다"(NCCIH, 2019f, para. 4). 인도에서는 여전히 인기가 있는 이 의술은 건강을 위해 주로 식물에 기반한 제품, 운동요법, 생활양식 행동, 식습관을 활용한다. 아유르베다 의술에서는 사람들이 세 가지 유형의 에너지 조합 중 하나, 즉 카파(kapha), 피타(pitta), 바타(vata) 중 하나를 가지고 있다고 가정한다. 일단 한 개인의 유형이 확인되면, 총체적인 건강 플랜을 세워 건강을 최적화한다.

전통 한의학

전통 한의학은 지금까지 이야기한 방법들, 가령 침술, 태극권, 전통 중국차 등을 조합해서 활용하는 고대의 총체적인 보건 실무로(NCCIH, 2019g), 전반적으로 건강을 관리하고 다양한 신체, 정신건강상의 문제에 활용된다. 전통 한의학자들은 종종 침술가 또는 중국약초상들이다.

동종요법

동종요법(homeopathy)은 독일에서 유래된 200년 역사의 의학적 접근으로 두 가지의 핵심적인 관점을 기반으로 한다. (a) "'독은 독으로 제거한다'는 개념, 즉 건강한 사람들에게 증상을 유발하는 물질을 사용해서 유사한 증상을 나타내는 질병을 치료한다"; (b) "최소 복용량 법칙, 즉 약의 복용량이 적으면 적을수록 약의 효험은 더 커진다"(NCCIH, 2018b, para. 5). 일반적으로 동종요법은 매우 개별적이어서, 같은 증상을 보이는 사람들이라 하더라도 차이가 나타나고, 미네랄, 식물, 축산물을 복용하거나 뿌려서 사용한다. 최소 복용량 법칙 때문에 어떤 동종요법 제품들은 감지할 수 없을 만큼 치유 물질의 흔적을 찾아보기 어렵다.

자연요법

자연 의학으로도 불리는 **자연요법**(naturopathy)은 19세기 초반 유럽의 의료 행위와 그보다 오래된 치유적 접근의 조합에서 그 뿌리를 찾을 수 있는데, 지금까지 논한 많은 접근들, 예를 들어, 허브, 미네랄, 영양보조제 사용, 영양 및 생활양식 지침, 동종 요법, 스트레스 감소, 운동, 심지어 서양의 상담 및 심리치료 등을 포함한다(NCCIH, 2017i). 어떤 경우에는 척추 지압사나 정골요법 의사처럼 면허를 소지한 건강관리전문가들이 자신의 건강 업무와 함께 자연 요법을 제공한다. 또 몇몇 주에서는 훈련받은 자연요법 의사들이 독립적인 업무를 위해 면허를 취득한다. 비록 정부기관이 자격증을 수여하는 경우가 많지는 않지만, **자연요법사**로 불리는 전통적인 치유사들은 훈련을 받은 다음 이런 유형의 건강관리를 제공한다.

최종 생각

CAM에 관심이 있는 상담사와 심리치료사들이 광범위한 보안·대체 접근들에 친숙해지기 위해서는 이 장에서 논한 CAM 건강관리 업무와 관련된 핵심 개념들을 살펴보는 것이 좋은 출발점이 될 수 있다. 좀 더 살펴보고 싶다면 국립보완및통합보건센터에서 제공하는 참고자료와 연구물(NCCIH, 2019a), 이 장 참고문헌에 인용된 자료들을 살펴보는 것을 추천한다.

상담 과정

CAM 기법들이 매우 다양하다보니 치료과정이 어떤 모습일지 이야기하는 것은 거의 불가능하다. 비주류 기법 중 어떤 것들은 상담관계에 직접 통합되기도 하고, 다른 접근들은 상담과정에서 보조적인 것으로 사용될 수도 있다. 또한 상담 회기 말미에 기법을 추가로 적용하거나, 어떤 경우에는 상담 대신 기법을 추천하기도 한다. 어떤 방식으로 CAM을 사용하건, 상자 10.2에 기술된 최선의 실무를 고려해야 한다. 비주류 접근들은 통합하건, 덧붙이건, 아니면 상담의 대체제로 활용하건, 아래 제시된 질문들을 고려할 필요가 있다.

◆ 이것의 양식(modality)은 무엇인가?

◆ 무엇을 위해 이것을 사용하는가?

◆ 이것은 어디에 효과가 있는가?

◆ 경고사항 또는 사용 금지 사유는 무엇인가?

◆ 어떤 훈련이 요구되는가?

◆ 자격검정 과정이 존재하는가?

◆ 이것을 어떻게 상담과정에 통합할 것인가?

◆ 어떻게 이 접근을 윤리적으로 사용할 것인가?

◆ 이 기법에 관해 어떤 연구들이 존재하는가?

비주류 기법 통합하기

어떻게 비주류 기법들을 기존 상담에 통합시킬지 고안해내는 것은 대부분의 정신건강전문가들이 가야 할 길일지 모른다. 따라서 통합적 관점에서 생각해 볼 수 있는 치료과정을 간략히 살펴보고자 한다. 상담사는 CAM 기법 관련 윤리적 고려사항과 상자 10.2에서 살펴본 최선의 실무를 살펴본 후, 특정 기법을 자신의 상담 접근에 통합할 수 있다. 가령, 점진적 근육이완법은 불안을 경감시키기 위한 목적으로 비주류 접근을 사용할 수 있는지를 보여주는 좋은 사례이다. 대부분의 불안장애가 신체적 기원 또는 요소를 포함하고 있기 때문에, 직접적으로 근육을 사용해서 신체를 관여시키는 것은 불안을 조절하는 데 매우 도움이 된다(Olatunji et al., 2006). 이 접근이 지시명상과 유사하지만, 이완과 마음의 평화를 이끌어내기 위해 근육 수축과 심호흡을 활용한다. 전형적인 점진적 근육이완법은 10분에서 20분 정도 소요되고, 일단 학습이 되면, 내담자는 혼자서 이 기법을 사용할 수 있다. 상자 10.4를 살펴보고, 이 기법을 당신의 상담회기에 통합할 수 있을지 생각해 보시오.

상자 10.4 점진적 근육이완

심각한 스트레스를 경험하고 있는 내담자와 이 내담자에게 점진적 근육이완법을 적용하는 상담사 간 대화가 아래에 제시되어 있다.

내담자: 말씀드렸던 것처럼 저의 스트레스는 측정 불가능합니다. 학교, 집, 가족, 친구… 최근 삶의 모든 것들이 저를 미치게 하고 있어요. 심장마비가 코앞에 다가온 것 같은 느낌이랄까. 특히 오늘 안 좋았어요. 그냥 어떻게 해야 할지 잘 모르겠어요.

상담사: 그러니까, 여기서 네가 한 말을 듣고 있으니까, 네가 지금 얼마나 스트레스를 받고 있는지 보고, 느끼고, 들을 수가 있어. 나와 함께 뭔가를 시도해 볼 수 있을까? 이 모든 스트레스가 네 삶에 어떤 영향을 미치고 있는지 살펴보기 전에, 온전히 긴장을 풀 수 있는 방법을 시도해볼 수 있을까?

내담자: 긴장을 푸는 방법이요? 저에게 필요한 것이네요. 해보겠습니다.

상담사: 좋아. 점진적 근육이완이라고 부르는 건데. 의자에 편하게 앉아봐. 두 손을 무릎에 올리고, 괜찮으면 눈을 감고, 아니면 바닥이나 천장의 한 지점을 쳐다봐. 그런 다음, 깊이 숨을 쉬어. 천천히 들이 마시고 내뱉고, 횡경막으로부터 숨을 이끌어 내. 숨을 들이마시고 내뱉는 동안 배꼽이 오르락내리락 하는 것을 느껴봐. 나랑 함께 숨을 쉬자. 들이 마시고 잠시 멈춘 다음 넷까지 세어보자. 하나, 둘, 셋, 넷. 멈추고. 이제 8까지 셀 때까지 숨을 내뱉자. 하나, 둘, 셋, 넷, 다섯, 여섯, 일곱, 여덟. 멈추고. 이제 반복해보자. 숨을 들이 마시고, 하나, 둘, 셋, 넷. 멈추고. 내뱉자. 하나, 둘, 셋, 넷, 다섯, 여섯, 일곱, 여덟. 멈추고[일 이분 동안 이것을 계속한다. 매번 숨을 들이마시고 내뱉기 전에 몇 초 동안 숨을 멈춘다].

상담사: 자. 이제는 발가락부터 시작해보자. 할 수 있는 만큼 발가락을 꽉 구부려보자. 10초 동안 유지하고, 그런 다음 풀어보자(10까지 세고). 다음에는 다리를 활처럼 구부려보고 10초 동안 그 자세를 유지한 후, 자세를 풀자. 이제 종아리 근육으로 이동할거야. 종아리를 꽉 조이고 10초 동안 유지한 다음, 풀고. 다음에는 넓적다리로 가보자. 할 수 있는 한 단단하게 조이되, 아프게 하지는 말고. 10초 동안 유지하고, 풀어. 하나, 둘…[이 작업을 신체 상부의 다양한 근육, 즉 엉덩이, 배, 가슴, 팔, 그리고 목, 머리, 얼굴 근육에 적용해 본다. 근육을 긴장시키고, 10을 셀 때까지 멈춘 다음, 이완시킨다]. 이완훈련을 다 마쳤는데, 기분이 어떠니?

내담자: 와. 진짜 편해졌어요. 심지어 평화롭기까지 해요. 마치 제가 이곳에 끌고 들어왔던 스트레스가 이 방에서 싹 씻겨간 느낌이에요.

상담사: 방에서 씻겨내졌다. 좋은 표현인데. 스트레스가 너에게서 흘러나오고, 평화의 물결이 흘러 들어오면서 이완되는 침착함을 느끼는 것. 이 기법은 어디서든 앉아서 또는 조용한 가운데 편안히 누워서 반복해서 할 수 있는 기법이지. 학교에서도 할 수 있고, 차 안에서 할 수도 있고, 집에서도. 마음을 진정시키는 소리도 사용할 수 있는데, 졸졸 흐르는 물소리를 들으면서 하면 이완하는 데 도움이 될 거야. 이 기법을 매 주 상담을 시작하면서 해보자. 그리고 상담실 밖에서도 이 기법을 사용해보면 좋겠어. 사용해 보고 효과가 있었는지 나한테 이야기해 주면 좋을 것 같아.

> **내담자:** 좋아요. 처음에는 좀 이상했는데, 지금은 기분이 좋아졌어요. 네. 한 번 해 볼게요.

이완기법과 기타 비주류 기법을 상담업무에 통합시키는 방법들이 많이 있는데, 이 방법을 학습하고 싶다면 연구물, 온라인 사용지침서, 훈련 기회를 찾아보기 바란다. 특별한 훈련을 요구하는 것들도 있지만, 호흡법이나 명상과 같은 기법들은 쉽게 배워서 사용할 수 있다.

비주류 기법을 통한 보완 치료

보완치료 범주로 분류되는 몇몇 접근들은 팀치료 접근 시 상담사가 사용할 수 있다. 여기에는 영양 또는 침술 등의 기법이 포함될 수 있는데, 광범위한 교육과 자격과정을 요구한다. 따라서 상담사들은 이러한 기법들에 관해 온전히 훈련받지 않았을 가능성이 높다. 이 경우, 상담사들은 자신이 일 하고 있는 지역의 유능하고 윤리적인 CAM 전문가들을 잘 알고 팀치료를 위한 의뢰와 자문을 취해야 한다. 늘 그런 것처럼, CAM 전문가에게 내담자를 의뢰할 경우에는 앞서 언급했던 윤리적 지침과 상자 10.2에서 설명했던 최선의 실무를 고려해야 한다.

비주류 실무에서의 대체 치료

어떤 경우에는 상담사가 상담 대신 대체 기법을 고려해야 할 때가 있다. 예를 들어, 등이 너무 아파서 우울한 내담자의 경우 상담사는 내담자를 침술치료에 의뢰할 수 있다. 어떤 내담자들에게는 침술이 매우 효과가 있기 때문에, 상담사는 더 이상 내담자를 상담 장면에서 볼 이유가 없다는 것을 깨달을 수 있는데, 이때 상담사는 내담자가 계속해서 침술치료를 받게 해야 할 수도 있다. 이는 중요하게 고려해야 하는 사안인데, 어떤 사람들이 상담에 있어야 하는지를 아는 것도 중요하지만, 상담을 시작하는 대신 또는 상담을 지속하는 대신에 내담자를 다른 전문가에게 의뢰해야 할 때가 언제인지를 아는 것 또한 중요하다. 실제로, ACA와 APA에서는 내담자가 더 이상 상담서비스를 필요로 하지 않는 것이 분명할 때 내담자를 의뢰하는 것이 중요하다고 언급하고 있다(ACA, 2014; APA, 2017).

사회문화적 이슈

CAM 접근의 특성과 역사에 관한 앞선 논의를 고려했을 때, 몇몇 CAM 기법들이 다양한 내담자와 작업할 때 상당히 많이 활용된다는 사실은 놀랍지가 않다. 예를 들어, 중국이나 인도에서 온 이민자들과 일을 할 때 이들에게 익숙한 전통적인 한의학이나 아유르베다 의술에 의존할 수 있다(Kraus, 2015). 이런 의미에서 다양한 CAM 기법을 이해하는 것은 상담사가 자신의 문화적 역량을 증진시키는 효과적인 방안이 될 수 있다.

CAM 기법은 다양한 사람들에게 인기가 있다. 가령, 2007년 전국건강면접설문(NHIS)에서는 미국 내에서 CAM 기법을 가장 많이 사용할 것 같은 사람들의 민족적 배경을 조사해봤다. 그 결과, 미국인디언 또는 알래스카 원주민(50.3%), 백인 성인(43.1%)이 아시아계 성인(39.9%)이나 흑인 성인(25.5%)보다 CAM 기법을 사용할 가능성이 높은 것으로 나타났다. 이러한 차이에도 불구하고, 모든 민족이 상당한 정도로 CAM 기법 사용에 많은 관심을 가지고 있다는 것은 분명했다(Barnes & Bloom, 2008). 흥미로운 점은, 2002년과 2015년 사이에 스페인계와 아프리카계 미국인들은 CAM 사용이 2% 정도 감소되었지만, 백인들은 2% 증가한 것으로 나타났다(Clarke et al., 2015). CAM 기법에 들어가는 비용이 CAM 사용에 영향을 미쳤을 가능성이 있다. 예를 들어, 고소득층 또는 가용 자금이 있는 사람들 사이에서 CAM 기법을 찾는 경향이 강한데, 교육수준이 높고, 30세에서 69세 사이의 여성, 서양 국가에서 거주하는 성인, 최근에 입원한 회복 중인 흡연자들 사이에서 CAM 사용 빈도가 높다(Barnes & Bloom, 2008).

연구에 따르면, 다양한 집단에서 매우 높은 비율로 CAM 기법을 활용하고 있다. 예를 들어, Tsai(2007)는 미국 여성의 50%가 건강 문제로 약초/동종요법을 사용하고, 30%의 미국인디언 여성 그리고 비슷한 정도의 백인, 스페인계, 흑인 여성들(각각 29%, 26%, 21%)이 약초/동종요법을 사용한다는 것을 발견했다. 암생존자들을 조사한 Campesino와 Koithan(2010)은 49%의 흑인 및 스페인계 환자들이 자신의 치료에 CAM 기법을 사용한다는 것을 발견했고, Ahh 등(2006)은 중국계와 베트남계 미국인들 사이에서 CAM 활용도가 높은 것을 확인했다. Mehta 등(2007)은 필리핀계(22%), 중국계(21%), 미국인들보다 인디언들(31%)이 몸/마음 기법을 더 많이 사용하고, 필리핀계(26%)나 인디언들(19%)보다는 중국계 미국인들(32%)이 약초를 더 많이 사용하고 있음을 발견했다.

현재 많은 임상가들이 자신의 실무에 CAM 기법을 통합함으로써 CAM에 대한 내담자들의 관심에 부응하고 있다(Barnett & Shale, 2013). 그러나 전문상담사들과 심리치료사들은 다양한 집단에 속한 사람들이 CAM 접근에 관심이 있고, 잘 알고 있으며, 사용 의향이 있다고 가정해서는 안 된다. 다른 임상적 접근에서처럼, 문화적인 특성을 공유하건 그렇지 않건 간에 모든 내담자가 독특하다는 점, 그리고 개인 또는 사람들(예: 가족 단위, 커플, 부모와 자녀)이 CAM에 기울이는 관심은 기법의 적절성이나 현저성(salience)에 따라 다르다는 것을 기억해야 한다(McAuliffe, 2020). 좋은 상담사들은 현저성을 고려하고, 내담자와 함께 관점과 기법을 개방적으로 탐색한다.

효과

상담 및 심리치료 현장에서 CAM 기법의 인기는 점점 더 커지고 있다. 그런데 CAM 기법이 효과가 있을까? CAM 기법의 폭과 깊이가 매우 크기 때문에 서로 다른 기법에 대한 연구들을 모두 살펴보는 것은 불가능하다. 그러나 연방정부, 구체적으로 NCCIH에서는 보완/대체/통합적 기법들의 "유용성과 안전"을 연구하는 데 많은 자원을 투자할 만큼 CAM 접근이 충분히 중요하다고 믿고 있다(NCCIH, 2017b, par. 2). 지난 20년 동안 많은 연구들이 수행되어 왔지만, 좀 더 논란이 많은 기법 가령 동종요법, 에너지 치유, 또는 몇 가지 약초치료에 대해서는 통제된 연구설계를 활용한 연구들이 충분히 이루어지지 않았다. 아래에 CAM 기법에 대해 수행된 몇몇 연구들을 제시했다.

◆ 최근 수행된 실험연구에서 아편 사용 장애 및 메타돈 관리 치료를 받고 있는 환자들의 만성통증에 관한 마음챙김 기반 회복 향상(mindfulness-oriented recovery enhancement: MORE)의 효과를 조사했다. MORE는 "통합적인 행동집단치료로서 마음챙김, 재평가(reappraisal), 향유 기법(savoring skills) 훈련을 포함하고 있다"(NCCIH, 2019h, para. 1). 참여자들은 이 치료를 받지 않은 사람들에 비해 갈망(craving) 감소, 전반적인 스트레스 감소, 통증 감소를 보고했다. 관련 통증 연구에서 연구자들은 선천적으로 마음챙김 성향이 강한 사람들이 통증을 덜 보고한다는 것을 발견했다(NCCIH, 2018g, para. 4). 연구자들은 "바이오피드백, 마음챙김 명상, 또는 마음챙김 증진에 목적을 두는 행동치료 등 통증 관리에 더 좋은 비약리학적 접근을 발전시킬 필요가 있다"고 제언했다(NCCIH, 2018g, para. 5).

◆ 섬유조직염으로 고통받는 환자들을 대상으로 한 연구에서 에어로빅과 태극권의 효과를 비교했다(C. Wang et al., 2018). 연구 결과, 태극권은 에어로빅만큼이나 또는 더 많은 효과가 있는 것으로 나타났다. 또한 태극권에 참여했던 사람들은 시

간이 지나면서 더욱 더 열심히 참여했고 더 많은 효과를 얻었다.

◆ 최근 연구에서는 포도주스와 포도씨에서 추출한 약물이 우울증 치료에 효과가 있는지 조사했다(J. Wang et al., 2018). 이 연구는 포도에서 추출한 물질이 어떻게 생체활성 식이 폴리페놀 제제(BDPP)로 개발될 수 있는지를 보여줬는데, BDPP는 생쥐의 회복탄력성과 스트레스 대처를 향상시키는 것으로 밝혀진 바 있다. 이 연구자들은 우울 및 관련 장애를 다루기 위해 기존의 정신과적 약물과 함께 이와 같은 천연제품을 약물로 개발할 수 있음을 확인해주었다.

이러한 연구와 더불어 NIH(2018)에서는 수많은 CAM 효과 연구들을 다음과 같이 요약하고 있다.

◆ 은행나무 약초는 치매와 알츠하이머 병을 감소시키는 데 효과가 없다.
◆ 척추 도수치료는 하부 요통을 줄이는데 약간의 효과가 있다.
◆ 영상 기술을 통해 뇌를 조사할 때, 마음이 통증 신호를 차단할 수 있는 것처럼 보였다.
◆ 침술은 무릎 골관절염과 관련된 통증을 줄이고, 화학 요법으로 인한 메스꺼움을 완화시키며, 하부 요통을 감소시키고, 긴장성 두통을 줄이는 것처럼 보인다.
◆ 글루코사민은 단독으로 또는 콘드로이친과 함께 사용하면 무릎 관절염에 효과가 있는 것처럼 보인다.
◆ 태극권은 섬유조직염을 가진 사람들에게 어느 정도 효과가 있는 것처럼 보이고, 수면, 기분, 삶의 질을 향상시키는 데 효과가 있어 보인다.
◆ 자연치료(예: 식이보충제)는 때때로 해로울 수 있는데, 불안과 스트레스를 위해 사용하는 카바 약초는 간에 손상을 유발할 수 있다. 우울에 사용하는 망종화(St. John's wort)는 다른 약과 함께 복용할 때 효과가 덜하다. 인터넷에서 구매할 수 있는 아유르베다 제품은 5회 중 1회 꼴로 수은 또는 비소를 함유하고 있는 것으로 나타났다.

이상의 사례와 앞서 언급했던 연구들을 통해 다양한 종류의 CAM 기법들이 조사되었고, 정신건강전문가들을 포함한 건강관리전문가들의 내담자들에게 유용한 것으로 나타났다. 그러나 검증되지 않은 다른 CAM 기법들, 특히 미국식품의약국(FDA) 통제권 밖에 있는 약초와 식이보충제들에 대해서는 충분한 주의가 필요하다. 연구를 통해 무엇이 효과가 있는 기법이고 무엇이 의심스러운 기법인지 구분하게 되면, 상담사들은 CAM 기법들을 통합하거나 보완제로 사용하거나 또는 이런 기법을 사용하는 전문가들에게 내담자를 의뢰할 수 있을 것이다.

요약

이장에서 우리는 보완·대체·통합적 접근으로 불리는 CAM 기법에 관해 살펴보았다. CAM 기법은 그 범위가 넓어 수백 개의 기법을 아우르고 있고, 현재에도 그 인기가 점점 더 커지고 있다. 많은 CAM 기법들이 그 뿌리를 고대 문화에 두고 있는데, 이 장에서 우리는 세 개 영역에서 좀 더 인기가 있는 접근들(천연제품, 몸/마음 기법, 기타 보완적인 건강 접근)에 초점을 맞췄다. CAM 기법들은 매우 다양하고 다르기 때문에 하나의 이론이나 기법으로 분류하는 것은 매우 어려운 일이다. 대부분의 기법들이 서양에서는 새로운 것이어서 건강관리의 일환으로 부상하고 있다. 사실상 1992년에 설립된 대체의학국은 1999년에 국립보완및대체의학센터(NCCAM)로 변모하였고, 현재 국립보완및통합보건센터(NCCIH)에서 CAM 기법들의 유용성과 안전성을 과학적으로 연구하고 있다. 오늘날 네 명 중 한 명이 CAM 제품을 사용하고, 미국은 이러한 제품에 한 해 30조를 지불하고 있다.

보완적인 건강 기법들은 치유에 관한 총체적인 접근을 취하는데, 서양의학에서처럼 한 개인의 어떤 한 측면을 바라보는 것이 아니라, 한 사람 전체가 가지고 있는 욕구를 고려한다. 이러한 기법들은 내재된 몸/마음의 연결을 바라보고 한 사람의 정신적, 육체적, 영적 측면들의 통합을 추구하는 건강(wellness) 접근에 기반을 두고 있다. 논의했던 웰니스 모델은 Myer와 Sweeney의 불가분의(indivisible) 자기 모델이었는데, 이는 창의적인 자기, 대처하는 자기, 사회적 자기, 본질적 자기, 신체적 자기를 이해하는 것을 포함한다. CAM 기법들을 소개하는 몇 가지 책과 협회를 소개했다.

CAM의 핵심 개념을 살펴보았을 때, CAM이 총체적 관리를 지향하고, 몸과 마음의 문제가 서로 긴밀하게 연결된 것으로 가정한다는 점을 확인했는데, 이는 몸과 마음의 문제를 분리된 것으로 간주하는 서양의 전통적인 의학적 접근, 특히 미국의 의료관리에 팽배한 질병모델과는 상반되는 것이다. 우리는 보완 건강, 대체 건강, 통합적 건강 간 차이점을 조명했는데, 보완 건강이라는 용어는 실무 또는 제품이 비주류로 간주되고 전통적인 접근과 함께(추가로) 사용될 때 사용한다. 대체 건강이라는 용어는 전통적인 의료 대신 비주류 접근을 활용할 때 사용되는 용어다. 통합적 건강은 비주류 접근을 주류 건강에 통합할 때 사용하는 용어다. 또한 몇몇 천연제품과 몸/마음 기법, 기타 보완 건강 접근의 차이점에 주목했다. 그런 다음 몇 가지 대중적인 보완, 대체, 통합적 건강 기법들을 살펴보았다. 마지막으로, 윤리적으로 고려해야 할 점들을 확인했는데, 임상가들이 비주류 기법을 업무에 사용하기 위해서는 적절한 훈련과 자격을 갖춰야 하고, 어떤 접근을 업무에 사용하건 그러한 기법들이 증거에 기반하고 또한 지지받는다는 것을 확인해야 한다. 비주류 접근을 사용할 때 기억해야 할 11개의 최선의 실무 또한 살펴보았다.

400개 이상의 CAM 기법이 존재한다는 점에 주목하면서 이 장에서는 그러한 기법들을 세 가지 범주로 구분했다. 우선, 천연제품에는 약초, 비타민, 미네랄, 프로바이오틱스, 식이보충제로 알려진 기타 제품들이 있다. 몸/마음 기법에는 몸과 마음의 건강을 통합하는 접근들이 있는데, 훈련과 자격 또는 면허를 취득한 전문가들이 실무에 임하고 있다. 이때 요가, 척추지압 및 정골요법, 명상, 침술, 이완기법, 태극권 및 기공, 최면 치료, 기타 몸/마음 기법을 간략히 살펴보았다. 그 밖에 살펴본 보완 건강 접근에는 아유르베다 의술, 전통 한의학, 동종요법, 자연치료가 있다.

CAM 기법을 활용한 상담 과정을 검토하는 것은 쉽지 않다. 왜냐하면, CAM 기법들은 상담에 통합될 수도 있고, 회기 초반 또는 끝나기 전에 사용될 수 있으며, 때로는 상담에 부수적인 것으로 사용되고, 상담의 대안으로도 사용된다. 우리는 상담사가 CAM 기법사용을 고려할 때 다음과 같은 질문을 던질 것을 제안했다. CAM 기법은 어떤 양식을 띠는가? 왜 그것을 사용하는가? 어디에 효과가 있는가? 주의할 사항 또는 사용해서는 안 되는 경우가 있는가? 어떤 훈련을 받아야 하는가? 자격취득 과정이 있는가? 이것을 상담 과정에 어떻게 통합할 것인가? 어떻게 하면 이 기법을 윤리적으로 사용할 수 있을까? 이 기법에 대해 연구된 것이 있는가? 이 장에서는 상담 회기 중에 점진적 근육이완법을 활용하는 것을 한 예로 제시했는데, 다른 CAM 기법들은 상담 회기 내에서 통합해서 사용하는 것이 쉽지 않기 때문에 상담회기의 마지막 부분에 또는 상담회기와 별도로 추가적으로 사용하는 것이 더 좋을 수 있다. 어떤 경우에는 상담을 시작하거나 지속하는 것보다는 대체 기법에 의뢰하는 것이 최선일 수 있는데, 예를 들어 내담자가 대체적인 기법에서 효과를 보고 있고 더 이상 상담에서는 도움을 얻고 있지 않을 경우에는 대체 기법에 의뢰하는 것이 최선이다.

사회문화적 이슈와 관련해서는, CAM 기법이나 제품들이 다양한 내담자에게 유용하다는 점에 주목했고, 모든 민족들이 CAM 기법을 사용한다는 통계자료를 제시했다. CAM

기법에 쉽게 접근하는 고소득층에서 CAM 기법이나 제품을 사용하는 경향이 있다는 점, 상대적으로 어떤 집단에서 CAM 기법을 더 많이 사용하고 있는지도 확인했다. 마지막으로, 현저성, 즉 문화적 특성을 공유하고는 있지만 모든 사람들이 독특하다는 인식이 CAM 기법을 사용할 때 중요하다는 점에 주목했는데, 상담사는 이러한 현저성을 마음에 기억하면서 자신의 관점과 기법을 내담자와 개방적으로 이야기할 것을 제안했다.

효과를 논하면서, CAM 기법의 유용성과 안전을 조사하기 위한 목적으로 NCCIH가 설립되었음을 언급했다. 너무나 많은 제품과 기법들이 있기 때문에 수행된 모든 연구들을 열거하는 것은 어려운 일이었다. 몇 개의 연구들이 조명되었는데, 마음챙김 기반 회복 향상(MORE)의 유용성, 몇몇 질환에 대한 태극권의 긍정적 효과, 우울증 치료에 있어서 포도 추출물의 잠재적 유용성에 관한 연구들을 언급했다. 또한 NIH에서 수많은 CAM 연구들을 요약한 것을 살펴보았는데, 은행나무는 치매와 알츠하이머 질환을 감소시키는 데 효과적이지 않았고, 척추 도수치료는 하부요통을 줄이는 데 다소 효과가 있었으며, 마음이 통증 신호를 차단할 수 있고, 침술은 다양한 질환에 효과가 있으며, 글루코사민이 무릎 관절염에 도움이 될 수 있고, 태극권은 섬유조직염, 수면, 기분, 삶의 질에 도움이 되고, 다양한 식이보충제들이 해로운 것으로 나타났다(예: 간 손상을 초래하고, 다른 약의 효과를 감소시키며, 수은이나 비소를 함유하고 있음).

핵심어 및 인명

American Holistic Health Association	Gary Craig	Medicine
Association for Comprehensive Energy Psychology	Institute of Noetic Sciences	Richardson Davidson
	James Lake	Roger Callahan
	Jon Kabat-Zinn	감정자유기법(EFT)
Association for Creativity in Counseling	Liilian에게 CAM 기법 적용하기	건강
	Medicine(NCCAM)	기 치료
Association for Humanistic Psychology	National Center for Complementary and Alternative	기능의학
		기타 몸/마음 접근
CAM	National Center for Complementary and Integrative Health(NCCOH)	기타 보완 건강 접근
Chakras		내재된 몸/마음 연계
Chi(카이)		대처 자기
Daniel Goleman	Office of Alternative	대체 건강
		동종요법

동종요법의	사회적 자기	척추지압 및 정골요법
동종요법의사	신체적 자기	천연제품
마음챙김	아유르베다 의술	총체적 관리
명상	약초	최면치료
몸/마음 기법	요가	치유사
몸/마음/정신이 조화된 작업	윤리적 고려사항 및 최선의 실무	침술
무당	이완법	태극권과 기공
보건 및 의료에서의 대체 치료	자연요법	통합 건강
보완 건강	전체주의	통합 의학
보완 및 통합적 건강	전통 한의학	통합적/총체적 관리
보완/대체/통합적 접근	점진적 근육이완	프로바이오틱스
본질적 자기	정신/신체/영을 통합하기	현저성
분리될 수 없는 자기모델	주술사	
비타민과 미네랄	창의적 자기	

사례연구: Lillian에게 CAM 적용하기

(이 사례연구를 읽기 전에 부록 I에 있는 Miller家 사람들 이야기를 읽으시오)

최근 가족 내에서 생긴 변화로 인해 우울하고 당황스러워 했던 Lillian은 지난 몇 주 동안 힘든 시간을 보냈다. 남편 James는 최근 진단 받은 전립선암으로 인해 우울증을 경험하고 있었다. James는 수술을 받게 되면 아내와의 관계 특히 성관계에 영향이 미치지 않을지 걱정하고 있다. Lillian도 수술이 걱정이 되긴 하지만 그렇다고 성관계를 걱정하고 있지는 않다. 더욱이 Lillian은 사회복지사로서 해야 할 일이 꽉 차 있는데, 직장, 남편에 대한 걱정, 그리고 두 명의 자녀를 돌봐야 하는 것 때문에 점점 더 우울하고 불안해졌다. Lillian은 가깝게 지내고 있는 언니 Angela에게 화가 나 있는데, 자신을 여전히 아이처럼 대한다고 느끼고 있다. 어린 시절 Angela는 Lillian을 돌봤는데, Lillian이 고관절기형을 가지고 태어났고 따라서 십대까지 지속적으로 돌봄이 필요했었다.

Lillian은 수년 간 나이지리아에서 여름을 보내면서 무속신앙과 자연치유법을 배웠다. 친구가 Denitra Jackson 박사에게 상담 받을 것을 추천했고 Lillian은 상담약속을 잡았다. Lillian이 기억하는 한 Lillian의 가족은 가족구성원을 치유하기 위해 약초와 그 밖의 기법들을 사용해왔고, 그런 형태의 치유가 Lillian에게는 호소력이 있었다. Jackson 박사는 면허 치료사였는데, 보완 및 대체 기법들을 상담에 접목시켜 내담자들에게 사용했고, 특히 마음챙김과 감정자유기법(EFT)을 많이 사용했다. 또한 Jackson 박사는 등록된 요가 강사였는데, 간단한 요가 자세를 내담자들에게 소개하곤 했다.

Jackson 박사의 사무실은 오래된 빅토리안 시대 풍의 건물 2층에 위치하고 있었다. Lillian이 대기실로 들어섰을 때 이내 따뜻함과 편안함, "좋은 느낌", 오일 디퓨저로부터 흘러나오는 라벤더의 부드러운 향을 느낄 수 있었다. Lillian은 대기실에서 부드럽고 은은한 음악소리를 들었다. 전반적인 느낌은 이완되고 진정시키는 느낌이었다. Jackson 박사는 우호적인 몸짓으로 Lillian을 맞이했다. 두 사람은 악수를 했고, Lillian이 사무실로 들어갔다. 사무실 공간은 이전에 Lillian이 갔었던 다른 상담실과는 다르게 배열되어 있었다. 공간이 컸고, 색상도 다채로웠으며, 다양한 벽걸이들이 걸려 있었는데 영감을 주는 것들도 있었고 인도나 중국의 상징물 등 다양한 문화를 묘사하는 것들이 있었다. 긴 소파와 의자, 테이블이 있었고, 방 끝에는 공간이 있었는데 요가 매트가 펼쳐져 있었다.

Jackson 박사는 상담회기를 시작하면서 자신은 주로 CBT, 인간중심치료, 심리역동치료 등 전통적인 접근에 대해 훈련받았지만, 연간 보수교육을 통해 마음챙김에 관한 훈련에 참여한 후에는 좀 더 통합적인 CAM 접근으로 상담의 초심이 이동했다고 설명했다. "저는 사람들의 몸과 마음이 총체적이라는 것을 강조하는 마음챙김의 기본 철학에 반했어요. 미국문화는 우리가 계속해서 스트레스를 받고 분리하라고 가르쳐왔죠. 마음챙김과 명상은 나 자신을 인식하도록 도와주고, 나 자신과 타인을 판단하지 않으면서, 내 경험에 호기심을 갖는 태도를 계발해 줍니다." Jackson 박사는 건강에 대한 동양의 접근들에 대해, 특히 기라고 알려진 미묘한 에너지를 학습했고, 감정자유기법(EFT)에 대한 훈련을 받았으며, 등록된 요가 강사가 되기 위해 공부했다.

"우리가 우리의 몸과 마음, 그리고 에너지시스템을 관리하는 법을 알게 되면, 우리의 몸과 마음은 치유되고 균형잡힌 상태로 되돌아가는 믿을 수 없는 능력을 가지고 있어요. 제가 어떻게 하는지 보여 드릴 수 있습니다."라고 Jackson 박사가 말했다. Jackson 박사는 Lillian이 알 수 있도록 잠시 멈춘 다음 계속해서 말을 이었다. "주된 방법은 스트레스가 우리를 압도하기 전에 스트레스와 그로 인한 불균형을 인지하는 것이에요. 이 방법을 사용하면 스트레스와 긴장감을 점검하고 방출하는데 도움이 됩니다. 이런 몸/마음 기법들을 사용하면 당신 내부에 존재하는 지혜와 평화 및 고요함에 접촉할 수 있고, 좀 더 진솔한 곳에서 도전이 되는 삶의 결정들을 할 수 있을 겁니다."

회기가 시작되기 전에 Jackson 박사는 Lillian이 기존 방식의 접수면접 평가를 완성하도록 요청했고, 추가적으로 영양, 운동, 명상 또는 기도, 영성, 창의적인 노력, 자기관리/건강상의 문제와 관련된 것을 물어 보았다. Lillian은 Jackson 박사가 자신의 식습관에 관해 알고 싶어하는 것을 보고 놀랐다. Jackson 박사는 다음과 같이 설명했다. "긍정적으로든 부정적으로든 음식은 분명 정신 건강에 영향을 미칩니다." 고지된 동의 과정에서 Jackson 박사는 자신이 받은 훈련과 자격증, 자신이 하고 있는 몇 가지 기법을 소개했는데, 여기에는 인지행동치료에 초점을 두고 진행하는 전통적인 상담, 간단한 요가 자세, 에센셜 오일을 사용하는 아로마테라피, EFT가 포함되어 있었다.

Jackson 박사는 몇 가지 기본적인 경청 기술과 관계형성 기술을 사용하면서 회기를 시작했다. 그런 다음 Lillian의 생각, 특히 "충분히 좋지 않다"는 것에 대한 Lillian의 신념에 관해 이야기를 나눴다. 두 사람은 추후 회기에서 Lillian의 부정적인 핵심 신념들이 타인과의 관계에 어떤 영향을 미치고 있는지에 초점을 맞추기로 결정했다. Lillian의 부정적인 신념, 그리고 남편과 언니와의 관계에 대한 걱정을 이야기 하는 동안, Jackson 박사는 Lillian의 호흡이 가빠지고, 어깨가 긴장되었으며, 얼굴표정에서는 괴로움이 역력하다는 것을 알아챌 수 있었다. Lillian에게서 이러한 변화를 감지한 Jackson 박사는 진정시키기 위해 뭔가를 하고 싶은지 Lillian에게 물었고, 이에 Lillian은 그렇다고 했다. 첫째, 부교감신경계 또는 신체의 진정시키는 시스템을 자극하기 위해 코를 통해 숨을 길게 내쉬는 횡경막 호흡법을 연습했다.

그런 다음, Jackson 박사는 Lillian에게 도움이 될 수 있는 요가 자세가 있고, 요가 매트로 가서 자세를 보여주겠다고 말했다. Lillian은 발 한 쪽이 불편하다고 말했는데, Jackson 박사는 자세를 변경할 수 있다고 설명해 주었다. 두 사람은 함께 tadagasana를 연습했는데, 이 자세는 바닥에 누워 횡경막을 뻗어 이완시키는 기법이다. 그런 다음 위쪽을 향한 강아지 자세(urdhva mukhas svanasana)를 취했는데 목구멍을 열어 자신의 목소리로 명료하게 의사소통하는 능력을 확장시키는 기법이다.

마지막으로, Jackson 박사가 일어나서 Lillian에게 팔 스윙을 시범 보였고 Lillian은 자신의 어깨를 구부렸다 뻗으면서 Jackson 박사의 동작을 따라했다. Jackson 박사는 이 동작을 통해 Lillian이 자신과 가족에 대해 짊어지고 있는 부담을 가볍게 하고 방출할 수 있을 것이라고 설명했다. Lillian은 다음과 같이 말했다. "여기서 제 몸을 사용하는 것이 약간 이상했는데요, 저는 그저 이야기를 할 거라 생각했거든요. 그런데 숨쉬기와 요가를 통해 좀 더 진정이 되었고 제 몸에 더 집중하게 되면서 압도되는 느낌이 줄어들기 시작한 것 같아요."

이런 통찰을 얻고 난 후 Lillian은 다음과 같이 말했다. "정서적으로 남편과 단절된 느낌이 들어요. 남편이 스트레스가 많고 불안해하는 것도 알고 있는데, 전립선 암 수술을 앞두고 어떤 느낌인지 도무지 저에게 이야기를 하지 않으려고 해서 어떻게 도와줘야 할지 모르겠어요. 애들한테도 영향을 미치기 시작했고, 제 가족이 급격히 통제불능 상태에 빠져가는 것 같습니다." Lillian은 점점 더 우울하고, 남편이나 아이들과 시간을 보내는 것을 피하기 위해 더 많은 시간을 직장에서 보내고 있다고 말했다. 이로 인해 죄책감이 많이 든다고 Jackson 박사에게 고백했다. "그것은 사실이에요."

Jackson 박사는 Lillian이 방금 전에 이야기했던 생각이나 감정들이 현재 또는 과거 그녀가 가졌던 다른 걱정거리와 관련이 있는지 질문했다. Lillian은 자신의 언니에 대해 가지고 있는 복잡한 감정에 관해 이야기하기 시작했다. "언니를 너무 사랑하지만, 가끔은 언니에게 화가 나기도 해요. 제가 어렸을 때 언니가 저를 너무도 잘 돌봐주었고, 매우 가까웠어요. 그런데 지금도 어떤 때는 저를 마치 어린아이인 것처럼 대하곤 합니다. 그럴 땐 언니에게 화가 나요. 그런 다음 화가 난 것에 대해 죄책감이 듭니다.!"

첫 회기 종료 전 5~10분 동안 Jackson 박사는 Lillian이 한 이야기 중에 중요하다고 생각되는 것들을 요약해서 말해 줬다. 두 사람은 회기 중에 제시된 활동들이 Lillian에게 어떤 영향을 미쳤는지 이야기를 나눴고, Jackson 박사는 다음 회기까지 오늘 연습했던 호흡법과 요가 자세를 연습할 수 있는지 질문했다. Lillian은 그 기법들을 기억할 수 있을지 자신이 없어서 주저했는데, 따라서 두 사람은 기법들을 다시 한 번 연습했고, Lillian이 다음 회기까지 읽어볼 자료와 정보를 제공했다.

"제가 종종 사용하는 기법 중 하나는 감정자유기법이에요. 오늘은 이 기법을 보여줄 시간이 없어서 대신 자료를 드릴 테니 다음 모임까지 한 번 살펴보시면 좋을 것 같습니다. 이 기법은 문제나 걱정거리를 매우 다른 방식으로 다루는데요, 그것이 얼마나 효과가 있는지 보여주는 연구결과도 있어서, 어떻게 사용하는지는 다음번에 이야기하기로 하고 그 전에 조금 읽어보면 좋을 것 같습니다. 어떤가요?" Jackson 박사는 다음 회기에는 Lillian의 핵심적인 부정적 생각, 즉 자신이 충분히 좋지 않다고 믿는 것에 대해 더 이야기를 나누자고 말했다.

Jackson 박사는 회기를 마무리하면서 Lillian으로 하여금 유도된 심상 명상을 하도록 이끌었는데, 이번 회기에 연습했던 기법들을 강화하고, 초점, 만족, 평화와 같은 감정들을 조명했다. 이 시각화 작업을 하면서 Jackson 박사는 Lillian의 마음속에서 맴돌고 있는 걱정거리들을 상상의 용기에 담으라고 요청했다. 또한 Jackson 박사는 다음 회기까지 운동이나 일기 쓰기, 기도나 명상을 통해 불안을 관리하도록 Lillian에게 요청했다. Jackson 박사는 인쇄된 자료와 함께 통합 영양사의 연락처를 Lillian에게 주었는데, 불안과 우울을 관리하는 데 도움이 되는 식단을 짤 수 있고, 기분을 향상시키는 데 도움이 되는 약초를 추천해 줄 수 있을 거라 생각했다.

오늘 상담 중에 가장 기억에 남는 것이 무엇인지 물어봤을 때, Lillian은 "호흡법과 요가 자세를 하고 난 후에 마음이 진정된 것이 가장 기억에 남아요. 지난 몇 주 동안 그렇게 평온한 느낌을 가져 본 적이 없었거든요!"

생각해 볼만한 질문

1. 이번 상담회기는 좀 더 전통적인 상담회기와 어떻게 다른가요?
2. Jackson 박사는 왜 기본적인 경청기법을 사용하고 핵심 신념을 검토하면서 상담회기를 시작했을까요?
3. 왜 Jackson 박사는 상담회기 초반부에 호흡기법을 사용했을까요?
4. Lillian으로 하여금 자신의 몸에 초점을 두도록 요청한 것이 Lillian에게는 어떻게 도움이 되었을까요? Jackson 박사가 횡경막 호흡과 요가 자세를 사용한 것에 대해 우려되는 점이 있을까요?
5. Jackson 박사의 수련 및 자격과 관련해서 윤리적으로 염려되는 점이 있을까요?
6. 이러한 CAM 기법들은 Lillian의 생리적 반응에 어떻게 영향을 미칠까요? 그러한 변화는 Lillian의 기분에 어떻게 영향을 미칠까요?
7. Lillian은 CAM 기법 사용 후에 좀 더 평화로워지고, 마음이 한결 진정되었으며, 현실감이 들어서 자신의 몸과 마음에 변화가 생겼다고 느꼈다. 이렇게 Lillian이 좀 더 안정감을 느낀 후 곧이어서 자신의 삶에 관해 이야기하는 것이 어떤 측면에서 긍정적이고, 부정적일까요?
8. Lillian 박사는 왜 유도된 심상 명상으로 회기를 마무리했을까요? 그것은 어떤 목적을 달성하기 위한 것이었을까요?
9. 어떤 유형의 내담자들이 상담회기에 CAM 기법을 사용하는 것을 이해할까요? 왜 그럴까요? 어떤 유형의 내담자들이 이해하지 못할까요? 왜 그럴까요?
10. CAM 기법을 과제로 내주는 것은 얼마나 효과적일까요?
11. 당신은 다른 CAM 기법들을 상담 회기 중에 소개하는 것이 편하게 느껴지나요? 편하다면 그 이유는 무엇일까요? 그렇지 않다면 왜 그럴까요?

12. 만일 당신이 내담자라면, 상담에 통합시키고 싶거나 또는 상담에 추가해서 해보고 싶은 CAM 기법이 있나요? 어떤 이유로 그러한 기법들에 끌릴까요?

부록 1

Miller家 사람들

　　최근 Jake와 Angela Miller는 친구, 부모 및 자녀와 함께 결혼 15주년을 기념했다. Jake의 아버지와 어머니인 Ted와 Ann이 그곳에 있었고, Jake의 누나인 Justine을 데려왔다. Ted와 Ann은 아틀란타에서 만나 결혼한 지 42년이 흘렀다. Ted는 법학 학위를 취득하고 법률회사에서 쭉 일해 왔고, Ann은 쌍둥이인 Jake와 Justine이 태어날 때까지 피아노 강사로 일했다. 쌍둥이 남매는 이제 41세가 되었다.

　　Angela의 부모인 Dexter와 Evangeline은 가족과 함께 축하해 주었다. Dexter와 Evangeline은 41년 전 캘리포니아에 있는 대학에서 만났다. Dexter의 부모는 나이지리아 출신이고, Dexter는 중간 규모의 사립대학에서 영문학 교수로 재직 중이다. Evangeline은 입양을 돕는 사회복지사로 일하고 있다. Evangeline의 일이 부분적으로 원인이 돼서 Evangeline과 Dexter는 Angela가 5살일 때 두 명의 흑인계 미국인 아동을 입양했다. Lillian은 막 태어났고, Markus는 2살이었다. 그 부부에게 유일한 생물학적 자녀는 Angela였고 이제 40세가 되었다. 사회복지사인 Lillian은 결혼해서 두 명의 아이를 두고 있다. Markus는 고등학교 영어교사를 하다 문학전공으로 박사학위를 취득하기 위해 현재 직장을 그만둔 상태이다. Markus는 Rob과 연인관계에 있다.

　　Jake와 Angela는 대학원에서 만났는데, 현재 Jake는 구조 엔지니어로 일하고 있고, Angela는 초등학교에서 미술교사로 일하고 있다. 슬하에 두 명의 자녀가 있는데, 10살 Luke와 7살 Cecilia(celia)이다. 가족과 원가족에서 정신건강상의 문제가 있던 적은 거의 없었는데, 최근 Jake는 몇 차례 불안증세를 보였고, 이것이 부인과 자녀와의 관계에 영향을 미치기 시작했다. 상황이 너무 안 좋아져서 Jake의 관계, 그리고 Angela의 관계에 부담이 되었다. 또한 긴장이 고조되면서 자녀들이 학교에서 경험하고 있던 문제에도 영향을 미치는 것 같았다. 이 책의 여러 장에서 Jake와 Angela, Lillian, Markus, Rob 그리고 Ann이 다양한 치료를 받고 있는 것을 보게 될 것이다. 아래에서 6명의 Miller 집안사람들에 대한 설명을 접하게 될 텐데, 이들이 경험하는 치료를 읽을 때 이들의 배경을 알면 이해하는 데 도움이 될 것이다. 구성원들에 대한 설명이 끝나면 전체 가족의 가계도를 제시할 것이고, 이는 가족구성원을 둘러싼 맥락을 이해하는 데 도움이 될 것이다.

Jake

10세 전까지 Jake는 행복한 어린 시절을 경험한 것으로 기억하고 있다. 부모님은 사이가 좋았다. Jake는 자신의 어린 시절을 다음과 같이 묘사했다. "제가 아이였을 때 나쁜 일이 일어났었는지 기억나는 게 없어요. 부모님은 사이가 좋았고, 재미있게 지내셨어요. 가끔 서로를 놀리기도 하고, 애정이 많으셨죠. 특히 기억나는 건, 제 쌍둥이 누나인 Justine과 제가 어렸을 때 정말 재미있게 지냈거든요. 모든 걸 함께 했어요. 집 지붕에 기어서 올라가고, 헛간 밑에 구멍을 뚫었던 거 등등. Justine은 애쓰는 게 전혀 없었어요. 재미있고, 정말 빠르고, 용감했죠. 어떤 것도 무서워하지 않았어요. 사고가 나기 전까지는요."

사고에 대해 설명하면서 Jake는 다음과 같이 말했다. "어느 날인가 Justine이 와서는 아빠 차를 차고에서 빼내 고속도로 건너편에 있는 숲에 주차하자고 했어요. 그건 만우절용 농담이었어요! 저희는 10살이었고, 물론 전 무서웠죠. 그런데 Justine은 신나는 장난이 될 거라고 믿었어요. 저희가 차에 있다는 걸 깨닫기도 전에 저는 차를 몰고 있었어요! Justine은 깔깔대며 웃었죠. 맨발을 웅크리고 있었고, 늘 그런 것처럼 안전벨트를 매지 않고 있었구요. 제 기억엔 차가 고속도로로 들어서자마자 트럭이 저희 차를 들이받았고, Justine은 차 앞유리를 들이받았어요. Justine은 전과 똑같지 않았어요. 오랫동안 의식이 없었고, 마침내 혼수상태에서 깨어났을 때 뇌에 심각한 손상이 있었어요. 말하는 법을 다시 배워야 했고, 모든 것을 다시 배워야 했어요. Justine이 말을 했을 때, 더 이상 Justine이 아니었어요."

현재 Justine은 부모님이 돌봐주고 있고, 패스트푸드 음식점에서 일을 하고 있는데, 여전히 인지적 손상이 심한 상태이다. Jake는 Justine과 잘 지내고 있고, 지금까지 해왔던 것보다 앞으로 더 잘할 수 있다고 Justine에게 말하곤 한다.

사고가 난 후 Jake는 불안증세를 갖기 시작했다. 잠자는 것이 힘들었고 악몽을 꾸었다. "집에서 많은 것들이 변했어요. 누구도 더 이상 웃지 않는 것 같았어요. 아무 것도 하지 않았죠. 사고가 나기 전에는 부모님께서 뭔가 재미있는 것을 즉흥적으로 떠올리면 곧바로 일어나서 나갔거든요. 하지만 Justine이 변한 다음에는 집안의 모든 것이 조용해졌고, 늘 뭔가 나쁜 일이 생길 것 같은 느낌이 들었어요. 가끔은 집을 나서는 것이 두려웠어요."

Jake의 부모는 Jake의 불안과 악몽을 해결하기 위해 Jake를 정신과 의사에게 데려갔다. 하지만 부모님은 Jake의 감정에 관해서는 이야기하지 않았고, 그 사고에 관해서도 거의 언급하지 않았다. 몇 년의 시간이 흐르면서 Jake의 불안증세는 줄어들었고, 불안이나 악몽 때문에 동요되는 일도 가끔씩만 발생했다.

아내와 자녀들에 관해 이야기하는 Jake에게서 자부심을 느낄 수 있었지만, 최근 몇 달 동안 Jake는 많은 문제들로 인해 힘들어하고 있었다. "Luke 때문에 문제가 있었어요. Justine이 그랬던 것처럼 그 아이는 두려움이 없어요. 늘 뭔가에 관심이 많죠! 아이가 나쁜 건 아니고 단지 짓궂어요. 하지만 최근 학교에서 말썽이 있었어요. 몇 달 전에 Luke와 Celia가 차 안에서 놀고 있었는데, Luke가 주차상태에 있던 차의 기어를 건드렸어요. 저는 잔디를 깎으면서 귀퉁이를 돌고 있었는데, 차가 도로로 굴러가는 걸 목격했어요. 가슴이 조여오는 걸 느꼈죠. 숨을 쉴 수가 없었어요. 심장마비가 온다고 생각했죠! 그 일이 발생한 후 늘 불안하고 잠을 잘 수 없었는데, 잠을 자면 악몽을 꾸었어요. Angela가 차를 모는 게 두려웠어요. 그 문제를 다루는 걸 제가 힘들어했던 것 같습니다."

Jake는 계속해서 모든 잠금장치를 확인하고 있는데, 차가 '주차' 상태에 있는지 확인하고, 아이들을 늘 '체크'하고 있다. 심지어 아내인 Angela에게 아이들의 안전을 위해 집에서 가르치라고 요청하기도 했다. Jake는 아내와의 관계 또한 이전과 다르다는 것을 인식하고 있다. "최근 Angela와 저 사이에 다소 거리가 생긴 것 같습니다." Jake는 불안 때문에 최근 직장에 가지 못했고, 업무 평가가 나쁘게 나올까 걱정하고 있다.

Angela

Angela는 자라면서 아빠의 가족과 함께 나이지리아에 있는 대학 캠퍼스에서 봄과 가을을 그곳에서 아빠가 강의를 했었다. "할머니 할아버지와 함께 시간을 보내는 것이 즐거웠지만, 뭔가 저와는 어울리지 않는 느낌이 늘 들었어요. 나이지리아에 있을 때 사촌들은 저를 다르게 대했어요. 그들에게 저는 '백인'이면서 미국인이었으니까요. 하지만 다시 미국에 오면 저는 '흑인'이었어요. 그런데 저는 '흑인'이라는 느낌이 들지도 않았어요. 사실 대부분의 경우 미국인이라기보다는 나이지리아 아이처럼 느껴졌어요. 학교에 있는 아이들이 어른들에게 이야기하는 것처럼 저는 부모님이나 선생님에게 말하지 않았거든요."

"제가 어디에 있건 항상 변하지 않는 건, 제 역할이 돌봐주는 사람이라는 거예요. 제 동생 Lillian은 어렸을 때 입양이 되었는데, 선천적으로 고관절 기형을 가지고 태어났고 걷는 걸 힘들어했어요. Lillian을 돌보는 것이 제 일이었고, 필요한 걸 Lillian이 가지고 있는지 늘 확인했어야 했어요. 밖에 나가서 다른 아이들과 놀 수 없었어요. 항상 Lillian 옆에 있어야 했거든요. 밖에서 자전거를 타고 있는 아이들을 보고 있으면 갇혀 있는 느낌이 들었고요. Jake가 요구하는 것들 때문에 지금도 그런 느낌이 들어요. 저 외에 다른 사람들이 그들의 삶을 잘 살고 있는지 살피다 보면 저는 갇혀있는 느낌이 들어요. 그 많은 세월이 지난 지금도 제가 누구인지 잘 모르겠어요."

Angela는 어찌해야 할지 혼란스러워하고 있었다. 사실 Angela는 아이들의 학교 상담사에게 다음과 같이 말했다. "제 가족에게 어떤 일이 일어나고 있는지 정말 모르겠어요. Jake는 불안이 너무 심해서 걱정되는 것들을 일일이 확인하는 데만 시간을 보내고 있어요. 저는 Celia가 학교에 가야 한다고 주장하는데 이것 때문에 남편이 저에게 많이 화가 나있고, Luke는 남편 말을 전혀 듣지 않아요. 마치 제가 악당 영화에 나오는 인물처럼 느껴집니다. 때로는 화장실에 가서 물을 틀어놓고 울곤 해요. 이런 방식으로 제 인생을 보내고 싶지 않습니다."

Markus

Markus는 Angela의 남동생이고 어렸을 때 입양되었다. 흑인계 미국인이자 동성애자인 Markus는 늘 다른 사람들과 다르다고 느꼈다. 자라면서 Markus는 누나인 Angela와 가까웠는데, 누나는 늘 자신을 돌봐주는 사람이었다. 나이가 들면서 Markus는 자신의 정체성, 즉 동성애자이면서 흑인계 미국인인 것에 대해 자부심을 느꼈지만, 자신을 돌봐줄, 그래서 자신이 의존할 수 있는 누군가가 필요하다는 것을 항상 느꼈다. Rob을 만났을 때 사랑에 빠졌지만, 한편으로는 다소 동반의존적인(codependent) 관계를 발전시켰다. 늘 Rob의 사랑이 필요했는데, Rob이 일정 기간 떠나 있을 때 Markus는 Rob을 너무도 그리워해서 일하는 것이 힘이 들 정도였다. Markus는 Rob이 자신을 떠나거나 거부할까봐 걱정하곤 했다. 현재 Rob은 자신의 정체성, 즉 남성이자 흑인이고, 동성애자이면서 입양된 사람으로서의 정체성들이 서로 교차되는 것(intersectionality)을 고민하고 있다. Rob은 예전에는 영어교사였는데, 현재 문학 박사과정을 밟고 있다.

Rob

Rob은 Markus의 파트너이고, A형 성격의 소유자이다. Rob은 열심히 일하고, 늘 뭔가를 하고 있다. 그가 하는 정부일 때문에 몇 주 동안 밖에 나가 있는데, 어떤 때는 한 번에 몇 달을 밖에 나가 있다. Rob은 Markus를 사랑하지만 때로는 늘 함께 있어달라고 요구하는 Markus 때문에 조금은 부담을 느끼곤 한다. 이런 이유 때문에 잠시 밖에 나가 있어야 하는 자신의 일이 행복하게 느껴지기도 한다. 지난 몇 년 동안 Rob에게 음주문제가 생기기 시작했다. 자신의 성격 때문에 직장에서 스트레스를 느끼는데, 이러한 스트레스는 밤까지 지속되었다. 밤에 몇 잔 정도를 마시는데, 잠이 드는 데 도움이 되었다. 통찰력이 있었던 Rob은 Markus와의 관계에서 생긴 패턴을 알게 되었고, 음주가 문제라는 것을 인식하게 되었다.

Ann

Ann은 Jake와 Justine의 엄마이자, Angela의 시어머니다. 차 사고가 나서 Justine이 심각한 부상과 인지적 손상을 입기 전까지는 그녀의 삶과 가족은 "지극히 괜찮고 정상적"이었다. Ann은 피아노교사였고 음악 학교를 시작하고 싶어 했는데, 사고가 난 후 그녀의 삶은 "허물어졌다." 그 당시 Ann은 Justine을 돌보는데 대부분의 시간을 보냈고, 이후 대부분의 삶에서 우울증에 시달렸다. Ann은 자신의 삶이 기대하던 대로 되지 않았다고 생각했다. 현재도 Ann은 우울감을 느끼고 있고, Justine의 삶이 망가졌다고 믿고 있으며, Jake의 자녀, 즉 자신의 손주들과 함께 있을 때 즐거움을 거의 느낄 수 없었다. 자신에게는 인생이 공평하지 않았다고 생각한다.

Lillian

Angela의 동생인 Lillian은 고관절 기형을 가지고 태어났고, 여러 번의 수술에도 불구하고 여전히 지팡이를 짚고 걷는다. 이러한 의학적인 어려움 때문에 다른 사람의 장애에 특히 민감해졌고, 마침내 Lillian은 사회복지 석사학위를 취득했다. 자신의 전공이 장애와 관련된 분야였지만, 사설기관에서 다양한 내담자들과 일을 하고 있다. 어렸을 때는 Angela가 Lillian을 돌봐주었다. 여전히 언니가 자신을 아이 취급한다고 생각해서 가끔은 화가 나기도 하지만, 두 자매는 매우 가깝다. Lillian의 남편은 최근 전립선암으로 진단을 받아 우울감을 느끼고 있다. 남편이 수술을 받아야 하는데, 수술로 인해 삶이 어떤 영향을 받을지 걱정하고 있고, 특히 Lillian과의 성적 친밀감에 대해 걱정이 많다. Lillian은 직장 일과 자녀들의 요구, 그리고 남편의 우울로 인해 다소 부담을 느끼고 있다.

가계도 및 핵가족의 특징

Miller家의 가계도와 가족구성원들이 당면하고 있는 문제는 다음과 같다.

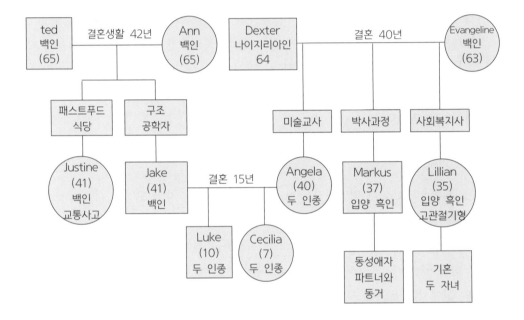

찾아보기

편집자 소개

　　뉴욕시에서 태어나고 성장한 Ed Neukrug 박사는 빙햄튼에 있는 뉴욕주립대학 (SUNY)에서 심리학 전공으로 학사학위를 취득했다. 그런 후 오하이오주 마이에미 대학 (Miami University of Ohio)에서 상담전공으로 석사학위를 받았고, 신시내티 대학(University of Cincinnati)에서 상담사교육으로 박사학위를 취득했다.

　　뉴햄프셔에 있는 노트르담 대학(Notre Dame College) 내 상담대학원에서 강의와 학과장 역할을 수행한 후, Neukrug 박사는 버지니아에 있는 올드 도미니언 대학교(Old Dominion University)에서 제안한 직책을 받아들였고, 현재는 상담 및 인간서비스 학 (Department of Counseling and Human Services)에서 교수와 학과장으로 재직하고 있다. Neukrug 박사는 강의와 함께 위기센터에서는 상담사로, 정신건강센터에서는 외래 심리치료사로, 학교심리학자로, 학교상담사로, 그리고 개인상담소 심리학자이자 면허전문상담사로 일해 왔다.

　　Neukrug 박사는 지역 및 전국 단위의 상담 관련 학회에서 다양한 직책을 맡아왔다. 또한 많은 논문을 출판했고, 학교시스템 및 전문가 단체와 프로젝트를 수행했다. 많은 상을 수상하기도 했는데, National Organization of Human Services로부터 두 차례에 걸쳐 학회장상을 수상했고, 미국상담학회로부터는 공로상(Fellow Award)을 수상했다. Neukrug 박사는 수십 건의 북챕터를 저술했고, 아래 12권의 교재를 저술하거나 편집했는데, 다음과 같다.

1. Counseling Theory and Practice (2nd Edition)
2. Contemporary Theories in Counseling and Psychotherapy
3. A Brief Orientation to Counseling: Professional Identity, History, and Standards (2nd Edition)
4. Skills and Techniques for Human Service Professionals: Counseling

Environment, Helping Skills, Treatment Issues (2nd Edition)

5. The World of the Counselor: An Introduction to the Counseling Profession (5th Edition)

6. Experiencing the World of the Counselor: A Workbook for Counselor Educators and Students (4th Edition)

7. Theory, Practice and Trends in Human Services: An Introduction (6th Edition)

8. Essentials of Testing and Assessment: A Practical Guide for Counselors, Social Workers, and Psychologists (3rd Edition)

9. Skills and Tools for Today's Counselors and Psychotherapists: From Natural Helping to Professional Counseling

10. Counseling and Helping Skills: Critical Techniques to Becoming a Counselor

11. The SAGE Encyclopedia of Theory in Counseling and Psychotherapy

12. Dictionary of Counseling and Human Service: An Essential Resource for Students and Professional Helpers

임상정신건강상담을 소개하는 교재가 2021년에 코넬라 출판사(Cognella Academic Publishing)에서 출간되었다. 또한 Neukrug 박사는 수많은 상담 관련 비디오와 자유롭게 열람할 수 있는 자료들을 제작했다. Neukrug 박사의 교재, 비디오, 상담 관련 자료와 관련된 정보는 www.counselingbooksetc.com, www.odu.edu/~eneukrug에서 확인할 수 있다.

저자 소개

Clara Adkins, 올드 도미니언 대학교(Old Dominion University)의 상담사교육 및 슈퍼비전 전공(Counselor Education and Supervision Program)의 박사수료생으로 상담대학원생들에게 슈퍼비전을 제공한 경험, 상담 및 인간서비스 관련 과목을 강의한 경험, 대학생들을 상담한 경험을 가지고 있다. 그녀는 교재의 장들을 집필했고, 학술지 논문을 출판했으며, 학술대회에서 발표했고, 상담사의 자기관리에 특별히 관심을 갖고 발표와 저술 활동을 해오고 있다.

Robert R. Armbruster, 뉴질랜드에서 출생해 영국에서 교육을 받았으며, 미국에 오기 전에 캠브리지 대학(Cambridge University)을 졸업했다. 미국 해군에서 잠수함 장교로 24년을 복무하고 은퇴했으며, 해군을 지원하는 계약자로 8년을 일했다. 현재 정신건강 상담 학위과정을 밟고 있다.

Christine Ciecierski Berger, 올드 도미니언 대학교(Old Dominion University) 상담 조교수로, 정신건강 상담분야에 보완·대체 의학(CAM)을 통합하는 연구와 실무를 수행하고 있다. 명상, 치유적 접촉, 정서자유기법, 그리고 CAM이 상담사의 건강에 미치는 영향에 관해 논문과 북 챕터를 저술했다.

Ne'Shaun J. Borden, 아이다오 주립대학교(Idaho State University) 상담학과 조교수이자 플로리다에서 정신건강상담사로 면허를 받았고 국가공인상담사(NCC)이다. 연구 관심사로는 청소년 대상 집단상담, 학교 기반 정신건강서비스, 법률적으로 문제가 있는 청소년에게 정신건강서비스를 제공하는데 있어서의 최선의 실무 등이 있다.

Rawn Boulden, 모건타운에 있는 웨스트 버지니아 대학교(West Virginia University) 학교

상담 조교수로서, 교수, 연구자, 면허 학교상담사로서 전문적인 경험을 가지고 있다. 그의 학술적인 관심은 주로 학교상담, 학교 분위기, 특수교육, 심리측정적 연구 등에 있다.

Kathleen Brown, 다양한 내담자와 일한 경험을 가지고 있고, 위기상담과 통합적 관리시설 내 급성 정신건강 관리에 관한 전문성을 가지고 있다. 상담사교육에서 박사학위를 취득한 후 현재는 전문상담사 면허를 위해 레지던트 과정을 밟고 있는데, 사회정의 및 인권 문제에 관한 옹호자로서 왕성한 활동을 하고 있다. 관심 있는 연구주제로는 마음챙김과 진정성을 통한 자기관리, 정신건강 관련 심인성(psychosomatic) 연계, 소외된 집단 및 이들의 정신건강 자원에 대한 접근성, 트라우마의 초세대적(transgenerational) 영향 등이 있다.

Kira Candelieri-Marcari, 면허전문상담사(LPC)이자 국가공인상담사(NCC), 공인임상정신건강상담사(CCMHC)이다. 실무 임상가로서 정서행동 장애를 가지고 있는 저소득층 내담자를 위한 치료를 제공하고 있다. 연구 관심사로는 정서행동 장애가 있는 아동청소년, 대안교육, 긍정적인 행동개입, 치료 환경에서의 지지 등이 있다.

Tony Dice, 올드 도미니언 대학교(Old Dominion University) 상담전공 박사수료생이자 약물남용 집단 전문상담사로 일하고 있다. 상담사, 전문응급구조사, 소방관, 미국해군특수부대원, 약물중독자로서의 경험을 통해 인간의 조건에 대한 독특한 이해력을 가질 수 있었다. 중독 분야에서 학술논문 출판이 늘고 관련 워크숍을 진행하면서 전국적인 수준에서 뿐 아니라 국제적으로도 많은 발표를 하고 있다.

Kyulee Park, 이스턴 버지니아 의과대학(Eastern Virginia Medical School)의 가족 및 지역사회 의학과 조교수이자 버지니아 주 면허전문상담사이다. 연구 관심사는 통합적 행동 및 1차 의료관리, 전문직간 연계교육, 건강관리 접근성, 상담에서의 사회정의 및 옹호 문제 등이 있다.

Lauren Parker, M.Ed., NCC, CRC, 10년 동안 슈퍼바이저이자 행정가로서 위기개입과 물질사용장애 예방 분야에서, 그리고 정신건강 및 재활 상담사로 일 해왔다. 현재 펜실베이니아 주립대학교(Pennsylvania State University) 상담사교육프로그램에서 박사과정을 밟고 있다.

Amber Pope, 올드 도미니언 대학교(Old Dominion University) 상담 및 인간서비스 학과의 임상 현장 코디네이터이자 강사로서, 10년 동안 상담사이자 상담교육자로 일해 왔다. 커 플상담, 젠더 및 성발달, LGBTQ 상담을 전문으로 하고 있다. 정서중심치료와 변증법적 행동치료를 주된 이론적 접근으로 사용하되, 해결중심, 마음챙김, 대인과정 기법 및 개입 을 통합해서 사용하고 있다.

Francisca "Frankie" Rivas, 정신건강 분야에서 4년간 일했고, 많은 내담자들을 상담했으 며, 중독상담을 전문으로 하고 있다. 국가공인상담사(NCC)이고, 면허전문상담사 자격을 취득하기 위해 버지니아 주에서 상담을 계속하고 있다. 물질 사용 장애, 학생 수련 및 발 달, 역사적으로 소외된 집단의 정신건강 욕구에 관한 연구에 관심이 많다.

Johana Rocha, 엘파소에 있는 텍사스 주립대학교(University of Texas at El Paso) 교육심리 및 특수서비스 학과의 조교수로서, 국가공인상담사이다. 연구 관심사로는 슈퍼바이지와 슈퍼비전 준비, 슈퍼비전에서 슈퍼바이지의 최선의 실무 등이 있다.

Kevin C. Snow, PhD, 메리우드 대학교(Marywood Univesity) 상담교육 전공 조교수로서 20년 동안 지역사회 및 임상정신건강 분야에서 다양한 경험을 쌓았다. 2012년부터 상담 사교육 및 인간서비스 분야에서 강의하고 연구물을 출판해 왔다. 많은 논문과 북챕터를 출판했고, 학술대회에서 왕성하게 발표했으며, 곧 출판될 저서가 있다.

Abie Tremblay, 버지니아 주 면허전문상담사이다. 감옥에 있는 내담자들과 일을 할 때 수용전념치료가 최선의 도구 중 하나라고 생각한다. 퇴역한 해군장교이자, 네 자녀의 엄 마이고, 15명의 외국인 교환학생을 초청했다. 파트너, 푸들과 함께 버지니아에 살고 있다.

John C. Wren, 올드 도미니언 대학교(Old Dominion University) 정신건강상담 석사학위자 이자 36년 동안 연방정부에서 일했다. 삶의 경험과 상담 경험을 통해 진로의 방향을 변 경하기로 결심했고, 상담에서 두 번째 진로를 추구하고 있다.

Carlos Zalaquett, 펜실베이니아 주립대학교(Penn State University) 교육심리/상담/특수교육학과 교수로서 펜실베이니아 정신건강상담사협회와 미주심리학회 회장으로 봉사하고 있다. 국제적으로 유명한 저자로서, 정신건강, 다양성 및 사회정의, 교육 분야 전문가이다. 신경과학 기반 연구실의 소장이다.

Betsy Zimmerman, 8년간 정신건강 분야에서 주로 외래환자 임상가로 일했다. 국가공인상담사(NCC)로서 버지니아 주에서 면허전문상담사 자격증 취득을 위해 상담을 하고 있다. 연구 및 전문적인 관심사로는 물질남용 상담, 대학상담, 대학생 적응, 대학상담 내 특수집단 상담 등이 있다.

역자 소개

서 영 석
현) 연세대학교 교육학부 교수
- University of Minnesota 박사(상담심리학)

안 하 얀
현) 서울상담심리대학원대학교 상담심리학과 교수
- 연세대학교 교육학과 박사(상담교육학)

라 수 현
현) 단국대학교 상담학과 교수
- 서울대학교 교육학과 박사(교육상담학)

신 민 영
현) 서울상담심리대학원대학교 상담심리학과 교수
- 서울대학교 심리학과 박사(임상·신경심리학)

어 유 경
현) 서울상담심리대학원대학교 상담심리학과 교수
- 연세대학교 심리학과 박사(임상심리학)

Contemporary Theories in Counseling and Psychotherapy
by Edward Neukrug(1st Edition)

Original version ISBN : 9781516581283
Authors : Edward Neukrug
Copyright ©2021 by Cognella Academic Publishing, Inc.
Translation rights arranged by Cognella, Inc.
All Rights Reserved

Authorized translation from the English-language edition published by Cognella, Inc.
This book is Korean-language edition copyright and exclusively distributed by PYMATE in Korea
Korean-language edition copyright ©2024 by PYMATE with the permission to use copyrights by
Cognella, Inc. through the role of intermediary in Between Pub. Agency

이 책 한국어 저작권은 비트윈 에이전시를 통한 Cognella, Inc.와의 독점 계약으로
PYMATE(피와이메이트)에 있습니다.
저작권법에 의해 한국 내에서 보호를 받는 저작물이므로 무단 전재와 무단 복제를 금합니다.

상담 및 심리치료의 최신 이론

초판발행	2024년 3월 30일
지은이	Edward Neukrug
옮긴이	서영석·안하얀·라수현·신민영·어유경
펴낸이	노 현
편 집	전채린
표지디자인	이영경
제 작	고철민·조영환
펴낸곳	㈜ 피와이메이트
	서울특별시 금천구 가산디지털2로 53 한라시그마밸리 210호(가산동)
	등록 2014. 2. 12. 제2018-000080호
전 화	02)733-6771
f a x	02)736-4818
e-mail	pys@pybook.co.kr
homepage	www.pybook.co.kr
ISBN	979-11-6519-441-3 93180

* 파본은 구입하신 곳에서 교환해 드립니다. 본서의 무단복제행위를 금합니다.

정 가   32,000원

박영스토리는 박영사와 함께하는 브랜드입니다.